Bernd Schmitt

Onlineshops mit WordPress
– das große Praxishandbuch

Alles, was Sie für ein erfolgreiches Start-up wissen müssen

- Onlineshop konzeptionieren, installieren, konfigurieren und erweitern
- Entscheidungshilfe für das richtige Shop- und Marketingkonzept
- So punkten Sie bei Information, Beratung und Service

FRANZIS

Bibliografische Information der Deutschen Bibliothek

Die Deutsche Bibliothek verzeichnet diese Publikation in der Deutschen Nationalbibliografie;
detaillierte Daten sind im Internet über http://dnb.ddb.de abrufbar.

Alle Angaben in diesem Buch wurden vom Autor mit größter Sorgfalt erarbeitet bzw. zusammengestellt und unter Einschaltung wirksamer Kontrollmaßnahmen reproduziert. Trotzdem sind Fehler nicht ganz auszuschließen. Der Verlag und der Autor sehen sich deshalb gezwungen, darauf hinzuweisen, dass sie weder eine Garantie noch die juristische Verantwortung oder irgendeine Haftung für Folgen, die auf fehlerhafte Angaben zurückgehen, übernehmen können. Für die Mitteilung etwaiger Fehler sind Verlag und Autor jederzeit dankbar. Internetadressen oder Versionsnummern stellen den bei Redaktionsschluss verfügbaren Informationsstand dar. Verlag und Autor übernehmen keinerlei Verantwortung oder Haftung für Veränderungen, die sich aus nicht von ihnen zu vertretenden Umständen ergeben. Evtl. beigefügte oder zum Download angebotene Dateien und Informationen dienen ausschließlich der nicht gewerblichen Nutzung. Eine gewerbliche Nutzung ist nur mit Zustimmung des Lizenzinhabers möglich.

© 2016 Franzis Verlag GmbH, 85540 Haar bei München

Alle Rechte vorbehalten, auch die der fotomechanischen Wiedergabe und der Speicherung in elektronischen Medien. Das Erstellen und Verbreiten von Kopien auf Papier, auf Datenträgern oder im Internet, insbesondere als PDF, ist nur mit ausdrücklicher Genehmigung des Verlags gestattet und wird widrigenfalls strafrechtlich verfolgt.

Die meisten Produktbezeichnungen von Hard- und Software sowie Firmennamen und Firmenlogos, die in diesem Werk genannt werden, sind in der Regel gleichzeitig auch eingetragene Warenzeichen und sollten als solche betrachtet werden. Der Verlag folgt bei den Produktbezeichnungen im Wesentlichen den Schreibweisen der Hersteller.

Autor: Bernd Schmitt
Programmleitung: Dr. Markus Stäuble
Satz: DTP-Satz A. Kugge, München
art & design: www.ideehoch2.de
Druck: M.P. Media-Print Informationstechnologie GmbH, 33100 Paderborn
Printed in Germany

ISBN 978-3-645-60492-5

Jeder kann ein Händler sein.

Mit 5 Euro im Monat.

Für eine neue Marktwirtschaft.

Mit WordPress.

Inhaltsverzeichnis

1		Von der Idee zur Domain	22
	1.1	Willkommen bei WordPress	25
	1.1.1	Tante Emmas Rache	25
	1.1.2	Am Puls der Zeit	26
	1.1.3	Onlineshops und stationärer Handel im Tandem	27
	1.1.4	WordPress ist Trumpf	27
	1.2	Alles ist käuflich	28
	1.2.1	Physische Produkte	28
	1.2.2	Downloadprodukte und Dienstleistungen	28
	1.3	Der Onlineshop im Überblick	29
	1.3.1	Kauf, Zahlung und Warenübergabe	29
	1.3.2	Andere Länder, andere Sitten	30
	1.3.3	Andere Länder, andere Währungen	31
	1.4	Ladenmiete für den WordPress-Shop	32
	1.4.1	Die Grundausstattung	32
	1.4.2	Die Extras	33
	1.4.3	Mit oder ohne Anwalt?	33
	1.5	Die beste Adresse	35
	1.5.1	Mehr als Schall und Rauch	36
	1.5.2	In der Kürze liegt die Würze	36
	1.5.3	Umlaute vermeiden	37
	1.5.4	Invasion der Domainendungen	37
	1.5.5	Juristische Aspekte	38
	1.5.6	Trittbrettfahrer abwehren	40
	1.6	Domain und DPMA	41
	1.6.1	Deutsches Patent- und Markenamt	42
	1.6.2	Markenschutz für den Shopnamen	42
	1.6.3	Markenrecherche	43
	1.6.4	Die Nizza-Klassen	45
	1.6.5	Marke beim DPMA anmelden	49
	1.6.6	Markenkollisionen	50
		Checkliste Domain und Marken	50
2		WordPress installieren	52
	2.1	Wichtige Systemvoraussetzungen	54
	2.1.1	PHP	55
	2.1.2	MySQL	55
	2.1.3	Mod Rewrite	56
	2.1.4	PHP Memory Limit	56
	2.1.5	SSL	57

2.2		Provider für Onlineshops	57
	2.2.1	Die inneren Werte	58
	2.2.2	Support auf allen Ebenen	58
	2.2.3	Checkliste Provider	59
	2.2.4	Webspace anmieten	60
2.3		Download und Datenbank	61
	2.3.1	Deutsche Bezugsquelle	61
	2.3.2	MySQL-Datenbank anlegen	64
2.4		Die Konfigurationsdatei	65
	2.4.1	Zugangsdaten eintragen	65
	2.4.2	Tabellenpräfix ändern	67
	2.4.3	Konfigurationsdatei speichern	67
2.5		Upload via FTP	67
	2.5.1	Crashkurs FTP-Programm	68
	2.5.2	FileZilla oder FireFTP?	68
	2.5.3	Mit dem Server verbinden	69
	2.5.4	WordPress hochladen	70
2.6		Die Installation	71
	2.6.1	Installation starten	71
	2.6.2	Installation abschließen	72
	2.6.3	Bei WordPress anmelden	72
		Checkliste Installation	73
3		**WordPress konfigurieren**	**74**
3.1		Das Basissystem im Überblick	76
	3.1.1	Willkommen auf der Kommandobrücke	77
	3.1.2	Beiträge, Seiten und Produkte	78
	3.1.3	Beiträge und Seiten erstellen	78
	3.1.4	Der Editor	80
	3.1.5	Links einfügen	80
	3.1.6	Weiterlesen ... wir bauen einen Teaser	81
	3.1.7	In die Codeansicht umschalten	82
3.2		Themes	82
	3.2.1	Themes verwalten	82
	3.2.2	Die Live-Vorschau	83
	3.2.3	Themes aus dem WordPress-Directory	84
	3.2.4	Externe Themes	85
	3.2.5	Download und Installation externer Themes	88
	3.2.6	Themes anpassen über Schaltflächen	89
	3.2.7	Themes anpassen über den Editor	92
	3.2.8	Crashkurs HTML und PHP	92
	3.2.9	Die CSS-Datei anpassen	93
	3.2.10	Workshop: Child-Themes	96
	3.2.11	Themes aktualisieren	98
	3.2.12	Themes löschen	99
3.3		Mit Plug-ins Funktionen erweitern	99
	3.3.1	Plug-ins finden	100

3.3.2	Plug-ins direkt installieren	101
3.3.3	Plug-ins alternativ installieren	101
3.3.4	Plug-ins aktivieren und konfigurieren	101
3.3.5	Plug-ins aktualisieren	102
3.3.6	Antispam Bee	102
3.3.7	Contact Form 7	103
3.3.8	Shop-Plug-ins	105
3.3.9	Broken Link Checker	106
3.4	**Widgets**	**106**
3.4.1	Themes definieren Widget-Bereiche	107
3.4.2	Widgets verwalten	107
3.4.3	Die wichtigsten Widgets	108
3.4.4	Das Meta-Widget	108
3.4.5	Helfer in der Not: Text-Widget	109
3.4.6	Inaktive Widgets zwischenlagern	109
3.5	**Menü(s) bitte**	**110**
3.5.1	Menüs erstellen	110
3.5.2	Menüpositionen verwalten	111
3.5.3	Punkte und Unterpunkte erstellen	111
3.6	**Das Kommentarsystem**	**112**
3.6.1	Kommentarfunktion einstellen	112
3.6.2	Kommentare bearbeiten und löschen	113
3.6.3	Kommentare beantworten	114
3.6.4	Diskussionen schließen	115
3.6.5	Avatare	116
3.7	**Kategorien und Schlagwörter**	**116**
3.7.1	Kategorien vergeben	116
3.7.2	Schlagwörter vergeben	117
3.8	**Die Mediathek**	**118**
3.8.1	Medien hochladen	118
3.8.2	Bildinformationen hinzufügen	119
3.8.3	Bilder einfügen und ausrichten	120
3.9	**Arbeiten im Team**	**121**
3.9.1	Sicherheitshinweis für Shopbetreiber	121
3.9.2	Das Rollensystem	121
3.10	**WordPress aktualisieren**	**122**
3.10.1	WordPress-Kern aktualisieren	123
3.10.2	Themes und Plug-ins aktualisieren	123
3.11	**Permalinks und Startseite einstellen**	**124**
3.11.1	Permalinks einstellen	125
3.11.2	Basis für Kategorien und Schlagwörter umstellen	126
3.11.3	Startseite festlegen	127
	Checkliste Konfiguration	**129**
4	**Shopkonzepte**	**130**
4.1	**Rechtsfallen im Onlineshop**	**133**
4.1.1	Der Bestellbutton	133

4.1.2	Wesentliche Eigenschaften einer Ware	133
4.1.3	Link auf die Widerrufsbelehrung	133
4.1.4	Darstellung der Versandkosten	133
4.1.5	Preisauszeichnung	134
4.1.6	Angabe des Grundpreises	134
4.1.7	Mehrwertsteuersätze für digitale Produkte	134
4.1.8	Kleinunternehmerregelung	134
4.1.9	Kostenlose geläufige Zahlungsmethode	134
4.1.10	Hinweise zur Lieferzeit	134
4.1.11	Verlinkung auf das Impressum	134
4.1.12	Zustimmung zu den AGB	135
4.1.13	Verlinkung auf die Onlineschlichtungsstelle	135
4.1.14	Double-Opt-in-Verfahren	135
4.2	**WooCommerce plus WooCommerce Germanized**	**135**
4.3	**WooCommerce plus WooCommerce German Market**	**137**
4.4	**wpShopGermany**	**139**
4.5	**Informieren und ausprobieren**	**140**
Checkliste Shopkonzept		140
5 Zahlungsarten und Versand		**142**
5.1	**PayPal**	**145**
5.1.1	PayPal im Überblick	145
5.1.2	PayPal auf Käuferseite	146
5.1.3	PayPal auf Händlerseite	147
5.1.4	Von der PayPal-Sandbox zum Live-Betrieb	150
5.1.5	PayPal-Tipps	156
5.2	**Die Lastschrift**	**159**
5.2.1	Die Lastschrift im Überblick	159
5.2.2	Die Lastschrift auf Käuferseite	159
5.2.3	Die Lastschrift auf Händlerseite	160
5.2.4	Einbindung in WordPress	162
5.2.5	IBAN-Fehler vermeiden	163
5.3	**Die Kreditkarte**	**165**
5.3.1	Stärken dieser Zahlungsmethode	165
5.3.2	Kreditkarte auf Käuferseite	165
5.3.3	Kreditkarte auf Händlerseite	165
5.3.4	Der Kreditkarten-Akzeptanzvertrag	166
5.3.5	Integration in WordPress	167
5.3.6	Tipps für die Kreditkarte als Zahlungsmittel	167
5.3.7	Pro und kontra Kreditkarte	168
5.4	**Kauf auf Rechnung**	**168**
5.4.1	Überblick	169
5.4.2	Auf Käuferseite	169
5.4.3	Auf Händlerseite	169
5.4.4	Integration in WordPress	169
5.4.5	Tipps für die Zahlungsart Rechnung	170
5.4.6	Zahlungserinnerungen und Mahnungen	171

5.4.7	Pro und kontra Kauf auf Rechnung	174
5.5	**Sonstige Zahlungsmethoden**	**174**
5.5.1	Paydirekt	174
5.5.2	Sofortüberweisung	175
5.6	**Die Sicht des Kunden**	**177**
5.6.1	Zahlungsart und Produkt	177
5.6.2	Zahlungsart und Endgerät	177
5.6.3	Zahlungsart und Image	177
5.7	**Der richtige Mix**	**178**
5.7.1	Retouren vermeiden	178
5.7.2	Keinen Kunden verprellen	179
5.7.3	Abbruchquote beim Bestellvorgang minimieren	179
5.7.4	Aufwand für den Händler minimieren	179
5.7.5	Technische Sicherheit	179
5.7.6	Rechtssicherheit	180
5.7.7	Kosten einsparen	180
5.8	**Zahlungsarten kommunizieren**	**181**
5.8.1	Textbausteine aus der Hölle	181
5.8.2	Mustertexte	181
5.9	**Der Versand**	**182**
5.9.1	Verpackungsverordnung und Duales System	182
5.9.2	Paketversand	183
5.9.3	Bücher versenden	184
5.9.4	Versand per Nachnahme	186
5.9.5	Abholung im Laden	186
Checkliste Zahlung und Versand		**186**
6	**WooCommerce**	**188**
6.1	WordPress und WooCommerce	190
6.1.1	Mindestanforderungen an den Server	190
6.1.2	Installation und Aktivierung	191
6.2	**Grundeinstellungen vornehmen**	**192**
6.2.1	Seiten einrichten	193
6.2.2	Shop-Standorteinstellungen	194
6.2.3	Versand und Steuer einrichten	195
6.2.4	Zahlungsmethoden	197
6.2.5	Grundkonfiguration abschließen	197
6.3	**Integration im Backend**	**198**
6.3.1	Neue Seiten	199
6.3.2	Neue Menüpunkte	199
6.4	**Demoprodukte installieren**	**200**
6.4.1	Dummy Data installieren	201
6.4.2	Überblick im Backend	204
6.4.3	Der Shop als Startseite	206
6.4.4	Überblick im Frontend	208
6.5	**WooCommerce einstellen**	**208**
6.5.1	Allgemein	209

6.5.2	Produkte	210
6.5.3	Mehrwertsteuer	212
6.5.4	Kasse	215
6.5.5	Versand	217
6.5.6	Kundenkonten	223
6.5.7	E-Mails	226
6.5.8	API-Schnittstelle	233
6.6	**Produkte einstellen**	**233**
6.6.1	Produkt hinzufügen	233
6.6.2	Produktkategorien	235
6.6.3	Produktschlagwörter	236
6.6.4	Produktbilder und Produktgalerie	236
6.6.5	Produktdaten	238
6.7	**Variable Produkte einstellen**	**244**
6.7.1	Eigenschaften anlegen	245
6.7.2	Eigenschaften befüllen	247
6.7.3	Weitere Eigenschaft erstellen und befüllen	248
6.7.4	Variables Produkt anlegen	249
6.7.5	Im Eigenschaften-Tab Variablen freigeben	250
6.7.6	Varianten erstellen	252
6.7.7	Varianten aufklappen	253
6.7.8	Preise für Varianten zuweisen	253
6.7.9	Kontrolle im Frontend	254
6.8	**Produktbundles und externe Produkte**	**254**
6.8.1	Gruppierte Produkte	254
6.8.2	Externe und Affiliate-Produkte	256
6.9	**Gutscheine einsetzen**	**257**
6.9.1	Gutscheine erstellen	257
6.9.2	Darstellung und Berechnung	259
6.10	**Bestellungen abwickeln**	**260**
6.10.1	Die Bestellverwaltung	261
6.10.2	Einzelne Bestellung	261
6.10.3	Der Bestellstatus	262
6.10.4	Bestellungen kontrollieren und editieren	263
	Checkliste WooCommerce	**264**

7		**Deutsche Erweiterungen für WooCommerce**	**266**
	7.1	**WooCommerce Germanized**	**268**
	7.1.1	WooCommerce Germanized installieren	268
	7.1.2	Rundgang durch WooCommerce Germanized	269
	7.1.3	Allgemeine Konfiguration	270
	7.1.4	Konfiguration der Anzeige im Shop	275
	7.1.5	E-Mail-Konfiguration	275
	7.1.6	Trusted Shops	276
	7.1.7	Themes und Upgrades	276
	7.2	**WooCommerce German Market**	**277**
	7.2.1	Erwerb	277

7.2.2	Installieren und aktivieren	279
7.2.3	Plug-in lizenzieren	282
7.2.4	Rundgang durch WooCommerce German Market	282
7.2.5	Konfiguration	284

Checkliste Deutsche Erweiterungen für WooCommerce 290

8 wpShopGermany ... 292
8.1 Die Alternative zu WooCommerce ... 295
8.2 Demoshop testen ... 295
- 8.2.1 TestShopGermany ... 296
- 8.2.2 Testversion installieren ... 299

8.3 Erste Schritte mit wpShopGermany ... 302
- 8.3.1 Das neue Menü ... 302
- 8.3.2 Neue Seiten und Beiträge ... 302
- 8.3.3 Demoprodukt im Frontend ... 304

8.4 Das Warenkorb-Widget ... 304
- 8.4.1 Warenkorb-Widget einfügen ... 305
- 8.4.2 Links zu den Pflichtseiten aktivieren ... 305

8.5 Die neuen Seiten ... 307
- 8.5.1 Seiten befüllen ... 307
- 8.5.2 Seiten über ein Menü verlinken ... 307

8.6 Konfiguration ... 308
- 8.6.1 Einstellungen ... 309
- 8.6.2 Module ... 319
- 8.6.3 Lizenzverwaltung ... 324
- 8.6.4 Aktuelles ... 324
- 8.6.5 Hilfe ... 325
- 8.6.6 Über ... 326

8.7 Produktverwaltung ... 326
- 8.7.1 Produkt anlegen ... 327
- 8.7.2 Einzelne Produktseite anlegen ... 328
- 8.7.3 Produktübersichtsseite anlegen ... 330

8.8 Bestellverwaltung ... 332
- 8.8.1 Bestellungen in der Übersicht ... 332
- 8.8.2 Bestellung bearbeiten ... 332
- 8.8.3 Status ändern und Kunden informieren ... 333

8.9 Support ... 334
- 8.9.1 Das Supportforum ... 334
- 8.9.2 Support-Tickets ... 335

Checkliste wpShopGermany ... 337

9 Verschlüsselung mit SSL und HTTPS ... 338
9.1 Warum verschlüsseln? ... 340
- 9.1.1 Worum geht es bei HTTPS? ... 341
- 9.1.2 Die Akteure der Verschlüsselung ... 341

9.2 Das richtige Zertifikat ... 342
- 9.2.1 Klasse 1: Domainvalidiertes SSL-Zertifikat ... 342

9.2.2	Klasse 2: Unternehmensvalidiertes SSL-Zertifikat	343
9.2.3	Klasse 3: Extended Validation	344
9.2.4	Als Onlinehändler im Klassenkampf	344
9.2.5	Let's Encrypt oder nicht?	346
9.3	**Zertifikat erwerben und URL umstellen**	**347**
9.3.1	Zertifikat erwerben	347
9.3.2	URL-Basis von HTTP auf HTTPS umstellen	347
9.3.3	Alle URLs umstellen	348
9.3.4	Weiterleitung auf HTTPS via HT-Access erzwingen	350
Checkliste Verschlüsselung		**352**

10 Rechtssicherheit als Shopbetreiber 354

10.1	**Gesetze für alle Websites**	**359**
10.1.1	Das Grundgesetz (GG)	359
10.1.2	Das Strafrecht (StGB)	360
10.1.3	Das Telemediengesetz (TMG)	361
10.1.4	Das Bundesdatenschutzgesetz (BDSG)	365
10.1.5	Der Rundfunkstaatsvertrag (RStV)	366
10.1.6	Das Urheberrechtsgesetz (UrhG)	368
10.1.7	Das Markengesetz (MarkenG)	368
10.2	**Gesetze für Shopbetreiber**	**369**
10.2.1	Das Bürgerliche Gesetzbuch (BGB)	369
10.2.2	Das Einführungsgesetz zum Bürgerlichen Gesetzbuch (EGBGB)	371
10.2.3	Das Gesetz gegen unlauteren Wettbewerb (UWG)	372
10.2.4	Preisangabenverordnung (PangV)	375
10.2.5	Die Streitschlichtungs-Verordnung	377
10.2.6	Die Verpackungsverordnung (VerpackV)	378
10.3	**Gesetze für spezielle Shops**	**379**
10.3.1	Das Buchpreisbindungsgesetz	379
10.3.2	Das Textilkennzeichnungsgesetz	379
10.3.3	Das Elektro- und Elektronikgerätegesetz (ElektroG)	380
10.4	**Abmahnungen vermeiden**	**381**
10.4.1	Wer mahnt ab?	382
10.4.2	Notice and take down	382
10.4.3	Folgen einer Abmahnung	383
10.4.4	Die Pflichten im Überblick	383
10.5	**Praktische Umsetzung: Impressum**	**384**
10.5.1	Impressumspflicht – für wen und wo?	385
10.5.2	Die Formalien des Impressums	385
10.5.3	Musterimpressum	390
10.6	**Praktische Umsetzung: Widerruf**	**392**
10.6.1	Rechtliche Problematik	393
10.6.2	Best-Practice-Widerrufsbelehrung	393
10.6.3	Widerrufsbelehrung aus Rechtsquelle selbst erstellen	395
10.6.4	Ausschlüsse vom Widerrufsrecht hinzufügen	397
10.6.5	Das Widerrufsformular	399

	10.7	**Praktische Umsetzung: Versandgebühren und Lieferzeitangabe**	**399**
	10.7.1	Versandgebühren	399
	10.7.2	Lieferzeitangaben	400
	10.8	**Praktische Umsetzung: Datenschutzerklärung**	**401**
	10.8.1	Allgemeiner Teil	403
	10.8.2	Social-Media-Teil	404
	10.8.3	Tracking-Teil	406
	10.8.4	Partnerprogramme	407
	10.8.5	Datenschutz bei aktivierter Kommentarfunktion	409
	10.8.6	Datenschutzteil Newsletter	409
	10.8.7	Datenschutzteil Cookies	410
	10.8.8	Abschluss der Datenschutzerklärung	411
	10.8.9	Tipps für die Datenschutzerklärung	411
	10.9	**Praktische Umsetzung: AGB**	**411**
	10.9.1	Mit oder ohne – AGB	411
	10.9.2	Platzierung und Zustimmung	412
	10.9.3	Gültige und ungültige Klauseln	412
	10.10	**Praktische Umsetzung: Preisauszeichnung**	**413**
	10.10.1	Die Angaben am Preis	413
	10.10.2	Platzierung und Beschriftung des Bestellbuttons	414
	10.11	**Praktische Umsetzung: Urheber-, Marken- und Persönlichkeitsrecht**	**415**
	10.11.1	Urheberrecht beachten	415
	10.11.2	Markenrechte beachten	415
	10.11.3	Persönlichkeitsrechte beachten	416
	Checkliste Rechtssicherheit		**416**
11	**Gewerbeanmeldung und Steuern**		**418**
	11.1	**Gewerbe anmelden**	**421**
	11.2	**Gründungszuschuss nutzen**	**422**
	11.2.1	Voraussetzung und Antragstellung	422
	11.2.2	Dauer und Höhe	423
	11.3	**Freiwillige Weiterversicherung**	**424**
	11.3.1	Als Selbstständiger in der Arbeitslosenversicherung	424
	11.3.2	Voraussetzungen	424
	11.3.3	Beiträge für die freiwillige Weiterversicherung	425
	11.3.4	Den Aufnahmeantrag stellen	426
	11.4	**Kleinunternehmerregelung**	**426**
	11.4.1	Höchstgrenzen für die Kleinunternehmerregelung	427
	11.4.2	Der Moment der Entscheidung	427
	11.5	**Crashkurs Umsatzsteuer**	**427**
	11.5.1	Die Umsatzsteuer-Voranmeldung	428
	11.5.2	Die Steuersätze	430
	11.6	**Tipps für Gründer**	**430**
	11.6.1	Soll- oder Ist-Besteuerung	430
	11.6.2	Das Geschäftskonto	431

11.6.3	Zwei Jahre Anlaufzeit		431
Checkliste Gründung und Gewerbeanmeldung			**431**

12 Marketing ... 432

12.1	**Marketing-Basics**		**435**
12.1.1	Praktische Übungen		435
12.1.2	Corporate Design		436
12.1.3	Das AIDA-Prinzip in der Theorie		438
12.1.4	Das AIDA-Prinzip in der Praxis		439
12.1.5	Die richtigen Knöpfe		440
12.2	**Angebote und Aktionen**		**442**
12.2.1	Der Mindestbestellwert		442
12.2.2	Prozente und Rabatte		443
12.2.3	Rabatte bei Büchern		445
12.2.4	Rabatte bei Heilmitteln		445
12.2.5	Die Tiefpreisgarantie		446
12.2.6	Cross- und Up-Selling		446
12.3	**Plug-ins und Module nutzen**		**448**
12.3.1	Plug-ins für WooCommerce		449
12.3.2	Module für wpShopGermany		450
12.4	**Die Kraft der Bilder**		**451**
12.4.1	Bilder für Produktseiten		451
12.4.2	Bilder im Header und auf Serviceseiten		453
12.4.3	Bilder für das Firmenblog und Informationsseiten		455
12.4.4	Bilder für Social-Media-Netzwerke		456
12.4.5	Gutes Bildmaterial erhalten		456
12.4.6	Bilder vom Hersteller		456
12.4.7	Stockfotos		457
12.4.8	Bilder vom Fotografen		459
12.4.9	Eigene Bilder		459
12.4.10	Kostenlose Bilder		461
12.5	**Händlerorganisationen**		**461**
12.5.1	Geprüfter Webshop		463
12.5.2	Der Händlerbund		464
12.5.3	Trusted Shops		467
12.5.4	Bundesverband Onlinehandel (BVOH)		468
12.6	**Das Firmenblog**		**469**
12.6.1	Gründe für das Blog zum Shop		470
12.6.2	Platzierung des Firmenblogs		471
12.6.3	Ziele und Themen des Firmenblogs		472
12.6.4	Kategorien eines Firmenblogs		474
12.6.5	Beiträge streuen		474
12.6.6	Firmenblog-Knigge		476
12.6.7	Kommentare auf dem Firmenblog		477
12.6.8	Blogvernetzung mit Gastbeiträgen und Interviews		477
12.6.9	Die richtigen Ansprechpartner finden		478
12.7	**Newsletter-Marketing**		**478**

	12.7.1	Newsletter-Plug-ins nutzen	479
	12.7.2	Der externe Anbieter MailChimp	479
	12.7.3	Rechtskonforme Verwendung	480
	12.7.4	Opt-in und Opt-out	480
	12.7.5	Newsletter-Knigge	481
	12.8	**Offlinemarketing**	**484**
	12.8.1	Events nutzen	485
	12.8.2	Ladenwerbung	485
	12.8.3	Werbung auf dem Versandpaket	485
	12.8.4	Werbung im Versandpaket	486
	12.8.5	Mit anderen Händlern real vernetzen	487
	Checkliste Marketing		**487**
13	**Information, Beratung und Service**		**488**
	13.1	**Information**	**490**
	13.1.1	Nummer gefällig?	490
	13.1.2	Mehr, als das Gesetz vorsieht	491
	13.1.3	Der FAQ-Bereich	492
	13.1.4	Informationen zu den Produkten	493
	13.1.5	Von der Wikipedia lernen	493
	13.2	**Beratung**	**494**
	13.2.1	Mit Beratung Sympathie gewinnen	495
	13.2.2	Die fachliche Komponente	495
	13.3	**Service**	**495**
	13.3.1	Service für gewöhnliche Kunden	496
	13.3.2	Service für unzufriedene Kunden	496
	13.3.3	Service für Stammkunden	497
	13.4	**Der Servicefooter**	**497**
	13.4.1	Servicefooter mit Text-Widgets	498
	13.4.2	Servicefooter mit Bildern und Texten	502
	Checkliste Information, Beratung und Service		**505**
14	**Social Media**		**506**
	14.1	**Social-Media-Basics**	**509**
	14.1.1	Das klassische Theater	509
	14.1.2	Das Social-Media-Theater	509
	14.1.3	Die Macht der Netzwerke	509
	14.2	**Social-Media-Ziele**	**510**
	14.2.1	Follower gewinnen	510
	14.2.2	Usergeneriertes Content erzeugen	511
	14.2.3	Von Social Media zum Shop	511
	14.3	**Kanäle und Accounts**	**512**
	14.3.1	Die wichtigsten Kanäle	512
	14.3.2	Accounts anlegen	513
	14.4	**Facebook**	**513**
	14.4.1	Facebook-Seite anlegen	515
	14.4.2	Die ersten 30 Fans	518

	14.4.3	Veranstaltungen erstellen	518
14.5		**Twitter**	**519**
	14.5.1	Twitter-Instrumente	520
	14.5.2	Der Einstieg bei Twitter	521
	14.5.3	Kundendialog auf Twitter	521
14.6		**Sonstige Netzwerke**	**522**
	14.6.1	Pinterest	522
	14.6.2	Google Plus	523
	14.6.3	YouTube	523
	14.6.4	SoundCloud	524
	14.6.5	XING und LinkedIn	524
14.7		**Strategie und Planung**	**525**
	14.7.1	Der Redaktionsplan	525
	14.7.2	Die Followerkampagne	526
	14.7.3	Die Produktkampagne	528
	14.7.4	Social Media als Teamarbeit	528
	14.7.5	Haftung für Social-Media-Inhalte	529
	14.7.6	Social-Media-Agentur beauftragen	530
	14.7.7	Haftung für nutzergenerierte Inhalte	531
14.8		**Der Social-Media-Knigge**	**532**
	14.8.1	Geben und nehmen	532
	14.8.2	Auf Äußerlichkeiten achten	532
	14.8.3	Persönlich werden	532
	14.8.4	Eine einfache Sprache verwenden	532
	14.8.5	Nicht mit fremden Federn schmücken	533
Checkliste Social Media			**533**
15 Suchmaschinenoptimierung (SEO)			**534**
15.1		**SEO-Basics**	**536**
	15.1.1	Wie Suchmaschinen funktionieren	536
	15.1.2	WordPress-Grundeinstellungen	537
	15.1.3	Keywords optimieren	539
	15.1.4	Suchmaschinengerechte Texte	541
	15.1.5	Bilder-SEO	542
15.2		**SEO für Produkte**	**544**
	15.2.1	Titel und URL	544
	15.2.2	Produktbeschreibungen optimieren	545
	15.2.3	Internationale Artikelnummern nutzen	547
	15.2.4	Das SEO-Plug-in Yoast	547
15.3		**Optimale Seitenstruktur**	**548**
	15.3.1	Ebenen und Menüs	549
	15.3.2	Interne Verlinkungen	550
15.4		**Aufbau von Backlinks**	**550**
	15.4.1	Links von anderen Seiten	550
Checkliste Suchmaschinenoptimierung			**551**

16	Tracking und Auswertung		552
	16.1	Statistiktools der Provider nutzen	555
	16.1.1	Tracking ohne Installation	555
	16.1.2	Grenzen der Providertools	555
	16.2	WordPress-Statistiken	556
	16.2.1	Statistik-Plug-ins	556
	16.2.2	Das Jetpack-Plug-in	556
	16.3	Piwik	557
	16.3.1	Piwik herunterladen	557
	16.3.2	Piwik installieren	559
	16.3.3	Tracking-Code einfügen	564
	16.3.4	Opt-out-Link einfügen	568
	16.3.5	Auswertungen mit Piwik	569
	16.4	Google Analytics	570
	16.4.1	Google Analytics einrichten	571
	16.4.2	Tracking-Code erzeugen lassen und einfügen	572
	16.4.3	Die Besucherströme analysieren	574
	16.4.4	Datenschutzgerechter Einsatz	579
	Checkliste Tracking und Auswertung		580
17	WordPress-Security		582
	17.1	Vorbeugung	584
	17.1.1	Sichere Namen	585
	17.1.2	Sichere Passwörter	585
	17.1.3	Log-in-Versuche begrenzen	586
	17.1.4	Tabellenpräfix ändern	587
	17.1.5	Administrator Nummer 2 ersetzt Nummer 1	587
	17.1.6	Adminbereich via HT-Access schützen	589
	17.1.7	Regelmäßige Updates	590
	17.1.8	Information ist alles	591
	17.1.9	Technik ist nicht alles	592
	17.1.10	Ausführung von PHP im Uploadordner deaktivieren	593
	17.1.11	Externe Überprüfung	593
	17.1.12	Weniger ist mehr Sicherheit	594
	17.1.13	Umfangreiche Security-Plug-ins	594
	17.2	Datensicherung	597
	17.2.1	Schnelle Sicherung	597
	17.2.2	Gründliche Sicherung	598
	17.2.3	Automatische Sicherungen	599
	17.3	Spiegelung auf XAMPP	602
	17.3.1	XAMPP herunterladen	603
	17.3.2	XAMPP installieren	605
	17.3.3	WordPress lokal installieren	609
	17.3.4	WordPress lokal spiegeln	611
	17.4	Keine Panik bei Kompromittierung	616
	17.4.1	Was ist eine Kompromittierung?	616
	17.4.2	Wie wird eine Kompromittierung festgestellt?	616

	17.4.3	Warum Sie die Ruhe bewahren sollten	616
	17.4.4	Was jetzt zu tun ist	616
	Checkliste Security		618
18	Fehlermeldungen		620
	18.1	Error Establishing a Database Connection	622
	18.2	Weißer Bildschirm zeigt Fatal Error	623
	18.3	Weiße Seiten nach Umstellung der Permalinks	624
	18.4	Nach Update kein Zugriff auf das Backend	626
	18.5	Datei nicht beschreibbar	626
	18.6	Verzeichnis nicht beschreibbar	627
	18.7	Das System der Dateirechte	627
	Checkliste Fehlermeldungen		630
A	Anhang: Nützliche Ressourcen		632
	A.1	WordPress allgemein	632
	A.2	WordPress-Shops	632
	A.3	Händlerorganisationen	632
	A.4	Existenzgründung und Steuern	632
	A.5	Recht allgemein	633
	A.6	Recht für bestimmte Waren und Dienstleistungen	633
	A.7	Zahlung und Mahnung	633
	A.8	Sicherheit	634
	A.9	Tools	634
	Stichwortverzeichnis		635

1   Von der Idee zur Domain

1.1	**Willkommen bei WordPress**	25
1.1.1	Tante Emmas Rache	25
1.1.2	Am Puls der Zeit	26
1.1.3	Onlineshops und stationärer Handel im Tandem	27
1.1.4	WordPress ist Trumpf	27
1.2	**Alles ist käuflich**	28
1.2.1	Physische Produkte	28
1.2.2	Downloadprodukte und Dienstleistungen	28
1.3	**Der Onlineshop im Überblick**	29
1.3.1	Kauf, Zahlung und Warenübergabe	29
1.3.2	Andere Länder, andere Sitten	30
1.3.3	Andere Länder, andere Währungen	31
1.4	**Ladenmiete für den WordPress-Shop**	32
1.4.1	Die Grundausstattung	32
1.4.2	Die Extras	33
1.4.3	Mit oder ohne Anwalt?	33
1.5	**Die beste Adresse**	35
1.5.1	Mehr als Schall und Rauch	36
1.5.2	In der Kürze liegt die Würze	36
1.5.3	Umlaute vermeiden	37
1.5.4	Invasion der Domainendungen	37
1.5.5	Juristische Aspekte	38
1.5.6	Trittbrettfahrer abwehren	40
1.6	**Domain und DPMA**	41
1.6.1	Deutsches Patent- und Markenamt	42
1.6.2	Markenschutz für den Shopnamen	42
1.6.3	Markenrecherche	43
1.6.4	Die Nizza-Klassen	45
1.6.5	Marke beim DPMA anmelden	49
1.6.6	Markenkollisionen	50

Checkliste Domain und Marken 50

Schon jede vierte Website läuft heute mit WordPress – und jeder dritte Onlineshop. WordPress bietet die einfachste und schnellste Möglichkeit, Ihre Shopidee zu realisieren. Alles, was Sie dafür tun müssen, ist in diesem Buch Schritt für Schritt beschrieben. Programmierkenntnisse sind nicht nötig.

Die Fakten

Für den Betrieb eines Shops auf WordPress-Basis bezahlen Sie in der Grundausstattung nur die Gebühren für Ihren Webspace und ein SSL-Zertifikat. Beides zusammen ist bei den gängigen Providern für 5 bis 10 Euro im Monat erhältlich. Und auch nach der Ergänzung mit kostenpflichtigen Bauteilen braucht WordPress keinen Vergleich zu scheuen – weder mit anderen Onlineshopsystemen noch dem stationären Handel.

Sie kommen pro Jahr mit maximal 300 Euro Gesamtkosten locker über die Runden – einem Bruchteil der monatlichen Ladenmiete in einer beliebigen deutschen Stadt. Trotz der niedrigen Kosten sind die Möglichkeiten zur Gestaltung und Vernetzung gigantisch. Schöpfen Sie aus dem Vollen. WordPress hat vieles an Bord, was Sie bei anderen Onlineshopsystemen erst mühsam anbauen müssen:

- Shop-Plug-ins
- Shop-Themes
- alle Möglichkeiten zur Suchmaschinenoptimierung
- Verknüpfungen zu Social-Media-Netzwerken
- ein Firmenblog
- ein Kunden-Bewertungssystem

Die Grundbegriffe

Jedes der 18 Kapitel dieses Buchs beginnt mit einem kleinen Glossar und endet mit einer Checkliste. Los geht es mit den Grundbegriffen zu WordPress:

- **Domain** – Ihre Shopadresse, zum Beispiel *www.mustershop-online.de*.
- **DPMA** – Deutsches Patent- und Markenamt. Hier werden Markennamen gesichert.
- **Provider** – Ein Anbieter von Webspace. Hier wird Ihre Website »gelagert«.
- **Server** – Auf dem Server Ihres Providers installieren Sie WordPress samt Onlineshop.
- **Stationärer Handel** – Die traditionellen Ladengeschäfte in den Städten oder auf der grünen Wiese.
- **URL** – Die genaue Internetadresse einer einzelnen Webseite, zum Beispiel *www.mustershop-online.de/zahlungsarten*.
- **WooCommerce** – Das beliebteste Shopsystem auf der Basis von WordPress.

Bevor es mit der Providerwahl und der Installation von WordPress und WooCommerce losgeht, sei noch eine kritische Betrachtung über die Rolle der Onlineshops erlaubt. Nehmen sie dem kleinen Ladenbesitzer etwas weg? Ist der Betrieb eines Onlineshops gar moralisch verwerflich? Lesen Sie dazu den Folgenden Abschnitt.

> **Seite oder Site?**
> Weil sich die Begriffe in der Welt des Internets oft überschneiden, sei für WordPress und für dieses Buch in Stein gemeißelt: Eine *Site* bezeichnet immer die gesamte Internetpräsenz. Denken Sie dabei an eine Landschaft mit Bäumen und Kühen. Eine *Seite* steht dagegen für etwas Einzelnes, also den Baum oder die Kuh. Als Beispiel für dieses Buch dient die Website *www.mustershop-online.de*.

1.1 Willkommen bei WordPress

Vorübung: Gehen Sie auf YouTube und lauschen Sie dem Lied »Tante Emma« von Udo Jürgens. Für die jüngere Generation: Diesen Oldie kann man auf Feten zu fortgeschrittener Stunde gut hören und mitsingen. Und das hat uns der gute Udo damit sagen wollen:

Vor 50 Jahren war die Welt des Handels noch auf viele Schultern verteilt. In den »Tante-Emma-Läden« herrschten die Ladeninhaber über ihr eigenes Reich. Sie waren mitunter etwas knorrig, so wie das in Familienbetrieben eben der Fall ist, aber in den wesentlichen Entscheidungen frei und unabhängig:

- **Ladengestaltung** – Ob Regale, Kassentheke oder Farbe der Tapete, der unabhängige Ladenbesitzer hatte freie Hand bei der Einrichtung.
- **Preisgestaltung** – Bei der Preisgestaltung musste Tante Emma niemanden um Erlaubnis fragen.
- **Sortimentauswahl** – Verkauft wurde, was gefiel – dem Ladenbesitzer und der Kundschaft.

Und der Umgang mit der Kundschaft? Anschreiben lassen war kein Problem. Ein kleiner Tratsch an der Kasse? Immer gern. Tante Emma bot nicht nur individuellen Service, sie hatte Kuschelqualitäten. Und ein Herz für Kinder. Die durften sich ein Bonbon aus dem Glas holen und in den Mund stecken.

Solche kleinen und sympathischen Läden gab es früher an jeder Ecke. Dann kamen die Discounter und verdrängten die unabhängigen Besitzer samt ihrer helfenden Familienangehörigen. Tochter und Sohn mussten sich bei Aldi und Konsorten unter Vormundschaft stellen lassen. Sie wurden zu Lakaien zwischen Regal und Kasse.

Und der Patriarch, der den Laden einst vom Vater übernommen hatte, der den Laden ebenfalls vom Vater übernommen hatte? Er wurde entweder in den Ruhestand geschickt oder zum Filialleiter bei irgendeiner Kette. Dann aber weisungsgebunden und mit sehr eingeschränktem Handlungsspielraum. Er litt wie ein Hund, ein Kettenhund.

1.1.1 Tante Emmas Rache

Willkommen im Jetzt und Hier. Mit dem Aufstieg des Onlinehandels wendet sich das Blatt wieder. Tante Emma ist zurück und stark wie zu Zeiten des Wirtschaftswunders.

Sie mietet günstigen Raum an, tapeziert ihn und installiert eine Verkaufstheke. Dieser Raum heißt *WordPress*, die Tapete *Theme* und die Verkaufstheke *WooCommerce*.

Tante Emma holt sich ein Stück von der Welt zurück, auch gern ein großes. Ausgebaut ist ein Onlineshop nämlich ganz fix. Mit WordPress lassen sich 10, 100 oder auch 1.000 Waren am Tag verkaufen.

Kleine und mittlere Onlinehändler tragen dazu bei, den von großen Ketten dominierten Handel wieder zu demokratisieren. Und ihre Chancen stehen gut, denn sie spüren den Puls der Zeit.

1.1.2 Am Puls der Zeit

Die Älteren erinnern sich noch an das meistgelesene Buch des 20. Jahrhunderts, gehörte es doch zum Haushalt wie Herd und Bett. Stets griffbereit lag es auf jedem deutschen Wohnzimmertisch, während Schiller und Goethe im Regal Staub ansetzten. Vater, Mutter, Kinder und Großeltern – alle erwarteten freudig jede neue Auflage, die stets mehrere Hundert Seiten umfasste. Richtig, die Rede ist vom Quelle-Katalog.

Die Website ersetzt den Katalog

Der letzte Quelle-Katalog, er hat heute Sammlerwert, erschien im Jahr 2009. Stetig wandelt sich die Welt der Wirtschaft. Wer sich nicht anpasst, muss den Platz räumen. Mit dem Siegeszug der Onlineshops wurden die Kataloge unattraktiv. An ihre Stelle getreten sind PCs, Laptops, Tablets und Smartphones. Davor sitzen nun die Familienmitglieder, stöbern in den Shops und kaufen ein. Für Sie als Händler bietet der digitale Wandel nur Vorteile. Die Erstellung und Versendung eines gedruckten Katalogs war mit einem gewaltigen logistischen Aufwand und mit hohen finanziellen Risiken verbunden. Als Onlinehändler müssen Sie weder Kataloge versenden noch Ladenhüter horten. Alle Waren können flexibel angeboten und schnell wieder aus dem Sortiment genommen werden.

Einkaufen ohne Ladenschluss

In den USA gibt es sie in jeder Kleinstadt: stationäre Shops, die rund um die Uhr geöffnet sind. In Deutschland sorgt das Ladenschlussgesetz dafür, dass in der Nacht und an Sonntagen nur an ausgesuchten Orten wie Bahnhöfen, Flughäfen und Tankstellen verkauft werden darf. Angeblich dienen diese Sonderregelungen der Versorgung von Reisenden, aber mal ehrlich: Hier kauft längst die Nachbarschaft ein. Weil sich der Kunde die Uhrzeit seines Einkaufs nicht vorschreiben lassen will, geht er dahin, wo offen ist. Als Onlinehändler dürfen Sie sich darüber freuen, denn Ihr Geschäft kennt keine Schließzeiten. Indirekt trägt das Ladenschlussgesetz dazu bei, dass der Onlinehandel in Deutschland einen höheren Anteil am Einzelhandel genießt als in den USA. Man muss die Regulierungswut auch mal loben.

1.1.3 Onlineshops und stationärer Handel im Tandem

Falls Sie bereits im stationären Handel tätig sind: Eine einfache Webpräsenz genügt heute nicht mehr. Früher oder später werden Sie sie mit einem Onlineshop erweitern müssen. Es spricht nichts dagegen, beide Kanäle parallel zu nutzen und Ihren Kunden die Auswahlmöglichkeit zu bieten. Die Vorteile im Vergleich:

Stationärer Handel:
- Waren zum Abschauen und Anfassen.
- Persönlicher Kontakt.
- Im Laden Bekannte treffen.
- Ware kann sofort mitgenommen werden.

Onlinehandel:
- An 7 Tagen 24 Stunden geöffnet.
- Kunde braucht das Haus nicht zu verlassen.
- Keine verstopften Städte.
- Günstiger Preis.
- Stöbern, ohne sich beobachtet zu fühlen.
- Verkauf von Downloadprodukten und Dienstleistungen.

> **Das Beste aus beiden Welten**
> Falls Sie sich für eine Tandemlösung entscheiden: Nutzen Sie das Beste aus beiden Welten. Der Mensch geht heute nicht mehr ohne Smartphone aus dem Haus. Am Abend und am Sonntag bummelt er auch zu Ihrem Schaufenster. Mit QR-Codes neben der Ware lotsen Sie ihn auf Ihren Onlineshop, wo er den Kauf gleich abschließt. Als Versandart bieten Sie auch die Selbstabholung im Laden an. Am nächsten Tag holt der Kunde die Bestellung bei Ihnen vor Ort ab.

1.1.4 WordPress ist Trumpf

Mehrere technische Möglichkeiten stehen zur Verfügung, um einen Onlineshop zu realisieren. Statt auf WordPress können Sie auch auf vorgefertigte Lösungen diverser Anbieter zurückgreifen. Zugegeben, bei einigen Baukastensystemen müssen Sie sich auf technischer Seite zu Beginn etwas weniger einarbeiten. Bei näherer Betrachtung hat WordPress aber die Nase klar vorne. Ein kleiner Vergleich:

	Baukastensystem	WordPress
Einarbeitungszeit	einige Tage	einige Wochen
Domain	oft nur Subdomain	eigene Domain
Schnittstellen	eingeschränkt	API-Schnittstelle

	Baukastensystem	WordPress
Design	eingeschränkt	Themes können bearbeitet werden
Erweiterungen	abhängig vom Anbieter	Auswahl aus 50.000 Plug-ins
Rechtskonformität	abhängig vom Anbieter	Rechtstexte können selbst eingefügt werden
Shopausbau	limitiert	nahezu unbegrenzt

Mit einem WordPress-Shop halten Sie sich alle Möglichkeiten offen. Sie zahlen keine Extragebühren, zum Beispiel für den Anbau eines Firmenblogs oder die Suchmaschinenoptimierung. Die Preise für Premium-Themes und Plug-ins sind sowohl bei der Anschaffung wie auch während des in der Regel halbjährigen oder einjährigen Supportzeitraums sehr moderat. Kein Vergleich zu Mietshops. Dort werden Sie monatlich mit einem spürbaren Betrag zur Kasse gebeten.

> **Und auf diversen Handelsplattformen?**
> Bei Amazon und eBay müssen Sie ständig Zeit und Geld dafür verplempern, überhaupt in den für die Kundschaft sichtbaren Bereich zu gelangen. Mit einer eigenen WordPress-Installation halten Sie dagegen die Fäden in der Hand.

1.2 Alles ist käuflich

Im Gegensatz zum stationären Handel verkauft ein Onlineshop nicht nur Waren zum Anfassen. Ganz grob lassen sich physische und nicht physische Produkte unterscheiden. Zu Letzteren gehören Downloadprodukte und Dienstleistungen.

1.2.1 Physische Produkte

Physische Produkte sind Kleidung, Elektronik, Bierkrüge, Bücher, CDs und alles andere, was auch der stationäre Handel anbietet. Die Waren lagern bei Ihnen im Regal. Nach einer Bestellung müssen Sie die Ware verpacken, adressieren, frankieren und zur Post oder einem anderen Versender bringen.

1.2.2 Downloadprodukte und Dienstleistungen

Zu den **Downloadprodukten** gehören E-Books, MP3s, Bilder, Videos und Software. Diese digitalen Produkte können Sie auf dem Server Ihres Webspace-Providers lagern. In den Shop-Plug-ins für WordPress ist die Möglichkeit zur Auslieferung via Download schon integriert. In WooCommerce aktivieren Sie beim Anlegen eines neuen Produkts einfach die Checkboxen für *Virtuell* und *Herunterladbar*. Anschließend laden Sie Ihr digitales Produkt hoch und bestimmen, wie oft und in welchem Zeitraum der Kunde das Produkt herunterladen darf. Nach dem Bezahlen erhält der Käufer eine Mail mit einer Download-URL. Fertig.

Es gibt aber auch Dinge, die ohne Download angeboten werden können, zum Beispiel **Dienstleistungen**. In diesem Fall versendet der WordPress-Shop lediglich eine Bestätigung, zum Beispiel über die Buchung eines Hotelzimmers oder einer Klavierstunde.

1.3 Der Onlineshop im Überblick

Die wesentlichen Elemente eines stationären Ladens finden sich auch im Onlineshop, jedoch mit etwas anderen Bezeichnungen:

- Das Schaufenster wird zur **Startseite** des Shops.
- Das komplette Warensortiment ist auf vielen einzelnen **Produktseiten** zu sehen.
- Der Einkaufswagen nennt sich **Warenkorb**.
- Die Kasse wird zur **Kassenseite**, in WooCommerce auch Checkout-Page genannt.

Mit dem Abschluss einer Bestellung führen Kunde und Händler ein Rechtsgeschäft durch, sie schließen einen Kaufvertrag nach dem Bürgerlichen Gesetzbuch, dem BGB, ab. In Kurzform:

1. Einigung über Produkt und Preis.
2. Zahlung des Kaufpreises und Übergabe der Ware oder Erfüllung der Dienstleistung.

1.3.1 Kauf, Zahlung und Warenübergabe

Das Grundprinzip ist also überall gleich. Unterschiede bestehen aber bei diesen Details:

- Formale Erklärung des Kaufvertrags.
- Möglichkeiten des Rücktritts vom Kauf.
- Bandbreite an Zahlungssystemen.
- Warenübergabe.

Formalität des Kaufvertrags

Im stationären Handel werden fast alle Verträge stillschweigend abgeschlossen. Denken Sie beispielsweise an den Einkauf im Supermarkt. Der Kunde legt die Ware nur aufs Band. Er muss kein spezielles Sprüchlein dazu aufsagen oder der Kassiererin die Hand schütteln. Im Onlinehandel gelten andere Formalitäten. Ein Kaufvertrag kommt nach dem Klick auf den Kaufbutton zustande. Der Gesetzgeber hat dazu genaue Regeln festgeschrieben, um zu verhindern, dass Käufe aus Versehen getätigt werden.

Rücktritt vom Kauf

Der Kunde kann heute in den meisten Geschäften des stationären Handels auch Waren ohne Mängel relativ problemlos zurückgeben, allerdings muss er dabei auf Kulanz hoffen. Juristisch gesehen gilt: Vertrag ist Vertrag und ein Rücktritt nach Lust und Laune gesetzlich nicht vorgesehen. Im Onlinehandel gelten andere Spielregeln. Mit dem Erhalt der Ware beginnt für den Kunden eine gesetzlich verbriefte Widerrufsfrist von 14

Tagen. In dieser darf er ohne Begründung vom Vertrag zurücktreten. Es genügt, wenn er den Widerruf erklärt und die Ware zurückschickt.

Bandbreite an Zahlungssystemen

Im stationären Handel wird mit Bargeld oder Kreditkarte bezahlt und in absehbarer Zeit auch mit dem Smartphone. Im Onlinehandel ist die Bandbreite an Zahlungsmitteln größer. Durchgesetzt haben sich vor allem diese vier Zahlungssysteme:

- PayPal
- Lastschrift
- Kauf auf Rechnung
- Kreditkarte

Beachtlich sind die regionalen Unterschiede. In den USA war die Lastschrift noch nie sehr populär. In Europa hat sie dagegen einen festen Platz und ist dank des einheitlichen SEPA-Systems (*Single Euro Payments Area*) auch im grenzüberschreitenden Handel verfügbar. 34 Staaten mit über 500 Millionen Einwohnern gehören zum SEPA-Zahlungsraum.

Die Warenübergabe

Auch hier ist die Bandbreite im Vergleich zum stationären Handel größer. Drei Möglichkeiten stehen zur Verfügung:

1. Versendung
2. Download
3. Abholung im Laden

1.3.2 Andere Länder, andere Sitten

In anderen Ländern pflegen die Verbraucher auch eine andere Kultur des Einkaufens. Vielleicht kommen Ihnen einige Traditionen aus dem Urlaub bekannt vor:

- Im traditionellen Basar geht dem Vertragsabschluss ein langes Feilschen voran.
- In Südeuropa pflegt man im Leben und auch beim Einkaufen eine gewisse Lässigkeit. Viele Vorschriften werden dort nicht so ganz genau eingehalten.
- In den USA spielen Preisaktionen eine große Rolle. Besondere Rabatte erwarten die Verbraucher zum Beispiel im November. Höhepunkte sind der Black Friday und der für den Onlinehandel ins Leben gerufenen Cyber Monday. Diese Termine bilden den Auftakt der heißen Phase des Weihnachtsgeschäfts. Weitere Anlässe zu Rabatten sind der Valentinstag oder der amerikanische Nationalfeiertag am 4. Juli. Oder irgendein anderer Tag. Die amerikanischen Händler sind sehr kreativ darin, Preisnachlässe mit besonderen Tagen zu begründen.

Und wir? Wir haben die deutsche Gründlichkeit: im Fußball, im Maschinenbau und beim Erlass von Vorschriften. Ob ganze Wälder gerodet werden müssen, um all die dicken Gesetzbücher zu drucken? Man hat es noch nicht erforscht. Sicher ist jedoch, dass die Argusaugen der Behörden und Verbraucherschutzverbände über die sorgfältige Einhaltung der Vorschriften und Gesetze wachen.

Damit müssen Sie sich herumschlagen, um Ärger mit den Ämtern und der Konkurrenz zu entgehen:

- Impressum
- AGB (Allgemeine Geschäftsbedingungen)
- Datenschutz und Datenschutzerklärung
- Widerrufsbelehrung und Widerrufsformular
- Versandkostengestaltung und Platzierung
- Verpackungsverordnung
- Produktbeschreibung
- Beschriftung und Darstellung des Kaufbuttons
- Produktbilder, Urheberrecht und Markenrecht
- Double-Opt-in-Verfahren für das Newsletter-Abonnement und die Anlage von Kundenkonten

Es ist also eine Menge an Hausaufgaben zu erledigen. Hierzu zwei gute Nachrichten und eine schlechte:

1. Die gute Nachricht: Als Shopbetreiber müssen Sie nichts davon auswendig lernen und auf Befehl aufsagen.

   Noch eine gute Nachricht: Mit dem Einsatz zusätzlicher Plug-ins hält sich der Aufwand für die »Eindeutschung« von WooCommerce in Grenzen. Alternativ steht Ihnen das deutsche Shopsystem wpShopGermany zur Verfügung.

2. Die schlechte Nachricht: WooCommerce ist in der Basisversion auf den amerikanischen Markt ausgelegt. Für den Betrieb eines Onlineshops gelten dort nicht so eng gefasste rechtliche Standards wie in Deutschland.

1.3.3 Andere Länder, andere Währungen

Im Euro-Raum sind derzeit immerhin 19 Staaten vertreten, aber es fehlt schon ein deutschsprachiges Land, nämlich die Schweiz. Nun ist der Vorteil eines Onlineshops ja das fast unbegrenzte Einzugsgebiet. Da wäre es schade, wenn das Währungsproblem Verkäufe verhinderte. Unkompliziert lässt sich das Problem der Konvertierung von Fremdwährung mit PayPal, der Zahlung per Kreditkarte oder innerhalb der SEPA-Zone mit Lastschrift und Überweisung lösen.

Beispiel: Sie verkaufen ein Produkt an einen Kunden aus der Schweiz. Die Umrechnung von Schweizer Franken in Euro übernimmt PayPal oder ein anderer Zahlungsdienstleister für Sie. Der Kunde zahlt in der Währung seines Landes, Sie erhalten den Betrag in Euro. Sie können Ihren Shop aber auch grundsätzlich mit einer anderen Währung betreiben.

Ein Shop – eine Währung

WooCommerce ist nicht auf den Dollar oder den Euro beschränkt. Die jeweilige Währung lässt sich in WooCommerce problemlos einstellen. Eine Mischung unterschiedlicher Währungen in einem einzigen Shop ist allerdings nicht vorgesehen.

Klonen kann sich lohnen

Als Lösung bietet sich die Einrichtung separater Shops für unterschiedliche Landeswährungen an. Mit etwas Einarbeitung ist das gar nicht so schwer. Eine WordPress-Installation lässt sich nämlich eins zu eins kopieren und auf eine neue Domain übertragen. Führen Sie dazu diese Schritte durch:

1. Installation des Onlineshops auf Euro-Basis.
2. Spiegelung des Shops auf ein lokales System, z. B. einen XAMPP-Server. Eine Einführung in XAMPP finden Sie in diesem Buch in Kapitel 17.3.
3. Aufspielen der Spiegelung auf einen neuen Server und unter einer neuen Domain.

> **Achtung! Lizenzbedingungen**
> Falls Sie zahlungspflichtige Themes und Plug-ins verwenden, müssen Sie die Lizenzbedingungen genau studieren. Nicht in jedem Fall erlaubt der Hersteller den Betrieb in mehreren Shops.

1.4 Ladenmiete für den WordPress-Shop

Einen ordentlichen Batzen Geld bezahlen Sie für die Ladenmiete im stationären Handel. Dazu kommen die Nebenkosten: Strom, Heizung, Wasser, Müllentsorgung. Außerdem müssen Sie sich bei einer Neuanmietung von Geschäftsräumen für einige Jahre binden, üblich sind zwei oder fünf Jahre. Und wenn der Laden brummt, bleibt trotzdem ein unsicheres Gefühl. Auf einen Mieterschutz können Sie bei Gewerbeimmobilien nämlich nicht pochen. Setzt Sie der Vermieter nach fünf Jahren vor die Tür, haben Sie einfach Pech gehabt. Wie viel günstiger und finanziell weniger riskant ist da doch die Eröffnung eines Onlineshops.

1.4.1 Die Grundausstattung

Was kommt bei einem Onlineshop auf der Basis von WordPress an Ladenmiete zusammen? Weniger, als Sie denken. Absolut unvermeidbar sind nur diese beiden Posten:

- Providergebühren – ab ca. 5 Euro monatlich.
- Gebühren für das SSL-Zertifikat – ab ca. 3 Euro monatlich.

> **SSL-Zertifikat**
> Das SSL-Zertifikat dient der Verschlüsselung sensibler Kundendaten. Sie benötigen es, um Zahlungen über PayPal, Kreditkarten und SEPA-Lastschrift sicher abwickeln zu können. Alles Weitere hierzu finden Sie in Kapitel 9 dieses Buchs.

1.4.2 Die Extras

Weitere Posten fallen an, wenn Sie kostenpflichtige Themes und Plug-ins oder juristische Dienstleistungen benötigen. Geld ausgeben können Sie auch noch für Werbung, zum Beispiel bei Google AdSense. Das muss aber nicht sein, wenn der Shop suchmaschinengerecht aufgesetzt wurde. Von diesen Extras wählen Sie aus, was Sie benötigen:

- Kostenpflichtige WordPress-Shop-Themes: ca. 60 bis 120 Euro jährlich.
- Kostenpflichtige WordPress-Plug-ins: ca. 60 bis 120 Euro jährlich.
- Mitgliedschaft in Händlerorganisationen: ca. 10 bis 70 Euro monatlich.
- Anwaltskosten und Betriebshaftpflicht: sehr unterschiedlich.
- Kosten für Google AdSense, Facebook und andere Werbemaßnahmen: Höhe beliebig.
- Kosten für die Sicherung Ihres Markennamens beim DPMA: 280 Euro insgesamt für die ersten zehn Jahre.

> **Übertreibungen und Überschneidungen vermeiden**
> Vermeiden Sie dabei Übertreibungen und Überschneidungen. Rechtsschutz und rechtliche Dienstleistungen erhalten Sie sowohl von Händlerorganisationen als auch direkt von einem Anwalt. Beides zusammen brauchen Sie in der Regel nicht. Sie tragen ja auch nicht Gürtel und Hosenträger gleichzeitig.

1.4.3 Mit oder ohne Anwalt?

»Brauche ich nicht doch einen Anwalt?« Diese Frage sollten Sie unter der Berücksichtigung zweier Aspekte beantworten:

1. Welches Sortiment verkaufe ich in meinem Shop?
2. Welcher Persönlichkeitstyp bin ich?

Das Shopsortiment

Handeln Sie mit Büchern? Dann gilt für Sie das überschaubare Buchpreisbindungsgesetz. Der Kern in einem einzigen Satz: Sie dürfen ein Buch nur zum einheitlichen vom Verlag festgelegten Preis verkaufen.

Oder handeln Sie mit Textilien? Dann müssen Sie sich durch eine komplexere Materie wühlen. Es lauern das Textilkennzeichnungsgesetz und die europäische Textilkennzeichnungsverordnung. Mit einem einzigen Satz lässt sich da nichts zusammenfassen. Textprobe der EU-Verordnung gefällig? Bitte schön, ein Zitat:

»Wenn bei Büstenhaltern und Korseletts die einzelnen Teile bezeichnet werden, muss das äußere und innere Gewebe der Oberfläche der Schalen nun angegeben werden.«

Tja, der Umgang mit gewissen Waren erfordert Fingerspitzengefühl und Liebe zum Detail. Aber nicht nur Dessous und Oberbekleidung fallen unter die Kontrollpflicht der Aufsichtsbehörden für den Textilhandel. Die genannten Gesetze betreffen beispielsweise auch mit Stoffen bezogene Möbel und Segeltücher.

> **Hilfe von Fachverbänden**
> Kleiner Tipp: Hilfe finden Sie immer bei Fachverbänden, im Beispiel wäre das der Gesamtverband Textil und Mode. Den Leitfaden zur Textilkennzeichnungsverordnung können Sie auch im Internet unter der Adresse *www.textil-mode.de/service/a-z/glossar/textilkennzeichnungsverordnung* abrufen.

Noch brisanter wird es, wenn diese Produkte zu Ihrem Sortiment gehören:

- alkoholische Getränke
- Arzneimittel
- Batterien und Akkus
- Elektrogeräte
- Fahrzeuge und Fahrzeugteile
- Lebensmittel
- medizinische Produkte und Dienstleistungen
- nicht jugendfreie Waren
- Versicherungs- und Finanzprodukte
- Waffen

Fazit: Beim Handel mit bestimmten Warengruppen ist eine Vielzahl von Gesetzen und Verordnungen zu beachten. Es lauern juristische Fallstricke und Grauzonen. Ärger kann sich ersparen, wer zumindest für die Erstellung der AGB auf anwaltliche Beratung zurückgreift.

> **Berufliche Haftpflichtversicherung**
> Eine weitere Minimierung finanzieller Risiken lässt sich mit dem Abschluss einer passenden Betriebshaftpflichtversicherung erzielen. Schauen Sie aber genau hin, denn der Teufel liegt wie immer im Detail. Was im Schadensfall viel helfen soll, nagt am monatlichen Budget. Auch hier spielt es natürlich eine große Rolle, mit welchen Produkten Sie handeln. Ein Versandfehler kann immer passieren. Es macht aber einen großen Unterschied, ob es sich dabei um einen Sonnenschirm oder um ein Arzneimittel handelt.

Der Persönlichkeitstyp

Unterschiedlich sind die menschlichen Charaktere. Da gibt es Frühaufsteher und Nachteulen, Planer und Improvisierer, Warmduscher und Selbermacher.

- Der **Warmduscher** lässt alle Rechtstexte von einem Anwalt verfassen und bezahlt für die Betreuung eine monatliche Gebühr, einfach »um besser schlafen zu können«.

- Der **Selbermacher** wühlt sich durch diverse Gesetze und Verordnungen und schreibt alle sensiblen Texte in Eigenregie. Obwohl er ein gewisses Risiko eingeht, wacht er trotzdem nicht jede Nacht schweißgebadet auf. Das Leben hat schließlich immer seine Tücken. Wer ständig alle Ratschläge von Anwälten, Psychologen und Gesundheitsaposteln befolgt, kommt im Leben auch nicht auf einen grünen Zweig. Und sterben müssen wir sowieso alle.

Die meisten Charaktere liegen irgendwo zwischen dem Selbermacher und dem Warmduscher. Bestimmen Sie Ihren Standpunkt und prüfen Sie, welche finanziellen Mittel zur Verfügung stehen. Nehmen Sie dann entsprechend wenig oder viel juristische Hilfe in Anspruch. Einen Überblick über die Händlerorganisationen finden Sie in Kapitel 12.5. Falls Sie individuelle anwaltliche Hilfe in Anspruch nehmen: Wenden Sie sich an eine Kanzlei, die Erfahrungen mit der Betreuung von Onlinehändlern vorweisen kann.

1.5 Die beste Adresse

Nach all den Vorüberlegungen wird es zum ersten Mal konkret. Es geht um Ihre Adresse und damit ums Ganze. Der Domainname entscheidet wesentlich über den Erfolg Ihres Shops:

- Ein richtig guter Domainname macht Laune und verleiht Ihnen Souveränität gegenüber Kunden und Geschäftspartnern.

- Ein juristisch heikler Domainname sorgt für böse Überraschungen – und das ausgerechnet dann, wenn die Zahlen nach oben zeigen. Mit einer gesteigerten Reichweite werden nämlich auch die Inhaber geschützter Marken auf Sie aufmerksam.

- Ein ungeeigneter Name kippt das gesamte Projekt. Wenn Sie da etwas verhunzen, ist nichts mehr zu retten. Nicht mit Suchmaschinenoptimierung, nicht mit Rabatten und nicht mit Social Media. Ist der Name vergeigt, ist alles vergeigt.

Bauen Sie also nicht auf Sand, sondern nehmen Sie sich für die Namenssuche Zeit.

Vorübung: Legen Sie das Buch zur Seite und gehen Sie eine Runde um den Block. Dabei stellen Sie sich diese naive Frage: »Welcher Domainname beschreibt am besten, was ich in meinem Onlineshop anbiete?«

Nehmen Sie Zettel und Stift mit sowie je nach Bedarf alkoholische oder nicht alkoholische Getränke und Nahrungsmittel. Kommen Sie erst wieder, wenn Sie drei brauchbare Domains notiert haben – oder besser gleich fünf.

Wieder zurück? Dann haben Sie einige Ideen im Kopf und können sich mit den Details auseinandersetzen. Zuerst wird geprüft, welche der favorisierten Namen schon vergeben sind, zum Beispiel auf *www.namecheck.com*.

Wahrscheinlich sind einige Namen schon belegt. Manche Zeitgenossen horten ja Domains, um damit zu spekulieren. Sie können über Marktplätze wie *www.sedo.de* einem »Domainbesetzer« die begehrte Adresse abkaufen, aber das kostet auch wieder Zeit, Geld und Nerven. Tun Sie es nicht, sondern arbeiten Sie mit den noch verfügbaren Namen weiter. Die untersuchen Sie nun auf Herz und Nieren, also zunächst auf die Tauglichkeit und den Wohlklang, dann auf die Rechtssicherheit.

> **Bestehenden Namen nutzen**
> Wenn Sie bereits einen Firmen- oder Vereinsnamen besitzen, sollte Ihr Shop natürlich im Internet darunter gefunden werden. Viele Namen sind allerdings schon vergeben. Im stationären Handel existieren unzählige Geschäfte mit Namen wie Müller oder Schmidt, im Internet ist jede Domain einmalig. Dann heißt es, eine Alternative zu finden – die richtige.

1.5.1 Mehr als Schall und Rauch

»Namen sind Schall und Rauch.« Wer hat es gesagt? Der Herr Goethe. Allerdings hatte der Dichter in seinem erfüllten Leben nie irgendetwas im Internet bestellt. Ein Onlineshop verlangt nach einem Namen, der gleichzeitig Dynamik und Vertrauenswürdigkeit ausstrahlt. Und außerdem muss er leicht zu merken sein.

1.5.2 In der Kürze liegt die Würze

Vorübung: Lesen Sie diese Bandnamen ganz schnell und nur einziges Mal durch. Dann wiederholen Sie die Namen mit geschlossenen Augen:

- 1910 Fruitgum Company
- ABBA
- Dave Dee, Dozy, Beaky, Mick and Tich
- Motörhead

Na, welche Namen sind Ihnen sofort im Gedächtnis geblieben? Doch eher die knackigen und kurzen, oder? Mit den Domains ist es das Gleiche. Kürzer ist besser. Aber nicht nur wegen des Wiedererkennungswerts, auch die gesamte E-Mail-Korrespondenz läuft reibungsloser mit kurzen Adressen.

Domain und E-Mail-Adressen

Der Domainname ist Teil Ihrer sämtlichen Mailadressen. Für die Domain *www.mustershop-online.de* wäre dieses Basisset denkbar:

info@mustershop-online.de

bestellung@mustershop-online.de

widerruf@mustershop-online.de

newsletter@mustershop-online.de

Trotz des Bindestrichs sieht das alles noch übersichtlich aus. Vergleichen Sie diese Mailadresse mit der einer komplexeren Domain:

- *info@kleiderladen-ina-und-alex.de*

Mit jedem Bindestrich und jedem Wort erhöht sich die Möglichkeit, dass den Kunden Tippfehler unterlaufen und damit Mails verloren gehen. Lange und komplizierte Domainnamen sind ein Störfaktor für die gesamte Mailkommunikation.

> **Eignung für Backlinks**
> Je länger die Domain, desto wahrscheinlicher werden Fehler bei Backlinks, also den für Suchmaschinen so wichtigen Verlinkungen anderer auf Ihre Seite. Machen Sie es auch denjenigen, die auf Ihren Shop verweisen, nicht so schwer.

1.5.3 Umlaute vermeiden

Beim Namen Mustershop brauchen Sie sich um Schreibweisen keine Gedanken zu machen. Falls Ihr Unternehmen aber Künstlerbedarf Müller heißt, ist die Angelegenheit komplizierter. Das »ü« ist schuld. Umlautdomains lassen sich zwar leicht bestellen, aber von anderen Domains nur sehr umständlich verlinken. Auch erfahrene Webmaster scheitern daran, die Fehlerquote ist hier vielfach höher als bei langen Domains.

Klarer Fall: Mit Umlauten verbauen Sie sich die wichtigsten Möglichkeiten zur Suchmaschinenoptimierung. Setzen Sie Umlautdomains nur als Zweitdomain und in dieser Konstruktion ein:

- WordPress wird nur auf einer Domain ohne Umlaut installiert, zum Beispiel auf *www.kuenstlerbedarf-mueller.de.*
- Die Umlautdomain *www.künstlerbedarf-müller.de* dient als Blockade gegen Trittbrettfahrer. Nicht, dass da irgendwann ein zweiter Müller auf den Plan tritt und ein Parallelprojekt betreibt. Inhalte werden auf der Umlautdomain aber keine platziert, einzige Funktion ist und bleibt eine Weiterleitung auf die Hauptdomain.

1.5.4 Invasion der Domainendungen

Sie sind da. Sie sind mitten unter uns. Und die meisten bemerken sie nicht einmal: die neuen Domainendungen. Oder waren Sie schon oft auf Websites wie *irgendwas.jetzt*, *irgendwas.rocks* oder *irgendwas.guru* unterwegs?

Zugegeben, diese neuen Domainendungen bieten eine Alternative zu vielen schon vergebenen *.de*-Domains, Sie sind aber trotzdem mit Vorsicht zu genießen. In den Trefferlisten der Suchmaschinen fristen sie nämlich noch ein Schattendasein.

Infrage kommen höchstens solche Endungen, die auf einen Shop hinweisen und eine Relevanz für die Google-Suche besitzen, zum Beispiel:

- *.kaufen*
- *.shop*
- *.shopping*
- *.store*

Begriffe geschickt kombinieren

Vor allem »kaufen« und »Shop« werden von den Verbrauchern bei Google gern als zweiter Suchbegriff eingegeben. Beispiel für eine typische Suchanfrage: »Winterstiefel kaufen«. Mit einer Domain wie *www.winterstiefel.kaufen* lässt sich bei Google Terrain gewinnen und das Manko der relativ unbekannten Domainendung etwas ausgleichen. Diese Konstruktion empfiehlt sich vor allem für Shops mit klarem Profil und begrenztem Sortiment.

> **Regionale Domainendungen**
> Falls Ihr Shop einen starken regionalen Bezug aufweist, zum Beispiel weil Sie ebenfalls einen stationären Laden betreiben, bieten sich auch Domainendungen wie *.berlin* oder *.wien* an. Besonders knifflig ist die Lage in Köln, denn hier stehen mit *.koeln* und *.cologne* gleich zwei regionale Endungen zur Verfügung. Prinzipiell wenig shoptauglich sind Endungen mit den Namen von Bundesländern. Der Kunde gibt sie in Verbindung mit einer Produktsuche nur in Ausnahmefällen ein.

1.5.5 Juristische Aspekte

Aus diesen Gründen kommt es über die Nutzung von Domains immer wieder zu Rechtsstreitigkeiten:

- Die Provider (bzw. die Registrierungsstellen) vergeben die Domains nach dem Prinzip: »Wer zuerst kommt, mahlt zuerst.«
- Die Provider prüfen nicht, ob der Antragsteller dabei Markenrechte verletzt.

Damit Sie nach dem Registrieren einer Domain keine bösen Überraschungen erleben: Beachten Sie die Markenrechte!

Markenrechte beachten

Firmeneigene Rechtsabteilungen wachen über große Marken wie Apple, Lego oder Telekom. Bei der Verwendung dieser (und ähnlich klingender) Namen in Ihrem Domainnamen kommen Sie schnell in Teufels Küche. Spaß verstehen die Markeninhaber keinen. Legendär ist ein Streit aus dem Jahr 2010. Apple hatte damals gegen einen

Hersteller geklagt, der ein Küchengerät unter dem Namen »eiPOTT« anbot. Der originelle Name musste schließlich wieder fallen gelassen werden. Lassen Sie lieber die Finger von jeglichen Experimenten. Die Großen haben genug Geld in der Schatulle, um sich lange Prozesse gegen Sie leisten zu können.

Kein Produktname im Domainnamen

Wenn Sie aber ein Produkt des Herstellers XY verkaufen, drückt dieser dann nicht aus Eigeninteresse ein Auge zu? Probieren Sie es nicht aus, Sie können immer in erhebliche Schwierigkeiten geraten, wenn Sie sich beim Inhaber einer fremden Marke für Ihren Domainnamen bedienen.

Worst Case: Sie möchten bevorzugt Bekleidung des Herstellers Munterhemd verkaufen, der selbst die Domain *www.munterhemd.de* betreibt. Die Domain *www.munterhemd-shop.de* ist aber noch frei. Nachdem Sie die Domain erworben und den Shop erfolgreich aufgebaut haben, meldet sich der Hersteller mit einem bösen Brief bei Ihnen. Hoffentlich werden Sie dann nicht abgemahnt. Die Markenrechte von Munterhemd haben Sie nämlich eindeutig verletzt.

Im Zweifelsfall fragen Sie beim Hersteller nach, wie weit Sie gehen dürfen. Manchmal finden sich auch akzeptable Kompromisslösungen, wie WordPress beweist. Es existiert ja eine stattliche Anzahl von Websites zu WordPress, einige sind Hobbyprojekte, andere bieten kommerzielle Dienstleistungen an. Für alle gelten diese Spielregeln: Verboten ist die Verwendung des kompletten Namens *wordpress*, erlaubt ist die Abkürzung *wp*. Aus diesem Grund finden Sie eine Reihe von Präsenzen zum Thema WordPress mit dem Kürzel *wp* als Teil der Domain.

Generische Begriffe

Begriffe wie Mode, Fußball, Computer oder Musik können von niemandem beansprucht oder geschützt werden. Mit diesen »generischen Namen«, sprich Alltagsnamen, sind Sie fast immer auf der sicheren Seite.

Warum nur fast? Weil es noch Zwitterwesen zwischen Marke und generischem Begriff gibt, zum Beispiel »Post« und »Bahn«. Große Unternehmen haben diese generischen Begriffe gekapert. Auch hier gilt: Wer keine Lust auf langjährige Rechtsstreitigkeiten hat, verwendet Alternativen.

> **Kombinierte Namen**
> Mit einer Kombination aus Eigen- bzw. Firmenname und generischem Begriff sind Sie juristisch fast immer im grünen Bereich, zum Beispiel:
> *www.modehaus-musterfrau.de*
> *www.computer-mustermann.de*
> Der Dreh: Der generische Begriff ist unschützbar, der Eigen – oder Firmenname muss von Ihnen nicht zwingend geschützt werden. Und mit der Kombination erhält Ihre Domain auch einen Wiedererkennungswert.

Nur der Eigenname

Ihr Eigenname ist in den meisten, aber nicht in jedem Fall ein Garant dafür, dass Sie sich bei einer Domainstreitigkeit durchsetzen. Heißen Sie Müller oder Schmidt? Dann könnten Sie leicht einem Unternehmen in die Quere kommen, das schon lange auf dem Markt und/oder im DPMA-Register eingetragen ist. Denken Sie zum Beispiel an den Drogeriemarkt Müller oder an Lebkuchen Schmidt.

Einen schweren Stand haben Sie auch, wenn Sie als Comedykünstler unter dem Namen »Schmidt« auftreten oder eine Internetdomain beanspruchen, selbst wenn Sie so heißen. Durch sein Lebenswerk hat sich ein gewisser Harald Schmidt auf seinen Nachnamen markenrechtliche Ansprüche im Bereich Comedy und Entertainment erworben.

Vereins- und Firmennamen

Sie verwalten für den eingetragenen Verein Kickers Ballhausen e. V. die Website *www.kickers-ballhausen.de*? Dann brauchen Sie sich um die Rechtssicherheit des Domainnamens keine Gedanken zu machen. Schon allein durch die Existenz des eingetragenen Vereins, bekräftigt durch den Eintrag ins Vereinsregister, wird Ihnen (bzw. dem Verein) die Domain niemand streitig machen.

Lassen Sie sich also keine grauen Haare wachsen, verkaufen Sie dort Fanartikel und sparen Sie sich die Gebühren für einen Markeneintrag beim DPMA. Vereinsnamen benötigen nur in seltenen Ausnahmefällen einen zusätzlichen markenrechtlichen Schutz.

Mit Abstrichen gilt das markenrechtliche Privileg eines Vereins auch für eine Firma, insbesondere wenn sie im Handelsregister eingetragen ist. Zu beachten ist allerdings, dass sich Handels-, Vereins- und DPMA-Register nicht miteinander abgleichen. Es kann also vorkommen, dass ein im Handelsregister eingetragener Firmenname von einem konkurrierenden Unternehmen beim DPMA angemeldet wird. Im Streitfall entscheiden die Gerichte.

1.5.6 Trittbrettfahrer abwehren

Braucht man wirklich einen teuren Namensschutz über das DPMA? Jein. Firmennamen erwerben ebenso wie Künstlernamen oder Buchtitel allein dadurch einen Schutz, dass sie vom Erfinder des Namens verwendet werden.

Doch ab welcher Schwelle wird die Verwendung juristisch relevant? Das DPMA bringt hierzu den Begriff der »notorischen Bekanntheit« ins Spiel. Das heißt: Wenn eine Firma bekannt wie ein bunter Hund ist, fällt dies markenrechtlich auch ins Gewicht. Nun liegt es aber in der Natur der Sache, dass ein frisch gegründetes Unternehmen keine Bekanntheit vorweisen kann.

Im schlimmsten Fall droht dieses Szenario: Sie lassen sich einen schönen Namen für Ihren Shop einfallen, zum Beispiel »Rosengartenshop«, und erwerben die passende Domain *rosengartenshop.de*. Während Sie Ihren Shop hegen und pflegen, sichert sich ein Mitbewerber die Markenrechte für »Rosengartenshop«, erwirbt *rosengartenshop.com* und überzieht Sie dann mit einem markenrechtlichen Verfahren. Eine andere Gefahr lauert aus der Ecke von Bloggern und Social Media.

Blogger und Social Media

Angenommen, Sie haben sich für Ihren Onlineshop einen wohlklingenden Fantasienamen ausgedacht. Einen mystisch klingenden, sexy angehauchten oder besonders originellen, der ein pfiffiges Wortspiel enthält. Kurz: einen Namen, den Sie lieben und der Ihr Geschäft voranbringt.

Nun trommeln Sie mit Eifer für Ihren Onlineshop im Netz. Die Domain trägt natürlich den Namen und ebenso die Ableger, Ihre Präsenzen auf Facebook, Twitter und vielleicht noch YouTube und Pinterest, und zwar in dieser Form:

- *www.facebook.com/supergutername*
- *www.twitter.com/supergutername*

Was wird dann mit Ihrem richtig guten Namen als Folge Ihrer eigenen Aktivitäten mit Sicherheit passieren?

Diverse Leute werden den Namen ohne böse Absicht für eigene Zwecke verwenden, sich damit Profile auf diversen Foren und Blogs zulegen und diejenigen Social-Media-Kanäle damit bestücken, die Sie noch nicht abgedeckt hatten. Mit der Ausbreitung lässt sich irgendwann nicht mehr so einfach nachweisen, wer den Namen tatsächlich erfunden hat. Und selbst wenn Sie die Wege der Verbreitung akribisch darstellen können: Recht haben heißt noch nicht Recht bekommen. Sie brauchen vor Gericht etwas Handfestes.

Fazit: Wenn Sie einen selbst kreierten Namen für ein neues Unternehmen mit Nachdruck schützen lassen wollen, führt kein Weg am DPMA vorbei.

Eine Nacht darüber schlafen

Es ist ein Erfahrungswert: Fünf Minuten, nachdem sich irgendwer auf einen Namen festgelegt und die Domain beim Provider bestellt oder gar bei DPMA registriert hat, hat, fällt ihm ein noch besserer Name ein. Dagegen ist kein Kraut gewachsen. Deswegen ist es ratsam, vor der endgültigen Festlegung auf einen Namen noch einmal eine Nacht darüber zu schlafen und Distanz zu gewinnen. Immer hilfreich ist bei solchen Fragen auch externer Rat. Fragen Sie einfach Freunde und Bekannte, was sie ganz spontan mit Ihrer Namensidee verbinden.

1.6 Domain und DPMA

Mit dem Markenrecht und den diversen Möglichkeiten zur Eintragung beim DPMA lässt sich ein mehrbändiges Werk füllen. Dieses Buch beschränkt sich deshalb auf die einfachste Form: die Sicherung Ihres Shop- und Domainnamens als nationale Marke.

1.6.1 Deutsches Patent- und Markenamt

Das ehrwürdige Deutsche Patent- und Markenamt, kurz DPMA, existiert schon seit Kaiser Wilhelms Zeiten, und zwar seit seiner Majestät Wilhelm dem I. Wie der Name schon sagt, geht es um Marken und Patente.

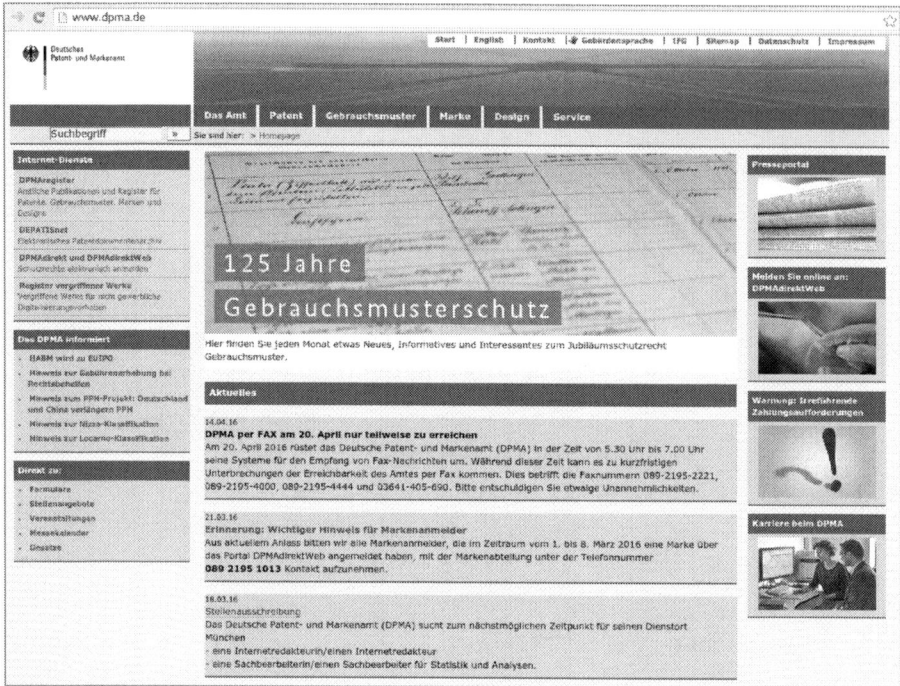

Bild 1.1: Das Deutsche Patent- und Markenamt (DPMA) ist unter *www.dpma.de* erreichbar.

Das mit den Patenten betrifft aber nur Menschen, die irgendetwas erfunden haben, einen Aufzug in den Weltraum oder ein alkoholisches Getränk, das am nächsten Tag keinen Kater hinterlässt. Diese genialen Tüftler dürfen dann gegen eine Gebühr die Konstruktionspläne hinterlegen bzw. die Formel für die Mixtur.

Als Shopbetreiber geht es Ihnen nicht um ein Patent, sondern lediglich um Ihre Marke. Doch das Prinzip ist gleich. Das DPMA fungiert als neutrale Stelle zur Hinterlegung von Ideen zwecks Abwehr von Plagiatoren. Kommt es zu juristischen Auseinandersetzungen, spielt der DPMA-Eintrag eine gewichtige Rolle.

1.6.2 Markenschutz für den Shopnamen

Als Marke können Waren und Dienstleistungen geschützt werden. Shopbetreiber sind in der Regel ausschließlich Dienstleister – sofern sie die Waren nicht selbst produzieren. Eine DPMA-Eintragung bietet allerdings auch Sicherheit für diverse Aktivitäten im Umfeld des WordPress-Shops. Werfen Sie mal einen Blick in die Glaskugel:

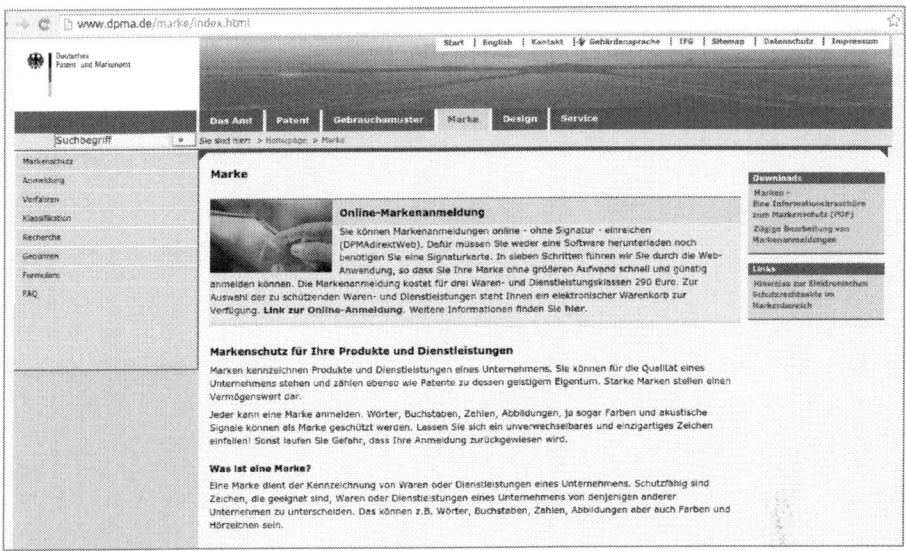

Bild 1.2: Die Markenseite des DPMA versteckt sich unter der URL *http://dpma.de/marke/markenschutz/index.html*.

Naturgemäß hinkt die Justiz der technischen und gesellschaftlichen Entwicklung immer ein paar Jahre oder Jahrzehnte hinterher. Das Terrain der Social-Media-Netzwerke ist beispielsweise noch kaum erschlossen. Große Teile der Gesetzgebung beziehen sich bisher fast nur auf die Betreiber von Websites und die Provider. Facebook ist juristisches Neuland.

Kommt es später zu Streitigkeiten um Marke und Domain, ist eine umfassende Rechtssicherheit wichtig. Eine nachträgliche Umbenennung, nicht nur der Shopsite, sondern auch aller Ableger in den Social-Media-Netzwerken, wäre nicht nur mit Ärger und Arbeit verbunden, sondern auch mit einem Verlust der angesammelten Followerschaft. Kurz: Eine Umbenennung kostet Umsätze und damit bares Geld.

1.6.3 Markenrecherche

Selbst wenn Sie risikofreudig sind und keine eigene Marke anmelden: Die Recherche beim DPMA ist immer Pflicht. Sie müssen sichergehen, dass kein anderer Ihre Domain oder einen Teil Ihrer Domain als Marke besitzt. Unter solchen Bedingungen schläft es sich nämlich schlecht, da helfen weder Tabletten noch Therapeuten. Machen Sie lieber Nägel mit Köpfen.

Auf der DPMA-Markenseite ist grob erklärt, welche unterschiedlichen Sorten vom Marken es gibt, angeführt werden immerhin sieben. Für Sie als Webshopbetreiber sind aber nur zwei interessant, diese beiden hier:

- Wortmarke
- Wort-Bild-Marke

Wort- und Wort-Bild-Marke

Die reine **Wortmarke** ist die einfachste Form. Nicht schützbar sind allgemeine Begriffe wie Shop, Whisky oder Kartoffelpuffer – im Gegensatz zu selbst kreierten Shopnamen.

Reine **Bildmarken** schützen zu lassen, ist theoretisch möglich, aber wenig sinnvoll. Sie wollen ja den Domainnamen nicht aus dem Schutz ausschließen. Wenn Sie ein Logo besitzen, entscheiden Sie sich gleich für eine **Wort-Bild-Marke**, also eine Kombination aus Wort und Bild. Die Gebühr wird immer pro Anmeldung erhoben. Es kostet Sie keinen Euro mehr, das Bild mit ins Boot zu nehmen.

Doch bevor Sie eine Marke anmelden, recherchieren Sie, ob Ihnen nicht schon ein anderer zuvorgekommen ist.

Im DPMA-Register recherchieren

Die Recherche ist kostenlos. Sie benötigen dazu keinen DPMA-Account und müssen dafür auch keine persönlichen Daten angeben. Unter dieser URL finden Sie die Eingabemaske des DPMA-Registers:

https://register.dpma.de/DPMAregister/marke/einsteiger

Geben Sie den Namen Ihrer geplanten Domain bzw. Marke ein und sehen Sie nach, ob er schon vergeben ist. Wenn ja, steht hinter der Marke auch etwas zur Nizza-Klasse.

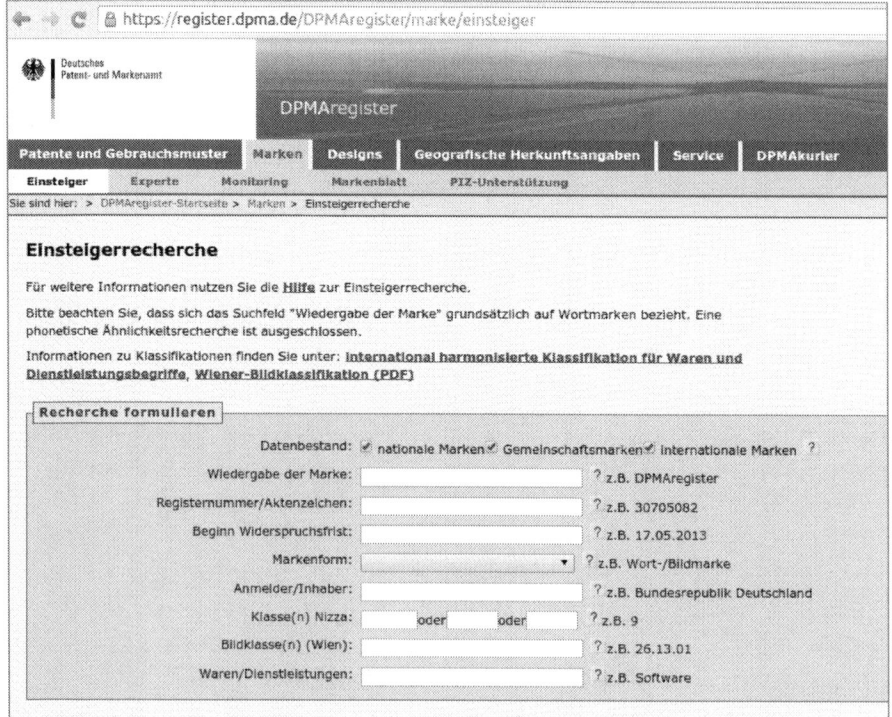

Bild 1.3: Über die Eingabemaske können die beim DPMA registrierten Marken angezeigt werden.

1.6.4 Die Nizza-Klassen

Falls Sie jetzt an Filmstars und den internationalen Jetset denken – damit hat dies nichts zu tun. Es ist nämlich so: Sie können eine Marke nicht »nackig« anmelden, sondern nur in Verbindung mit den Waren und/oder Dienstleistungen, die sie repräsentieren soll. Für diese Waren und Dienstleistungen wurde das System der Nizza-Klassifikation geschaffen. Es heißt so, weil es 1957 in Nizza von verschiedenen Vertragsstaaten festgelegt wurde. Marken und Patente gibt es natürlich schon viel länger, aber seither ist das System geordnet. Eine Nizza-Klasse ist nichts anderes als eine Markenschublade. Wenn Sie eine neue Marke anmelden, dann wählen Sie hierfür eine bis drei der folgenden Klassen aus.

> **Hinweis**
> Die vom DPMA zur Verfügung gestellten Anmerkungen wurden in diesem Buch aus Platzgründen weggelassen.

Nizza-Klassen: Waren

- **Klasse 1** – Chemische Erzeugnisse für gewerbliche, wissenschaftliche, fotografische, land-, garten- und forstwirtschaftliche Zwecke; Kunstharze im Rohzustand, Kunststoffe im Rohzustand; Düngemittel; Feuerlöschmittel; Mittel zum Härten und Löten von Metallen; chemische Erzeugnisse zum Frischhalten und Haltbarmachen von Lebensmitteln; Gerbmittel; Klebstoffe für gewerbliche Zwecke.

- **Klasse 2** – Farben, Firnisse, Lacke; Rostschutzmittel, Holzkonservierungsmittel; Färbemittel; Beizmittel; Naturharze im Rohzustand; Blattmetalle und Metalle in Pulverform für Mal-, Dekorations- und Druckerzwecke sowie für künstlerische Arbeiten.

- **Klasse 3** – Wasch- und Bleichmittel; Putz-, Polier-, Fettentfernungs- und Schleifmittel; Seifen, Parfümeriewaren, ätherische Öle, Mittel zur Körper- und Schönheitspflege, Haarwässer, Zahnputzmittel.

- **Klasse 4** – Technische Öle und Fette; Schmiermittel; Staubabsorbierungs-, Staubbenetzungs- und Staubbindemittel; Brennstoffe (einschließlich Motorentreibstoffen) und Leuchtstoffe; Kerzen und Dochte für Beleuchtungszwecke.

- **Klasse 5** – Pharmazeutische Erzeugnisse, medizinische und veterinärmedizinische Präparate; Hygienepräparate für medizinische Zwecke; diätetische Lebensmittel und Erzeugnisse für medizinische oder veterinärmedizinische Zwecke, Babykost; Nahrungsergänzungsmittel für Menschen und Tiere; Pflaster, Verbandmaterial; Zahnfüllmittel und Abdruckmassen für zahnärztliche Zwecke; Desinfektionsmittel; Mittel zur Vertilgung von schädlichen Tieren; Fungizide, Herbizide.

- **Klasse 6** – Unedle Metalle und ihre Legierungen; Baumaterialien aus Metall; transportable Bauten aus Metall; Schienenbaumaterial aus Metall; Kabel und Drähte aus Metall (nicht für elektrische Zwecke); Schlosserwaren und Kleineisenwaren; Metallrohre; Geldschränke; Erze.

- **Klasse 7** – Maschinen und Werkzeugmaschinen; Motoren (ausgenommen Motoren für Landfahrzeuge); Kupplungen und Vorrichtungen zur Kraftübertragung (ausgenommen solche für Landfahrzeuge); nicht handbetätigte landwirtschaftliche Geräte; Brutapparate für Eier; Verkaufsautomaten.

- **Klasse 8** – Handbetätigte Werkzeuge und Geräte; Messerschmiedewaren, Gabeln und Löffel; Hieb- und Stichwaffen; Rasierapparate.

- **Klasse 9** – Wissenschaftliche, Schifffahrts-, Vermessungs-, fotografische, Film-, optische, Wäge-, Mess-, Signal-, Kontroll-, Rettungs- und Unterrichtsapparate und -instrumente; Apparate und Instrumente zum Leiten, Schalten, Umwandeln, Speichern, Regeln und Kontrollieren von Elektrizität; Geräte zur Aufzeichnung, Übertragung und Wiedergabe von Ton und Bild; Magnetaufzeichnungsträger, Schallplatten; CDs, DVDs und andere digitale Aufzeichnungsträger; Mechaniken für geldbetätigte Apparate; Registrierkassen, Rechenmaschinen, Hardware für die Datenverarbeitung, Computer; Computersoftware; Feuerlöschgeräte.

- **Klasse 10** – Chirurgische, ärztliche, zahn- und tierärztliche Instrumente und Apparate, künstliche Gliedmaßen, Augen und Zähne; orthopädische Artikel; chirurgisches Nahtmaterial.

- **Klasse 11** – Beleuchtungs-, Heizungs-, Dampferzeugungs-, Koch-, Kühl-, Trocken-, Lüftungs- und Wasserleitungsgeräte sowie sanitäre Anlagen.

- **Klasse 12** – Fahrzeuge; Apparate zur Beförderung auf dem Lande, in der Luft oder auf dem Wasser.

- **Klasse 13** – Schusswaffen; Munition und Geschosse; Sprengstoffe; Feuerwerkskörper.

- **Klasse 14** – Edelmetalle und deren Legierungen; Juwelierwaren, Schmuckwaren, Edelsteine; Uhren und Zeitmessinstrumente.

- **Klasse 15** – Musikinstrumente.

- **Klasse 16** – Papier, Pappe (Karton); Druckereierzeugnisse; Buchbinderartikel; Fotografien; Schreibwaren; Klebstoffe für Papier- und Schreibwaren oder für Haushaltszwecke; Künstlerbedarfsartikel; Pinsel; Schreibmaschinen und Büroartikel (ausgenommen Möbel); Lehr- und Unterrichtsmittel (ausgenommen Apparate); Verpackungsmaterial aus Kunststoff, Drucklettern; Druckstöcke.

- **Klasse 17** – Kautschuk, Guttapercha, Gummi, Asbest, Glimmer und Waren daraus, soweit sie nicht in anderen Klassen enthalten sind; Waren aus Kunststoffen (Halbfabrikate); Dichtungs-, Packungs- und Isoliermaterial; Schläuche (nicht aus Metall).

- **Klasse 18** – Leder und Lederimitationen; Häute und Felle; Reise- und Handkoffer; Regenschirme und Sonnenschirme; Spazierstöcke; Peitschen, Pferdegeschirre und Sattlerwaren.

- **Klasse 19** – Baumaterialien (nicht aus Metall); Rohre (nicht aus Metall) für Bauzwecke; Asphalt, Pech und Bitumen; transportable Bauten (nicht aus Metall); Denkmäler (nicht aus Metall).

- **Klasse 20** – Möbel, Spiegel, Bilderrahmen; Knochen, Horn, Elfenbein, Fischbein oder Perlmutter in rohem oder teilweise bearbeitetem Zustand; Schildpatt; Meerschaum; Bernstein.
- **Klasse 21** – Geräte und Behälter für Haushalt und Küche; Kämme und Schwämme; Bürsten und Pinsel (ausgenommen für Malzwecke); Bürstenmachermaterial; Putzzeug; Stahlwolle; rohes oder teilweise bearbeitetes Glas (mit Ausnahme von Bauglas); Glaswaren, Porzellan und Steingut.
- **Klasse 22** – Seile und Bindfaden; Netze; Zelte und Planen; Segel; Säcke; Polsterfüllstoffe (außer Papier, Pappe, Kautschuk oder Kunststoffen); rohe Gespinstfasern.
- **Klasse 23** – Garne und Fäden für textile Zwecke.
- **Klasse 24** – Webstoffe und deren Ersatz; Bettdecken; Tischdecken.
- **Klasse 25** – Bekleidungsstücke, Schuhwaren, Kopfbedeckungen.
- **Klasse 26** – Spitzen und Stickereien, Bänder und Schnürbänder; Knöpfe, Haken und Ösen, Nadeln; künstliche Blumen.
- **Klasse 27** – Teppiche, Fußmatten, Matten, Linoleum und andere Bodenbeläge; Tapeten (ausgenommen aus textilem Material).
- **Klasse 28** – Spiele, Spielzeug; Turn- und Sportartikel; Christbaumschmuck.
- **Klasse 29** – Fleisch, Fisch, Geflügel und Wild; Fleischextrakte; konserviertes, tiefgekühltes, getrocknetes und gekochtes Obst und Gemüse; Gallerten (Gelees), Konfitüren, Kompotte; Eier; Milch und Milchprodukte; Speiseöle und -fette.
- **Klasse 30** – Kaffee, Tee, Kakao und Kaffee-Ersatzmittel; Reis; Tapioca und Sago; Mehle und Getreidepräparate, Brot, feine Backwaren und Konditorwaren; Speiseeis; Zucker, Honig, Melassesirup; Hefe, Backpulver; Salz; Senf; Essig, Soßen (Würzmittel); Gewürze; Kühleis.
- **Klasse 31** – Samenkörner sowie land-, garten- und forstwirtschaftliche Erzeugnisse; rohe und nicht verarbeitete Samenkörner und Sämereien; frisches Obst und Gemüse; natürliche Pflanzen und Blumen; lebende Tiere; Futtermittel; Malz.
- **Klasse 32** – Biere; Mineralwässer und kohlensäurehaltige Wässer und andere alkoholfreie Getränke; Fruchtgetränke und Fruchtsäfte; Sirupe und andere Präparate für die Zubereitung von Getränken.
- **Klasse 33** – Alkoholische Getränke (ausgenommen Biere).
- **Klasse 34** – Tabak; Raucherartikel; Streichhölzer.

Nizza-Klassen: Dienstleistungen
- **Klasse 35** – Werbung; Geschäftsführung; Unternehmensverwaltung; Büroarbeiten.
- **Klasse 36** – Versicherungswesen; Finanzwesen; Geldgeschäfte; Immobilienwesen.
- **Klasse 37** – Bauwesen; Reparaturwesen; Installationsarbeiten.
- **Klasse 38** – Telekommunikation.

- **Klasse 39** – Transportwesen; Verpackung und Lagerung von Waren; Veranstaltung von Reisen.
- **Klasse 40** – Materialbearbeitung.
- **Klasse 41** – Erziehung; Ausbildung; Unterhaltung; sportliche und kulturelle Aktivitäten.
- **Klasse 42** – Wissenschaftliche und technologische Dienstleistungen und Forschungsarbeiten und diesbezügliche Designerdienstleistungen; industrielle Analyse- und Forschungsdienstleistungen; Entwurf und Entwicklung von Computerhard- und -software.
- **Klasse 43** – Dienstleistungen zur Verpflegung und Beherbergung von Gästen.
- **Klasse 44** – Medizinische und veterinärmedizinische Dienstleistungen; Gesundheits- und Schönheitspflege für Menschen und Tiere; land-, garten- oder forstwirtschaftliche Dienstleistungen.
- **Klasse 45** – Juristische Dienstleistungen; Sicherheitsdienste zum Schutz von Sachwerten oder Personen; von Dritten erbrachte persönliche und soziale Dienstleistungen betreffend individuelle Bedürfnisse.

Haben Sie alles durchgelesen? Bevor Sie nun den Wald vor lauter Bäumen nicht sehen: Die 45 Klassen sind in zwei Gruppen eingeteilt.

Gruppe 1 – Waren (Klasse 1–34)

Gruppe 2 – Dienstleistungen (Klasse 35–45)

Wo ist nun ein Onlineshop klassentechnisch einzuordnen? Ein Shop verkauft irgendetwas, und dieses Verkaufen gehört zu den Dienstleistungen. Versteckt hat sich der Onlineshop in der Klasse 35.

Sie haben das gar nicht entdeckt? Das ist kein Wunder, denn das dort verwendete Vokabular lässt sich nicht direkt mit einem Onlineshop in Verbindung bringen. Nähere Auskunft ergeben erst die Erläuterungen zu Klasse 35. Darin heißt es unter anderem:

»Diese Klasse enthält insbesondere das Zusammenstellen verschiedener Waren (ausgenommen für deren Transport) für Dritte, um den Verbrauchern Ansicht und Erwerb dieser Waren zu erleichtern. Diese Dienstleistungen können von Einzelhandelsgeschäften, Großhandelsverkaufsstellen, durch Versandkataloge oder mithilfe elektronischer Medien, z. B. über Websites oder Teleshopping-Sendungen, erbracht werden.«

Fazit: Um den Namen Ihres Onlineshops über das DPMA schützen zu lassen, müssen Sie auf jeden Fall die Nizza-Klasse 35 angeben. Alles andere ist erst mal zweitrangig, die Klassen 1 bis 34 spielen dann eine Rolle, wenn Sie Waren auch selbst herstellen.

Beispiel: Sie sind Spielzeughersteller und verkaufen im eigenen Onlineshop. Um den Wiedererkennungswert zu erhöhen, tragen Spielzeug und Shop denselben Namen. Spielzeug fällt unter Klasse 28, der Shop unter Klasse 35. Melden Sie Ihre Marke unter diesen beiden Klassen an.

Im Preis der Anmeldegebühr inbegriffen sind maximal drei Klassen. Sie sollten diese aber nur dann ausschöpfen, wenn Sie auf den entsprechenden Gebieten auch tätig werden möchten. Marken verfallen nämlich, wenn sie über einen längeren Zeitraum nicht benutzt werden. Wenn Sie Nizza-Klassen nur zur Blockade verwenden, könnte die angestrebte Rechtssicherheit darunter wieder leiden. Kurz gesagt: Domains lassen sich auf Vorrat bunkern, Marken und Nizza-Klassen nicht.

1.6.5 Marke beim DPMA anmelden

Was kostet der Spaß? 280 Euro für die ersten zehn Jahre. Danach sollte der Shop erfolgreich sein. Für eine Verlängerung um jeweils weitere zehn Jahre müssen Sie dann nämlich 750 Euro berappen. Ach ja, und dann gibt es noch zwei beliebte Fallen.

1. **Pseudodienstleister** – Kurz nach der DPMA-Eintragung flattern Ihnen Briefe ins Haus, die einem amtlichen Schreiben sehr ähneln. Kennzeichen sind Recyclingpapier und das DPMA-Vokabular. Verwendet werden Begriffe wie Register, Eintragung, Klasse oder Schutz. Schauen Sie bei der Korrespondenz zu Ihrer Marke deshalb immer ganz genau hin. Die Betrüger spekulieren darauf, dass sie von Ihnen drei- oder vierstellige Beträge für irgendwelche ominösen Dienstleistungen erhalten. Werfen Sie das Zeugs in den Papierkorb, die Gegenleistung ist in der Regel völlig wertlos.

2. **Markenverlängerung** – Eine andere Falle stellt das DPMA selbst. Erst kurz nach Überschreiten der zehnjährigen Schutzfrist erhalten Sie als Markeninhaber eine entsprechende Mitteilung. Darin wird auf eine Gnadenfrist von sechs Monaten hingewiesen, innerhalb der Sie die eigentliche Gebühr plus 50 Euro Versäumnisgebühr zu entrichten haben. Werden die nun 800 Euro nicht bezahlt, ist die Marke erloschen.

Wer kann eintragen?

Eine Marke kann eingetragen werden von:

- juristischen Personen wie Firmen oder Vereinen sowie von
- Privatpersonen.

> **Entscheidungshilfe**
> Wo Menschen zugange sind, entstehen Konflikte. Wenn diese lange gären, hat das Folgen: Unternehmen werden neu gegründet, Teams spalten sich. Und nicht selten bekriegen sich die »Spaltprodukte« mit harten Bandagen. Tragen Sie die Marke deshalb lieber als Privatperson ein. Sie ersparen sich in ohnehin schwierigen Situationen komplizierte juristische Auseinandersetzungen um den Verbleib der Markenrechte.

1.6.6 Markenkollisionen

Einige Feinheiten sollten Sie im Hinterkopf haben, bevor Sie 280 Euro an das DPMA abdrücken:

Es ist nicht zwingend, dass sich ältere und jüngere Marken ins Gehege kommen. Nach der Eintragung einer Marke ins Markenregister werden ja nur die vom Anmelder bestimmten Nizza-Klassen über das DPMA geschützt. Doch wie erwähnt, kann Markenschutz auch jenseits des amtlichen Registers bzw. der dort reservierten drei oder mehr Nizza-Klassen entstehen.

> **Faustregel**
> **Mit der Bekanntheit einer Marke wächst der Schutz.**
> Was heißt das für die Praxis? Es ist selbstverständlich, dass Sie keinen Fashionshop mit dem Namen Otto eröffnen. Aber vielleicht ja etwas anderes?
> Das kann gut gehen, muss es aber nicht! Probieren Sie es lieber nicht aus. Das DPMA prüft nämlich nicht, ob eine Marke aufgrund ihres hohen Bekanntheitsgrads einen erweiterten Schutz genießt. Im schlimmsten Fall bezahlen Sie für die Markeneintragung und können trotz reservierter Nizza-Klassen den Namen nicht nutzen.
> Bei allen Markenstreitigkeiten gilt: Im Vorteil ist, wer die Marke zuerst eingetragen hat. Das gilt aber nur für aktive Marken.
> **Beispiel:** A hat seine Marke 2006 für drei Nizza-Klassen eintragen lassen, aber eine Verlängerung nach zehn Jahren versäumt. B ist mit der gleichen Marke seit 2012 in anderen Nizza-Klassen aktiv und erweitert 2017 um die von A aufgegebenen Klassen. Danach erwacht A aus dem Tiefschlaf und will seine Marke in den aufgegebenen Klassen reaktivieren. Doch die Chancen stehen schlecht. Nach der versäumten Verlängerung genießt B jetzt den Vorrang der älteren Marke.

Checkliste Domain und Marken

- Domain ist griffig, kurz und ohne Umlaute.
- Domainendung auf *.de* oder einer geeigneten Shopdomain.
- Markenrecherche beim DPMA ist durchgeführt.
- Fremde Markenrechte werden nicht verletzt.
- Optional: Markenschutz beim DPMA beantragt.
- Falls Markenschutz beantragt: Klasse 35 ist dabei.
- Falls Markenschutz beantragt: kombinierte Wort-Bild-Marke.

2 WordPress installieren

2.1	**Wichtige Systemvoraussetzungen**	**54**
2.1.1	PHP	55
2.1.2	MySQL	55
2.1.3	Mod Rewrite	56
2.1.4	PHP Memory Limit	56
2.1.5	SSL	57
2.2	**Provider für Onlineshops**	**57**
2.2.1	Die inneren Werte	58
2.2.2	Support auf allen Ebenen	58
2.2.3	Checkliste Provider	59
2.2.4	Webspace anmieten	60
2.3	**Download und Datenbank**	**61**
2.3.1	Deutsche Bezugsquelle	61
2.3.2	MySQL-Datenbank anlegen	64
2.4	**Die Konfigurationsdatei**	**65**
2.4.1	Zugangsdaten eintragen	65
2.4.2	Tabellenpräfix ändern	67
2.4.3	Konfigurationsdatei speichern	67
2.5	**Upload via FTP**	**67**
2.5.1	Crashkurs FTP-Programm	68
2.5.2	FileZilla oder FireFTP?	68
2.5.3	Mit dem Server verbinden	69
2.5.4	WordPress hochladen	70
2.6	**Die Installation**	**71**
2.6.1	Installation starten	71
2.6.2	Installation abschließen	72
2.6.3	Bei WordPress anmelden	72

Checkliste Installation **73**

Die Domain ist frei? Keine Umlaute im Domainnamen und markenrechtlich alles im grünen Bereich? Dann geht es weiter mit der Bestellung von Webspace und der WordPress-Installation. Mit dem Wissen um folgende Begriffe verstehen Sie das Kauderwelsch auf den Seiten der Provider und meistern die Tücken der Installation:

- **Datenbank** – Die Inhalte einer WordPress-Site werden in einer MySQL-Datenbank unabhängig vom Design separat gespeichert. Der Vorteil: Die Optik einer WordPress-Site lässt sich ohne Gefährdung der Inhalte ändern.
- **FTP** – Mit einem FTP-Programm (*File Transfer Program*) laden Sie WordPress von Ihrem lokalen PC auf den Server des Providers hoch.
- **Konfigurationsdatei** – Mit dieser speziellen Datei wird WordPress mit der Datenbank verbunden.
- **Kundencenter** – Das Backend des Providers. Hier verwalten Sie Ihre Domains und legen die Datenbank für WordPress an.
- **PHP** – Eine Skriptsprache, die dynamische Seiten generiert. Nicht nur der Shop ist auf PHP angewiesen, sondern auch WordPress selbst.
- **Systemvoraussetzungen** – Das Minimum, damit WordPress überhaupt auf einem Server installiert werden kann. Aber wirklich nur das Minimum.

Shoptaugliches WordPress

Die Installation von WordPress ist nicht besonders schwierig. Vielleicht haben Sie auch schon einige Gehversuche mit WordPress als Blog oder CMS (*Content Management System*) unternommen? Für eines solides und shoptaugliches WordPress gilt es allerdings, zwei Besonderheiten zu beachten:

1. **Serverumgebung und Providerwahl** – Die Anforderungen an ein Shopsystem sind höher als gewohnt. Machen Sie WordPress eine Freude und zeigen Sie sich bei der Wahl von Webspace generös.
2. **Sicherheit vor Hackerangriffen** – Die Welt ist voller Schurken. Am besten ist es, schon bei der Installation sicherheitsrelevante Einstellungen vorzunehmen. Schützen Sie die Daten, die Ihnen von Ihren Kunden anvertraut werden.

2.1 Wichtige Systemvoraussetzungen

Für WordPress wird mindestens PHP 5.6 empfohlen. Aus diesen wichtigen Gründen sollten Sie hier keine Kompromisse eingehen:

- Ältere PHP-Versionen stellen ein Sicherheitsrisiko dar.
- Einige Shop-Plug-ins und Erweiterungen verlangen höhere PHP-Versionen als WordPress selbst. Nähen Sie an dieser Stelle nicht auf Kante.

2.1.1 PHP

Am besten installieren Sie WordPress gleich bei einem Provider, der PHP 7 zur Verfügung stellt – vor allem, aber nicht nur, aus Sicherheitsgründen. Es geht ja auch darum, dass Ihre Seiten schnell aufgerufen werden. Der Besucher wartet nicht ewig, bis sich eine Website aufgebaut hat, und die Konkurrenz ist nur einen Klick entfernt.

High Speed mit PHP 7

Ende 2015 hat PHP 7 das letzte Release der 5er-Reihe abgelöst, nämlich PHP 5.6. Falls Sie sich fragen, wo PHP 6 geblieben ist: Hat es nie gegeben. Die Entwicklung wurde wieder eingestellt, weil viele Features schon in den Versionen 5.3 und 5.6 eingebaut waren.

Spürbar verbessert wurde mit PHP 7 die Performance. Die Anfragen an den Server werden deutlich schneller ausgeliefert als bei der Vorgängerversion. Das heißt: Ihr Shop wird schneller geladen und besser gefunden. Auch die Ladezeit gehört nämlich zu den Kriterien für das Ranking bei Google.

Dieser Vorteil macht sich in der Startphase von PHP 7 bemerkbar. Weil die Provider noch nicht alle Server umgestellt haben, profitieren die »First Mover«. Aber nicht mehr lange, wie die Tabelle zeigt: Das Ende ist nah – für veraltetes PHP.

PHP-Version	Release	Ende des aktiven Supports	Ende des Security-Supports
5.6	August 2014	August 2016	August 2017
7.0	Dezember 2015	Dezember 2017	Dezember 2018

Die PHP-Überholspur steht maximal bis August 2017 zur Verfügung, dem Abschaltungstermin für die letzten Server, die mit PHP 5.6 bestückt sind.

Alles spricht dafür, ein neues Projekt sofort mit PHP 7 zu starten. Biblisch gesprochen: Man füllt nicht neuen Wein in alte Schläuche.

> **PHP umschalten**
> Nicht jedes Plug-in und jedes Theme läuft auf allen Versionen. Zu 98 % liegt das Problem bei veraltetem PHP. Doch in einzelnen Fällen arbeitet ein Plug-in ausgerechnet mit der neuesten PHP-Version nicht zusammen. In diesem Fall ist es hilfreich, wenn der Provider einen Wechsel zwischen unterschiedlichen PHP-Versionen ermöglicht.

2.1.2 MySQL

Für WordPress 4.5 wird MySQL 5.6 oder höher empfohlen. Eine Installation lässt sich zwar schon ab MySQL 5.0 durchführen, ist dann aber für Angriffe von Hackern ein leichteres Ziel. Es ist allerdings unwahrscheinlich, dass ein Provider PHP 7 in Kombination mit veraltetem MySQL einsetzt. Faustregel: Ist PHP aktuell, dann ist es auch MySQL.

MariaDB

Als alternatives Datenbanksystem können Sie MariaDB verwenden, WordPress empfiehlt Version 10.0 oder höher. Allerdings hat die Abkehr von MySQL zwei Haken:

- MariaDB wird zurzeit noch nicht bei allen Providern angeboten.
- Mit Version 10.0 wurde die Kompatibilität zu MySQL eingeschränkt. Ein Wechsel von MySQL zu MariaDB ist zwar relativ einfach möglich, aber die Rückkehr nicht. Einmal Maria, immer Maria.

Fazit: Es bleibt abzuwarten, welches Datenbanksystem sich in der Zukunft durchsetzt. Wer auf höchste Performance spekuliert, kann mit MariaDB möglicherweise einen Vorsprung erzielen. Allerdings ist MySQL weiter verbreitet und besser dokumentiert. Für Otto Normalanwender ist MySQL aktuell das geeignete System.

2.1.3 Mod Rewrite

Um von Google komfortabel eingesaugt und auf den Trefferlisten gut platziert zu werden, muss Ihre Website URLs in dieser Form erzeugen können:

www.mustershop-online.de/damen-winterjacke

Diese suchmaschinenfreundlichen URLs funktionieren in WordPress aber nur, wenn der Provider seine Hausaufgaben gemacht hat. Es muss das Modul *Mod Rewrite* aktiviert haben. Es gehört zur Grundausstattung eines Apache-Webservers, und die meisten Webserver laufen unter diesem System.

Und wenn nicht? Ohne *Mod Rewrite* werden nur sehr kryptische URLs erzeugt, etwa in dieser Art:

www.mustershop.online.de/?ID=12

Die Suchmaschinen können mit so einem Wirrwarr wenig anfangen und platzieren die betreffenden Seiten schlechter. Gehen Sie keine Kompromisse ein. Ohne *Mod Rewrite* stehen Sie mit Ihrem Shop von Beginn an auf verlorenem Posten.

2.1.4 PHP Memory Limit

Beim PHP Memory Limit benötigen Onlineshops im Vergleich zu einer statischen Site oder einem Blog prinzipiell höhere Werte. Je nach Provider wird der Wert unterschiedlich abgekürzt, zumeist in der Einheit M, seltener auch in MB, was zu Verwechslungen mit dem physischen Arbeitsspeicher des Servers führen kann. Für einen Onlineshop mit WordPress dürfen es 256 M oder besser 512 M sein – für das PHP Memory Limit und nichts anderes.

2.1.5 SSL

Machen Sie es nicht ohne – vor allem da nicht, wo es kritisch ist. Bei einem Webshop sind das zumindest die Seiten, auf denen der Kunde seine Bankverbindung oder eine Kreditkartennummer eingibt. Es spricht aber nichts dagegen, die komplette Website via **SSL** abzusichern. Was Sie dafür brauchen, ist neben dem geeigneten Webspace ein sogenanntes SSL-Zertifikat. Die meisten Provider bieten an, die Bestellung dieses Zertifikats für Sie zu erledigen.

> **SSL-Verschlüsselung**
> Zwingende Voraussetzung für die Installation und den Probebetrieb ist eine SSL-Verschlüsselung nicht. Sie können also WordPress zunächst ganz normal installieren und den Einbau des Zertifikats nachholen. Es spart Ihnen aber eine Menge Arbeit, wenn Sie WordPress gleich auf eine mit SSL verschlüsselte URL aufspielen. Sie müssen dann keine Weiterleitungen von HTTP auf HTTPS anlegen.

2.2 Provider für Onlineshops

Zuständige Registrierungsstelle für eine Domain mit der Endung *.de* ist die DENIC. Die Abkürzung steht für *Deutsches Network Information Center*, der Sitz ist Frankfurt. Sie selbst müssen allerdings keinen direkten Kontakt mit der Registrierungsstelle aufnehmen, das erledigt Ihr Provider.

Die Prozedur: Mit der Bestellung der Domain meldet Sie der Provider auch als Domaineigentümer an. Er wickelt also das Organisatorische in Ihrem Auftrag ab. Bei einem Providerwechsel dürfen Sie Ihren Domainnamen mitnehmen. Allerdings ist ein Wechsel bei einem laufenden Projekt immer mit Aufwand und Stress verbunden. Wählen Sie Ihren Provider zu Projektstart sorgfältig aus, um dieses ärgerliche Szenario zu vermeiden:

1. WordPress bei Provider A installieren.
2. Den Shop aufbauen und sich mit A herumärgern.
3. Hektisch zu Provider B umziehen, während die Bestellungen schon laufen.

Um gleich auf das richtige Pferd zu setzen, ist etwas Forschungsarbeit angesagt, und zwar hier:

- Bei den Providern selbst.
- Bei externen Quellen.

Ein klassische Quelle ist das Vergleichsportal *www.webhostlist.de*. Mit Sicherheit fündig werden Sie auch auf *forum.wpde.org* und *forum.maennchen1.de*. Dort tauschen sich Händler aus, die ihren Shop auf WordPress-Basis aufgesetzt haben.

2.2.1 Die inneren Werte

Als Shopbetreiber sollten Sie sich nicht mit Äußerlichkeiten zufriedengeben. Sicher, leicht bekleidete Damen auf Werbeseiten sind schön anzusehen, aber die Models wollen ja auch bezahlt werden. Bei allzu viel nackter Haut stellt sich die Frage, an welcher Stelle der Provider seine Prioritäten setzt: Körbchen am Model oder Service am Kunden?

Vorsicht bei Dumpingpreisen

Einige Provider locken mit extrem günstigen Konditionen.

Beispiel: Webspace inklusive eines Zehnerpacks Domains für 2,99 Euro. So ein Deal ist aber nur für kleinere Projekte oder zum Horten billiger Domains geeignet. Billig-Webspace wird nämlich zumeist auf Servern mit einer veralteten PHP-Version verramscht.

Zur Not lässt sich WordPress auch auf einer alten Kiste zum Laufen bringen, aber schon bei der Installation von WooCommerce oder wpShopGermany tauchen dann die ersten Probleme auf. Typisches Anzeichen für einen unterdimensionierten Webspace: Der Demo-Content von WooCommerce lässt sich nicht laden. Später folgen Fehlermeldungen während der Installation speicherhungriger Themes und Plug-ins.

Zudem stellen einige Programme im Umfeld von WordPress relativ hohe Ansprüche. Vielleicht möchten Sie später das Tracking-Tool *Piwik* oder das Kundenmanagement- und Warenwirtschaftssystem *vTiger* installieren? Faustregel: Auf einem Server, der schon bei WordPress zickt, versagen diese beiden Hilfsprogramme den Dienst komplett.

2.2.2 Support auf allen Ebenen

Falls Fragen auftauchen, ist ein kompetenter Provider Gold wert. Das gilt umso mehr für den Betrieb eines Onlineshops, wo jeder verlorene Tag den Umsatz schmälert und bei den Kunden Vertrauen zerstört. Es sind drei Ebenen, auf denen Sie im Falle des Falles Support benötigen:

- **Website-Ebene** – Fragen zu Installation und Betrieb der Website. Zuweisung von Domain und Webspace. Einrichtung von Datenbanken und E-Mail-Adressen.
- **WordPress-Ebene** – Hilfe zur WordPress-Installation und bei Problemen im laufenden Betrieb.
- **Shop-Ebene** – Support für spezielle Shop-Themes und -Plug-ins.

Streng genommen ist der Provider nur für den Support auf der ersten Ebene zuständig. Weil sich WordPress aber zu einem Standard für Websites etabliert hat, finden Sie bei besseren Anbietern auch Hilfen zu WordPress allgemein und in einigen Fällen sogar zu dem WordPress-Shop. Ein freundlicher und kompetenter Support hat nicht nur viel praxisrelevantes Wissen gesammelt, er hilft auch weiter, ohne sich einen Zacken aus der Krone zu brechen. Sogar dann, wenn die Frage nicht ganz genau in einen umrissenen Bereich passt.

2.2.3 Checkliste Provider

Haben Sie drei oder vier Provider in der engeren Auswahl? Dann geht es jetzt darum, den besten herauszufiltern. Die Plus- und Minuspunkte:

Pluspunkte
- Klare Darstellung der unterschiedlichen Leistungen. Schwerpunkte sollten Hostingpakete und Server einnehmen. Achten Sie darauf, dass beides vorhanden ist, denn dann können Sie mit dem Wachstum des Shops vom Hostingpaket auf einen Server upgraden.
- Detailangaben zum Webspace. Achten Sie auf transparente Angaben. Beim PHP Memory Limit ist ein Wert von 256 MB das Minimum, besser sind 512 MB.
- Informationen darüber, mit wie vielen Sie einen Server teilen müssen. 100 Kunden pro Server sind zu viel. 20 Kunden pro Server sind annehmbar.
- PHP 7 inbegriffen. Sehr praktisch sind Auswahlmöglichkeiten zwischen unterschiedlichen PHP-Versionen.
- Ein SSL-Zertifikat sollte entweder schon integriert oder über den Provider bestellbar sein.
- Verständliche FAQs und Tutorials, in denen auch spezielle Fragen zu WordPress beantwortet werden.
- Klare Kostenstruktur. Es ist ja schön und gut, wenn für die ersten Monate nichts bezahlt werden muss. Aussagekräftiger ist aber der Preis danach.

Minuspunkte
- Im Vordergrund stehen Baukastensysteme und »Managed WordPress«, aber keine echten Webspace-Angebote? Für diese Prioritätensetzung gibt es einen Minuspunkt.
- Ein schlechtes Omen ist es, wenn der Provider aggressiv für einen hauseigenen Mietshop wirbt. Dann haben Sie wenig Aussicht auf einen guten Support für Ihren WordPress-Shop.
- Der Provider hat sich auf andere Systeme wie Joomla!, Drupal oder TYPO3 spezialisiert. Zugegeben, damit lassen sich auch prima Sachen machen. Es ist aber beim Support von Vorteil, wenn sich Provider und Website-Betreiber auf einer Wellenlänge befinden. Sie unterhalten sich ja auch nicht mit Schlagerfans über Punkrock.

Wenn Sie dem Provider ordentlich auf den Zahn fühlen wollen, dann rufen Sie vor Abschluss eines Vertrags dort an oder schicken eine E-Mail an den Support. Schildern Sie Ihr Shopprojekt und fragen Sie auch nach Details wie dem PHP Memory Limit und dem SSL-Zertifikat. Bewerten Sie dann die Reaktion. Hatte man ein offenes Ohr für Sie, und wurden die Detailfragen kompetent antwortet? Oder wurden Sie schon vor Vertragsabschluss nach Schema F abgefertigt? Dann ist Vorsicht geboten. Erfahrungsgemäß wird der Service nach dem Anmieten von Webspace nicht besser.

2.2.4 Webspace anmieten

Der Provider steht fest? Gut, aber er hat unterschiedliche Produkte im Angebot. Beim Anmieten von Webspace müssen Sie höllisch aufpassen, sich keinen überflüssigen Schnickschnack andrehen zu lassen. Besonders die großen Anbieter haben da so ihre Tricks auf Lager:

- **1-Klick-Installationen** – Für einen Shop sind 1-Klick-Installationen ungeeignet. Als Spielwiese zum Ausprobieren von WordPress ist so etwas in Ordnung, aber diese Möglichkeit haben Sie auch immer über das Anlegen eines Accounts bei *wordpress.com*. Bei der Entscheidung für oder gegen ein bestimmtes Hostingpaket sind 1-Klick-Installationen irrelevant.

- **Managed WordPress** – Der Popularität von WordPress ist es zu verdanken, dass einige Provider auch ein Mittelding zwischen 1-Klick-Installation und echter Installation anbieten, zum Beispiel unter dem Namen »Managed WordPress«. Der Deal: Sie zahlen etwas mehr, dafür kümmert sich der Provider um die Details. Er stellt eine optimale Serverumgebung zur Verfügung und kümmert sich um die Updates. Das klingt verlockend und kann für eine Standard-Website durchaus eine Alternative sein.
  Garantiert nicht geeignet ist Managed WordPress allerdings für einen Shop mit all seinen Anforderungen bezüglich Erweiterbarkeit, Integration von Zahlungsmethoden, SEO und Social-Media-Integration. Halten Sie die Fäden lieber selbst in der Hand.

- **Vorgefertigter Shop** – Hände weg, wenn Sie nicht am Gängelband des Providers hängen wollen. Und überhaupt: Sie wollen doch WordPress nicht etwa untreu werden?

Was Sie am Anfang brauchen: Webspace ohne Schnickschnack in der mittleren bis gehobenen Preislage. Für so ein Paket bezahlen Sie 5 Euro aufwärts im Monat inklusive einer oder mehrerer Domains.

Der eigene Server

Mit PHP 7 lassen sich auch auf gewöhnlichem Webspace sehr kurze Ladezeiten erreichen. Noch schneller geht es mit einem eigenen Server, die Provider nennen dieses Angebot auch »Dedicated Server«. Aber ab wann lohnt sich der Aufwand? Die Anzahl der Produkte im Shop spielt dafür kaum eine Rolle, wichtiger ist die Besucherfrequenz. Die Serverbelastung steigt insbesondere mit der Anzahl gleichzeitiger Zugriffe. Hier einige Zahlen zur Orientierung:

- **Bis 500 Besucher am Tag:** Hier genügt ganz normaler Webspace. Eigener Server: nein.

- **Mehr als 500 Besucher täglich:** Glückwunsch, das ist schon recht ordentlich. Einen eigenen Server können Sie in Betracht ziehen.

- **Mehr als 5.000 Besucher:** Sie brauchen einen eigenen Server, um keine Einbußen durch lange Ladezeiten zu erleiden. Zur Verfügung stehen Rootserver und Managed Server.

Der Rootserver

Die Angebote vieler Provider klingen verlockend: für wenig Geld einen eigenen Server anmieten, die gewünschten Versionen von PHP und MySQL selbst aufspielen und die Servereinstellungen optimieren. Beim Rootserver sind Sie der Boss und dürfen alle Register ziehen.

Allerdings setzt der Betrieb eines Rootservers ein hohes Fachwissen voraus. Wer keinen erfahrenen Administrator zur Hand hat, der mit sicherheitskritischen Einstellungen und Updates umzugehen weiß, ist des Hackers leichte Beute. So richtig ins Geld geht es, sobald Rootserver-Support benötigt wird. Der lässt sich fürstlich entlohnen, und viele Handgriffe kosten extra. Hinzu kommt die rechtliche Seite. Sollten von einem Rootserver verbotene Aktivitäten ausgehen, haftet er in vollem Umfang. Der Provider hält sich dagegen schadlos.

Fazit: Schmücken Sie sich nicht mit dem Titel eines Rootserver-Admins, wenn Sie oder ein Mitglied Ihres Teams das Handwerk nicht sicher beherrschen. Im Zweifelsfall bleiben Sie beim normalen Webspace oder mieten einen Managed Server.

Der Managed Server

Managed WordPress ist Käse, Managed Server aber nicht. Was steckt da genau dahinter? Das hier:

- Der Managed Server ist etwas teurer als der Rootserver.
- Der Managed Server bietet die gleichen Geschwindigkeitsvorteile wie ein Rootserver.
- Die Möglichkeiten zur Konfiguration sind geringer als beim Rootserver.
- Der Provider übernimmt Wartung und Sicherung des Servers, was beim Shopbetreiber für einen besseren Schlaf sorgt. Er ist ein Stück weit aus der Schusslinie, falls Hacker eingedrungen sind.

2.3 Download und Datenbank

Der Webspace ist bestellt und die Domain zugeordnet? Dann erscheint jetzt wahrscheinlich irgendein Baustellenschild, wenn Sie Ihre Shopadresse ansurfen. Also dann, in die Hände gespuckt und erst mal das Basissystem installiert. Erster Schritt: WordPress herunterladen, und zwar:

- von der richtigen Quelle,
- in der richtigen Version sowie
- in der richtigen Sprache.

2.3.1 Deutsche Bezugsquelle

WordPress ist kostenlos. Sie dürfen das Programm beliebig oft herunterladen und installieren. Weder für einen Download noch für eine Installation ist eine Registrierung notwendig. Bezahlen müssen Sie lediglich für besonders hochwertige Themes und Plug-ins.

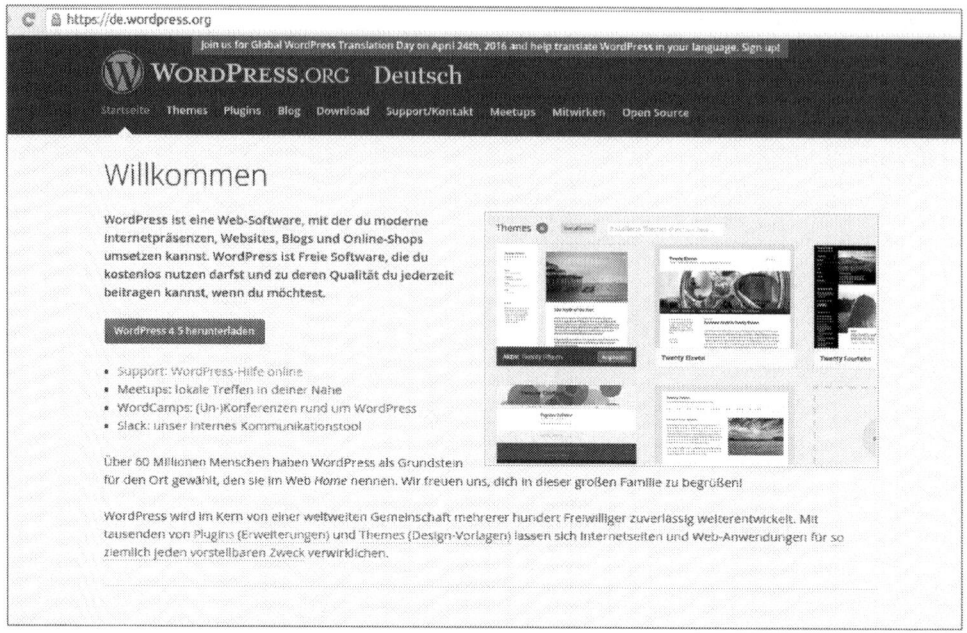

Bild 2.1: Bezugsquelle für die deutsche WordPress-Version: *https://de.wordpress.org*.

Für den Download von WordPress standen früher zwei Quellen zur Verfügung, nämlich *de.wordpress.org* und *wpde.org*.

Die Präsenz *wpde.org* wurde 2016 von der Agentur Inpsyde übernommen. WordPress selbst ist dort nun nicht mehr erhältlich. Für den Download einer deutsche Version gehen Sie deshalb auf *de.wordpress.org*.

Nichts zu übersehen ist der Downloadbutton, der zur jeweils aktuellen Version führt. Diese steht entweder als *latest-de_DE.zip* zur Verfügung oder mit einem Versionshinweis im Namen, beispielsweise als *wordpress-4.5-de_DE.zip*. In jedem Fall ist es eine Produktiv- und keine Betaversion. Sie dürfen sie mit gutem Gefühl herunterladen.

Man spricht Deutsch

Sie sollten auf jeden Fall die deutsche Version installieren. Haben Sie aus Versehen eine andere Ausgabe erwischt? Dann starten Sie einen zweiten Download und prüfen noch einmal die Quelle. Der Einsatz der passenden Sprachversion hat eine Menge Vorteile:

- Die Hinweise für die Bearbeitung der Konfigurationsdatei *config-sample.php* erscheinen auf Deutsch.

- WooCommerce erkennt bei der Installation, in welcher Sprache WordPress läuft, und passt sich dieser an. Der Euro wird als Währungseinheit eingetragen, Kilogramm und Zentimeter als Maßeinheiten und 19 % als der übliche Mehrwertsteuersatz.

WordPress öffne dich

Nach dem Anklicken des Downloadbuttons werden 8,5 MB auf Ihren Computer heruntergeladen. Die Dateiendung *.zip* verrät, dass WordPress nicht als ausführbare Datei, sondern als Archiv vorliegt.

Bild 2.2: Das WordPress-Archiv nach dem Download.
Das *DE* im Dateinamen weist auf die deutsche Version hin.

Vor dem Hochladen auf den Server müssen Sie es entpacken. Kein Problem, denn die meisten Betriebssysteme können eine ZIP-Datei heute ohne Zusatzprogramme öffnen. Im Windows-Explorer genügt ein Rechtsklick auf das Archiv. Wählen Sie dann aus dem aufklappenden Kontextmenü die Option, alles zu extrahieren oder zu entpacken.

Bild 2.3: Nach dem Entpacken trägt der Ordner den schlichten Namen *wordpress*.

Wichtige Verzeichnisse und Dateien

Haben Sie das Archiv entpackt, finden Sie neben dem ursprünglichen ZIP-Ordner ein neues Verzeichnis mit dem simplen Namen *wordpress*. Die Größe beträgt nun über 24 MB, im Vergleich zu anderen Programmen wie Joomla!, Drupal oder TYPO3 immer noch beeindruckend wenig.

Bild 2.4: Der Inhalt des entpackten WordPress-Ordners. Die Datei *wp-config-sample.php* ist auch als Konfigurationsdatei bekannt. In dieser Datei werden die Zugangsdaten für die MySQL-Datenbank eingetragen.

> **Die Datei .htaccess**
> Früher oder später muss sich jeder Webmaster mit der Datei *.htaccess* herumschlagen. Mitgeliefert wird sie von WordPress allerdings noch nicht. Erst während der Konfiguration, und zwar bei der Einstellung der suchmaschinengerechten Permalinks, wird sie heimlich, still und leise erzeugt.

Öffnen Sie nun den WordPress-Ordner. Sie finden darin die drei Unterverzeichnisse \wp-admin, \wp-content und \wp-includes. Diese kommen aber erst später ins Spiel. Wichtiger sind drei der einzelnen Dateien. Die Lizenz- und die Liesmich-Datei sollten Sie einmal grob überfliegen. Genau unter die Lupe nehmen müssen Sie dagegen die Datei *wp-config-sample.php*, die Konfigurationsdatei. Hier werden nämlich die Zugangsdaten der Datenbank eingetragen – die vor der Installation angelegt sein muss.

2.3.2 MySQL-Datenbank anlegen

WordPress funktioniert nicht ohne Datenbank, und es legt auch keine für Sie an. Das müssen Sie selbst in die Hand nehmen. Leider ticken hier alle Provider ein bisschen anders. Loggen Sie sich deshalb in das Kundencenter Ihres Providers ein und erforschen Sie Tutorials und FAQs zur Anlage von MySQL-Datenbanken. Einige Provider bieten die Möglichkeit, den Datenbanknamen selbst zu wählen. Aus Sicherheitsgründen sind leicht zu erratende Namen wie »wordpress« oder »shop« nicht empfehlenswert. Wählen Sie eine für Hacker nicht zu erratende Mischung aus Buchstaben und Zahlen.

> **Sonderzeichen**
> Bei Namen und Passwörtern von Accounts dürfen und sollen Sie Sonderzeichen wie »@« oder »;« verwenden. Bei Datenbank- und Verzeichnisnamen gelten andere Spielregeln. Um die Funktionalität nicht zu gefährden, verwenden Sie nur Buchstaben und Zahlen.

Notieren Sie sich gleich beim Anlegen der Datenbank die folgenden vier Zugangsdaten. Sie benötigen sie später für die Konfigurationsdatei:

- den Namen der Datenbank,
- Ihren MySQL-Datenbankbenutzernamen,
- Ihr MySQL-Passwort sowie
- die MySQL-Serveradresse.

Administration mit phpMyAdmin

MySQL-Datenbanken werden über die grafische Oberfläche *phpMyAdmin* verwaltet. Die meisten Provider haben dieses Tool vorinstalliert. Auf den Hilfeseiten des Providers ist auch die URL für den phpMyAdmin-Zugang angegeben. Für die Installation von WordPress ist es zwar nicht in jedem Fall notwendig, phpMyAdmin aufzurufen, trotzdem ist es ratsam, sich frühzeitig damit auseinanderzusetzen. Früher oder später greift jeder WordPress-Webmaster auf phpMyAdmin zurück. Wirklich jeder.

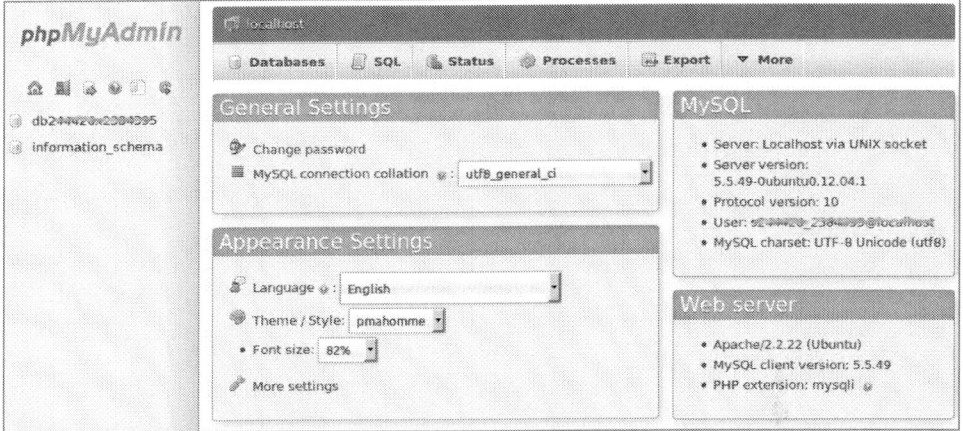

Bild 2.5: Die MySQL-Datenbank lässt sich über phpMyAdmin verwalten.

2.4 Die Konfigurationsdatei

Die Konfigurationsdatei *wp-config-sample.php* ist dazu da, die Verbindung mit der Datenbank herzustellen und nicht etwa um die Admins zu ärgern. Trotzdem ist sie ein häufiger Stolperstein bei der WordPress-Installation. Beim ersten Mal geht immer etwas schief. Rechnen Sie mit Vertippern – die sich aber leicht beheben lassen.

2.4.1 Zugangsdaten eintragen

Öffnen Sie die Konfigurationsdatei. Weil sie Formatierungen hinterlassen, sind umfangreiche Textverarbeitungsprogramme wie Word oder OpenOffice für das Arbeiten mit der Konfigurationsdatei nicht geeignet. Benutzen Sie stattdessen einen möglichst einfachen Editor. In Windows finden Sie ein geeignetes Programm unter *Start/Zubehör/ Editor*. Auf dem Mac können Sie das Programm TextEdit verwenden. Speichern Sie damit aber nur reinen Text ab.

```
// ** MySQL-Einstellungen ** //
/** Diese Zugangsdaten bekommst du von deinem Webhoster. **/

/**
 * Ersetze datenbankname_hier_einfuegen
 * mit dem Namen der Datenbank, die du verwenden moechtest.
 */
define('DB_NAME', 'datenbankname_hier_einfuegen');

/**
 * Ersetze benutzername_hier_einfuegen
 * mit deinem MySQL-Datenbank-Benutzernamen.
 */
define('DB_USER', 'benutzername_hier_einfuegen');

/**
 * Ersetze passwort_hier_einfuegen mit deinem MySQL-Passwort.
 */
define('DB_PASSWORD', 'passwort_hier_einfuegen');

/**
 * Ersetze localhost mit der MySQL-Serveradresse.
 */
define('DB_HOST', 'localhost');
```

Bild 2.6:
Die Zugangdaten für die Datenbank werden in der Datei *wp-config-sample.php* eingegeben.

Nach dem Starten Ihres Editors öffnen Sie die Datei und bewegen den Cursor bis zur im obigen Bild gezeigten Stelle.

Zugangsdaten eintragen

Die Zugangsdaten für die Datenbank haben Sie beim Anlegen vom Provider erhalten. Falls Sie sie nicht mehr parat haben oder sich unsicher sind, gehen Sie noch einmal in den Kundenbereich. Alles beisammen? Geändert wird die Konfigurationsdatei an vier Stellen:

Name der Datenbank: `'datenbankname_hier_einfuegen'`

Ihr MySQL-Datenbankbenutzername: `'datenbankname_hier_einfuegen'`

Ihr MySQL-Passwort: `'passwort_hier_einfuegen'`

Die MySQL-Serveradresse: `'localhost'`

Dabei ersetzen Sie exakt das, was zwischen den beiden einfachen Anführungszeichen steht, nicht aber die einfachen Anführungszeichen selbst. Ob der Wert `'localhost'` geändert werden muss, hängt von Ihrem Provider ab. Wenn alles erledigt ist, haben Sie zwei Möglichkeiten:

1. In Kapitel 2.4.3 weiterlesen, um die Installation eilig fortzusetzen.
2. Noch eine kleine Sicherheitsmaßnahme ergreifen, und zwar durch die Änderung des Tabellenpräfixes.

He, Sie überspringen doch nicht wirklich ein sicherheitsrelevantes Kapitel? Ändern Sie das Tabellenpräfix jetzt gleich, der Eingriff ist unproblematisch, wenn er vor der Installation durchgeführt wird.

2.4.2 Tabellenpräfix ändern

Zunächst ein bisschen Theorie: Eine MySQL-Datenbank besteht aus einer Reihe von einzelnen Tabellen. Theoretisch könnte man neben den WordPress-Tabellen noch irgendwelche anderen Tabellen in derselben Datenbank einfügen. Das macht zwar niemand, aber WordPress ist wie nahezu jedes CMS für diesen Fall eingerichtet.

```
/**
 * WordPress Datenbanktabellen-Praefix
 *
 * Wenn du verschiedene Praefixe benutzt, kannst du innerhalb einer Datenbank
 * verschiedene WordPress-Installationen betreiben.
 * Bitte verwende nur Zahlen, Buchstaben und Unterstriche!
 */
$table_prefix  = 'wp_';
```

Bild 2.7: Die Änderung des Datenbanktabellenpräfixes erhöht die Sicherheit.

Damit nichts durcheinandergerät, versieht WordPress alle eigenen Tabellen mit einer Vorsilbe, dem Präfix `wp_`. Der Name spielt später im laufenden Betrieb keine Rolle mehr. Da könnte auch `fassbier_` stehen. Ändern Sie das Präfix, um die Sicherheit ein kleines bisschen zu erhöhen. Die Skripte der Hacker setzen nämlich ganz gern bei Standardnamen an.

Gehen Sie wie bei der Eingabe der Zugangsdaten vor. Ändern Sie, was zwischen den beiden einfachen Anführungszeichen steht, nicht aber die einfachen Anführungszeichen selbst. Ersetzen Sie `'wp_'` zum Beispiel durch `'w42p_'`, um den Bösewichten weniger Angriffsfläche zu bieten.

2.4.3 Konfigurationsdatei speichern

Das Wörtchen *sample* innerhalb von *wp-config-sample.php* steht für die Vorläufigkeit der Datei. Nach der Eingabe der Zugangsdaten und der Änderung des Präfixes speichern Sie sie unter dem neuen und endgültigen Namen *wp-config.php*. Achten Sie darauf, den Speicherort beizubehalten. Die *wp-config.php* befindet sich nun neben der *wp-config-sample.php* im Ordner \wordpress.

Jetzt können alle WordPress-Dateien auf den Server hochgeladen werden, natürlich ohne die alte Datei *wp-config-sample.php*. Werfen Sie sie aber nicht weg, sondern behalten Sie sie auf Ihrem Computer. Es kann sein, dass Sie zur Problemlösung noch einmal auf eine unveränderte Konfigurationsdatei zurückgreifen müssen.

2.5 Upload via FTP

Okay, WordPress ist nun bereit für die Installation auf Ihrem Webspace. Weil die Dateien aber nicht von allein dorthin gelangen, benötigen Sie ein FTP-Programm, genauer genommen einen FTP-Client.

2.5.1 Crashkurs FTP-Programm

Die Abkürzung FTP steht für *File Transfer Protocol*. Dieses regelt den Transfer von Dateien zwischen verschiedenen Computern. Für Ihren Zweck hat das FTP-Programm zwei Hauptaufgaben zu stemmen:

- Jetzt sofort – zur WordPress-Installation die Dateien vom heimischen Computer auf den Webserver hochladen.
- Später – zur WordPress-Sicherung die Dateien vom Webserver auf den heimischen Computer herunterladen.

Viele Provider stellen ein hauseigenes FTP-Programm zur Verfügung. Der Vorteil: Sie müssen sich für den Transfer von Dateien nur in das Kundencenter einloggen, die Installation eines neues Programms auf Ihrem Computer entfällt. Allerdings verlangt die providereigene Lösung auch Einarbeitungszeit, und die Bedienung ist nicht immer sehr komfortabel. Früher oder später greifen die meisten Webmaster zu einem unabhängigen FTP-Client.

2.5.2 FileZilla oder FireFTP?

Sehr verbreitet ist der kostenlose FTP-Client FileZilla. Er läuft eigenständig auf allen Plattformen, also Windows, Mac OS und Linux. Zu Unrecht noch ein Geheimtipp ist dagegen der ebenfalls kostenlose Client FireFTP. Vielleicht liegt es daran, dass dieses kleine Tool nur als Add-on für den Browser Firefox erhältlich ist. Allein ist FireFTP nicht lauffähig.

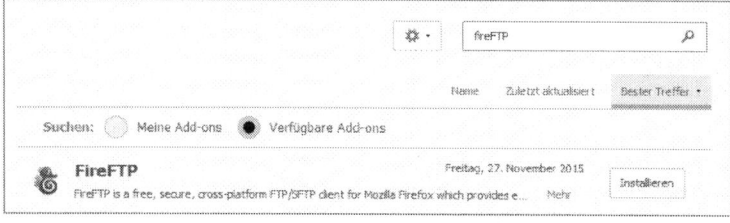

Bild 2.8: Über die Add-on-Verwaltung wird der Firefox mit FireFTP erweitert.

Wenn Sie ohnehin mit dem Firefox surfen, erweitern Sie ihn mit FireFTP. Das Tool bietet alle Funktionen, die Sie für die Installation und Datensicherung von WordPress benötigen. Suchen Sie im Firefox-Menü nach dem Unterpunkt *Add-ons*. Geben Sie dann in die Add-on-Suchmaschine »FireFTP« ein. Gefunden? Klicken Sie auf *Add to Firefox*. So schnell ist kein anderer FTP-Client installiert. Ebenso genial funktioniert die Einbindung in die Firefox-Architektur. Der Client arbeitet nämlich in einem eigenen Browser-Tab. Der Wechsel zwischen den Tabs von FireFTP und WordPress-Site ermöglicht eine sofortige Kontrolle der Änderungen gleich nach dem Transfer von Dateien.

FileZilla downloaden und installieren

FileZilla ist ebenfalls kostenlos, im Vergleich zu FireFTP aber erheblich umfangreicher. Zur Wahl stehen ein FileZilla-Client und ein FileZilla-Server. Benötigt wird ausschließlich der Client. Auf der Herstellerseite *https://filezilla-project.org* finden Sie die Clientversionen für Windows und Mac OS. Per Klick werden Sie von dort weitergeleitet zur Downloadseite von SourceForge. Doch leider – die ehemals noble Szenesite ist ein wenig in Verruf geraten. Speziell beim Herunterladen von FileZilla müssen Sie höllisch aufpassen, um sich keine unerwünschte AdWare mit einzufangen, die sich dann im Browser einnistet. Hier finden Sie eine bessere Downloadquelle:

www.heise.de/download/filezilla.html

2.5.3 Mit dem Server verbinden

Vor dem Upload von Dateien müssen Sie sich erst einmal mit dem Server verbinden.

- Für die Benutzer von FileZilla: Links oben befindet sich der *Servermanager*.
- Für die Benutzer von FireFTP: Links oben befindet sich die Schaltfläche *Ein Benutzerkonto einrichten*.

Dort geben Sie diese Verbindungsdaten ein, die Sie vom Provider erhalten haben:

- FTP-Adresse
- FTP-Benutzername
- FTP-Kennwort

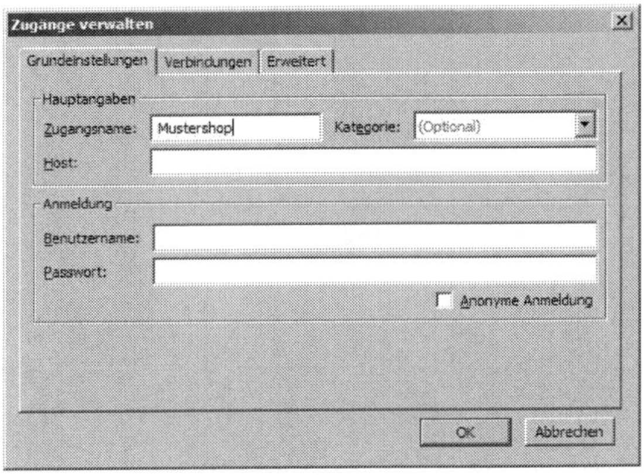

Bild 2.9: Die FTP-Zugangsdaten in FireFTP eingeben.

Jeder Serververbindung können Sie auch einen eigenen Namen zuweisen. Das ist ganz praktisch, um mehrere Projekte zu verwalten. Ist alles richtig eingegeben? Nun können Sie das Serverprofil speichern und auf *Verbinden* klicken.

Funktioniert die normale FTP-Verbindung? Dann ziehen Sie in Erwägung, aus Sicherheitsgründen zu SFTP zu wechseln.

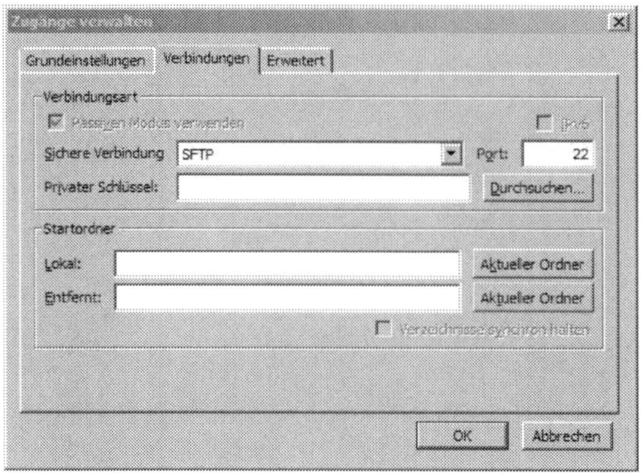

Bild 2.10: Über das Register *Verbindungen* können die Dateien mit SFTP übertragen werden.

Mit SFTP arbeiten
Jeder gängige FTP-Client besitzt auch einen SFTP-Modus, in dem die Dateien verschlüsselt übertragen werden. Klicken Sie in FireFTP auf *Verbindungen* und wählen Sie *SFTP* aus, um die Sicherheit beim Datentransfer zu erhöhen.

2.5.4 WordPress hochladen

Die FTP-Verbindung steht? Dann wählen Sie im FTP-Client die richtigen Verzeichnisse aus. Links öffnen Sie das WordPress-Verzeichnis auf dem eigenen Computer, rechts das Zielverzeichnis auf dem Server. Im Kundencenter Ihres Providers haben Sie die Zuweisung von URL und Verzeichnis definiert. Falls nicht, können Sie jetzt noch schnell über den FTP-Client einen Ordner erstellen und ihn später beim Provider mit der URL verbinden. Für unser Projekt wurde der Zielordner *daistdershop* angelegt. Da kommt WordPress jetzt hin.

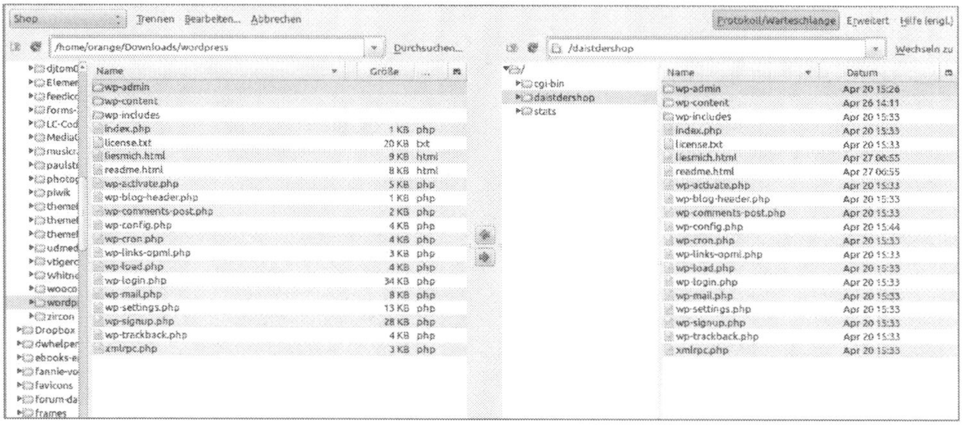

Bild 2.11: FireFTP im Einsatz. Links befindet sich das Quell-, rechts das Zielverzeichnis.

Upload auf den Server

Markieren Sie alle Dateien innerhalb des WordPress-Ordners auf Ihrem Computer und starten Sie dann das Hochladen (Upload). Die Übertragung der Dateien auf den Server lässt sich bei einem kleinen Bierchen ganz gut mitverfolgen. Je nach Internetverbindung dauert die Angelegenheit ein paar Minuten oder ein Viertelstündchen. Nachdem die Übertragung abgeschlossen ist, sollten Sie noch einmal kurz die Verzeichnisse links und rechts überprüfen.

2.6 Die Installation

Alles sieht jetzt so aus wie in obiger Abbildung, und die *wp-config.php* ist auch mit im Boot? Gut, nach all dem Vorgeplänkel beginnt endlich die eigentliche Installation. WordPress wirbt ja immer mit der berühmten »5-Minuten-Installation«. Das stimmt – ab jetzt.

2.6.1 Installation starten

Um die Installations-URL aufzurufen, hängen Sie */wp-admin/install.php* an Ihre Adresse an. Daraus ergibt sich dann zum Beispiel diese Adresse:

www.mustershop-online.de/wp-admin/install.php

Wenn alles richtig eingegeben wurde, erscheint dieser Willkommensbildschirm:

Bild 2.12:
Die berühmte 5-Minuten-Installation von WordPress.

Auf dem Installationsbildschirm ist zu lesen, dass »all diese Einstellungen« später auch geändert werden können. Diese Aufforderung zur Arglosigkeit gilt aber nur für den Titel der Website. Wenn Sie sich aussperren, können Sie gar nichts mehr ändern. Nach dem Titel geben Sie bitte alles Weitere mit Bedacht ein. Notieren Sie sich das Passwort und – noch wichtiger – vertippen Sie sich nicht bei der E-Mail-Adresse. Nur über diese erhalten Sie nämlich ein Ersatzpasswort.

Ganz unten ist dann noch eine fiese Falle für Leute eingebaut, die instinktiv überall ein Häkchen setzen. Da lauert doch tatsächlich neben dem Punkt *Sichtbarkeit für Suchmaschinen* eine Checkbox auf die Aktivierung. Tun Sie das nicht, denn rechts daneben sind die verheerenden Folgen erklärt: Das Aktivieren der Checkbox verhindert nämlich, dass die Suchmaschinen ihre Website indexieren. Finger weg, wenn Ihr Shop bei Google, Bing und Konsorten gefunden werden soll. Es gibt ja auch keinen Inhaber eines stationären Ladens, der seine Schaufenster zumauert.

2.6.2 Installation abschließen

Das war es auch schon. Der Bildschirm *Installation erfolgreich!* zeigt an, dass das Basissystem von WordPress steht. Mit einem Klick auf *Anmelden* geht es weiter.

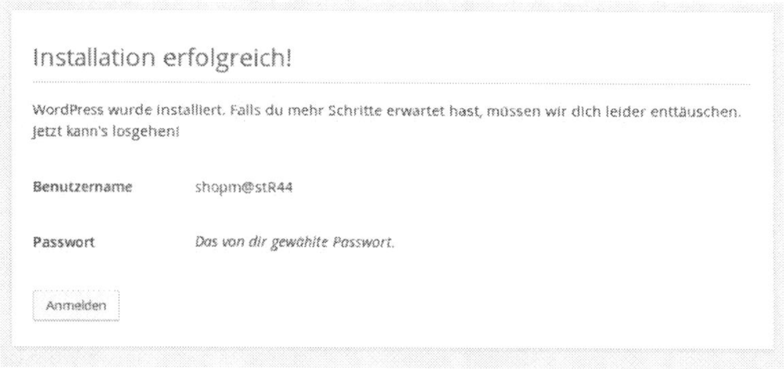

Bild 2.13: Installation erfolgreich – WordPress läuft.

2.6.3 Bei WordPress anmelden

Name und Passwort sind nötig, um ins Backend zu gelangen. Ihre Seitenbesucher und Ihre Kunden haben zu diesem Bereich keinen Zutritt. Wenn Sie länger mit WordPress arbeiten und den Computerarbeitsplatz für sich allein haben, setzen Sie darunter einen Haken vor *Angemeldet bleiben*.

Bild 2.14: Das Anmeldefenster von WordPress. Von hier aus gelangen Sie ins Backend, der Kommandozentrale von WordPress.

Falls Sie Ihr Passwort vergessen haben, können Sie über das Anmeldefenster ein neues anfordern. WordPress verschickt es an die von Ihnen bei der Installation angegebene E-Mail-Adresse. Achten Sie deshalb darauf, dass Ihre Daten nicht in falsche Hände geraten. Der Anmeldeschirm lässt sich jederzeit über diese URL aufrufen: *www.mustershop-online.de/wp-admin/*.

Frontend und Backend

Frontend und Backend sind bei WordPress nicht anders abgegrenzt als die Geschäftsräume im stationären Handel. Ein kleiner Vergleich:

	Stationärer Laden	*WordPress*
Verkauf	Verkaufsraum	*mustershop-online.de* (Frontend)
Verwaltung	Büroraum	*mustershop-online.de/wp-admin* (Backend)

Zur Verwaltung haben nur Betriebsangehörige Zutritt und sonst niemand. Vergessen Sie deshalb nicht, die Profile ehemaliger Mitarbeiter zu löschen.

Checkliste Installation

- Provider ist vertrauenswürdig.
- Webspace erfüllt Systemvoraussetzungen.
- Deutsche WordPress-Version heruntergeladen.
- Datenbank angelegt.
- Zugangsdaten in Konfigurationsdatei eingetragen.
- Tabellenpräfix geändert.
- FTP-Client installiert.
- WordPress auf den Server geladen.
- Installation abgeschlossen.

3 WordPress konfigurieren

3.1	**Das Basissystem im Überblick**	**76**
3.1.1	Willkommen auf der Kommandobrücke	77
3.1.2	Beiträge, Seiten und Produkte	77
3.1.3	Beiträge und Seiten erstellen	78
3.1.4	Der Editor	80
3.1.5	Links einfügen	80
3.1.6	Weiterlesen … wir bauen einen Teaser	81
3.1.7	In die Codeansicht umschalten	82
3.2	**Themes**	**82**
3.2.1	Themes verwalten	82
3.2.2	Die Live-Vorschau	83
3.2.3	Themes aus dem WordPress-Directory	84
3.2.4	Externe Themes	85
3.2.5	Download und Installation externer Themes	88
3.2.6	Themes anpassen über Schaltflächen	89
3.2.7	Themes anpassen über den Editor	92
3.2.8	Crashkurs HTML und PHP	92
3.2.9	Die CSS-Datei anpassen	93
3.2.10	Workshop: Child-Themes	96
3.2.11	Themes aktualisieren	98
3.2.12	Themes löschen	99
3.3	**Mit Plug-ins Funktionen erweitern**	**99**
3.3.1	Plug-ins finden	100
3.3.2	Plug-ins direkt installieren	101
3.3.3	Plug-ins alternativ installieren	101
3.3.4	Plug-ins aktivieren und konfigurieren	101
3.3.5	Plug-ins aktualisieren	102
3.3.6	Antispam Bee	102
3.3.7	Contact Form 7	103
3.3.8	Shop-Plug-ins	105
3.3.9	Broken Link Checker	106
3.4	**Widgets**	**106**
3.4.1	Themes definieren Widget-Bereiche	107
3.4.2	Widgets verwalten	107
3.4.3	Die wichtigsten Widgets	108

3.4.4	Das Meta-Widget	108
3.4.5	Helfer in der Not: Text-Widget	109
3.4.6	Inaktive Widgets zwischenlagern	109
3.5	**Menü(s) bitte**	**110**
3.5.1	Menüs erstellen	110
3.5.2	Menüpositionen verwalten	111
3.5.3	Punkte und Unterpunkte erstellen	111
3.6	**Das Kommentarsystem**	**112**
3.6.1	Kommentarfunktion einstellen	112
3.6.2	Kommentare bearbeiten und löschen	113
3.6.3	Kommentare beantworten	114
3.6.4	Diskussionen schließen	115
3.6.5	Avatare	116
3.7	**Kategorien und Schlagwörter**	**116**
3.7.1	Kategorien vergeben	116
3.7.2	Schlagwörter vergeben	117
3.8	**Die Mediathek**	**118**
3.8.1	Medien hochladen	118
3.8.2	Bildinformationen hinzufügen	119
3.8.3	Bilder einfügen und ausrichten	120
3.9	**Arbeiten im Team**	**121**
3.9.1	Sicherheitshinweis für Shopbetreiber	121
3.9.2	Das Rollensystem	121
3.10	**WordPress aktualisieren**	**122**
3.10.1	WordPress-Kern aktualisieren	123
3.10.2	Themes und Plug-ins aktualisieren	123
3.11	**Permalinks und Startseite einstellen**	**124**
3.11.1	Permalinks einstellen	125
3.11.2	Basis für Kategorien und Schlagwörter umstellen	126
3.11.3	Startseite festlegen	127

Checkliste Konfiguration 129

Glückwunsch, WordPress läuft. Nun wird an den Feinheiten geschraubt. Mit diesem WordPress-Vokabular lernen Sie sich ganz fix ein:

- **Backend** – Der Administrationsbereich von WordPress. Besucher haben hier keinen Zutritt.
- **Beitrag** – Charakteristisch für den Einsatz von WordPress als Blog. Beiträge sind aktuelle Nachrichten, die immer ganz oben angezeigt werden. Neuere Beiträge verdrängen die älteren.
- **Blog** – Ursprünglich ein öffentliches Webtagebuch, das Wort entstand aus dem englischen Begriff Weblog. Heute umfasst der Begriff vielfältige Formen von Internetpublikationen, darunter das Firmenblog.
- **Dashboard** – Die erste Seite des Backends.
- **Editor** – WordPress kennt zwei Editoren. Der »normale« Editor erinnert an ein Textverarbeitungsprogramm und dient der Erstellung von Beiträgen und Seiten. Zusätzlich stellt WordPress einen kleineren Editor zum Eingriff in den Quellcode von Themes zur Verfügung. Experten können damit auch Plug-ins modifizieren.
- **Frontend** – Die Besucheransicht einer Website.
- **Kommentar** – WordPress erlaubt Ihren Besuchern, Kommentare zu Beiträgen und/oder Seiten zu hinterlassen, die Bedingungen hierfür legen Sie als Administrator fest.
- **Mediathek** – Hier lagern nicht nur Ihre Produktbilder, sondern sämtliche Bilder und etwaige Audio- und Videodateien Ihrer WordPress-Installation.
- **Plug-in** – Eine Funktionserweiterung für WordPress. Die Plug-ins WooCommerce und wpShopGermany erweitern WordPress zu einem Shop.
- **Seite** – Seiten sind geeignet für die Platzierung »zeitloser« Informationen. Typische Seiten für einen Onlineshop sind die Impressums-, die Datenschutz- und die Widerrufsseite. Im Gegensatz zu Beiträgen verdrängen sich Seiten nicht gegenseitig. Der Aufruf erfolgt über das Menü oder über Links.
- **Theme** – Themes sind primär für das Aussehen einer Website verantwortlich. Empfehlenswert ist der Einsatz spezieller Shop-Themes.
- **Widgets** – Kleine Zusatzmodule, die sich meistens in der Seitenleiste tummeln, beispielsweise das Suchmaschinen-Widget.

3.1 Das Basissystem im Überblick

Dieses Kapitel dürfen Sie überspringen, wenn Sie schon über Erfahrung mit WordPress verfügen, einschließlich der Installation und dem Update externer Themes und Plug-ins. Es folgt ein schneller Überblick zum Basissystem – noch ohne Shopfunktion.

3.1.1 Willkommen auf der Kommandobrücke

Was der gewöhnliche User nicht sieht und auch nicht sehen soll, befindet sich im Backend von WordPress. Das Bild zeigt die recht aufgeräumte Kommandobrücke frisch nach der Installation.

Bild 3.1: Das Backend von WordPress direkt nach der Installation.

Oben und auf der linken Seite befinden sich die schwarzen Menüleisten. Wenn Sie WordPress-Anfänger sind, sollten Sie einfach mal ein bisschen auf den Schaltflächen herumklicken und sich mit dem System vertraut machen. Jetzt gleich. Warum?

Mit der Installation von Shop- und anderen Plug-ins vermehren sich Menüs und Schaltflächen nämlich wie die Karnickel. Gehen Sie es stufenweise an. Zuerst kommt das normale WordPress an die Reihe.

Die Grundausstattung

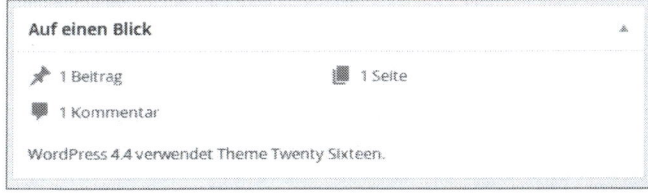

Bild 3.2: *1 Beitrag*, *1 Seite*, *1 Kommentar*, die Grundausstattung einer frischen WordPress-Installation.

Zur Grundausstattung von WordPress gehören drei bereits mitgelieferte Inhalte, die ausschließlich Demonstrationszwecken dienen. Suchen Sie im Backend das Kästchen *Auf einen Blick*. Dort sehen Sie, was WordPress hinter Ihrem Rücken hinterlassen hat:

- *1 Beitrag*
- *1 Seite*
- *1 Kommentar*

3.1.2 Beiträge, Seiten und Produkte

Wie kommen die Texte auf die Website? WordPress bietet grundsätzlich zwei Möglichkeiten (Post Types) an: Beiträge und Seiten.

- **Beiträge** sind charakteristisch für den Einsatz von WordPress als Blog. Jeder Beitrag wird automatisch mit Datum, Uhrzeit und Kategorie versehen. Außerdem kann und sollte er von Ihnen mit Schlagwörtern bestückt werden. Der jeweils neueste Beitrag schiebt die älteren nach unten.

- **Seiten** sind hingegen weniger aktuell und typisch für ein klassisches Content-Management-System (CMS). Sie werden ohne die für Beiträge üblichen Zusatzinformationen dargestellt und über Menüs aufgerufen.

- **Produkte** kennt WordPress in der Basisausstattung noch nicht. Erst nach der Installation von WooCommerce gesellen sie sich zu den Beiträgen und Seiten.

Mit Beiträgen beginnen

Sie arbeiten sich neu in WordPress ein? Am einfachsten ist es, wenn Sie mit der Erstellung von Beiträgen beginnen, denn in diesem Fall sehen Sie in der Besucheransicht sofort die Früchte Ihrer Arbeit. Im Gegensatz zu Seiten benötigen Beiträge kein Menü, um gefunden zu werden. Falls Sie trotzdem schon Seiten anlegen, dann bitte keine für den Shop relevanten. Der Grund: Deutsche Shop-Plug-ins legen einen Basissatz an wichtigen Seiten eigenständig an und weisen ihnen sofort eine URL zu, zum Beispiel diese hier:

- Impressum
- Datenschutzerklärung
- Widerrufsbelehrung
- AGB

Wenn Sie nun selbst eine Seite mit der URL *www.mustershop-online.de/impressum* erzeugen, bringen Sie später möglicherweise die Seitenverwaltung des Plug-ins durcheinander. Keine Probleme handeln Sie sich dagegen mit allgemeinen Seiten-URLs ein, beispielsweise *www.mustershop-online.de/unsere-philosophie*.

3.1.3 Beiträge und Seiten erstellen

Um einen Beitrag zu erstellen, müssen Sie eingeloggt sein.

Beitrag erstellen

Klicken Sie links oben auf der schwarzen Leiste den Menüpunkt *+Neu* an. Es klappt ein Menü nach unten auf. Wählen Sie *Beitrag*. Automatisch öffnet sich der WordPress-Editor. Dass Sie auch wirklich im Beitragsmodus gelandet sind, erkennen Sie am Hinweis *Neuen Beitrag erstellen*. In das obere einzeilige Feld tragen Sie den Titel (die Überschrift) ein, in das Hauptfeld unten den Text.

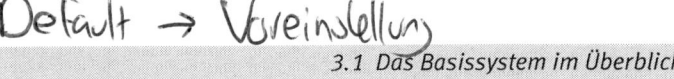
Default → Voreinstellung

3.1 Das Basissystem im Überblick

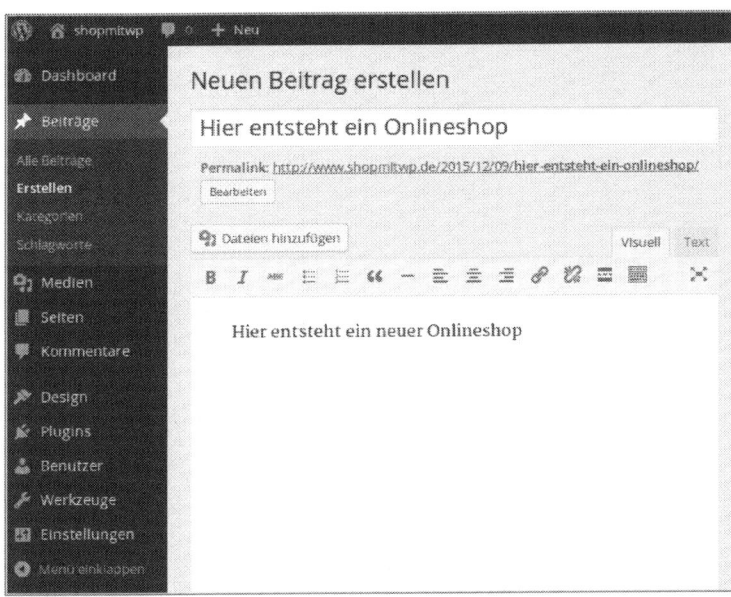

Bild 3.3: Im Editor entsteht ein neuer Beitrag. Im kleinen Feld oben wird die Überschrift erstellt, im großen Feld unten der Text.

Beitrag veröffentlichen

Nach dem Erstellen klicken Sie rechts auf den großen Button *Veröffentlichen*. Nun landen Sie zwar wieder im Editor, sehen aber die Meldung *Beitrag veröffentlicht* und den Link *Beitrag ansehen*. Klicken Sie darauf, um den Beitrag aus der Perspektive Ihrer Besucher zu betrachten.

Bild 3.4: Erst mit der Veröffentlichung wird der Beitrag für alle Besucher sichtbar.

Speziell für Sie (für Ihre Besucher unsichtbar) blendet WordPress den Link *Bearbeiten* am Ende des Beitrags ein. Haben Sie einen Tippfehler entdeckt oder soll noch etwas ergänzt werden? Dann drehen Sie eine zweite Runde. Über den Link gelangen Sie wieder zurück in den Editor.

Seite erstellen

Um eine Seite zu erstellen, klicken Sie oben im Menü auf der schwarzen Leiste wieder auf *+Neu*, anschließend aber auf *Seite*. Die weitere Prozedur verläuft analog.

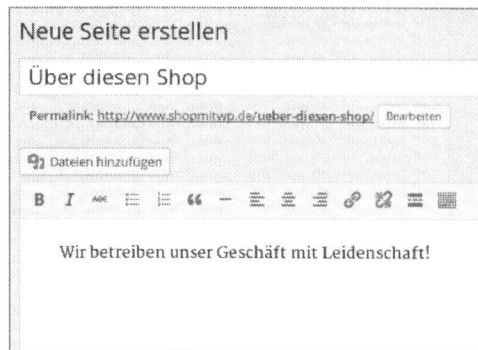

Bild 3.5: Im Editor wird eine neue Seite erstellt.

3.1.4 Der Editor

Der Editor öffnet sich automatisch, sobald Sie einen neuen Beitrag oder eine neue Seite erstellen – und später auch zum Anlegen eines neuen Produkts. Mit der Schaltfläche rechts oben lässt sich eine zweite Werkzeugleiste einblenden. Jetzt erinnert der Editor an ein Textverarbeitungsprogramm. Allerdings funktioniert die Darstellung von Texten und Bildern im Internet anders als auf dem Papier. Der Text »fließt« in die Seite. Um die Werkzeuge auszuprobieren, können Sie den Musterbeitrag *Hallo Welt* verwenden.

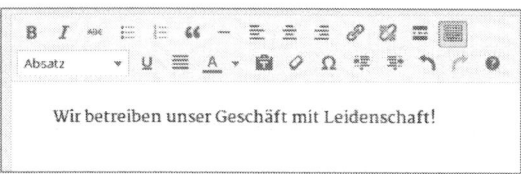

Bild 3.6: Mit der Schaltfläche rechts oben im Editor wurde eine zweite Werkzeugleiste eingeblendet.

3.1.5 Links einfügen

Um einen Link zu setzen, rufen Sie das Werkzeug mit dem Kettensymbol auf. Nachdem Sie ein oder mehrere Wörter markiert und auf die geschlossene Kette geklickt haben, öffnet sich ein Fenster zur Eingabe der Ziel-URL.

Bild 3.7: Zunächst wird der Linktext markiert, dann wird mit einem Klick auf das Kettensymbol das Eingabefenster geöffnet.

Im Beispiel führt ein externer Link, erkennbar am vorangestellten *https://*, auf die Wikipedia-Seite über Cocktailkleider. Mit einem Klick auf das Zahnrad rechts öffnen Sie die Link-Optionen.

Die aktivierte Checkbox *Link in einem neuen Tab öffnen* bewirkt, dass sich im Browser des Besuchers ein neues Fenster bzw. ein neuer Tab öffnet. Auf diese Weise verlässt der Besucher Ihre Site auch dann nicht, wenn er einen externen Link anklickt. Für interne Links ist der Haken dagegen schädlich, denn er erschwert Ihren Besuchern die Navigation.

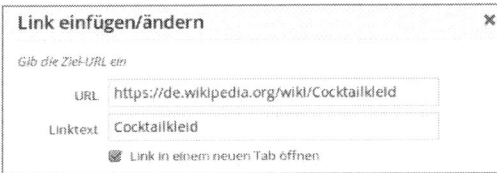

Bild 3.8: Mit der Option *Link in einem neuen Tab öffnen* bleibt Ihnen der Besucher treu – auch beim Anklicken externer Links.

Links löschen

Markieren Sie den Linktext und klicken Sie oben auf das Symbol der geöffneten Kette. Der Link ist damit wieder aufgehoben.

3.1.6 Weiterlesen ... wir bauen einen Teaser

Das Werkzeug rechts von den beiden Ketten bedarf einer kleinen Erklärung. Es dient dazu, einen Teaser vom Haupttext abzutrennen. Bekannt ist diese Technik von den gedruckten Zeitungen. Platzsparende Ausschnitte auf der Titelseite sollen neugierig auf mehr machen. Wer alles lesen will, muss umblättern. Im Internet funktioniert es ähnlich. Erst der Klick auf *Weiterlesen* führt zum kompletten Beitrag.

 Bild 3.9: Das *Weiterlesen*-Werkzeug trennt zwischen Teaser und Text.

Wählen Sie das Teasersymbol aus und klicken Sie dort in den Text, wo Teaser und Haupttext getrennt werden sollen. Durch das Prinzip der Anrisstexte verbessert sich die Platzaufteilung. Im Idealfall entdeckt jeder Besucher sofort ein für ihn interessantes Thema. Die eingefügte Trennung zwischen dem Teaser und dem weiteren Text wird im Editor durch die unterbrochene Linie und den Hinweis MORE angezeigt.

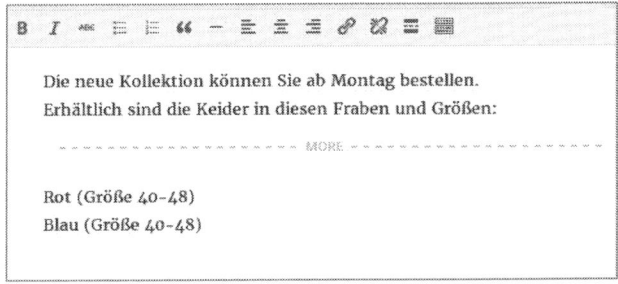

Bild 3.10: Getrennt werden Teaser und Haupttext durch die unterbrochene Linie -–-*MORE*---.

3.1.7 In die Codeansicht umschalten

In der Praxis kommt es immer wieder vor, dass sich ein im Editor eingegebener Text nicht im Sinne des Autors verhält und ein bisschen herumzickt. Um die Ursache zu finden und zu beheben, wechseln Sie oben rechts im Editor von der Registerkarte *Visuell* zu *Text*. Leider verwirrt die Bezeichnung *Text* ein bisschen. Treffender wäre *HTML-Code* gewesen, denn nun sehen Sie den Text einschließlich der ihn umgebenden HTML-Tags.

Bild 3.11: Wechsel zwischen visueller Ansicht und HTML-Code.

3.2 Themes

Themes bestimmen primär die Optik Ihrer Seite, greifen aber indirekt auch in die Funktionalität ein. Nicht jedes Theme blendet nämlich alle Bereiche ein, die ein Onlineshop benötigt. Auf einem frischen WordPress-System finden Sie einige vorinstallierte Themes mit nicht sehr fantasievollen Namen wie *Twenty Fifteen* oder *Twenty Sixteen*. Es handelt sich um die jährlich neu erscheinenden Standard-Themes. Aktiviert ist derzeit *Twenty Sixteen*.

Die Standard-Themes sind im Design zwar immer sehr spartanisch gehalten, erfüllen aber alle Grundvoraussetzungen:

- Gute Anpassung an unterschiedliche Gerätetypen, vom Smartphone bis zum Desktop-PC.
- Keine Einschränkungen in der Funktionalität.
- Lang andauernde Aktualisierungen durch die WordPress-Entwickler.

Was bedeutet das nun für die Praxis, insbesondere für den Betrieb eines Onlineshops?

- Gut geeignet sind Standard-Themes zur Einarbeitung in WordPress.
- Für einen Shop erfüllen Standard-Themes alle technischen Voraussetzungen.
- Für einen optisch attraktiven Shop sind andere Themes besser geeignet.

> **Das Standard-Theme**
> Das jeweils aktuelle Standard-Theme sollten Sie nie löschen. Falls Probleme mit einem Shop-Theme auftauchen, sind Sie dann nämlich mit der Aktivierung des Standard-Themes schnell wieder im sicheren Hafen.

3.2.1 Themes verwalten

Die Themes-Verwaltung lässt sich über *Design/Themes* aufrufen. Nachdem Sie die Maus über ein Vorschaubild bewegt haben, werden verschiedene Schaltflächen eingeblendet. In der Mitte erscheint *Theme-Details*. Per Klick erhalten Sie einen »Steckbrief«, mit dem sich die Brauchbarkeit für einen Shop oder ein anderes Projekt ganz gut einschätzen lässt.

Mehr Spaß macht es aber, Themes direkt auszuprobieren. Klicken Sie dazu unten auf *Aktivieren* und testen Sie die drei mitgelieferten. Das jeweils aktivierte Theme springt in der Ansicht nach links oben.

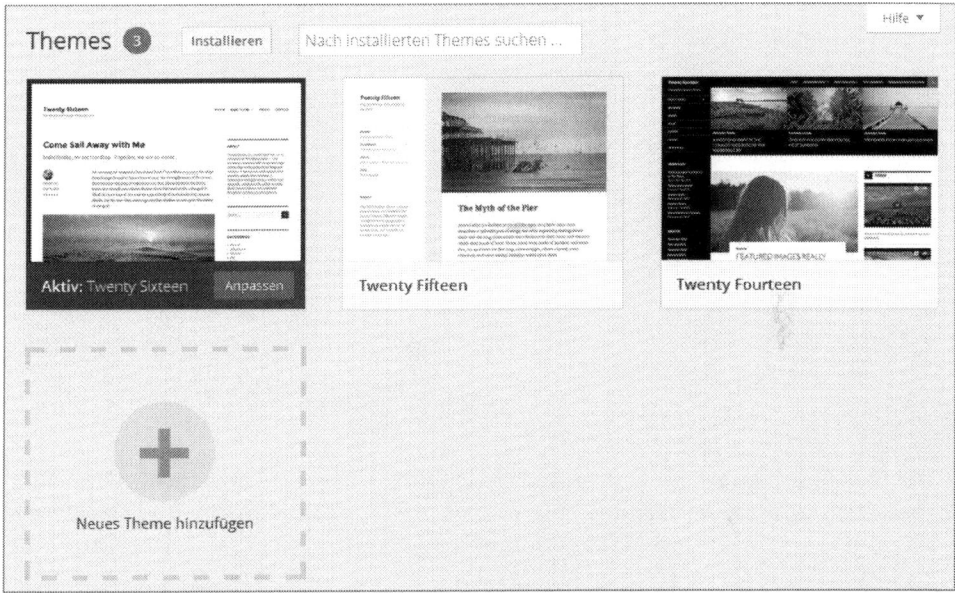

Bild 3.12: Die Themes-Verwaltung von WordPress. Das aktive Theme befindet sich immer links oben.

3.2.2 Die Live-Vorschau

Eine Alternative zur Aktivierung bietet die Live-Vorschau. Sie ermöglicht es, ein installiertes, aber nicht aktives Theme ein bisschen im Backend zu testen. Praktisch ist dieses Feature für laufende Projekte, weil Sie sich damit durch Themes wühlen können, ohne Ihre aktuellen Besucher zu verwirren. Aktiv wird das Theme erst mit einem Klick auf die Schaltfläche *Speichern & Aktivieren*.

> **Nacharbeit beim Theme-Wechsel**
> Ein Theme-Wechsel verläuft bei einem Onlineshop nicht immer so reibungslos wie bei einem Blog. Probleme können beispielsweise auftreten, wenn ein neues Theme ein Widget oder eine Menüleiste nicht oder nicht mehr an der vorgesehenen Stelle platziert. Dann ist nach einem Theme-Wechsel Handarbeit angesagt: Sie müssen Menüs und Widgets neu sortieren.

3.2.3 Themes aus dem WordPress-Directory

Zum Ausprobieren kostenloser Themes müssen Sie WordPress nicht verlassen. Unter *Design/Themes/Installieren* findet sich eine Auswahl, die Laune macht. Neue und populäre Themes in Hülle und Fülle erscheinen als Vorschaubild. Sie können sich nach Herzenslust durchklicken und einige Kandidaten installieren.

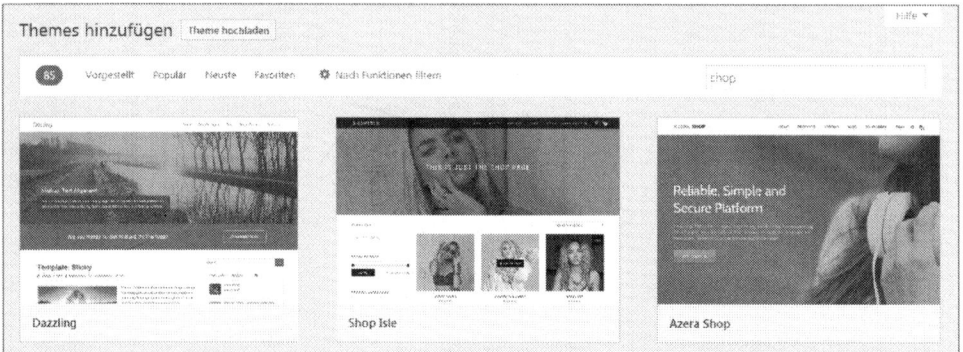

Bild 3.13: Kostenlose Themes lassen sich direkt über das Backend von WordPress auswählen und installieren.

Quelle der über das Backend gelisteten Themes ist das *Themes-Directory* von *WordPress.org* (*https://de.wordpress.org/themes/*). Sie können dort auch unabhängig von Ihrer Website stöbern. Noch einige Tipps, bevor Sie loslegen:

Shoptauglichkeit

Werfen Sie vor der Installation eines Themes einen Blick in die Beschreibung. Hinweise auf die Tauglichkeit für WooCommerce sollten darin enthalten sein. Bei der Themes-Suche geben Sie am besten das Wort »Shop« oder »E-Commerce« oder »WooCommerce« in das Suchfeld rechts oben ein.

Responsive Themes sind Pflicht

Verwenden Sie kein Theme aus vergangenen Zeiten, als das Web ausschließlich von Desktop-PCs aus betrachtet wurde. Achten Sie auf Angaben zum *Responsive Webdesign*. Das steckt dahinter: Der Kunde kauft heute mit dem Gerät seiner Wahl ein. Das kann der klassische Computer auf dem Schreibtisch sein, aber auch ein Laptop, ein Tablet oder ein Smartphone. Ihr Onlineshop muss sich an die unterschiedlichen Gerätetypen anpassen, überall gut aussehen und bedienbar sein. Notwendig ist dafür ein flexibles Layout. Idealerweise wird auf dem Smartphone immer nur eine einzige Navigationsspalte oder ein einziger Text dargestellt, auf dem Desktop dagegen die Webseite in ihrer ganzen Breite.

Keine ollen Kamellen

Im Themes-Verzeichnis finden Sie auch Informationen über die letzte Aktualisierung. Liegt sie schon länger als ein halbes Jahr zurück? Dann hat der Entwickler das Projekt wohl aufgegeben. Verwenden Sie ein anderes Theme.

3.2.4 Externe Themes

Wozu externe (und kostenpflichtige) Themes einsetzen, wenn doch das WordPress-Verzeichnis so reichhaltig bestückt ist? Die Pro- und Kontra-Argumente für Bezahl-Themes:

Pro

- Unproblematisches Zusammenspiel von Shop-Theme und Shop-Plug-in, wenn beides vom selben Hersteller stammt.
- Hochwertige Themes bieten zusätzliche Features wie Slider und Hover-Effekte, aber auch optimierte Darstellungen für den Einkauf mit dem Smartphone.
- Professioneller Support.

Kontra

- Zusätzliche Kosten.
- Zusatzarbeit für Installation und Updates.
- Einige externe Themes sind überladen. Sie erfordern viel Einarbeitungszeit, kosten Nerven und schrauben die Systemanforderungen nach oben.

Bezugsquellen für Shop-Themes

Falls Sie für ein Theme Geld bezahlen, sollte es in jedem Fall auf das Einsatzgebiet zugeschnitten sein. Denken Sie dabei auch an den Support. Sie können vom Hersteller eines Foto-Themes keine Antwort auf eine Frage zur Produktpräsentation erwarten. Für einen besseren Überblick folgen nun Beschreibungen gängiger Bezugsquellen von Shop-Themes.

WooThemes

Hinter WooThemes verbirgt sich der Hersteller von WooCommerce. Theoretisch können Sie auf der Website die normale Version von *Storefront* herunterladen, dem Standard-Theme für WooCommerce, aber das geht viel bequemer über das Backend Ihrer WordPress-Installation. Schließlich ist *Storefront* als kostenloses Theme im amtlichen Directory von *wordpress.org* verfügbar. Mehr Sinn hat es, sich bei den »Child-Themes« für *Storefront* umzusehen, den modifizierten Versionen.

Bezugsquelle: *www.woothemes.com*

MarketPress

Der Hersteller MarketPress bietet nicht nur das kostenpflichtige Plug-in *WooCommerce German Market* an, sondern auch eine Serie kostenpflichtiger Themes. Für die Namen stehen in der Regel Messe- und Handelsstädte Pate. *München, Hamburg, Frankfurt, Düsseldorf* und *Kiel* heißen die mit dem Plug-in harmonierenden Shop-Themes.

Bezugsquelle: *https://marketpress.de/products/themes/*

Vendidero

Der Berliner Anbieter Vendidero verfolgt ein ähnliches Geschäftsmodell wie MarketPress. Zum hauseigenen Plug-in *WooCommerce Germanized*, das in einer kostenlosen und in einer Premiumversion erhältlich ist, wird ein ergänzendes Theme angeboten.

Bezugsquelle: *https://vendidero.de/erweiterungen/themes*

Weitere Bezugsquellen

Knapp 500 Shop-Themes diverser Anbieter finden Sie auf dem internationalen Marktplatz Themeforest.

Bezugsquelle: *http://themeforest.net/category/wordpress/ecommerce*

Beim indischen Anbieter TemplateMela können Sie Themes nach Warensortimenten wie Fashion, Electronics oder Jewelry filtern.

Bezugsquelle: *www.templatemela.com/ecommerce-templates/woocommerce-themes.html*

Kosten

Die Preise sind bei allen Quellen ähnlich moderat. Als Grundpreis müssen Sie mit etwa 50 bis 70 Euro rechnen. Weitere Kosten kommen hinzu, wenn der erste Supportzeitraum nach sechs oder zwölf Monaten ausläuft. Die Fristen sind je nach Anbieter verschieden.

Schlankes oder umfangreiches Theme?

Insbesondere bei kostenpflichtigen Themes sollten Sie neben der Optik auch auf Angaben wie »schlank« oder »reich an Features« achten. Beides lässt sich nämlich schwer vereinen. Die Problematik wird in der folgenden Tabelle verdeutlicht:

	Schlankes Theme	*Umfangreiches Theme*
Einarbeitungszeit	kurz	lang
Anforderungen an den Server	mittel	hoch
Features	wenige	viele

Problematisch sind sehr umfangreiche Themes für Anfänger. Es kostet einiges an Nerven, die vielen Funktionen zu verstehen und in brauchbare und überflüssige zu trennen. Überfrachten Sie Ihre Installation nicht mit einem schwer beherrschbaren Theme-Monstrum. Sie wollen bei schönstem Badewetter Ihre Nachmittage doch nicht mit dem Herumklicken in der Konfiguration verbringen?

Support externer Themes

Mit dem Kauf eines externen Themes erwerben Sie auch eine bestimmte Zeitspanne für den Support. Nach Ablauf sollten Sie sie verlängern. Aber was ist überhaupt mit Support gemeint?

- **Nachfragen beim Theme-Anbieter erlaubt** – Solange Sie sich innerhalb der Supportfrist befinden, dürfen Sie den Anbieter mit Fragen löchern und erhalten hoffentlich brauchbare Antworten. Danach sind Sie auf sich allein gestellt.

- **Updates für Ihr Theme** – Ein Theme wird immer wieder angepasst, und das nicht nur aus kosmetischen Gründen. Wenn eine neue PHP-Version auf Ihren Server aufgespielt wurde, können nicht mehr aktuelle Themes in der Funktion beeinträchtigt sein. Als Betreiber eines Onlineshops sollten Sie kein Risiko eingehen und den Support nicht dauerhaft unterbrechen.

Sicherheit beim Einsatz externer Themes

Noch etwas spricht dafür, den Support für ein externes Theme dauerhaft in Anspruch zu nehmen: Nur während der Supportzeit steht Ihnen ein frisches und unangetastetes Theme zum Download von der Anbieterseite zur Verfügung. Das kann sehr nützlich für Katastrophenfälle sein.

Beispiel: Beim Experimentieren mit einem Theme haben Sie eine Datei zerschossen, und auf Ihrem PC liegt keine gesicherte Originaldatei. Das Malheur lässt sich eventuell mit folgender Methode beheben:

1. Theme neu herunterladen.
2. Theme entpacken.
3. Frische Datei per FTP hochladen und die zerschossene Datei ersetzen.

Diese Methode ist natürlich ein absoluter Notnagel. Besser ist es, wenn solche Katastrophen gar nicht erst eintreten. So schrauben Sie gefahrlos an einem Theme herum und kommen erst gar nicht in die Bredouille:

- XAMPP-System als Arbeitsumgebung verwenden – eine Anleitung hierzu finden Sie in Kapitel 17.3.
- Child-Themes einsetzen.

Systemcheck vor dem Kauf

Besser vor als nach dem Kauf eines externen Themes sollten Sie sichergehen, dass die Systemvoraussetzungen auf Ihrem Server ausreichen. Das folgende Bild zeigt, was bei einer zu schwachen Ausstattung blüht. Das Theme, es hat auch mehrere Plug-ins im Schlepptau, zickt herum wie ein exzentrischer Filmregisseur. Man hört es geradezu vom Server rufen: »Unter diesen Bedingungen kann ich nicht arbeiten!«

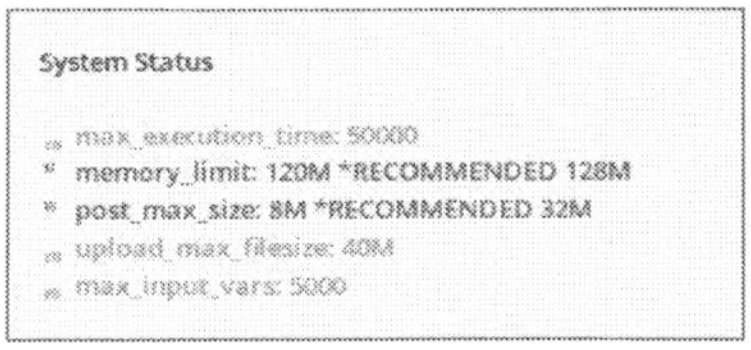

Bild 3.14: Ein Theme hat sich zwar installieren lassen, verweigert dann aber den Dienst, weil die Systemvoraussetzungen nicht erfüllt wurden.

Im Beispiel sind die Werte für *memory_limit* und *post_max_size* unterdimensioniert. Und nun? Abhängig vom Provider kann der Server noch ein bisschen nachjustiert werden, Informationen zum Heraufsetzen des PHP Memory Limit finden Sie in »Kapitel 18.2. Stressfreier verläuft eine Installation allerdings, wenn beim Webspace nicht gespart wurde.

3.2.5 Download und Installation externer Themes

In der Regel bezahlen Sie ein externes Theme mit PayPal und können es sofort nach dem Kauf als ZIP-Datei auf Ihren Computer herunterladen. Vom Anbieter des Themes erfahren Sie auch, wie die Installation am besten vor sich geht. Für alles, was nicht aus dem WordPress-Directory stammt, stehen prinzipiell zwei Wege offen:

1. Installation via WordPress – über das Backend.
2. Manuelle Installation – über Ihren FTP-Client

Installation über das Backend

Der Upload über das Backend ist die einfachere Variante. Entpacken Sie die ZIP-Datei nicht. Gehen Sie auf *Design/Themes* und dann auf *Theme hochladen*.

Bild 3.15: Über die Schaltfläche *Theme hochladen* lassen sich externe Themes unkompliziert installieren.

Per Schaltfläche *Durchsuchen* wählen Sie das heruntergeladene Theme aus. Die ZIP-Datei lassen Sie immer noch gepackt. Nach dem Upload klicken Sie *Installieren* an, und schon macht sich WordPress an die Arbeit. Die Prozedur läuft nicht anders ab als bei einem Theme aus dem offiziellen WordPress-Directory. Nach wenigen Sekunden ist die Installation beendet. Dann müssen Sie das Theme nur noch aktivieren.

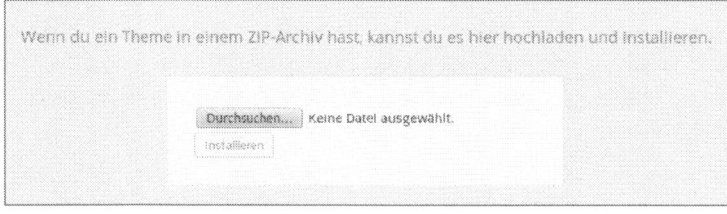

Bild 3.16: Das ZIP-Archiv wird von der Festplatte hochgeladen.

Manuelle Installation per FTP

Dies ist die komplizierte Variante. Sie benötigen vier Schritte:

1. Im Unterschied zur Installation aus dem Backend müssen Sie das Theme selbst entpacken. Sie erhalten dann einen namensgleichen Ordner – z. B. *meinshoptheme2000*.
2. Öffnen Sie Ihr FTP-Programm und verbinden Sie sich mit dem Server.

3. Öffnen Sie auf Ihrem Server das Themes-Verzeichnis. Es befindet sich hier innerhalb der WordPress-Installation: */wp-content/themes/*.

4. Laden Sie den entpackten Theme-Ordner in dieses Verzeichnis. Das Resultat sollte so aussehen: */wp-content/themes/meinshoptheme2000*.

Danach finden Sie Ihr externes Shop-Theme in der Themes-Verwaltung – installiert, aber noch nicht aktiviert. Klicken Sie auf *Aktivieren*, um die Früchte Ihrer Arbeit zu genießen.

3.2.6 Themes anpassen über Schaltflächen

Für die Anpassung eines Themes gibt es eine gefährliche und eine ungefährliche Variante. Die ungefährliche führt über Schaltflächen. Alles, was Sie hier anklicken, lässt sich auch wieder rückgängig machen.

Das Problem bei größeren Themes: Angesichts der Fülle von Optionen ist es nicht ganz einfach, sich die getätigten Veränderungen zu merken. Haben Sie ein sehr gutes Gedächtnis? Dann legen Sie einfach los. Falls nicht – es gibt da einige Tricks:

- **Die klassische Methode** – Sie nehmen Zettel und Stift zur Hand und notieren Ihre Veränderungen wie ein Lehrling in das Berichtsheft. Beispiel: »In der Einstellung Header-Bild gewesen und shopheader14.jpg hochgeladen. Sieht besser aus als shopheader13.jpg.«
- **Die Foto-Methode** – Sie knipsen Ihre Einstellungen mit dem Smartphone ab.
- **Wie ein echter Nerd** – Sie halten Ihre Konfiguration in Screenshots fest.

Und so gelangen Sie zu den Einstellungsmöglichkeiten: In der Themes-Verwaltung, aufrufbar über *Design/Themes*, befindet sich das Vorschaubild des gerade aktivierten Themes links oben. Fahren Sie mit der Maus darüber. Über die Schaltfläche *Anpassen* erreichen Sie dann den Customizer.

Arbeiten im Customizer

Im Customizer werden Veränderungen zwar sofort angezeigt, aber erst mit dem Klick auf die blaue Schaltfläche rechts oben wirksam. Der Vorteil: Sie können nach Herzenslust ausprobieren und die Auswirkungen ohne Wechsel ins Frontend betrachten. In diesem Kapitel werden die Einstellungsmöglichkeiten für Website-Informationen, Farben, Header-Bild und Hintergrundbild beschrieben, und nur diese.

Menüs und Widgets lassen sich nämlich komfortabler über *Design/Menüs* bzw. *Design/Widgets* konfigurieren. Und die statische Startseite? Diese Angelegenheit ist eigentlich keine Sache für den schnellen Customizer. Der klassische Weg führt über *Einstellungen/Lesen*.

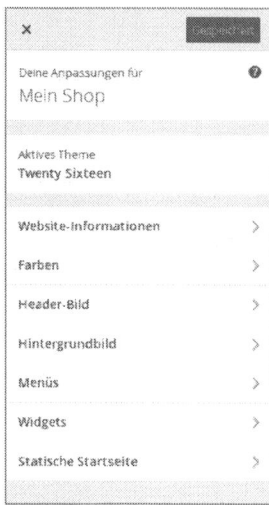

Bild 3.17: Die Einstellungsmöglichkeiten im Customizer, wie sie im Standard-Theme zur Verfügung stehen. In anderen Themes können die Optionen abweichen.

Website-Informationen

Unter *Website-Informationen* können Sie, und das ist eine Neuerung in WordPress, nun auch ein Logo hochladen. Altbekannt ist hingegen die Möglichkeit, im Customizer den Seitentitel und den Untertitel einzustellen und zu verändern. Beachten Sie auch die dazugehörige Checkbox. Standardmäßig ist dort der Haken vor *Titel und Untertitel der Website anzeigen* gesetzt. Sie können den Header-Text ausblenden, um Überschneidungen mit dem Header-Bild oder dem Logo zu vermeiden. Darunter lässt sich ein Iconbild hochladen, das Ihre Website im Browser hervorhebt. Falls Sie dieses Feature verwenden möchten: Die ideale Icongröße liegt bei 512 Pixeln in Breite und Höhe.

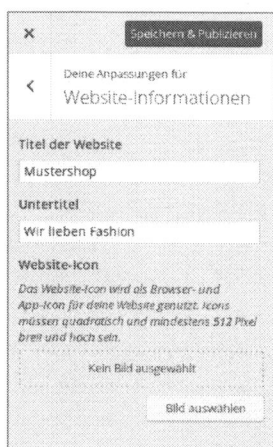

Bild 3.18: Seitentitel und Untertitel lassen sich ändern oder ausblenden.

Theme-Farben anpassen

Ob für einen Shop oder ein anderes Projekt: Farben gehören unbestritten zum wichtigsten Gestaltungsmittel. Über die ideale Zusammensetzung von Farben streiten die

Gelehrten, seit Goethe seinen Farbkreis entwickelt hat. Keine Sorge, durch diese Theorie müssen Sie sich nicht wühlen.

Unter *Farben/Basis-Farbvorlage* finden Sie je nach Theme eine unterschiedliche Anzahl voreingestellter Farbschemata. Das Durchklicken erzeugt immer wieder ein Aha-Erlebnis: So schnell kann man mit WordPress den Charakter einer Website geschmackvoll ändern. Außerdem bewahrt diese Methode automatisch vor den schlimmsten Designkatastrophen. Grüne Schrift auf rosa Grund ist in Ihrem Theme (hoffentlich) nicht dabei.

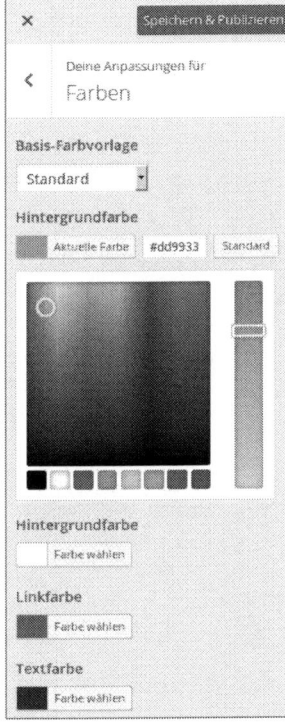

Bild 3.19: Die Farben des Themes lassen sich über Farbvorlagen oder individuell anpassen.

Sie möchten die Hausfarben Ihres Unternehmens auch im Shop genau abbilden? WordPress bietet für Elemente wie Hintergrund, Texte und Links spezifische Farbpaletten an. Klicken Sie auf *Farbe wählen* und definieren Sie die exakten Unternehmensfarben mit Hexadezimalwerten. Der Wert *#dd9933* steht beispielsweise für einen Orangeton. Es empfiehlt sich, auch dazu Notizen anzufertigen. Vielleicht möchten Sie später ja Farbdefinitionen im Quellcode via CSS vornehmen.

Header-Bild

Das Header-Bild steht auf jeder Seite ganz oben und ist ebenso wie die Farben wesentlich für die Optik einer Website verantwortlich. Bevor Sie sich an die Gestaltung machen, sollten Sie die ideale Größe ablesen. Diese unterscheidet sich von Theme zu Theme. Über die Schaltfläche *Neues Bild hinzufügen* wird der Header dann in die Mediathek hochgeladen und auf der Website platziert.

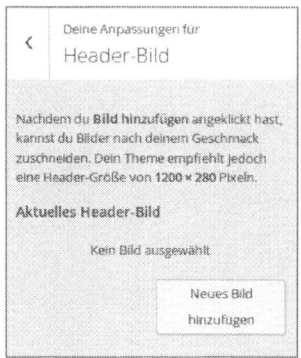

Bild 3.20: Das Theme verrät die ideale Größe des Header-Bilds.

Hintergrundbild verwenden

Weil sie leicht von Produktbildern, Text und Navigationselementen ablenken, sind Hintergrundbilder für Onlineshops mit Vorsicht zu genießen. Falls Sie trotzdem nicht darauf verzichten möchten, sollten Sie auf eine dezente Optik setzen. Nach dem Hochladen haben Sie verschiedene Gestaltungsmöglichkeiten:

- Bild wiederholen lassen, um einen Kacheleffekt zu erzeugen.
- Positionierung links zentriert oder rechts.
- Bild fixieren oder mitscrollen lassen.

3.2.7 Themes anpassen über den Editor

Für erfahrene Anwender gibt es auch noch eine zweite Möglichkeit, das Theme zu ändern. Sie führt über das Menü *Design/Editor*. Auf diesem Weg gelangen Sie nicht zum üblichen Editor für die Erstellung von Beiträgen und Seiten, sondern öffnen ein Tool für die Bearbeitung von Quellcode. Sie können dort sämtliche Dateien Ihres Themes bearbeiten. Voraussetzung sind Kenntnisse in HTML, PHP und CSS.

3.2.8 Crashkurs HTML und PHP

HTML (*HyperText Markup Language*) wird auch als die Sprache des Internets bezeichnet. Über HTML-Befehle, Tags genannt, erhält nämlich der Browser seine Anweisungen zur Darstellung einer Webseite.

Crashkurs HTML

Die kurzen HTML-Befehle bestehen aus einem Start-Tag (im Beispiel `<h1>`) und einem Abschluss-Tag (im Beispiel `</h1>`). Zu erkennen sind sie an den spitzen Klammern, beispielsweise:

```
<h1>Neue Kollektion eingetroffen</h1>
```

Das Tag `<h1>` definiert eine Überschrift. Das h leitet sich vom englischen Heading ab. Das Abschluss-Tag `</h1>` mit dem Schrägstrich schließt die Überschrift ab.

In HTML sind sechs Überschriften vorgesehen. `<h1>` definiert die größte, `<h6>` die kleinste. Nach der Überschrift folgt in der Regel der Text. Mit Absätzen lässt er sich gut strukturieren. Sie werden durch das Tag `<p>` definiert. Beispiel für eine Kombination aus Überschriften und Absätzen:

```
<h1>Neue Kollektion eingetroffen</h1>
<p>Liebe Kundinnen und Kunden, endlich ist es so weit. Unsere neue
Kollektion ist eingetroffen.</p>
<h2>Jetzt bestellen</h2>
<p>In unserem Shop können Sie ab sofort bestellen. Ab 50 € Einkaufswert
liefern wir ohne Versandgebühren.</p>
```

Die zweite Überschrift, markiert durch das `<h2>`-Tag, fällt etwas kleiner aus als die erste. Als Alternative könnte die Aufforderung zur Bestellung auch fett dargestellt werden. Dafür steht das Tag `<b>` bereit. Nach dem Ersetzen von `<h2>` durch `<b>` sieht die betreffende Zeile im Quellcode so aus:

```
<b>Jetzt bestellen</b>
```

Es würde den Rahmen dieses Buchs sprengen, auf HTML im Detail einzugehen. Wenn Sie sich näher mit der »Sprache des Internets« befassen möchten, sind zwei Quellen empfehlenswert, nämlich die Webseite *selfhtml.org* und das HTML5-Handbuch von Stefan Münz und Clemens Gull (aus dem Franzis Verlag).

HTML und PHP

HTML ist eine statische Sprache. Ihre Grenzen hat sie bei der Verarbeitung von Beiträgen und Kommentaren, den typischen Elementen eines Blogs, und auch ein Onlineshop lässt sich nicht auf der Basis von HTML betreiben.

Hier kommt die Skriptsprache PHP (*PHP: Hypertext Preprocessor*) ins Spiel. Den Beginn von PHP-Code erkennen Sie an den Zeichen `<?php`, das Ende wird mit `?>` markiert. Die PHP-Tags selbst werden wie bei HTML in spitze Klammern gesetzt, den Abschluss eines PHP-Befehls bildet immer noch ein Semikolon (Strichpunkt). Durch `echo` wird PHP angewiesen, etwas auf dem Bildschirm anzuzeigen. Mit diesem PHP-Befehl wird beispielsweise die URL einer Website ausgelesen und angezeigt:

```
<?php echo home_url(); ?>
```

PHP und HTML können auf einer Webseite gemischt werden. Sobald ein einziger PHP-Befehl dabei ist, muss sie zwingend unter *.php* abgespeichert werden. In WordPress enden nahezu alle Seiten auf *.php*.

3.2.9 Die CSS-Datei anpassen

In WordPress werden, wie in anderen Systemen auch, die meisten HTML-Befehle über eine zentrale CSS-Datei genauer definiert. Ob Schriftgrößen, Schriftarten oder Abstand zwischen den Zeilen, das alles steht in der Datei *style.css*, dem Stylesheet. Man könnte diese Definitionen rein technisch gesehen auch direkt in den HTML-Code der einzelnen

Seiten hineinpacken, dann wären die Änderungen allerdings sehr mühsam. Wenn Sie beispielsweise die Größe sämtlicher Überschriften verändern möchten, müssen Sie mit der *style.css* nicht an alle Ihre Überschriften einzeln ran, denn das lässt sich dort mit einem Streich erledigen.

Stylesheet öffnen

Via *Design/Editor* öffnet sich nicht etwa der bekannte Editor zur Erstellung von Beiträgen und Seiten, sondern ein wesentlich schlankeres Tool. In diesem lässt sich Quellcode bearbeiten. Nach dem Aufrufen des Editors ist standardmäßig die Datei *style.css* des aktiven Themes zu sehen. In der rechten Spalte können Sie beides ändern. Am besten kontrollieren Sie vor jeder Änderung, wo Sie sich genau befinden.

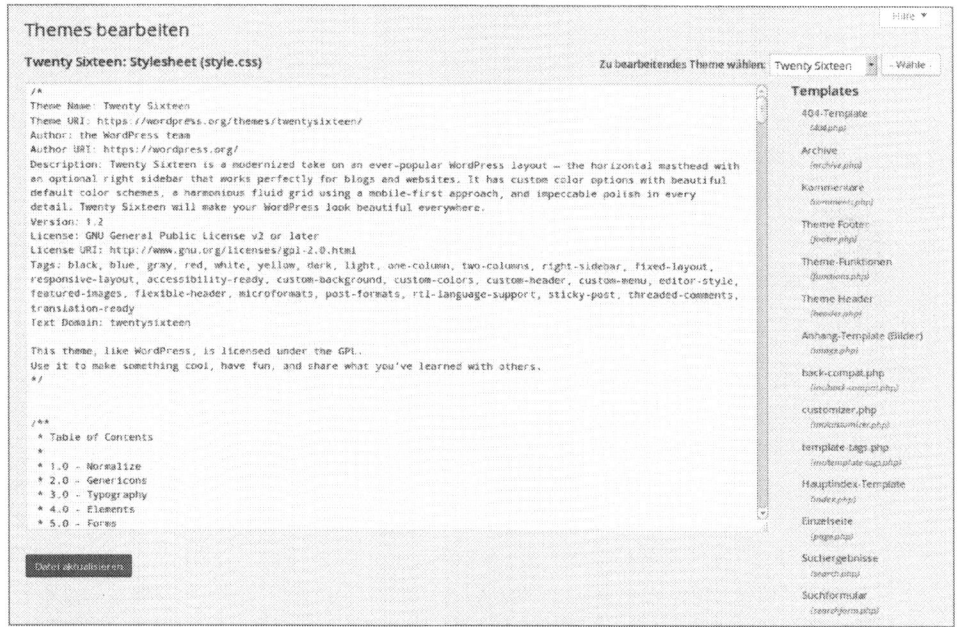

Bild 3.21: Die Datei *style.css*, auch Stylesheet genannt, lässt sich im Editor bearbeiten.

Im obigen Bild ist das bekannte Theme *Twenty Sixteen* eingestellt. Über das Dropdown-Menü *Zu bearbeitendes Theme wählen* lässt es sich wechseln. Darunter finden Sie sämtliche Templates, die Seitenvorlagen des Themes. Sie bestimmen zum Beispiel das Aussehen der Startseite, einer Beitragsseite oder des Seitenfooters. Falls Sie mit der Materie noch nicht vertraut sind: Nehmen Sie Änderungen am Stylesheet erst einmal behutsam vor.

Aufbau des Stylesheets

Wenn Sie etwas nach unten scrollen, zeigt sich der *Table of Contents*, das Inhaltsverzeichnis des Stylesheets. Die Schrägstriche und Sternchen dienen nicht allein der Optik. Alles zwischen /* und */ ist in einer CSS-Datei kein Befehl, sondern ein Kommentar.

Hier dürfen Sie gefahrlos ein paar Grüße an Freunde und Verwandte einfügen. Nichts davon wird technisch weiterverarbeitet.

```
Twenty Sixteen: Stylesheet (style.css)

/**
 * Table of Contents
 *
 * 1.0 - Normalize
 * 2.0 - Genericons
 * 3.0 - Typography
 * 4.0 - Elements
 * 5.0 - Forms
 * 6.0 - Navigation
 *   6.1 - Links
 *   6.2 - Menus
 * 7.0 - Accessibility
 * 8.0 - Alignments
 * 9.0 - Clearings
 * 10.0 - Widgets
 * 11.0 - Content
 *   11.1 - Header
 *   11.2 - Posts and pages
 *   11.3 - Post Formats
 *   11.4 - Comments
 *   11.5 - Sidebar
 *   11.6 - Footer
 * 12.0 - Media
 *   12.1 - Captions
 *   12.2 - Galleries
 * 13.0 - Multisite
 * 14.0 - Media Queries
 *   14.1 - >= 710px
 *   14.2 - >= 783px
 *   14.3 - >= 910px
 *   14.4 - >= 985px
 *   14.5 - >= 1200px
 * 15.0 - Print
 */
```

Bild 3.22: Der *Table of Contents*, das Inhaltsverzeichnis des Stylesheets.

Schriftart ändern

Vielleicht ist es Ihnen auch schon aufgefallen, dass die Beitragsschriftart in *Twenty Sixteen* etwas altbacken wirkt. Diese Serifenschrift »mit Füßchen« ist nicht jedermanns Geschmack. Auf dem Weg der normalen Theme-Einstellungen lässt sich das nicht ändern, im Stylesheet aber schon.

Im *Table of Contents* ist die Typografie als dritter Punkt angegeben. Scrollen Sie nun etwas herunter. Die zu ändernde Schriftart findet sich in den Definitionen der `textarea`, und zwar in der Zeile `font-family`. Dort ist der Font Merriweather festgelegt. Für den Fall, dass er auf einem Browser nicht vorhanden ist, wird er durch die Georgia oder eine andere Serifenschrift ersetzt.

```
/**
 * 3.0 - Typography
 */
body,
button,
input,
select,
textarea {
        color: #1a1a1a;
        font-family: Merriweather, Georgia, serif;
        font-size: 16px;
        font-size: 1rem;
        line-height: 1.75;
}
```

Bild 3.23: An dieser Stelle definiert das Stylesheet die Schriftart in den Beiträgen und anderen Textfeldern. Eingestellt ist die Schriftart Merriweather.

Eingriff in den Quellcode

Vor der Änderung im Code dürfen Sie sich erst einmal in einem Kommentar verewigen, am besten ein bisschen persönlich oder irgendwie skurril. Schreiben Sie »Ich liebe Schokopudding« hinein. Mit individuellen Einschüben finden Sie nämlich geänderte Stellen leicht wieder. Dokumentiert werden sollte natürlich auch die Änderung selbst.

Danach ersetzen Sie `Merriweather` durch `Arial`. Diese ist zwar nicht besonders originell, kann aber garantiert von jedem Browser gelesen werden. Speichern Sie die Datei ab und gehen Sie dann in die Besucheransicht. Die »Füßchenschrift« sollte nun verschwunden sein. Wenn alles geklappt hat, dürfen Sie auch an anderen Stellen eingreifen. Ändern Sie zum Beispiel die Schriftgröße über `Font-Size`.

Übertreiben Sie es aber nicht. Wenn Sie einen Fehler begehen, kann das Theme unbrauchbar werden. Das Risiko erhöht sich, wenn Sie nicht mehr nur am Stylesheet schrauben, sondern die zum Theme gehörigen PHP-Dateien bearbeiten. Was aber, wenn Sie auf den Geschmack gekommen sind und sich hemmungslos austoben möchten? Dann arbeiten Sie am besten mit einem Child-Theme.

3.2.10 Workshop: Child-Themes

Ein Child-Theme ist ein »Ableger« eines Themes. Das Besondere dabei ist, dass das Original, sprich das Parent-Theme (Elternthema), nicht verändert wird. Sie müssen sich nicht zwingend damit befassen, aber vier Gründe und ein Nebeneffekt sprechen dafür:

Vier Gründe für Child-Themes

1. Mit dem Update eines Themes wird der Quellcode überschrieben – einschließlich der Änderungen, die Sie per Hand dort eingefügt haben. Ohne Child-Theme rackern Sie sich ab wie Sisyphos, dieser Typ mit dem Stein. Sie müssen immer wieder von vorn beginnen.

2. Mit einem Child-Theme haben Sie Ihre Änderungen im Blick. In kritischen Situationen können Sie sagen: Ich weiß, in welchen Dateien ich etwas geändert habe.

3. Der Hersteller WooThemes bietet für *Storefront* eigene Child-Themes an. Wer diese Technik nutzen möchte, sollte sie auch selbst einmal ausprobiert haben.

4. Hand aufs Herz: Wer gern im Quellcode eines Themes herumwerkelt, hat auch schon mal eines zerschossen. Wer am Child-Thema operiert, kann nur begrenzten Schaden anrichten. Das Experimentieren nach Lust und Laune macht nur im Child-Theme Spaß.

> **Jedes Theme nur einmal**
> Als Alternative zum Child-Theme dasselbe Theme zweimal installieren? Die Idee klingt ja nicht schlecht: ein Theme zum Experimentieren und eines zum Absichern. Dieser Ansatz funktioniert mit WordPress allerdings nicht, jedes Theme darf nur einmal installiert werden. Vor komplizierten Konstruktionen sei hier ausdrücklich gewarnt – im schlimmsten Fall ruinieren Sie Ihre gesamte WordPress-Installation.

> **Angenehmer Nebeneffekt**
> Sie lernen nebenbei, wie das mit den Themes funktioniert. Sie müssen ja nicht gleich ein eigenes Theme entwickeln, aber vielleicht entdecken Sie die eine oder andere Möglichkeit, Ihren Shop etwas aufzupeppen.

Verzeichnis für Child-Theme anlegen

Weil sich aus dem Backend kein Verzeichnis für das Child-Theme anlegen lässt, benötigen Sie Ihr FTP-Programm. Verbinden Sie sich mit dem Server und klicken Sie den Unterordner *wp-content/themes* auf. Dort finden Sie die Verzeichnisse aller bereits installierten Themes, darunter auch den Ordner *twentysixteen*.

Legen Sie nun auf derselben Ebene einen neuen Ordner an und geben Sie dem Kind einen Namen, zum Beispiel *twentysixteen-child*.

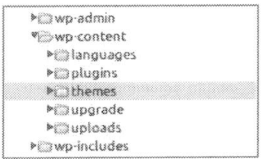

Bild 3.24: Der *themes*-Ordner befindet sich im Verzeichnis *wp-content*.

Der Name ist beliebig wählbar, aber Leerzeichen und Umlaute sind in einem Ordnernamen tabu. In diesen Ordner kommen die Dateien des Child-Themes hinein:

- Die Datei *style.css* ist obligatorisch.
- Andere Dateien, in denen Sie Änderungen vornehmen, zum Beispiel die Datei *functions.php*.

Noch ein Hinweis: Einige umfangreiche Themes verfügen über mehrere CSS-Dateien, zum Beispiel für unterschiedliche Ausgabegeräte. In diesem Fall müssen Sie sämtliche CSS-Abhängigkeiten beachten. Anfänger sollten zunächst mit der Modifizierung eines schlanken Themes beginnen.

CSS-Datei anlegen

Legen Sie nun die folgende *style.css*-Datei an (natürlich setzen Sie Ihre eigene Domain dort ein, wo *mustershop-online.de* steht) und laden Sie sie in das leere Verzeichnis *twentysixteen-child* hoch:

```
/*
Theme Name: Twenty Sixteen Child
Theme-URI: www.mustershop-online.de
Author: Mustershop
Author URI: www.mustershop-online.de
Description: Ableger von Twentysixteen
Version: 1.0
Template: twentysixteen
```

```
*/
@import url("../twentysixteen/style.css");
/*Theme Änderungen Beginn*/
/*Theme Änderungen Ende*/
```

Die Angaben zwischen /* und */ werden in einer CSS-Datei als Kommentare behandelt, gelten also nicht als Befehl. Trotzdem sollten Sie bei den Angaben unter `Theme Name` und `Template` sorgfältig sein, denn sie werden von der WordPress-Themes-Verwaltung benötigt. Entscheidend ist der Verweis auf das betreffende Parent-Theme in dieser Zeile:

```
@import url("../twentysixteen/style.css");
```

Die Änderungen im Stylesheet fügen Sie zwischen `/*Theme Änderungen Beginn*/` und `/*Theme Änderungen Ende*/` ein.

Das Child-Theme in der Themes-Verwaltung

Unter *Design/Themes* finden Sie *Twenty Sixteen Child* nun als ganz normales Theme dargestellt, allerdings ohne Vorschaubild. Dies ist Absicht, damit Parent und Child nicht verwechselt werden. Nun können Sie bequem zwischen dem Original und Ihrer Anpassung hin- und herwechseln und die Änderungen testen.

> **Achtung!**
> Denken Sie immer daran, dass ein Child-Theme ohne das Original nicht lauffähig ist. Mit dem versehentlichen Löschen des Parent-Themes wird auch der Ableger ins Nirwana befördert.

3.2.11 Themes aktualisieren

Alle Themes aus dem Fundus von *wordpress.org/themes/* machen sich recht deutlich im Dashboard bemerkbar, sobald ein Update vorliegt. Dies gilt nicht nur für das aktive, sondern für jedes installierte Theme. Updates können Sie per Knopfdruck einspielen. Falls Sie das Theme im Quellcode stark verändert haben, verwenden Sie die Technik der Child-Themes. Haben Sie dagegen nur an einer oder zwei Stellen etwas geändert und diese Änderungen auch dokumentiert? Dann gehen Sie so vor:

1. Veränderte Stellen des Themes herauskopieren, um notfalls darauf zurückgreifen zu können.
2. Theme updaten.
3. Die betreffenden Stellen wieder per Hand ändern.

Zugegeben, diese Methode ist nicht eben professionell, aber der Aufwand hält sich bei nur leicht modifizierten Themes in Grenzen.

Externe Themes aktualisieren

Externe Themes melden sich nicht selbstständig, wenn ein Update vorliegt. Sie erhalten stattdessen vom Hersteller eine E-Mail mit Informationen zu den Neuerungen und der Update-Methode. In der Regel stehen Ihnen diejenigen Möglichkeiten zur Verfügung, die Sie schon von der Installation externer Themes kennen: bequem über das Backend oder etwas aufwendiger via FTP.

3.2.12 Themes löschen

Diese Themes sollten Sie niemals löschen:

- Das aktivierte Theme. In weiser Voraussicht hat WordPress hier einen Sicherheitsriegel eingebaut. Sie können ein Theme erst dann via Backend löschen, nachdem es deaktiviert wurde. Löschen Sie es aber auch nicht per FTP.
- Das Standard-Theme. Betrachten Sie dieses Theme als »Fliehburg«, falls das aktivierte Theme mal zickt. Zum Standard-Theme können Sie immer zurückkehren, und es kann wertvolle Dienste zur Fehleranalyse leisten.
- Das Parent-Theme, falls Sie ein Child-Theme eingesetzt haben.

Alle anderen Theme-Leichen dürfen Sie mit gutem Gewissen wieder entfernen, denn sie schaffen nur unnötige Update-Arbeit und blähen das System auf. Der Löschbutton befindet sich in der rechten unteren Ecke des Vorschaubilds in der Themes-Übersicht.

> **Gelöschtes Theme noch einmal installieren**
> Falls Sie ein gelöschtes Theme noch einmal installieren, bleiben diejenigen Einstellungen erhalten, die Sie über Schaltflächen verändert haben. Sie wurden nämlich in der MySQL-Datenbank gespeichert. Überschrieben werden nur Änderungen, die Sie im Quellcode vorgenommen haben.

3.3 Mit Plug-ins Funktionen erweitern

Plug-ins erweitern die Funktionen von WordPress. Nicht nur der Shop selbst lässt sich auf diese Weise realisieren, populär sind auch Plug-ins für die Suchmaschinenoptimierung (SEO), die Kontaktformulare und Social-Media-Netzwerke. Die meisten Plug-ins sind kostenlos und können direkt aus dem Backend heraus installiert werden.

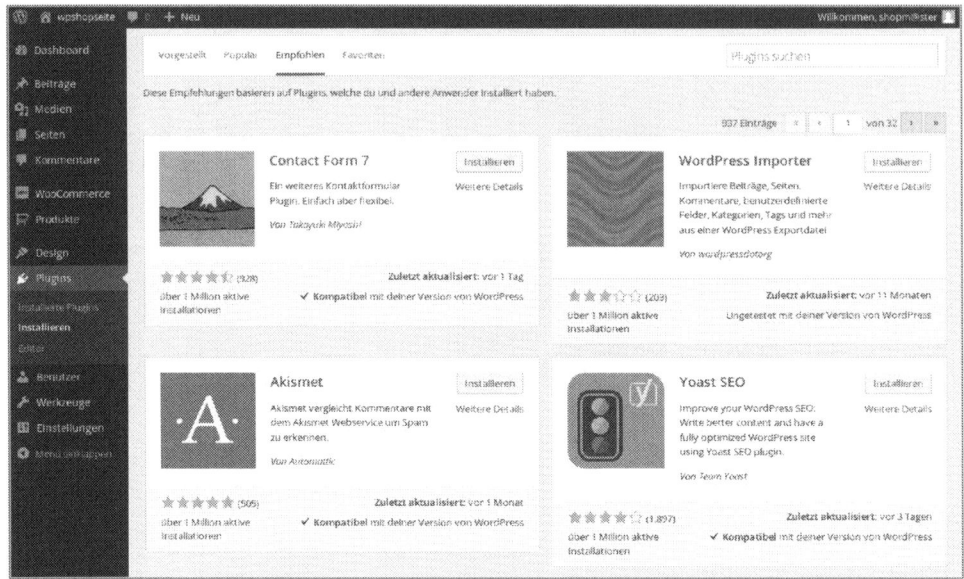

Bild 3.25: Mit einem Klick auf den Menüpunkt *Plugins* öffnet sich die Plug-in-Verwaltung von WordPress.

Kostenpflichtige Plug-ins

Für Onlineshops und andere Zwecke stehen zwei Typen von kostenpflichtigen Plug-ins zur Verfügung:

- Plug-ins mit einer freien Basisversion und kostenpflichtigen Premium-Features. Sie können die freie Version aus dem offiziellen Directory beziehen, auf Herz und Nieren prüfen und bei Bedarf später upgraden.
- Von Grund auf kostenpflichtige Plug-ins. Diese sind nicht im offiziellen Directory enthalten.

3.3.1 Plug-ins finden

Das offizielle Verzeichnis auf *https://de.wordpress.org/plugins/* listet schon fast 50.000 verschiedene WordPress-Erweiterungen auf. Zu jedem Plug-in liefert eine Infobox Argumente für oder gegen eine Installation:

- Bewertung der WordPress-Community mithilfe einer Skala von 1 bis 5 Sternen.
- Anzahl der aktiven Installationen.
- Infos zur Kompatibilität.
- Datum der letzten Aktualisierung.

Bild 3.26: Die Infobox liefert Informationen zu Popularität, Qualität und Kompatibilität des Plug-ins.

3.3.2 Plug-ins direkt installieren

Wie die kostenlosen Themes werden auch die kostenlosen Plug-ins über das Backend installiert. Über *Plugins/Installieren* erhalten Sie direkten Zugang auf das offizielle Plug-in-Directory. Mit einem Klick auf den Installationsbutton und einer Bestätigung mit *OK* holt sich WordPress, was es braucht.

3.3.3 Plug-ins alternativ installieren

Kostenpflichtige Plug-ins können Sie in der Regel nicht über das offizielle Directory beziehen. Stattdessen gehen Sie auf die Herstellerseite und laden von dort die aktuelle Version auf Ihre Festplatte. Wie bei den externen Themes stehen auch bei den Plug-ins zwei alternative Installationsmöglichkeiten zur Verfügung: das Hochladen als Archiv und die manuelle Installation.

Als Archiv hochladen

Liegt das Plug-in als ZIP-Archiv vor, entpacken Sie es nicht. Gehen Sie auf *Plugins/Installieren/Plugin hochladen* und wählen Sie das Plug-in aus. WordPress holt sich das Archiv von Ihrer Festplatte und erledigt den Rest für Sie.

Manuelle Installation:

Ist das Plug-in schon entpackt, das Hochladen über das Backend gescheitert oder gar nicht vorgesehen? Dann laden Sie das entpackte Plug-in über den FTP-Client manuell in das Verzeichnis */wp-content/plugins*.

3.3.4 Plug-ins aktivieren und konfigurieren

Plug-ins sind Schläfer. Nach der Installation warten sie auf die Aktivierung, vorher passiert gar nichts. Das gilt auch für die beiden vorinstallierten Plug-ins *Akismet* und *Hello Dolly*. Ersteres ist ein Antispam-Plug-in, zu dem es gute Alternativen gibt, das zweite ein reines Spaßtool. Sie mögen Jazz? Dann erwecken Sie *Hello Dolly* zum Leben. In der Übersicht der installierten Plug-ins stehen Ihnen die drei Schaltflächen *Aktivieren*, *Bearbeiten* und *Löschen* zur Verfügung. Wählen Sie *Aktivieren* aus.

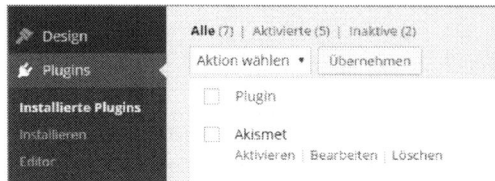

Bild 3.27: *Via Plugins/Installierte Plugins* lassen sich die Plug-ins aktivieren und löschen. Der Link *Bearbeiten* ist nur für sehr fortgeschrittene Anwender interessant.

Der Plug-in-Editor
Der Link *Bearbeiten* führt nicht etwa zu den Schaltern für die Konfiguration eines Plug-ins, sondern öffnet einen Editor zur Bearbeitung des Quellcodes. Empfehlenswert ist diese Methode nur für Anwender mit Programmierkenntnissen.

3.3.5 Plug-ins aktualisieren

Nicht nur der Kern von WordPress und die Themes, auch die Plug-ins werden von den Entwicklern immer wieder auf den neuesten Stand gebracht. Aus dem Backend heraus lassen sich diejenigen komfortabel updaten, die aus dem offiziellen Verzeichnis stammen – von *wordpress.org/plugins/*.

Externe Plug-ins
Besondere Spielregeln gelten für externe Plug-ins. Diese müssen alternativ aktualisiert werden, entweder per Upload über die Plug-in-Verwaltung oder manuell über FTP. Der Hersteller informiert Sie über neue Versionen und das Vorgehen bei der Aktualisierung.

Inaktive Plug-ins
Hacker können Ihr System auch über inaktive Plug-ins angreifen. Aus Sicherheitsgründen sollten Sie diese immer auf dem neuesten Stand halten – oder löschen.

3.3.6 Antispam Bee

Genug der grauen Theorie. Nun sollten Sie einige Plug-ins einmal ausprobieren. Ein guter Start ist *Antispam Bee*. Die Welt ist voller Verrückter. Einige davon befinden sich in Amt und Würden, andere im Spam-Business. Magisch angezogen wird Spam von der Kommentarfunktion. Schnell tummeln sich auf einem nicht abgesicherten WordPress haufenweise Links zu windigen Verdienstmöglichkeiten, gefälschten Markenartikeln und dubiosen Potenzmitteln.

Bild 3.28: Probates Mittel gegen Spam: das Plug-in *Antispam Bee*.

WordPress hat zwar mit dem vorinstallierten Plug-in *Akismet* ein Hausmittel an Bord, allerdings müssen Sie sich für die Aktivierung auf einer externen Seite registrieren und einen von dort erhaltenen API-Schlüssel (Zahlencode) in WordPress eingeben. Unkomplizierter und mit weniger als einer Minute Zeitaufwand kommen Sie mit der Installation und Aktivierung von *Antispam Bee* ans Ziel.

Das kleine Plug-in leistet zuverlässig Abwehr gegen Kommentarspam jeder Art. Dabei ist es einfach zu bedienen und schon in der Grundkonfiguration sehr treffgenau eingestellt. Falls nötig, kann der Webmaster noch nachjustieren. Im Gegensatz zu *Akismet* ist *Antispam Bee* auch für kommerzielle Websites kostenlos – ein Pflicht-Plug-in für alle, die auf ihrer Website Kommentare zulassen.

3.3.7 Contact Form 7

Zeitgemäße Onlineshops bieten auch eine schnelle und unkomplizierte Kontaktmöglichkeit an. Nicht mehr zeitgemäß sind Verweise auf eine E-Mail-Adresse. Die Vorteile eines Kontaktformulars sind:

- Der Kunde muss kein E-Mail-Programm öffnen.
- Der Kunde muss Ihre E-Mail-Adresse nicht eintippen – und er kann sich dabei nicht vertippen.
- Das Formular ist vorstrukturiert. Sie erhalten vom Kunden keinen Roman, sondern eine Beschreibung seines Anliegens.

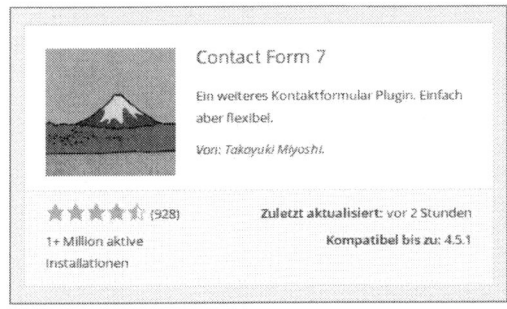

Bild 3.29: Mit *Contact Form 7* lassen sich Kontaktformulare einbauen.

Sie können mit *Contact Form 7* beliebig viele Formulare erzeugen und einbinden. Nach der Aktivierung ist das erste Formular schon angelegt.

Kicken Sie auf *Kontaktformular 1*, um zu den Einstellungsmöglichkeiten zu gelangen.

Ganz oben bei *Kopiere diesen Shortcode* finden Sie den Shortcode zum Einfügen auf Seite, Beitrag oder Text-Widget. Am besten probieren Sie das gleich mal aus. Kopieren Sie den Code, rufen Sie eine Seite auf und fügen Sie ihn dort in den Quelltext ein. Daraufhin wird das Formular eingebunden. In der Besucheransicht sehen Sie dann das Standardformular im Einsatz.

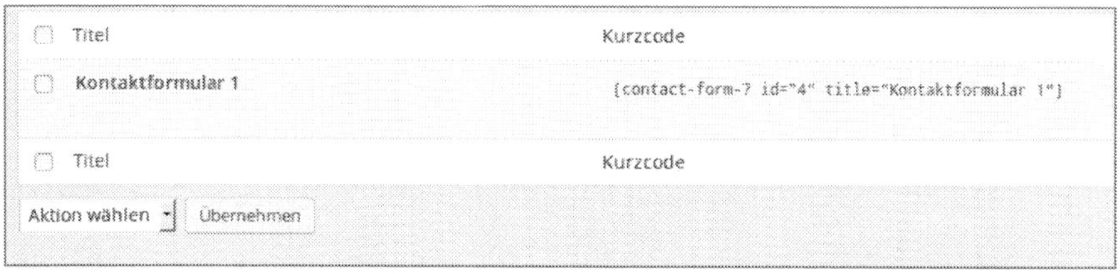

Bild 3.30: Mit der Aktivierung des Plug-ins ist das erste Formular schon angelegt.

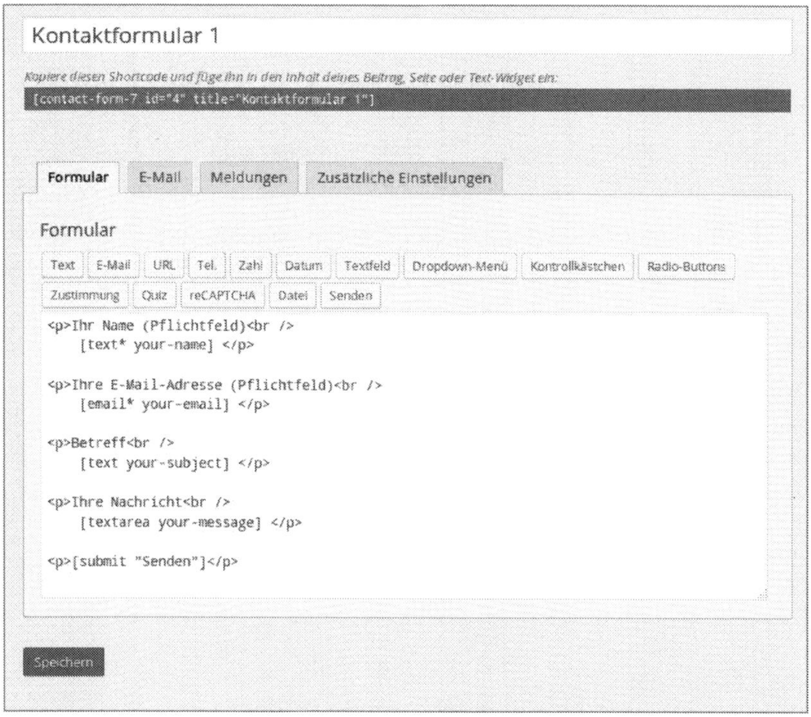

Bild 3.31: Das Formular bietet zahlreiche individuelle Gestaltungsmöglichkeiten.

Anschließend kehren Sie zum Konfigurationsmenü von *Contact Form 7* zurück und passen das Formular an. Beginnen Sie mit dem, was nicht zwischen den eckigen Klammern steht. Ersetzen Sie beispielsweise *Ihre Nachricht* durch *Ihre Frage an uns*. So lässt sich das Formular auf den Charakter der Website trimmen. Nachdem Sie sich etwas eingearbeitet haben, können Sie auch neue Eingabefelder generieren. Dabei müssen Sie sich nicht auf Textfelder beschränken, die Möglichkeiten sind hier sehr umfangreich. Klicken Sie auf die Buttons unter *Formular*, um beispielsweise den Code für ein *Kontrollkästchen* (eine Checkbox) einzufügen.

Die E-Mail-Einstellungen

Vielleicht haben Sie sich schon gefragt, auf welche Weise die Inhalte des Formulars weitergegeben werden? Die Verarbeitung funktioniert verblüffend einfach. Sie erhalten den Formularinhalt als E-Mail. Die E-Mail-Adresse können Sie über das Register *E-Mail* einstellen. Dort können Sie auch einen Auto-Responder einrichten, eine automatische Benachrichtigung des Absenders. Besonders praktisch ist dies, auch aus rechtlichen Gründen, falls ein Kunde einen Widerruf an Sie gesendet hat. Der Widerruf ist damit sofort bestätigt.

3.3.8 Shop-Plug-ins

Das am weitesten verbreitete Shop-Plug-in heißt *WooCommerce*. Installieren lässt es sich über das Backend. Als deutsche Ergänzungen stehen *WooCommerce German Market* und *WooCommerce Germanized* zur Verfügung. Eine Alternative zu WooCommerce bietet *wpShopGermany*. Alle Genannten werden in diesem Buch noch ausführlich erklärt.

Hoffentlich sind Sie jetzt nicht von all den Möglichkeiten erschlagen. Rufen Sie zwischendurch die Plug-in-Verwaltung über das Dashboard auf – über *Plugins* im Menü links. Kontrollieren Sie die installierten Plug-ins und vergessen Sie nicht das Ausmisten.

Das Bild zeigt die Plug-in-Verwaltung mit einer Basisausstattung. *Akismet* und *Hello Dolly* wurden deinstalliert. Im Boot sind hier *Antispam Bee*, *Contact Form 7* und auch schon *WooCommerce*. Doch bevor Sie sich an ein Shop-Plug-in heranwagen, werfen Sie noch ein Auge auf den *Broken Link Checker*.

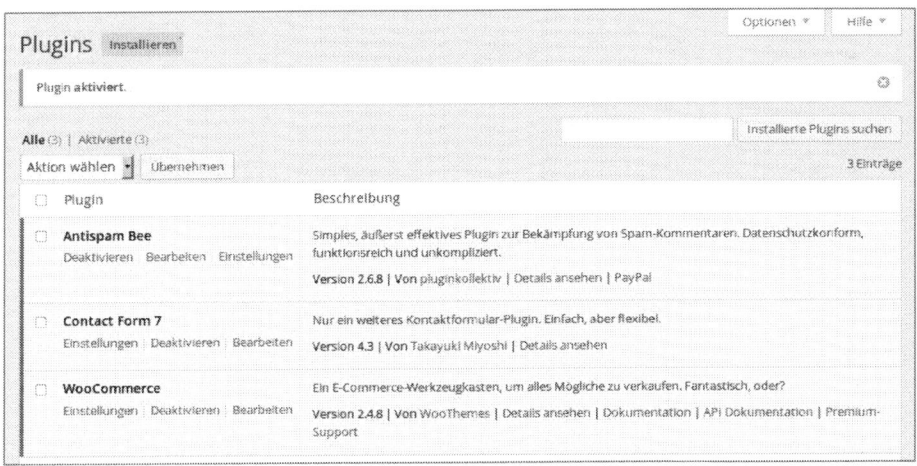

Bild 3.32: Die Plug-in-Verwaltung listet alle Plug-ins übersichtlich auf.

3.3.9 Broken Link Checker

Wer mit WordPress langlebige Projekte betreibt – und dafür ist es ja im Gegensatz zu manch anderem System gedacht und geeignet –, kennt das Problem: Vor allem von älteren Beiträgen führen immer mehr ausgehende Links auf Fehlerseiten. Das passiert zum Beispiel, wenn sich die URLs der verlinkten Seiten geändert haben.

Ärgerlich sind solche Irrwege nicht nur für Ihre Kunden, sondern auch in Hinblick auf die Suchmaschinenoptimierung. Eine Website mit vielen toten Links wird von Google abgestraft. Abhilfe schafft der *Broken Link Checker*. In einem definierten Turnus, voreingestellt sind 72 Stunden, überprüft das Plug-in sämtliche Links – innerhalb der Site und nach außen. Fehlerhafte URLs werden zuverlässig angezeigt. Sie können sie dann komfortabel und schnell ausbessern oder löschen, ohne die betreffende Linkquelle selbst aufrufen zu müssen.

Für Shopbetreiber ist dieses Plug-in einfach Pflicht, besonders wenn das Warensortiment häufiger wechselt und Produktseiten wieder herausgenommen werden. Interne tote Links sind wahres Gift für jeden Onlineshop.

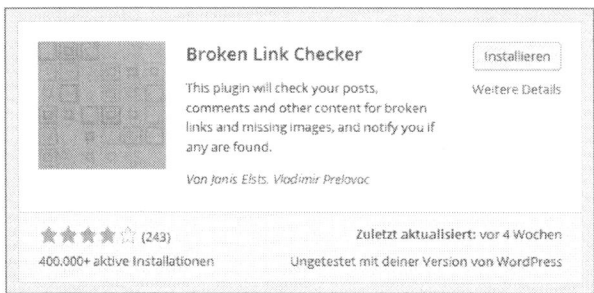

Bild 3.33: Zuverlässig überprüft der *Broken Link Checker* alle internen und externen Links der Site. Auf Wunsch informiert er den Admin per E-Mail über fehlerhafte Links.

3.4 Widgets

Widgets sind kleine Zusatzmodule, die die Funktionalität einer WordPress-Website ergänzen, aber auch kleinere Texte, Menüs oder Links enthalten können. Platziert werden sie hier:

- In einer oder mehreren Sidebars (Seitenleisten).
- Über, unter oder neben dem Inhalt.
- Als Footer-Widget am unteren Ende der Seiten.

Sehr praktisch sind Footer-Widgets für Shopbetreiber, denn darin lassen sich Links zu den diversen Pflichtseiten dezenter unterbringen als oben im Hauptmenü. Die Besucher sollen ja auf die Produktseiten gelotst werden und sich nicht im Kleingedruckten verlieren.

3.4.1 Themes definieren Widget-Bereiche

Das Theme bestimmt, wie viele Widget-Bereiche zur Verfügung stehen und wo sie angezeigt werden. Ein sehr umfangreiches kann auch mal mit einem halben Dutzend Widget-Bereichen bestückt sein. Nach einem Theme-Wechsel sollten Sie die Lage der Widgets prüfen, denn nicht selten sind einige davon abgetaucht. Zwanghaft ausschöpfen müssen Sie die Widget-Bereiche nicht. Was nicht bestückt ist, wird von WordPress ganz einfach ausgeblendet. Im Standard-Theme *Twenty Sixteen* stehen drei Widget-Bereiche zur Verfügung: ein Bereich ist standardmäßig bestückt, zwei sind leer und damit im Frontend nicht zu sehen.

3.4.2 Widgets verwalten

Im Backend erreichen Sie die Widget-Verwaltung via *Design/Widgets*. Einem frisch installierten WordPress liegen sechs sichtbare Widgets bei: *Suche*, *Letzte Beiträge*, *Letzte Kommentare*, *Archive*, *Kategorien* und *Meta*. In der Widget-Verwaltung sind sie rechts im Bereich *Seitenleiste* zu sehen.

Die beiden anderen Widget-Bereiche sind leer und damit im Frontend unsichtbar. Sie müssen erst ein Widget hineinziehen, um sie zum Leben zu erwecken.

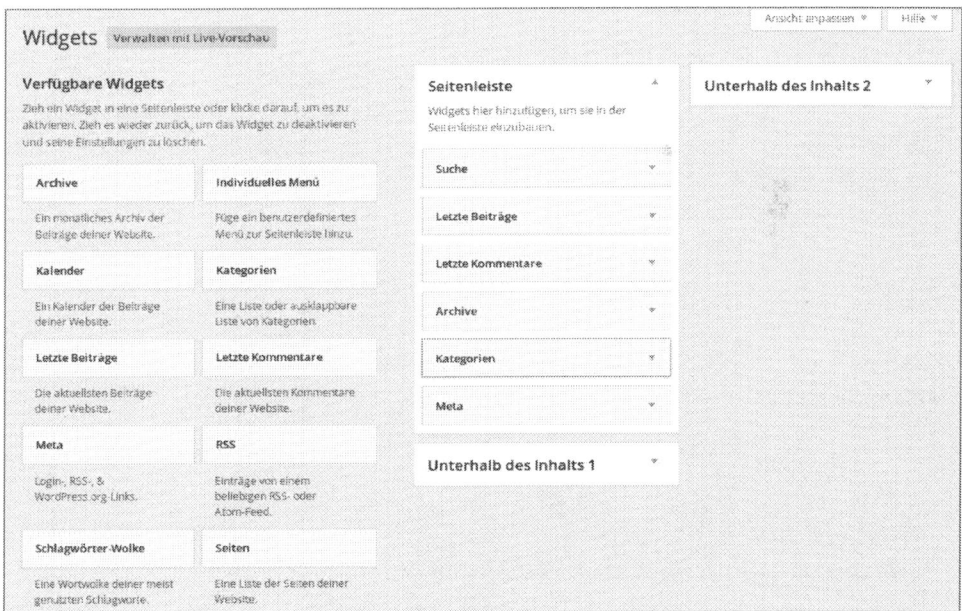

Bild 3.34: Aufgeräumt präsentiert sich die Widget-Verwaltung im Standard-Theme *Twenty Sixteen*. Links befinden sich die verfügbaren Module, rechts die drei Widget-Bereiche. Über Drag-and-drop werden die Module angeordnet.

3.4.3 Die wichtigsten Widgets

WordPress-Neulinge fühlen sich von der Fülle der Widgets erst einmal erschlagen. Aber welche sind davon wirklich wichtig? Zunächst diese hier:

- **Suche** – Auf jede gute WordPress-Site gehört eine Suchmaschine, und besonders wichtig ist sie für einen Shop. Ihre Besucher sollen ja nicht abspringen, wenn sie nicht sofort das Gewünschte finden.
- **Kategorien** – Kategorien geben nicht nur Ihren Besuchern, sondern auch den Suchmaschinen einen schnellen Überblick über die wichtigsten Themen der Website.
- **Letzte Beiträge** – Falls Ihr Onlineshop auch ein Firmenblog enthält, gehört dieses Widget einfach dazu. Es zeigt dem Besucher in der Standardeinstellung die zehn neuesten Beiträge an. Die Zahl der Beiträge können Sie in den Widget-Optionen variieren.

Bild 3.35: Das Suchmaschinen-Widget darf auf einer Shopsite nicht fehlen.

3.4.4 Das Meta-Widget

Aus dem Rahmen fällt das *Meta*-Widget ganz unten in der Sidebar. Es ist standardmäßig eingebaut, um neuen WordPress-Admins den Einstieg zu erleichtern. Die Links führen zu diversen nützlichen Dingen wie der Feedausgabe, aber leider auch unter *Administration* zum Anmeldebildschirm des Backends. Um Himmels willen. Dem Autor dieser Zeilen verdreht es die Augen.

META
- Administration
- Abmelden
- Beitrags-Feed (RSS)
- Kommentare als RSS
- WordPress.org

Bild 3.36: Das *Meta*-Widget verrät Angreifern den Weg zum Backend. Weg damit – je eher, desto besser.

Das Widget als Sicherheitsrisiko

Diese drei Gruppen von Benutzern werden mit dem *Meta*-Widget zum Backend gelotst:

- Sie selbst und Ihre Mitarbeiter, das ist praktisch.
- Alle Besucher Ihrer Website, das ist seltsam. Die normalen Besucher haben im Backend nichts verloren.
- Alle Angreifer Ihrer Website, das ist gemeingefährlich.

Was ist zu tun?

1. Notieren Sie sich Ihre Backend-URL: *www.mustershop-online.de/wp-admin/*.
2. Schmeißen Sie das *Meta*-Widget aus der Sidebar oder wo immer es sich versteckt hat. Weg mit dem Unhold.

3.4.5 Helfer in der Not: Text-Widget

Ebenfalls aus der Reihe fällt das Text-Widget, aber positiv. Damit lässt sich auf schnelle Weise unterbringen, was als Beitrag oder Seite nicht passt. Der Vorteil: Im Gegensatz zu einem Beitrag ist ein Widget nicht nur auf der Startseite und später im Archiv präsent, sondern auf jeder einzelnen Seite.

Beispiel: Für Ihre Modenschau wird ein auffälliger Hinweis benötigt, der sich optisch vom Rest jeder Seite abhebt. Hier bietet sich ein Widget gleich oben in der Sidebar an. Nicht nur die Besucher werden sofort darauf stoßen, sondern auch die Suchmaschinen. Was am Beginn einer Seite steht, wird als wichtig eingestuft.

Bild 3.37: Mit dem Text-Widget lassen sich kleine, aber wichtige Texte gut platzieren.

3.4.6 Inaktive Widgets zwischenlagern

Wenn Sie in der Widget-Verwaltung nach unten scrollen, finden Sie den nach der Installation noch leeren Bereich *Inaktive Widgets*. Hier können Sie Widgets platzieren, deren Einstellungen erhalten bleiben sollen.

Beispiel: Die Präsentation der neuesten Kollektion findet jeweils im Frühjahr und Herbst statt. Das passende Text-Widget wird immer einige Zeit vor der Modenschau in der Widget-Leiste platziert. Nach dem Event wird es bei den inaktiven Widgets zwischengelagert. Der Text bleibt erhalten.

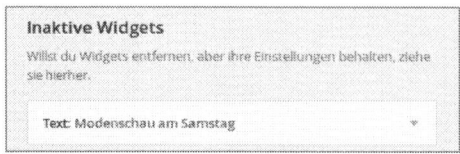

Bild 3.38: Inaktive Widgets.
Das Zwischenlager für bearbeitete, aber nicht ständig benötigte Widgets.

3.5 Menü(s) bitte

Beiträge sind in WordPress sofort sichtbar, Seiten müssen dagegen erst zugänglich gemacht werden. Der Weg führt über Menüs. Das Problem: Frisch nach der Installation von WordPress ist davon noch gar nichts zu sehen: nicht oben, nicht an der Seite und nicht sonstwo. Die Lösung: Zuerst müssen Menüs erstellt und Menübereiche zugewiesen werden.

3.5.1 Menüs erstellen

Klicken Sie im Dashboard auf *Design/Menüs*, um die Menüverwaltung aufzurufen. Dann kreieren Sie das erste Menü. In das Feld *Name des Menüs* tragen Sie zum Beispiel *Hauptmenü* ein. Der Name ist beliebig, er dient nur der Verwaltung und wird den Besuchern nicht angezeigt. Mit einem Klick auf den Button *Menü erstellen* ist der erste Schritt getan. Weiter geht es mit der Zuordnung zu einem bestimmten Bereich, einer Menüposition. Wenn das Ding schon Hauptmenü heißt, dann muss es natürlich an eine exponierte Stelle.

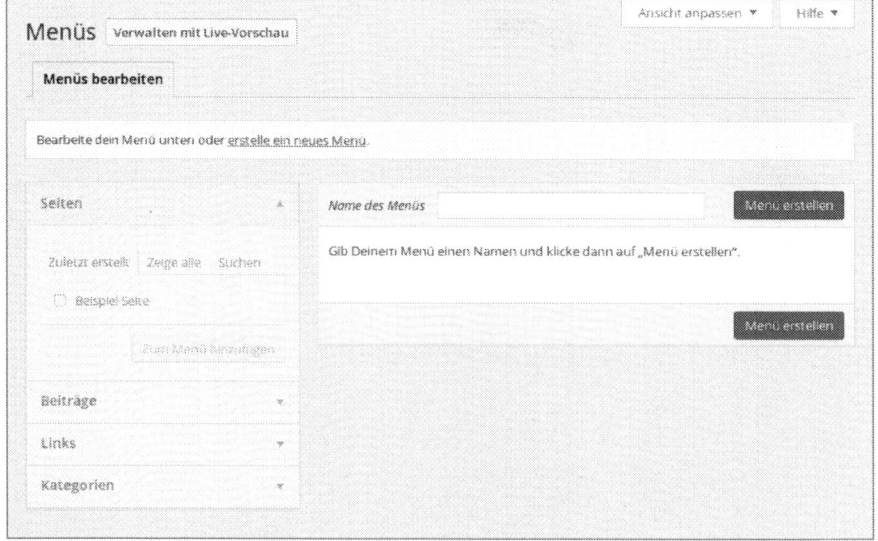

Bild 3.39: Das Standard-Theme *Twenty Sixteen* präsentiert sich nach der WordPress-Installation ohne Menüs. Erst der Admin erweckt die Menüfunktion zum Leben.

3.5.2 Menüpositionen verwalten

Nun wird das eben erstellte Hauptmenü zugewiesen. Klicken Sie dazu auf das Register *Positionen verwalten*. Je nach Theme steht eine unterschiedliche Anzahl von Möglichkeiten zur Verfügung. Einfach fällt die Wahl bei *Twenty Sixteen*. Das Hauptmenü wird als *Primäres Menü* definiert. Das *Social-Links-Menü* darunter wäre keine gute Alternative, denn es ist nur für die Verlinkung mit Facebook, Twitter und anderen Netzwerken konzipiert.

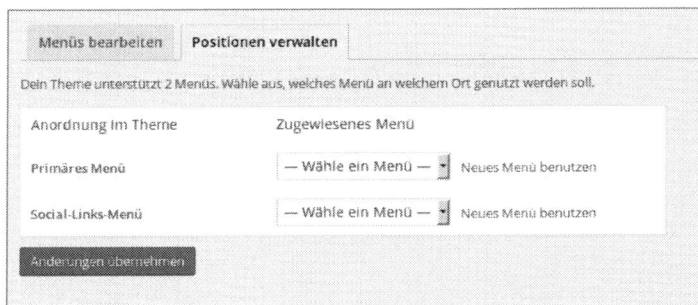

Bild 3.40: Das Standard-Theme *Twenty Sixteen* verfügt über zwei Menüpositionen. Das *Primäre Menü* erscheint oben an exponierter Stelle.

3.5.3 Punkte und Unterpunkte erstellen

Was zum perfekten Menü noch fehlt, sind Punkte und Unterpunkte. Achtung: Bevor ein ganz normaler Menüpunkt erstellt werden kann, muss die entsprechende Seite schon da sein. Im Beispiel sind drei Seiten vorhanden: *Unsere Qualität*, *Firmengeschichte* und der dazu gehörige Unterpunkt *2016*.

Die Zuweisung lässt sich dann in zwei Schritten erledigen:

1 Markieren Sie im linken Fenster die gewünschten Seiten und klicken Sie auf den Button *Zum Menü hinzufügen*.

2 Ordnen Sie die Menüpunkte im Fenster *Menüstruktur*.

Bewegen Sie den Mauszeiger auf den gewünschten Eintrag. Der Cursor verändert sich nun zu einem Griff oder einem Pfeilkreuz. Klicken Sie auf den Eintrag und halten Sie die linke Maustaste gedrückt. Dann ziehen Sie den Eintrag an die gewünschte Position und lassen los. Durch ein Einrücken erzeugen Sie einen Unterpunkt. Sie können auch weitere Ebenen bilden.

Über die Checkbox bei *Menü-Einstellungen* haben Sie die Möglichkeit, sich zukünftig Arbeit zu ersparen. Setzen Sie einen Haken, damit neu erstellte Seiten der ersten Ebene schon bei der Erstellung dem Menü hinzugefügt werden.

> **Kleiner Tipp**
> Nicht nur Seiten lassen sich in ein Menü integrieren, sondern auch *Beiträge*, *Links* und *Kategorien*. Schöpfen Sie aber nicht alle Möglichkeiten aus, die Besucher Ihrer Website würde das eher verwirren.

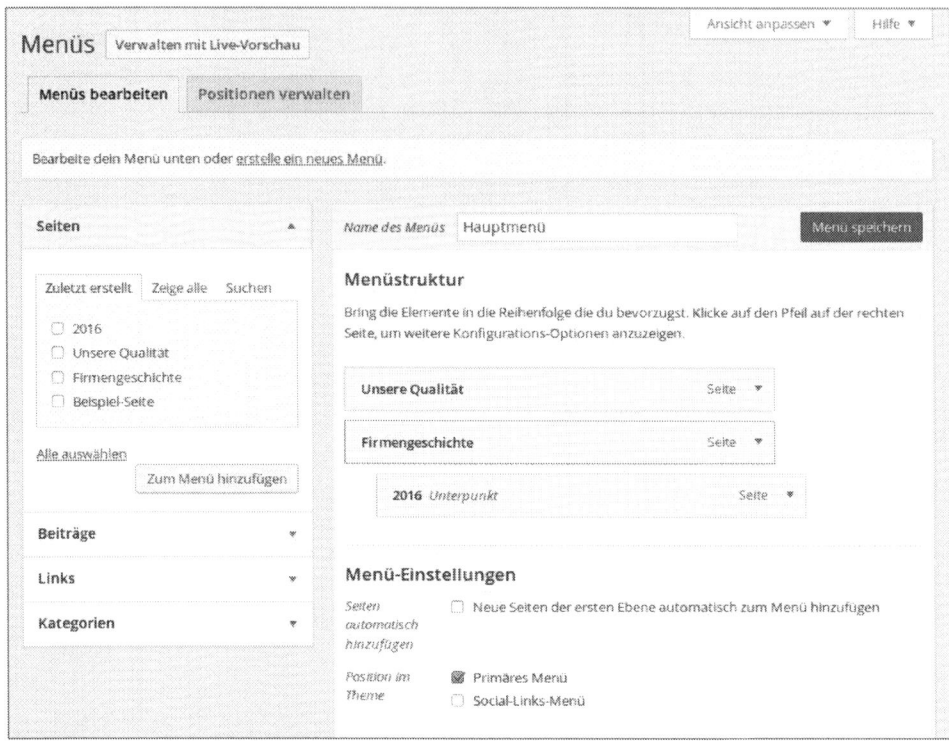

Bild 3.41: Das Herz der Menüverwaltung. Links lassen sich den Menüs Seiten, aber auch Beiträge, Links und Kategorien hinzufügen. Rechts wird die Menüstruktur erstellt.

3.6 Das Kommentarsystem

WordPress ist wie geschaffen, um zusätzlich zum Shop auch ein Firmenblog zu betreiben. Leben in die Bude kommt erst durch den Dialog mit den Lesern, also mit den Kommentaren. Diskutieren Sie über Ihre Produkte und leisten Sie Support, denn mit der Menge an Kommentaren steigt Ihr Renommee. Und falls sich Beschwerden häufen: Nehmen Sie sie als Ansporn, um Ihren Service zu verbessern. Kommentare auf einem Firmenblog sind aussagekräftiger als jede Umfrage zur Kundenzufriedenheit.

3.6.1 Kommentarfunktion einstellen

Via *Einstellungen/Diskussionen* gelangen Sie zu den Grundeinstellungen für Kommentare. In einem frisch installierten WordPress ist die Kommentarfunktion für jede Seite und jeden Beitrag aktiviert. Um einen Kommentar zu hinterlassen, muss der Besucher auch einen Namen und eine E-Mail-Adresse eingeben.

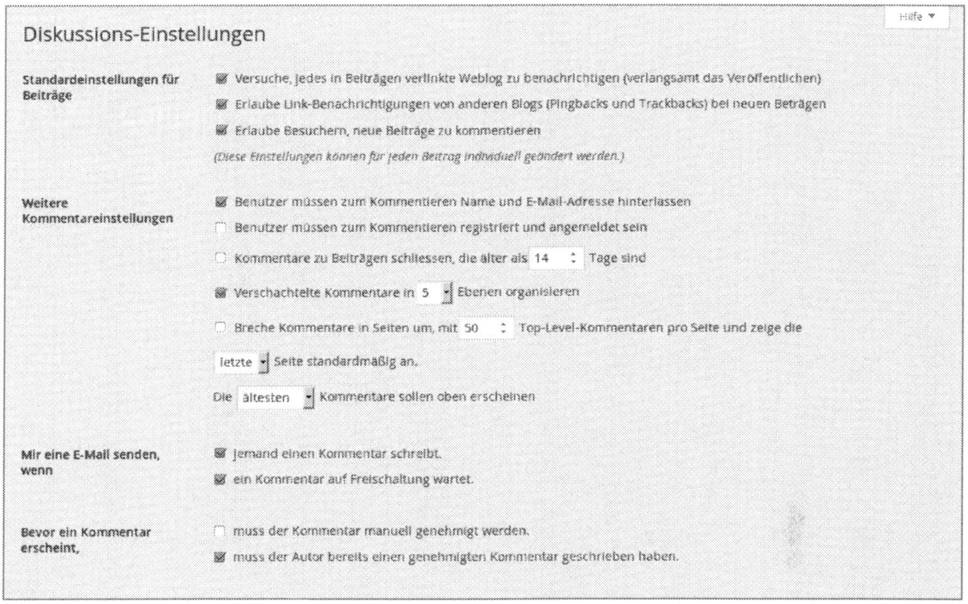

Bild 3.42: Die *Diskussions-Einstellungen* lassen sich über *Einstellungen/Diskussion* aufrufen.

Ein Kompromiss zwischen Sicherheit und Userfreundlichkeit ist unten bei der letzten Checkbox voreingestellt. Aktiviert ist diese Einstellung:

Bevor ein Kommentar erscheint, muss der Autor bereits einen genehmigten Kommentar geschrieben haben.

Für ein neues Firmenblog können Sie ein bisschen mit dieser Einstellung experimentieren und das Häkchen probeweise deaktivieren. Voraussetzungen sind allerdings ein Antispam-Plug-in und die Beachtung der WordPress-Sicherheitshinweise. Außerdem sollten Sie die Kommentare dann täglich kontrollieren.

3.6.2 Kommentare bearbeiten und löschen

Bei der Verwendung des Kommentarsystems für den Support hinterlassen Besucher manchmal datenschutzrechtlich bedenkliche Dinge, zum Beispiel eine persönliche Telefonnummer. In diesem Fall sollten Sie den Kommentar bearbeiten, aber mit Feingefühl. Immerhin greifen Sie in einen fremden Text ein. Üblich ist es, im editierten Text eine Nachricht zu hinterlassen: »Telefonnummer aus Datenschutzgründen entfernt« wäre im genannten Fall angemessen.

Offensichtlichen Spam, also unerwünschte Werbung und Links zu dubiosen Angeboten, sollten Sie immer sofort löschen. Ansonsten wächst er schnell nach und vertreibt die seriöse Leserschaft.

Bild 3.43: Die Übersicht der Kommentare im Backend.

Im Dashboard gelangen Sie links über den Menüpunkt *Kommentare* zu einer vierspaltigen Übersicht. Links ist der Autor angegeben, in der Hauptspalte der Kommentartext und rechts der Beitrag bzw. die Seite, auf die sich der Kommentar bezieht, sowie das Datum. Hier können Sie auch mehrere Kommentare gleichzeitig löschen.

3.6.3 Kommentare beantworten

Wenn Sie auf den *Antwort*-Link in der Kommentarverwaltung klicken, wird Ihr Text später etwas eingerückt dargestellt. So sieht der Fragesteller, dass Sie sich genau auf seinen Kommentar beziehen. Sie möchten stattdessen lieber eine Mitteilung an die Allgemeinheit loswerden? Dann schicken Sie einen Kommentar über das Frontend ab – ohne Einrückung.

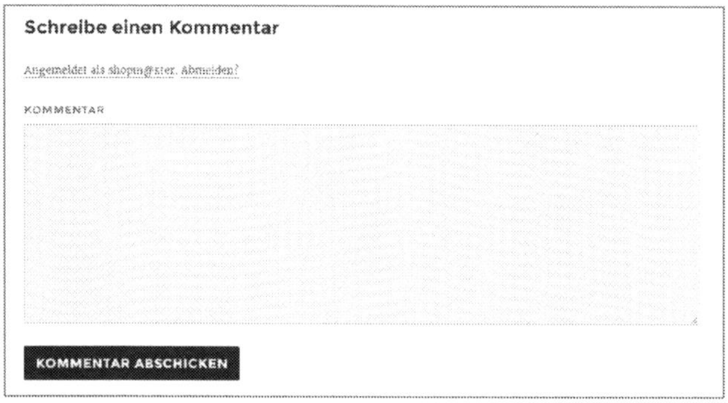

Bild 3.44: Auch der Administrator kann Beiträge über das Frontend abschicken.

Der Umgang mit Trollen

Jeder Admin kennt sie: Menschen, die nur deshalb Kommentare abgeben, um andere zu nerven. Sie blockieren jede ernsthafte Diskussion und verbreiten früher oder später beleidigende und rechtswidrige Inhalte. Hier gilt die berühmte Regel: Nicht füttern!

Wenn Sie sich auf das Spiel einlassen, fühlen sich die Trolle bestätigt. Sie gewinnen an Stärke. Und irgendwann werden Sie nachts zum Pistolenduell im Wald aufgefordert. Besser ist es, einen Troll schon im Frühstadium davon zu überzeugen, dass Sie seiner nicht ebenbürtig sind. Verweisen Sie ihn möglichst unauffällig auf ein geeignetes Forum für Präastronautik, Nostradamusforschung und Hohlwelttheorie. Dort findet er geeignete Nahrung und Kameradschaft.

3.6.4 Diskussionen schließen

Es ist zwar erfreulich, wenn Ihre Besucher viele Kommentare zu einem Thema hinterlassen, aber schnell können Debatten auch ausarten. Wenn die Fetzen fliegen oder es rechtlich bedenklich wird, hilft nur noch eines: Schließen Sie die Diskussion. Sie können für jeden Beitrag und jede Seite die Kommentarfunktion einzeln deaktivieren. Von vornherein sollten Sie das für alle Seiten mit Rechtstexten erledigen. Kommentare haben auf einer Impressums- oder AGB-Seite absolut nichts verloren.

Das sonst so benutzerfreundliche WordPress macht es dem Admin leider nicht gerade leicht, die Deaktivierung vorzunehmen. Es geht nur »von hinten durch die Brust ins Auge«. Drei Schritte sind notwendig.

1. Beitrag oder Seite aufrufen

Rufen Sie zunächst den betreffenden Beitrag bzw. die betreffende Seite im Backend auf. Dann klicken Sie oben rechts, unterhalb der schwarzen Leiste, auf *Ansicht anpassen*. Es klappt ein Feld mit diversen Checkboxen auf.

Bild 3.45: Ansicht anpassen – der Schlüssel zur beitrags- und seitenspezifischen Kommentareinstellung.

2. Checkbox Diskussion aktivieren

Standardmäßig deaktiviert ist die Checkbox *Diskussion*. Setzen Sie hier ein Häkchen ein.

Bild 3.46: Das Häkchen in der Checkbox *Diskussion* wurde aktiviert.

3. Kommentare ein- und ausschalten

Weiter geht es dann im Feld unterhalb des Texteditors. Dort erscheinen jetzt die Checkboxen für *Kommentare erlauben* und *Trackbacks und Pingbacks*. Und erst an dieser Stelle definieren Sie, ob Kommentare und das andere Zeugs (angezeigte Verlinkungen auf Sie) erlaubt sind.

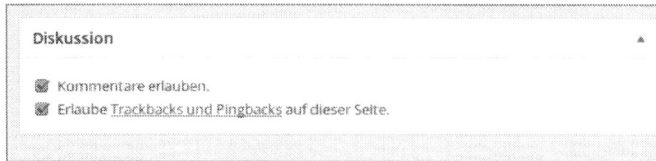

Bild 3.47: Erst im nun eingeblendeten Feld können Diskussionen auch beendet werden.

Mit dem Entfernen des Hakens vor *Kommentare erlauben* verschwindet die Kommentar-Eingabemöglichkeit. Schon bestehende Kommentare bleiben allerdings erhalten. Diese müssen Sie manuell entfernen. Tipp: Entfernen Sie überall dort, wo Sie keine Kommentare möchten, auch den Haken vor *Trackbacks und Pingbacks*.

3.6.5 Avatare

In der Kommentarverwaltung von WordPress finden Sie beim Herunterscrollen verschiedene Optionen für die Darstellung von Avataren, den kleinen mehr oder weniger persönlichen Bildchen neben den Kommentaren. Voreingestellt ist die *Geheimnisvolle Person*, es handelt sich hierbei um den im Internet weitverbreiteten »Typ vor der grauen Wand«. Die Beibehaltung dieser Standardeinstellung empfiehlt sich besonders für Onlineshops, die auf eine hohe Seriosität bedacht sind.

Wenn Sie die Sache etwas lockerer angehen möchten: Das Monsterset ist eher für die jüngere Zielgruppe geeignet, das Retroset dagegen für alle Besucher verwendbar. Weil die Sets verschiedene Kommentare eines Nutzers mit dem gleichen Avatar bestücken, werden die Diskussionen dadurch übersichtlicher. Für die Verwendung der Kommentarfunktion als Supportsystem kann sich das als Vorteil erweisen.

3.7 Kategorien und Schlagwörter

In WordPress werden Kategorien und Schlagwörter verwendet, um thematisch ähnliche Beiträge zu sortieren – ausschließlich. Seiten werden nämlich nicht damit bestückt. Wenn Sie das Plug-in WooCommerce verwenden, gesellen sich zu den Beiträgen und Seiten Produkte hinzu. Für diese gibt es spezielle Sortierhilfen, nämlich *Produktkategorien* und *Produktschlagwörter*.

Abhängig vom Theme erscheinen Kategorien oberhalb oder unterhalb des Beitragstexts. Zugewiesen werden Sie vom Autor des Beitrags, die Eingabefelder befinden sich rechts neben dem Editor.

3.7.1 Kategorien vergeben

Kategorien für ein Firmenblog können Sie zwar auch spontan beim Erstellen neuer Beiträge vergeben, ratsam ist das aber nicht. Mit der Zeit verlieren Sie den Überblick und verheddern sich zwangsläufig mit den Schlagwörtern. Gehen Sie die Erstellung von Kategorien lieber generalstabsmäßig an. Im Dashboard finden Sie die Kategorienverwaltung unter *Beiträge/Kategorien*. Schon angelegt ist die für Suchmaschinen völlig wertlose Kategorie *Allgemein*. Sie weist WordPress automatisch jedem Beitrag zu, den Sie nicht selbst mit einer Kategorie versehen.

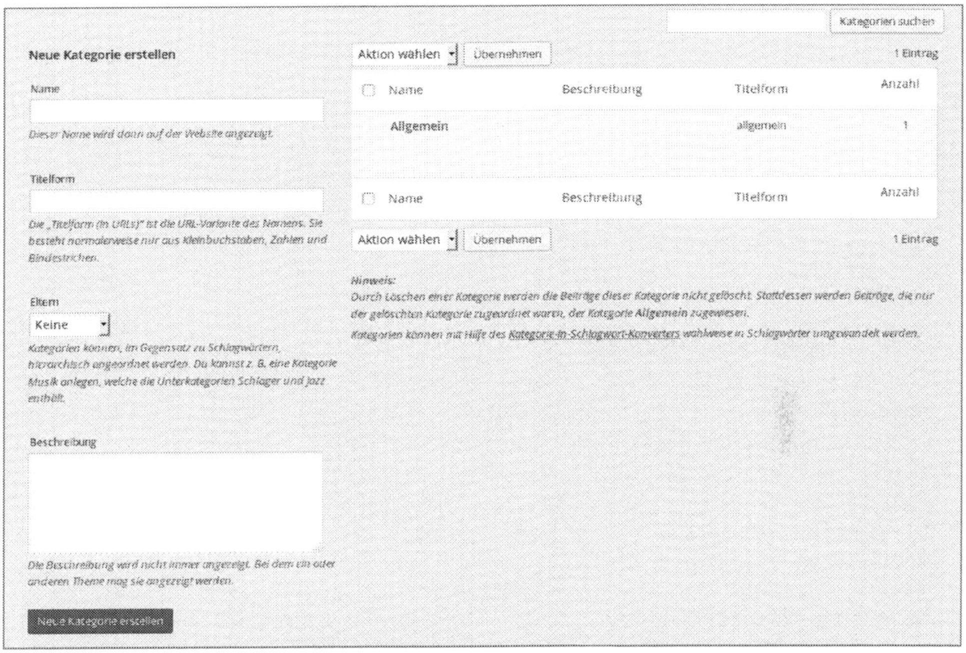

Bild 3.48: Die Kategorienverwaltung von WordPress. Im linken Bereich werden neue Kategorien erstellt. Rechts werden alle Kategorien in der Übersicht angezeigt. Nicht kategorisierte Beiträge werden automatisch der Kategorie *Allgemein* zugeordnet.

Schicken Sie *Allgemein* gleich in die Wüste. Bestücken Sie Ihre Beiträge lieber mit aussagekräftigen Kategorien, die zu Ihrem Sortiment passen, zum Beispiel »Kleider« oder »Handtaschen«. Ideal sind Kategorien mit gleichermaßen hoher Relevanz für Ihre Firma und für Google. Sie können dabei auch Hierarchien bilden, zum Beispiel:

- **Kategorie:** Kleider
- **Unterkategorien:** Cocktailkleider, Brautkleider, Sommerkleider

3.7.2 Schlagwörter vergeben

Etwas weniger streng können Sie die Organisation der Schlagwörter angehen. Im Gegensatz zu den Kategorien ist eine hierarchische Anordnung nicht vorgesehen. Es bleibt Ihrem persönlichen Geschmack überlassen, ob Sie systematisch oder spontan vorgehen. Verwaltet werden die Schlagwörter über *Beiträge/Schlagwörter*.

Haben Sie Spaß an Schlagwörtern? Dann rufen Sie via *Design/Widgets* die Widget-Verwaltung auf und setzen die *Schlagwortwolke* in einen Widget-Bereich.

Bild 3.49: Worum es auf einer Website geht, wird mit einer Schlagwortwolke schnell klar.

Der Clou an diesem Widget: Die Größe der dargestellten Schlagwörter wächst mit der Häufigkeit ihrer Verwendung. Denken Sie dabei auch an neue Besucher Ihrer Website. Die fragen sich ja erst mal, worum es bei Ihnen überhaupt geht. Eine Schlagwortwolke bietet eine ebenso schnelle wie originelle Antwort, und das Anklicken der Wörter führt dann gleich zu den jeweiligen Beiträgen.

3.8 Die Mediathek

Bilder und mehr finden Sie links im Dashboard unter dem Menüpunkt *Medien* – allerdings nur solche, die Sie selbst dort hochgeladen haben. Frisch nach der WordPress-Installation ist das Verzeichnis wüst und leer.

3.8.1 Medien hochladen

Nach einem Klick auf *Datei hinzufügen* erscheint das Uploadfeld. Medien können Sie entweder wie üblich hochladen oder per Drag-and-drop direkt vom Bildschirm in das gestrichelte Feld ziehen. Die maximale Dateigröße für den Upload ist auch vom Provider abhängig, im Beispiel beträgt sie 32 MB. Ausschöpfen werden Sie diese Grenze für Bilder natürlich nicht, denn die entsprechenden Ladezeiten würden die Besucher nicht erfreuen.

Bild 3.50: Medien in die Mediathek hochladen.

Mit einer Größe von maximal 0,1 MB pro Bild sind Sie dagegen auf der sicheren Seite. Falls Sie das Limit für eine Bild-, Audio- oder Videodatei überschreiten, können Sie sie auch per FTP in das richtige Verzeichnis der Mediathek hochladen. Für Videos ist in den meisten Fällen eine Verlinkung die bessere Lösung: Sie laden das Video nicht in die Mediathek, sondern auf YouTube oder eine andere Plattform hoch. Dann betten Sie es in einen Beitrag oder eine Seite ein. WordPress sortiert alle hochgeladenen Medien in nach Jahren und Monaten benannte Ordner ein. Um das Prinzip zu verstehen, gehen Sie am besten den Weg über einen Beitrag:

Schreiben Sie einen Beitragstext und laden Sie dazu ein Bild hoch. Daraufhin legt WordPress die für die Mediathek relevanten Verzeichnisse *uploads* und *2016* sowie den Monatsordner an. Kontrollieren können Sie die neuen Verzeichnisse über Ihr FTP-Programm. Nun ist die Mediathek voll einsatzbereit, und Sie können weitere Medien »auf Vorrat« hochladen.

> **Copyright beachten**
> Bei allen Bildern müssen Sie natürlich das Copyright beachten. Das folgende Bild mit der Damenhandtasche stammt übrigens aus dem Fundus des Los Angeles County Museum of Art (LACMA). Es gehört zur Gruppe derjenigen Bilder, die als gemeinfrei gekennzeichnet wurden.

3.8.2 Bildinformationen hinzufügen

Das erste Bild ist hochgeladen. Mit einem Klick auf das Vorschaubild in der Mediathek öffnet sich ein großes Fenster mit dem Namen *Dateianhang-Details*, in dem die üblichen Bildinformationen hinzugefügt werden können.

- *Titel* – Hier können Sie den Titel des Bilds ändern, er wird auf der Seite selbst aber nicht sichtbar.

- *Bildunterschrift* – Dieser Text wird direkt unter dem Bild angezeigt. Lassen Sie das Feld einfach leer, wenn keine Bildunterschrift gewünscht ist.

- *Alternativtext* – Dieses Feld bitte immer ausfüllen. Auch dieser Text wird nicht angezeigt, erfüllt aber zwei wichtige Aufgaben: Blinde Leser erhalten den Alternativtext als Information über das Bild – ebenso die Suchmaschinen.

- *Beschreibung* – Die Bedeutung dieses Felds ist innerhalb der WordPress-Community von Mythen umrankt. Mit den drei bisher genannten Möglichkeiten sind ja eigentlich alle Arten von Bildinformationen abgedeckt. Möglicherweise erfüllt es ähnliche Funktionen wie der Alternativtext. Es bleibt Ihnen überlassen, ob Sie das Beschreibungsfeld nutzen.

> **Bildformate fürs Internet und für Effekte**
> Für das Internet sind nur schlanke und standardisierte Bildformate sinnvoll. Kommen Sie also nicht auf die Idee, ein Bild im Photoshop-Format PSD hochzuladen. WordPress nimmt dieses Format gar nicht an. Geeignet sind die drei Webformate GIF, JPEG und PNG.
> Am meisten verbreitet ist zwar JPEG, aber für Extras müssen Sie auf die beiden anderen zurückgreifen. Interessante Effekte lassen sich mit transparenten Bildern erzielen, hinter denen der Seitenhintergrund durchscheint. Das Format PNG-24 ist dafür bestens geeignet, weil der Übergang zwischen Bild und Hintergrund in einer für das Auge stufenlosen Transparenz erfolgt. Mit GIF können Sie nicht nur transparente Bilder herstellen, sondern auch kleine Animationen.

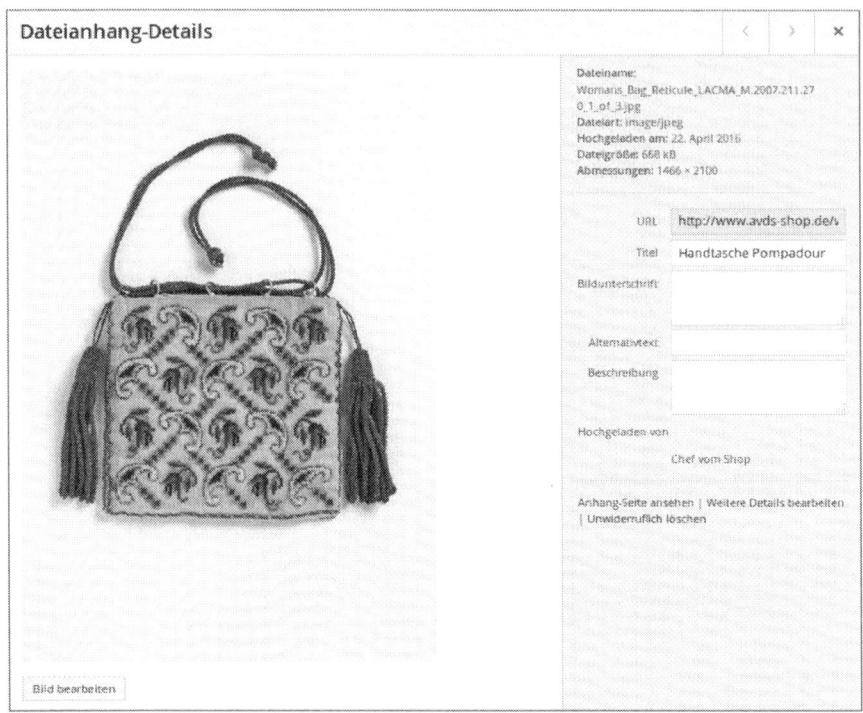

Bild 3.51: Im Fenster *Dateianhang-Details* werden Bildinformationen hinzugefügt.

3.8.3 Bilder einfügen und ausrichten

Natürlich kann WordPress kein Bildbearbeitungsprogramm ersetzen, aber Skalierungen und Drehungen lassen damit effektiv erledigen. Nach der optionalen Bearbeitung öffnen Sie einen Beitrag oder eine Seite. Klicken Sie auf *Dateien hinzufügen*, um das Bild aus der Mediathek an der Stelle des Cursors einzufügen. Unmittelbar über dem Bild wird eine kleine Leiste eingeblendet. Sie dient der Ausrichtung des Bilds und bietet verschiedene Optionen für den Textumfluss. Probieren Sie die Werkzeuge aus, bis Text und Bild harmonieren.

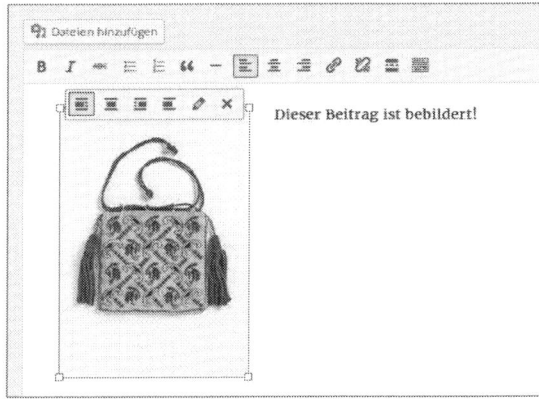

Bild 3.52: Im Editor wird das Medium in einen Beitrag integriert. Mit der Leiste unmittelbar über dem Bild lässt sich der Textumfluss einstellen.

3.9 Arbeiten im Team

Nachdem Sie WordPress aufgesetzt haben, sind Sie auch der Administrator. Als solcher haben Sie alle Hebel in der Hand. Sie können Beiträge schreiben, Seiten hinzufügen und WordPress konfigurieren. Vielleicht möchten Sie mit dem Wachstum des Projekts aber ein Team aufbauen? Dann benötigen Ihre Gehilfen natürlich auch einen Zugang zum System – ein eigenes Profil auf Ihrer WordPress-Site.

3.9.1 Sicherheitshinweis für Shopbetreiber

WordPress ist für sehr unterschiedliche Zwecke ausgelegt. Sie können theoretisch auch eine Community errichten, in der sich Besucher selbstständig als Mitglieder registrieren dürfen. Der Generalschalter für diese Funktion ist gar nicht so einfach zu finden. Rufen Sie über das Backend diese Seite auf: *Einstellungen/Allgemein*.

Scrollen Sie dort ein wenig nach unten zur Einstellungsmöglichkeit *Mitgliedschaft*. Daneben finden Sie eine Checkbox mit dem dazugehörigen Text *Jeder kann sich registrieren*. Entfernen Sie den Haken in der Checkbox, damit sich niemand in Ihr System einschleichen kann.

Der riskante Haken ist weg? Gut. Dann bestimmen Sie jetzt ganz allein, wer sich im System registrieren darf. Die dafür notwendigen Accounts legen Sie selbst an. Gehen Sie im Backend auf *Benutzer*, um die Verwaltung Ihres Teams zu starten.

3.9.2 Das Rollensystem

Um zu verhindern, dass Anfänger oder Unbefugte in Ihrer WordPress-Installation Schaden anrichten, weisen Sie neuen Gehilfen verschiedene Rollen zu. Dabei gilt das Prinzip »so viel wie nötig, so wenig wie möglich«. WordPress kennt fünf unterschiedliche Arten der Mitgliedschaft:

- *Abonnent* – Die unterste Stufe. Immerhin dürfen Abonnenten ihr eigenes Profil bearbeiten. Das war es auch schon.

- *Mitarbeiter* – In der Mitarbeiterstufe dürfen auch Beiträge geschrieben und eingereicht werden. Besonderes Vertrauen genießt der Mitarbeiter allerdings nicht. Seine Werke müssen mindestens von einem Redakteur freigeschaltet werden.

- *Autor* – Besser hat es der Autor. Er darf eigene Beiträge schreiben und ohne weitere Überprüfung freischalten sowie Dateien in die Mediathek hochladen. Er hat aber keinen Zugriff auf Seiten. Tabu sind für ihn die sensiblen Bereiche Impressum, AGB, Widerrufsbelehrung und Datenschutzerklärung.

- *Redakteur* – Umfangreiche Befugnisse genießt der Redakteur. Er darf Beiträge und erstellen, bearbeiten und löschen – und nicht nur die eigenen. Zugriff hat er auch auf die Kommentarverwaltung, nicht aber auf die Benutzerverwaltung.

- *Administrator* – Der Boss darf alles. Themes auswechseln, Plug-ins installieren, das ganze System steuern – oder ins Nirwana befördern.

> **Wichtige Entscheidungen**
> Wichtige Entscheidungen sollten Sie nur nüchtern und ausgeschlafen treffen. Das sind Sie selten? Dann legen Sie sich doch einen zweiten Account auf einer niedrigeren Stufe an, um die Moderation von Kommentaren und andere Routineaufgaben zu erledigen.

3.10 WordPress aktualisieren

Eine WordPress-Site ist ein Dauerläufer. Sie können Ihr Projekt – und das unterscheidet WordPress positiv von anderen Systemen – über Jahre und (bisher) auch über ein Jahrzehnt betreiben. Voraussetzung ist, dass Sie die Site ständig aktualisieren – aus Sicherheitsgründen und um die technischen Neuerungen nicht zu verpassen. Für den WordPress-Kern, die Themes und die Plug-ins veröffentlichen die Entwickler in mehr oder weniger regelmäßigen Abständen neue Versionen. Die kleinen Sicherheitsupdates des Kerns, erkennbar an der dritten Versionsziffer, spielt WordPress automatisch ein. Sie müssen also nicht selbst von 4.6.1 auf 4.6.2 aktualisieren, sondern nur auf WordPress 4.7, 4.8, 4.9 etc.

Die Updatemeldungen

Nicht zu übersehen sind die Benachrichtigungen über verfügbare Updates im WordPress-Backend direkt auf dem Dashboard. Um seine Sicherheit besorgt, addiert WordPress dabei die Anzahl der zu aktualisierenden Komponenten. Näheres erfahren Sie, wenn Sie den Menüpunkt *Aktualisierungen* anklicken. Das Ganze liest sich dann wie eine Getränkebestellung: 1 x WordPress selbst, 2 x Plug-in und 2 x Themes bitte. Aber zügig.

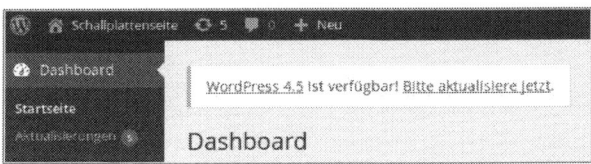

Bild 3.53: Das Dashboard meldet Updatebedarf. Insgesamt fünf Aktualisierungen stehen zur Verfügung.

Vor dem Update sichern

Vorsicht ist die Mutter der Porzellankiste. Vor dem Update sollten Sie Ihre Installation sichern. Probleme kann es zum Beispiel geben, wenn die Internetverbindung während des Updates zusammenbricht oder wenn Plug-ins nicht mehr mit der neuesten WordPress-Version zusammenarbeiten. Zur Datensicherung stehen Ihnen verschiedene Möglichkeiten zur Verfügung, Details hierzu finden Sie in Kapitel 17.2. Eine Standardsicherung umfasst diese Komponenten:

1. Sicherung der einzelnen Dateien via FTP.
2. Sicherung der Datenbank über phpMyAdmin oder das Kundencenter des Providers.

3.10.1 WordPress-Kern aktualisieren

Klicken Sie auf *Bitte aktualisiere jetzt*, um das Update des Kerns anzustoßen. Nun startet die Updateroutine. Eventuell werden Sie aufgefordert, noch einmal Ihre FTP-Zugangsdaten einzugeben. Das hängt von den Sicherheitseinstellungen Ihres Providers ab.

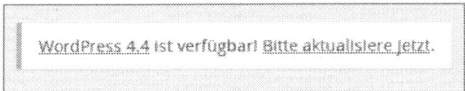

Bild 3.54: Das Update des WordPress-Kerns wird mit einem Klick gestartet.

Update-Probleme lösen

In seltenen Fällen kommt es vor, dass das Update des WordPress-Kerns nicht eingespielt werden kann. In diesem Fall ist zumeist eine Inkompatibilität eines Plug-ins schuld. Es empfiehlt sich dann folgende Vorgehensweise:

1. Plug-in deaktivieren.
2. Update durchführen.
3. Plug-in wieder aktivieren.

Diese Methode ist allerdings nur eine Notlösung. Sollte ein Plug-in über eine längere Zeit nicht mehr auf dem neuesten Stand gehalten werden, sollten Sie es aus Sicherheitsgründen deaktivieren und löschen.

3.10.2 Themes und Plug-ins aktualisieren

Für alle Themes aus dem Themes-Directory von *WordPress.org* erhalten Sie nach dem Erscheinen einer neuen Version eine Meldung im Dashboard. Setzen Sie dann einen

Haken vor *Themes aktualisieren*, um das Update einzuspielen. Für das Update externer Themes beachten Sie bitte die Hinweise der Hersteller.

Bedenken Sie, dass dabei Änderungen, die Sie im Stylesheet oder in anderen Dateien via Quellcode vorgenommen haben, mit dem Update überschrieben werden können. Um das zu vermeiden, können Sie mit Child-Themes arbeiten.

Plug-ins aktualisieren

Plug-ins verhalten sich beim Update wie Themes: Was aus dem Directory von *WordPress.org* stammt, kann bequem aus dem Backend heraus auf den neuesten Stand gebracht werden. Setzen Sie einfach einen Haken und klicken Sie auf *Plugins aktualisieren*. WordPress verbindet sich sofort mit dem Plug-in-Directory und bringt alles auf den neuesten Stand. Zur Aktualisierung externer Plug-ins beachten Sie bitte die Hinweise der Hersteller.

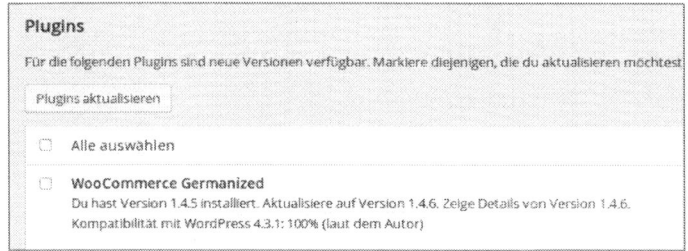

Bild 3.55: Ein Plug-in meldet Updatebedarf.

3.11 Permalinks und Startseite einstellen

Mit der Einstellung der Permalinks und der Festlegung der Startseite machen Sie WordPress fit für den Shop. Setzen Sie die Hebel richtig an, damit Sie gefunden werden – von Google und der Kundschaft.

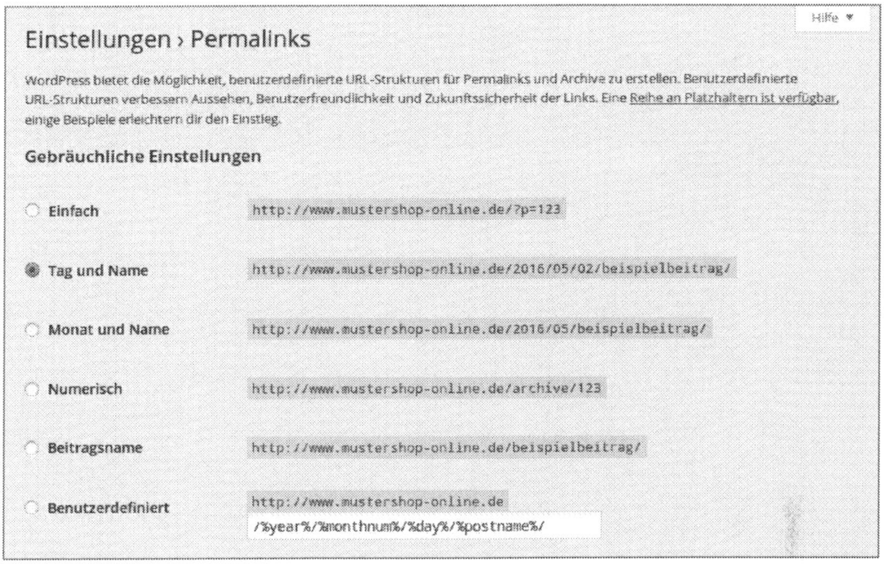

Bild 3.56: Nicht sehr Google-freundlich präsentiert sich die Standardeinstellung der Permalinks.

3.11.1 Permalinks einstellen

»Permalink« ist ein typisches Wort aus der WordPress-Terminologie. Gemeint sind die URLs aller Beiträge, Seiten, Produkte und Kommentare einer WordPress-Website. Vor dem Begriff braucht kein Admin ehrfürchtig in den Staub zu sinken – vor der Sache aber schon. Ohne eine vernünftige Permalink-Einstellung ist die weitere Suchmaschinenoptimierung für die Katz.

Standardmäßig wird nach dem Domainnamen zunächst das Datum angehängt.

- Ergebnis: *www.mustershop-online.de/2016/05/02/neue-cocktailkleider/*
- Schöner wäre: *www.mustershop-online.de/neue-cocktailkleider/*

Damit eine Website auf Google besser gefunden wird, müssen die URLs umgestellt werden.

Festgelegt wird die Permalink-Struktur im Backend unter *Einstellungen/Permalinks*. Schalten Sie dort von *Tag und Name* auf *Beitragsname* um. Langfristig ist das die beste Option, denn alle anderen enthalten zusätzliche Zahlen und Schrägstriche, die in den meisten Fällen für die Suchmaschinen wenig aussagekräftig sind. Auch von der Nutzung der Option *Benutzerdefinierte Struktur* ist abzuraten – sofern Sie Besucher und Suchmaschinen nicht verwirren werden wollen.

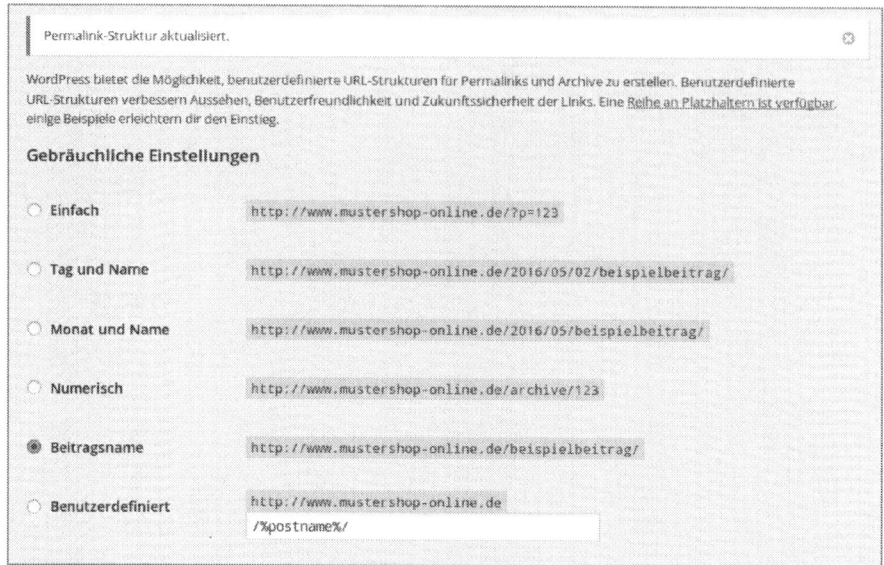

Bild 3.57: Die Permalink-Struktur wurde aktualisiert.

Nach der Umstellung auf die Option *Beitragsname* ist das störende Datum verschwunden. Gehen Sie nun ins Frontend und überprüfen Sie, ob nicht nur die Startseite, sondern auch alle weiteren Seiten korrekt angezeigt werden. Falls Sie nach der Umstellung plötzlich auf weiße Seiten mit der Fehlermeldung *Not Found* starren, brauchen Sie nicht in Panik zu geraten. Stellen Sie zunächst die Einstellung *Tag und Name* wieder her oder probieren Sie die Option *Einfach*. Wie das Problem behoben wird, erfahren Sie in Kapitel 18.3.

3.11.2 Basis für Kategorien und Schlagwörter umstellen

Die Permalink-Umstellung hat geklappt? Dann können Sie jetzt noch eine Schippe drauflegen. Wenn Sie unter *Einstellungen/Permalinks* nach unten scrollen, haben Sie bei *Optional* die Möglichkeit, knackige Namen für die Basis der Kategorien und Schlagwörter zu vergeben. Auch diese werden nämlich als URL in den Ergebnisseiten von Google und Kollegen angezeigt.

In der Standardeinstellung verwendet WordPress die Begriffe *category* und *tag*. Beides ist nichtssagend und damit wertlos. Schicken Sie die Langweiler in die Wüste. Für einen Fashionshop wären *mode* und *trend* geeignet, um die Kategorien und Schlagwörter für die Suchmaschinenoptimierung optimal einzuspannen.

```
Optional
Wenn du magst, kannst du hier benutzerdefinierte Permalinkstrukturen für deine Kategorien und Schlagwörter URLs anlegen. Zum Beispiel
    thema als Kategoriebasis; dies lässt die Links bspw. so aussehen http://www.mustershop-online.de/thema/allgemein/. Falls
du das Feld leer lässt, werden die Standardwerte verwendet.

Kategorie-Basis          [                    ]

Schlagwort-Basis         [                    ]
```

Bild 3.58: Einstellung einer Google-freundlichen Basis für Kategorien und Schlagwörter.

Produktschlagwörter und Produktkategorien

Falls Sie WooCommerce schon installiert haben, entdecken Sie in der Permalink-Verwaltung noch weitere Optionen. Zum Beispiel kann die Basis von Produktkategorien und Produktschlagwörtern individuell festgelegt werden. Es bleibt Ihnen überlassen, ob Sie diese Möglichkeiten nutzen. Übertreiben Sie es aber nicht, denn eine zu starke Individualisierung könnte nicht nur die Suchmaschinen verwirren, sondern auch Ihre Besucher. Falls Sie trotzdem umstellen möchten: Wählen Sie hierfür Begriffe, die weite Teile Ihres Sortiments abdecken.

3.11.3 Startseite festlegen

Das Schöne an WordPress ist die Flexibilität. Schon bei der Platzierung Ihres Shops haben Sie unterschiedliche Möglichkeiten:

- Shop als Beiwerk zum Blog.
- Shop als Beiwerk eines CMS.
- Shop im Mittelpunkt.

Shop als Beiwerk zum Blog

Standardmäßig eingestellt ist WordPress der Blogmodus. Die Startseite zeigt die jüngsten Blogeinträge. Der Shop ist dann über das Menü erreichbar. Wenn Sie Ihren Verkauf nur als Anhängsel eines Blogs betreiben, können Sie die Einstellung so lassen. Zudem lassen sich mit einem Widget zusätzlich Besucher vom Blog auf die Shopseite lotsen.

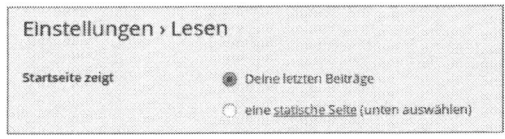

Bild 3.59: In der Standardeinstellung arbeitet WordPress als Blog. Die Startseite zeigt die letzten Beiträge.

Shop als Beiwerk eines CMS

Sie möchten eine Website ohne Blog haben, den Shop aber trotzdem nicht in den Vordergrund stellen? Auch das geht mit WordPress. In diesem Fall verfassen Sie keine Beiträge, sondern nur Seiten.

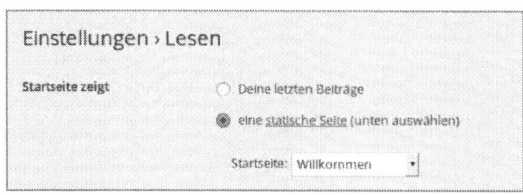

Bild 3.60: Die Startseite zeigt eine beliebige statische Seite.

Mit anderen Worten: Sie betreiben WordPress als CMS, also als Content-Management-System. Um die Startseite zu definieren, gehen Sie diesen Weg:

1. Klicken Sie im Dashboard auf *Einstellungen/Lesen*.
2. Wählen Sie bei *Startseite zeigt* die Option *eine statische Seite (unten auswählen)*.
3. Bei *Startseite* klappt eine Auswahlbox auf.
4. Legen Sie Ihre favorisierte Seite als Startseite fest.

Auch bei dieser Methode ist es empfehlenswert, die Kundschaft nicht nur über das Menü, sondern auch auf andere Weise in den Shop zu lotsen, zum Beispiel mit einem gut platzierten Text-Widget.

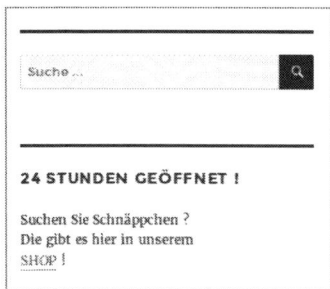

Bild 3.61: Unter dem Suchmaschinen-Widget wurde ein passendes Text-Widget eingefügt, das die Besucher in den Shop lotst.

Der Shop im Mittelpunkt

Sie sind Onlinehändler ohne Wenn und Aber? Dann rücken Sie den Shop ins Rampenlicht.

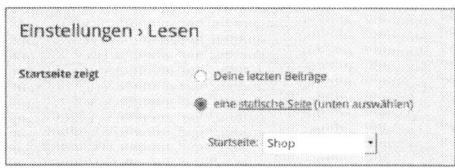

Bild 3.62: Die Startseite zeigt den Shop.

Zunächst muss ein Shop-Plug-in installiert werden, zum Beispiel WooCommerce. Nach der Installation finden Sie einige neue Seiten, eine davon mit dem Namen *Shop*. So wird diese zur Startseite:

1. Klicken Sie im Dashboard auf *Einstellungen/Lesen*.

2. Wählen Sie bei *Startseite zeigt* die Option *eine statische Seite (unten auswählen)*.
3. Bei *Startseite* klappt eine Auswahlbox auf. Die Auswahl zeigt auch die vom Shop-Plug-in erstellten Seiten.
4. Wählen Sie *Shop* als Startseite.

Checkliste Konfiguration

- Shop-Theme ausgewählt, installiert und konfiguriert. ✓
- Wichtige Plug-ins installiert und aktiviert. ✓
- Kontaktformular funktioniert. ✓
- Wichtige Widgets ausgewählt und platziert, *Meta*-Widget entfernt. ✓
- Menü(s) erstellt und geordnet. ✓
- Kommentarsystem konfiguriert. ✓
- Basisset von Kategorien und Schlagwörtern angelegt.) → erst Content
- Mediathek läuft – Bilder wurden hochgeladen. ✓
- Permalinks suchmaschinenfreundlich eingestellt.)
- ~~Optional: Accounts für Teammitglieder angelegt.~~ nur Dium
- ~~Optional: Shop auf der Startseite platziert.~~ → erst Home dann Shop

4 Shopkonzepte

4.1	Rechtsfallen im Onlineshop	133
4.1.1	Der Bestellbutton	133
4.1.2	Wesentliche Eigenschaften einer Ware	133
4.1.3	Link auf die Widerrufsbelehrung	133
4.1.4	Darstellung der Versandkosten	133
4.1.5	Preisauszeichnung	134
4.1.6	Angabe des Grundpreises	134
4.1.7	Mehrwertsteuersätze für digitale Produkte	134
4.1.8	Kleinunternehmerregelung	134
4.1.9	Kostenlose geläufige Zahlungsmethode	134
4.1.10	Hinweise zur Lieferzeit	134
4.1.11	Verlinkung auf das Impressum	134
4.1.12	Zustimmung zu den AGB	135
4.1.13	Verlinkung auf die Onlineschlichtungsstelle	135
4.1.14	Double-Opt-in-Verfahren	135
4.2	WooCommerce plus WooCommerce Germanized	135
4.3	WooCommerce plus WooCommerce German Market	137
4.4	wpShopGermany	139
4.5	Informieren und ausprobieren	140

Checkliste Shopkonzept 140

Verschiedene Möglichkeiten stehen zur Verfügung, um einen Shop auf Basis von WordPress zu errichten. Vor der Entscheidung für ein bestimmtes System und dem Kauf von Shop-Plug-ins sollten Sie einen Blick auf diese vier »Bauteile« werfen:

- **WooCommerce** – Das meistverbreitete Shop-Plug-in für WordPress.
- **WooCommerce Germanized** – Eine WooCommerce-Ergänzung für den rechtskonformen Einsatz in Deutschland.
- **WooCommerce German Market** – Eine WooCommerce-Ergänzung für den rechtskonformen Einsatz in Deutschland und Österreich.
- **wpShopGermany** – Ein eigenständiges Shop-Plug-in für den deutschen Markt.

Plug-in-Kombinationen

Sie benötigen nicht alle der genannten Programme, sondern maximal zwei. Möglich sind diese Kombinationen:

- nur 1
- Kombination aus 1 und 2
- Kombination aus 1 und 3
- nur 4

Die Kostenfrage

Die Lösungen unterscheiden sich in Anschaffungs- und Unterhaltskosten nur minimal. An irgendeiner Stelle muss Geld hineingesteckt werden, sei es für ein Plug-in oder ein Theme. Wer sich alles spart, bezahlt in Form von zusätzlichem Aufwand für die Konfiguration. Die gute Nachricht ist, dass sich mit Ausgaben von maximal 200 Euro für das gesamte erste Jahr ein Shop sehr komfortabel einrichten lässt, und in den Folgejahren wird es eher billiger.

Übersicht behalten

Beziehen Sie Ihre Komponenten nicht aus zu vielen Quellen. Es kostet Zeit und Nerven, das Shop-Plug-in des Herstellers A mit dem Shop-Theme des Herstellers B zu kombinieren.

Die Gründe:

- Die jeweiligen Hersteller leisten nur Support bei eigenen Produkten.
- Mit jeder kostenpflichtigen Komponente steigt der administrative Aufwand. Sie müssen Accounts bei den Anbietern anlegen, Lizenzverträge lesen, sich durch Installationsanleitungen wühlen und Updates durchführen.
- Schaffen Sie sich keine Monsterinstallation. Studieren Sie die Angebote und entscheiden Sie nach diesen Kriterien:
  - Der Anbieter ist Ihnen sympathisch genug für eine »Schicksalsgemeinschaft«.
  - Die Lösung überzeugt Sie in puncto Rechtssicherheit.

4.1 Rechtsfallen im Onlineshop

Sie können das kostenlose WooCommerce-Plug-in auch ohne deutsche Erweiterungen einsetzen. Um Abmahnungen zu entgehen, müssen Sie sich dann aber Gedanken um die rechtskonforme Umsetzung machen und gegebenenfalls in den Quellcode eingreifen. Nachfolgend erfahren Sie im Schnelldurchlauf Näheres über die neuralgischen Stellen.

4.1.1 Der Bestellbutton

Darstellung und Beschriftung des Bestellbuttons sind für einen deutschen Onlineshop genau festgeschrieben. Für die rechtskonforme Beschriftung des Buttons nennt § 312j Abs. 3 BGB das Beispiel »Zahlungspflichtig bestellen«.

4.1.2 Wesentliche Eigenschaften einer Ware

Die wesentlichen Eigenschaften einer Ware (oder Dienstleistung) müssen so im Shop platziert werden, dass der Kunde sie vor dem Kauf zur Kenntnis nimmt.

4.1.3 Link auf die Widerrufsbelehrung

Über das Widerrufsrecht muss der Verbraucher umfassend informiert werden. Gemäß Art. 246a § 1 EGBGB ist jeder Shopbetreiber dazu verpflichtet, eine Widerrufsbelehrung zur Verfügung zu stellen. Der Link auf die Widerrufsbelehrung muss in den Bestellvorgang eingebunden werden, eine Verlinkung über ein Menü genügt den gesetzlichen Anforderungen nicht.

Mögliche Lösungen: Verlinkung oberhalb oder auch unterhalb des Bestellbuttons. Leider legen die Gerichte bei Streitigkeiten immer wieder unterschiedliche Maßstäbe an. Der Link sollte nicht zu unauffällig sein.

4.1.4 Darstellung der Versandkosten

Die Versandkosten müssen in unmittelbarer Nähe des Preises angegeben werden. Bei gestaffelten Gebühren nach Gewicht oder erhöhten Gebühren für das Ausland ist das allerdings schwer möglich.

Lösung für diesen Fall: Ein deutlicher Link auf eine eigene Versandkostenseite. Auch dieser Link muss sich in unmittelbarer Nähe des Preises befinden und in den Bestellprozess eingebunden sein. Ein allgemeiner Link über ein Menü erfüllt die gesetzlichen Vorgaben nicht.

4.1.5 Preisauszeichnung

Setzt sich der Preis aus mehreren Komponenten zusammen, sind diese im Endpreis aufzuschlüsseln. Außerdem muss der Steueranteil ausgewiesen werden, zum Beispiel: 9,90 € inkl. MwSt. plus 3,00 € Versandkosten.

4.1.6 Angabe des Grundpreises

Der Verbraucher soll Preise leicht vergleichen können. Die Preisangabenverordnung schreibt deshalb die Angabe des Grundpreises für Waren vor, die nach Gewicht, Länge, Fläche oder Volumen abgerechnet werden, zum Beispiel: 5 €/kg oder 5 €/m.

4.1.7 Mehrwertsteuersätze für digitale Produkte

Bei Verkäufen digitaler Produkte in das EU-Ausland gilt seit 01.01.2015 der jeweilige Mehrwertsteuersatz des Empfängerlands.

4.1.8 Kleinunternehmerregelung

Falls die Kleinunternehmerregelung nach § 19 UStG in Anspruch genommen wird, sind zwei Dinge zu beachten:

1. Die Preise werden ohne Mehrwertsteuer berechnet.
2. Direkt am Preis muss ein Hinweis auf § 19 UStG platziert sein.

4.1.9 Kostenlose geläufige Zahlungsmethode

Pflicht ist die Ermöglichung mindestens einer sowohl kostenfreien wie auch geläufigen Zahlungsmethode. Achtung: Wer für die Kreditkarte ein Zahlungsentgelt verlangt und als zweite Art die Sofortüberweisung anbietet, erfüllt dieses Kriterium nicht. Die Sofortüberweisung ist nämlich nicht als geläufige Methode anerkannt.

4.1.10 Hinweise zur Lieferzeit

Der Händler muss den Verbraucher vor dem Kauf über die Lieferzeit informieren. Die Hinweise sind in unmittelbarer Nähe des Preises zu platzieren. Eine Informationspflicht besteht auch, wenn durch Teillieferungen zusätzliche Versandkosten erhoben werden.

4.1.11 Verlinkung auf das Impressum

Wie jede Website muss auch ein Onlineshop ein Impressum besitzen, das mit maximal zwei Klicks und ohne langes Scrollen von jeder Seite aus erreichbar ist. Der Link zum Impressum muss allerdings nicht in den Bestellprozess eingebunden werden, es genügt die Erreichbarkeit über ein Menü.

4.1.12 Zustimmung zu den AGB

Gesetzlich vorgeschrieben sind AGB für einen Onlineshop zwar grundsätzlich nicht, dennoch gehören sie zum üblichen Seiteninventar. Falls Sie eine AGB-Seite zur Verfügung stellen, sollten Sie die Zustimmung des Kunden durch ein Opt-in-Verfahren einholen.

4.1.13 Verlinkung auf die Onlineschlichtungsstelle

Seit 2016 ist es Pflicht, einen Hinweis und eine Verlinkung auf eine anerkannte Onlineschlichtungsstelle zu platzieren.

Betreiber der Schlichtungsstelle ist das Zentrum für Schlichtung e. V. in Kehl. Der eingetragene Verein wurde vom Bundesamt für Justiz als Schlichtungsstelle im Sinne des Streitbeilegungsgesetzes zugelassen. Nach der derzeitigen Rechtsauslegung ist es ausreichend, Hinweis und Link in das Impressum zu integrieren.

4.1.14 Double-Opt-in-Verfahren

Für das Anlegen eines Kundenkontos oder das Abonnement eines Newsletters schreibt der Gesetzgeber eine aktive und nachweisbare Zustimmung des Kunden vor. Realisiert wird diese Vorgabe in der Regel durch ein Double-Opt-in-Verfahren.

Beispiel: Hat der Interessent auf *Newsletter bestellen* geklickt, erhält er eine E-Mail mit Bestätigungslink. Erst mit diesem zweiten Klick gilt die Zustimmung als nachweisbar erteilt.

Fazit: Nicht alle gesetzlichen Vorgaben lassen sich problemlos in WooCommerce integrieren. Wer einen Shop schnell und unkompliziert aufsetzen will, greift zu weiteren Plug-ins.

4.2 WooCommerce plus WooCommerce Germanized

Hinter *WooCommerce Germanized* steht die Berliner Firma Vendidero. Sinn und Zweck des Plug-ins: WooCommerce mit den nötigen Funktionen für einen rechtskonformen Betrieb in Deutschland zu erweitern. Die wichtigsten Features der kostenlosen Grundversion:

- Rechtskonforme Darstellung der Pflichtinformationen auf der Kassenseite.
- Double-Opt-in für die Aktivierung von Benutzerkonten.
- Darstellung eines Grundpreises, wenn lose Ware angeboten wird.
- Einstellungsmöglichkeit unterschiedlicher Zahlungsgebühren abhängig von der Zahlungsmethode.
- Einstellungsmöglichkeit unterschiedlicher MwSt.-Sätze für Verkäufe digitaler Produkte in das EU-Ausland.

- Erstellung und Zuordnung von Lieferzeiten, Festlegung einer Standardlieferzeit.
- Option zur Integration der Kleinunternehmerregelung

Bild 4.1: Das Plug-in WooCommerce Germanized erweitert WooCommerce mit Funktionen für den rechtssicheren Betrieb auf dem deutschen Markt.

Pro-Version und Zusatzmodule

Premiumsupport und weitere Features verspricht die kostenpflichtige Pro-Version von WooCommerce Germanized:

- Mustertexte-Generator für AGB und Widerrufsbelehrung.
- Mehrstufige Kasse mit Datenüberprüfung.
- Buchhaltungsfunktionen und diverse Optionen zur Erstellung von PDF-Rechnungen, Stornierungen und Lieferscheinen.

WooCommerce Germanized plus VendiPro

Speziell für das Zusammenspiel mit WooCommerce Germanized hat Vendidero das Shop-Theme *VendiPro* entwickelt. Die Kosten betragen inklusive einjährigen Updates und Supports in der Standardlizenz 49,95 Euro. Zwei unterschiedliche Lizenzen stehen zur Verfügung:

- Standardlizenz für bis zu drei Domains.
- Developer-Lizenz für unbegrenzt viele Domains.

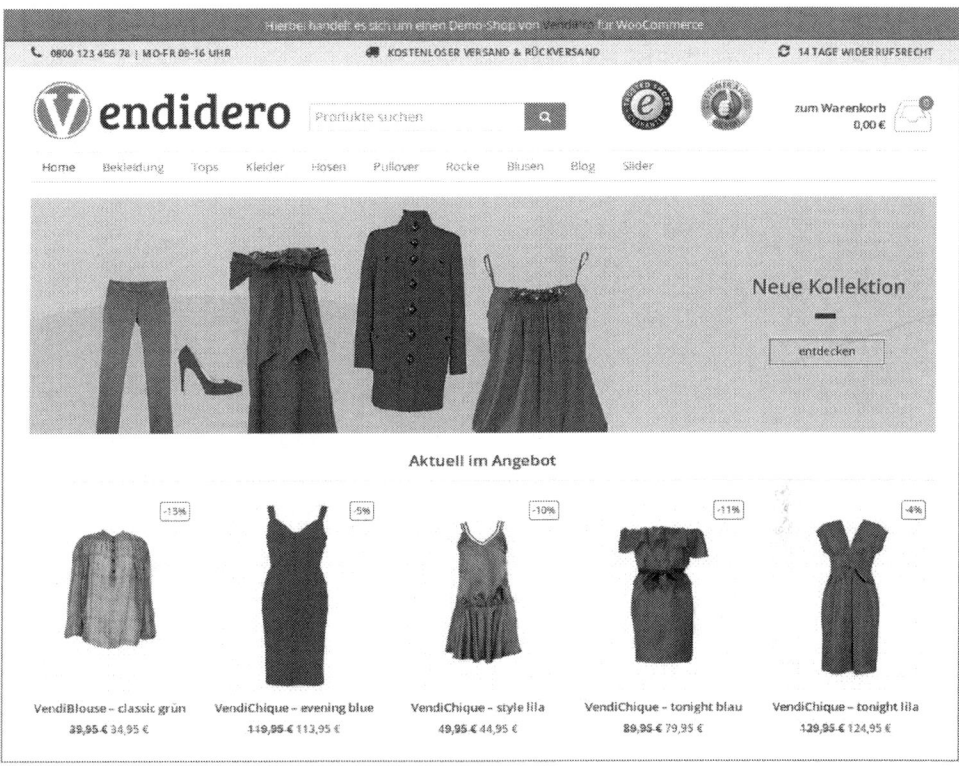

Bild 4.2: Das kostenpflichtige Theme *VendiPro* ist auf das Zusammenspiel mit WooCommerce Germanized ausgerichtet.

Kosten im Überblick

WooCommerce Germanized bietet den Vorteil, dass ein Shopbetreiber mit dem kostenlosen Basis-Plug-in schon ein großes Stück vorankommt. Kostenpflichtige Erweiterungen können später nachgekauft werden.

- Kostenlose Minimallösung: WooCommerce + WooCommerce Germanized.
- Komplettlösung: WooCommerce + WooCommerce Germanized Pro + VendiPro. Die jährlichen Kosten summieren sich damit grob auf 120 bis 180 Euro.

4.3 WooCommerce plus WooCommerce German Market

In den Funktionen vergleichbar mit WooCommerce Germanized ist das Plug-in *WooCommerce German Market*. Allerdings bietet der Hersteller MarketPress keine kostenlose Variante an. Die Standardlizenz für WooCommerce German Market ist für 99 Euro im ersten Jahr zu haben, für jedes Verlängerungsjahr werden 69 Euro fällig.

Bild 4.3: WooCommerce German Market erhöht die Rechtssicherheit beim Einsatz von WooCommerce in Deutschland und Österreich.

> **Vorsicht, Anwalt**
> MarketPress wirbt mit einer Aussage, die exemplarisch die Problematik sämtlicher Eindeutschungs-Plug-ins aufzeigt: »Anwaltlich geprüft«. Solch eine blumige Feststellung ist juristisch nämlich nicht belastbar. Technische Hilfen allein bieten noch keine Garantie für eine rechtskonforme Umsetzung. Das ist der Grund dafür, dass Sie einen Plug-in-Hersteller bei Abmahnungen auch nicht in die Pflicht nehmen können.

Features

Für die Erhöhung der Rechtssicherheit in Deutschland und Österreich sorgen zahlreiche Features, die in etwa deckungsgleich mit den Optionen von WooCommerce Germanized sind. Die Pflichtangaben für die Kassenseite lassen sich komfortabel einstellen. Natürlich wurde auch an die Kleinunternehmerregelung gedacht.

Mit sehr ausgefeilten Möglichkeiten punktet der Lieferzeiteneditor. Ab einer definierbaren Schwelle im Warenkorb können Sie eine kostenfreie Lieferung anbieten und einen Anreiz für die Kunden schaffen, zusätzliche Käufe zu tätigen. Lieferzeiten lassen sich frei eingegeben und in unmittelbarer Nähe des Preises platzieren.

Als spezielles Feature bietet WooCommerce German Market die Darstellung rechtskonformer »Streichpreise« an. Die UVP (unverbindliche Preisempfehlung) lässt sich direkt vor dem durchgestrichenen Preis einblenden.

Update-Politik

WooCommerce German Market ist eine Erweiterung, allein also nicht lauffähig. Der Hersteller verspricht, nach Änderungen innerhalb des »Mutter-Plug-ins« WooCommerce schnell nachzuziehen und Updates bereitzustellen.

Passende Themes

Für Preise ab ca. 55 Euro können Sie ein angepasstes Shop-Theme von MarketPress erwerben, inklusive Support und Updates für ein Jahr. Ab dem zweiten Jahr werden 40 Euro für diesen Service fällig.

4.4 wpShopGermany

Dieses kostenpflichtige Plug-in stellt im Unterschied zu WooCommerce Germanized und WooCommerce German Market keine deutsche Ergänzung dar, sondern eine eigenständige rechtskonforme Shoplösung. Die Devise lautet: *wpShopGermany* statt *WooCommerce*.

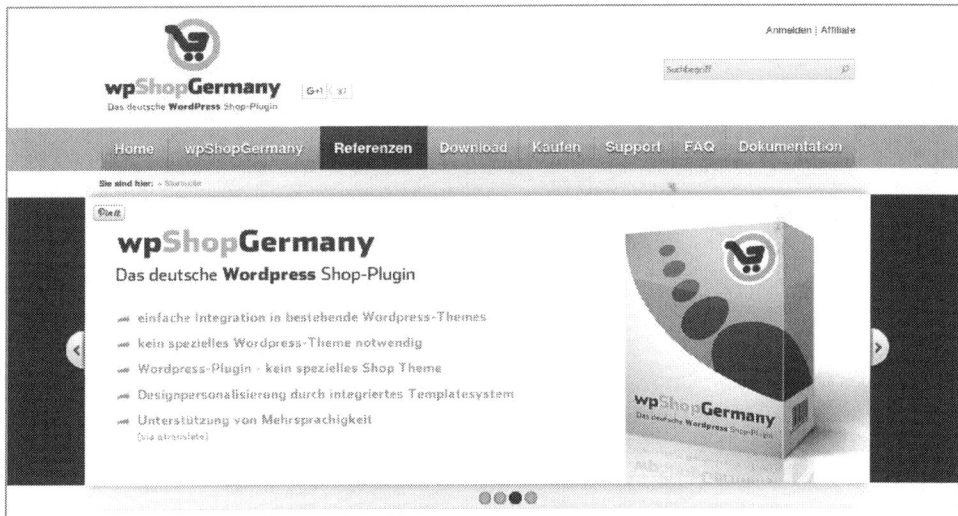

Bild 4.4: Das Plug-in wpShopGermany bietet eine Alternative zu WooCommerce.

Zur Auswahl stehen die drei Versionen Light, Pro und Enterprise. Die Tabelle zeigt die wesentlichen Unterschiede:

	Light	Pro	Enterprise
Anzahl der WordPress-Instanzen	eine Instanz	eine Instanz	beliebig viele Instanzen
Artikeltyp	nur Downloadartikel	Download- und Stückartikel	Download- und Stückartikel
Zahlungsarten	nur PayPal	keine Einschränkungen	keine Einschränkungen

4.5 Informieren und ausprobieren

Die Entscheidung für das eine andere System hat ja doch ziemliche Folgen. Sie müssen sich einarbeiten und ab und zu auch den Support in Anspruch nehmen. Locker von der Hand geht die Kommunikation mit dem Plug-in-Hersteller, wenn die Basics stimmen und Sie ein bisschen »Fan« des ausgewählten Systems werden. Stöbern Sie deshalb vor der Entscheidung etwas herum, Informationsseiten und kostenlose Software warten auf Sie. Die Quellen:

Infos zu WooCommerce Germanized

- Herstellerseite: *https://vendidero.de/*
- Plug-in-Seite im WordPress-Directory:

Infos zu WooCommerce German Market

- Herstellerseite: *https://marketpress.de/*
- Supportforum: *http://forum.wpde.org/*

Infos zu wpShopGermany

- Kostenlose Demoversion: *http://wpshopgermany.maennchen1.de/*
- Forum des Herstellers: *http://forum.maennchen1.de/*

Checkliste Shopkonzept

- Informationen auf Herstellerseiten eingeholt.
- Zwischen WooCommerce und wpShopGermany entschieden.
- Entscheidung für Shop-Plug-in getroffen.
- Entscheidung für Shop-Theme getroffen.
- Passende Lizenzen ausgewählt.

5 Zahlungsarten und Versand

5.1	**PayPal**	**145**
5.1.1	PayPal im Überblick	145
5.1.2	PayPal auf Käuferseite	146
5.1.3	PayPal auf Händlerseite	147
5.1.4	Von der PayPal-Sandbox zum Live-Betrieb	150
5.1.5	PayPal-Tipps	156
5.2	**Die Lastschrift**	**159**
5.2.1	Die Lastschrift im Überblick	159
5.2.2	Die Lastschrift auf Käuferseite	159
5.2.3	Die Lastschrift auf Händlerseite	160
5.2.4	Einbindung in WordPress	162
5.2.5	IBAN-Fehler vermeiden	163
5.3	**Die Kreditkarte**	**165**
5.3.1	Stärken dieser Zahlungsmethode	165
5.3.2	Kreditkarte auf Käuferseite	165
5.3.3	Kreditkarte auf Händlerseite	165
5.3.4	Der Kreditkarten-Akzeptanzvertrag	166
5.3.5	Integration in WordPress	167
5.3.6	Tipps für die Kreditkarte als Zahlungsmittel	167
5.3.7	Pro und kontra Kreditkarte	168
5.4	**Kauf auf Rechnung**	**168**
5.4.1	Überblick	169
5.4.2	Auf Käuferseite	169
5.4.3	Auf Händlerseite	169
5.4.4	Integration in WordPress	169
5.4.5	Tipps für die Zahlungsart Rechnung	170
5.4.6	Zahlungserinnerungen und Mahnungen	171
5.4.7	Pro und kontra Kauf auf Rechnung	174
5.5	**Sonstige Zahlungsmethoden**	**174**
5.5.1	Paydirekt	174
5.5.2	Sofortüberweisung	175
5.6	**Die Sicht des Kunden**	**177**
5.6.1	Zahlungsart und Produkt	177
5.6.2	Zahlungsart und Endgerät	177
5.6.3	Zahlungsart und Image	177

5.7	**Der richtige Mix**	**178**
5.7.1	Retouren vermeiden	178
5.7.2	Keinen Kunden verprellen	179
5.7.3	Abbruchquote beim Bestellvorgang minimieren	179
5.7.4	Aufwand für den Händler minimieren	179
5.7.5	Technische Sicherheit	179
5.7.6	Rechtssicherheit	180
5.7.7	Kosten einsparen	180
5.8	**Zahlungsarten kommunizieren**	**181**
5.8.1	Textbausteine aus der Hölle	181
5.8.2	Mustertexte	181
5.9	**Der Versand**	**182**
5.9.1	Verpackungsverordnung und Duales System	182
5.9.2	Paketversand	183
5.9.3	Bücher versenden	184
5.9.4	Versand per Nachnahme	186
5.9.5	Abholung im Laden	186

Checkliste Zahlung und Versand **186**

Bezahlung per Scheck, Nachnahme oder Geldschein im Briefumschlag? Versand innerhalb der nächsten 14 Tage? So war das vor Jahrzehnten. Doch von der Bildfläche verschwunden sind alle Onlineshops, die auf antiquierte Zahlungs- und Versandarten vertrauten.

Wer auf dem Markt bestehen will, muss zeitgemäße Instrumente verwenden. Das gilt sogar für Händler, deren Sortiment aus Trinkhörnern und Ritterrüstungen besteht. Das Glossar:

- **Acquirer** – Ein Dienstleister, der einem Händler den Zahlungsempfang per Kreditkarte ermöglicht.
- **Disagio** – Ein Abschlag auf den Ausgangsbetrag, den der Händler beim Zahlungsempfang zur Kostendeckung abführen muss.
- **Gläubiger-ID** – Die von der Deutschen Bundesbank auf Antrag vergebene Identifikationsnummer. Der Händler benötigt sie zum Einzug von SEPA-Lastschriften.
- **Kreditkarten-Akzeptanzvertrag** – Die Voraussetzung für Händler, um die Zahlung per Kreditkarte in Eigenregie anzubieten, also ohne Einschaltung eines Payment-Service-Providers.
- **Payment-Service-Provider** (PSP) – Ein auf Onlineshops spezialisierter Zahlungsdienstleister, der den Zahlungsprozess vereinfacht und zumeist auch als Acquirer auftritt. Bekannte PSP sind PayPal und Paydirekt.
- **PayPal** – Der PSP mit der größten Reichweite. Voraussetzung zur Nutzung als Händler ist ein PayPal-Geschäftskonto. Spezielle Funktionen bieten die Programme PayPal Plus und PayPal Express.
- **Sandbox** – Eine Umgebung zum Testen der PayPal-Zahlungstransaktionen. Voraussetzung zur Nutzung der Sandbox ist ein PayPal-Developer-Konto.
- **SEPA** – Single Euro Payments Area. In diesem einheitlichen Zahlungsraum, nicht zu verwechseln mit dem Euro-Raum, gelten standardisierte Verfahren für Überweisungen und Lastschriften.

Noch eine kleine Anmerkung zur Terminologie: Die korrekte Bezeichnung für Banken und Sparkassen heißt zwar Kreditinstitut, aber in diesem Buch wird wegen der besseren Lesbarkeit beides als Bank bezeichnet.

Friedhof der Zahlungsarten

Der Kunde kennt keine Gnade. Er kauft bei der Konkurrenz, wenn er die Zahlungsart in Ihrem Onlineshop nicht mag. Setzen Sie nicht auf die falschen Pferde. Reihenweise sind in den letzten Jahren neue Zahlungsarten aufgetaucht und wieder in der Versenkung verschwunden, zum Beispiel:

- **Clickandbuy** – Die Telekom hat ihren Bezahldienst zum Mai 2016 geschlossen und die Nutzerkonten gekündigt.

- **Giropay** – Der Dienst wird heute nur noch halbherzig betrieben. Kein Wunder, denn die deutschen Banken versuchen gerade, mit Paydirekt ein Nachfolgesystem zu etablieren.
- **PayMill** – Ins Straucheln geraten ist der deutsche Anbieter PayMill. Zum Zeitpunkt der Erstellung dieses Buchs ist die Zukunft ungewiss.

Vier Gentlemen bitten zur Kasse

Durchgesetzt haben sich im deutschen Onlinehandel vier Zahlungsarten. Über 90 % der Zahlungen werden mit einer dieser Methoden abgewickelt:

1. PayPal
2. Lastschrift
3. Kreditkarte
4. Rechnung

5.1 PayPal

Das US-Unternehmen PayPal gehörte bis 2015 zu eBay. Unter dem Dach der Auktionsplattform wurde der Online-Zahlungsdienstleister aufgepäppelt und hat sich trotz diverser Sicherheitsprobleme heute als Standard etabliert. Über 16 Millionen Kundenkonten verzeichnet PayPal nach eigenen Angaben in Deutschland.

5.1.1 PayPal im Überblick

Für Sie als Shopbetreiber führt aus diesen Gründen kaum ein Weg an PayPal vorbei:

- Hohe Verbreitung. Auch die Konkurrenz setzt auf PayPal: Mehr als 50.000 deutsche Onlinehändler und knapp 900 der 1.000 größten Onlineshops in Deutschland bieten diese Zahlungsmethode an.
- Einfache Bedienbarkeit für Kunden.
- Einfache Eröffnung eines Händlerkontos. PayPal verwendet hierfür die Bezeichnung Geschäftskonto.
- Technisch ist PayPal der Konkurrenz immer eine Nasenspitze voraus.
- PayPal ist für das mobile Bezahlen mit Tablet und Smartphone gerüstet.
- Problemlose Integration in einen WordPress-Shop. In WooCommerce und wpShopGermany ist die Schnittstelle zu PayPal schon integriert.

Leicht verwirrend sind die diversen Zusatzangebote des Zahlungsdienstleisters. Kennen sollten Sie PayPal Plus und PayPal Express. Mit diesem dynamischen Duo lässt sich die Onlinezahlung noch einmal erheblich vereinfachen.

PayPal Plus

Zwar besitzen viele Onlineshopper ein PayPal-Konto, aber längst nicht alle. Um keine hartnäckigen Verweigerer auszuschließen, hat der Zahlungsdienstleister ein besonderes Angebot auf die Beine gestellt. Mit PayPal Plus lassen sich auch folgende Zahlungen via PayPal abwickeln:

- Kreditkarte
- SEPA-Lastschrift
- Rechnungskauf

Der ganz große Vorteil: Mit dem Einsatz von PayPal Plus können Sie jedem Kunden eine Zahlung per Kreditkarte anbieten, ohne sich mit den Feinheiten befassen zu müssen. PayPal leitet alles in die Wege und wickelt die Zahlungen für Sie ab. Einen Kreditkarten-Akzeptanzvertrag brauchen Sie nicht zu unterzeichnen.

PayPal Express

In eine völlig andere Kerbe schlägt PayPal Express. Zur Nutzung benötigt Ihr Kunde zwingend ein eigenes PayPal-Konto. So funktioniert der auf das mobile Internet zugeschnittene Expresskauf:

1. Über den Expresskauf-Button auf der Shopseite loggt sich der Kunde, vorzugsweise mit Tablet oder Smartphone, in sein PayPal-Konto ein. Das mühsame und auf den kleinen Displays fehleranfällige Eintippen von langen Zahlenkombinationen entfällt.
2. Der WordPress-Shop übernimmt die persönlichen Daten von PayPal.
3. Die persönlichen Daten werden dem Kunden noch einmal zur Kontrolle auf der Kassenseite angezeigt.
4. Die Zahlung wird durchgeführt.

5.1.2 PayPal auf Käuferseite

PayPal ist auch deshalb so erfolgreich, weil das Anlegen eines Kontos auf Käuferseite schon nach zwei Schritten erledigt ist:

- Der Käufer legt ein kostenloses PayPal-Konto an.
- Der Käufer hinterlegt dort die Bankdaten seiner Hausbank und erteilt PayPal eine Einzugsermächtigung, sprich ein SEPA-Lastschriftmandat.

Tätigt der Kunde einen Onlineeinkauf über den Zahlungsdienstleister, zieht PayPal das Geld bei der Hausbank ein und überweist es an den Händler – abzüglich der Zahlungsgebühren.

Kleine Anmerkung: So sieht das jedenfalls aus der Perspektive des Kunden aus. Tatsächlich behält sich PayPal das Recht vor, einen Teil des Gelds »aus Sicherheitsgründen« nicht sofort an den Händler auszubezahlen. Dies mag berechtigt sein, um Streitigkeiten zu klären. Allerdings verschleiert PayPal damit ein wenig das eigene Geschäftsmodell.

Wie bei jeder Geschäftsbank wandern auch bei PayPal die Gelder nicht in Echtzeit vom Zahler zum Empfänger. Durch die Verzögerung werden ganz einfach Zinsgewinne erwirtschaftet, das Geld »arbeitet«, wie man so schön sagt.

5.1.3 PayPal auf Händlerseite

PayPal unterscheidet zwischen Privat- und Geschäftskonten. Als Inhaber eines Unternehmens dürfen Sie ein Privatkonto und ein Geschäftskonto parallel führen. Die Anmeldeprozedur verläuft automatisiert. Wie für das Privatkonto müssen Sie auch beim Anlegen des Geschäftskontos Ihre Bankdaten hinterlegen, zusätzlich Ihre Shop-URL und Angaben zu Ihrem Unternehmen. Achten Sie darauf, dass alle hinterlegten Daten mit den Angaben in Ihrem Impressum übereinstimmen. Ab einem jährlichen Umsatz von 2.500 Euro verlangt PayPal eine erweiterte Prüfung der Geschäftsangaben. Am besten senden Sie PayPal rechtzeitig vor Erreichen dieses Empfangslimits die benötigten Unterlagen zu.

Bild 5.1: Auf *www.paypal.de* können Händler ein Geschäftskonto eröffnen.

Geschäftskonto anlegen

Wahrscheinlich gehören Sie zu denjenigen, die schon ein privates Konto bei PayPal besitzen? Um ein Geschäftskonto zu eröffnen, loggen Sie sich dort ein und klicken den Link *Neues Konto* an. Sie werden dann auf einen Bildschirm weitergeleitet, der diese zwei Optionen anbietet:

1. *Neues Konto eröffnen* – Mit dieser Option eröffnen Sie ein neues Geschäftskonto, das unabhängig von Ihrem Privatkonto geführt wird. Für den neuen Account benötigen Sie eine neue E-Mail-Adresse.

2. *Hochstufen* – Das bestehende Konto wird ganz einfach vom Privatkonto zu einem Geschäftskonto hochgestuft. Eine neue E-Mail-Adresse muss nicht eingegeben werden.

In der Regel ist die erste Option die bessere. Grundgebühren bezahlen Sie bei PayPal keine, und mit der Trennung von Privatem und Geschäftlichem bleibt Ihre Verwaltung übersichtlich.

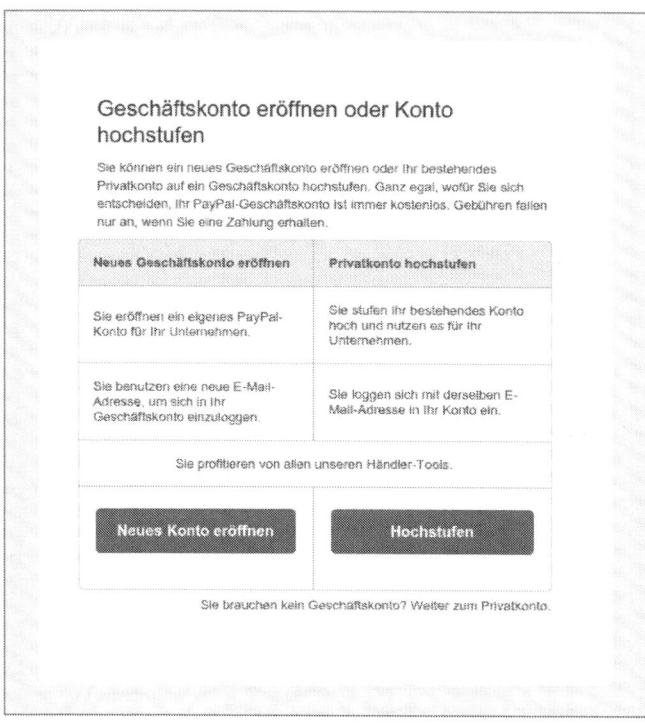

Bild 5.2: Für Inhaber eines Privatkontos bietet PayPal zwei Alternativen an: *Neues Konto eröffnen* oder *Hochstufen* zum Geschäftskonto.

Bankkonto hinzufügen

Nach der Bestätigung der E-Mail-Adresse fügen Sie Ihrem PayPal-Geschäftskonto Ihr Konto bei Ihrer Hausbank hinzu. PayPal überweist Ihnen dann auf dieses Konto einen minimalen Betrag. Innerhalb des Betreffs finden Sie einen vierstelligen Zahlencode, den Sie als Bestätigung bei PayPal eingeben.

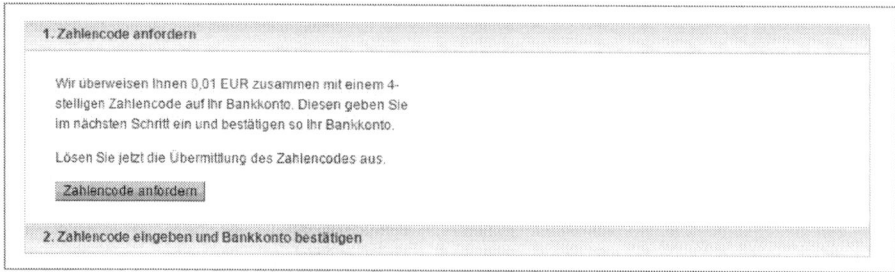

Bild 5.3: PayPal sendet eine Testüberweisung an das eingegebene Konto der Hausbank.

Geschäftskonto-Konditionen

Verwirrung stiftet PayPal mit der ganz eigenen Verwendung der Begriffe Händler und Händlerkonditionen. Als Neuling erhalten Sie Letztere nämlich nicht. Sie bezahlen pro Zahlungsempfang einen Betrag, der sich aus einem fixen und einem flexiblen Anteil zusammensetzt:

- Pro Transaktion: 0,35 Euro fix.
- Pro Transaktion: 1,9 % vom Kaufpreis.

Händlerkonditionen

PayPals günstigere Händlerkonditionen sind an diese Bedingungen geknüpft:

- Umsatz ab 5001 Euro im Monat.
- Eine nicht näher benannte durchschnittliche Warenkorbgröße.
- Eine nicht näher benannte »dauerhafte Nutzung«.
- Keine Beanstandung der Kontoführung, sprich möglichst wenige Rückbuchungen und Streitfälle.

Abgesehen vom Umsatz schweigt sich PayPal über die genauen Kriterien für die Erlangung von Händlerkondition aus, und das aus gutem Grund. Eingeräumt werden sie nämlich nicht automatisiert, sondern nach individueller Prüfung. Es liegt im Ermessen des Zahlungsdienstleisters, wer in den Klub aufgenommen wird und wer in die Röhre schaut. Wer dabei ist, freut sich mit jeder Transaktion über niedrigere Gebühren:

- Bei einem Monatsumsatz von 5.001 bis 25.000: 0,35 Euro plus 1,7 % vom Kaufpreis.
- Bei einem Monatsumsatz über 25.000 Euro: 0,35 Euro plus 1,5 % vom Kaufpreis.

PayPal Plus freischalten lassen

Ein PayPal-Kundenkonto ist sehr leicht zu eröffnen, und auch die Hürde für ein Geschäftskonto ist nicht sehr hoch.

Andere Spielregeln gelten für PayPal Plus. Händler müssen einen Antrag stellen und bestimmte Voraussetzungen mitbringen:

- Firmensitz in Deutschland.
- Bestehendes PayPal-Geschäftskonto.
- Eine von PayPal vorgenommene Risikoprüfung.

Nach den AGB liegt es im »freien Ermessen von PayPal«, ob und wann die Freischaltung erfolgt. Hier verfährt PayPal ähnlich wie bei der Gewährung von Händlerkonditionen. Die Gebühren für PayPal Plus liegen noch etwas oberhalb der PayPal-Standardgebühren. Sie bezahlen immerhin stolze 2,49 % plus 0,35 Euro pro Transaktion. Mit der Gewährung von Händlerkonditionen lässt sich der Prozentanteil bis auf 1,79 % drücken.

Die genannten Sätze gelten allerdings nur für Zahlungen im Inland. Bei internationalen Transaktionen langt PayPal abhängig vom Land des Kunden etwas kräftiger zu. Für den

Kauf auf Rechnung hat PayPal noch eine Hürde eingebaut. Die Freischaltung funktioniert nämlich nicht automatisch. Der Händler muss sich die Gunst des Zahlungsdienstleisters stufenweise erwerben.

5.1.4 Von der PayPal-Sandbox zum Live-Betrieb

Aufgrund der hohen Verbreitung ist in den Shop-Plug-ins schon eine PayPal-Schnittstelle integriert. Gehen Sie in WooCommerce auf *Einstellungen/Kasse/PayPal* und klicken Sie auf die Checkbox *PayPal Standard aktivieren*. Für PayPal Express ist der Einbau eines speziellen Buttons notwendig. Hinweise zum Einbau in WordPress erhalten Sie nach der Freischaltung. Für die einfache Integration von PayPal Plus in WooCommerce arbeitet PayPal an einem eigenen Modul. Voraussichtlich wird es ab Herbst 2016 zur Verfügung stehen.

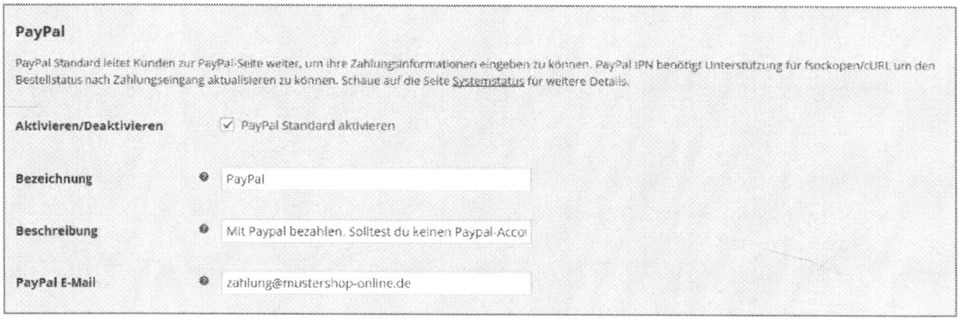

Bild 5.4: Einbindung in WooCommerce über die PayPal-E-Mail-Adresse.

So tun, als ob

Vorsicht ist die Mutter der Porzellankiste. Für die ersten Gehversuche mit PayPal können Sie die sogenannte Sandbox nutzen. Das Ding heißt Sandkasten, weil dort alle Zahlungen nur simuliert werden. Die ersten beiden Schritte:

1. Unter dieser Adresse ein PayPal-Entwicklerkonto anlegen: *https://developer.paypal.com*. Dazu loggen Sie sich mit denselben Zugangsdaten ein, die Sie für das PayPal-Geschäftskonto verwenden. Das war es schon.

2. Das Shop-Plug-in ebenfalls in den Sandkastenmodus setzen. Unter *WooCommerce/Einstellungen/Kasse/PayPal* finden Sie dazu die passende Checkbox:

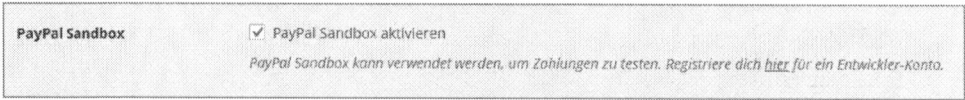

Bild 5.5: Mit dem Aktivieren der Checkbox *PayPal Sandbox* schaltet sich WooCommerce in einen Testmodus.

Wahrscheinlich sind Sie jetzt wegen der Begrifflichkeiten verwirrt. Heißt das Ding nun Entwicklerkonto oder Sandbox? Der Unterschied:

- Das Entwicklerkonto ist notwendig, um die Sandbox-Accounts anzulegen und zu verwalten.
- Die Zahlungen selbst werden in der Sandbox simuliert und auf ihre Richtigkeit überprüft.

Das Entwicklerkonto ist also nichts anderes als die Verwaltungsoberfläche der Sandbox. Sie kennen das ja von den Datenbanken, wo MySQL via phpMyAdmin verwaltet wird. Das klingt jetzt alles komplizierter, als es ist. Holen Sie mal tief Luft, dann geht es in drei Schritten weiter:

1. Sandbox-Accounts anlegen.
2. Probekäufe durchführen.
3. Probetransaktionen überprüfen.

Sandbox-Accounts anlegen

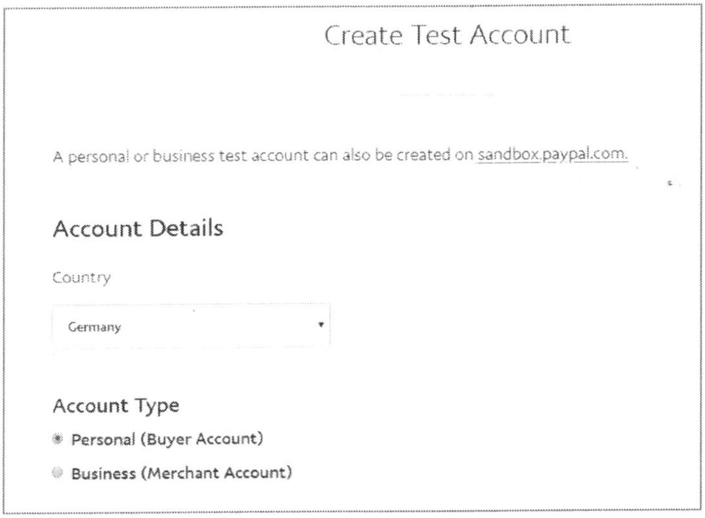

Bild 5.6: Via *Sandbox/Accounts/Create Test Account* werden neue Sandbox-Accounts angelegt.

Los geht es also im Entwicklerkonto. Dort werden die Sandbox-Accounts angelegt, und zwar via *Sandbox/Accounts/Create Test Account*.

Bei *Country* wählen Sie *Germany* aus. Für den *Account Type* stehen zwei Sorten zur Verfügung:

- Für Käufer: *Personal (Buyer Account)*
- Für Händler: *Business (Merchant Account)*

Beginnen Sie mit dem Anlegen eines Verkäuferaccounts.

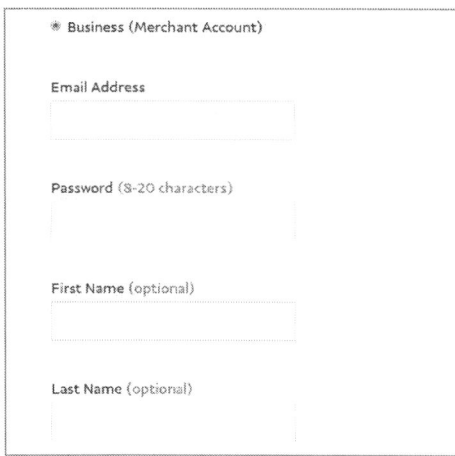

Bild 5.7: Hier wird der Verkäuferaccount angelegt.

Pflicht ist die Eingabe von E-Mail-Adresse und Passwort. Die E-Mail-Adresse muss zwar nicht real existieren, aber Sie brauchen sie später, ebenso wie das Passwort, zum Einloggen in die Sandbox. Nehmen Sie also Zettel und Stift zur Hand und notieren Sie sich die Zugangsdaten.

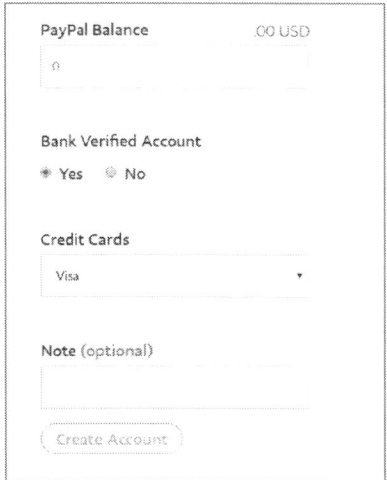

Bild 5.8: Zu Testzwecken sollten beide Optionen bei *Bank Verified Account* überprüft werden.

Es folgen einige weitere Felder, die Sie zunächst leer bzw. unverändert lassen. Ziehen Sie aber in Erwägung, später noch einen zweiten Verkäufer-Testaccount anzulegen, um damit die Option *No* bei *Bank Verified Account* zu testen.

Was fehlt noch? Richtig, ein Käuferkonto. Wiederholen Sie die Prozedur, diesmal mit der Option *Personal (Buyer Account)*.

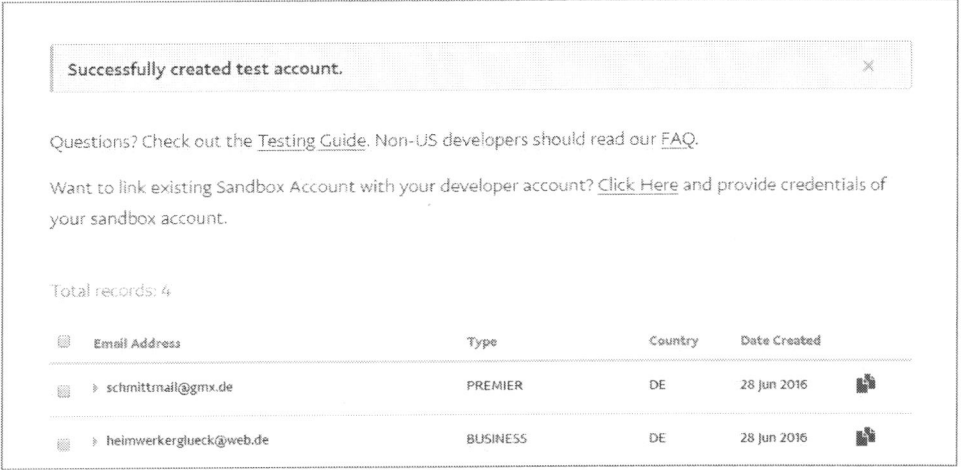

Bild 5.9: Accounts unterschiedlichen Typs wurden angelegt: für Verkäufer und Käufer.

Haben Sie diverse Käufer- und Verkäuferaccounts angelegt? Dann geht es jetzt weiter in WooCommerce. Geben Sie dort unter *WooCommerce/Einstellungen/Kasse/PayPal* die PayPal-Test-E-Mail-Adresse ein, die Sie gerade für den Verkäuferaccount vergeben haben.

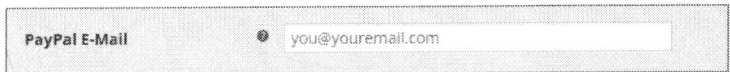

Bild 5.10: Die *PayPal E-Mail* des Sandbox-Verkäuferaccounts wird eingetragen.

Probekäufe durchführen

Nun schlüpfen Sie in die Rolle des Käufers. Führen Sie einen Probekauf im eigenen Shop durch und wählen Sie PayPal als Zahlungsart. Loggen Sie sich in PayPal mit Ihrem Sandbox-Käuferaccount ein.

Bild 5.11: Probekauf über den Sandbox-Account des Käufers.

Vor dem Klick auf den Button *Jetzt zahlen* kontrollieren Sie noch einmal, ob Sie auch wirklich im Sandkastenmodus arbeiten. Bei den Angaben zur Bankverbindung sollte *TestBank* stehen und nicht etwa ein real existierendes Kreditinstitut.

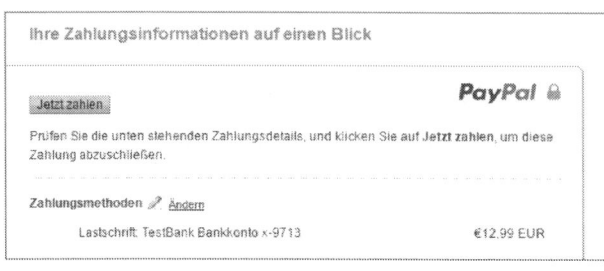

Bild 5.12: Der Name *TestBank* beweist, dass sich das System im Sandkastenmodus befindet.

Nun haben Sie Ihre erste Probetransaktion getätigt. Auf der Seite *Ihre Zahlung ist abgeschlossen* finden Sie unten den Link *Zur PayPal-Kontoübersicht*. Klicken Sie ihn an, um in die Sandbox zu gelangen.

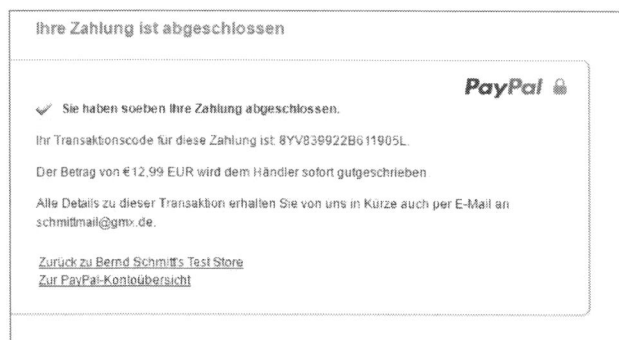

Bild 5.13: Nach dem Abschluss der Zahlung wird dieser Link zum Sandbox-Käuferaccount eingeblendet: *Zur PayPal-Kontoübersicht*.

Transaktionen überprüfen

Über den Link erreichen Sie den Käuferaccount Ihrer Sandbox. Dort ist der Zahlungsausgang für den Probekauf eingetragen. Loggen Sie sich nun aus, um auf die Seite des Verkäufers zu wechseln.

Achtung: Sollten Sie nach dem Ausloggen nicht wieder auf der Startseite der Sandbox landen, rufen Sie diese URL auf:

https://www.sandbox.paypal.com/de/webapps/mpp/merchant

Nun loggen Sie sich als Verkäufer in die Sandbox ein. Zugangsdaten sind die E-Mail-Adresse und das Passwort, das Sie bei der Anlage des Sandbox-Verkäuferaccounts vergeben hatten.

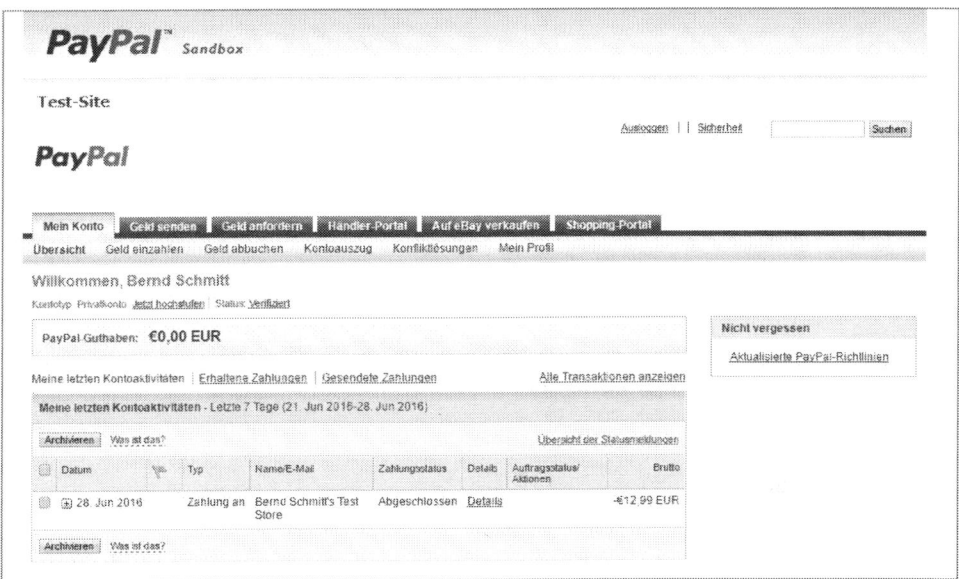

Bild 5.14: Im Käuferaccount der Sandbox ist der Zahlungsausgang verzeichnet.

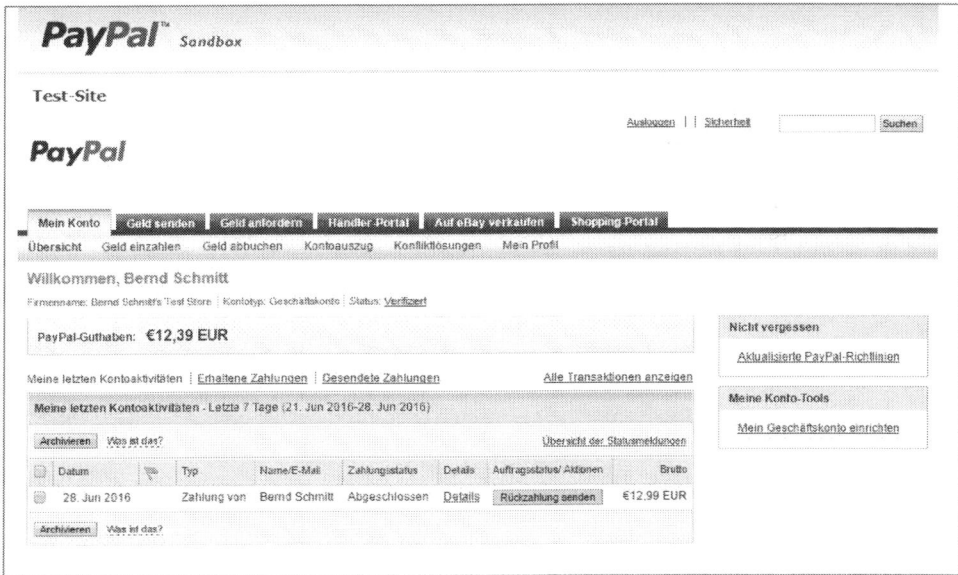

Bild 5.15: Im Verkäuferaccount der Sandbox sind das Guthaben und der Zahlungseingang verzeichnet.

Sind Sie als Verkäufer in Ihrer Sandbox eingeloggt? Dann sehen Sie nun Ihr Guthaben und den Zahlungseingang, wobei die Beträge nicht deckungsgleich sind. Sie ahnen die Ursache? Richtig, einen Teil zwackt PayPal für seine Dienste ab, auch in der Sandbox. Legen Sie nun noch zwei bis drei weitere Sandbox-Accounts an und variieren Sie ein bisschen bei den Einstellungen. Führen Sie weitere Testkäufe durch, bevor Sie das System live schalten.

5.1.5 PayPal-Tipps

Als Händler sind Sie bei der Auswahl der Zahlungsarten immer in der Zwickmühle. Entweder verwenden Sie seriösere Zahlungssysteme, die kein Mensch und kein Kunde kennt, oder Sie schließen den Pakt mit PayPal und gehen ein gewisses Risiko ein. Mit ein paar Vorsichtsmaßnahmen lässt es sich aber minimieren.

Konto überwachen

Es ist ratsam, die Transaktionen immer im Auge zu behalten und bei Unregelmäßigkeiten das Konto schnell zu schließen. PayPal stoppt daraufhin zwar alle Transaktionen, löscht aber nicht Ihre Buchungen. Dies dient der Dokumentation, falls nach der Schließung noch Streitfälle gelöst und betrügerische Aktivitäten aufgeklärt werden müssen.

Mit Rückbuchungen rechnen

Hat der Kunde die Rückbuchung einer Kreditkarte veranlasst oder eine SEPA-Lastschrift zurückgehen lassen, wirkt der PayPal-Käuferschutz.

Sie haben dann keinen Zugriff auf das einbehaltene Geld, bis die Sache geklärt ist. Etwas deutlicher ausgedrückt: Das Geld hängt im Niemandsland fest. Sie haben es nicht und Ihr Kunde auch nicht.

Mit »Reserven« rechnen

Eines muss man der Geldwelt lassen: Sie produziert immer wieder geniale Wortschöpfungen, um Katastrophen zumindest verbal ins Gegenteil zu wenden. PayPal macht hier keine Ausnahme, wie das »Reservekonto« beweist.

Dabei handelt es sich nämlich um eine sehr delikate Reserve: gesperrtes Geld. Ihres. Als Händler erkennen Sie es am Zusatz »nicht verfügbar« in Ihrer Kontoübersicht. Wie es dazu kommt? PayPal schiebt ganz unverfroren einen Teil Ihres Guthabens oder eingehender Zahlungen in die ominöse Reserveschatulle. In den AGB wird das so begründet:

> »Reserve bezeichnet einen Anteil Ihres Guthabens auf Ihrem PayPal-Konto, den wir als Sicherheit einbehalten, um uns gegen das Risiko von Rücklastschriften, Kreditkartenrückbuchungen, Anträgen auf Käuferschutz oder sonstige Haftung im Hinblick auf Ihr PayPal-Konto und/oder Ihre Nutzung des Service abzusichern.«

Wenn Sie Gelder auf Abruf benötigen, ist PayPal also kein geeigneter Lagerort.

Geldbeträge transferieren

Horten Sie keine größeren Summen auf Ihrem PayPal-Konto, sondern transferieren Sie Ihr Geld regelmäßig auf das eigene, »richtige« Konto bei Ihrer Hausbank. Falls Sie von einer Sperrung seitens PayPal betroffen sind, hält sich der Ärger dann in Grenzen. Die

Erfahrung zeigt: Es kann sein, dass eine Sperrung schnell wieder aufgehoben wird, muss aber nicht.

PayPal nicht ausschließlich einsetzen

Überlegen Sie, ob PayPal in jedem Fall die beste Lösung darstellt. Manchmal ist es zweckmäßiger, bestimmte Zahlungsarten ohne dazwischengeschaltete Anbieter durchführen.

Beispiel: Sie haben als Händler eine SEPA-Lastschrift direkt über Ihre Hausbank eingezogen, doch der Kunde hat sie zurückgehen lassen? Was nun? Einigen Sie sich mit ihm. Vielleicht hat er ja das falsche Produkt bestellt und erhält im zweiten Anlauf von Ihnen die passende Ware. Ist der Kunde zufrieden, ziehen Sie das Geld noch einmal ein, oder der Käufer überweist es Ihnen. Fertig. Manchmal lassen sich Probleme ohne Zahlungsdienstleister schneller lösen.

Käufer- und Verkäuferschutz

PayPal verspricht gleichzeitig Käufer- und Verkäuferschutz, nimmt also die Position eines Treuhänders ein. Es liegt in der Natur der Sache, dass dabei Interessenkollisionen auftreten. Zudem ist der Verkäuferschutz für diese Produkte generell ausgeschlossen:

- Immaterielle Güter, Dienstleistungen, Geschenkgutscheine, Flugtickets, Downloads, Softwarelizenzen und weitere nicht physische Güter.
- Fahrzeuge mit einem Motor, beispielsweise Autos, Motorräder, Boote und Flugzeuge.
- Artikel, die nicht versendet werden können.
- Artikel bei Selbstabholung durch den Käufer.

PayPal-Logo verwenden

Das PayPal-Logo erhalten Sie auf dieser Webseite: *https://www.paypal.com/de/webapps/mpp/logo-center*. Für die Verwendung gelten folgende Regeln:

- Sie müssen als Händler bei PayPal angenommen worden sein.
- Sie dürfen das Logo nicht ändern, bearbeiten oder umgestalten.
- Sie dürfen es nicht entgegen den PayPal-Richtlinien verwenden, PayPal herabsetzen oder den Anschein erwecken, dass PayPal Ihren Shop in irgendeiner Weise unterstützt.

Diese Klauseln sind keine Spezialität von PayPal, Sie finden Ähnliches auch bei den Kreditkartenfirmen. Die Zahlungsdienstleister beharren darauf, ihre Neutralität zu wahren.

Bild 5.16: PayPal bietet verschiedene Logos zum Einbinden an.

Anti-Beleidigungs-Klausel

Auch ein Zahlungsdienstleister ist nicht frei von Eitelkeiten. In den PayPal-AGB liest sich das dann so:

> »Wenn Sie PayPal als Zahlungsmethode anbieten, dürfen Sie die PayPal-Services gegenüber Ihren Kunden oder in anderen Veröffentlichungen nicht fehlerhaft darstellen oder in Misskredit bringen.«

Zahlungsgebühren verlangen

Sie möchten von Ihren Kunden einen Aufschlag verlangen, um die Kosten für PayPal wieder hereinzuholen? Möglich ist das schon, aber nur unter bestimmten Voraussetzungen, die in den PayPal-AGB verankert sind:

> »Sofern Sie für die Nutzung von PayPal Ihren Kunden ein Zahlungsmittelentgelt berechnen, dürfen Sie das nur im rechtlich zulässigen Rahmen und müssen Ihre Kunden darüber entsprechend selbst informieren, da dies anderenfalls (straf-) rechtliche Konsequenzen haben könnte.«

Nun, um mit dem Strafrecht in Berührung zu kommen, müssen Sie schon wirklich exorbitante Zuschläge verlangen. Bedenken Sie aber, dass Sie nach dem Wettbewerbsrecht zu Informationen über Zahlungsgebühren verpflichtet sind. Außerdem müssen Sie mindestens eine gängige und kostenlose Zahlungsart anbieten. Wenn Sie ausschließlich auf PayPal setzen, sollten Sie auf Zuschläge verzichten.

Phishing erkennen

Ein Problem für PayPal sind Phishing-Mails. Sie erkennen sie oft bereits beim Blick auf die erste Zeile. PayPal selbst verwendet keine allgemeine Anrede wie »Guten Tag«, sondern den kompletten Vor- und Nachnamen. Allerdings werden die Methoden der Betrüger immer raffinierter. Auf dieser Seite können Sie sich über Phishing und andere Betrugsversuche informieren:

www.paypal.de/phishing.

Bild 5.17: Diese Phishing-Mail ist an der unpersönlichen Anrede erkennbar. Echte PayPal-Mails verwenden immer den kompletten Vor- und Zunamen des Kontoinhabers.

Rechtssystem und Gerichtsstand

Bei Auseinandersetzungen mit PayPal ist Folgendes zu beachten:

- Es gilt das englische Recht.
- Aufsichtsbehörde von PayPal ist die luxemburgische Bankenaufsicht CSSF (*Commission de Surveillance du Secteur Financier*).

Um es ganz unverblümt zu sagen: Als kleiner Händler stehen Sie im Fall rechtlicher Auseinandersetzungen mit PayPal ziemlich im Regen.

5.2 Die Lastschrift

Die Lastschrift ist in Deutschland sehr beliebt und dank der Einführung des SEPA-Systems sogar für grenzüberschreitende Zahlungen nutzbar.

5.2.1 Die Lastschrift im Überblick

Zur Erinnerung: Im Jahr 2014 wurde ein einheitlicher Zahlungsraum geschaffen, und dafür steht auch die Abkürzung SEPA: *Single Euro Payments Area*. Das E wie Euro führt allerdings leicht zu Missverständnissen, denn der Zahlungsraum umfasst eine Reihe weiterer Währungen. Die Tabelle verdeutlicht den Unterschied:

	SEPA-Raum	Euro-*Raum*
Anzahl der Mitgliedsstaaten	34	23
Anzahl der Währungen	13	1

5.2.2 Die Lastschrift auf Käuferseite

Große Vorteile bietet die Lastschrift für den Käufer: Ein Girokonto ist alles, was benötigt wird. Der Kunde übermittelt seine IBAN, danach kann der Händler die Lastschrift einziehen. Ausnahmen sind Transaktionen mit Ländern außerhalb des EWR, des Europäischen Wirtschaftsraums, hier ist zusätzlich die Übermittlung des BIC-Codes notwendig. Betroffen sind zum Beispiel die Schweiz und Monaco.

Keine Kontodeckung notwendig

Kleine Anmerkung am Rande: Das Konto muss zur Teilnahme am Lastschriftverfahren nicht gedeckt sein. Als Händler werden Sie das bemerken, sobald eine Lastschrift von der Bank wieder zurückgegeben wird. Sie erhalten dann nicht nur kein Geld, zur Krönung dürfen Sie auch noch Bearbeitungsgebühren an die Banken abdrücken.

5.2.3 Die Lastschrift auf Händlerseite

Als Händler können Sie zwar »einfach so« Rechnungen erstellen, aber nicht Lastschriften einziehen. Aus Sicherheitsgründen haben die Banken dem einen Riegel vorgeschoben.

Nicht ohne Gläubiger-ID

Benötigt wird zunächst eine Gläubiger-Identifikationsnummer, kurz Gläubiger-ID. Falls Sie noch keine besitzen: Sie erhalten sie nicht bei Ihrer Hausbank, sondern der Deutschen Bundesbank. Das ist diese ehrwürdige Bank, die auch noch D-Mark in Euro eintauscht. Vielleicht haben Sie sogar eine Filiale in Ihrer Stadt? Gehen Sie aber nur hin, wenn im Geheimfach von Omas Kommode ein Bündel alter Hundertmarkscheine aufgetaucht ist. Die Gläubiger-ID kann nämlich nur online beantragt werden.

Gläubiger-ID beantragen

Auf *www.bundesbank.de* finden Sie alle Informationen zur Beantragung und Vergabe der Gläubiger-Identifikationsnummer. Klicken Sie unter dem SEPA-Logo auf *Weiter*, um zur Eingabemaske zu gelangen.

Bild 5.18: Die Gläubiger-ID wird auf der Website der Deutschen Bundesbank beantragt.

Mit der Erfassung der Rechtsform beginnt die Prozedur, dann werden Ihre Firmenadresse und weitere Daten abgefragt. Am Ende erhalten Sie eine Bestätigungsmail. Sie haben zehn Kalendertage Zeit, um auf den Bestätigungslink zu klicken und das Antragsverfahren zügig abzuschließen. Sind Sie unsicher, ob alle eingegebenen Daten stimmen? Auch kein Problem, überschreiten Sie einfach die Zehntagefrist. Damit werden Ihre Antragsdaten gelöscht, und Sie können einen zweiten Versuch starten.

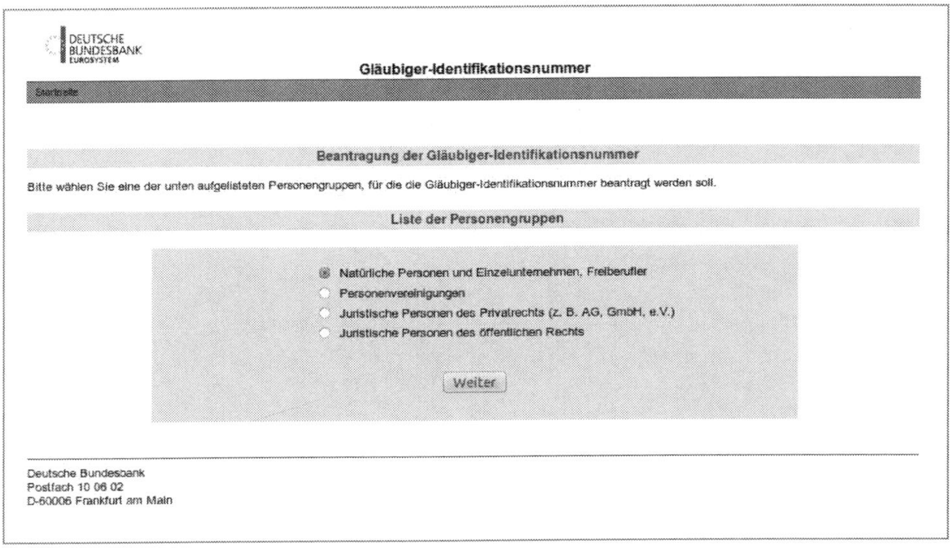

Bild 5.19: Die Erfassung der Rechtsform.

Gläubiger-ID erhalten

Wenn alles geklappt hat, erhalten Sie Ihre Gläubiger-ID, in der Regel per E-Mail. Abhängig ist dies von der Rechtsform Ihres Unternehmens. Teilweise nimmt die Deutsche Bundesbank auch die gute alte Briefpost in Anspruch.

Gläubiger-ID bei Hausbank vorlegen

Legen Sie die Gläubiger-ID bei Ihrer Hausbank vor, um Ihr Konto für den Einzug von SEPA-Lastschriften freischalten zu lassen. Achtung: Für den Lastschrifteinzug aus dem Ausland ist bei vielen Banken eine Extrafreischaltung nötig. Wenden Sie sich hierzu an Ihren Kundenberater.

Lastschrift einziehen

Neben der Freischaltung durch die Bank brauchen Sie für den Einzug noch die Zustimmung des Kunden, das sogenannte Lastschriftmandat. Erzeugt wird es, sobald der Kunde die Zahlungsoption *Lastschrift* wählt. Zum Einzug haben Sie dann zwei Möglichkeiten.

1. Selbst einziehen: Sie gehen auf die Webseite Ihrer Bank, loggen sich ein und wählen *SEPA-Lastschrift einziehen* aus. Dann geben Sie Name, IBAN und Betrag ein und veranlassen die Transaktion. Besondere Gebühren bezahlen Sie nicht.

2. Einzug über einen Zahlungsdienstleister: Sie ziehen nicht selbst ein, sondern beauftragen einen Zahlungsdienstleister wie PayPal. Vorteil: weniger »Handarbeit«. Nachteil: Zusätzliche Gebühren schmälern den Gewinn.

5.2.4 Einbindung in WordPress

In WooCommerce selbst ist die Zahlungsart SEPA-Lastschrift nicht enthalten, aber es gibt ja die Alternative wpShopGermany (ab der Pro-Lizenz) und die beiden deutschen Ergänzungen WooCommerce German Market und WooCommerce Germanized.

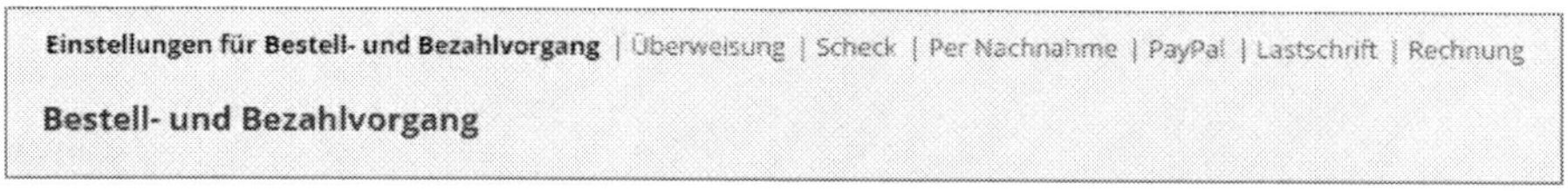

Bild 5.20: Nach der Installation einer deutschen Erweiterung bietet WooCommerce die Zahlung per Lastschrift an. Das Menü *WooCommerce/Einstellungen/Kasse* wurde durch den Link *Lastschrift* ergänzt.

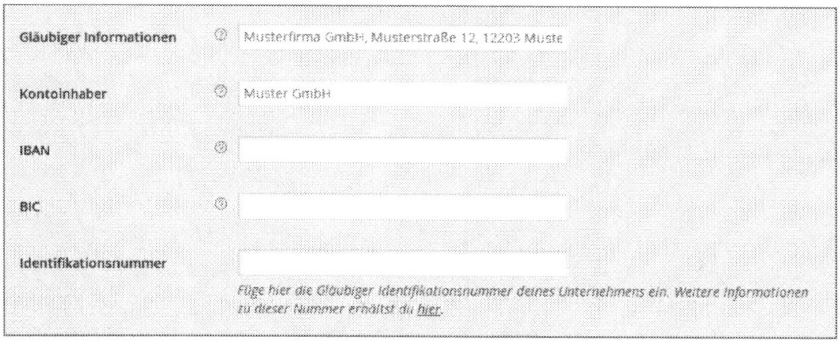

Bild 5.21: Eintragen der Gläubigerinformationen.

In all diesen Lösungen ist die SEPA-Lastschrift schon integriert. Sie müssen die Zahlungsart nur noch aktivieren und folgende Gläubigerinformationen eintragen:

- Unternehmensadresse
- Kontoinhaber
- IBAN
- BIC
- Gläubiger-ID

Die Generierung des Lastschriftmandats erledigt das Plug-in für Sie.

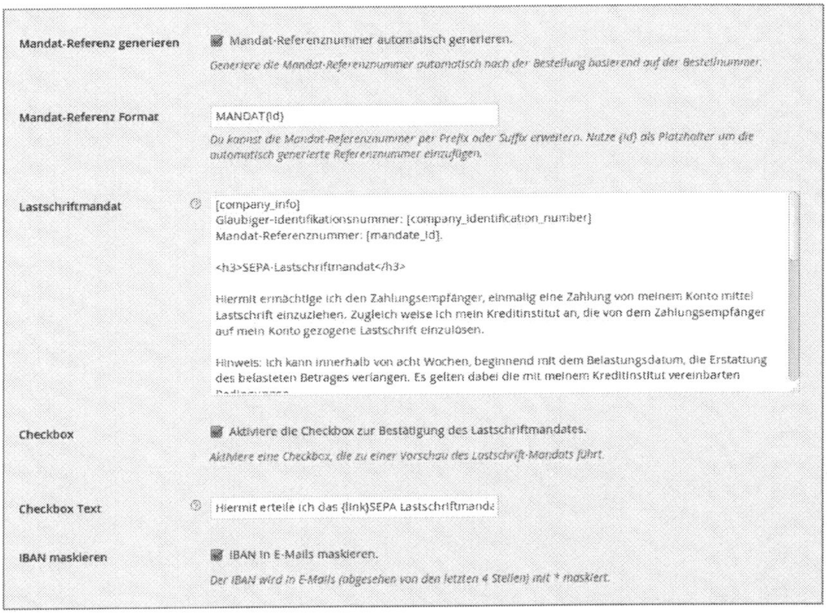

Bild 5.22: Das deutsche Plug-in hat ein rechtskonformes SEPA-Lastschriftmandat generiert. Sie dürfen den Betrag jetzt einziehen.

Eine Lösung steht auch für WooCommerce-Puristen zur Verfügung. Auf dem Plug-in-Marktplatz Codecanyon erhalten Sie das kostenpflichtige *WooCommerce SEPA Payment Gateway*. Integriert ist ein Check der vom Kunden eingegebenen IBAN (und BIC). Das erspart Ihnen das Hinterherlaufen bei den Kunden, die beim Eingeben der Zahlenschlange geschlampt haben.

Bezugsquelle: *http://codecanyon.net/item/woocommerce-sepa-payment-gateway/7963419*

5.2.5 IBAN-Fehler vermeiden

Das Risiko liegt bei dieser Zahlungsmethode ganz auf der Seite des Händlers. Der Kunde kann eine Lastschrift ohne Begründung bei der Bank zurückgehen lassen. Falls der Kunde sein Kreditlimit überzogen hat, veranlasst die Bank selbst eine Rücklastschrift. In beiden Fällen müssen Sie zusätzlich Bearbeitungsgebühren berappeln. Und dann ist da noch das Problem mit der ellenlangen IBAN. Die Fehlerquote ist gering, wenn die IBAN-Daten von der Shopsoftware auf ihre formale Gültigkeit geprüft werden. Testen Sie diese Funktion, indem Sie bei einer Probebestellung absichtlich statt der Null den Buchstaben O einsetzen, dieser Fehler unterläuft älteren Kunden relativ häufig.

Prüfziffer schützt vor Fehlüberweisungen

Im SEPA-System spielen die Namen für die Überweisung keine Rolle, relevant ist allein die IBAN. Wie ist das aber, wenn einem Kunden bei der Eingabe seiner SEPA-Nummer unbemerkt ein typischer Zahlendreher unterlaufen ist, der vom Shop-Plug-in nicht erkannt wurde, und Sie dann das Geld unwissentlich mit der fehlerhaften Nummer einziehen? Buchen Sie dann etwa Geld von irgendeinem Konto ab, mit dessen Inhaber gar keine Geschäftsbeziehung besteht?

Nein, die Sorge ist unbegründet. Sämtliche SEPA-Nummern sind – wie auch schon die alten Kontonummern und Bankleitzahlen – mit sogenannten Prüfziffern versehen, die Kontoverwechslungen in 99,99 % der Fälle verhindern.

In der Praxis passiert bei einem Zahlendreher Folgendes:

1. Sie geben eine fehlerhafte IBAN in die Onlineeingabemaske für die SEPA-Lastschrift bei Ihrer Hausbank ein.
2. Die »verdrehte« Kontonummer wird nicht angenommen, die Überweisung nicht durchgeführt. Sie bezahlen in diesem Fall auch keine Bearbeitungsgebühren für eine Rücklastschrift.

Musterbrief für fehlgeschlagene Lastschriften

»Nach einer gescheiterten Lastschrift kontaktieren Sie Ihren Kunden per Mail oder Brief. Die folgende Textvorlage dürfen Sie gern übernehmen:

> Sehr geehrte Frau Mustermann,
> Sie haben das Produkt XY (Re-Nr. 1234) in unserem Onlineshop bestellt und am xx.xx.xxxx von uns erhalten. Als Zahlungsoption haben Sie Lastschrift gewählt. Leider konnten wir keinen Bankeinzug vornehmen. In der Regel liegt der Fehler darin, dass die 22-stellige IBAN fehlerhaft eingegeben wurde.
> Wir möchten Sie deshalb bitten, uns Ihre IBAN-Nummer erneut mitzuteilen oder den Betrag an uns zu überweisen.
> Unsere Bankverbindung:
> ABC-Bank Musterstadt
> IBAN DE12 3456 7890 1234 5678 90
>
> Mit freundlichen Grüßen
> Gerd Geldeintreiber
>
> PS: Bei Fragen zur Rechnung können Sie mich unter dieser Telefonnummer montags bis freitags von 10 bis 18 Uhr erreichen: 0123 456789.«

Anschließend unterschreiben Sie noch, um dem Brief eine persönliche Note zu geben. Sie signalisieren damit, dass Sie das Geld auch wirklich haben wollen. Erfahrung aus der Praxis: In über 80 % der Fälle überweist der Kunde dann direkt, wechselt also das Bezahlverfahren von Lastschrift auf Überweisung.

Achtung! Diese Art des lockeren Krisenmanagements sollten Sie nur dann anwenden, wenn Sie die Fäden selbst in der Hand haben, also Lastschriften direkt über Ihr Geschäftskonto bei der Hausbank einziehen.

Falls Sie Lastschriften über einen Zahlungsdienstleister wie PayPal abwickeln, können Sie mit gut gemeinter Eigeninitiative in Teufels Küche kommen. Sie riskieren nämlich, dass der Kunde dann doppelt zur Kasse gebeten wird. Mit der Einschaltung eines Zahlungsdienstleisters müssen Sie diesem auch das Geldeintreiben überlassen.

5.3 Die Kreditkarte

Sie kennen die Situation aus dem Urlaub. Bei einem Restaurantbesuch verkündet ein edler Spender, die Rechnung für die fröhliche Runde zu übernehmen. Einen Augenblick später herrscht peinliche Stille, weil das Bargeld nicht reicht. Aus der Patsche hilft dann nur noch die Kreditkarte.

5.3.1 Stärken dieser Zahlungsmethode

Die drei Stärken dieser Zahlungsmethode sind:

1. Das Budget darf überzogen werden.
2. Unproblematische Zahlung in einer Fremdwährung.
3. Abgerechnet wird später, nicht im Moment des Bezahlens.

Kein Wunder, dass die Nutzung der Kreditkarte immer beliebter wird – im stationären Handel ebenso wie im Internet. Visa und Mastercard, beide haben ihren Stammsitz in den USA und zählen zu den großen und international etablierten Marken. Wenn Sie die Kreditkartenzahlung anbieten, müssen diese beiden Global Player auf jeden Fall im Boot sein.

5.3.2 Kreditkarte auf Käuferseite

Ohne geht es nicht. Voraussetzung auf Käuferseite ist der Besitz einer Kreditkarte. In Deutschland sind derzeit über 26 Millionen Karten im Umlauf – mit steigender Tendenz. Die Sättigung ist noch lange nicht erreicht, denn im internationalen Vergleich hinkt Deutschland bei der Kartenzahlung hinterher.

5.3.3 Kreditkarte auf Händlerseite

Als kleiner Fisch ist es gar nicht so einfach, die Kreditkarte als Zahlungsmethode zu realisieren. Wenn Sie auf eigene Regie vorgehen, also ohne die Einschaltung eines Zahlungsdienstleisters, müssen diese zwei Hürden genommen werden:

1. Die Unterzeichnung eines »Kreditkarten-Akzeptanzvertrags« bzw. für den Onlinehandel eines »Akzeptanzvertrags zur Kartenzahlung für den Fernabsatz«. Vor der Unterzeichnung müssen Sie ein Prüfverfahren über sich ergehen lassen.
2. Die technische Umsetzung durch ein entsprechendes WordPress-Plug-in.

Beginnen Sie mit Punkt 1, aber stürmen Sie nicht einfach drauflos. Keinen Sinn hat es, direkt mit Visa oder Mastercard Kontakt aufzunehmen. Zwar befindet sich auf der Rückseite jeder Kreditkarte eine Telefonnummer, aber die ist nicht für Onlinehändler gedacht. Man würde am anderen Ende der Leitung gar nicht verstehen, was Sie überhaupt wollen. Wenn es ganz dumm läuft, wird Ihnen die Karte gesperrt. Wo geht es also weiter, bei der Hausbank vielleicht?

Die Hausbank

Wenn Sie spontan bei der Hausbank aufkreuzen, erhalten Sie von Ihrem Kundenberater einen frischen Kaffee und ältere Prospekte, in denen die Kreditkartenkonditionen mit blumigen Worten umschrieben sind.

Bei näherem Hinsehen kann sich das Angebot aber als teure Mixtur aus Einrichtungsentgelt, Gebühren pro Transaktion und weiteren schwer zu entschlüsselnden Posten entpuppen.

Aber vielleicht haben Sie sich ja einen Termin geben lassen? Dann wird Sie die Bank auch zum neuen System Paydirekt beraten. Leider steckt diese Zahlungsart noch in den Kinderschuhen. Schwächen zeigen sich bei der Zugänglichkeit für den Kunden und bei der Integration in WordPress.

Fazit: Es ist gar nicht so einfach, an einen Kreditkarten-Akzeptanzvertrag zu kommen. Einen genau was bitte?

5.3.4 Der Kreditkarten-Akzeptanzvertrag

Was sind die wesentlichen Elemente eines Vertrags – egal ob Ehe- oder Geschäftsvertrag? Richtig, zwei Vertragspartner und der Vertragsgegenstand.

Der Vertragsgegenstand ist für den Onlinehändler schnell geklärt: Es geht um die Zahlungsannahme per Kreditkarte. Für Verwirrung kann allerdings die Anzahl der Beteiligten sorgen. Nicht zwei, sondern drei sind da zugange:

- **Händler**
- **Kreditkarten-Acquirer** – zum Beispiel B+S Card Service oder ConCardis
- **Kreditkartenfirma** – zum Beispiel Visa oder Mastercard

Denken Sie jetzt aber nicht an ein Dreiecksverhältnis, denn der Händler kommt mit der Kreditkartenfirma gar nicht in Berührung. Er schließt den Akzeptanzvertrag direkt mit einem Acquirer, der hierfür von der Kreditkartenfirma lizenziert wurde.

Acquirer finden

Eine unsortierte Liste von Acquirern finden Sie unter anderem auf der Visa-Webseite unter *https://www.visa.de/visa-fur-handler/*.

Auf der Liste finden Sie neben anderen den B+S Card Service, ein Tochterunternehmen der Sparkassen mit Sitz in Frankfurt, und ConCardis mit Sitz in Eschborn. Beide sind von den weltweit operierenden Kreditkartenfirmen für den deutschen Markt lizenziert, wenden sich aber nicht ausdrücklich an neue und kleine Händler. Primär sind sie auf die Bezahlung via Kartenterminal ausgerichtet, also den stationären Handel. Die genannten Anbieter sind vor allem dann eine Option, wenn Sie parallel zum Onlineshop einen stationären Laden betreiben.

Die Shopprüfung

Weil ein Acquirer keine Wohlfahrtsorganisation ist, wählt er seine Geschäftspartner aus. Hierfür finden Sie der Website eines Acquirers eine Art Bewerbungsbogen (auch Interessentenbogen genannt), oder Sie können ihn zumindest mit ein paar Klicks anfordern. Abgefragt werden die Basisdaten zu Ihrem Unternehmen und Ihrem Shopprojekt. Den Bogen füllen Sie aus und übermitteln ihn. Der Acquirer entscheidet dann nach eigenem geschäftlichem Interesse. Sie sollten sich von vornherein auf diese möglichen Ergebnisse einstellen:

1. Annahme
2. Aufforderung, noch irgendetwas nachzuliefern
3. Ablehnung

PayPal als Alternative

Mit PayPal sparen Sie sich die Verhandlungen mit einem Acquirer. Der auf Onlineshops spezialisierte Onlinedienstleister übernimmt den kompletten Ablauf:

1. Übernahme des Kontakts zu den Kreditkartenfirmen. Ihr Unternehmen wird direkt von PayPal geprüft.
2. Abwicklung der Zahlungstransaktionen.
3. Hilfe bei der Integration in WordPress (und anderer Shopsoftware). PayPal ist in WooCommerce und wpShopGermany bereits integriert.

5.3.5 Integration in WordPress

Falls Sie nicht über PayPal gehen, sondern direkt über einen Acquirer, müssen Sie für die passenden WooCommerce-Plug-ins in die Tasche greifen. Erwerben können Sie das *WordPress WooCommerce ConCardis Zahlungs-Plugin* direkt bei ConCardis für 172 Euro plus Steuern. Das passende Plug-in für B + S Card Service erhalten Sie nur extern über den Schweizer Zahlungsmodulanbieter Sellxed.

5.3.6 Tipps für die Kreditkarte als Zahlungsmittel

Anders als beim Kauf auf Rechnung oder per Lastschrift fallen bei der Kreditkartenzahlung in jedem Fall für den Händler Gebühren an. Diese Gebühr setzt sich aus einem prozentualen Anteil und einer fixen Transaktionsgebühr zusammen. Um den Gewinn nicht unverhältnismäßig zu schmälern, prüfen Sie bei kleinen Beträgen den Einsatz alternativer Zahlungsmethoden.

Einsatz von Logos

Wenn Sie Zahlungen per Kreditkarte annehmen, dürfen und sollten Sie auch die Logos der entsprechenden Firmen verwenden, zum Beispiel von Visa oder Mastercard. Zu beachten sind dabei deren Richtlinien. Sie dürfen nicht den Anschein erwecken, als würden die Kreditkartenfirmen Sie oder Ihre Produkte oder Dienstleistungen in irgendeiner Form empfehlen. Es geht um die Zahlungsmethode. Das war's.

5.3.7 Pro und kontra Kreditkarte

Es verlangt doch einiges an Aufwand, um die Zahlung per Kreditkarte zu ermöglichen. Als Entscheidungshilfe hier noch einmal die Pro- und Kontra-Argumente:

Pro

- **Verbreitung** – Die Kreditkarte ist in allen Altersklassen sehr verbreitet.
- **Vertrauen** – Für die Generation unter 30 mag der Onlineeinkauf mit PayPal selbstverständlich sein. Die wesentlich zahlungskräftigeren »Best Ager« vertrauen lieber der Kreditkarte.
- **Währungsübergreifend einsetzbar** – Sie verkaufen im Ausland und außerhalb des Euro-Raums? Mit der Zahlung per Kreditkarte hat sich die Währungsproblematik erledigt.
- **Geringeres Ausfallrisiko** – im Vergleich zu Lastschrift und Rechnung. Rechnungen werden nicht selten verbummelt, Lastschriften können leicht zurückgebucht werden.
- **Geringer Aufwand** – Sie müssen selbst keine Zahlungen veranlassen.
- **Hohe Sicherheit** – Bei der Zahlung der Kreditkarte können Sie sich sicher sein, dass das Geld auch auf Ihrem Konto ankommt.

Kontra

- **Gebühren** – Die Zahlung per Kreditkarte ist mit Gebühren verbunden, die gerade bei kleineren Transaktionen auf die Gewinnmarge drücken.
- **Aufwand** – Im Vergleich verlangt die Einrichtung der Zahlung per Kreditkarte für den Händler viel Vorarbeit.

5.4 Kauf auf Rechnung

Zwei unterschiedliche Abläufe sind für den Kauf auf Rechnung denkbar. Die erste Methode ist für Sie als Händler zwar komfortabel, aber heute nicht mehr zeitgemäß.

5.4.1 Überblick

Der Besteller schätzt es nicht, lange auf eine Sendung zu warten. Für den Kauf auf Vorkasse müssen Sie schon spezielle Gründe haben, die Sie Ihren Kunden auch mitteilen. Üblich ist die Bezahlung nach Erhalt der Ware. Die Rechnung wird dann per Mail verschickt oder liegt dem Paket bei.

1. **Geld zuerst** – Bei der Vorkasse erhält der Kunde seine Ware erst nach Überweisung des Rechnungsbetrags.
2. **Ware zuerst** – Der Kunde zahlt nach Erhalt der Ware.

5.4.2 Auf Käuferseite

Welche Voraussetzungen braucht der Kunde für den Kauf auf Rechnung? Keine. Zur Zahlung muss er nicht einmal über eine eigene Bankverbindung verfügen. Das Girokonto ist zwar üblich, aber zur Not kann das Geld auch am Bankschalter einbezahlt werden. Stellen Sie sich bei dieser »rustikalen« Zahlungsart auch auf Überraschungen ein: Bargeld im Briefkuvert.

5.4.3 Auf Händlerseite

Mit einem ganz gewöhnlichen Bankkonto erfüllen Sie als Händler schon alle Voraussetzungen, um Zahlungen per Rechnung empfangen zu können.

Sie müssen dafür nicht einmal Ihre Bank kontaktieren. Es kann aber gut sein, dass sich die Bank bei Ihnen meldet, sobald Sie mit einem privaten Konto eine gewisse Schwelle an Transaktionen überschreiten. Man wird Ihnen dann die Eröffnung eines Geschäftskontos nahelegen – zu höheren Gebühren.

5.4.4 Integration in WordPress

Ohne deutsches Zusatz-Plug-in finden Sie unter *WooCommerce/Einstellungen/Kasse* nur einen Link zur Eingabemaske *Überweisung*. Die Möglichkeiten zur Konfiguration sind dort allerdings sehr eingeschränkt. Komfortabler wird es mit der Ergänzung durch WooCommerce Germanized bzw. WooCommerce German Market. Nach Aktivierung der Rechnungsoption finden Sie unter *WooCommerce/Einstellungen/Kasse/Rechnung* detaillierte Einstellungsmöglichkeiten. Beim Einsatz von wpShopGermany ist die Pro-Lizenz Voraussetzung für die Option zum Rechnungskauf.

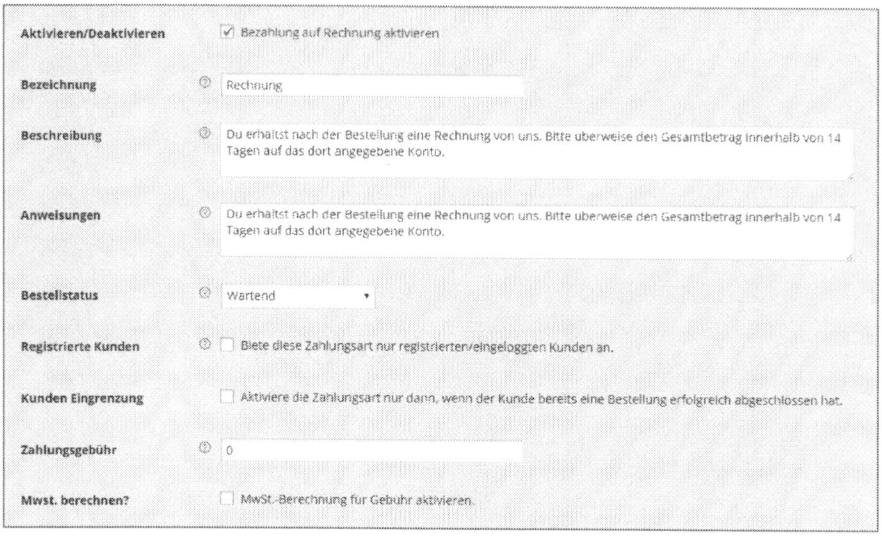

Bild 5.23: Das Plug-in WooCommerce Germanized erweitert WooCommerce mit Einstellungsmöglichkeiten für den Kauf auf Rechnung.

5.4.5 Tipps für die Zahlungsart Rechnung

Ob auf Papier, in einem PDF oder auf der Website – kommunizieren Sie Ihre Bankverbindung gut sichtbar. Machen Sie es dem Kunden so einfach wie möglich, der Zahlungsverpflichtung nachzukommen – und so schwer wie möglich, etwas durcheinanderzubringen. Achten Sie unbedingt auf die Darstellung der IBAN in Viererblöcken.

Beispiel für eine übersichtliche Lösung:

> »Überweisen Sie den Rechnungsbetrag an:
> Mustershop Online
> Musterbank
> **IBAN:** DE12 3456 7890 1234 5678 90
> **BIC:** ABCDEFGH
> **Verwendungszweck:** Ihre Rechnungsnummer«

Der BIC-Code ist für Überweisungen innerhalb Deutschlands nicht nötig. Lassen Sie ihn für Inlandskunden weg. Je weniger Buchstaben und Zahlen den Kunden verwirren, desto besser. Mit der 22-stelligen IBAN-Nummer hat er schon genug am Hals.

Zahlungsfrist setzen

Üblich ist eine Zahlungsfrist von 14 Tagen. Die beiden folgenden Formulierungen können Sie für Ihren Shop übernehmen:

- Text für die Informationsseite zu den Zahlungsmethoden:
  »Beim Kauf auf Rechnung haben Sie nach dem Erhalt der Ware 14 Tage Zeit. Sie bezahlen dann per Überweisung.«

- Text für die beiliegende Rechnung:
  »Wir bedanken uns für Ihre Bestellung. Bitte überweisen Sie den Betrag innerhalb von 14 Tagen auf unser Konto.«

5.4.6 Zahlungserinnerungen und Mahnungen

Gern stapeln sich Dinge auf dem Schreibtisch, die nicht sofort erledigt werden müssen, Rechnungen zum Beispiel. Wenn sie nicht bezahlt werden, kommt auf den Händler Arbeit zu. Konkret bedeutet das: Sie müssen Zahlungseingänge regelmäßig kontrollieren und an die säumigen Kunden Zahlungserinnerungen und Mahnungen verschicken. Legen Sie sich daher eine Strategie zu, um Zahlungsausfälle zu vermeiden – allerdings ohne selbst in rechtlich problematisches Fahrwasser geraten.

In § 286 Abs. 3 BGB heißt es:

> »Der Schuldner einer Entgeltforderung kommt spätestens in Verzug, wenn er nicht innerhalb von 30 Tagen nach Fälligkeit und Zugang einer Rechnung oder gleichwertigen Zahlungsaufstellung leistet; dies gilt gegenüber einem Schuldner, der Verbraucher ist, nur, wenn auf diese Folgen in der Rechnung oder Zahlungsaufstellung besonders hingewiesen worden ist.«

Im Klartext: Der Kunde (und Schuldner) hat zum Bezahlen nicht nur 30 Tage Zeit, er muss auch vor dem Einleiten rechtlicher Schritte auf sein Versäumnis hingewiesen werden. Kommen Sie also nicht gleich mit dem Holzhammer. Drängen Sie auch dann niemanden in eine bestimmte Ecke, wenn Ihnen innerlich der Kragen platzt. Erboste Kunden können einem Unternehmen einen schwer einschätzbaren Schaden zufügen, zum Beispiel durch Einträge in Foren, Blogs und Social-Media-Diensten.

Die Zahlungserinnerung

In den allermeisten Fällen genügt eine Zahlungserinnerung, um das Geld einzutreiben. Folgende Elemente sollten enthalten sein:

- Rechnungsdatum
- Rechnungsnummer
- Rechnungsbetrag und Ware
- eine neue Zahlungsfrist

Es kann natürlich sein, dass der Kunde die Sendung samt beiliegender Rechnung tatsächlich nicht erhalten hat. Verwenden Sie folgende Formulierung, um vorsichtig nachzufragen und ganz allgemein etwas den Druck aus dem Kessel zu nehmen:

»Die von Ihnen bestellte(n) Ware(n) wurde von uns am xx.xx.xxxx versendet. Leider ist bei uns bisher noch keine Zahlung eingegangen. Wir bitten Sie daher, den Rechnungsbetrag innerhalb der nächsten 14 Tage zu überweisen.«

Übernehmen Sie auch den folgenden Satz, um den Eiertanz zwischen Deeskalation und Nachdruck souverän zu meistern:

> »Falls Sie eine Frage zu Ihrer Rechnung haben, können Sie mich unter dieser Telefonnummer erreichen:
> 0123 456789
> Gerd Geldeintreiber«

Rechnungen werden in der Regel nicht unterschrieben. Bei Zahlungserinnerungen können Sie aber mit Ihrer Unterschrift etwas persönlicher werden.

Die außergerichtliche Mahnung

Wenn die Zahlungserinnerung nicht gefruchtet hat, dürfen Sie einen Gang hochschalten.

Ersetzen Sie das Wort Zahlungserinnerung durch Mahnung. Sie können Ihrem Schuldner auch an den entstandenen Materialkosten beteiligen. Üblich sind 2,50 Euro für Porto und Versand. Das ist zwar nur ein symbolischer Betrag, aber spätestens jetzt sollte der Kunde bemerkt haben, dass Sie ihn nicht vergessen haben und auf die Forderung bestehen.

Gerichtliches Mahnverfahren

Das Geld ist trotz der Erinnerung und/oder der außergerichtlichen Mahnung immer noch nicht da und die Frist von 30 Tagen längst überschritten? Dann ist der Schuldner in Verzug geraten, und Sie können ein gerichtliches Mahnverfahren einleiten. »Gerichtlich« klingt zwar nach schwerem Geschütz, aber in diesem Fall erheben Sie keine Anzeige, sondern bewegen sich noch auf halbwegs überschaubarem Terrain – auch bezüglich der Gerichtskosten. Kennzeichen des Mahnverfahrens:

- Sie benötigen keinen Anwalt und können alles in Eigenregie erledigen.
- Es gibt weder eine mündliche Verhandlung noch eine dicke Klageschrift.
- Sie schildern kurz den Sachverhalt, um einen gerichtlichen Mahnbescheid zu erhalten.

Wer ist am Gericht dafür zuständig? Um ein Mahnverfahren einzuleiten, müssen Sie nicht persönlich bei irgendeinem Amt aufkreuzen – dem Internet sei Dank.

Gerichtliches Onlinemahnverfahren

Für diverse Rechtsangelegenheiten existieren eigene Gerichte – und auch für Mahnungen. Sie sehen schon, die Mahnerei ist eine Wissenschaft für sich.

Anlaufstelle ist die Website www.mahngerichte.de/. Auf dieser gemeinsamen Plattform der Mahngerichte finden Sie:

- die wichtigsten Informationen zum Mahnverfahren sowie
- Formulare zum Ausfüllen und Abschicken.

Hat das Gericht Ihr Anliegen formal geprüft und nichts daran zu mäkeln, erhält der säumige Kunde einen amtlichen Brief. Absender sind dann nämlich nicht mehr Sie, sondern das Gericht. Die drei Reaktionsmöglichkeiten:

- Der Schuldner zahlt.
- Er legt innerhalb von 14 Tagen Widerspruch ein. Ihnen bleibt dann der Weg über eine Zivilklage.
- Er reagiert überhaupt nicht. Dann können Sie einen Vollstreckungsbescheid erwirken und mittels Gerichtsvollzieher durchsetzen.

Kosten und Nutzen abwägen

Entgangene Zahlungen sind zwar immer unerfreulich, aber trotzdem sollten Kosten und Nutzen vor dem Einleiten juristischer Schritte ganz nüchtern abgewogen werden. Ein gerichtliches Verfahren bringt Aufwand und Ärger mit sich. Bei kleineren Beträgen ist es manchmal klüger, auf die Forderung zu verzichten und zum Ausgleich auf einen Sandsack einzuhauen. Sie besitzen keinen Sandsack? Dann kicken Sie einen Eimer die Treppe hinunter. Sie glauben gar nicht, wie das entspannt.

Schließlich sind da auch noch die Mahnkosten. Im Erfolgsfall werden sie dem Schuldner aufgebrummt. In diesen Fällen bleibt der Gläubiger aber darauf sitzen:

- Die Forderung ist nicht berechtigt.
- Der Schuldner ist zahlungsunfähig.
- Der Gläubiger bricht das Verfahren aus eigenem Entschluss ab.

Letzte Möglichkeit: Inkassounternehmen

Inkassounternehmen bieten eine alternative Möglichkeit, das Geld säumiger Zahler zu erhalten. Technisch läuft das Verfahren so ab: Sie treten Ihre Forderung an eine Inkassofirma ab, die das Geld eintreibt und zur Kostendeckung zusätzliche Inkassogebühren erhebt. Weil das Inkassobüro im Gegensatz zum Gericht relativ schnell handelt, kommen Sie also fix zu Ihrem Geld, allerdings kostet das Verfahren Sympathiepunkte. Niemand freut sich, wenn er plötzlich Post von einem Inkassobüro erhält und dann auch noch zusätzliche Gebühren berappen soll. Setzen Sie den säumigen Zahler auf jeden Fall in Kenntnis, bevor Sie Ihnen »die Geldeintreiber auf den Hals hetzen«. Und gehen Sie davon aus, dass Sie diesen Kunden los sind.

> **Privatkunden und Geschäftskunden**
> Alle in diesem Kapitel aufgeführten Lösungen beziehen sich auf den Umgang mit säumigen Privatkunden. Zwischen Geschäftskunden ticken die Uhren etwas anders. Hier müssen Sie keine Zahlungserinnerung absenden, um 30 Tage nach Fälligkeit der Zahlung ein gerichtliches Mahnverfahren zu beginnen. Poltern Sie aber trotzdem nicht gleich los. Vielleicht lässt sich das Problem ja mit einem einfachen Anruf aus der Welt schaffen.

5.4.7 Pro und kontra Kauf auf Rechnung

Der Kauf auf Rechnung gehört zu den ganz klassischen Zahlungsarten, hat aber trotzdem in der Welt des Onlinehandels seinen Platz. Hier noch einmal eine kurze Übersicht der Vor- und Nachteile:

Pro
- Keine besonderen Voraussetzungen nötig.
- Es entstehen keine Transaktionskosten.
- Auf Händlerseite muss kein Buchungsvorgang veranlasst werden.
- Der Kunde kann das überwiesene Geld nicht einfach zurückbuchen lassen.

Kontra
- Der Kunde muss selbst aktiv werden, was er nach Erhalt der Ware ganz gern vergisst.
- Ohne Erinnerungsschreiben und Mahnungen geht es mit dieser Methode leider nicht.
- Beim Kauf auf Rechnung ist die Retourenquote hoch. Wenn der Kunde noch nicht bezahlt hat, muss auch keine Transaktion rückgängig gemacht werden.

5.5 Sonstige Zahlungsmethoden

Lange lag die deutsche Bankenwelt im Dornröschenschlaf, jetzt rekelt sie sich im Bett. Mit dem gemeinsamen Bezahldienst Paydirekt soll dem Konkurrenten PayPal Marktanteile abgejagt werden.

5.5.1 Paydirekt

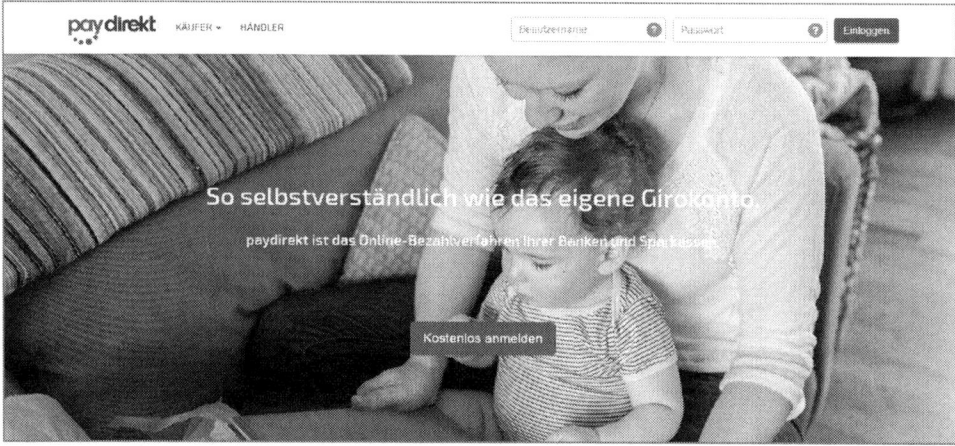

Bild 5.24: Als Alternative zu PayPal präsentieren die deutschen Banken und Sparkassen den Zahlungsdienst Paydirekt.

Ziel ist es, die deutschen Girokonten für das bequeme Onlineshopping verfügbar zu machen. Die Idee ist nicht schlecht, denn ein Girokonto hat fast jeder Haushalt. Und auf den ersten Blick klingen die Argumente von Paydirekt gar nicht schlecht:

- Paydirekt ist im Vergleich zu PayPal an höhere Sicherheitsstandards gebunden.
- Die Händler sind von der Bank authentifiziert.
- Die Kunden sind identifiziert und altersverifiziert.
- Einhaltung des Bundesdatenschutzgesetzes (BDSG) und hohe Standards bei der Verschlüsselung.
- Es besteht eine Zahlungsgarantie nach erfolgreicher Transaktion.
- Händler und Kunden haben einen persönlichen Ansprechpartner in der eigenen Bank.

Paydirekt oder PayPal?

Da stellt sich doch gleich die Frage, ob PayPal in Deutschland überhaupt noch gebraucht wird. Die Antwort: PayPal ist benutzerfreundlich, international ausgerichtet und trotz diverser Probleme technisch überlegen, beispielsweise für das Bezahlen per Smartphone. Ob der Herausforderer hier mithalten kann, bleibt abzuwarten. Bei der Gebührengestaltung erinnert Paydirekt derzeit noch an einen orientalischen Basar. Der Onlinehändler muss bei seiner Bank antanzen und dort persönlich um die Höhe seiner Abgaben feilschen. Klingt nach Krawatte anziehen und Bittstellerei betreiben. Nicht sehr sexy. Für die Ausbreitung von Paydirekt könnte das ein Stolperstein sein.

Was noch gegen Paydirekt spricht: Die Banken haben es wohl nicht nötig, ein kostenloses Plug-in für WooCommerce zur Verfügung zu stellen.

Als Lösung steht lediglich ein externes WooCommerce-Plug-in zu Verfügung. Die Kosten: stolze 172 Euro plus Steuern. Erhältlich ist es bei der Schweizer Firma Sellxed unter dieser Adresse:

https://www.sellxed.com/shop/de/wordpress-woocommerce-paydirekt-zahlungs-plugin.html

Und das Zusammenspiel mit wpShopGermany? Hier sind Lösungen weder verfügbar noch angekündigt. Ob das deutsche Shopsystem den hiesigen Banken überhaupt bekannt ist? Fazit für kleine Onlinehändler: noch abwarten, bis Paydirekt aus dem Bett gestiegen ist.

5.5.2 Sofortüberweisung

Angenommen, ein Kunde möchte eine MP3-Datei oder ein E-Book per Download erwerben oder eine Dienstleistung buchen. Diese Schritte wären bei der klassischen Überweisung damit verbunden:

1. Kunde kauft das Produkt.
2. Kunde veranlasst Überweisung.

3. Händler kontrolliert den Zahlungseingang.
4. Kunde erhält den Downloadlink.

Der Haken an diesem Ablauf: die Zeitverzögerung. Der Kunde will das Produkt natürlich sofort nach der Bezahlung erhalten.

Bild 5.25: Die Sofortüberweisung bietet eine interessante Alternative zur Vorkasse.

Prinzip der Sofortüberweisung

Bei der Sofortüberweisung übernimmt der Zahlungsdienstleister eine treuhänderische Aufgabe. Er veranlasst die Transaktion und teilt dem Empfänger sofort mit, dass sich das Geld auf dem Weg befindet. Die Kosten hat der Händler zu tragen, die Konditionen sind aber im Vergleich zu PayPal erheblich günstiger. Einmalig sind 39,90 Euro für die Teilnahme zu bezahlen. Danach werden fällig:

- Option A: pro Transaktion 0,9 % + 0,25 Euro
- Option B: pro Transaktion 0,8 % + 0,15 Euro plus 4,90 Euro monatlich

An das System angeschlossen sind 13 europäische Länder. Die Registrierung als Verkäufer können Sie auf dieser Website vornehmen:

https://www.sofort.com

Integration in WooCommerce

Ein spezielles Plug-in zeigt die Zahlung via Sofortüberweisung automatisch an. Es ist allerdings nicht im offiziellen Plug-in-Verzeichnis von WordPress erhältlich. Kaufen können Sie es bei diesen beiden Quellen:

www.woothemes.com/products/sofort-payment-gateway/

https://marketpress.de/product/woocommerce-sofort-ueberweisung/

Das Plug-in arbeitet bisher mit den Währungen EUR, GBP, PLN und CHF zusammen.

Mit der Registrierung auf *sofort.com* erhalten Sie einen Konfigurationsschlüssel, der im Plug-in hinterlegt werden muss.

Kritik an der Sofortüberweisung

In puncto Vertrauensvorschuss und Datenschutz verlangt die Sofortüberweisung dem Zahlungspflichtigen einiges ab. Immerhin muss er seine Zugangsdaten für das Onlinebanking einem externen Dienstleister zur Verfügung stellen. Bankgeheimnis geht anders. Der Dienstleister kann damit nicht nur die Zahlungstransaktion für den Onlineshop durchführen, er gewinnt auch Einsicht in den Kontostand, andere Transaktionen und erteilte Daueraufträge. Das ist zwar nicht direkt das Problem eines Händlers, aber Sie sollten wissen, welches Terrain damit beschritten wird.

5.6 Die Sicht des Kunden

König Kunde wählt seine Zahlungsart nach ganz speziellen Kriterien aus. Wichtig sind ihm Bequemlichkeit und Sicherheit, aber manchmal führt er auch etwas im Schilde.

5.6.1 Zahlungsart und Produkt

Die Bezahlung auf Rechnung bevorzugt, wer von vornherein eine Retoure einplant. Typische Waren sind Schuhe, Bekleidung und Accessoires. Ganz anders sieht die Situation bei Dienstleistungen aus. Die überwiegende Zahl der Kunden möchte eine Urlaubsfahrt nicht aus einer Laune heraus wieder stornieren.

5.6.2 Zahlungsart und Endgerät

Unproblematisch ist es, vom Desktop-PC aus eine Überweisung vorzunehmen. Ist die IBAN-Nummer nicht zur Hand? Kein Problem, denn die steht auf den Kontoauszügen, und davon fliegen immer welche auf dem Schreibtisch herum.

Die Shopper mit dem Smartphone, die mal eben in der Mittagspause etwas bestellen, bevorzugen dagegen modernere Methoden. Immer wichtiger werden Systeme, die dem Kunden diese Qualen abnehmen:

- IBAN eintippen
- Rechnungsadresse eintippen

5.6.3 Zahlungsart und Image

Mit jeder Zahlungsart ist auch ein gewisses Image verbunden. Die Möglichkeit zum Kauf auf Rechnung signalisiert ein hohes Vertrauen auf Händlerseite. PayPal steht hingegen für Geschwindigkeit und Modernität, nicht aber für Seriosität. Das Gleiche gilt für die Sofortüberweisung. Und die Kreditkartenzahlung?

Wie die Aufnahme in eine Händlerorganisation ist auch die Teilnahme am Kreditkartenverfahren mit einer Qualitätsprüfung verbunden. Der Kunde interessiert sich zwar nicht für die Einzelheiten einer solchen Prüfung, vermutet aber beim Anblick der Logos von Visa und Mastercard, dass Ihr Shop eine gewisse Größe und Professionalität erreicht hat.

5.7   Der richtige Mix

Bei den Zahlungsarten kommt es auf den richtigen Mix an. Die Kriterien:

1. Retouren vermeiden.
2. Keine Kunden verprellen.
3. Abbruchquote während des Bestellvorgangs minimieren.
4. Minimierung des Aufwands für den Händler.
5. Technische Sicherheit gewährleisten.
6. Rechtssicherheit gewährleisten.
7. Kosten einsparen.

5.7.1   Retouren vermeiden

Was dem Kunden nicht gefällt, braucht er nicht zu behalten. Alles, was er dazu tun muss: den Kaufvertrag widerrufen und die Ware zurücksenden. Rechtlich gibt es da nichts zu deuteln. Leider machen viele, zu viele, Onlinebesteller von dieser Möglichkeit Gebrauch. Für den Händler ist das sehr ärgerlich.

Die Folgen:
- Umsatzausfälle.
- Zusätzliche Verwaltungsarbeit bei der Rückabwicklung des Geschäfts.
- Zusätzliche Kosten für Porto und Verpackung.
- Die Ware kommt teilweise in einem schlechten Zustand zurück.
- Retouren kurbeln nicht gerade die Motivation an.

Hinzu kommen Auswirkungen, die die Allgemeinheit zu tragen hat. Die Umwelt freut sich nicht, wenn der Lieferwagen mehrmals hin- und herfahren muss, bevor der Kunde zufrieden ist. Und wenn die Kosten für Retouren steigen, zahlen letztlich alle Onlinebesteller in Form von höheren Preisen.

Was kann der Händler tun, um die Unsitte des »Probekaufens« einzudämmen? Dem Kunden die Retoure nicht zu einfach machen. Geradezu verführerisch ist der Kauf auf Rechnung. Weil mit dem Erhalt der Ware noch nichts bezahlt wurde, wägen nicht wenige Kunden vor der Zahlung ab:

- IBAN-Nummer herauskramen, ins Konto einloggen, Überweisungsdaten eintippen – oder schnell einen Widerruf zu schreiben und das Paket zurückzuschicken?

Fazit: Stellen Sie den Kauf auf Rechnung nicht in den Vordergrund.

5.7.2 Keinen Kunden verprellen

Finden Sie die beliebteste Zahlungsart Ihrer Zielgruppe heraus und nehmen Sie auf Eigenheiten Rücksicht. Jüngere und technisch affine Kunden zahlen problemlos mit PayPal, Best Ager und technisch weniger versierte Kunden bevorzugen den Kauf per Lastschrift, Rechnung oder Kreditkarte. Die Zielgruppe bestimmt die Zahlungsart.

5.7.3 Abbruchquote beim Bestellvorgang minimieren

Im stationären Handel kommt es eher selten vor, dass ein Kunde mit gefülltem Einkaufswagen zur Kasse geht, dann aber plötzlich umdreht und die Waren wieder in die Regale räumt. Die Gründe sind schnell genannt: Entweder hat er sein Geld vergessen, oder die Kassenschlange ist zu lang.

Im Onlinehandel sieht die Sache anders aus. Wenn der Kunde seine bevorzugte Zahlungsmethode nicht findet, bricht er den Bestellvorgang ab. Denken Sie hierbei an mobile Benutzer, die plötzlich vor der Herausforderung stehen, die 22-stellige IBAN einzutippen. Lösung für dieses Problem: PayPal Express.

5.7.4 Aufwand für den Händler minimieren

»Ich komme nicht dazu, das Loch im Zaun zu reparieren. Ich muss andauernd die Hühner wieder einfangen.« Der Spruch beschreibt einen typischen Anfängerfehler. Viele Shopbetreiber scheuen den Aufwand für das Einrichten moderner Zahlungsmethoden. Es bleiben der Kauf auf Rechnung und die Lastschrift ohne Einsatz eines Zahlungsdienstleisters übrig. Als Händler müssen Sie dann allerdings auch Mahnungen schreiben bzw. die Lastschriften über Ihren Bankaccount persönlich veranlassen. Denken Sie hier langfristig.

Wenn der Laden läuft, wächst der Aufwand für Routineaufgaben. Auf der Strecke bleiben die Produktpflege und das Marketing. Lassen Sie es nicht so weit kommen und bauen Sie die Zahlungsarten mit den wachsenden Umsätzen aus. Berücksichtigen Sie dabei aber die Anforderungen an die technische Sicherheit.

5.7.5 Technische Sicherheit

Arbeiten Sie sich am besten Schritt für Schritt durch die Materie – von den narrensicheren bis zu den anspruchsvollen Zahlungsmethoden. Aus technischer Perspektive am unproblematischsten ist die Zahlung per Rechnung, denn sensible Bankdaten werden dabei während des Zahlungsvorgangs gar nicht übertragen.

Haben Sie die ersten Waren auf Rechnung verkauft – und leider auch die ersten Mahnungen verschicken müssen? Dann legen Sie zahlungstechnisch eine Schippe drauf. Beantragen Sie bei der Deutschen Bundesbank eine Gläubiger-ID und bieten Sie nach Erhalt den Bankeinzug an. Was Sie jetzt allerdings zwingend benötigen, ist eine verschlüsselte Datenübertragung per SSL. Schließlich erhalten Sie nun die IBANs Ihrer Kunden, und die dürfen nicht in falsche Hände geraten.

Der IBAN-Einzug läuft? Dann sind Sie bereit für die Zusammenarbeit mit PayPal und anderen Zahlungsdienstleistern. Auch hier ist die Verschlüsselung natürlich Pflicht. Außerdem müssen Sie im Gegensatz zu den bisherigen Methoden die nötigen Schnittstellen in Ihr Shopsystem einbinden. Die gesammelten Daten müssen ja an die externen Dienstleister übertragen werden.

5.7.6 Rechtssicherheit

Onlinehändler sind dazu verpflichtet, mindestens eine ebenso kostenlose wie allgemein übliche Zahlungsart anzubieten. Bei einem Verstoß gegen diese Vorschrift verärgern Sie nicht nur die Kundschaft, sondern handeln sich im schlimmsten Fall eine Abmahnung ein. Vor dem Landgericht Frankfurt am Main (Az.: 2 06 O 458/14) klagte der Bundesverband der Verbraucherzentralen gegen einen Händler, der nur diese beiden Zahlungsarten angeboten hatte:

- Kostenlose Sofortüberweisung.
- Zahlung per Kreditkarte, verbunden mit einer Zahlungsgebühr von 12,90 Euro.

Das Gericht urteilte zugunsten der Verbraucherschützer. Die Begründung: Der Händler müsse mindestens eine »gängige und zumutbare unentgeltliche Zahlungsmöglichkeit« anbieten. Die Sofortüberweisung sei dabei keine gängige Zahlungsart, weil der Kunde hierfür diverse personenbezogene Daten an einen Dritten weitergeben müsse, zum Beispiel den Kontostand, die Höhe des Disporahmens und die Umsätze der letzten 30 Tage. Aus datenschutzrechtlichen Gründen sei dies problematisch.

> **Ist PayPal eine gängige Zahlungsmethode?**
> Auch wenn sehr viele Shops ausschließlich eine Zahlung per PayPal anbieten – so ganz klar ist es nicht, ob diese Methode zu den gängigen gehört. Bisher hat es dazu nämlich noch keine gerichtliche Entscheidung gegeben. Panik ist zwar nicht angebracht, falls Sie ganz auf PayPal setzen. Was aber in diesem Fall unklug wäre: eine Zahlungsgebühr verlangen.

5.7.7 Kosten einsparen

Keine zusätzlichen Kosten verursachen diese Zahlungsarten:

- Rechnung
- Lastschrift
- Barzahlung bei Abholung im Laden

Alle anderen Methoden drücken mehr oder weniger auf die Gewinnmarge, die Direktüberweisung etwas weniger als PayPal und die Kreditkarte. Testen Sie aus, mit welchem Mix Sie die Kosten bei überschaubarem Verwaltungsaufwand am besten im Rahmen halten können.

5.8 Zahlungsarten kommunizieren

Um der Kundschaft den Einkauf so einfach wie möglich zu machen, aber auch um sie ein bisschen bei der Hand zu nehmen, sollten die Zahlungsarten angemessen kommuniziert werden. Aber was heißt angemessen?

5.8.1 Textbausteine aus der Hölle

Jetzt wird es grausam. Mit den folgenden »Fremdsprachen« verderben Sie den Kunden das weitere Einkaufserlebnis und steigern die Abbruchquote.

Bankenchinesisch

Kunde liest: Bitte halten Sie Ihre 22-stellige IBAN und den BIC-Code bereit.

Kunde denkt: Ich hasse Zahlenreihen. Ich hasse Codes. Ich will mir das nicht merken müssen. Ich kenne ja nicht mal meine eigene Handynummer.

IT-Kauderwelsch

Kundin liest: Bitte nutzen Sie die Eingabemaske.

Kundin denkt: Maske? Ich habe schon die Gesichtsmaske probiert. Zehn Jahre jünger hat es geheißen. War teuer, hat gestunken und überhaupt nicht funktioniert. Nie wieder so ein Kram.

Juristendeutsch

Kunde liest: Sie haben die Berechtigung, aus den Zahlungsarten am Ende des Bestellvorgangs die Ihnen gemäße auszuwählen.

Kunde denkt: Ist das eine gerichtliche Vorladung? Hat irgendwer in der Familie was angestellt? Wie schmuggelt man eine Feile in eine Gefängniszelle?

5.8.2 Mustertexte

Besser sind unkomplizierte und freundliche Sätze, die die Bequemlichkeit und Sicherheit der Zahlung unterstreichen. Übernehmen Sie diese in der Praxis getesteten Formulierungen für Ihren Onlineshop:

Zahlung per PayPal

Sie werden von unserem Shop direkt zu PayPal weitergeleitet. Mit einem Klick auf den Zahlungsbutton ist die Bestellung auch schon abgeschlossen.

Bequem per Rechnung bezahlen

Bei dieser Zahlungsart finden Sie eine Ihrem Paket beiliegende Rechnung. Bitte begleichen Sie diese innerhalb von 14 Tagen nach Erhalt der Ware.

Zahlung per SEPA-Lastschrift

Tragen Sie Ihre Bankverbindung am Ende des Bestellvorgangs ein. Die Daten werden mit sicherer SSL-Verbindung übertragen.

Zahlung per Kreditkarte

Zahlen Sie bequem mit Ihrer Visa- oder Mastercard. Benötigt werden hierfür nur Ihre Kreditkartennummer, die Prüfnummer (auf der Rückseite im Unterschriftenfeld) und die Gültigkeitsdauer.

5.9 Der Versand

5.9.1 Verpackungsverordnung und Duales System

Wenn Sie ausschließlich Downloadwaren und Produkte per Brief versenden, dürfen Sie dieses Kapitel überspringen. Ansonsten gilt für Sie die Verpackungsverordnung. Deren Sinn und Zweck:

- Überflüssige Verpackungen vermeiden.
- Notwendige Verpackungen der Wiederverwertung zuführen.

Die Verordnung unterscheidet eine Fülle unterschiedlicher Arten von Verpackungen. Für Sie sind vor allem die Transportverpackungen relevant.

Onlinehändler sind dazu verpflichtet, die von ihnen in den Verkehr gebrachten Verpackungen bei einem Partner des Dualen Systems zu lizenzieren. Geeignete Anbieter finden Sie zum Beispiel hier:

- *www.eko-punkt.de*
- *www.gruener-punkt.de*
- *shop.landbell.de*
- *www.veolia.de*

Was des Guten zu viel wäre: eine bereits vom Hersteller lizenzierte Verpackung ein zweites Mal zu lizenzieren. Sie sind nur für diejenigen Verpackungen verantwortlich, die durch Ihre Unternehmen neu in die Lieferkette eingebracht werden.

> **Das Duale System**
> Dual heißt das System, weil der Industrie und dem Handel zwei Arten von Recycling-Anbietern zur Verfügung stehen: öffentliche und privatwirtschaftliche.

5.9.2 Paketversand

Standard ist immer noch der ganz normale Versand über die Post oder einen Paketdienst. Geliefert wird zur Haustür des Kunden oder auch zu einer Annahmestelle.

Sicherheitstipps

Darauf müssen Sie beim Versand achten:

- **Größe des Versandpakets** – Ist das Paket zu klein, könnte die Ware beschädigt werden, ist es groß, fühlt sich der Kunde veräppelt. Es sieht dann so aus, als ob Sie mit Mogelpackungen arbeiten oder die vom Kunden abgedrückten Versandgebühren zum Fenster hinauswerfen.
- **Transportsicherheit** – Verwenden Sie einen ausreichend stabilen Karton, um Transportschäden zu vermeiden. Sichern Sie die Ware mit Luftpolsterfolie und verwenden Sie weiteres Polstermaterial, um Hohlräume zu vermeiden.
- **Paket zukleben** – Nicht geeignet sind Schnüre oder einfache Klebestreifen. Verwenden Sie geeignetes Packband.

Pakete tracken

Der Kunde freut sich, wenn er bei der Ankunft des Paktes auch zu Hause ist. Mithilfe eines Plug-ins, zum Beispiel *Aftership WooCommerce Tracking*, können Sie die Übermittlung von Tracking-Codes an Ihre Kundschaft automatisieren.

Bild 5.26: Das Plug-in *Aftership – WooCommerce Tracking* automatisiert die Übermittlung von Tracking-Codes.

Mit Versandbelegen Lieferungen nachweisen

Bei Streitigkeiten spielen Versandbelege eine große Rolle. Sie als Händler und Zahlungsempfänger müssen im Zweifelsfall nachweisen, dass die Ware auch verschickt wurde. Wesentliche Elemente eines Versandbelegs:

- Name des Versandunternehmens
- Versanddatum
- Name und Adresse von Sender (Verkäufer) und Empfänger

PayPal hat eine »nicht abschließende« Liste von Versandunternehmen veröffentlicht, deren Belege gewisse Mindeststandards erfüllen:

- Deutsche Post AG/DHL
- DPD
- FedEx
- GLS
- Hermes
- TNT
- UPS

Beim Versand mit der Post können Sie den Versand nicht in jedem Fall belegen, Briefe und Maxibriefe werden schließlich ohne Nachweis verschickt. Sie können natürlich zur Methode des Einschreibens greifen, die ist aber mit zusätzlichen Gebühren verbunden und nicht unbedingt ein Vertrauensbeweis gegenüber Ihrer Kundschaft.

In der Startphase Ihres Shops können Sie zu dieser unkomplizierten Methode greifen, um Kosten zu sparen und »etwas in der Hand zu haben«: Geben Sie Ihre Sendungen einzeln am Postschalter ab und lassen Sie sich eine Quittung ausstellen. Auf der Rückseite notieren Sie sich die wesentlichen Bestelldaten. Juristisch wasserdicht ist diese Lösung zwar nicht, aber sie hilft in den meisten Fällen bei der Aufklärung von Versandproblemen.

5.9.3 Bücher versenden

Zum Versand von Büchern haben Sie zwei Möglichkeiten:

1. Sie versenden das Buch wie jede andere Ware in einem Kuvert, Päckchen oder Paket mit der Deutschen Post oder einem anderen Dienstleister.
2. Sie nehmen einen speziellen Service der Deutschen Post in Anspruch: die Büchersendung.

Das Spezialangebot der Büchersendung

Die billige Büchersendung stammt aus einer Zeit, als es nur einen einzigen und staatlichen Zustelldienst gab: die gute alte Deutsche Bundespost. Büchersendungen sollten nicht so viel kosten, auch damit einkommensschwache Bürger nicht vom Kulturgut Buch ausgeschlossen wurden.

Nun haben sich die Rahmenbedingungen zwar geändert, aber das Überbleibsel Büchersendung existiert noch. Die Kennzeichen:

- Sie sparen etwa 30 % Portokosten.
- Sie dürfen die Umschläge nicht zukleben.
- Das Wort »Büchersendung« muss groß und breit auf dem Kuvert zu lesen sein.
- Es dürfen sich nur ganz bestimmte Dinge innerhalb des Kuverts einer Büchersendung befinden.

Risiken und Nebenwirkungen

Machen Sie mal ein Experiment. Gehen Sie an einen Postschalter, stellen Sie sich in die lange Schlange und sagen Sie dann vorne diesen Spruch:

»Ich hätte gern 200 Briefmarken zu 1,00 Euro für Büchersendungen.« Der Postmann hinter dem Schalter wird zuerst mit der Stirn runzeln und dann bei seinen Kollegen nachfragen, ob so viele Marken für 1,00 Euro überhaupt vorrätig seien. Die Büchersendung ist nämlich völlig aus der Mode, und die Post bewirbt sie auch nicht. Mit diesen Problemen müssen Sie rechnen:

- Die Zustellung dauert ein bis zwei Tage länger.
- Eine Büchersendung geht eher verloren als ein Brief.
- Der Inhalt kann leicht aus dem Kuvert rutschen.

Ach ja, und das Briefgeheimnis gilt bei Büchersendungen auch nicht. Die Kuverts dürfen nicht verschlossen werden, damit die Post den Inhalt kontrollieren kann. Da stellt sich natürlich die Frage, für welche Einsatzgebiete diese Versandart überhaupt geeignet ist. Diese Kriterien sollten erfüllt sein:

- Sie verschicken sehr viele Exemplare des gleichen Buchs.
- Die versendeten Bücher sind weder edel noch teuer. Es handelt sich um Massenware, die sich im Problemfall noch einmal nachschicken lässt.
- Ihre Kundschaft verzeiht Ihnen einen Versandfehler.

Typisches Einsatzgebiet: Ein Verein verkauft in seinem Onlineshop einen Jahresbericht für 9,99 Euro plus 3 Euro Versandgebühr an seine Mitglieder. In der Regel werden 5.000 Exemplare verkauft. Hier lassen sich mit dem Preisvorteil der Büchersendung die Portokosten spürbar drücken.

Was Sie tun müssen

- Einen dicken Stempel »Büchersendung« kaufen und damit alle Kuverts abstempeln.
- Die Bücher und die Rechnung ins Kuvert legen – aber keine Beilagen oder individuelle Anschreiben.

Die genauen Regelungen zur Büchersendung finden Sie hier:

https://www.deutschepost.de/de/b/buechersendung_national.html

Probelauf ist Pflicht

Ein schwerer Fehler wäre es, gleich auf die Schnelle und ohne Erfahrung 1.000 Büchersendungen loszuschicken. Gehen Sie nach dieser Methode vor:

1. Packen Sie einige Bücher in Kuverts.
2. Schenken Sie Sekt im Büro aus.
3. Werfen Sie ein bisschen mit den Büchersendungen herum.

Ja, das ist respektlos gegenüber der Ware. Aber erstens verbessern Sie damit das Betriebsklima, und zweitens lässt sich so ganz praktisch prüfen, ob die unverschlossenen

Umschläge halten. Falls Bücher herausrutschen, müssen Sie nämlich mit anderen Kuverts experimentieren. Auf der sicheren Seite sind Sie mit dem Einsatz von Musterklammern.

5.9.4 Versand per Nachnahme

Der Versand per Nachnahme ist heute nicht mehr besonders populär. Bei dieser Mischung aus Lieferservice und Zahlungsart treibt der Zusteller mit der Abgabe der Ware auch das Geld für Sie ein. Verwenden Sie diese Methode nur in Ausnahmefällen.

5.9.5 Abholung im Laden

Wenn Sie auf zwei Beinen stehen und neben dem Onlineshop auch einen stationären Laden betreiben, sollten Sie diesen Trumpf auch beim Versand ausspielen. Bieten Sie die Abholung im Laden an.

Die Vorteile:

- Sie sparen sich Aufwand und Kosten.
- Möglicherweise kauft der Kunde bei dieser Gelegenheit noch ganz spontan etwas dazu.

Achten Sie in diesem Fall darauf, dass die Abholadresse und die Öffnungszeiten ausreichend kommuniziert werden.

Standort in Google Maps anzeigen lassen

Mit der Einbindung von Google Maps bieten Sie Ihren Kunden eine Navigationshilfe. Beachten Sie dabei aber die rechtlichen Vorgaben. Sie dürfen diesen Dienst auf Ihrer Webseite nur über einen Code einbetten. Ausdrücklich verboten ist es, einen Ausschnitt anzufertigen und als starres Bild einzusetzen.

Vorsicht ist auch bei allen anderen Arten von Stadtplänen geboten. Sie dürfen sich weder bei einem gedruckten noch einem elektronischen Plan ohne Genehmigung bedienen. Es bleibt Ihnen nur der Weg, selbst einen Ausschnitt zu entwerfen bzw. von einem Grafiker anfertigen zu lassen. Begeben Sie sich hier nicht auf unsicheres Terrain, Stadtpläne auf Webseiten sind ein häufiger Grund für Abmahnungen.

Checkliste Zahlung und Versand

- Zahlungsmethoden ausgewählt.
- Technische Sicherheit gewährleistet.
- Mindestens eine kostenlose geläufige Zahlungsart.
- Zahlungsarten in WordPress aktiviert.

- Texte für Versandseite erstellt.
- Gläubiger-ID von Deutscher Bundesbank erhalten.
- Hausbank hat Lastschrifteinzug freigeschaltet.
- Geschäftskonto bei PayPal angelegt.
- Sandbox-Accounts für Käufer und Verkäufer angelegt.
- Transaktionen im Sandbox-Modus getestet.
- Optional: PayPal Plus.
- Optional: PayPal Express.
- Erinnerungs- und Mahnsystem aufgesetzt.
- Verpackung bei Partner des Dualen Systems lizenziert.
- Paketversender ausgewählt.

6 WooCommerce

6.1	**WordPress und WooCommerce**	**190**
6.1.1	Mindestanforderungen an den Server	190
6.1.2	Installation und Aktivierung	191
6.2	**Grundeinstellungen vornehmen**	**192**
6.2.1	Seiten einrichten	193
6.2.2	Shop-Standorteinstellungen	194
6.2.3	Versand und Steuer einrichten	195
6.2.4	Zahlungsmethoden	197
6.2.5	Grundkonfiguration abschließen	197
6.3	**Integration im Backend**	**198**
6.3.1	Neue Seiten	199
6.3.2	Neue Menüpunkte	199
6.4	**Demoprodukte installieren**	**200**
6.4.1	Dummy Data installieren	201
6.4.2	Überblick im Backend	204
6.4.3	Der Shop als Startseite	206
6.4.4	Überblick im Frontend	208
6.5	**WooCommerce einstellen**	**208**
6.5.1	Allgemein	209
6.5.2	Produkte	210
6.5.3	Mehrwertsteuer	212
6.5.4	Kasse	215
6.5.5	Versand	217
6.5.6	Kundenkonten	223
6.5.7	E-Mails	226
6.5.8	API-Schnittstelle	233
6.6	**Produkte einstellen**	**233**
6.6.1	Produkt hinzufügen	233
6.6.2	Produktkategorien	235
6.6.3	Produktschlagwörter	236
6.6.4	Produktbilder und Produktgalerie	236
6.6.5	Produktdaten	238
6.7	**Variable Produkte einstellen**	**244**
6.7.1	Eigenschaften anlegen	245

6.7.2	Eigenschaften befüllen	247
6.7.3	Weitere Eigenschaft erstellen und befüllen	248
6.7.4	Variables Produkt anlegen	249
6.7.5	Im Eigenschaften-Tab Variablen freigeben	250
6.7.6	Varianten erstellen	252
6.7.7	Varianten aufklappen	253
6.7.8	Preise für Varianten zuweisen	253
6.7.9	Kontrolle im Frontend	254
6.8	**Produktbundles und externe Produkte**	**254**
6.8.1	Gruppierte Produkte	254
6.8.2	Externe und Affiliate-Produkte	256
6.9	**Gutscheine einsetzen**	**257**
6.9.1	Gutscheine erstellen	257
6.9.2	Darstellung und Berechnung	259
6.10	**Bestellungen abwickeln**	**260**
6.10.1	Die Bestellverwaltung	261
6.10.2	Einzelne Bestellung	261
6.10.3	Der Bestellstatus	262
6.10.4	Bestellungen kontrollieren und editieren	263

Checkliste WooCommerce 264

Das Plug-in WooCommerce hat WordPress als Shopsystem zum Durchbruch verholfen. Mithilfe der hier vorgestellten Begriffe klappt die Einarbeitung in kurzer Zeit.

- **Checkout-Page** – Die Kassenseite, hier schließt der Kunde die Bestellung ab.
- **Dummy Data** – Demonstrationsmaterial zum Einlernen in WooCommerce.
- **Extension** – Eine Erweiterung zu WooCommerce.
- **Gruppiertes Produkt** – Ein Bundle aus mehreren Produkten.
- **Produkt** – Einerseits eine Ware oder Dienstleistung, andererseits auch ein neues Element in WordPress. Ohne WooCommerce kennt WordPress nur Beiträge und Seiten, mit WooCommerce Beiträge, Seiten und Produkte.
- **Produktbild** – Das Hauptbild zu einer Ware oder Dienstleistung. Weitere Bilder finden in der Produktgalerie Platz.
- **Produktdaten** – Artikelnummer, Preis, Lagerbestand, Versandklasse und andere Dinge, die ein Händler für jedes einzelne Produkt in WooCommerce festlegt. Produktdaten sind wichtig für den Verkauf, den Versand und die Lagerverwaltung.
- **Variables Produkt** – Eine Ware, für die ein Kunde bestimmte Varianten auswählen kann. Typisch sind unterschiedliche Größen und Farben. Eine einzelne Farbe oder Größe wird im Zusammenhang mit variablen Produkten auch als Wert bezeichnet.
- **Versandzone** – Ein Gebiet, für das Versandkosten festgelegt werden, zum Beispiel: Innerhalb der Versandzone Deutschland gilt eine Versandkostenpauschale von 3,00 Euro.

6.1 WordPress und WooCommerce

Mit über einer Million Installationen ist WooCommerce das erfolgreichste Shoptool, und das nicht nur innerhalb des WordPress-Universums.

Auf der Seite *trends.builtwith.com/shop* finden Sie eine Statistik zur Verbreitung aller Onlineshopsysteme. Klicken Sie dort mal hin. Bei den ganz großen Playern dominieren andere, wartungsintensive Systeme. Die Betreiber der kleinen und mittleren Onlineshops setzen dagegen auf die Kombination von WordPress und WooCommerce.

6.1.1 Mindestanforderungen an den Server

Damit WooCommerce ins Rampenlicht treten kann, müssen WordPress und der Server bestimmte Voraussetzungen erfüllen. Der Hersteller nennt diese Mindestanforderungen für die Version 2.6:

- WordPress 4.4 oder höher.
- PHP-Version 5.2.4 oder höher.
- MySQL-Version 5.0 oder höher.

- *Mod Rewrite* aktiviert.
- Einige Zahlungsarten benötigen die Unterstützung der PHP-Funktion `fsockopen`.
- Einige Extensions benötigen die Module cURL und SOAP.

Die genannten Anforderungen sind heute für jeden mittleren bis gehobenen Webspace selbstverständlich. Natürlich sollte der Server auch SSL-tauglich sein. Wenn nicht sofort, dann doch in absehbarer Zeit werden Sie moderne Zahlungsmethoden verwenden, und da ist Verschlüsselung Pflicht. Aus Sicherheitsgründen funktionieren manche Zahlungs-Plug-ins auch gar nicht mehr auf unverschlüsselten Systemen.

Generell empfiehlt es sich, immer die neueste WordPress-Version einzusetzen und bei der Auswahl von Webspace nicht auf den Cent zu achten. Etwas Spielraum zu den Mindestanforderungen sollte schon drin sein. Schließlich werden sowohl WordPress wie auch WooCommerce immer wieder aktualisiert, und mit jeder neuen Version steigen die Anforderungen.

6.1.2 Installation und Aktivierung

Erfreulicherweise müssen Sie das Backend für die Installation von WooCommerce nicht verlassen. Die Prozedur verläuft unaufgeregt wie bei allen kostenlosen Plug-ins – schon fast zu profan für eine Ladeneröffnung. Sie lieben Grundsteinlegungen und Richtfeste? Dann gießen Sie sich noch ein Gläschen Sekt ein, bevor es losgeht.

1. Gehen Sie auf *Plugins/Installieren*. Die Schaltfläche *Plugin hochladen* dürfen Sie ignorieren.

2. Geben Sie »woocommerce« in das Suchfeld rechts oben ein und drücken Sie die `Enter`-Taste.

Bild 6.1: In die Plug-in-Suche wurde »woocommerce« eingegeben.

3. WooCommerce wird nun im Backend angezeigt. Unten rechts können Sie noch einmal kontrollieren, ob das aktuelle WooCommerce mit Ihrer WordPress-Version kompatibel ist. Unten links sehen Sie die durchschnittliche Bewertung. Über eine Million Installationen sind aktiv. Abgestimmt haben über 1.600 Anwender. Mit einer Wertung von 4,5 Sternen spielt das Plug-in in der Oberklasse.

4. Jetzt wird WooCommerce installiert und aktiviert. Mit dem Klick auf den Installationsbutton zapft WordPress das offizielle Plug-in-Verzeichnis an. Nach der Installation klicken Sie unten auf *Aktiviere dieses Plug-in*.

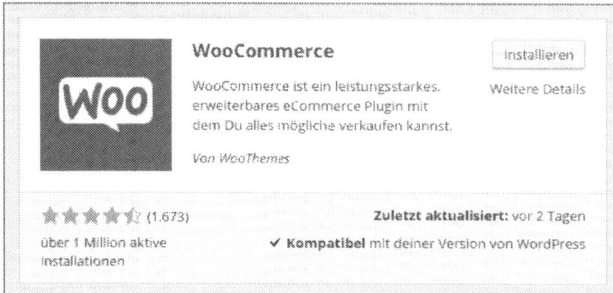

Bild 6.2: WordPress hat grünes Licht gegeben. WooCommerce ist kompatibel und kann installiert werden.

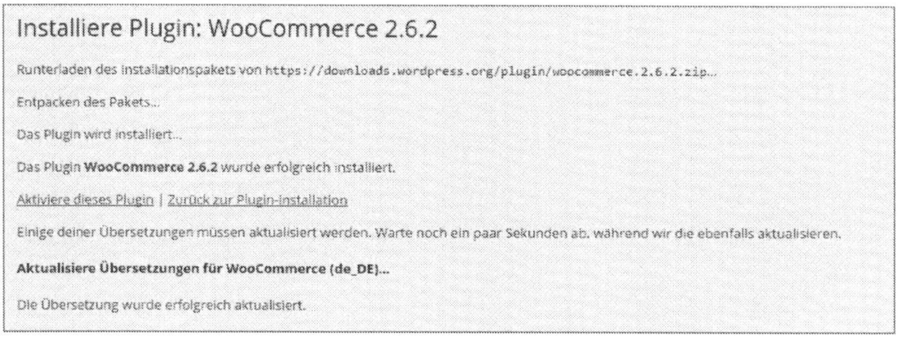

```
Installiere Plugin: WooCommerce 2.6.2

Runterladen des Installationspakets von https://downloads.wordpress.org/plugin/woocommerce.2.6.2.zip...
Entpacken des Pakets...
Das Plugin wird installiert...
Das Plugin WooCommerce 2.6.2 wurde erfolgreich installiert.
Aktiviere dieses Plugin | Zurück zur Plugin-Installation
Einige deiner Übersetzungen müssen aktualisiert werden. Warte noch ein paar Sekunden ab, während wir die ebenfalls aktualisieren.
Aktualisiere Übersetzungen für WooCommerce (de_DE)...
Die Übersetzung wurde erfolgreich aktualisiert.
```

Bild 6.3: WooCommerce wurde installiert und ist bereit für die Aktivierung.

6.2   Grundeinstellungen vornehmen

Gleich nach der Aktivierung startet WooCommerce einen Assistenten. Nehmen Sie den Herrn auf jeden Fall in Anspruch, denn er nimmt Sie nicht nur für die Grundeinstellungen bei der Hand, er bietet Ihnen auch einen kurzen, aber lehrreichen Rundflug über das beste Shopsystem der Welt. Anschnallen bitte.

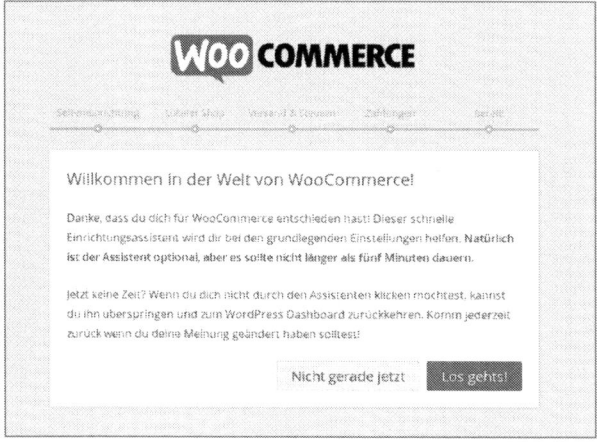

Bild 6.4: Der Willkommensbildschirm von WooCommerce.

Der Startbildschirm des Einrichtungsassistenten verspricht eine Grundkonfiguration in fünf Minuten. Wie, Sie kennen das irgendwoher, nämlich von der legendären »Fünf-Minuten-Installation« von WordPress? Und da hat es dann doch länger gedauert? Versprochen: Diesmal wird nicht geflunkert, die wichtigsten Werte lassen sich mit dem Assistenten tatsächlich in fünf Minuten eintragen. Klicken Sie auf *Los gehts!*.

> **WooCommerce spricht Deutsch**
> Nach dem Erscheinen einer neuen WooCommerce-Version dauert es immer eine gewisse Zeit, bis die deutsche Übersetzung fertig ist. Falls Ihr Einrichtungsassistent noch nicht Deutsch spricht: Achten Sie auf dem Startbildschirm des Assistenten auf den gegebenenfalls eingeblendeten Link *Install Translation* und aktivieren Sie dann die Übersetzung.
> Möglicherweise wird danach ein deutsch-englisches Kauderwelsch geladen, machen Sie sich darüber aber keine Gedanken. Wichtiger ist, dass gleich die richtigen Währungen, Steuersätze, Maße und Gewichte eingetragen werden. Mit dem nächsten kleinen Update von WooCommerce spricht Ihr Shop dann richtiges Deutsch.

6.2.1 Seiten einrichten

Im ersten Schritt legt der Einrichtungsassistent von WooCommerce diese vier neuen Seiten an:

- *Shop* – Die Startseite des Shops. Sie lässt sich später unter *Einstellungen/Lesen* auch als generelle Startseite der Internetpräsenz einstellen.

- *Warenkorb* – Was der Kunde auswählt, landet zunächst im Warenkorb.

- *Kasse* – Auf der Kassenseite (auch Checkout-Page genannt) wird der Bezahlvorgang durchgeführt.

- *Mein Konto* – Diese Funktion ist besonders für Stammkunden interessant. Registrierte Kunden können hier nicht nur ihre Daten hinterlegen und damit den Einkauf beschleunigen, sondern auch die letzten Bestellungen einsehen.

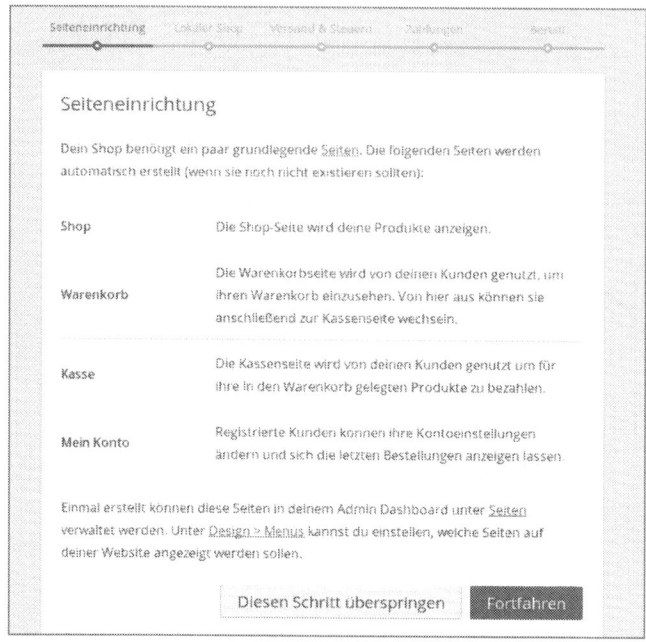

Bild 6.5: WooCommerce legt vier neue Seiten an.

Menü nachbearbeiten

Zugänglich werden die vier neuen Seiten über das Hauptmenü. Weil WooCommerce die Menüpunkte nur alphabetisch platziert, sollten Sie sie nach Beendigung des Einrichtungsassistenten neu ordnen. Die Menüverwaltung erreichen via *Design/Menüs*.

6.2.2 Shop-Standorteinstellungen

Auf dem nächsten Bildschirm erkundigt sich der Assistent nach dem Standort Ihres Onlineshops. Es kann hier aber keine Adresse, sondern nur ein Land eingegeben werden. Wählen Sie Ihr Land je nach Wohn- bzw. Firmensitz aus. WooCommerce ordnet dann die passenden Einheiten zu. Für Deutschland:

- Währung: *Euro (€)*
- Gewicht: *kg*
- Abmessung: *cm*

Bild 6.6: WooCommerce fragt den Standort des Shops ab.

Standardgrößen ändern

Sie verkaufen Schokolade? Diese Ware wird aber von den meisten Menschen weder kiloweise eingekauft noch verzehrt. Kein Problem, über die kleinen Dreiecke rechts lassen sich die Größeneinheiten ändern. Ein Klick genügt, und Sie bringen die Kilos mühelos weg.

6.2.3 Versand und Steuer einrichten

Im Fenster *Versand & Steuer Einrichtung* befinden sich zwei Checkboxen. Die obere betrifft den Versand. Für einen reinen Downloadshop lassen Sie sie deaktiviert. Falls Sie Waren zum Anfassen im Sortiment haben, setzen Sie einen Haken bei *Ja, ich werde physikalische Produkte an Kunden verschicken*. Keine Sorge, mit »physikalisch« sind nicht nur Teleskope und Geigerzähler gemeint, sondern auch Kleidung, Lebensmittel und Geschenke. Alles, was sich einpacken und verschicken lässt.

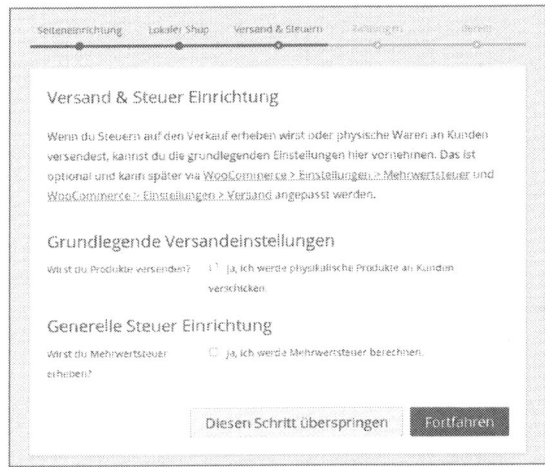

Bild 6.7: Hier lassen sich grundlegende Einstellungen zu Versand und Steuern vornehmen. Für den Betrieb eines reinen Downloadshops kann die erste Checkbox deaktiviert werden.

Versandgebühren

Beim Versand können Sie wählen, ob die Gebühr *pro Bestellung* und/oder *pro Posten* erhoben wird. Kundenfreundlicher ist die Gebühr pro Bestellung, und letztendlich ist diese Einstellung auch für den Händler die bessere Lösung.

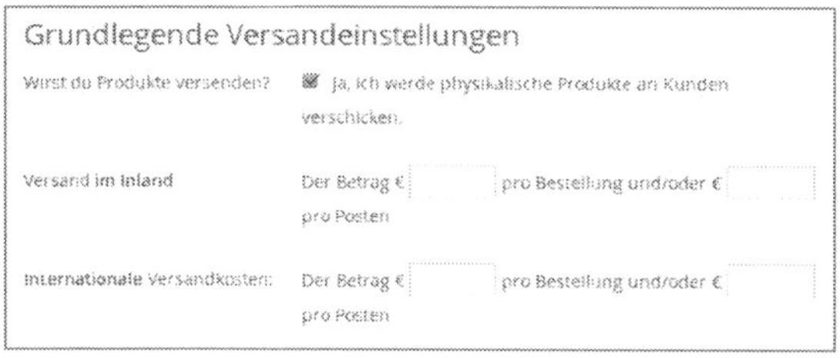

Bild 6.8: Versandgebühren können *pro Bestellung* und/oder *pro Posten* erhoben werden.

Kompliziert ist nämlich das deutsche Widerrufsrecht bei Bestellungen, die in mehreren Lieferungen zum Kunden kommen. Leider haben Sie neben 99 zufriedenen Kunden auch immer einen »Streithansel« dabei, der gern Spitzfindigkeiten für sich reklamiert und Ihnen aus der komplexen Gesetzeslage einen Strick drehen könnte. Bieten Sie hierfür möglichst wenig Angriffsfläche.

Zur Gebührenhöhe: Für Inlandsbestellungen haben sich 3,00 Euro als Untergrenze etabliert. Das gilt auch für Waren, die mit einem geringeren Porto verschickt werden. Mit einem Unterschreiten der Grenze erzielen Sie kaum Effekte. Eine Alternative wäre, auf die Versandgebühren ganz zu verzichten.

Tragen Sie 3,00 Euro ein, die Einstellungen können Sie später jederzeit wieder ändern, und zwar via *WooCommerce/Einstellungen/Versand*.

Steuern

Nach deutscher Rechtslage müssen Sie je nach Produkt 19 % oder 7 % Mehrwertsteuer erheben und an den Fiskus abführen. Eine Ausnahme besteht für Kleinunternehmer. Um die Steuern zu sparen, müssen Sie allerdings dazu berechtigt sein und ausdrücklich auf die Kleinunternehmerregelung hinweisen, Ansprechpartner ist das Finanzamt.

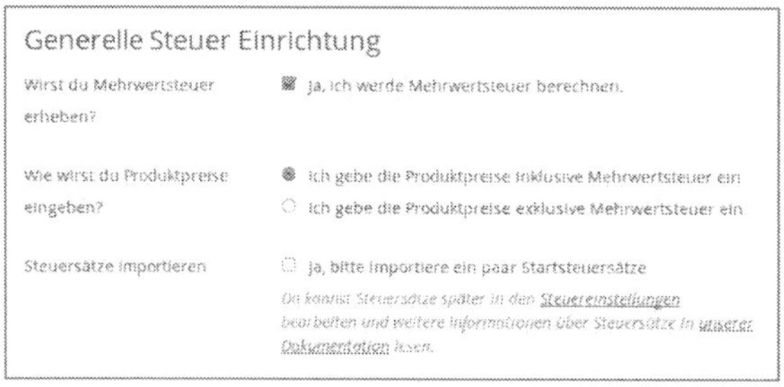

Bild 6.9: Die generelle Steuereinrichtung in WooCommerce.

In WooCommerce selbst ist die rechtskonforme Umsetzung der Kleinunternehmerregelung nur über Eingriffe in den Quellcode möglich. Eine bequeme Alternative bieten die Plug-ins WooCommerce Germanized und WooCommerce German Market. Tragen

Sie in WooCommerce selbst den Standardsteuersatz von 19 % ein, sämtliche Steuersätze lassen sich später über *WooCommerce/Einstellungen/Mehrwertsteuer* noch ändern.

6.2.4 Zahlungsmethoden

Wenn Sie ein Geschäftskonto bei PayPal besitzen, können Sie oben Ihre entsprechende E-Mail-Adresse eingeben. Unten besteht die Möglichkeit, verschiedene *Offline-Zahlungen* zu aktivieren.

Bild 6.10: PayPal ist als Zahlungsart schon integriert.

Tipp: Setzen Sie für den Probebetrieb Ihres Shops eine Haken bei *Per Nachnahme aktivieren*. Sie können dann sehr schnell einige Testbestellungen durchführen, ohne mit echten Zahlungssystemen in Berührung zu kommen. Die Bezahlungsarten *Scheck* und *Banküberweisung (BACS)* können Sie komplett ignorieren, sie spielen in Deutschland fast keine Rolle. Über *WooCommerce/Einstellungen/Kasse* lassen sich später sämtliche in das System integrierte Zahlungsarten aktivieren, deaktivieren und konfigurieren.

6.2.5 Grundkonfiguration abschließen

Nach Angabe der Zahlungsarten meldet WooCommerce euphorisch *Dein Geschäft ist bereit!*. Sagen wir es so: Die Regale sind montiert, und die Kassentheke macht einen soliden Eindruck. Vor dem Einstellen der Waren sollten Sie aber noch einmal einen Blick auf WordPress selbst werfen.

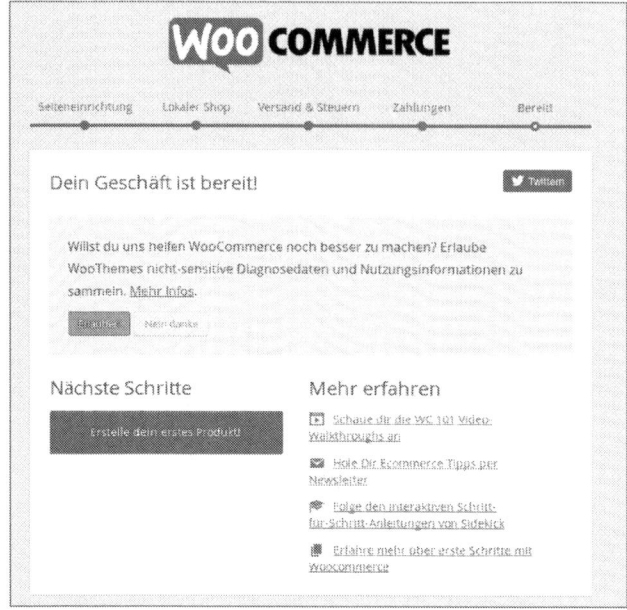

Bild 6.11: Das Geschäft ist bereit und wartet – auf die ersten Produkte.

Mit der Installation und Grundkonfiguration von WooCommerce hat sich einiges geändert. Nicht nur neue Seiten wurden angelegt, auch das Dashboard hat Zuwachs bekommen. An verschiedenen Stellen finden Sie jetzt neue Menüs und erweiterte Konfigurationsmöglichkeiten. WooCommerce verhält sich hier nicht anders als andere Plug-ins. Es hinterlässt Spuren an diversen Orten innerhalb von WordPress – und die wollen erst einmal erspäht werden.

6.3 Integration im Backend

Das Bild zeigt die Seitenverwaltung nach der Installation von WooCommerce. Unter der mit WordPress ausgelieferten *Beispiel-Seite* werden jetzt (in alphabetischer Reihenfolge) angezeigt: *Kasse*, *Mein Konto*, *Shop* und *Warenkorb*.

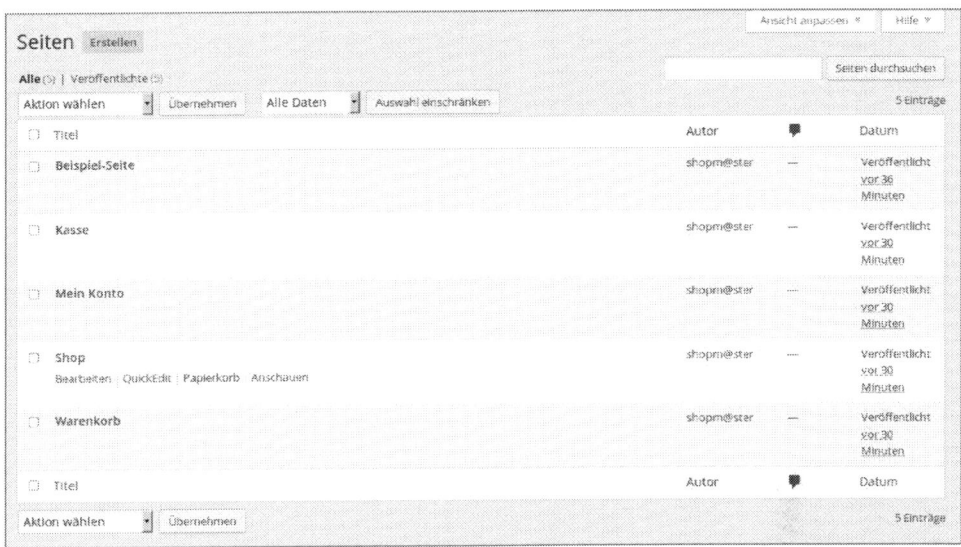

Bild 6.12: Aus eins mach fünf. WooCommerce hat vier neue Seiten hinzugefügt.

6.3.1 Neue Seiten

Diese vier Shopseiten können wie jede andere Seite von Ihnen bearbeitet werden. Um das Zusammenspiel nicht zu gefährden, sollten Sie aber insbesondere bei Änderungen der URLs vorsichtig sein. Mit einem kleinen Fehler auf einer dieser vier wichtigen Seiten können Sie das gesamte Shopsystem außer Gefecht setzen.

6.3.2 Neue Menüpunkte

Das Menü *+Neu* – es befindet sich im Dashboard auf der oberen schwarzen Leiste – wurde ergänzt. Ursprünglich konnten Sie auf diesem Weg nur Beiträge, Dateien (für die Mediathek), Seiten und Benutzer erstellen. Mit WooCommerce hinzugekommen sind diese drei Menüpunkte:

1. *Produkt*
2. *Bestellung*
3. *Gutschein*

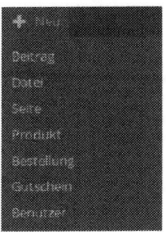

Bild 6.13: Es hat Zuwachs gegeben. Im Menü *+Neu* sind drei neue Einträge zu sehen: *Produkt*, *Bestellung* und *Gutschein*.

> **Achtung!**
> Weil es sich bei den Neueinträgen um *Custom Post Types* handelt – um speziell für WooCommerce entwickelte Elemente –, tauchen sie nicht in der Seitenverwaltung von WordPress auf.

Menüs für Bestellungen und Produkte

Bestellungen werden über neue Menüs verwaltet, die auf der linken Leiste des Dashboards Platz gefunden haben. WooCommerce hat hier zwei Hauptmenüs eingerichtet, nämlich *Bestellungen* und *Produkte*.

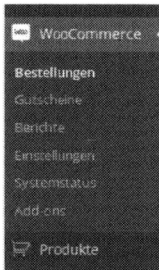

Bild 6.14: WooCommerce hat in der linken Menüleiste Platz genommen.

Mit einem Klick auf das Kartonsymbol klappt das Menü *Produkte* auf. Hier fügen Sie später neue Produkte hinzu und versehen sie mit *Kategorien*, *Schlagwörtern*, *Versandklassen* und *Eigenschaften*.

Bild 6.15: Die Produktverwaltung von WooCommerce.

6.4 Demoprodukte installieren

Raucht Ihnen der Kopf? Diese ganzen Einstellungsmöglichkeiten von WooCommerce sind ja schon ein bisschen abstrakt. Aber zum Glück haben die Macher des Plug-ins da etwas auf Lager, und zwar *Dummy Data*. Mit Demoprodukten und einigem mehr lernen Sie die Möglichkeiten von WooCommerce auf die sanfte und praktische Tour kennen. Das Folgende dient dem Ausprobieren:

- Produkte samt Beschreibungen
- Produktkategorien
- Produkteigenschaften
- Kommentare
- Bewertungen

Zwar ist die Installation von *Dummy Data* etwas umständlich, die Mühe lohnt sich aber in jedem Fall. Sie arbeiten sich damit nämlich auf ganz praktische Weise in die Funktionen von WooCommerce ein. Also nicht geklagt, ein paar Kniebeugen zur Auflockerung gemacht und dann hurtig ans Werk.

6.4.1 Dummy Data installieren

Klicken Sie im Dashboard auf *Werkzeuge/Daten importieren*. Verschiedene Importmöglichkeiten werden nun angezeigt. Ganz unten finden Sie den Punkt *WordPress* und rechts daneben die folgende Beschreibung:

Installiere den WordPress-Importer, um Beiträge, Seiten, Kommentare, benutzerdefinierte Felder, Kategorien und Schlagwörter aus einer WordPress-Export-Datei zu importieren.

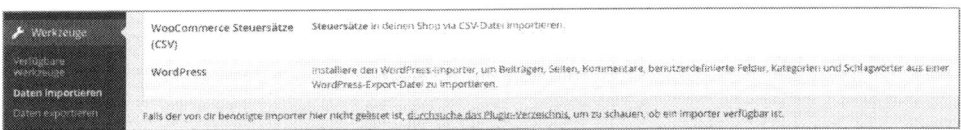

Bild 6.16: Der Importer wird über *Werkzeuge/Daten importieren* aufgerufen.

Es geht darum, vorgefertigte Inhalte zu importieren, in unserem Fall Demoprodukte und einiges mehr. Voraussetzung ist der WordPress-Importer. Klicken Sie auf *WordPress*, um das Plug-in zu installieren.

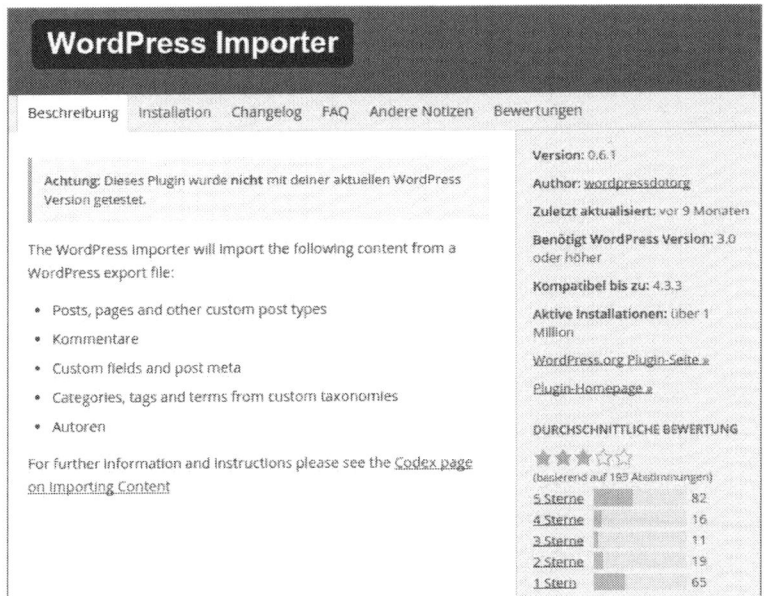

Bild 6.17: Mit dem *WordPress Importer* lassen sich die Demodaten importieren.

Zugegeben, das Plug-in wirkt nicht sehr vertrauenswürdig und könnte mal wieder auf den neuesten Stand gebracht werden, aber Sie brauchen es ja nur für diesen einen Zweck. Ein Schnaps hilft, um Sicherheitsbedenken wegzuwischen. Nach der Installation aktivieren Sie das Teil. Weiter geht es mit dem Import der Daten.

Dummy Data finden

Bestimmt fragen Sie sich, wo die Demonstrationsobjekte zu finden sind. Des Rätsels Lösung: WooCommerce hat sie bei der Installation mitgeliefert, sie liegen im Rohzustand auf Ihrem Server.

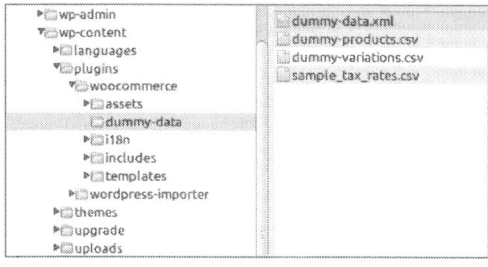

Bild 6.18: Die Demodaten wurden schon mit der Installation von WooCommerce auf dem Server abgelegt. Sie finden sie im Ordner *dummy-data*.

Verbinden Sie sich per FTP mit Ihrem Server und klicken Sie dieses WordPress-Verzeichnis auf: *wp-content/plugins/woocommerce/dummy-data*. Dort sind nun vier Dummy-Dateien aufgelistet:

- *dummy-data.xml*
- *dummy-products.csv*
- *dummy-variations.csv*
- *sample_tax_rates.csv*

Dummy Data herunterladen

Okay, die Demonstrationsobjekte wären gefunden. Der eben installierte WordPress-Importer kann allerdings nicht direkt vom Server importieren. Sie müssen das Zeugs erst mal auf Ihren Computer schaufeln. Markieren Sie die vier Dateien, ziehen Sie sie auf Ihre Festplatte und merken Sie sich den Speicherort.

Dummy Data hochladen

Jetzt hat der Importer Futter. Gehen Sie auf *Datei auswählen* und selektieren Sie auf Ihrer Festplatte die Datei *dummy-data.xml*. Anschließend wird die XML-Datei importiert.

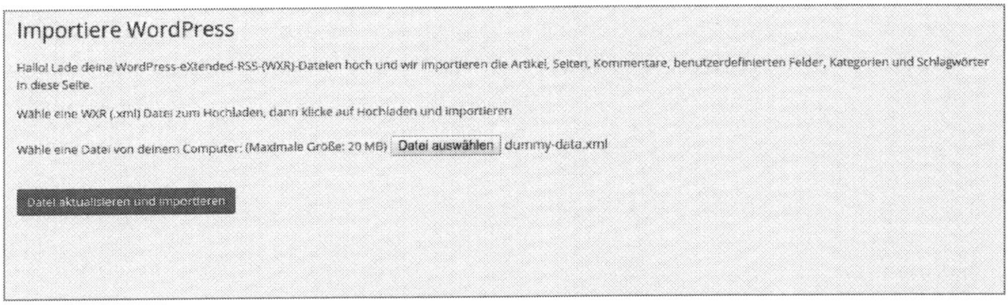

6.4 Demoprodukte installieren

Bild 6.19: Die Datei *dummy-data.xml* befindet sich auf dem heimischen Computer. Mithilfe des Importer-Plug-ins wird sie importiert.

Autor zuweisen und Anhänge importieren

Nach dem Import erscheint ein weiteres Fenster. Oben können Sie die Dummy-Daten einem Autor zuweisen. Der Hintergrund: WordPress ist ein ordentliches Programm. Es geht ja nicht, dass da Sachen stehen, die von niemandem stammen. Sie können sich entweder selbst mit Ihrem bestehenden Account als Autor zuweisen oder einen neuen Benutzer erstellen und diesen als Autor angeben.

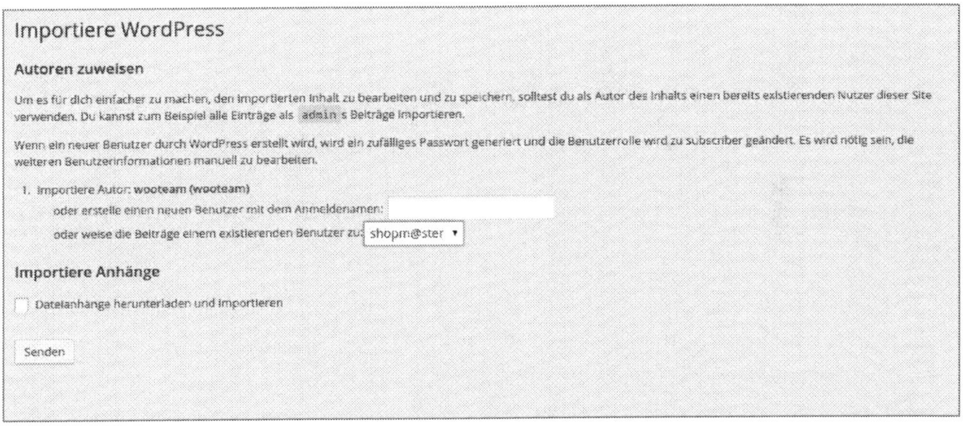

Bild 6.20: Die importierten Daten müssen einem Autor zugewiesen werden. Unten warten die Checkbox *Importiere Anhänge* auf eine Aktivierung.

Anhänge mitnehmen

Achtung, weiter unten im selben Fenster lauert eine böse Falle auf Sie. Bei *Importiere Anhänge* fehlt nämlich ein Häkchen. Wenn Sie die Einstellung so lassen, fehlen später die Bilder zu den Demoprodukten. Aktivieren Sie erst das Kästchen vor *Dateianhänge herunterladen und aktivieren*, bevor Sie unten auf *Senden* klicken. Das war es dann aber auch mit der umständlichen Installationsprozedur.

Jetzt kommen keine Fallen mehr, Sie dürfen ganz locker ein Bierchen aus dem Kühlschrank holen und die Früchte Ihrer Arbeit genießen. Vor dem Öffnen der Flasche deaktivieren Sie aber den WordPress-Importer, dieses schlecht gewartete Plug-in. Und wenn Sie alle Demodaten gesichtet haben, deinstallieren Sie das Ding.

6.4.2 Überblick im Backend

Hurra, die Demoware ist im Shop eingetroffen. Checken Sie zunächst im Backend, was sich verändert hat. Der erste Weg führt in die Mediathek. Hier sollten zahlreiche Produktbilder angezeigt werden.

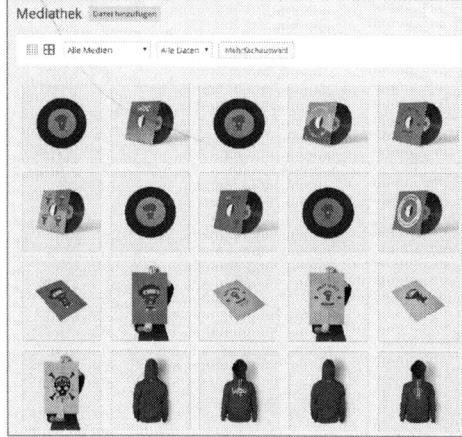

Bild 6.21: Die Bilder zu den Demoprodukten lagern in der Mediathek.

Falls das obige Bild nicht auf Ihrem Bildschirm zu sehen ist: Wiederholen Sie den Importvorgang und achten Sie darauf, dass das Häkchen bei *Importiere Anhänge* aktiviert ist.

Die Demoprodukte

Weiter geht die Backend-Tour mit einem Klick auf das Menü *Produkte*. Gelistet sind 23 Demoprodukte, versehen mit einer besonderen Art von Kategorien, den Produktkategorien. Verwaltet werden diese konsequenterweise via *Produkte/Kategorien* und nicht via *Beiträge/Kategorien*. Ebenso funktioniert das System bei den Schlagwörtern, wobei aber den Demoprodukten keine zugewiesen wurden.

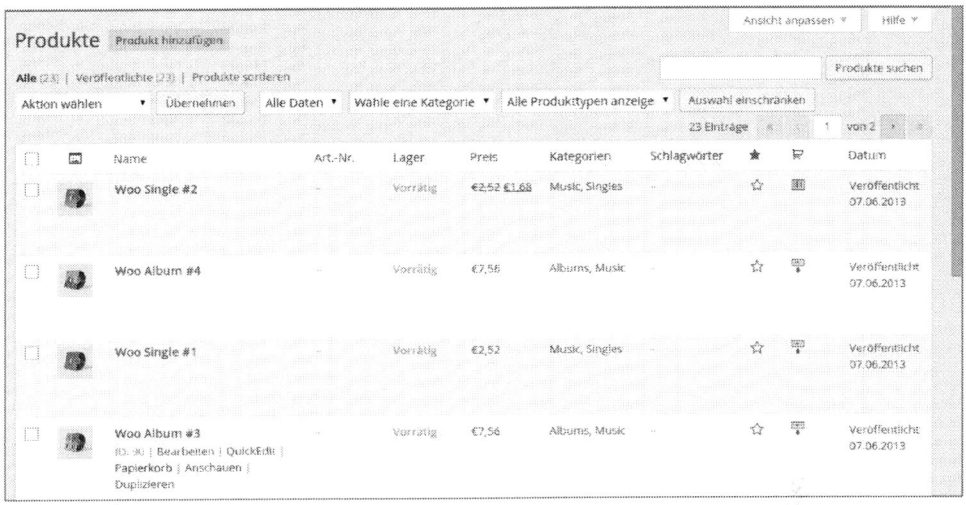

Bild 6.22: Die Demoprodukte wurden angelegt.

Diese konsequente Trennung weiß besonders zu schätzen, wer den Shop mit einem Firmenblog ergänzt. Die Kategorien und Schlagwörter der jeweiligen Bereiche kommen sich dann nämlich nicht in die Quere. Clever gemacht von WooCommerce.

Demokommentare

Bei den Kategorien und Schlagwörtern findet eine Trennung zwischen dem Shopsystem und dem übrigen WordPress statt, nicht aber bei den Kommentaren. Sie lassen sich in der allgemeinen Kommentarverwaltung ganz normal beantworten, bearbeiten oder löschen.

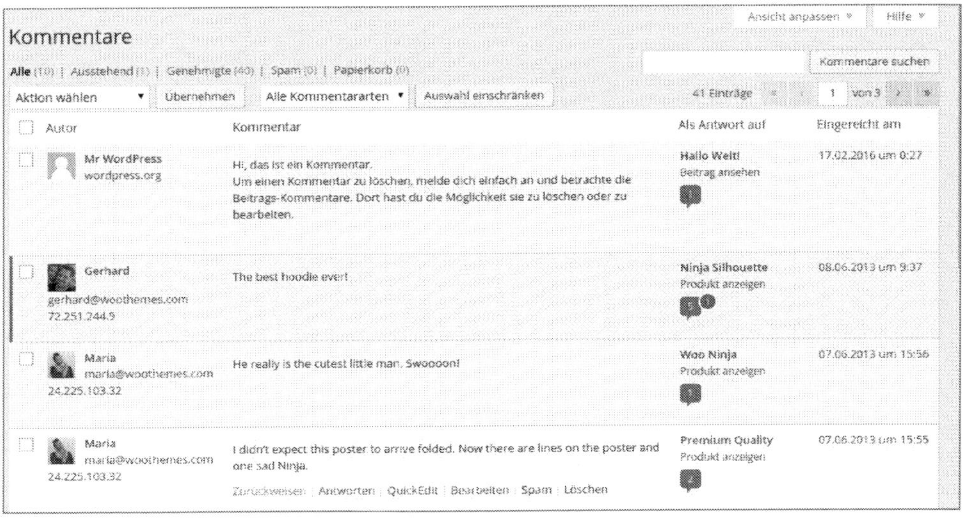

Bild 6.23: Die Demokommentare in der Kommentarverwaltung.

Wenn Sie auf *Bearbeiten* klicken, können Sie auch die Demobewertungen verändern und zum Beispiel die Anzahl der vergebenen Sterne von 1 auf 5 setzen. Machen Sie so etwas aber nur im Demomodus.

Bild 6.24: Der markierte Kommentar befindet sich noch in der Warteschleife. Er wird für die Besucher erst nach einem Klick auf *Genehmigen* angezeigt.

Produkteigenschaften

Mit einem Blick auf *Produkte/Eigenschaften* endet die Backend-Tour. Hier wurde bereits eine Produkteigenschaft angelegt, nämlich *color*. Dieser Eigenschaft sind auch schon drei Farben zugeordnet, die vom Kunden unmittelbar am Produkt ausgewählt werden können: *Schwarz*, *Blau* und *Grün*.

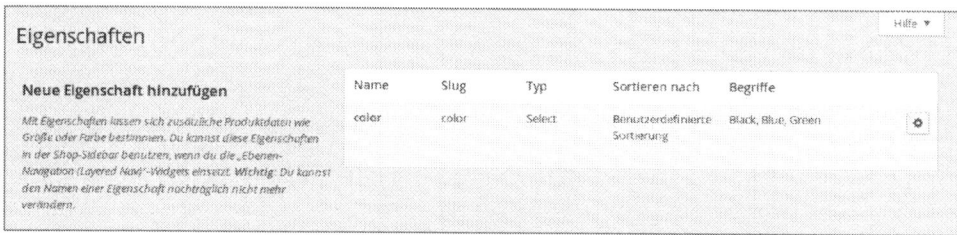

Bild 6.25: Für die Produkteigenschaft *color* sind drei Auswahlmöglichkeiten definiert.

6.4.3 Der Shop als Startseite

Wechseln Sie ins Frontend. Leuchten Ihnen die Demoprodukte schon entgegen? Falls ja, ist alles in Butter. Falls nein, wurde der Shop noch nicht als Startseite definiert. Das lässt sich schnell ändern. Gehen Sie im Dashboard auf *Einstellungen/Lesen* und wählen Sie *Startseite zeigt eine statische Seite* aus. Selektieren Sie dann *Startseite: Shop*.

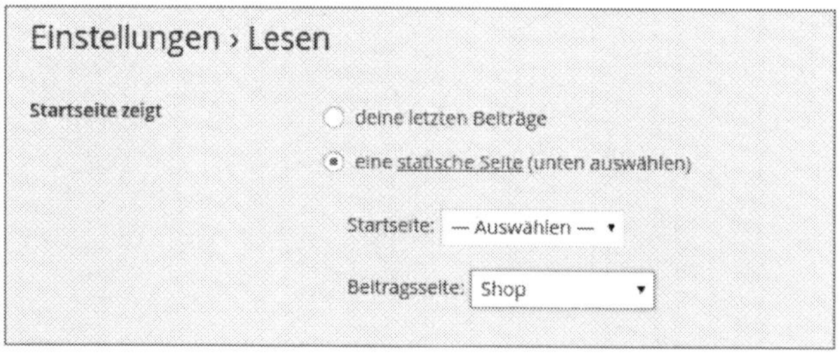

Bild 6.26: Der Shop kann als Startseite ausgewählt werden.

Alles klar im Shopmenü?

Nach der Umstellung der Startseite ist der Shop präsent. Sehen Sie auch das dazugehörige Shopmenü? Falls nicht, rufen Sie über *Design/Menüs* die Menüverwaltung auf.

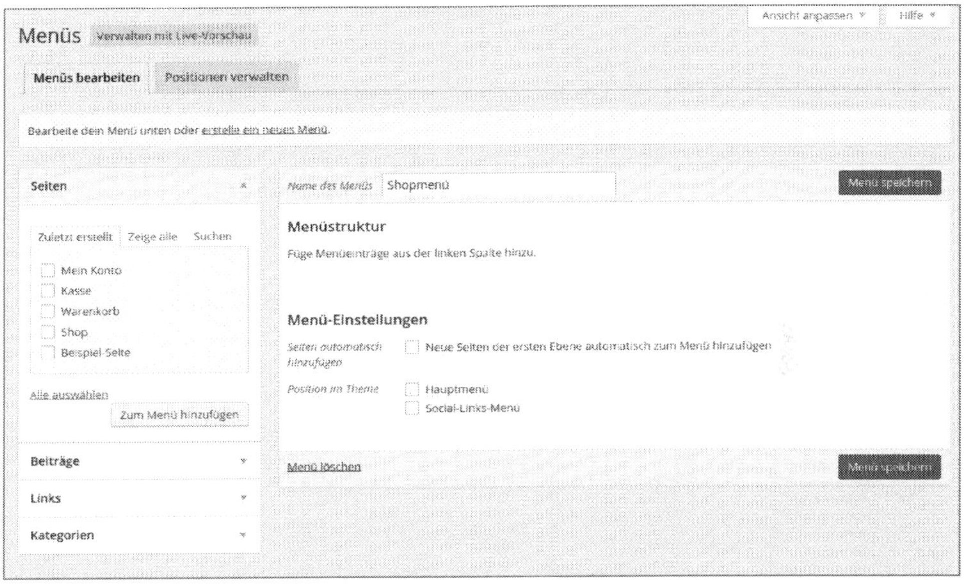

Bild 6.27: Die von WooCommerce angelegten Seiten werden erst über ein Menü zugänglich.

Die von WooCommerce angelegten Seiten sollten über ein Menü aufgerufen werden können. Zunächst legen Sie ein neues und leeres Menü an. Geben Sie rechts unter *Name des Menüs* zum Beispiel »Shopmenü« ein und klicken Sie auf *Menü speichern*. Anschließend befüllen Sie es mit den Shopseiten *Mein Konto, Kasse, Warenkorb* und *Shop*.

Wählen Sie dazu die entsprechenden Seiten links an und klicken Sie auf *Zum Menü hinzufügen*. Sind die vier Seiten jetzt nach rechts gewandert? Dann ändern Sie per Dragand-drop die Reihenfolge, am besten in *Shop – Warenkorb – Kasse – Mein Konto*.

Menüposition verwalten

Das Menü ist nun zusammengestellt, aber noch nicht sichtbar. Es muss erst einem Menübereich zugewiesen werden. Das Bild zeigt die zwei möglichen Positionen im Standard-Theme *Twenty Sixteen*. Am besten definieren Sie das frisch erstellte Shopmenü als *Hauptmenü*. Wenn Sie später ein anderes Theme einsetzen, zum Beispiel *Storefront*, erscheint das Shopmenü auch dort an der wichtigsten Position.

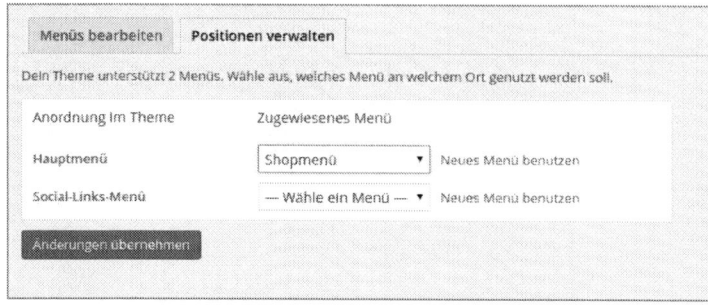

Bild 6.28: Das Shopmenü wurde als Hauptmenü definiert.

6.4.4 Überblick im Frontend

Die Shopseite ist als Startseite ausgewählt und das Hauptmenü eingerichtet? Dann wechseln Sie zur Besucheransicht. Das sieht doch endlich mal nach Shop aus, oder? Weiter geht es mit den Einstellungen von WooCommerce. Doch zuvor legen Sie das Buch eine Weile weg und klicken sich ganz unbefangen durch die Demoprodukte.

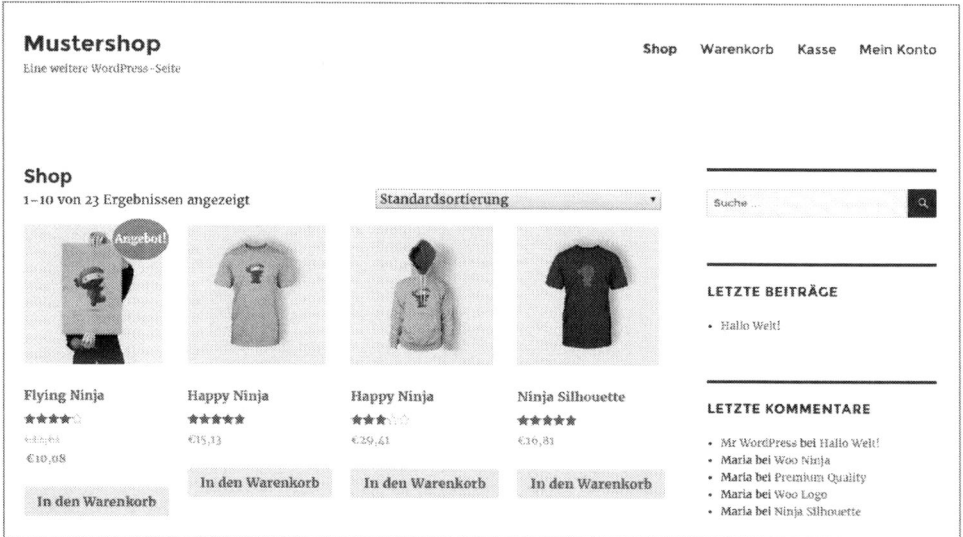

Bild 6.29: Der Shop im Frontend – die Besucheransicht.

6.5 WooCommerce einstellen

Haben Sie sich mit den Demoprodukten ausgetobt? Dann wird es jetzt wieder ernst. Es warten verschiedene Register auf Sie, acht Stück an der Zahl. Unter *WooCommerce/Einstellungen* wird die Konfiguration vorgenommen, es geht von links nach rechts und von *Allgemein* bis *API*. Da müssen Sie durch.

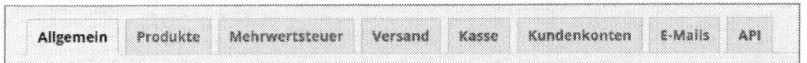

Bild 6.30: Über acht Register werden die Einstellungen von WooCommerce vorgenommen.

Oder sind es bei Ihnen nur sieben Registerkarten? Dann haben Sie das Steuersystem nicht aktiviert. Sie finden dazu eine Checkbox unter *WooCommerce/Einstellungen/ Allgemein*. Nach dem Setzen des Häkchens bei *Steuern und deren Berechnung aktivieren* wird auch das Register *Mehrwertsteuer* eingeblendet.

Bild 6.31: Das Register *Mehrwertsteuer* wird nur dann eingeblendet, wenn da Häkchen bei *Steuern und deren Berechnung aktivieren* gesetzt ist.

6.5.1 Allgemein

Im Feld *Basisland* legen Sie den Standort Ihres Shops fest. WooCommerce ordnet dann die passenden Steuersätze zu. Bei den Verkaufsorten ist standardmäßig *In alle Länder verkaufen* eingetragen.

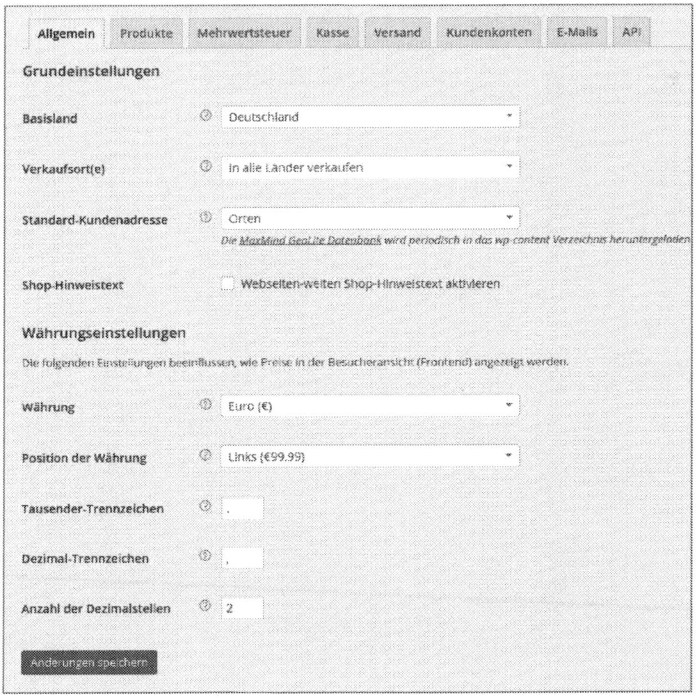

Bild 6.32: Basisland, Verkaufsorte und Währung einstellen.

Schränken Sie die Auswahl ein, falls Sie nicht die ganze Welt beliefern möchten. Mit Klick auf den kleinen Pfeil öffnet sich eine Länderliste. Wählen Sie dort zum Beispiel

Deutschland, Österreich und die Schweiz aus. Als Konsequenz können Ihre Besucher dann auch nur Bestell- und Lieferadressen innerhalb dieser drei Länder in die Bestellmaske eingeben.

Hinweistext einblenden

Mit dem Aktivieren der Checkbox *Shop-Hinweistext* öffnet sich ein Textfeld. Sie können dort eine Meldung eintragen, die auf allen Shopseiten eingeblendet wird. Für den Anfang empfehlenswert ist: »Dieser Shop befindet sich im Testmodus, Bestellungen werden noch nicht entgegengekommen. Wir starten voraussichtlich am 1. Januar. Verpassen Sie nicht unsere Eröffnungsschnäppchen.«

Währungseinstellungen

Als Währung können Sie nur eine einzige eingeben, in der Regel ist der Euro die richtige Wahl. Außerdem lässt sich die Position des Währungssymbols € festlegen. Definierbar ist auch die genaue Darstellung der Zahlen. In Deutschland üblich ist diese Schreibweise:

- Tausender-Trennzeichen: Punkt
- Zehner-Trennzeichen: Komma
- Anzahl der Dezimalstellen: 2

6.5.2 Produkte

Über das *Produkte*-Register können Sie nicht nur Maßeinheiten für Gewichte und Größen definieren, sondern auch das fürs Marketing so wichtige Bewertungssystem aktivieren.

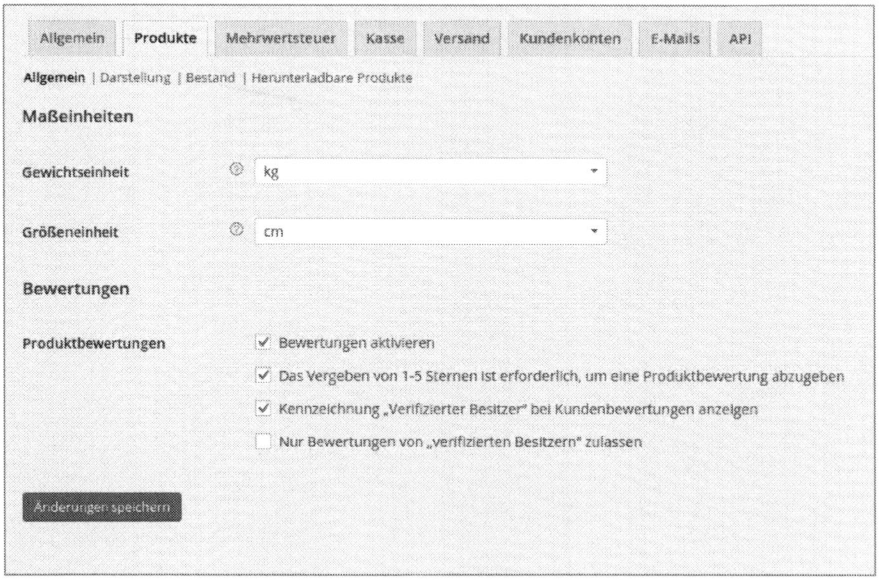

Bild 6.33: Maßeinheiten und Produktbewertungen.

Einige Feinheiten zu den Produkten werden über drei Unterseiten konfiguriert. Sie erreichen sie über die Links *Darstellung*, *Bestand* und *Herunterladbare Produkte*. Die wichtigsten Einstellungen:

- Größe der Produktbilder – via *Darstellung*
- Anzeige des Lagerbestands – via *Bestand*
- Download nach Bezahlung freigeben – via *Herunterladbare Produkte*

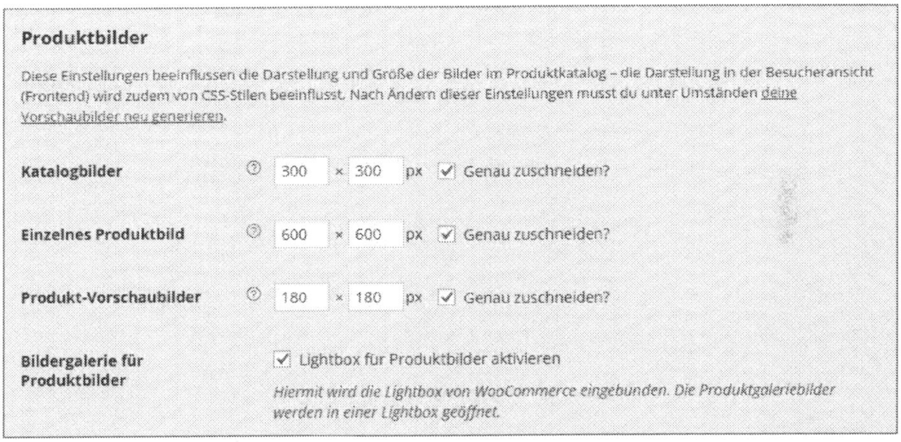

Bild 6.34: Standardmäßig werden die Produktbilder auf eine einheitliche Größe zugeschnitten.

In der Standardeinstellung schneidet WooCommerce die Produktbilder auf diese Größe zu:

- *Katalogbilder* – werden in Produktauflistungen verwendet: *300 x 300 px*.
- *Einzelnes Produktbild* – Hauptbild für die Produktseite: *600 x 600 px*.
- *Produkt-Vorschaubilder* – werden für die Voranzeige der weiteren Bilder verwendet: *180 x 180 px*.
- Wie Sie vielleicht schon beim Betrachten der Demoprodukte bemerkt haben, mag es WooCommerce in der Standardeinstellung quadratisch. Es bleibt Ihnen überlassen, dieses Format zu übernehmen oder beispielsweise durch ein 4:3-Format zu ersetzen.
- Treffen Sie die Entscheidung für oder gegen ein hauseigenes Bildformat möglichst frühzeitig, am besten bevor Sie Produktbilder knipsen oder knipsen lassen. Orientieren Sie sich dabei am größten Bild, dem einzelnen Produktbild. Auf diese Weise vermeiden Sie, dass Bilder hochskaliert werden müssen, was zu Qualitätsverlusten führen kann.
- **Beispiel:** Sie möchten diese Größen verwenden:
- Katalogbilder: 300 x 200 Pixel.
- Einzelnes Produktbild: 600 x 400 Pixel.
- Vorschaubilder: 180 x 120 Pixel.

- Fertigen Sie in diesem Fall alle Produktbilder in der Größe 600 x 400 Pixel an. Das Herunterskalieren übernimmt WooCommerce für Sie.

6.5.3 Mehrwertsteuer

Ein kleiner Hinweis, bevor Sie sich in das Thema Mehrwertsteuer einarbeiten: In der deutschen Übersetzung von WooCommerce wird teilweise der Begriff Steuerklasse verwendet. Hat das nicht mit Ehe und Kindern zu tun? Eigentlich schon, aber WooCommerce interessiert sich nicht wirklich für Ihren Familienstand. Gemeint sind hier nämlich die Steuersätze. Als Händler sind innerhalb Deutschlands diese drei relevant:

- 19 % für die meisten Waren und Dienstleistungen.
- 7 % für bestimmte Waren und Dienstleistungen, zum Beispiel gedruckte Bücher.
- 0 % für bestimmte Waren und Dienstleistungen, zum Beispiel ärztlich verschriebene Massagen, die nicht der Prävention dienen.

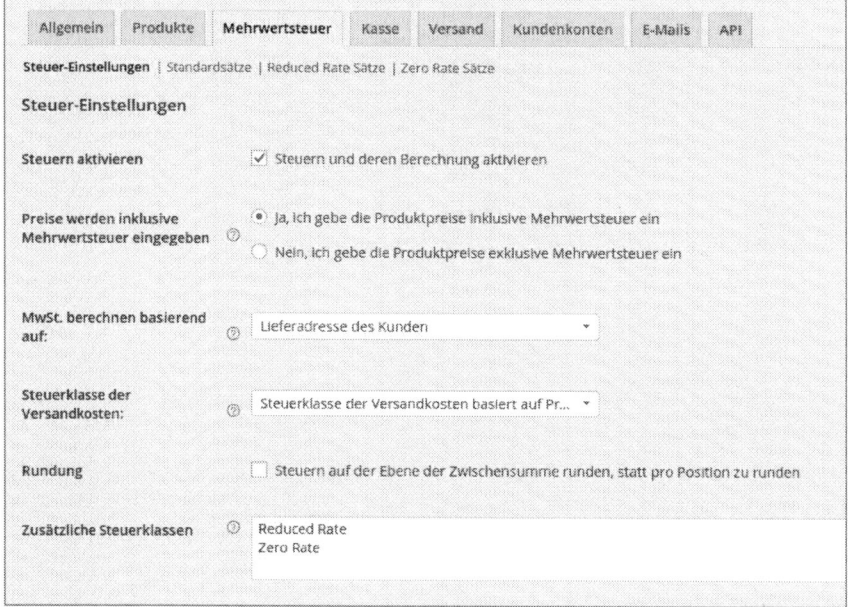

Bild 6.35: Die *Steuer-Einstellungen* von WooCommerce. Üblich ist die Angabe des Produktpreises *inklusive Mehrwertsteuer*.

Steuern aktivieren

Mit Deaktivieren der Checkbox *Steuern aktivieren* kann das gesamte Steuersystem global ausgeschaltet werden. Verwenden Sie diese Möglichkeit nur, wenn Sie ausschließlich steuerbefreite Produkte anbieten.

Sie sind als Kleinunternehmer von der Umsatzsteuer befreit? Dann lassen Sie das Steuersystem an dieser Stelle trotzdem aktiviert. Verwenden Sie ein Plug-in wie WooCommerce Germanized oder WooCommerce German Market, um den gesetzlich vorgeschriebenen Hinweis auf § 19 UStG einzublenden.

Preise inklusive Mehrwertsteuer

Eine kleine Erinnerung, damit Sie nicht aus Versehen das Finanzamt auf den Plan rufen oder eine Abmahnung riskieren:

- Bruttopreis = inklusive Mehrwertsteuer
- Nettopreis = ohne Mehrwertsteuer

Im ganz normalen Handel zwischen Shop und privaten Kunden ist diese Einstellung die einzig richtige: *Ja, ich gebe die Produktpreise inklusive Mehrwertsteuer ein.*

Mehrwertsteuer-Basis

Die Einstellung *Mehrwertsteuer berechnen basierend auf* ist für den Versand innerhalb Deutschlands irrelevant, denn die Mehrwertsteuersätze unterscheiden sich nicht nach Bundesländern.

In anderen Ländern gelten jedoch nicht nur prinzipiell andere Steuersätze, sie sind auch nicht überall national einheitlich. Als Basis für die Berechnung der Mehrwertsteuer lassen sich drei Optionen auswählen:

- *Lieferadresse des Kunden*
- *Rechnungsadresse des Kunden*
- *Basisadresse des Shops (Basisland)*

Übliche Basis innerhalb der EU ist die Rechnungsadresse des Kunden. Verlassen können Sie sich auf die Berechnung von WooCommerce allerdings nicht. Sie müssen sich eigenhändig über die Steuersätze informieren und im Zweifelsfall einen Steuerberater zu Hilfe nehmen.

Steuersatz der Versandkosten

Bitte auch das nicht vergessen, wenn Sie sich keinen Ärger mit dem Finanzamt einhandeln wollen: Nicht nur für die Produkte selbst muss die Mehrwertsteuer erhoben und abgeführt werden, auch für den Versand. Vier Optionen stehen als Berechnungsbasis zur Verfügung:

- *Steuersatz basiert auf den Produkten im Warenkorb*
- *Die Standardrate – in Deutschland 19 %*
- *Die reduzierte Rate – in Deutschland 7 %*
- *Null Prozent*

In der Standardeinstellung wird der Steuersatz auf Basis der Produkte im Warenkorb erhoben. Diese Lösung ist in den meisten Fällen die richtige. Einen pauschalen Satz sollten Sie nur dann verwenden, wenn alle Produkte Ihres Sortiments gleich besteuert werden.

Ein kleines Manko von WooCommerce: Versenden Sie Waren mit unterschiedlichen Steuersätzen im selben Paket, gilt automatisch der höhere Satz für die Versandkosten.

Beispiel: Ein Paket enthält ein Druckbuch, versteuerbar mit 7 %, sowie ein Elektronikbauteil, versteuerbar mit 19 %. Die auf die Versandgebühr erhobene Mehrwertsteuer beträgt einheitlich 19 %.

Rundungseinstellung

Standardmäßig ist die Rundung deaktiviert. Die Steuern werden damit erst pro Position gerundet, nicht schon bei Zwischensummen. Diese Einstellung können Sie so belassen.

Neue Steuerklassen anlegen

Innerhalb Deutschlands benötigen Sie nicht mehr als die drei angelegten Steuersätze (19 %, 7 %, 0 %). Vor einem Versand ins Ausland müssen Sie sich bei Ihrem Steuerberater über die entsprechenden Länder kundig machen. Ebenfalls nur für das Ausland relevant ist das Submenü mit den Punkten *Standardsätze*, *Reduced Rate Sätze* und *Zero Rate Sätze*. Hier können Sie Einstellungen für Länder mit uneinheitlichen Steuersätzen vornehmen, zum Beispiel für die USA.

Preise im Shop anzeigen

Bis jetzt haben Sie lediglich definiert, auf welcher Basis WooCommerce die Steuern berechnet. Scrollen Sie auf der Mehrwertsteuerseite nach unten, um die Darstellung der Steuer innerhalb der Preisangabe festzulegen. Die für Deutschland übliche Einstellung:

- Preise im Shop anzeigen: *Inklusive Mehrwertsteuer*
- Preise während Bestellung: *Inklusive Mehrwertsteuer*
- Zusatz zur Preisangabe: *inkl. MwSt., plus Versandkosten*
- Gesamtsumme der Steuern: *Aufgeschlüsselt*

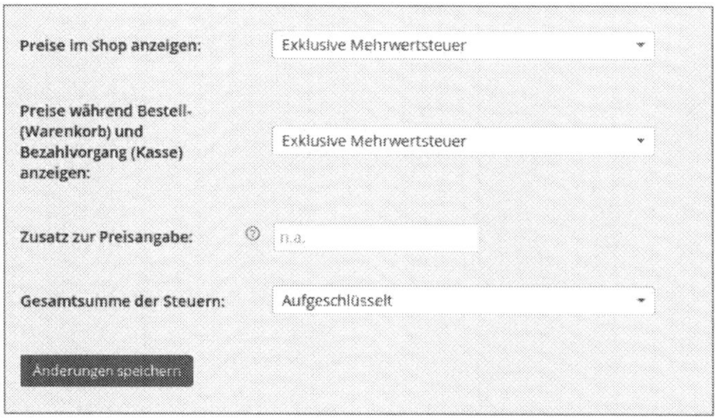

Bild 6.36: Die Darstellung der Mehrwertsteuer im Shop.

Am besten probieren Sie verschiedene Möglichkeiten aus und vollziehen die Änderungen in der Besucheransicht nach. Auch dafür sind die Demoprodukte ideal. Völlig entspannt dürfen Sie die Sache angehen, wenn Sie WooCommerce später noch mit einem

Eindeutschungs-Plug-in ergänzen. Die Feineinstellungen werden dann über das jeweilige Plug-in vorgenommen.

6.5.4 Kasse

Über das Register *Kasse* lassen sich verschiedene Möglichkeiten des Bestellens und Bezahlens einstellen. Ganz oben ist standardmäßig die *Verwendung von Gutscheinen* aktiviert, womit für jeden Besucher auf der Kassenseite ein Eingabefeld für Gutscheine angezeigt wird. Falls Sie kein Gutscheinsystem verwenden, könnte dies zu Irritationen führen. Lassen Sie den Haken nur dann in der Checkbox, wenn er auch wirklich benötigt wird. Die Feineinstellungen können Sie dann unter *WooCommerce/Gutscheine* vornehmen.

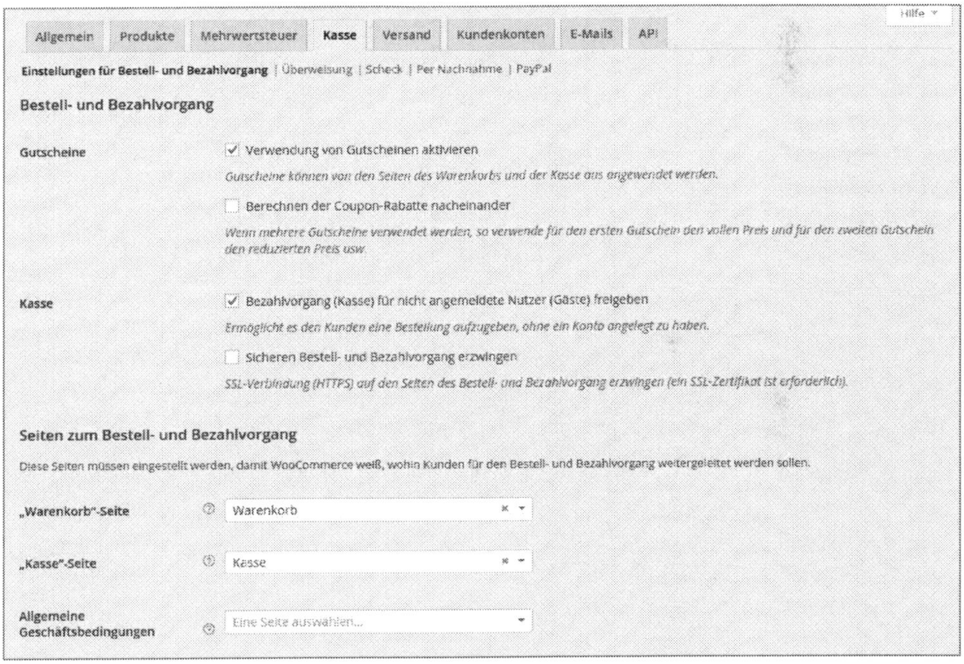

Bild 6.37: Die Optionen zum Bestellen und Bezahlen.

Kasse für Gäste

Bedeutsam ist die standardmäßig aktivierte Checkbox *Bezahlvorgang (Kasse) für nicht angemeldete Nutzer (Gäste) freigeben*. Nur mit dieser Einstellung können die Besucher Ihres Shops auch ohne das Anlegen eines Kundenkontos einkaufen.

Sicheren Bestell- und Bezahlvorgang erzwingen

Während des Testbetriebs Ihres Shops können Sie diese Checkbox noch deaktiviert lassen. Setzen Sie erst dann einen Haken, nachdem Sie Ihre Website auf SSL/HTTPS umgestellt haben. Informationen hierzu finden Sie in Kapitel 9.

Seiten für den Bestell- und Bezahlvorgang

Anschließend bietet WooCommerce die Möglichkeit, zwei wichtige Funktionsseiten zuzuordnen:

- „Warenkorb"-Seite: *Warenkorb*
- „Kasse"-Seite: *Kasse*

Diesen beiden Einstellungen sollten Sie, um die Funktionalität nicht zu gefährden, unverändert lassen. Darunter kann eine Seite für die allgemeinen Geschäftsbedingungen (AGB) zugewiesen werden. Tragen Sie hier noch nichts ein, falls Sie später WooCommerce Germanized oder WooCommerce German Market einsetzen, denn diese beiden Plug-ins legen eigenständig eine AGB-Seite an.

Endpunkte für Bestell- und Bezahlvorgang

Wie bitte, Endpunkte? Steht etwa schon wieder ein Weltuntergang bevor? Geraten Sie nicht ins große Grübeln, es geht nur darum, den Bestell- und Bezahlvorgang abzuwickeln. Zu diesem Zweck werden kleine Ergänzungen an die URLs angehängt, und die heißen Endpunkte. Am besten lassen Sie hier alle Einstellungen unverändert.

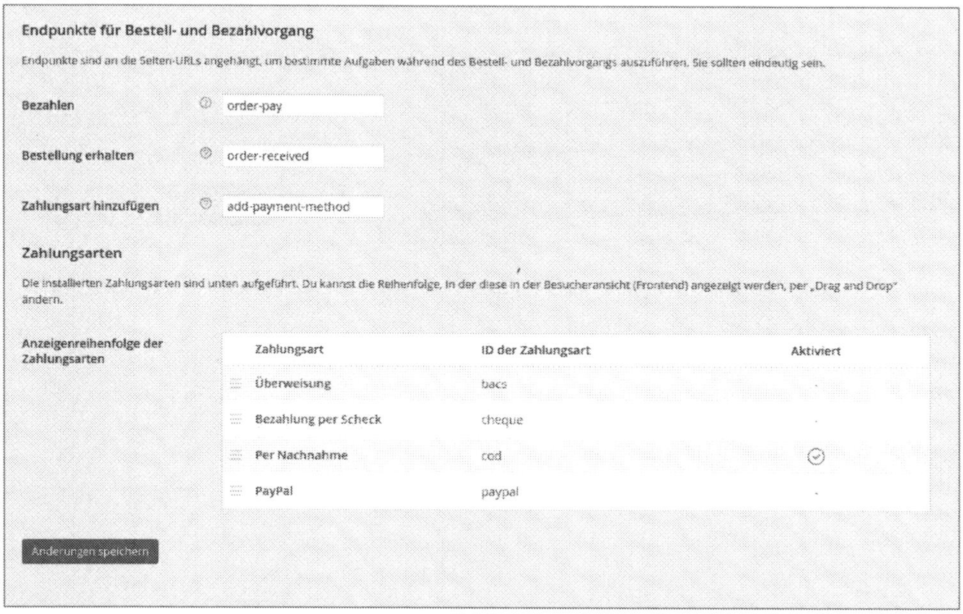

Bild 6.38: Endpunkte festlegen.

Zahlungsarten

Ganz unten können Sie nicht nur per Drag-and-drop die Reihenfolge der Zahlungsarten ändern, sondern über einen Klick auf den Namen auch die jeweilige Zahlungsart selbst konfigurieren.

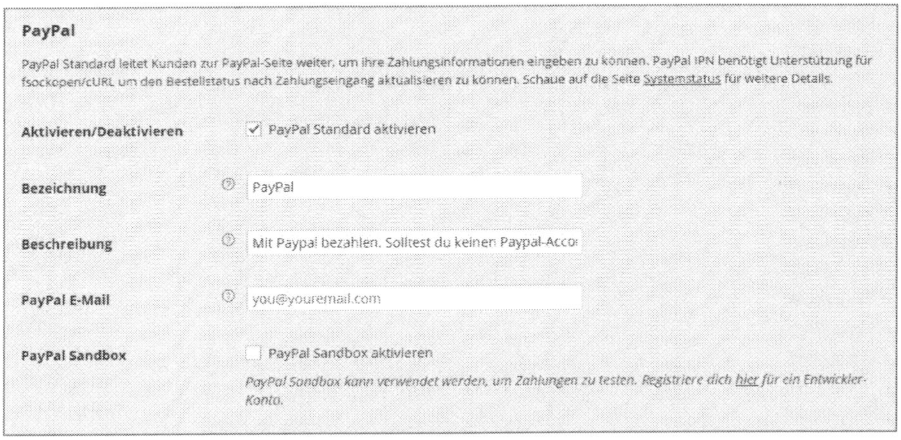

Bild 6.39: PayPal ist als Standard aktiviert.

Klicken Sie zum Beispiel auf *PayPal*, um dort Ihre *PayPal E-Mail* einzugeben. Ganz unten, über die Checkbox *PayPal Sandbox aktivieren*, können Sie in einen Testbetrieb wechseln und die Zahlungsart gefahrlos ausprobieren.

> **Zur Erinnerung**
> Nötig ist dazu ein Sandbox-Account. Angelegt wird er nicht auf der Haupt-Site von PayPal, sondern auf einer Subdomain mit der Adresse *https://developer.paypal.com/*. Vom Wörtchen Developer (Entwickler) brauchen Sie sich dabei nicht abschrecken zu lassen, denn hier wird auch nur mit Wasser gekocht. Eine detaillierte Anleitung zu den Sandbox-Accounts finden Sie in Kapitel 5.1.4.

6.5.5 Versand

Mit Version 2.6 hat WooCommerce das zuvor ziemlich unübersichtliche Versandsystem gründlich aufgeräumt.

Unterschieden wird jetzt zwischen:

- *Versandarten*, zum Beispiel *Versandkostenpauschale*, und
- *Versandzonen*, zum Beispiel *Deutschland*.

Am besten beginnen Sie mit der Einrichtung von Versandzonen, geografischen Räumen, in denen bestimmte Bedingungen gelten sollen. Sie können beliebig viele hinzufügen, aber am Anfang reicht wahrscheinlich eine: Deutschland.

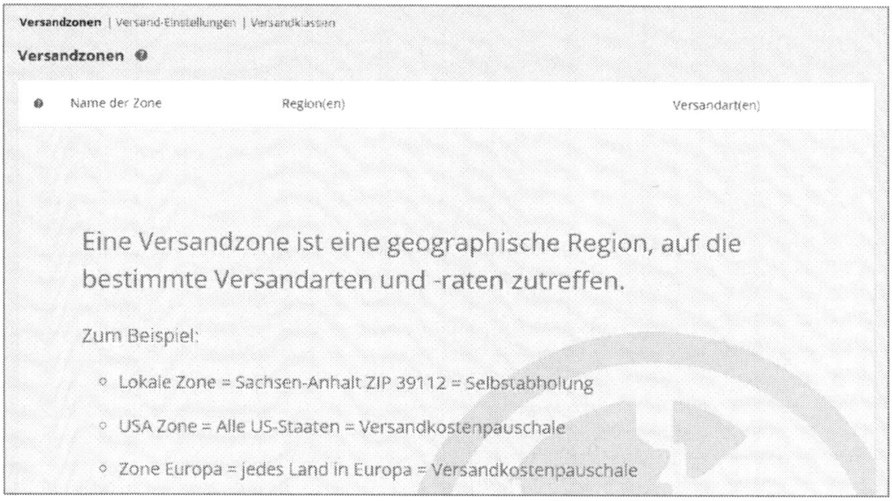

![Versandzonen Übersicht]

Bild 6.40: Einrichten von *Versandzonen* hinzufügen.

Versandzone Deutschland hinzufügen

Wenn Sie ganz nach unten scrollen, entdecken Sie eine bereits angelegte Versandzone mit dem Namen *Rest der Welt*. Allerdings ist hierfür noch keine Versandart zugeordnet. Ignorieren Sie die schon existierende Zone und klicken Sie auf den großen Button *Versandzone hinzufügen*.

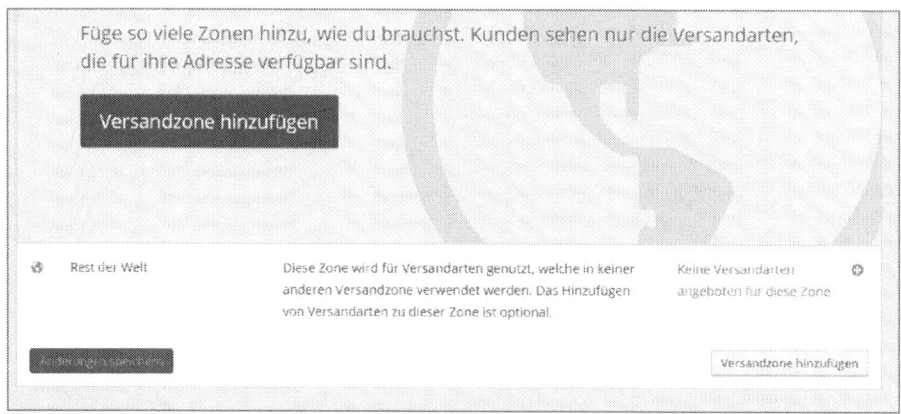

Bild 6.41: Eine Versandzone hinzufügen.

Drei Spalten sind auszufüllen. Links geben Sie *Deutschland* an oder auch *Deutschland und Österreich*. Den Namen der Zone können Sie frei eintippen. In der Mitte öffnet sich dann ein Drop-down-Menü, in dem Sie sich durch eine Unzahl von Regionen wühlen müssen. Den Eintrag für Deutschland finden Sie unter *Europe*. Weitere Regionen können Sie hinzuklicken – aber nicht mit der Hand eintragen. Gehen Sie dann auf das kleine Pluszeichen in der rechten Spalte, um für die eben kreierte Zone Versandarten hinzuzufügen.

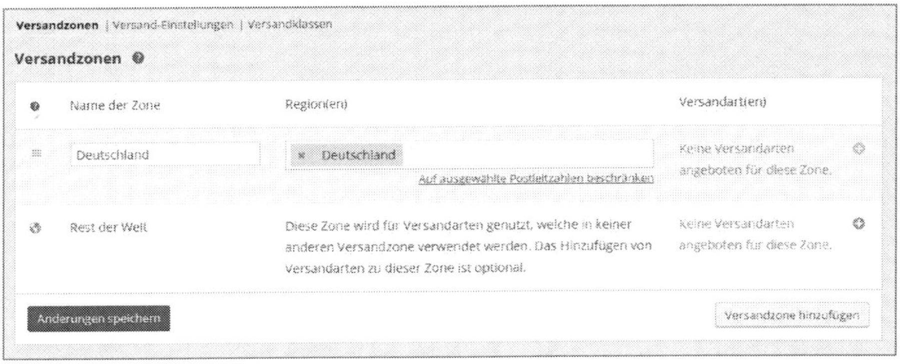

Bild 6.42: Die Versandzone Deutschland wird angelegt.

Versandart hinzufügen

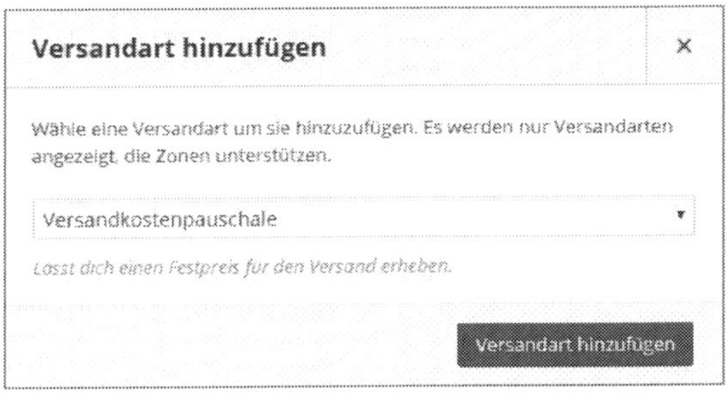

Bild 6.43: Zu jeder Versandzone lassen sich eine oder mehrere Versandarten hinzufügen.

Zu jeder Versandzone können Sie eine oder mehrere dieser Versandarten bestimmen:

- *Abholung vor Ort*
- *Kostenloser Versand*
- *Versandkostenpauschale*

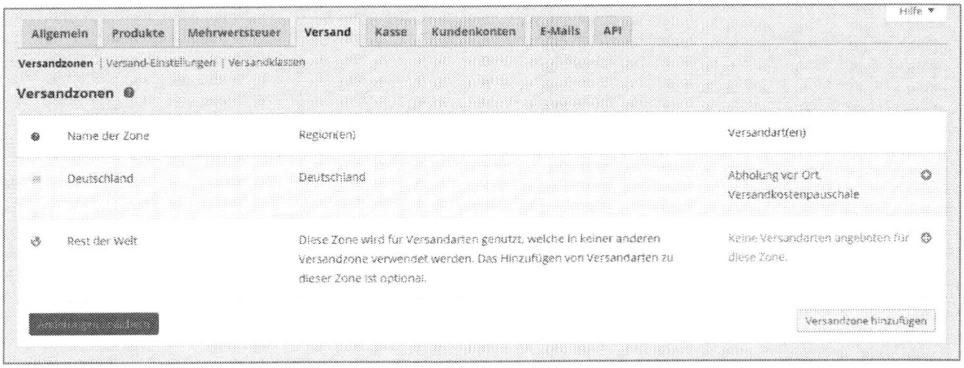

Bild 6.44: Die Versandarten wurden hinzugefügt.

Nach dem Hinzufügen der Versandarten klicken Sie in der linken Spalte noch einmal auf den Namen der Versandzone.

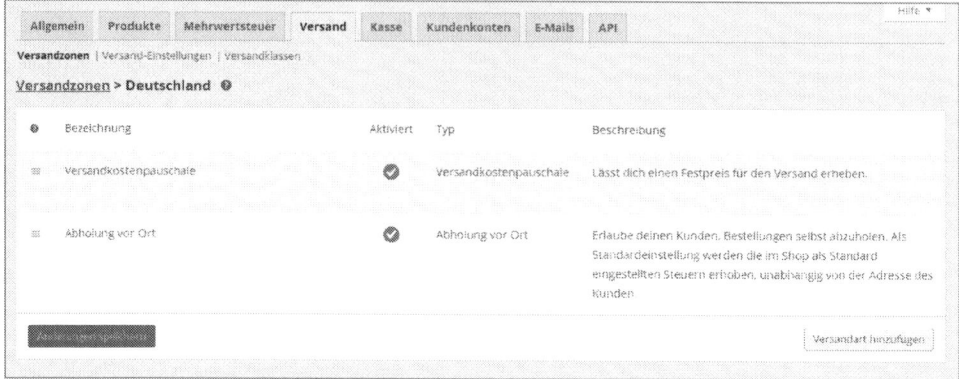

Bild 6.45: Die Versandarten im Detail.

In der linken Spalte sind alle Versandarten aufgelistet, die Sie für die jeweilige Zone ausgewählt hatten. Klicken Sie nun auf die Versandart, zum Beispiel auf *Versandkostenpauschale*.

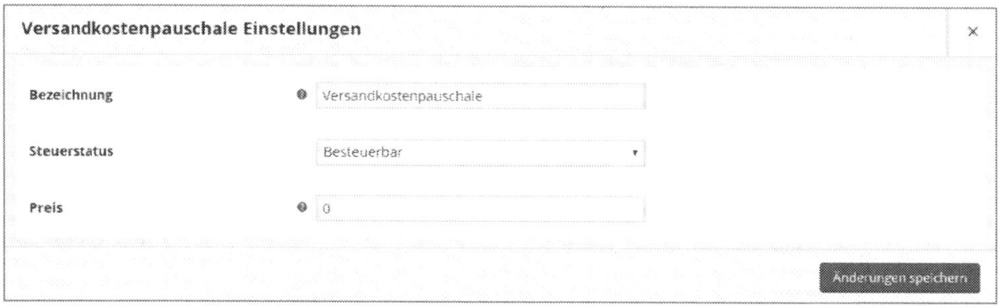

Bild 6.46: Eingabe einer Versandkostenpauschale.

Nun können Sie eine Versandkostenpauschale eingeben. Den voreingestellten Steuerstatus *Besteuerbar* müssen Sie so beibehalten, denn Sie sind dazu verpflichtet, auch für die Versandkosten Steuern zu berechnen und abzuführen. Die Höhe des Steuersatzes entspricht dem des Produkts, also zum Beispiel 7 % für gedruckte Bücher und 19 % für Elektronik.

Versand-Einstellungen

Wechseln Sie zum Fenster *Versand-Einstellungen*. Mit der Checkbox bei *Versandkosten aktivieren* entscheiden Sie ganz generell, ob Versandkosten erhoben werden. Deaktivieren Sie das Kästchen, wenn Sie nur digitale Produkte verkaufen oder aus Kundenfreundlichkeit auf jegliche Versandgebühren verzichten möchten.

Gleich darunter ist der Versandkostenrechner für die Warenkorbseite standardmäßig aktiviert, diese Einstellung können Sie so lassen.

Die Option *Versandkosten erst anzeigen, wenn eine Adresse angegeben wurde* ist standardmäßig deaktiviert, und auch diese Voreinstellung sollten Sie behalten. Der Gesetzgeber verlangt nämlich eine Klärung der Versandkosten direkt bei der Preisangabe für das Produkt. Nun kann es zwar sein, dass sich die Versandkosten nach Eingabe einer Auslandsadresse noch ändern, aber trotzdem dürfen Sie nicht suggerieren, dass keine Versandkosten erhoben würden.

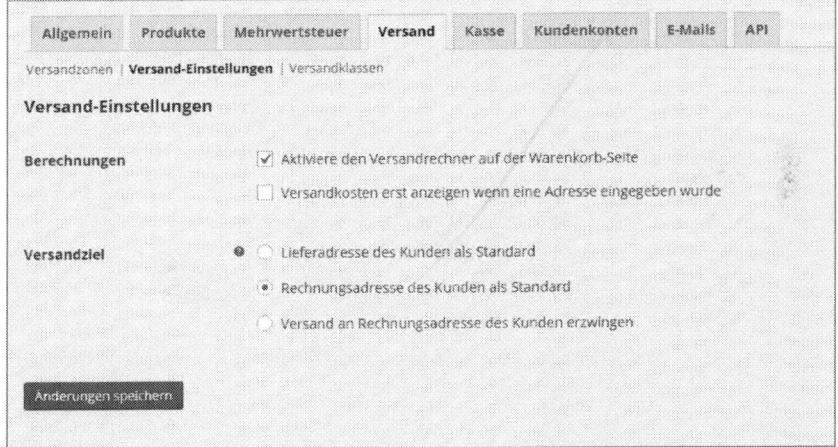

Bild 6.47: Standardmäßig ist der Versandrechner auf der Warenkorbseite aktiviert.

Versandziel

In der *Versandziel*-Auswahl ist *Rechnungsadresse als Standardwert* voreingestellt. Lassen Sie diese Option unverändert. Auf Wunsch kann der Kunde immer noch eine spezielle Lieferadresse eingeben.

Versandklassen anlegen

Weitere Einstellungen können Sie im Fenster *Versandklassen* vornehmen. Anhand dieser Klassen können Sie die Versandkostenpauschale nach Produkten aufsplitten.

Bild 6.48: Anlegen von Versandklassen.

Beispiel: Legen Sie zwei Versandklassen an, eine für Produkte unter 10 kg, eine für Produkte darüber.

Nach dem Anlegen der Versandklassen klicken Sie noch einmal auf *WooCommerce/Einstellungen/Versand/Versandkostenpauschale*.

Versandkostenpauschale aufsplitten

Scrollen Sie nach unten zu *Kosten für Versandklasse*. Dort können Sie für jede Klasse eine eigene Gebühr eintragen.

Bild 6.49: Für jede Versandklasse lässt sich eine eigene Gebühr vergeben.

Bild 6.50: Im Beispiel wird für Produkte der *Versandklasse über 10 kg* eine Gebühr von 5 Euro erhoben. Für die Versandklasse unter 10 kg sind es 3 Euro.

Produkte Versandklassen zuordnen

Auf der Produktseite finden Sie im Tab *Versand* das Drop-down-Menü *Versandklasse*. Hier können Sie dem Produkt eine Versandklasse zuordnen.

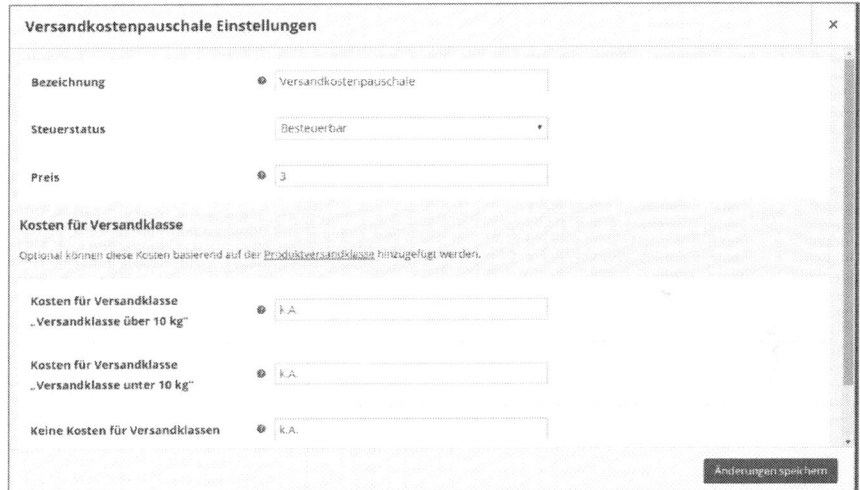

Bild 6.51: Zuordnung von Produkt und Versandklasse.

Machen Sie es sich einfach.
Die Einstellung der Versandkosten ist eine Wissenschaft für sich. Verzetteln Sie sich nicht, sondern setzen Sie gerade am Anfang auf eine dieser zwei Lösungen:
- Kostenloser Versand.
- Pauschale Versandgebühr von 3,00 Euro.
Verfeinern Sie das System erst, nachdem Sie sich darin eingearbeitet und einige Optionen ausprobiert haben.

6.5.6 Kundenkonten

Mit dieser Funktion erleichtern Sie vor allem den Stammkunden den Einkauf in Ihrem Shop. Oben im Fenster *Kundenkonten* können Sie eine andere Seite als *Mein Konto* als

Kontoseite definieren. Es empfiehlt sich aber, diese Standardeinstellung ebenso zu übernehmen wie die Endpunkte für *Mein Konto*. Im schlimmsten Fall setzen Sie eine für den Bestellprozess notwendige Funktion außer Gefecht.

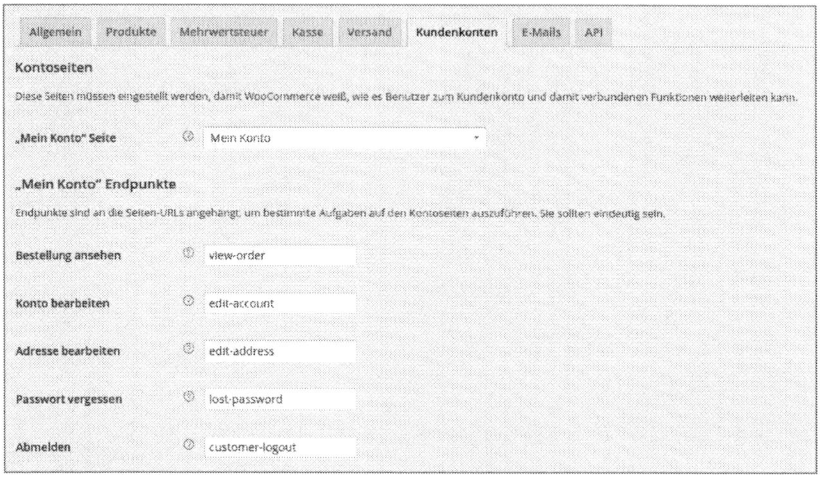

Bild 6.52: Die Standardseite *Mein Konto* kann unverändert übernommen werden.

Einstellungen für die Anlage von Kundenkonten

Über diese beiden Checkboxen können Sie definieren, an welcher Stelle WooCommerce dem Kunden die Erstellung eines eigenen Kontos vorschlägt:

1. *Erstellung von Kundenkonten auf der Seite „Kasse" aktivieren*
2. *Erstellung von Kundenkonten auf der Seite „Mein Konto" aktivieren*

Standardmäßig eingestellt ist die erste Option, und am besten lassen Sie sie auch aktiviert, denn während des Einkaufs ist der Kunde am ehesten bereit, gleich ein Konto zu eröffnen. Sie können aber auch ein bisschen experimentieren und die zweite Option parallel hinzuschalten. Möchten Sie auf Kundenkonten völlig verzichten, deaktivieren Sie beide Checkboxen.

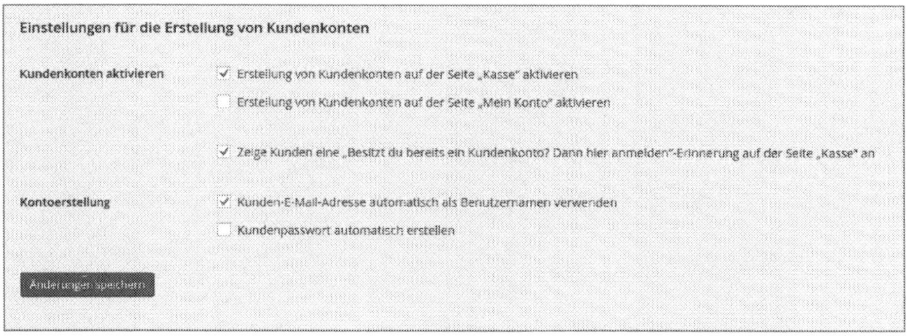

Bild 6.53: Üblicherweise schlägt WooCommerce die Einrichtung eines Kundenkontos auf der Kassenseite vor.

Die Vorteile eines Kundenkontos

Die Vorteile eines Kundenkontos liegen für beide Seiten auf der Hand. Der Käufer muss nicht bei jedem Einkauf seine sämtlichen Daten neu eingeben, und der Händler freut sich über Stammkunden. Aber bekanntlich hat ja alles im Leben zwei Seiten.

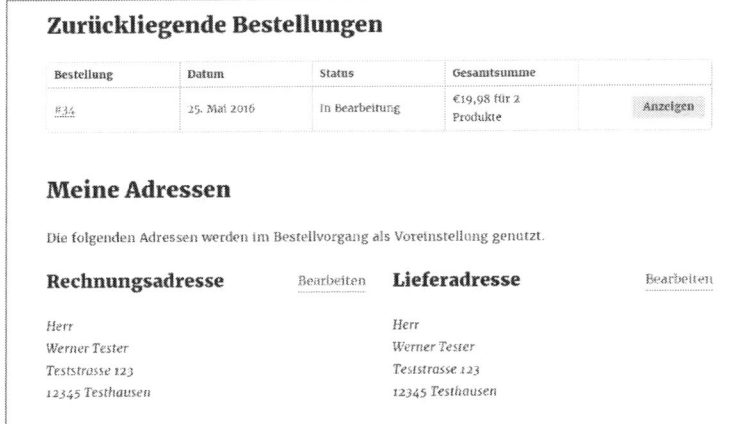

Bild 6.54: Mit einem Kundenkonto kann der Kunde zurückliegende Bestellungen einsehen.

Die Nachteile eines Kundenkontos

Sie fragen sich, wo die Kundenkonten gelistet werden? Sie vermissen eine Übersicht innerhalb von WooCommerce?

Suchen Sie an einer anderen Stelle, nämlich in der Benutzerverwaltung von WordPress. Sie finden dort – und das ist schon ein bisschen gewöhnungsbedürftig – unter den Benutzern nicht nur sich selbst und Ihre Teammitglieder, sondern auch Ihre Kunden. Die Sache ist klar: Das Backend von WordPress ist nun nicht mehr so abgeschottet wie zuvor.

Bild 6.55: Mit der Anlage eines Kundenkontos dringt der Kunde in die Benutzerverwaltung ein und erhält die Rolle *Customer*. Zum Schutz des Systems sind seine Rechte innerhalb von WordPress allerdings stark eingeschränkt.

Um sich von dem Schreck zu erholen, blicken Sie bitte auf die Spalte *Rolle*. Dort ist nun jedem Kunden die neue Rolle *Customer* zugewiesen. Mit dieser Rolle ist der Kunde weit davon entfernt, in Ihrer WordPress-Installation seine Kompetenzen zu überschreiten. Er darf natürlich keine Beiträge verfassen und schon gar nicht an den Einstellungen für Produkte herumschrauben. Behalten Sie die Benutzerverwaltung trotzdem im Auge.

6.5.7 E-Mails

Beiseite mit dem Schnaps, während Sie die E-Mail-Einstellungen von WooCommerce bearbeiten. Es werden nämlich zahlreiche juristisch relevante Vorgänge durch E-Mails ausgelöst und dokumentiert. Mit Fehlern in Adresse, Betreff, Kopfzeile, Inhalt oder Footer riskieren Sie Kopf und Kragen.

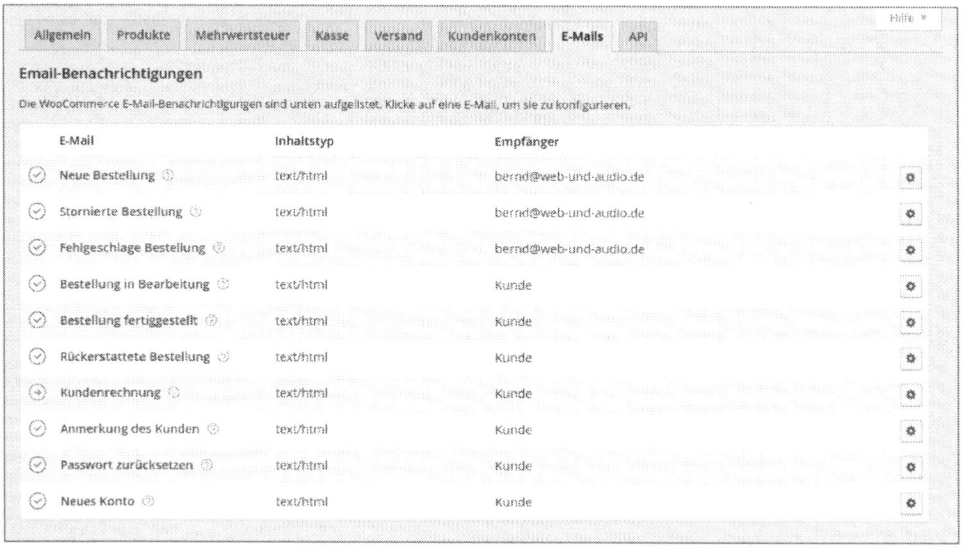

Bild 6.56: Zehn Arten von E-Mails versendet WooCommerce automatisiert.

Das obige Bild zeigt die zehn Arten automatisch verschickter Mails. Drei verschickt WooCommerce an Sie selbst, sieben an Ihre Kunden. Doch bevor es ins Detail geht, sollten Sie die generellen Absendereinstellungen anpassen. Scrollen Sie dazu bitte nach unten.

Bei den *E-Mail-Absender Einstellungen* geben Sie den Namen und die Mailadresse Ihres Shops ein. Im Abschnitt *E-Mail-Vorlage* können alle E-Mails optisch angepasst werden. Basis-, Hintergrund- und Textfarbe lassen sich allerdings nur im Hexadezimalcode eingeben. Gehen Sie auf *Design/Anpassen/Farben*, um die Farbcodes nachzuschlagen, die Sie für Ihr Theme eingestellt haben.

So können Sie innerhalb Ihrer Mails ein Header-Bild anzeigen lassen:

1. Mail-Header-Bild mit Bildbearbeitungsprogramm erzeugen. Als Motiv wären Logo und Schriftzug Ihres Unternehmens geeignet. Ideale Breite: 600 Pixel. Empfohlenes Format: JPEG.
2. Bild in die Mediathek hochladen.
3. Bild-URL in das Feld *Bild für Kopfzeile (Header)* eingeben.

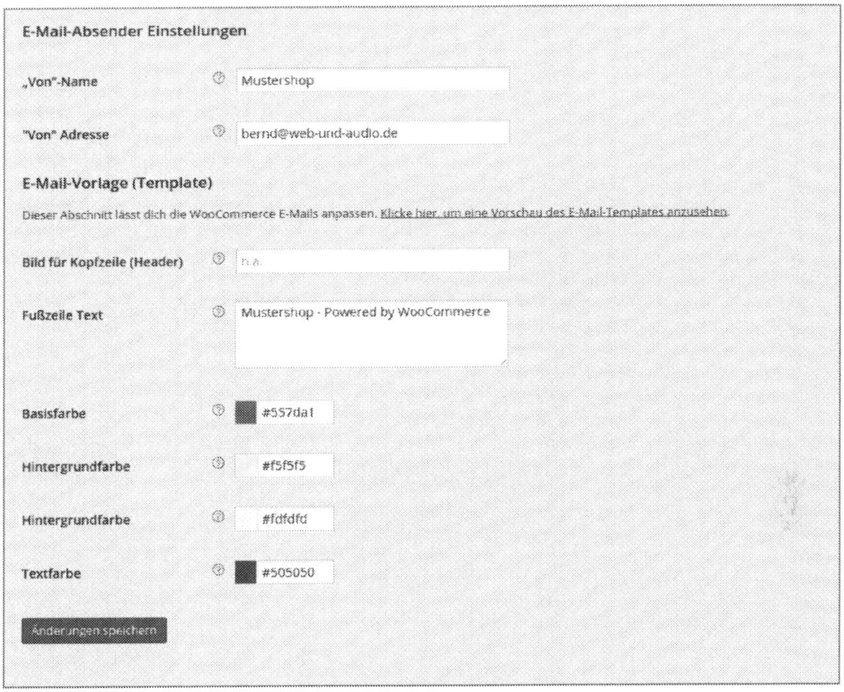

Bild 6.57: Anpassung der Absendereinstellungen.

Darunter befindet sich das Eingabefeld *Fußzeile Text*. Hier lassen sich einige rechtlich relevante Elemente unterbringen:

- Ein kurzes Impressum.
- Ein Link zu einem ausführlichen Impressum.
- Links zu AGB, Widerspruchsbelehrung und Datenschutzerklärung.

Für den Link *Klicke hier, um eine Vorschau des E-Mail-Templates anzusehen* muss man die Entwickler von WooCommerce mal wieder loben. Die Darstellung der E-Mails kann hier schnell und unkompliziert nach jeder Änderung überprüft werden.

Passt alles? Dann geht es jetzt weiter mit der Konfiguration der einzelnen Sorten von Mails. Klicken Sie oben bei *Mail-Benachrichtigungen* auf den ersten Eintrag *Neue Bestellung*.

Neue Bestellung

Hier legen Sie fest, ob und wie Sie – aber nicht der Kunde – von WooCommerce informiert werden, sobald eine neue Bestellung eingegangen ist. Aktivieren Sie dieses Feature, denn es zaubert immer wieder ein Lächeln auf das Gesicht jedes Onlinehändlers.

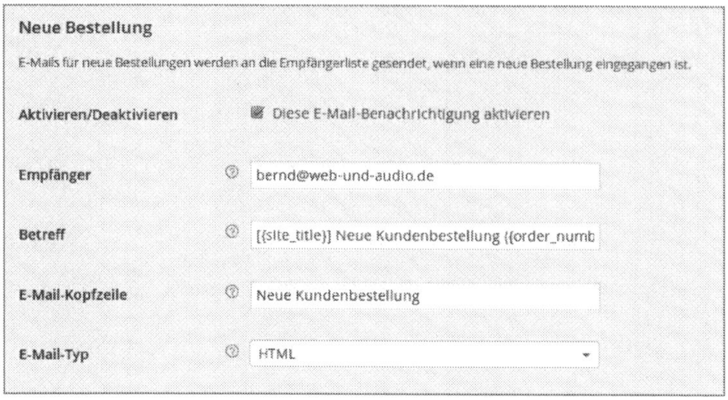

Bild 6.58: Jede neue Bestellung generiert eine Mail an den Betreiber des Shops.

Ganz nützlich ist es, wenn Sie hierfür ein eigenes E-Mail-Postfach anlegen. Gönnen Sie sich die Adresse *bestellungen@mustershop-online.de* und tragen Sie sie als Empfänger ein. Falls Sie den Betreff ändern möchten: Lassen Sie die Shortcodes in den Klammern unverändert. Ihnen wird dann in der Betreffzeile nämlich immer auch die Bestellnummer mitgeteilt. Das ist praktisch, um die Zahlungseingänge zu kontrollieren.

Und die Kopfzeile? Weil die Mail nicht an die Kundschaft geht, sondern im Betrieb verbleibt, können Sie hier nach Lust und Laune Änderungen vornehmen. Tragen Sie den Betreff »Hurra, die Kuh gibt Milch« ein.

Stornierte Bestellung/fehlgeschlagene Bestellung

Freud und Leid liegen auch im Onlinehandel nahe beisammen. Hoffentlich erhalten Sie die Mail *Stornierte Bestellungen* nur selten. Tipp: Legen Sie der Übersicht halber ein eigenes »Katastrophenpostfach« für Stornomitteilungen und die nächste Mailsorte, *Fehlgeschlagene Bestellung*, an. Die Einstellungen für diese Sorte können Sie ähnlich wie bei den Stornomitteilungen vornehmen.

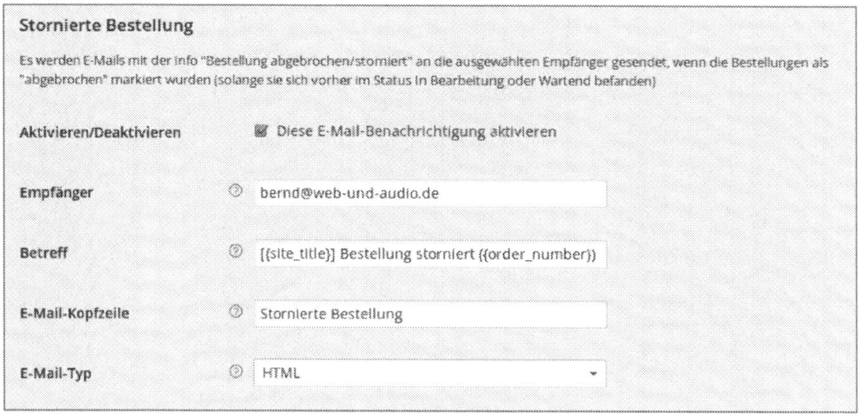

Bild 6.59: Benachrichtigung über stornierte Bestellungen.

Damit wären die drei »problemlosen« Sorten von Mails abgearbeitet, nämlich die internen. Jetzt wird es ernst. Was an Ihre Kunden verschickt wird, muss die äußere Form wahren und juristisch wasserdicht sein. Denken Sie dabei auch an Betrugsfälle. Immer wieder werden gefälschte E-Mails im Namen von Onlineshops verschickt. Bleiben Sie also seriös und achten Sie auf korrekte Formalien.

Bestellung in Bearbeitung

Die Mail *Bestellung in Bearbeitung* dient dem Kunden als Eingangsbestätigung. Die voreingestellten Formulierungen können Sie ändern. Achten Sie aber im Betrefftext darauf, die geschweiften Klammern und alles dazwischen beizubehalten. Mithilfe dieser Shortcodes werden Ihr Shopname und das Bestelldatum in den Betreff integriert.

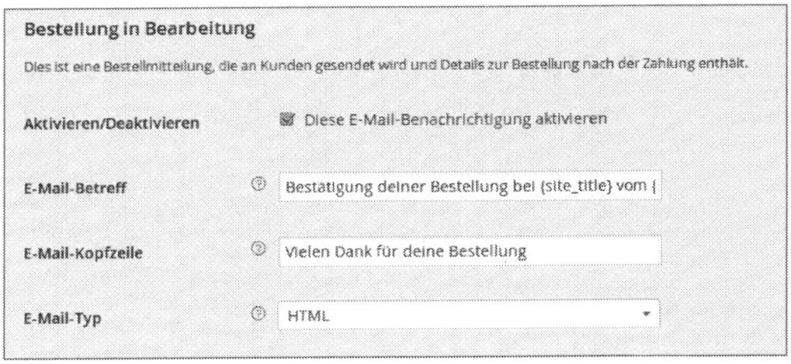

Bild 6.60: Nach dem Kauf erhält der Kunde eine Bestätigungsmail.

Bestellung fertiggestellt

Sobald eine Bestellung als *Abgeschlossen* markiert wurde, erhält der Kunde eine Bestätigungsmail. Bei Paketsendungen setzen Sie diese Markierung selbst, und zwar unter *WooCommerce/Bestellungen/Bestellung bearbeiten*. WooCommerce kann ja nicht riechen, wann Sie ein Paket beim Versender abgegeben haben.

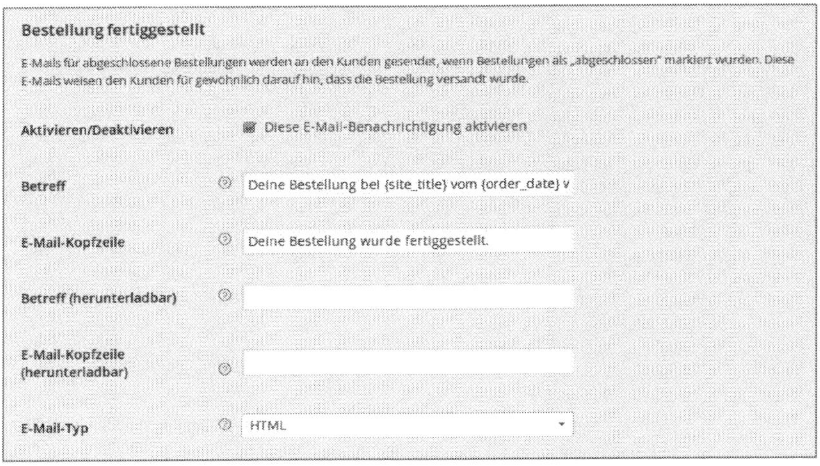

Bild 6.61: Die Bestätigungsmail für versendete Bestellungen.

Bei Downloadprodukten hängt es von der Zahlungsart ab, zu welchem Zeitpunkt die Bestellung abgeschlossen ist und ob die entsprechende Markierung automatisch erfolgt. Am besten führen Sie einige Probebestellungen mit unterschiedlichen Zahlungsarten durch. Außerdem können Sie für Downloadprodukte einen eigenen Betreff und eine eigene Kopfzeile eingeben. Ignoriert werden der eigene Betreff und die eigene Kopfzeile allerdings bei gemischten Bestellungen aus physischen Waren und Downloadprodukten.

Rückerstattete Bestellung

Sie haben eine Ware zurückerhalten, gegebenenfalls eine Zahlung rückabgewickelt und die betreffende Bestellung als *Rückerstattet* markiert? Mit der Markierung erhält der Besteller eine Bestätigungsmail. Am besten lassen Sie die Voreinstellungen unverändert.

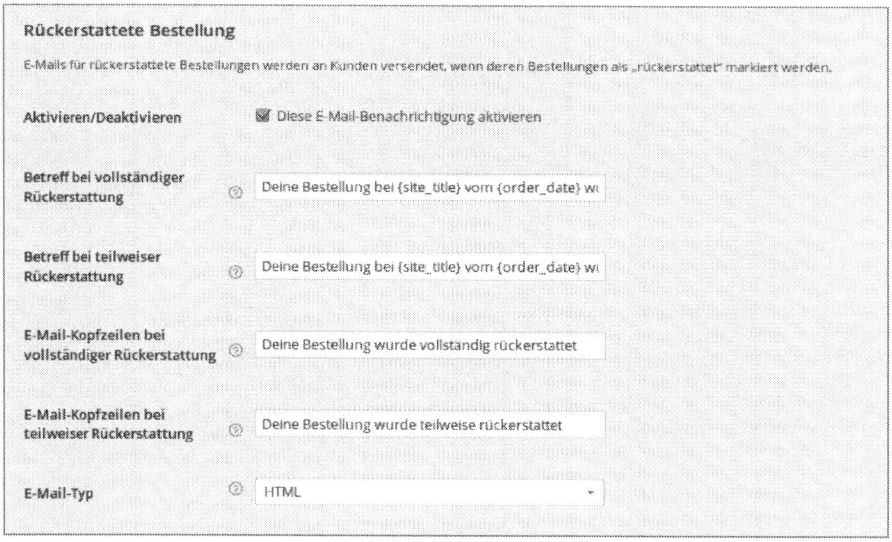

Bild 6.62: Nachdem der Händler eine Bestellung als *Rückerstattet* markiert hat, versendet WooCommerce eine Bestätigungsmail an den betreffenden Kunden.

Kundenrechnung

Abhängig vom Bezahlstatus – Rechnung offen oder bezahlt – erhält der Kunde die Rechnungsmail mit unterschiedlicher Betreff- und Kopfzeile. Falls Sie die Floskeln ändern: Achten Sie darauf, die Shortcodes, erkennbar an den geschweiften Klammern, nicht zu verändern. Sie werden für das Zusammenspiel mit PayPal oder anderen Zahlungsdienstleistungen benötigt.

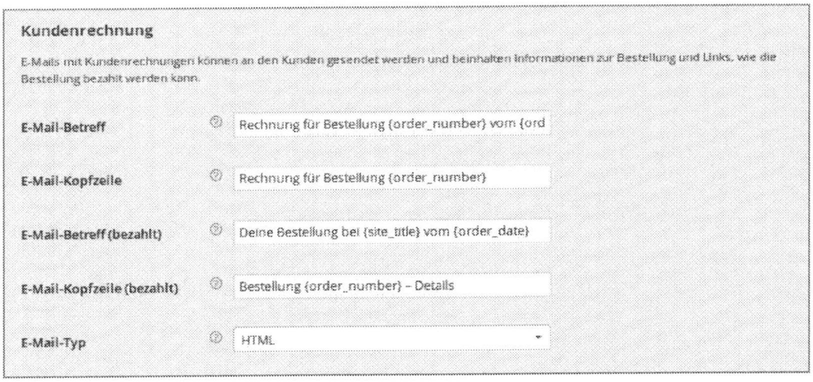

Bild 6.63: Für offene und bezahlte Rechnungen werden unterschiedliche Betreff- und Kopfzeilen voreingestellt.

Anmerkung des Kunden

Dieses Feature heißt zwar *Anmerkung des Kunden*, treffender wäre aber *Private Anmerkungen und Notizen an den Kunden*. Für manche Bestellungen kann das sehr hilfreich sein.

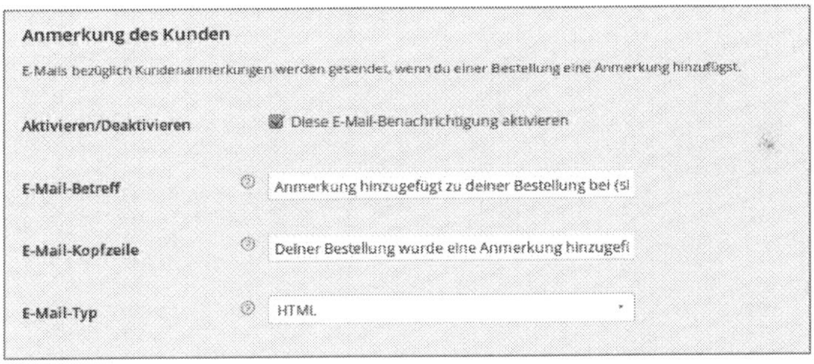

Bild 6.64: Über *Anmerkungen hinzufügen* kann sich der Händler eigene Notizen machen oder einem Kunden etwas zu seiner Bestellung mitteilen.

Beispiel: Kurz nach einem Bestelleingang verkündet Ihr Hersteller, dass bald ein neueres Modell zur Verfügung steht. Nun stellt sich natürlich die Frage, ob Sie den Kunden gleich mit dem neuen Modell beglücken möchten.

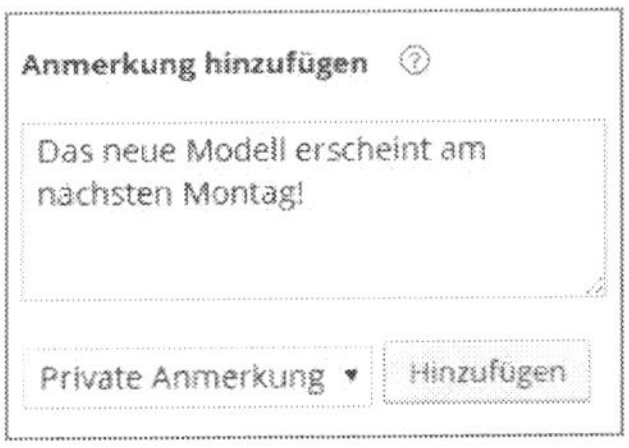

Bild 6.65: *Private Anmerkung* und *Hinweis an Kunde*.

Über *WooCommerce/Bestellungen* können Sie jede einzelne Bestellung aufrufen und bearbeiten. Rechts unten finden Sie das Fenster *Anmerkung hinzufügen*. In der Standardeinstellung können Sie hier nur eine *Private Anmerkung* eingeben, also Eigennotizen.

Mit einem Klick auf das kleine Dreieck erscheint ein *Eingabefeld für Kundenhinweise*. Wenn Sie diese Option nutzen, erhält der Kunde eine Mail. Hüten Sie sich davor, diese beiden Modi zu verwechseln.

Noch eine generelle Anmerkung zu diesem Feature: Natürlich können Sie den Kunden bei Rückfragen auch ganz direkt anmailen, allerdings müssen Sie dafür die Bestellverwaltung verlassen.

Passwort zurücksetzen

Hat der Kunde sein Passwort verschludert, kann er es zurücksetzen lassen und erhält das neue per E-Mail. WooCommerce versendet für diese Prozedur eine kleine Anleitungsmail. Betreff und Kopfzeile können Sie hierfür anpassen.

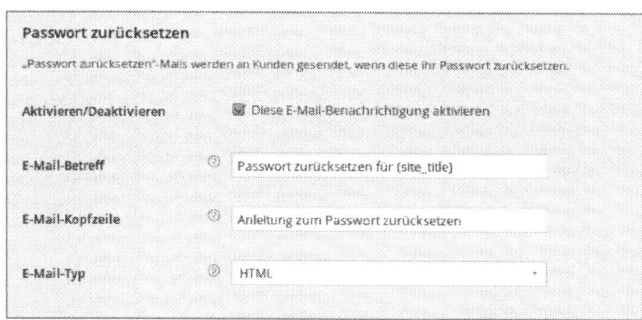

Bild 6.66: Nach einem Klick auf *Passwort zurücksetzen* erhält der Kunde eine Anleitungsmail.

Neues Konto

Nachdem eine Kunde in Ihrem Shop ein eigenes Konto eingerichtet hat, erhält er eine Bestätigungsmail. Hierfür können Sie einige kleinere Anpassungen vornehmen.

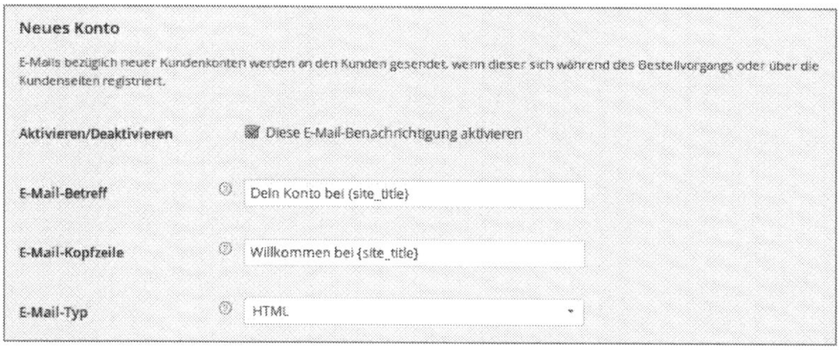

Bild 6.67: Nach der Einrichtung eines Kundenkontos erhält der Neukunde eine Bestätigungsmail.

6.5.8 API-Schnittstelle

Die API-Schnittstelle verknüpft Ihre WooCommerce-Installation mit externen Diensten. Sie wird nicht nur für einige Funktionen von PayPal und anderen Zahlungsdienstleistern benötigt, sondern auch, um Rechtstexte updaten zu lassen. Die »ferngesteuerte« Überprüfung und Aktualisierung von Rechtstexten gehört zum Service einiger Händlerorganisationen.

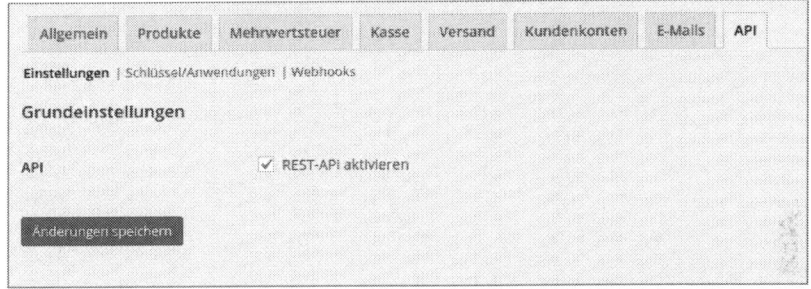

Bild 6.68: Die *REST-API* in WooCommerce aktivieren und deaktivieren.

6.6 Produkte einstellen

Tapfer haben Sie sich durch diverse Konfigurationen gekämpft. Es wird Zeit, endlich eigene Produkte einzustellen. Irgendwann muss ja die Ware über die Rampe und der Kies aufs Konto.

6.6.1 Produkt hinzufügen

Zwei Möglichkeiten haben Sie, ein neues Produkt anzulegen:

1. Über das Menü *+Neu* oben auf der oberen Menüleiste.
2. Über *Produkte/Produkt hinzufügen* auf der linken Menüleiste

Beide Wege führen zum selben Ziel, dem Editor. Bekannt ist er Ihnen schon vom Anlegen von Beiträgen und Seiten, aber diesmal geht es um einen neuen Typus: Produkte.

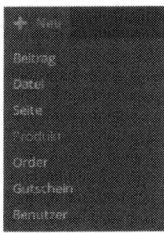

Bild 6.69: Über das Menü *+Neu* kann ein neues *Produkt* angelegt werden.

Der Editor zeigt oben ein kleines und unten ein großes Feld. Oben wird der Produktname, unten die Produktbeschreibung eingegeben. Wählen Sie aus Gründen der Suchmaschinenoptimierung einen möglichst aussagekräftigen Namen, denn dieser fließt in die Produkt-URL ein.

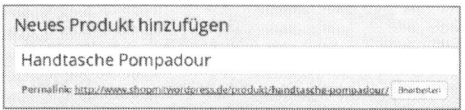

Bild 6.70: Der Produktname wird in das kleine obere Feld des Editors eingegeben.

Im Hauptfeld erstellen Sie die ausführliche Beschreibung zu Ihrem Produkt. Was hier eingegeben wurde, erscheint später auf der Produktseite als sogenannte Langversion. Ob Sie an dieser Stelle ein Bild hinzufügen, bleibt Ihnen überlassen. Beachten Sie hierzu die in diesem Kapitel noch beschriebenen Features *Produktbild* und *Produktgalerie*.

Bild 6.71: Im Editor wird eine Produktbeschreibung erstellt.

Kurzbeschreibung hinzufügen

Wenn Sie nach unten scrollen, entdecken Sie das Feld zur Eingabe der *Kurzbeschreibung des Produkts*. Hier fassen Sie noch einmal das Wesentliche zusammen. Die Unterschiede von Langversion und Kurzbeschreibung:

- *Langversion* – Die ausführliche Beschreibung ist gleichermaßen wichtig für die Kunden und die Suchmaschinenoptimierung. Sie erscheint in der Regel unterhalb des Produktbilds.

- *Kurzbeschreibung* – Sie ist relevant für den rechtskonformen Betrieb Ihres Shops. Die Kurzbeschreibung wird zunächst seitlich vom Produktbild eingeblendet, später dann noch an verschiedenen Stellen des Bestellprozesses.

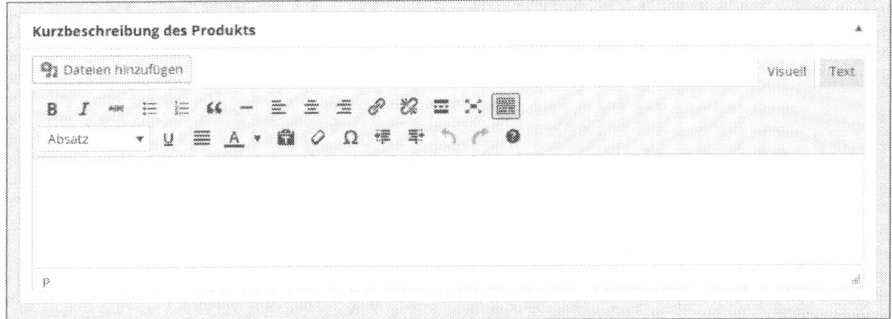

Bild 6.72: Die *Kurzbeschreibung des Produkts* anpassen.

6.6.2 Produktkategorien

Im Beispiel wurde das Produkt der schon vorhandenen Produktkategorie *Handtaschen* zugeordnet. Sie können neue Produktkategorien zwar gleich beim Einstellen des Produkts anlegen, besser ist aber ein planmäßiges Vorgehen in drei Schritten:

1. Erstellung eines Benennungsschemas. Nehmen Sie Zettel und Stift zur Hand und vergeben Sie möglichst Google-freundliche Namen. Tabu sind »technische« Bezeichnungen wie Damenoberbekleidung oder Kurzwaren, denn danach googelt kein Käufer.

2. Anlegen der Produktkategorien und gegebenenfalls Unterkategorien über *Produkte/ Kategorien*. Achtung: Vergewissern Sie sich, dass Sie auch wirklich in der Kategorienverwaltung für die Produkte gelandet sind und nicht in der allgemeinen Kategorienverwaltung.

3. Zuweisung der Produktkategorie beim Einstellen der Produkte.

Bild 6.73: Das Produkt wurde der Produktkategorie *Handtaschen* zugeordnet.

6.6.3 Produktschlagwörter

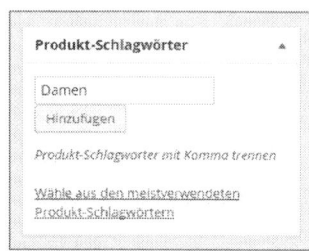

Bild 6.74: Das Produkt wurde dem Produktschlagwort *Damen* zugeordnet.

Ähnlich wie die Produktkategorien funktionieren die Produktschlagwörter. Gehen Sie auch hier planmäßig vor und achten Sie darauf, dass sich Ihre Schemata nicht überschneiden. Im Bereich der Bekleidung könnten Sie so vorgehen:

- *Produkt-Kategorien:* Mäntel, Jacken, Hosen, Handtaschen
- *Produkt-Schlagwörter:* Damen, Herren, Kinder

6.6.4 Produktbilder und Produktgalerie

Zur Bebilderung eines Produkts stehen Ihnen drei Möglichkeiten zur Verfügung:

1. Bild innerhalb des Produktbeschreibung
2. Bild als Produktbild
3. Bild in der Produktgalerie

Bild 6.75: Zu jedem Produkt können ein *Produktbild* und eine *Produktgalerie* hinzugefügt werden.

Bild innerhalb der Produktbeschreibung

Bei dieser Methode fügen Sie ein oder mehrere Bilder direkt über den Editor ein. Das Problem ist, dass diese Bilder dann auch nur in der Bildbeschreibung angezeigt werden und nicht im Produktkatalog. Dort entsteht eine bedauerliche Lücke.

Bild 6.76: Weil kein Produktbild zugewiesen wurde, klafft im Produktkatalog eine unschöne Lücke.

Bild als Produktbild

Was im Katalog angezeigt werden soll, braucht ein eigenes *Produktbild*. Sie können das Bild entweder gleich aus der Mediathek ansteuern oder es uploaden und damit in die Mediathek befördern. Von dort wird es nach der Zuweisung zum Produkt auch im Katalog angezeigt, also in der Übersichtsseite Ihres Shops.

Bild 6.77: Ein Produktbild wurde hinzugefügt.

Bild 6.78: Nach dem Einfügen des Produktbilds ist die Handtasche auch im Katalog präsent.

Bild innerhalb der Produktgalerie

Weitere Bilder können Sie über das Fenster *Produktgalerie* hinzufügen. WordPress zeigt dann auf der Produktseite unterhalb des Hauptbilds eine Galerie, die sich bequem durchklicken lässt. Um die Bilder so richtig zur Geltung zu bringen, werden sie in einem Leuchtkasten vor dunklem Hintergrund präsentiert.

Bild 6.79: Die Produktgalerie hat Platz für zusätzliche Bilder.

Nutzen Sie die Galeriefunktion auf jeden Fall, um Ihre Topseller in Szene zu setzen. Zeigen Sie Details und präsentieren Sie die Ware aus unterschiedlichen Perspektiven.

Bild 6.80: In einem attraktiven Leuchtkasten kommen die Bilder der Galerie nicht nur gut zur Geltung, sie lassen sich auch bequem durchklicken.

6.6.5 Produktdaten

Unterhalb des Editors befindet sich die Eingabebox für die Produktdaten. Nach dem Anlegen eines neuen Produkts ist der Tab *Allgemein* geöffnet, und im Fenster *Produktdaten* ist *Einfaches Produkt* eingestellt. Das *Einfache Produkt* ist Thema dieses Kapitels, *Variable Produkte* und andere Spielarten werden in Kapitel 6.7 und 6.8 erläutert.

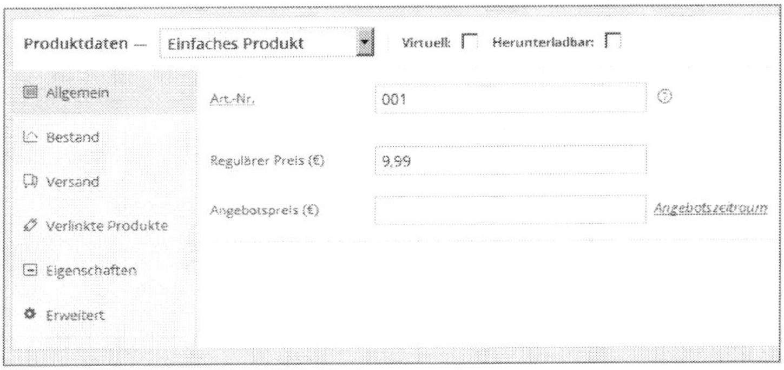

Bild 6.81: Über Checkboxen werden virtuelle und/oder herunterladbare Produkte gekennzeichnet.

Mithilfe der Checkboxen können Sie einstellen, ob es sich um ein virtuelles und/oder ein herunterladbares Produkt handelt. Der Unterschied:

- *Virtuelle Produkte* werden ohne Versandkosten berechnet. Typisch für ein rein virtuelles Produkt ist eine Dienstleistung. Sie können WooCommerce auch verwenden, um eine Unterrichts- oder Therapiestunde anzubieten.

- *Herunterladbare Produkte* sind immer mit einem Download verknüpft. Typisch sind E-Books, MP3-Files und Bilder.

Bei der Eingabe von Artikelnummern sollten Sie keine reine Zahlenkombination verwenden, sondern ein Buchstabenkürzel hinzufügen. Auf diese Weise verhindern Sie Überschneidungen mit den automatisch von WordPress vergebenen ID-Nummern. Beispiel für eine unproblematische Artikelnummer: *M-001*.

Bild 6.82: Nach der Eingabe des Aktionspreises präsentiert sich der reguläre Preis durchgestrichen. Rechts oben wird *Angebot* eingeblendet.

Gleich ans Marketing gedacht hat WooCommerce bei den beiden Eingabefeldern zur Preisangabe.

- *Regulärer Preis* – Hier wird der ganz normale Preis eingegeben.

- *Angebotspreis* – Wenn Sie dieses Feature nutzen, erscheint der reguläre Preis durchgestrichen, und das Produkt wird als *Angebot* gekennzeichnet. Über den Link *Angebotszeitraum* können Sie bestimmen, von wann bis wann der reduzierte Preis gelten soll. Bitte beachten Sie beim Einsatz von Aktionspreisen auch das Wettbewerbsrecht. Sie dürfen den regulären Preis nicht künstlich erhöhen, um anschließend einen »reduzierten Preis« anzubieten.

Bestand

In der Tab-Leiste finden Sie unterhalb von *Allgemein* die Einstellungsmöglichkeiten für *Bestand*.

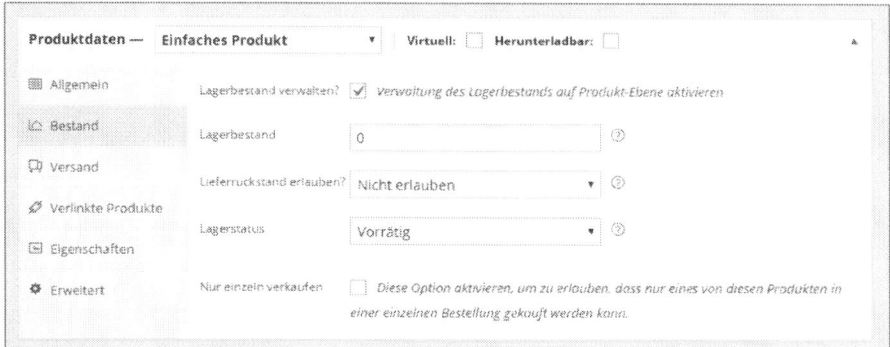

Bild 6.83: Mit der Checkbox *Lagerbestand verwalten?* aktiviert WooCommerce die Bestandsverwaltung für dieses Produkt.

Ganz oben befindet sich die Checkbox *Lagerbestand verwalten?*. Hier bestimmen Sie zunächst, ob die Bestandsverwaltung für dieses Produkt überhaupt aktiviert wird. Standardmäßig ist die Box deaktiviert und das Produkt damit immer vorrätig. Übernehmen Sie diese Einstellung, wenn die Ware in Massen vorhanden ist und Sie die ständige Verfügbarkeit auch dem Kunden gegenüber kommunizieren möchten.

Mit der Aktivierung der Checkbox können Sie Ihren Bestand eingeben. WooCommerce zeigt Ihren Besuchern dann an, wie viele Einheiten eines Produkts noch verfügbar sind. Zwei Gründe sprechen dafür, dieses Feature zu aktivieren:

- Fehlbestellungen vermeiden: Bei einem Lagerbestand von *0* erscheint im Shop der Hinweis *Nicht vorrätig*, und das Produkt kann dann nicht mehr in den Warenkorb gelegt werden.
- Marketing: Der Mensch ist von Natur aus Jäger und Sammler. Der Hinweis auf einen zur Neige gehenden Vorrat kann einen Kaufimpuls auslösen.

Ein bisschen tricksen können Sie über das Feld *Lagerrückstand erlauben?*. Hier stehen drei Optionen zur Verfügung:

1. *Nicht erlauben*
2. *Erlauben, aber Kunden benachrichtigen*
3. *Erlauben*

Bild 6.84: Eingestellt ist hier die Option *Erlauben, aber Kunden benachrichtigen*. Das nicht verfügbare Produkt kann in den Warenkorb gelegt werden, ist aber durch den Zusatz *Verfügbar bei Nachlieferung* gekennzeichnet.

Standardmäßig ist die erste Option eingestellt: Was nicht verfügbar ist, kann nicht bestellt werden. Mit der zweiten Option kann der Kunde das Produkt auch dann in den Warenkorb legen, wenn es nicht verfügbar ist. Zur Information blendet WooCommerce den Hinweis *Verfügbar bei Nachlieferung* auf der Produktseite und während des weiteren Bestellvorgangs ein.

Mit der dritten Option verkaufen Sie munter weiter, obwohl das Lager leer ist. Dem Kunden wird dabei ganz unbedarft *Vorrätig* angezeigt. Verwenden Sie dieses Option nur, wenn Ihr Lieferant schon »in Sichtweite« ist. Ansonsten verstoßen Sie nämlich gegen das Wettbewerbsrecht und riskieren eine Abmahnung durch Konkurrenten. Mit der Aktivierung der Checkbox *Nur einzeln verkaufen* erschweren Sie Hamsterkäufe. Pro Bestellvorgang kann dann nur ein betroffenes Produkt in den Warenkorb gelegt werden.

Versand

Dieses Fenster ist vor allem dann relevant, wenn Sie Versandklassen erstellt haben, die dem Produkt zugeordnet werden sollen.

Bild 6.85: Informationen zum Versand und Zuordnung zu einer Versandklasse.

Angaben zu Gewicht und Größe sind in der Produktbeschreibung besser aufgehoben. Sobald Sie nämlich hier etwas eintragen, quetscht sich unterhalb des Produktbilds zwischen *Beschreibung* und *Bewertungen* ein weiteres Register mit dem langweiligen Namen *Zusätzliche Informationen* hinein und lenkt von den *Bewertungen* ab.

Bild 6.86: Das Register *Zusätzliche Informationen* schiebt sich nur dann zwischen *Beschreibung* und *Bewertungen*, wenn bei *Gewicht* oder *Größe* ein Wert eingetragen wurde.

Verlinkte Produkte

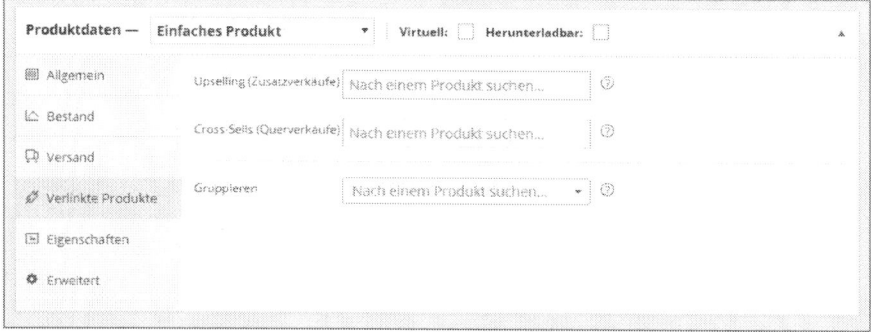

Bild 6.87: Durch Produktverlinkungen werden Kunden zu weiteren Käufen animiert.

Mit der Einstellungsmöglichkeit für *Verlinkte Produkte* bringen Sie Ihren Shop auf Trab.

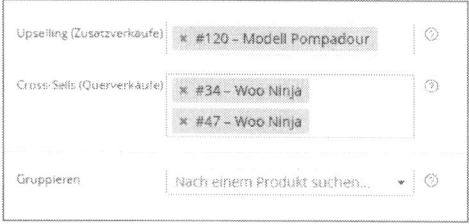

Bild 6.88: Upselling und Cross-Selling in der Produktverwaltung einstellen.

Die Felder *Upselling (Zusatzverkäufe)* und *Cross-Sells (Querverkäufe)* sind mit einer Suchfunktion ausgestattet. Tippen Sie einfach ein paar Buchstaben in die Felder, die in den Namen Ihrer Produkte enthalten sind. Anschließend werden Produktvorschläge eingeblendet, die Sie probehalber übernehmen. Danach wechseln Sie ins Frontend.

Bild 6.89: Unter dem eigentlichen Produkt erscheint der Hinweis *Das könnte dir auch gefallen*.

Scrollen Sie nun im Frontend etwas nach unten. Unterhalb des eigentlichen Produkts erscheint ein Verweis auf dasjenige Produkt, das Sie im Feld *Upselling* eingegeben haben, samt Button *In den Warenkorb*. Noch etwas weiter unten finden Sie eine Auflistung ähnlicher Produkte. Hier orientiert sich WooCommerce an den Produkten im Feld *Cross-Sells (Querverkäufe)*.

Bild 6.90: WooCommerce listet ähnliche Produkte anhand der Eingaben im Feld *Cross-Sells (Querverkäufe)* auf.

Eigenschaften

Bild 6.91: Das *Eigenschaften*-Fenster benötigen Sie für das Feature *Variable Produkte*, das in Kapitel 6.7 besprochen ist.

Sie können zwar auch ohne dieses Feature Eigenschaften wie Farben und Größen definieren, angezeigt werden diese dem Kunden dann aber in einem speziellen Register. Packen Sie die Eigenschaften in die Produktbeschreibung, falls Sie keine variablen Produkte nutzen.

Erweitert

Im Tab *Erweitert* hat WooCommerce drei sehr unterschiedliche Features untergebracht.

Oben haben Sie die Möglichkeit, direkt nach dem Kauf eine produktspezifische Nachricht zu verschicken. Den Text hierfür tragen Sie in das Feld *Hinweis zum Kauf* ein, er wird dann in Form einer E-Mail an den Kunden verschickt. Typisch sind hier Tipps zu Wartung und Pflege eines Produkts.

Bild 6.92: Produktbewertungen werden im Tab *Erweitert* erlaubt oder verhindert.

Die Einstellungsmöglichkeit in der Mitte ist nur relevant, wenn Sie das Feature *Gruppierte Produkte* verwenden und die Reihenfolge der Produkte sortieren möchten.

Für alle relevant ist die Checkbox *Produktbewertungen erlauben*. Hierfür muss man die Entwickler von WooCommerce mal wieder loben: Für jedes einzelne Produkt kann die Bewertungsfunktion aktiviert oder deaktiviert werden.

6.7 Variable Produkte einstellen

Mit dem Einstellen von einfachen Produkten haben Sie die Pflicht hinter sich gebracht – jetzt kommt die Kür: variable Produkte.

Variable Produkte sind sexy

Angenommen, Sie verkaufen ein T-Shirt in drei Größen und drei Farben. Dann wollen Sie ja nicht wirklich neun einzelne Produkte anlegen, sondern ein einziges mit Auswahlmöglichkeiten. So etwas heißt bei WooCommerce *variables Produkt*.

Und so läuft die erste Phase des Bestellprozesses ab:

1. Kunde entdeckt ein schönes T-Shirt.

2. Kunde wählt passende Größe aus.

3. Kunde wählt Lieblingsfarbe aus.

4. Nach der Auswahl der Varianten ist das Produkt auch schon im Warenkorb.

Der Clou bei WooCommerce: Das Prinzip ist nicht auf gleichwertige Produkte beschränkt. Sie können damit auch eine Wellnessmassage für 30, 45 und 60 Minuten zu jeweils unterschiedlichen Preisen anbieten.

Noch einmal kurz die Vorteile variabler Produkte:

- König Kunde liebt es, zwischen Varianten auszuwählen.
- Der Händler spart Platz und schafft Ordnung im Sortiment.

Mit anderen Worten: Variable Produkte sind sexy. Machen Sie es, wenn Sie es können. Los geht's.

6.7.1 Eigenschaften anlegen

So etwas wie Farbe und Größe bezeichnet WooCommerce auch als *Eigenschaft*. Definiert werden Eigenschaften am besten zentral. Schrauben Sie deshalb vorläufig nicht mehr an einem einzelnen Produkt herum, sondern rufen Sie das Menü *Produkte/Eigenschaften* auf.

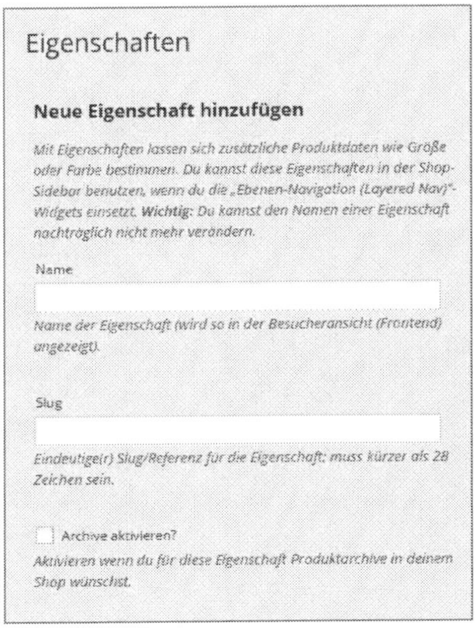

Bild 6.93: Via *Produkte/Eigenschaften* können neue *Eigenschaften* wie Farbe und Größe zentral definiert werden.

Namen und Titel

Im Fenster *Neue Eigenschaft hinzufügen* wählen Sie zunächst einen Namen und eine Titelform aus. Aus der Titelform konstruiert WooCommerce den letzten Teil der URL, den sogenannten *Slug*. Sie können das Feld auch leer lassen, WooCommerce leitet den

Slug dann aus dem Titel ab und wandelt gegebenenfalls Umlaute und das ß um. Kontrollieren Sie aber immer noch einmal das Ergebnis.

Beispiel: Der Titel *Größe* sollte in den Slug *groesse* umgewandelt werden und nicht etwa in *groese* oder *grosse*. Falls Sie den Slug selbst eingeben, sind nur die international üblichen Kleinbuchstaben sowie Ziffern und der Bindestrich erlaubt.

Archive aktivieren?

Mit einer Aktivierung dieser Option lassen Sie auch Ihre Produkteigenschaften in das WordPress-Archiv einfließen, was die Sichtbarkeit in den Suchmaschinen minimal verbessert.

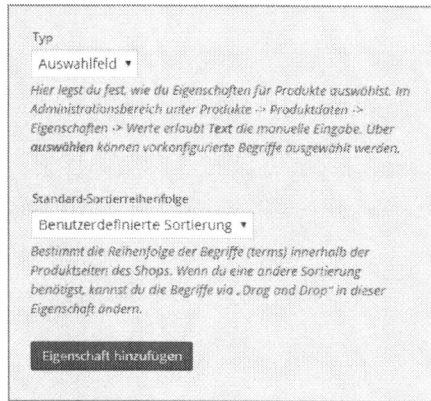

Bild 6.94: Es empfiehlt sich, den standardmäßig eingestellten Typ *Auswahlfeld* beizubehalten und ebenso die *Standard-Sortierreihenfolge*.

Typ

Die standardmäßige Einstellung *Auswahlfeld* sollten Sie so belassen. Sie können dann später in den Produkteinstellungen auf das zurückgreifen, was Sie in der Eigenschaftenverwaltung angelegt haben.

Standard-Sortierreihenfolge

Auch hier empfiehlt es sich, die Standardeinstellung zu übernehmen. Die Sortierung lässt sich später noch per Drag-and-drop ändern.

Eigenschaft hinzufügen

Mit einem Klick auf *Eigenschaft hinzufügen* haben Sie nun eine Eigenschaft wie beispielsweise Größe oder Farbe definiert. Allerdings fehlen noch ganz wichtige Dinge – die Größen und Farben selbst.

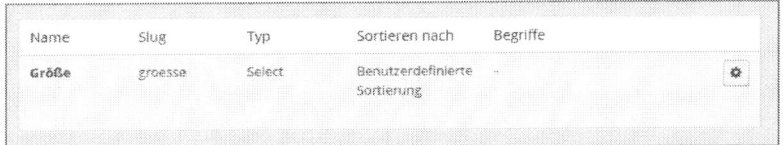

Bild 6.95: Die Eigenschaft *Größe* ist angelegt. Die einzelnen Größen werden über das Zahnradfeld rechts hinzugefügt.

Zu jeder angelegten Eigenschaft finden Sie rechts ein Zahnrad. Klicken Sie darauf, um die Eigenschaft zum Leben zu erwecken. WordPress bringt hierzu einen neuen Begriff ins Spiel, und zwar den *Wert*. Ein Beispiel zur Unterscheidung von Eigenschaft und Wert:

- *Eigenschaft:* Farbe
- *Werte:* Rot, Grün, Blau

6.7.2 Eigenschaften befüllen

Jetzt wird es konkret. Die Eigenschaft *Größe* wird mit Werten befüllt. Im Beispiel soll der Kunde zwischen *S*, *M* und *L* wählen können, *Small*, *Medium* und *Large*. Ideal ist diese Benennung:

Name: *S*
Titelform: *small*
Eltern: *Keine*
Beschreibung: *Kleidergröße S (Small)*

Nach dem Hinzufügen von *M* und *L* finden Sie rechts die folgende Übersicht:

Bild 6.96: Nach dem Klick auf das Zahnrad wird die Eigenschaft befüllt.

In der Spalte *Name* sehen Sie, was den Besuchern später in der Auswahlbox angezeigt wird, und zwar allen. Die Informationen in der Spalte *Beschreibung* sind dagegen browserabhängig verfügbar. Einige Ihrer Besucher erhalten sie beim Überfahren mit der Maus, andere nicht.

Bild 6.97: Drei unterschiedliche Größen wurden definiert: *S*, *M* und *L*. Die Reihenfolge kann mit Drag-and-drop angepasst werden.

Die Spalte *Titelform* zeigt, wie das System der »sprechenden« Slugs ausgereizt werden kann. Weder der Kunde noch Google interpretiert ein einfaches *s* innerhalb der URL auf irgendeine sinnvolle Weise – im Gegensatz zu *small*.

Wie Sie vielleicht bemerkt haben, hat das System die Einträge alphabetisch angeordnet, was bei Kleidergrößen für Verwirrung sorgt. Per Drag-and-drop können Sie die Reihenfolge ändern.

6.7.3 Weitere Eigenschaft erstellen und befüllen

Wenn schon, denn schon. Neben der Größe sollen die Kunden auch die Farbe auswählen dürfen. Die *Eigenschaft* Farbe wurde angelegt und mit den *Werten* Rot, Blau und Grün befüllt. Via Drag-and-drop wurde die Reihenfolge neu bestimmt. Rot steht ganz oben, weil Ihr Shop die meisten T-Shirts in dieser Farbe verkauft.

Name	Beschreibung	Titelform	Anzahl
Rot	Rot	rot	0
Blau	Blau	blau	0
Grün	Grün	gruen	0

Bild 6.98: Die nächste *Eigenschaft* wurde angelegt und mit Werten befüllt: Farbe.

6.7.4 Variables Produkt anlegen

Der erste Schritt wäre geschafft. Die beiden Eigenschaften Größe und Farbe wurden angelegt und stehen für jedes Produkt zur Verfügung. Nach dem Abspeichern verlassen Sie das Fenster *Produkte/Eigenschaften*.

Noch mal zur Erinnerung: Ein Produkt, das dem Kunde verschiedene Varianten zur Auswahl anbietet, trägt bei WooCommerce die Bezeichnung *Variables Produkt*.

Variables Produkt auswählen

Zum Einpflegen des neuen Produkts gehen Sie, wie üblich, auf *Produkte/Produkt hinzufügen*. Wählen Sie oben bei *Produktdaten* die Option *Variables Produkt* aus. Daraufhin fügt sich links ein neuer Tab ein: *Varianten*.

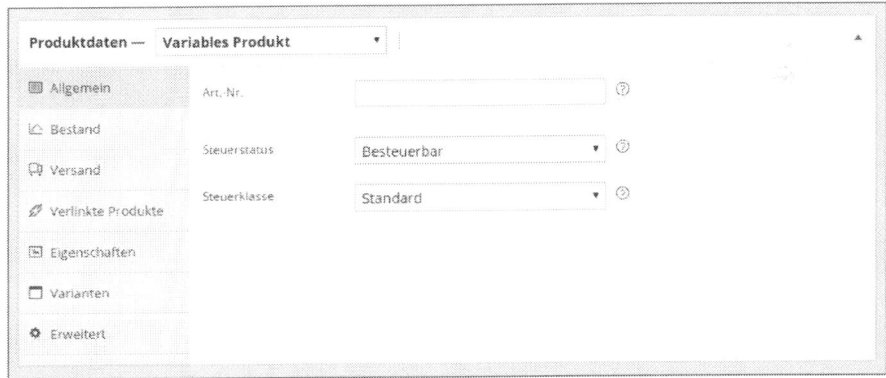

Bild 6.99: Im Fenster *Produktdaten* wurde *Variables Produkt* ausgewählt. Daraufhin erscheint links das neue Register *Varianten*.

Das leere Varianten-Fenster

Ein Klick auf *Varianten* führt allerdings noch in die Leere. Es erscheint lediglich ein etwas rätselhafter Hinweis:

Bevor du eine Variante hinzufügen kannst, musst du mindestens ein Attribut als Variations-Attribut im Attribute Tab festlegen.

Um diesen Satz zu verstehen, müssen Sie zunächst das Wort *Attribut* durch *Eigenschaften* ersetzen. Hier hat das Übersetzungsteam von WooCommerce ein bisschen geschlampt. So wird der Satz etwas verständlicher:

»Bevor du eine Variante hinzufügen kannst, musst du mindestens eine Eigenschaft als Variationseigenschaft im *Eigenschaften*-Tab festlegen.«

Die Marschrichtung ist also klar: Weiter geht es im Tab *Eigenschaften*, der sich direkt über *Variablen* befindet. Dort wird eine Eigenschaft als Variationseigenschaft freigegeben.

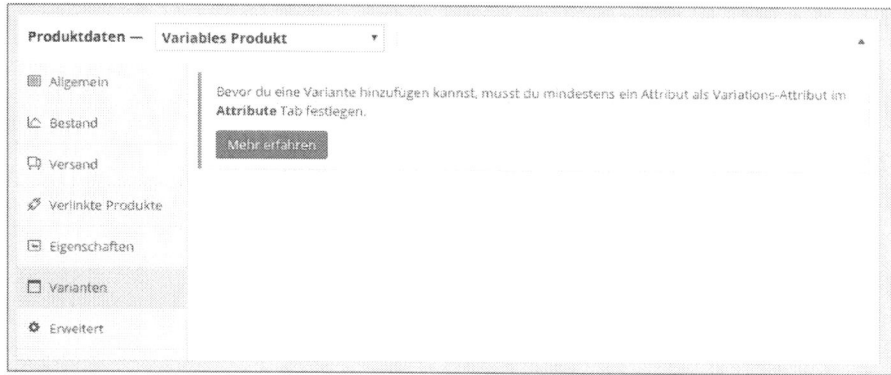

Bild 6.100: Es sind noch keine Varianten eingetragen.

6.7.5 Im Eigenschaften-Tab Variablen freigeben

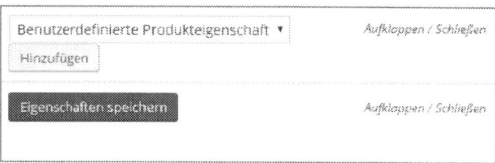

Bild 6.101: Im *Eigenschaften*-Tab werden Produkteigenschaften freigegeben.

Oben im *Eigenschaften*-Tab finden Sie das Feld *Benutzerdefinierte Produkteigenschaft*. Mit einem Klick auf das Dreieck stehen diejenigen Eigenschaften zur Verfügung, die Sie zuvor angelegt haben.

Bild 6.102:
Die Eigenschaft *Größe* wird hinzugefügt.

Über die Schaltfläche *Hinzufügen* wird die Eigenschaft *Größe* ausgewählt. Dann klicken Sie auf *Eigenschaften speichern* und *Aufklappen*.

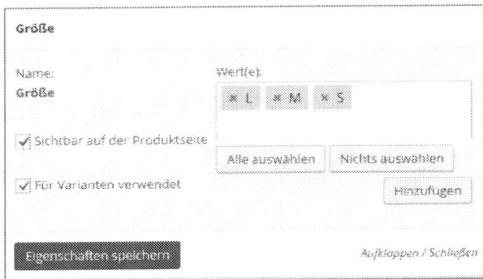

Bild 6.103: Über die Schaltfläche *Alle auswählen* wird die Eigenschaft mit Werten befüllt.

Anschließend wird die Eigenschaft mit *Werten* versehen. Mit einem Klick auf *Alle auswählen* importieren Sie auf einen Schlag sämtliche zuvor angelegten Größen. Steht für dieses Produkt eine bestimmte Größe nicht zur Verfügung, ist das auch kein Problem. Mit einem Klick auf das *x* entfernen Sie den Wert wieder aus der Box. Ganz wichtig ist die untere dieser beiden Checkboxen:

- *Sichtbar auf der Produktseite*
- *Für Varianten verwendet*

Mit der Aktivierung der oberen Checkbox werden die Eigenschaft und die dazugehörigen Werte noch einmal separat auf der Produktseite aufgeführt. Notwendig ist das aber nicht wirklich. Die untere Checkbox müssen Sie dagegen unbedingt aktivieren, um das System der variablen Produkte überhaupt zum Laufen zu bringen. Fieserweise hat WooCommerce den Haken standardmäßig nicht gesetzt. Aber der Kunde soll ja nicht nur die Größe, sondern auch die Farbe des Produkts auswählen können. Wiederholen Sie anschließend die Prozedur für die Eigenschaft *Farbe*.

Zweite Eigenschaft hinzufügen

Bild 6.104: Für die Eigenschaften *Größe* und *Farbe* sind alle Werte eingetragen.

Im Feld *Benutzerdefinierte Produkteigenschaft* rufen Sie die Eigenschaft *Farbe* auf und importieren mit einem Klick auf *Alle auswählen* die Werte *Rot*, *Blau* und *Grün*. Vergessen Sie auch hier nicht die Aktivierung der Checkbox *Für Varianten verwendet*. Sie wissen schon, diese hier:

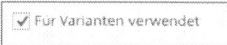

Bild 6.105: Das Häkchen im Kontrollkästchen *Für Varianten verwendet* muss erst eingesetzt werden.

6.7.6 Varianten erstellen

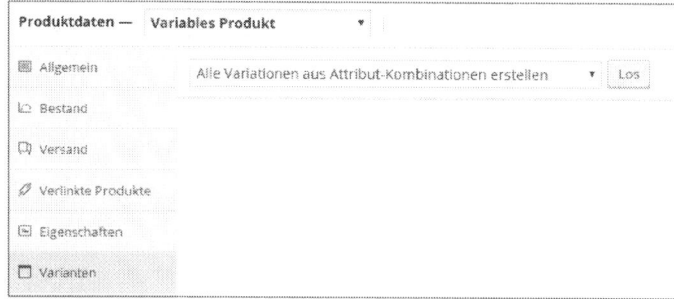

Bild 6.106: Über ein Drop-down-Menü werden die Varianten erstellt.

Nach diesem ganzen Vorgeplänkel geht es nun ans Eingemachte. Klicken Sie links auf den Tab *Varianten*. Im Hauptfenster erscheint ein Drop-down-Menü. Über die Option *Alle Variationen aus Attribut-Kombinationen erstellen* verbindet WooCommerce mit einem Klick sämtliche Größen und Farben – neun auf einen Streich.

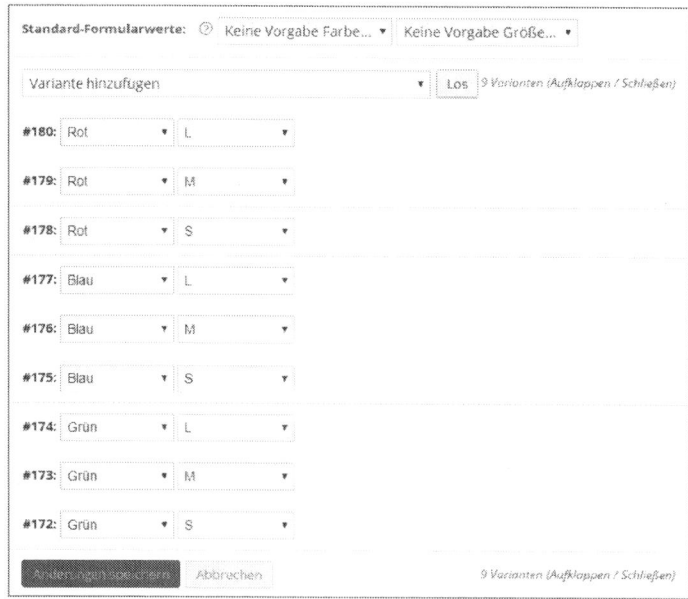

Bild 6.107: Aus drei Größen und Farben erstellt WooCommerce neun Produktvariationen.

6.7.7 Varianten aufklappen

Nach der Erstellung der Produktvariationen hält WooCommerce einen Fallstrick für Sie bereit. Im Frontend werden die Auswahlboxen zwar eingeblendet, aber fieserweise funktionieren sie nicht.

Bild 6.108: Über den Link *Aufklappen* werden die einzelnen Varianten eingeblendet.

Damit die Auswahlboxen ihren Dienst tun, müssen Sie erst für jede Variante zumindest einen Preis eingeben – aber wo? Sehen Sie noch einmal rechts neben das Feld *Variante hinzufügen*. In winziger Kursivschrift ist dort der Link *Aufklappen* eingeblendet. Klicken Sie ihn an.

6.7.8 Preise für Varianten zuweisen

Im neuen Fenster können nun für jede einzelne Variante des Produkts eigene Details eingegeben werden.

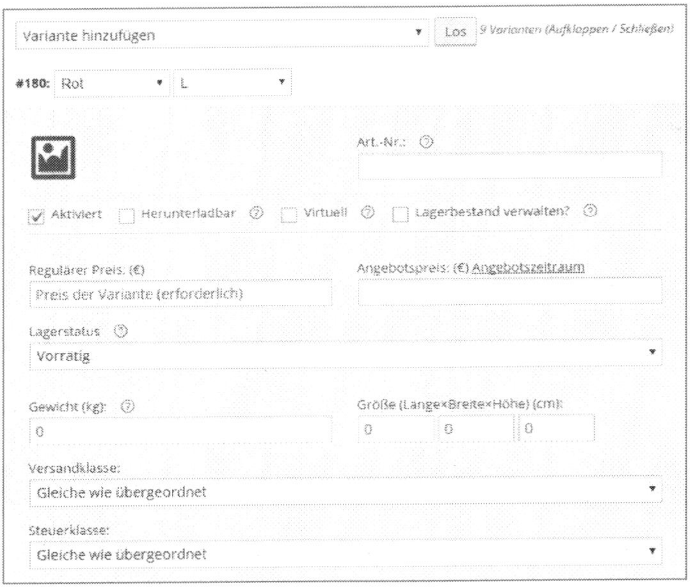

Bild 6.109: Zu jeder Variante werden eigene Informationen eingegeben.

Ohne die Preisangabe funktioniert das Variantensystem in WooCommerce nicht. Selbst wenn alle T-Shirts gleich viel kosten – Sie müssen den Preis in allen Varianten händisch eintragen.

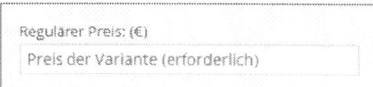
Bild 6.110: Die Eingabe eines Preises ist zwingend erforderlich.

6.7.9 Kontrolle im Frontend

So soll es sein: Der Kunde hat die Möglichkeit, über die zwei Drop-down-Felder *Farbe* und *Größe* des T-Shirts auszuwählen.

Bild 6.111: *Farbe* und *Größe* können über zwei Drop-down-Felder bestimmt werden.

6.8 Produktbundles und externe Produkte

Sie haben es sicher schon bemerkt: Neben den einfachen und den variablen Produkten bietet WooCommerce zwei weitere Produktarten an:

- *Gruppierte Produkte*
- *Externe/Affiliate-Produkte*

6.8.1 Gruppierte Produkte

Hinter diesem Namen verbirgt sich die Möglichkeit, Produktbundles anzulegen. Ein Bundle besteht immer aus diesen Teilen:

- einem *Eltern*-Produkt sowie
- diversen *Kind*-Produkten.

Bild 6.112: Mit der Option *Gruppiertes Produkt* wird eine Bundle angelegt.

Um ein Bundle anzulegen, gehen Sie auf diese Weise vor:

1. Wählen Sie im Fenster *Produktdaten* die Option *Gruppiertes Produkt*.
2. Tragen Sie dort das *Eltern*-Produkt des Bundles ein. Kaufen können Sie es allerdings nicht, und es stehen Ihnen nur eingeschränkte Möglichkeiten zur Verfügung. Preis, Artikelnummer, Steuer- und Versandinformationen lassen sich nämlich nicht für dieses Hauptprodukt, sondern nur für das gesamte Bundle vergeben.
3. Anschließend geben Sie unter *Produkte/Produkte hinzufügen* die weiteren Elemente des Bundles hinzu. Ein kleiner Wermutstropfen: Ein Bundle kann nur einfache, aber keine variablen Produkte enthalten.
4. Nach dem Abspeichern wechseln Sie zu einem einfachen Produkt und anschließend in den Tab *Verlinkte Produkte*. Im Feld *Gruppieren* ordnen Sie es dem Bundle zu.

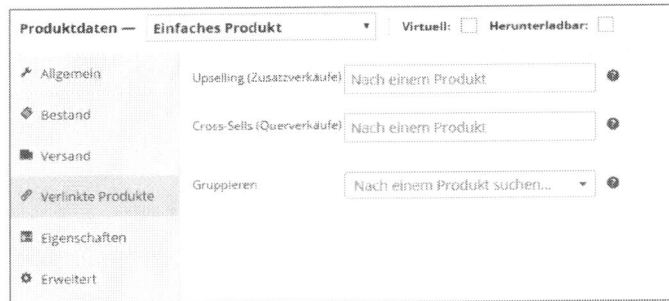

Bild 6.113: Im Feld *Gruppieren* wird das einfache Produkt einem Bundle zugeordnet.

Probleme bei der Bundlefunktion

Fairerweise muss man sagen, dass die Bundlefunktionen in der Grundausstattung nur sehr eingeschränkte Möglichkeiten bieten und nicht sehr transparent arbeiten. Die zwei Hauptprobleme:

1. Die Kunden können sich auch immer mit einem einzelnen Produkt des Bundles begnügen.
2. Auf der Produktseite zeigt WooCommerce noch nicht die komplette Summe für das Bundle an, was als Verstoß gegen das Wettbewerbsrecht ausgelegt werden könnte.

> **Fazit:** Um ausgefeiltere Bundles anbieten zu können, sollte WooCommerce ergänzt werden. Add-ons, nicht nur zu Bundlefunktionen, finden Sie unter *WooCommerce/Addons*, Plug-ins über die Plug-in-Verwaltung oder bei externen Anbietern wie beispielsweise Codecanyon:
> *http://codecanyon.net/category/wordpress/ecommerce/woocommerce*.

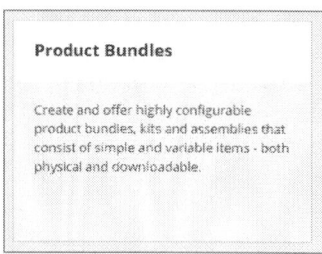

Bild 6.114: Das Add-on *Product Bundle* bringt komfortable Bundlefunktionen mit.

6.8.2 Externe und Affiliate-Produkte

Erklärungsbedürftig ist die Option *Externes/Affiliate-Produkt*, die Sie beim Anlegen eines neuen Produkts unter *Produktdaten* auswählen können.

Hier geht es nämlich darum, zu Produkten in anderen Shops zu verlinken. Jetzt fragen Sie sich mit Recht, wozu das gut sein soll, denn schließlich soll der Kunde sein Geld ja bei Ihnen und nicht bei der Konkurrenz ausgeben.

Sinn hat dieses Konstruktion nur dann, wenn Sie eine Provision erhalten, was durch sogenannte Affiliate- oder Partnerprogramme möglich ist. Bevor Sie diese Option wählen, sollten Sie also einen entsprechenden Partnervertrag abgeschlossen haben.

Bild 6.115: Verlinkung zu Produkten in fremden Shops.

Produkt- und Preisangabe

Die Eingabemöglichkeiten der Produktdaten sind für die externen Produkte natürlich beschränkt, denn Sie haben sie ja gar nicht im eigenen Bestand. Vorsicht sollten Sie bei der Preisangabe walten lassen, einerseits aus wettbewerbsrechtlichen Gründen, andererseits, um Ärger mit dem Affiliate-Partner zu vermeiden. Im Klartext: Die Preise müssen deckungsgleich sein.

Tracking-Code in der URL

Herzstück dieser Konstruktion ist Verlinkung in den externen Shop. In der Regel erhalten Sie von Ihrem Affiliate-Partner eine URL, in der ein Tracking-Code eingebunden ist. Achten Sie darauf, dass nichts verloren geht, denn ansonsten steigern Sie nur den Umsatz eines anderen Händlers, sehen aber selbst in die Röhre.

Buttontext festlegen

Im Tab *Allgemein* können Sie einen besonderen Buttontext festlegen, der dem Besucher angezeigt wird. Das übliche »In den Warenkorb« ist nicht geeignet, denn damit würden Sie den Verbraucher irreführen. Verwenden Sie eine transparente Formulierung wie »Bei XY einkaufen«.

6.9 Gutscheine einsetzen

Sie möchten Ihre Verkäufe mit einem Gutscheinsystem steigern? Dazu zwei Punkte vorab:

1. Knausern Sie nicht bei der Verteilung der Gutscheine – um keine Neidgefühle bei denen zu wecken, die den vollen Preis bezahlen müssen.
2. Achten Sie darauf, dass das Häkchen in der Checkbox *Verwendung von Gutscheinen aktivieren* unter *WooCommerce/Einstellungen/Kasse* gesetzt ist.

6.9.1 Gutscheine erstellen

Über *WooCommerce/Gutscheine* rufen Sie die noch jungfräuliche Gutscheinverwaltung auf. Klicken Sie dann oben auf die Schaltfläche *Gutschein hinzufügen*.

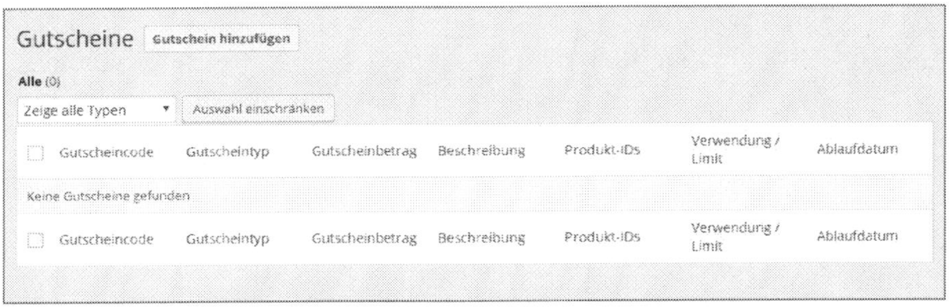

Bild 6.116: Die noch leere Gutscheinverwaltung von WooCommerce.

Einen Gutschein hinzufügen

Ganz oben im Feld *Gutscheincode* wählen Sie den Namen und damit auch gleichzeitig den Code für den Gutschein aus, WooCommerce lässt hier nämlich keine Unterscheidungsmöglichkeit zu.

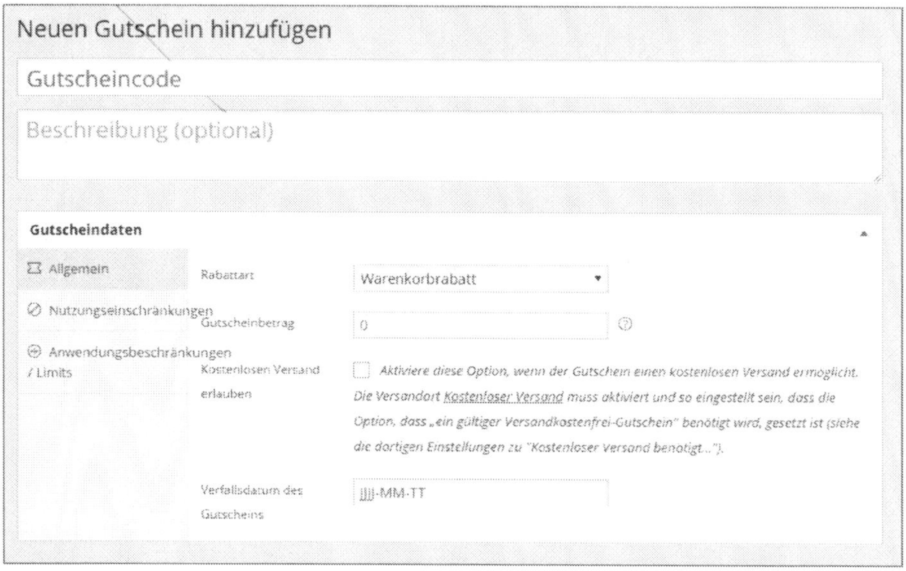

Bild 6.117: Ein neuer Gutschein wird erstellt.

Das heißt konkret: Genau das, was Sie im obersten Feld eintragen, muss der Kunde, wenn er den Gutschein einlöst, auch während des Bestellvorgangs eintragen. Erlaubt sind dabei nur Kleinbuchstaben. Alles Weitere bleibt Ihnen überlassen, wobei zwei unterschiedliche Strategien zur Verfügung stehen.

- **Der exklusive Gutschein:** Sie möchten dem Kunden eine gewisse Exklusivität suggerieren? Dann verwenden Sie eine eher zufällig wirkende Buchstabenkombination.
- **Der populäre Gutschein:** Wählen Sie einen sehr einfach zu merkenden Code, beispielsweise *sommerpreis*, hat das Konsequenzen. Es wird es nicht ausbleiben, dass Ihre Kunden diesen Code auch an Bekannte weitergeben. Aber vielleicht ist das ja ganz in Ihrem Sinne.

Das Feld *Beschreibung* können Sie leer lassen, es dient nur der internen Verwaltung.

Gutscheindaten

Zunächst legen Sie eine Rabattart fest. Zur Auswahl stehen:

- *Warenkorbrabatt*
- *Warenkorbrabatt prozentual*
- *Produktrabatt*
- *Produktrabatt prozentual*

Das Feld *Gutscheinbetrag* erkennt automatisch, ob eine Summe oder ein Prozentsatz erforderlich ist. Sie müssen lediglich eine Zahl eingeben.

Beispiel: Haben Sie zuvor *Warenkorbrabatt* gewählt, steht *10* für zehn Euro Preisnachlass. Im Fall von *Warenkorbrabatt prozentual* werden zehn Prozent abgezogen.

Mit der Aktivierung der Option *Kostenloser Versand* befreien Sie einen Gutscheininhaber zusätzlich von den Versandgebühren. Außerdem können Sie für den Gutschein ein Verfallsdatum eingeben. Falls Sie die Gutscheine befristen: Achten Sie bitte darauf, dies dem Kunden rechtzeitig mitzuteilen.

Beschränkungen der Gutscheineinlösung

Unter den Tabs *Nutzungseinschränkungen* und *Anwendungsbeschränkungen/Limits* finden Sie verschiedene Möglichkeiten, die Benutzung von Gutscheinen einzuschränken. Üblich ist die Kopplung an einen Mindestpreis für ein Produkt oder den Warenkorb.

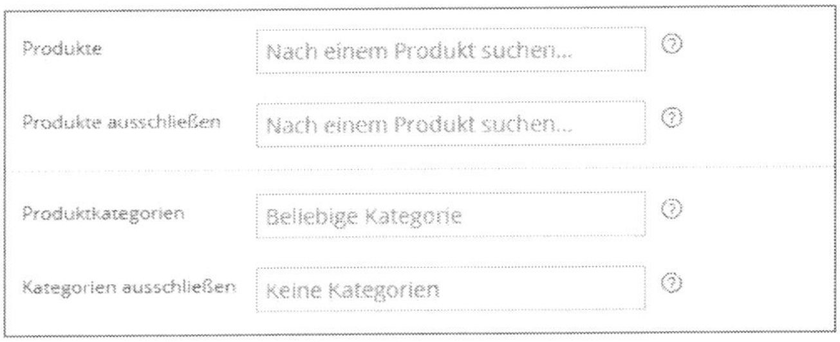

Bild 6.118: Die Gutscheinnutzung kann auf bestimmte *Produkte* oder *Produktkategorien* beschränkt werden.

Möglich ist auch die Beschränkung auf gewisse Produkte oder Produktkategorien oder die Limitierung pro Gutschein, pro Artikel oder pro Benutzer. Haben Sie bei der Festlegung von Gutscheinbedingungen auch immer das Wettbewerbsrecht im Hinterkopf. So dürfen Sie beispielsweise nicht mit Gutscheinen das Buchpreisbindungsgesetz aushebeln.

6.9.2 Darstellung und Berechnung

Nach dem Anlegen eines Gutscheins wird auf der Kassenseite ein Eingabefeld eingeblendet.

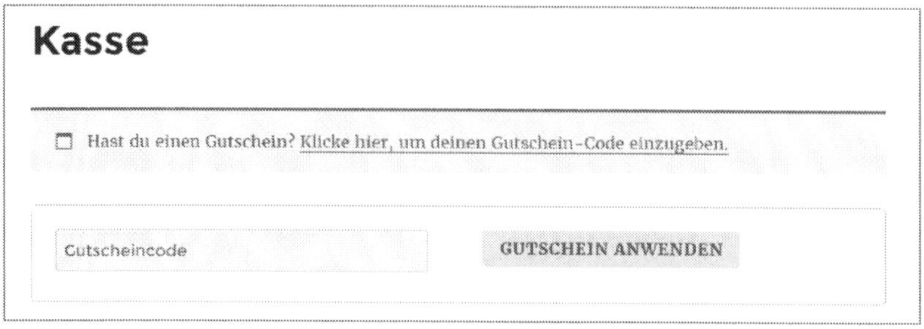

Kasse

☐ Hast du einen Gutschein? Klicke hier, um deinen Gutschein-Code einzugeben.

| Gutscheincode | GUTSCHEIN ANWENDEN |

Bild 6.119: Das Eingabefeld für den Gutschein.

Verrechnung des Gutscheins

Hat der Kunde den Code korrekt eingegeben, verringert WooCommerce den Preis um die entsprechende Summe.

Deine Bestellung

Produkt	Gesamtsumme
Modell Pompadour × 1	€49,90
Zwischensumme	€49,90
Gutschein: sommerpreis	-€10,00 [Entfernen]
Versand	Versandkostenpauschale: €3,00
Gesamtsumme	€42,90

Bild 6.120: Die Summe von 10 Euro wurde vom Preis abgezogen.

6.10 Bestellungen abwickeln

Bis jetzt haben Sie die Produkte nur eingestellt, nun folgt die Abwicklung der Bestellungen. Geben Sie ein oder zwei Probebestellungen auf. Bemerkbar macht sich dies sofort auf zweierlei Weise:

- Via E-Mail an Sie, falls Sie diese Option nicht unter *WooCommerce/Einstellungen/ E-Mails* deaktiviert haben.

- Direkt auf dem Dashboard über eine Zahl im Kreis hinter *WooCommerce/Bestellungen*. Über diesen Menüpunkt gelangen Sie auch gleich in die Bestellverwaltung.

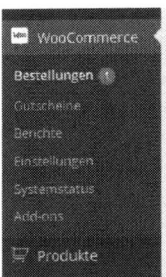

Bild 6.121: WooCommerce meldet eine neue Bestellung.

6.10.1 Die Bestellverwaltung

Wenn der Shop erst einmal angelaufen ist, dürfen Sie sich auf diesen Klick freuen: *WooCommerce/Bestellungen*. Hier finden Sie eine Liste aller in WooCommerce eingegangenen Bestellungen. Aber vielleicht hat ja der eine oder andere Kunde auch per Telefon oder E-Mail bestellt oder persönlich im stationären Laden? Das ist auch kein Problem, denn ganz oben finden Sie die Schaltfläche *Bestellung hinzufügen*. Hier lassen sich Bestellungen händisch eintragen.

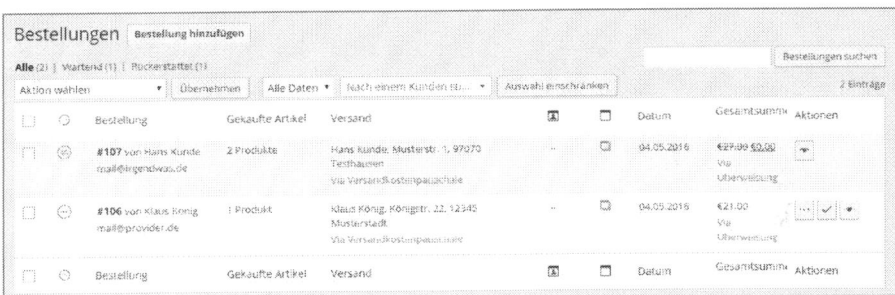

Bild 6.122: Unter *WooCommerce/Bestellungen* sind alle Bestellungen gelistet.

Um das System zu verstehen, schauen Sie sich am besten eine einzelne Bestellung an. Klicken Sie in der Übersicht auf die Raute mit der Zahl.

Bild 6.123: Ein Klick auf *#106* öffnet diese Bestellung.

6.10.2 Einzelne Bestellung

Auf der Bestellseite sehen Sie alle wichtigen Details, darunter das Datum, die Versandadresse und den Bestellstatus.

Bild 6.124: Auf der Bestellseite werden die Details angezeigt.

6.10.3 Der Bestellstatus

Eine besondere Bedeutung kommt dem Feld *Bestellstatus* zu. Bitte beachten Sie, dass WooCommerce bei einigen Änderungen automatisch E-Mails versendet. Am besten probieren Sie die Statusänderungen mit Probebestellungen aus. Es ist von Ihren Bezahl- und Versandarten abhängig, welche Statusmeldungen in der Praxis zum Einsatz kommen.

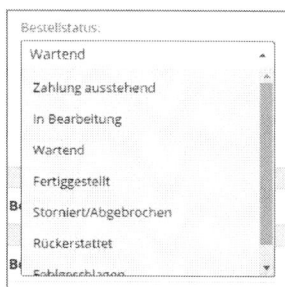

Bild 6.125: Anzeige des *Bestellstatus*.

Die Bedeutung der Statusmeldungen:

Zahlung ausstehend – Die Bestellung ist eingegangen, das Geld aber noch nicht bezahlt. Die Ursachen können vielfältig sein. Zwei Beispiele:

- Der Kunde hat die Zahlungsart *Rechnung* gewählt. WooCommerce wartet auf eine Bestätigung von Ihnen.
- WooCommerce wartet auf die Bestätigung von PayPal oder einem anderen Zahlungsdienstleister.

Abwicklung – Die Bezahlung ist eingegangen, und der Warenbestand wurde entsprechend den bestellten Produkten reduziert. Jetzt heißt es, dem Versand Beine zu machen, damit das Paket Ihr Lager verlassen kann.

In Wartestellung – Die Ware wurde versendet. WooCommerce wartet darauf, dass Sie den Zahlungseingang bestätigen. Setzen Sie den Status *Fertiggestellt*, wenn alles funktioniert hat, oder den Status *Abgebrochen*, falls der Kauf aus irgendwelchen Gründen nicht zustande kam.

Fertiggestellt – Bei diesem Status kommt gute Laune auf. Die Bestellung ist bezahlt, das Produkt ausgeliefert. So soll es sein.

Abgebrochen – Weniger schön ist dieser Status. Entweder durch den Händler oder durch den Kunden wurde der Bestellvorgang abgebrochen.

Rückerstattung – Bereits eingegangenes Geld wurde von Ihnen zurückerstattet, beispielsweise nach einem Widerruf.

Fehlgeschlagen – Diese Meldung erscheint zum Beispiel, wenn PayPal Geld einziehen wollte, das Konto Ihres Kunden aber keine Deckung aufwies. Möglich sind aber auch technische Fehler bei der Transaktion. Überprüfen Sie die Einbindung Ihrer Zahlungsarten in WooCommerce, falls dieser Status gehäuft auftritt.

6.10.4 Bestellungen kontrollieren und editieren

Wie bitte, Bestellungen editieren? Natürlich geht es hier nicht darum, an den Bestellungen eines Kunden herumzuschrauben, um ihm noch eine Waschmaschine zusätzlich zu liefern. Es kommt aber immer mal wieder vor, dass etwas ausgebessert werden muss.

Bild 6.126: In der rechten Spalte der Einzelübersicht können verschiedene Aktionen für eine Bestellung durchgeführt werden, beispielsweise die Neugenerierung einer Downloadberechtigung.

Beispiel: Der Kunde hat bezahlt, aber seine Downloadfrist überzogen. Nun hat er Sie angerufen und um eine neue Möglichkeit zum Download gebeten. Klicken Sie in der rechten Spalte der Bestellseite im Feld *Aktionen* auf *Downloadberechtigung neu generieren*.

Sie können über das Aktionsfeld auch Bestell-E-Mails erneut senden. Dies kann erforderlich sein, wenn ein Kunde versehentlich eine Mail gelöscht hat. Unterhalb des Aktionsfelds finden Sie die Box *Bestellung Anmerkungen*. Hier finden Sie ein Protokoll über alle Änderungen des Bestellstatus. WooCommerce weiß, was Sie getan haben.

Positionen editieren

Vorsicht ist geboten, wenn Sie in der Box *Position* Änderungen vornehmen. Sie können hier zwar nach Belieben Rabatte vergeben, Versandgebühren ändern oder Steuern hinzufügen, allerdings werden diese Änderungen nicht protokolliert. Denken Sie an Konsequenzen für Ihre Buchhaltung und machen Sie davon nur in Ausnahmefällen Gebrauch. Falls Sie auf eine Protokollierung Wert legen: Verwenden Sie dazu in der rechten Spalte das Feld *Anmerkung hinzufügen*.

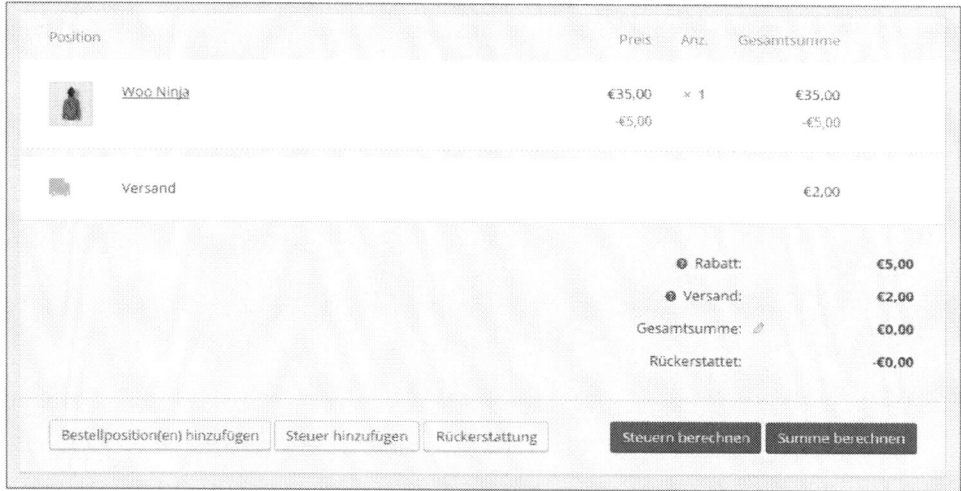

Bild 6.127: Positionen editieren: Vieles ist möglich, aber nicht alles ist sinnvoll.

Checkliste WooCommerce

- WooCommerce installiert und aktiviert.
- Währung und Größeneinheiten für den deutschen Markt angepasst.
- Mehrwertsteuer und Versandgebühren korrekt eingestellt.
- Zahlungsarten festgelegt.
- Die E-Mail-Einstellungen angepasst.
- *Dummy Data* installiert.
- Eigene Produkte eingestellt.
- Preis und Produktdaten hinzugefügt.

- Produktbeschreibung in der Langversion erstellt.
- Produktbeschreibung in der Kurzversion erstellt.
- Produktbild zugewiesen.
- Produktgalerie angelegt.
- Testbestellungen durchgeführt.
- Probeweise Statusänderungen durchgeführt.
- Optional: Gutscheinsystem aktiviert.
- Optional: Variable Produkte erstellt.
- Optional: Produktbundles erstellt.

7   Deutsche Erweiterungen für WooCommerce

7.1	**WooCommerce Germanized**	**268**
7.1.1	WooCommerce Germanized installieren	268
7.1.2	Rundgang durch WooCommerce Germanized	269
7.1.3	Allgemeine Konfiguration	270
7.1.4	Konfiguration der Anzeige im Shop	275
7.1.5	E-Mail-Konfiguration	275
7.1.6	Trusted Shops	276
7.1.7	Themes und Upgrades	276
7.2	**WooCommerce German Market**	**277**
7.2.1	Erwerb	277
7.2.2	Installieren und aktivieren	279
7.2.3	Plug-in lizenzieren	282
7.2.4	Rundgang durch WooCommerce German Market	282
7.2.5	Konfiguration	284

Checkliste Deutsche Erweiterungen für WooCommerce 290

WooCommerce genügt für den rechtskonformen Betrieb in den USA. Für den Einsatz auf dem deutschen Markt sind allerdings einige zusätzliche Funktionen notwendig. Mit *WooCommerce Germanized* und *WooCommerce German Market* stehen Ihnen zwei Alternativen zur Verfügung, um diese Funktionen nachzurüsten.

7.1 WooCommerce Germanized

Kleiner Tipp vorweg: Werfen Sie vor der Installation von WooCommerce Germanized einen Blick in Ihre Seitenverwaltung. Damit dem Plug-in nichts in die Quere kommt, sollten Sie »störende« Seiten löschen, auch aus dem Papierkorb.

Bild 7.1: Das Plug-in WooCommerce Germanized ist in der Basisversion kostenlos und kann über das Backend installiert werden.

Störend wäre beispielsweise eine Seite mit der Endung */impressum*. Das Plug-in legt nämlich selbst eine Seite mit dieser Endung an. Ist die URL schon belegt, versucht WordPress eine Umbenennung – mit negativen Folgen für die Funktionalität des Plug-ins.

Doch schütten Sie nicht das Kind mit dem Bade aus. Von WooCommerce stammen diese vier Seiten, die nicht gelöscht werden dürfen: *Kasse*, *Mein Konto*, *Shop* und *Warenkorb*.

7.1.1 WooCommerce Germanized installieren

Gehen Sie via *Plugins/Installieren* in die Plug-in-Verwaltung und tippen Sie „WooCommerce Germanized" in das Suchfeld ein. Nach Installation und Aktivierung klicken Sie die Checkboxen bei *WooCommerce anpassen* und *Rechtliche Hinweisseiten* an, falls Sie ins Ausland versenden, auch die Box *EU MwSt.-Sätze anlegen*. Anschließend arbeiten WooCommerce und WooCommerce Germanized als Tandem.

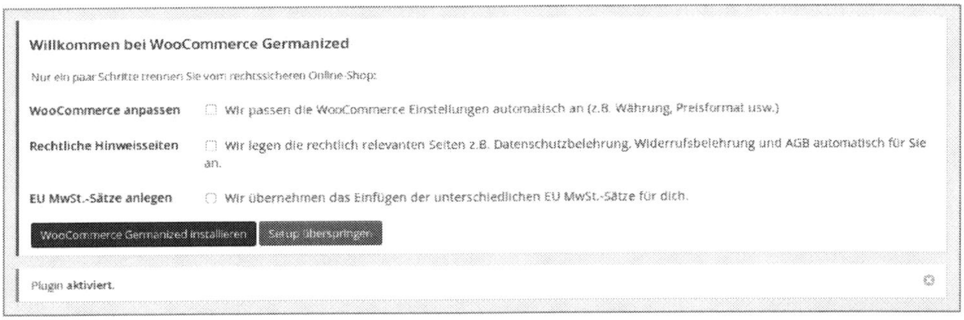

Bild 7.2: Nach der Aktivierung lässt sich WooCommerce Germanized vorkonfigurieren. Drei Checkboxen stehen zur Verfügung.

7.1.2 Rundgang durch WooCommerce Germanized

Was hat sich nach der Installation von WooCommerce Germanized geändert?

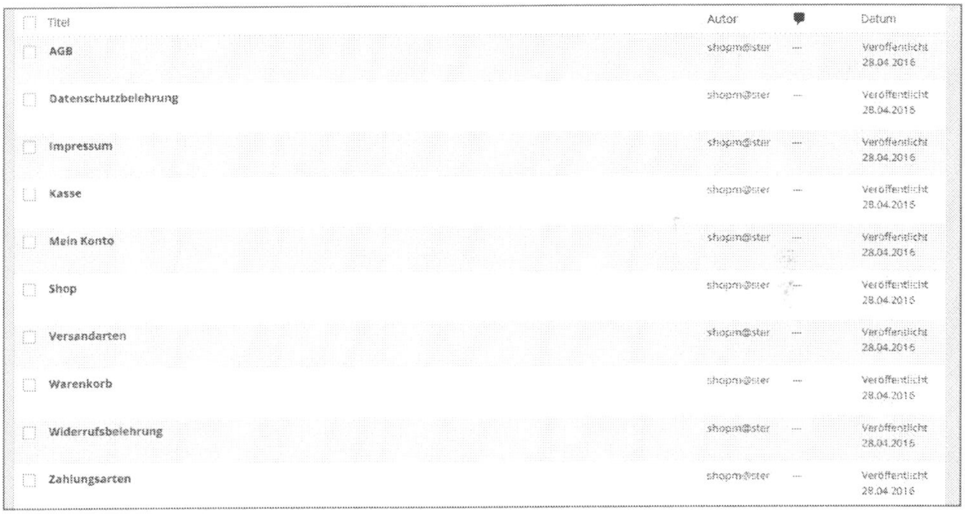

Bild 7.3: Mit der Installation von WooCommerce Germanized sind sechs neue Seiten hinzugekommen.

Beginnen Sie den Rundgang in der Seitenverwaltung, denn hier hat es Zuwachs gegeben. Diese sechs Seiten wurden neu angelegt:

- *AGB*
- *Datenschutzerklärung*
- *Impressum*
- *Versandarten*
- *Widerrufsbelehrung*
- *Zahlungsarten*

Neue Menüpunkte

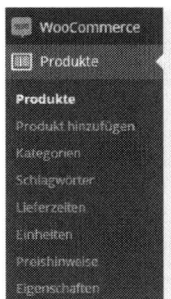

Bild 7.4: Das Menü *Produkte* hat drei neue Einträge bekommen: *Lieferzeiten*, *Einheiten* und *Preishinweise*.

Im Menü Produkte finden Sie drei neue Punkte: *Lieferzeiten*, *Einheiten* und *Preishinweise*. Hier können Sie einige Grundeinstellungen vornehmen, die dann bei den Produkten zugewiesen werden. Zur Schaltzentrale von WooCommerce Germanized geht es via *WooCommerce/Einstellungen*.

Neues Register

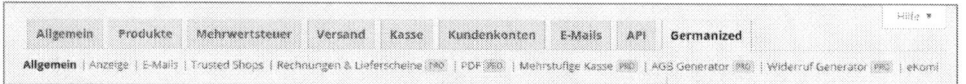

Zu den acht bestehenden Registern *Allgemein* bis *API* hat sich ganz rechts ein weiteres hinzugesellt: *Germanized*. Klicken Sie auf es, um die wichtigsten Einstellungen vorzunehmen.

7.1.3 Allgemeine Konfiguration

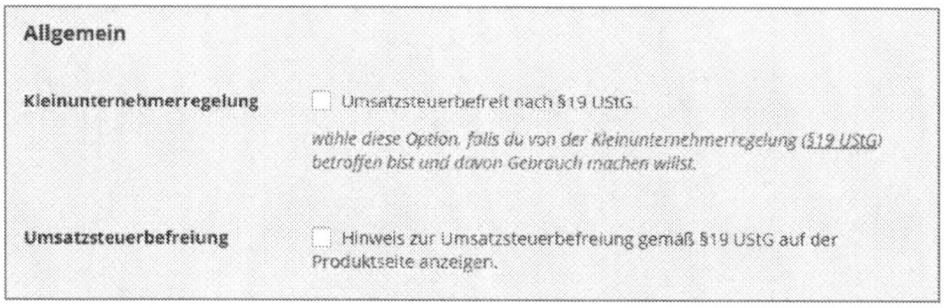

Bild 7.5: Mit der Aktivierung von zwei Checkboxen kann die *Kleinunternehmerregelung* umgesetzt werden.

Werden Sie als Kleinunternehmer beim Finanzamt geführt? Dann aktivieren Sie die beiden Checkboxen bei *Kleinunternehmerregelung* und *Umsatzsteuerbefreiung*.

Beschriftung des Bestellbuttons

Im Feld *Kauf abschließen – Text* können Sie die Beschriftung des Bestellbuttons festlegen. Voreingestellt ist *Jetzt kaufen*, womit Sie rechtlich auf der sicheren Seite sind. Deaktiviert ist die Option *Telefon als Pflichtfeld*, was Sie aus datenschutzrechtlichen Gründen beibehalten sollten. Die beiden folgenden Optionen zur *Anrede im Checkout* und der Verhinderung von Stornierungen können Sie nach persönlichem Ermessen aktiviert lassen oder deaktivieren.

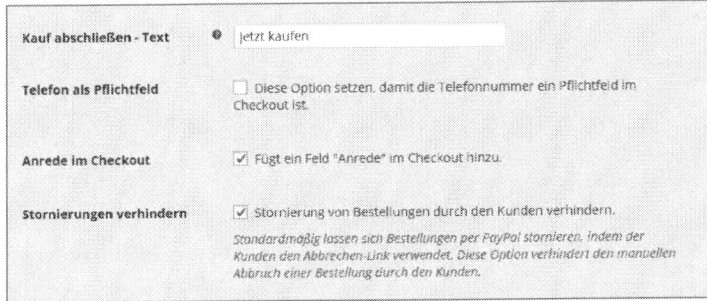

Bild 7.6: Mit der Voreinstellung *Jetzt kaufen* ist der Bestellbutton rechtskonform beschriftet.

Rechtlich relevante Seiten

Die sechs neu angelegten Seiten, die Sie selbst noch mit Inhalten befüllen müssen, sind für den rechtskonformen Betrieb relevant. Am besten lassen Sie die Voreinstellungen unverändert.

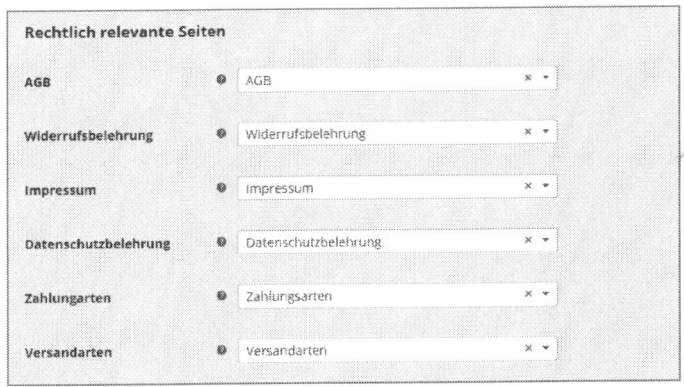

Bild 7.7: Die Zuordnung der rechtlich relevanten Seiten.

Verweis auf die Onlineschlichtungsstelle der EU

Schon eingebunden hat WooCommerce Germanized den pflichtgemäßen Link auf die Onlineschlichtungsstelle. Sie finden ihn auf Ihrer Impressumsseite.

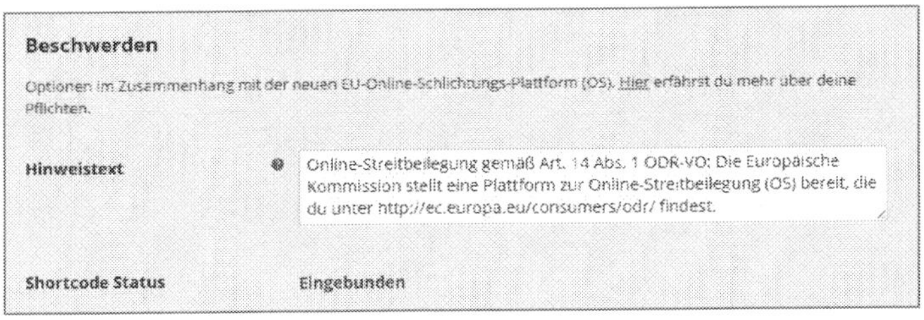

Bild 7.8: Der pflichtgemäße Verweis auf die Onlineschlichtungsstelle der EU.

Preishinweise

In diesen beiden Fenstern bestimmen Sie, auf welche Weise ein Streichpreis oder eine andere Form des Sonderangebots dargestellt wird. Die konkreten Angaben zum alten und neuen Preis werden dann auf der Produktseite vorgenommen.

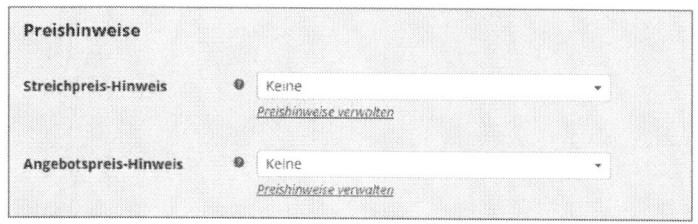

Bild 7.9: Konfiguration der Preishinweise.

Versandkosten

Im Feld *Versandkosten Text* ist die rechtskonforme Verlinkung auf die Versandkostenseite voreingestellt, die Sie so beibehalten sollten. Die Checkbox *Steuerberechnung* ist nur für Sie relevant, wenn Sie nicht als Kleinunternehmer beim Finanzamt geführt werden. Sie müssen dann nämlich auch die Versandkosten besteuern, und zwar entsprechend dem Steuersatz der verschickten Ware.

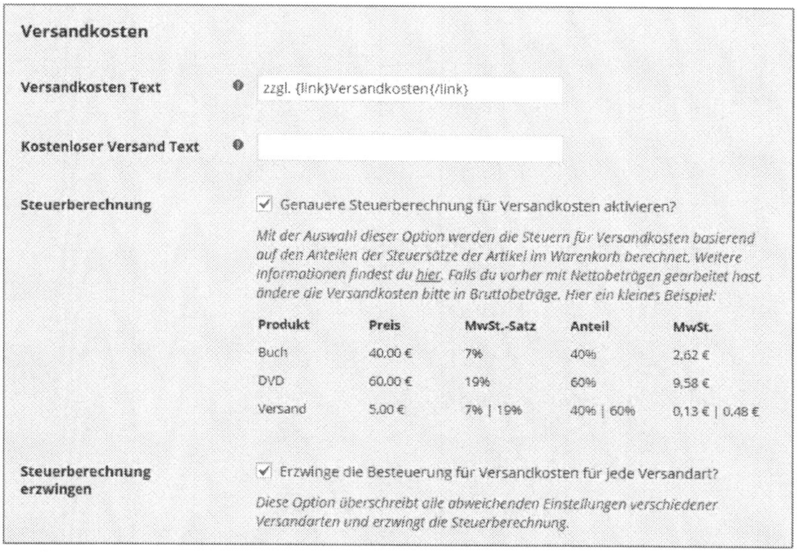

Bild 7.10: Link zur Versandkostenseite und Berechnung der Steuer für die Versandkosten.

Beispiel: Ein gedrucktes Buch wird mit 7 % versteuert, entsprechend sind 7 % auf die Versandkosten fällig. Für eine DVD, die mit 19 % versteuert wird, kommen 19 % auf die Versandkosten hinzu.

Steuern auf Gebühren

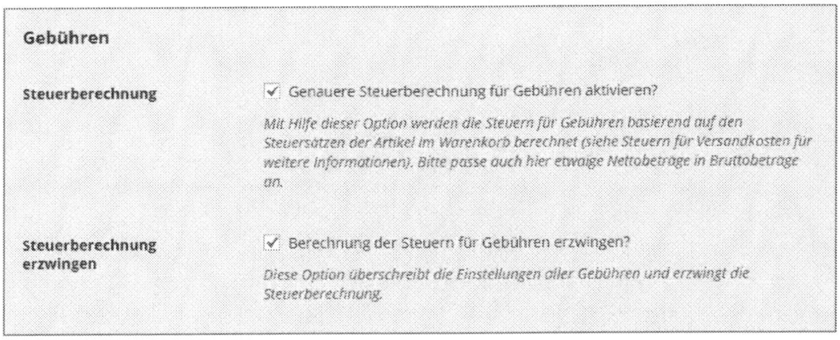

Gebühren	
Steuerberechnung	☑ Genauere Steuerberechnung für Gebühren aktivieren?
	Mit Hilfe dieser Option werden die Steuern für Gebühren basierend auf den Steuersätzen der Artikel im Warenkorb berechnet (siehe Steuern für Versandkosten für weitere Informationen). Bitte passe auch hier etwaige Nettobeträge in Bruttobeträge an.
Steuerberechnung erzwingen	☑ Berechnung der Steuern für Gebühren erzwingen?
	Diese Option überschreibt die Einstellungen aller Gebühren und erzwingt die Steuerberechnung.

Bild 7.11: Auch auf zusätzliche Gebühren werden Steuern fällig.

Nicht nur auf die Versandkosten, auch auf gegebenenfalls weitere Gebühren werden Steuern fällig. Und auch hier gilt der gleiche Steuersatz wie für den Artikel im Warenkorb. Lassen Sie die beiden Checkboxen aktiviert.

Kundenkonten

Sie bieten Ihren Kunden die Möglichkeit zur Anlage eines Benutzerkontos an? Mit den Grundeinstellungen von WooCommerce Germanized sind Sie rechtlich auf der sicheren Seite. Per Checkbox akzeptiert der Kunde die *Datenschutzerklärung*. Freigegeben wird das Konto erst mit einem Klick auf die Bestätigungsmail.

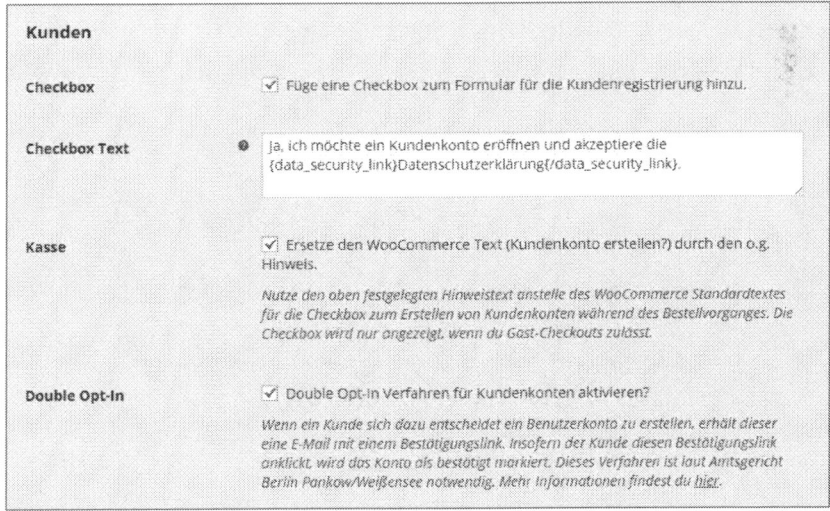

Bild 7.12: Rechtskonformes Anlegen von Kundenkonten über das *Double Opt-In*-Verfahren.

Log-in inaktiver Kunden

Manche Kunden scheitern am Double-Opt-in-Verfahren und klicken nicht auf den Link in der Bestätigungsmail. Durch die Aktivierung der oberen Checkbox haben Sie die

Möglichkeit, in diesem Fall auch das Einloggen zu verhindern. Nicht aktivierte Konten löscht das System in der Voreinstellung nach sieben Tagen, Sie können diesen Wert aber nach Belieben variieren.

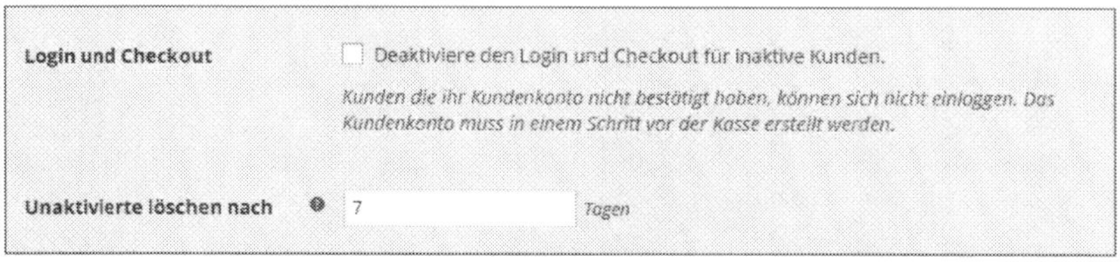

Bild 7.13: Konfiguration der Log-in-Möglichkeit für inaktive Kunden.

Widerrufsrecht

Das Gesetz schreibt vor, dass das Widerrufsformular auch eine Adresse enthalten muss. Geben Sie diese in das Feld ein.

Bild 7.14: Eingabe der Adresse für den Widerruf.

Besteuerung virtueller Produkte innerhalb der EU

Verkaufen Sie digitale Produkte und Dienstleistungen innerhalb der EU? Dann sollten Sie das Häkchen in der Checkbox aktivieren. Die EU schreibt nämlich vor, dass in diesem Fall der Steuersatz im Empfängerland gilt.

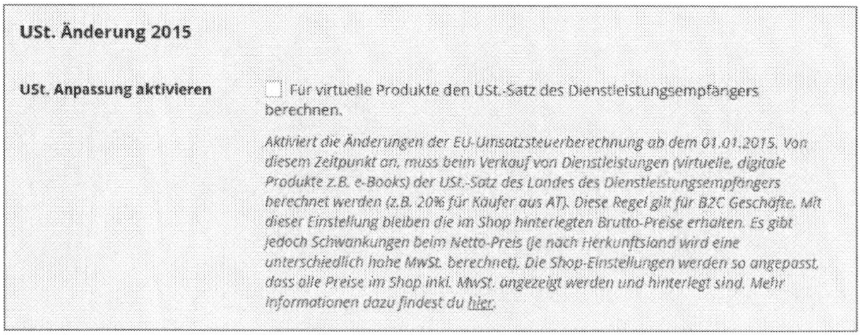

Bild 7.15: Die EU sagt: Digitale Produkte und Dienstleistungen sind auf Basis des Steuersatzes im Land des Empfängers zu besteuern.

7.1.4 Konfiguration der Anzeige im Shop

Die wichtigsten Hebel zum Beispiel zur Preisberechnung haben Sie im Fenster *Allgemein* eingestellt. Rechts daneben, im Fenster *Anzeige*, definieren Sie die Darstellung für den Besucher. Es empfiehlt sich, zunächst die Grundeinstellung für die Besucheransicht zu übernehmen. Falls Sie später an der einen oder anderen Stellschraube drehen, sollten Sie sich die Änderungen notieren. Notfalls lässt sich die ursprüngliche Konfiguration dann schnell wiederherstellen.

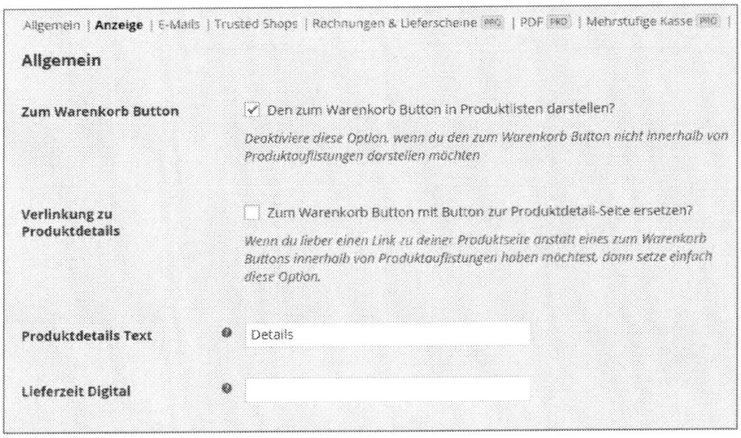

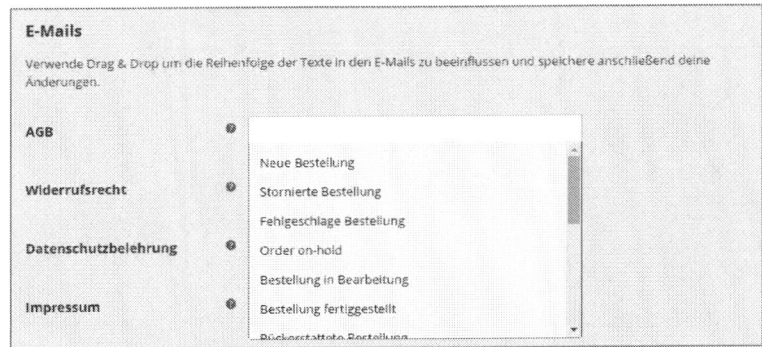

Bild 7.16: Konfiguration der Besucheransicht.

7.1.5 E-Mail-Konfiguration

Bild 7.17: Rechtstexte zu E-Mails hinzufügen.

Mit dieser Funktion sollten Sie vorsichtig umgehen, denn die ausgewählten Rechtstexte werden damit komplett hinzugefügt, was E-Mails sehr aufbläht. Besser sind diese beiden Möglichkeiten:

1. Verlinkung auf Rechtstexte in der Fußzeile.
2. ʼAnhängen der Rechtstexte als PDF.

Bild 7.18: In der Fußzeile der E-Mails lassen sich auch Links einfügen.

Gehen Sie auf *WooCommerce/Einstellungen/E-Mails* und scrollen Sie dann nach unten bis zum Eingabefeld *Fußzeile Text*. Dort können Sie per HTML-Code auf Ihre Rechtsseiten verweisen.

Die zweite Alternative, das Anhängen der Rechtstexte als PDF-Dateien, ist nur mit der kostenpflichtigen Pro-Version von WooCommerce Germanized möglich.

Bild 7.19: Das Anhängen der Rechtstexte als PDF-Dateien erfordert den Kauf der Pro-Version von WooCommerce Germanized.

7.1.6 Trusted Shops

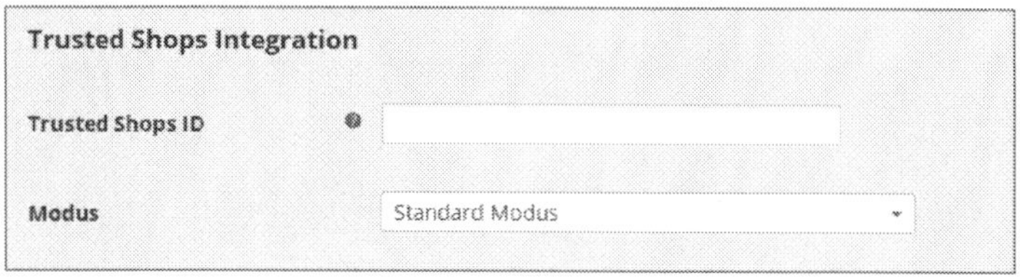

Bild 7.20: Die Integration von WooCommerce Germanized und Trusted Shops.

Vendidero, der Hersteller von WooCommerce Germanized, kooperiert mit Trusted Shops. Falls auch Sie sich für diese Händlerorganisation entschieden haben, können Sie Ihre *Trusted Shops ID* und andere Daten für die Integration notwendigen Daten eingeben.

7.1.7 Themes und Upgrades

Nach der Installation von WooCommerce Germanized werden Sie recht deutlich darauf hingewiesen, dass das Zusammenspiel mit Ihrem Theme an einigen Stellen noch verbessert werden kann. Mit anderen Worten: Sie sollen doch bitte schön noch etwas Geld in der Kasse des Herstellers Vendidero lassen. Um zusätzliche Features auszuschöpfen, haben Sie drei Möglichkeiten:

1. Sie verwenden das Basis-Plug-in in Verbindung mit dem kostenpflichtigen Theme *VendiPro*.
2. Sie verwenden das Pro-Plug-in und ein externes Theme.
3. Sie kombinieren das kostenpflichtige Theme und das Pro-Plug-in.

Mit der dritten Lösung haben Sie bei einem überschaubaren Budget alles aus einer Hand. Aufpassen müssen Sie dagegen bei der zweiten Variante. Nicht mit jedem externen Theme – gemeint ist ein Theme, das nicht von Vendidero produziert wurde – lassen sich alle Optionen von *VendiPro* ausschöpfen. Der Hersteller empfiehlt diese vier:

- *Enfold*
- *Flatsome*
- *Storefront*
- *Virtue*

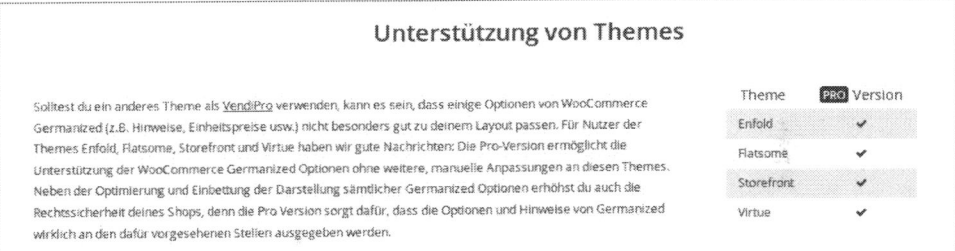

Bild 7.21: Die Pro-Version von WooCommerce Germanized arbeitet mit *VendiPro* sowie mit diesen Themes besonders gut zusammen: *Enfold*, *Flatsome*, *Storefront* und *Virtue*.

7.2 WooCommerce German Market

Das kostenpflichtige Plug-in WooCommerce German Market hat sich auf die Fahnen geschrieben, WooCommerce an die Rechtsvorschriften in Deutschland und Österreich anzupassen. Erhältlich ist es direkt beim Hersteller, der MarketPress GmbH: *https://marketpress.de/shop/plugins/woocommerce-german-market/*.

7.2.1 Erwerb

Eine Demoversion steht nicht zur Verfügung. Falls Sie sich für den Kauf entschieden haben, wählen Sie zunächst eine von drei Lizenzen aus. Anschließend werden Sie auf die Zahlungsseite weitergeleitet. Hier zeigt sich der Hersteller etwas unflexibel, zur Auswahl stehen nämlich nur PayPal und die Sofortüberweisung.

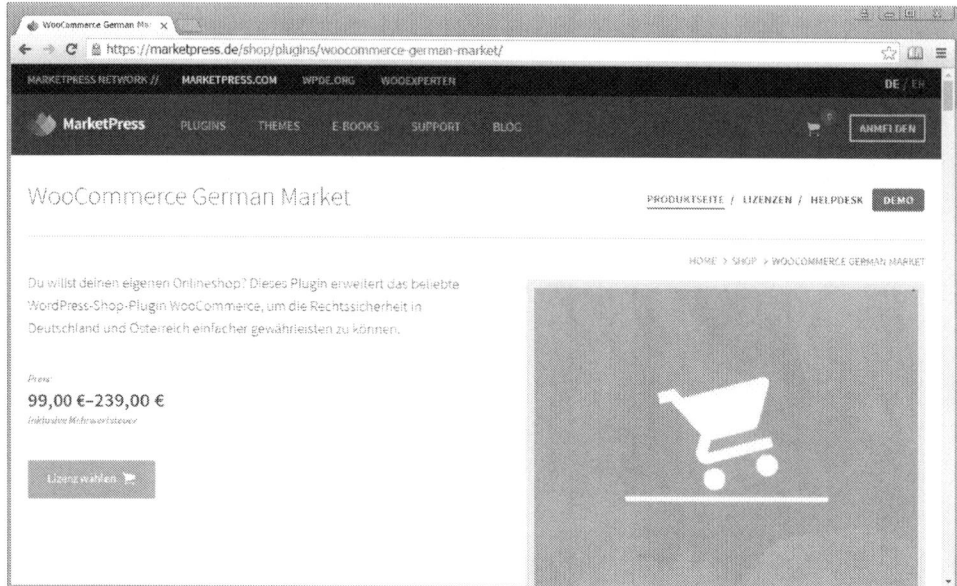

Bild 7.22: Das Plug-in WooCommerce German Market kann ausschließlich über die Website *https://marketpress.de* erworben werden.

Unterhalb der Zahlungsarten blendet das Shopsystem drei Checkboxen ein, die zwingend aktiviert werden müssen, um den Bestellprozess fortzusetzen. Wie Sie sehen, stehen für digitale Inhalte besondere Rechtstexte zur Widerrufsbelehrung und Widerrufsfrist zur Verfügung. Dieses Feature können Sie später auch in Ihrem eigenen Shop nutzen.

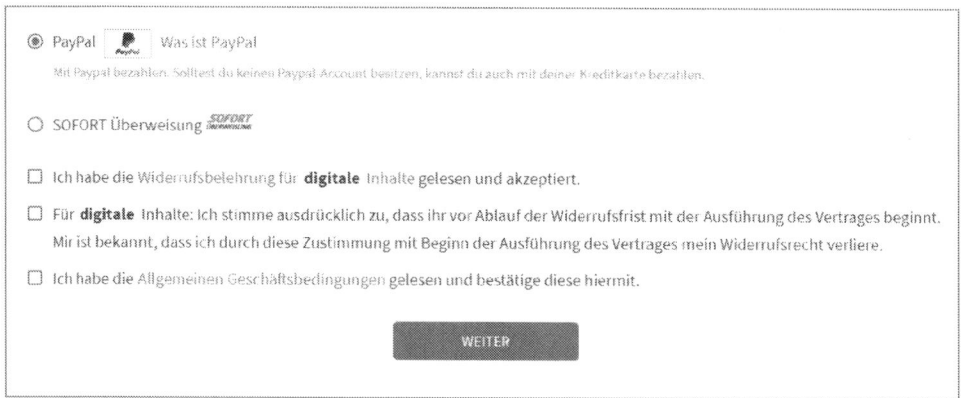

Bild 7.23: Der Hersteller bietet PayPal und die Sofortüberweisung als Zahlungsmethoden an.

Nach der Zahlung erhalten Sie einen Zugang zum Downloadbereich, wo auch der Lizenzschlüssel angezeigt wird. Sie benötigen ihn nach der Aktivierung des Plug-ins.

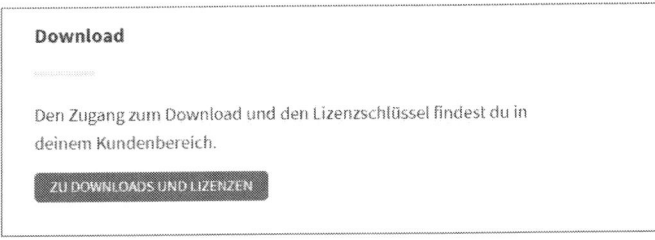

Bild 7.24:
Nach der Zahlung steht WooCommerce German Market zum Download bereit.

Download des ZIP-Archivs

Nach dem Download finden Sie eine Datei mit Namen *woocommerce-german-market.zip* auf Ihrem Computer. Merken Sie sich, in welchem Verzeichnis die Datei gelandet ist, in der Regel ist dies der Downloadordner. An der Endung *.zip* erkennen Sie, dass es sich um eine gepackte Datei handelt, ein sogenanntes Archiv. Hüten Sie sich aber davor, es zu entpacken, denn damit könnte das Plug-in über das Backend von WordPress nicht mehr installiert werden.

Bild 7.25: Das Plug-in wurde als ZIP-Archiv heruntergeladen.

7.2.2 Installieren und aktivieren

Loggen Sie sich in WordPress ein und gehen Sie über das Dashboard auf *Plugins/Installieren/Plugin hochladen*. Klicken Sie auf den Button *Durchsuchen* und wählen Sie die Datei *woocommerce-german-market.zip* aus. Mit einem Klick auf *Installieren* entpackt WordPress das Archiv und führt die Installation durch.

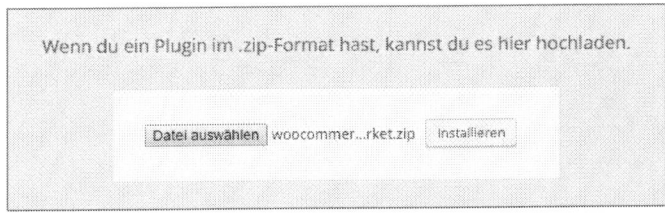

Bild 7.26:
Das ZIP-Archiv wird ausgewählt und installiert.

Hat alles funktioniert? Dann sehen Sie die Meldung *Das Plugin wurde erfolgreich installiert*. Andernfalls installieren Sie das Plug-in via FTP.

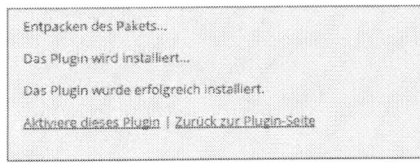

Bild 7.27: Das Plug-in wurde entpackt und installiert.

Alternative Installation via FTP

Weil einige Provider die Zugriffsrechte auf ihren Servern aus Sicherheitsgründen sehr restriktiv vergeben, kann die Installation über das Backend auch scheitern. In diesem Fall gehen Sie den Weg über Ihr FTP-Programm:

1. Entpacken Sie die Datei *woocommerce-german-market.zip*.
2. Öffnen Sie Ihr FTP-Programm und verbinden Sie sich mit dem Server.
3. Klicken Sie auf dem Server das Plug-in-Verzeichnis */wp-content/plugins/* auf.
4. Laden Sie den Ordner in das Plug-in-Verzeichnis hoch.

Der Aktivierungsprozess

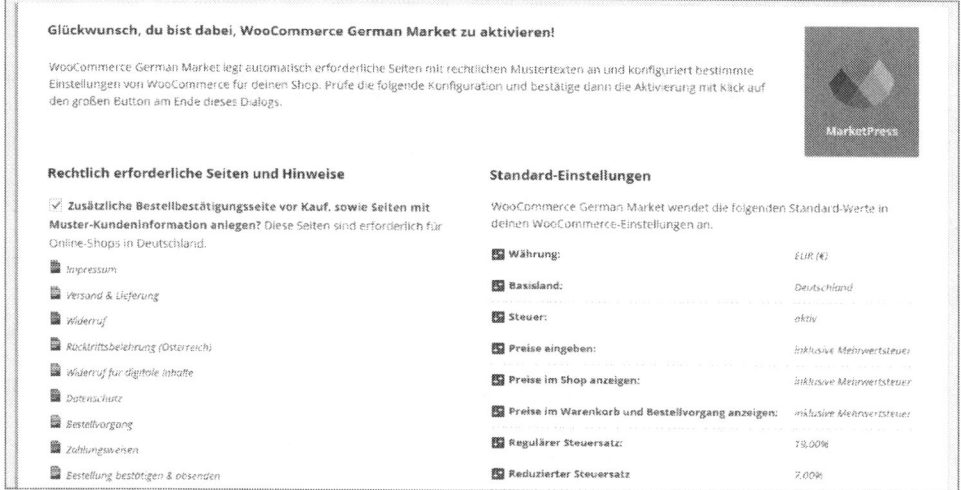

Bild 7.28: Der Begrüßungsschirm von WooCommerce German Market.

Der Aktivierungsprozess von WooCommerce German Market verläuft in zwei Schritten. Zunächst wird ein Begrüßungsschirm eingeblendet. Auf der rechten Seite sehen Sie noch einmal die Standardeinstellungen, die das Plug-in von WooCommerce übernommen hat. Sie können sämtliche Werte später noch problemlos ändern.

Auf der linken Seite befinden sich zwei Checkboxen. Ein Häkchen in der oberen Checkbox bewirkt, dass die für den rechtskonformen Betrieb in Deutschland notwendigen zusätzlichen Seiten angelegt werden.

Bild 7.29: Mit einem Haken in der unteren Checkbox werden bereits bestehende Seiten mit ähnlichen Titeln überschrieben.

Haben Sie vielleicht schon Zeit und Mühe in die Gestaltung von Rechtstexten investiert? Dann sollten Sie sich über die Funktion der unteren Checkbox im Klaren sein. Mit einer Aktivierung werden nämlich alle bereits existierenden Seiten mit gleichem Titel überschrieben. Am besten gehen Sie so vor:

1. Texte mit der Tastenkombination [Strg]+[A] markieren.
2. Texte mit der Tastenkombination [Strg]+[C] kopieren.
3. Einen Texteditor öffnen.
4. Texte mit der Tastenkombination [Strg]+[V] einfügen.
5. Die geretteten Texte speichern und später wieder in die Pflichtseiten einfügen.

- Anschließend aktivieren Sie beide Checkboxen. Diese Methode hat den Vorteil, dass WooCommerce German Market ein vollständiges Seitensystem anlegt: alles aus einem Guss.

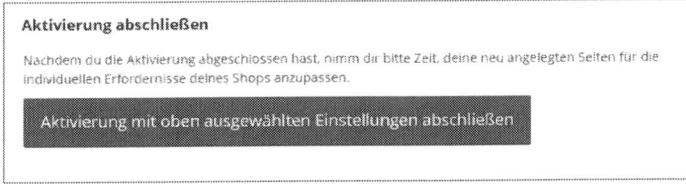

Bild 7.30: Mit der Aktivierung werden die in den Checkboxen getätigten Einstellungen ausgelöst.

Mit einem Klick auf den Button *Aktivierung mit oben ausgewählten Einstellungen abschließen* ist das Plug-in schon fast einsatzfähig. Es fehlt nur noch die Lizenzierung.

7.2.3 Plug-in lizenzieren

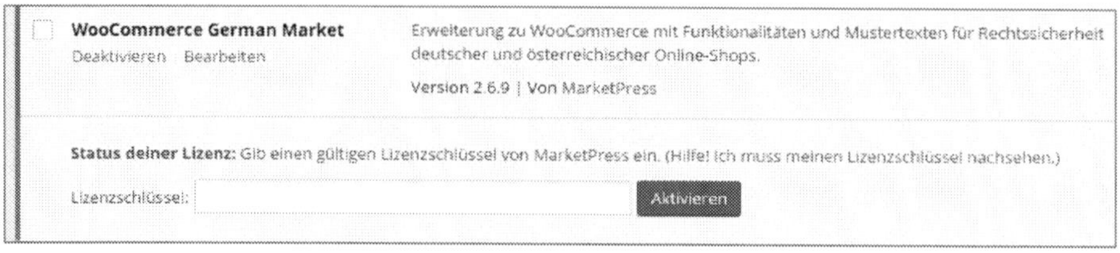

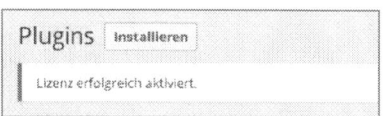

Bild 7.31: Das Eingabefenster für den Lizenzschlüssel befindet sich in der Plug-in-Verwaltung.

In der Plug-in-Verwaltung finden Sie ein Feld für die Eingabe des Lizenzschlüssels. Falls Sie den Zahlencode nicht beim Erwerb notiert haben, ist das kein Problem, denn er ist in Ihrem Kundenbereich beim Hersteller MarketPress jederzeit abrufbar. Nach der Eingabe meldet die Plug-in-Verwaltung: *Lizenz erfolgreich aktiviert.*

Bild 7.32: Der Lizenzschlüssel wurde eingegeben, die Lizenz wurde aktiviert.

7.2.4 Rundgang durch WooCommerce German Market

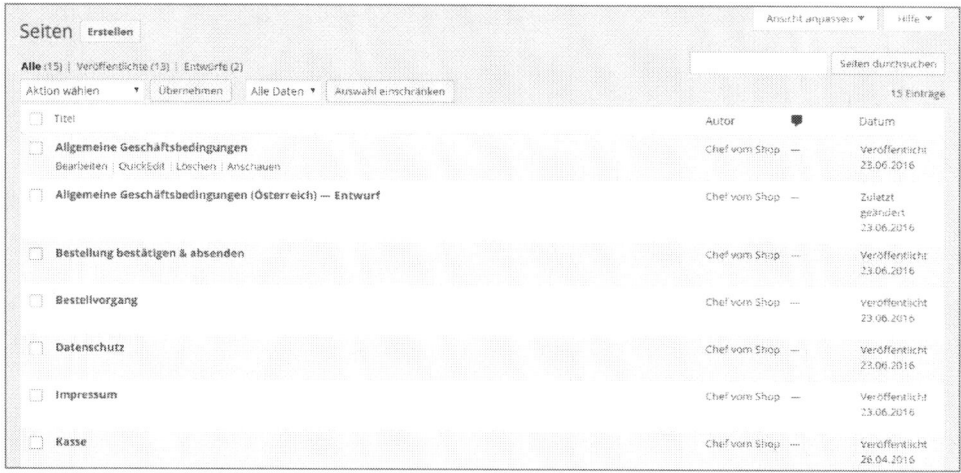

Bild 7.33: WooCommerce German Market hat eine Reihe neuer Seiten hinzugefügt.

Beginnen Sie den Rundgang in der Seitenverwaltung. Sie sehen nun stattliche 15 Seiten, die irgendetwas mit dem Shop zu tun haben. Vier Seiten waren schon da, nämlich *Kasse*, *Mein Konto*, *Shop* und *Warenkorb*. Alle anderen hat WooCommerce German Market hinzugefügt.

- *Allgemeine Geschäftsbedingungen*

- *Allgemeine Geschäftsbedingungen (Österreich) — Entwurf*
- *Bestellung bestätigen & absenden*
- *Bestellvorgang*
- *Datenschutz*
- *Impressum*
- *Kasse*
- *Mein Konto*
- *Rücktrittsbelehrung (Österreich) — Entwurf*
- *Shop*
- *Versand & Lieferung*
- *Warenkorb*
- *Widerruf*
- *Widerruf für digitale Inhalte*
- *Zahlungsweisen*

Muster-Rechtstexte

Klicken Sie nun die einzelnen Seiten an und freuen Sie sich. Der Hersteller hat hier nämlich Muster-Rechtstexte hinterlassen, die Sie prima als Vorlage verwenden können. Prüfen Sie die Angaben und ändern Sie sie nach Ihren Bedürfnissen.

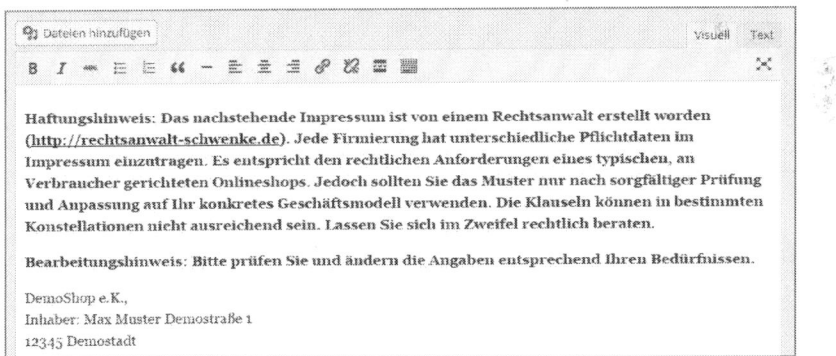

Bild 7.34: WooCommerce German Market hat eine Reihe von Muster-Rechtstexten hinterlassen.

Das Produktmenü

Zuwachs hat auch das Produktmenü von WooCommerce erhalten. Hinzugekommen sind die Punkte *Lieferzeiten* und *Streichpreise*.

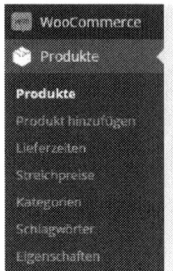

Bild 7.35: Die Punkte *Lieferzeiten* und *Streichpreise* wurden zum Produktmenü hinzugefügt.

Einstellungen

Die meisten Konfigurationsmöglichkeiten haben Sie über das neue Register *German Market*, das sich via *WooCommerce/Einstellungen* aufrufen lässt.

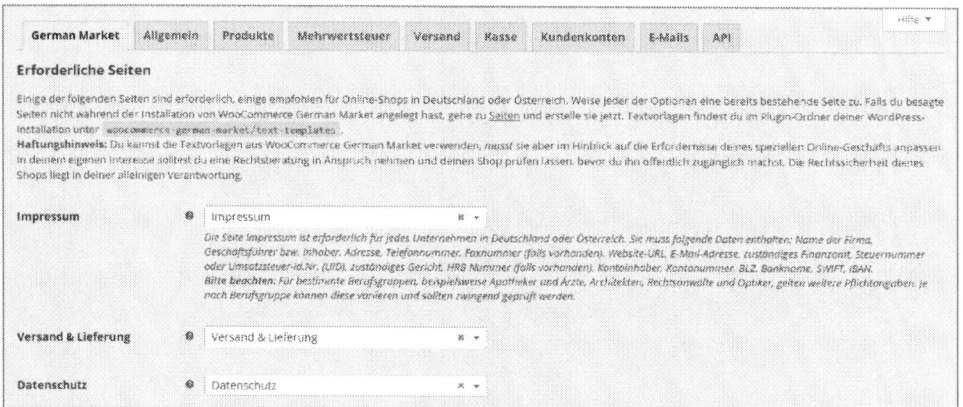

Bild 7.36: Die Kommandobrücke von WooCommerce German Market.

7.2.5 Konfiguration

Sie können selbst bestimmen, auf welche Seiten für die Abwicklung des Bestellvorgangs zugegriffen werden soll. Voreingestellt sind diejenigen Seiten, die WooCommerce und WooCommerce German Market bei der Installation angelegt haben. In der Regel ist es am besten, hier alles beizubehalten.

In das Textfeld *Notiz für deine Kunden auf der letzten Seite des Bestellvorgangs* können Sie einen ganz individuellen Text einfügen. Sinnvoll ist das, wenn Sie auf Zölle, Nachnahmegebühren oder andere Kosten hinweisen möchten.

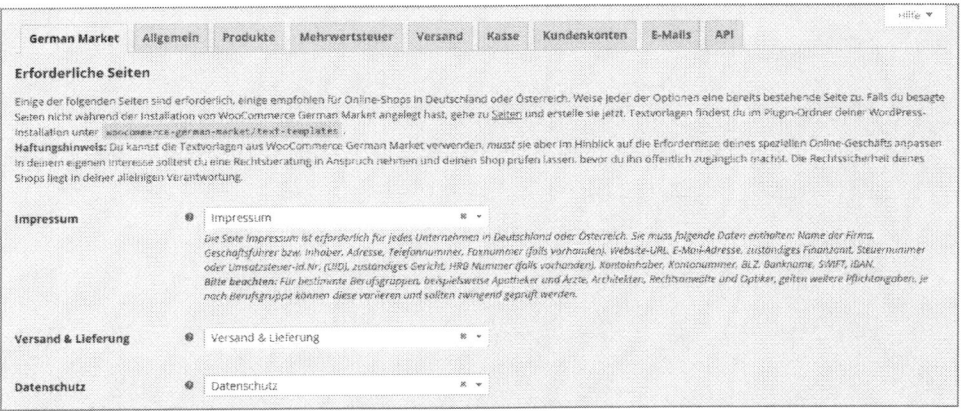

Bild 7.37: Die Zuordnung der Funktions- und Pflichtseiten.

Konfiguration der Widerrufsbelehrung

Im Feld *Widerrufsfrist* sind die üblichen 14 Tage eingestellt, die Sie so übernehmen sollten.

Bei *Adresse für Widerruf* hinterlassen Sie Ihren Namen oder Firmennamen sowie eine ladungsfähige Anschrift, in der Regel die Firmenadresse. An der zugehörigen Stelle der Widerrufsseite erscheint sie dann mithilfe eines Platzhalters, des Shortcodes *[woocommerce_de_disclaimer_address_data]*.

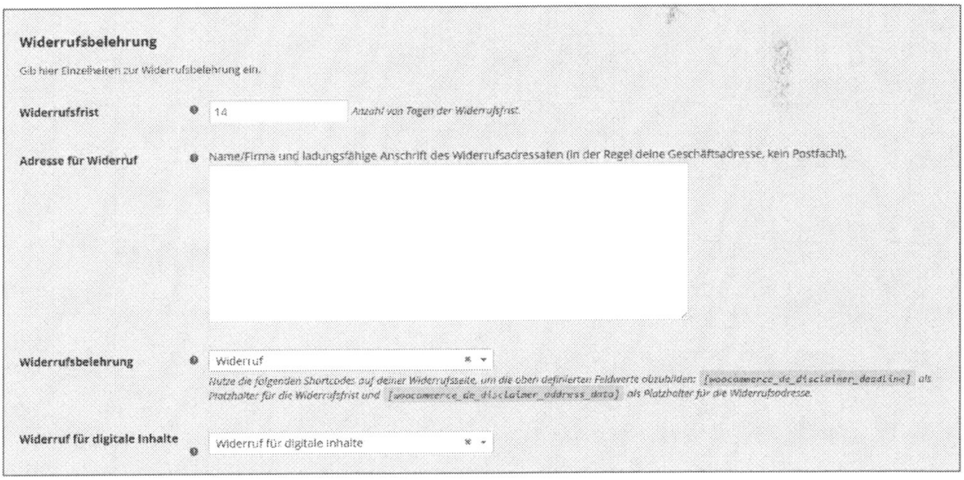

Bild 7.38: Die Konfiguration der Widerrufsbelehrung.

Verkaufen Sie auch digitale Inhalte, zum Beispiel E-Books oder Software? Hierfür hat WooCommerce German Market spezielle Kundeninformationen zum Widerruf- bzw. Rücktrittsrecht angelegt, und zwar auf der Seite *Widerruf für digitale Inhalte*. Übernehmen Sie die Standardeinstellung, damit für Downloadwaren auf diese Seite zugegriffen werden kann.

Die Kleinunternehmerregelung

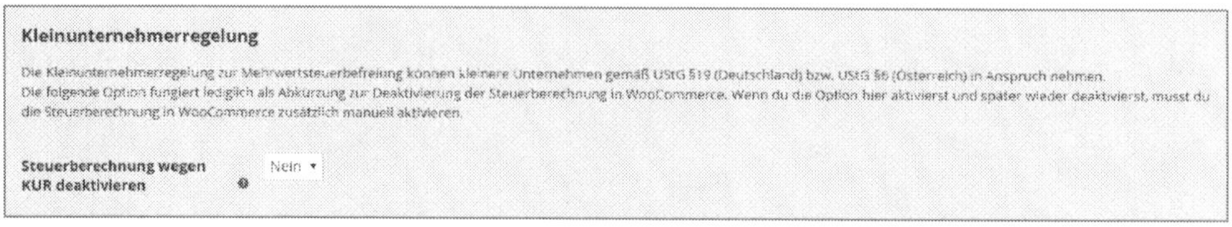

Bild 7.39: Deaktivierung der Steuerberechnung aufgrund der Kleinunternehmerregelung.

Sie werden beim Finanzamt als Kleinunternehmer geführt? Wählen Sie hier die Option *Ja*, um den vom Gesetzgeber geforderten Hinweis auf § 19 UStG einzublenden. Natürlich werden die Preise dann auch ohne Mehrwertsteuer berechnet und angezeigt. Haben Sie schon ein Produkt angelegt? Dann schauen Sie mal schnell ins Frontend, um die Preisanzeige zu kontrollieren.

Bild 7.40: Bei aktivierter Kleinunternehmerregelung erscheint der gesetzlich vorgeschriebene Hinweis *Umsatzsteuerbefreit gemäß UStG §19*.

Lieferzeiten

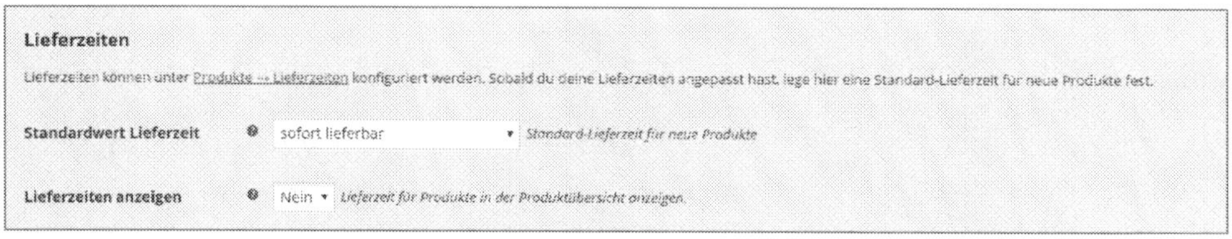

Bild 7.41: Festlegung einer Standardlieferzeit.

Hier legen Sie lediglich fest, welcher Standardwert bei der Neuanlage eines Produkts vergeben wird. Nachjustieren lässt sich die Lieferzeit auf der Produktseite selbst.

Mit Aktivierung der Option *Lieferzeiten anzeigen* werden die Lieferzeiten nicht nur auf den einzelnen Produktseiten eingeblendet, sondern auch noch einmal in der Bestellübersicht, und zwar standardmäßig unter dem Warenkorbbutton.

Streichpreise

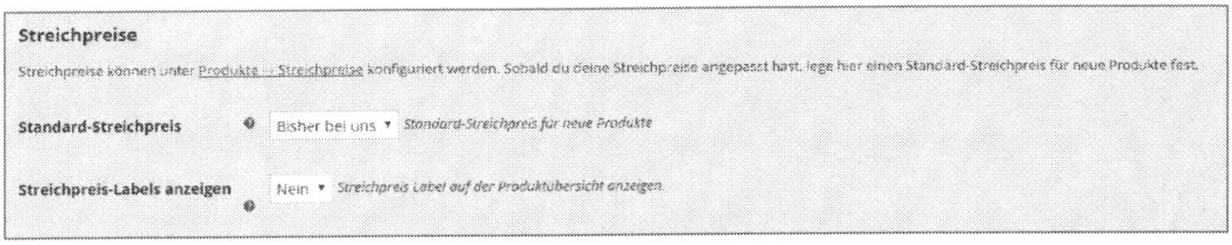

Bild 7.42: Hier wird festgelegt, wie Streichpreise dargestellt werden.

In der Konfiguration für die Streichpreise können Sie einstellen, auf welche Art der alte und der neue Preis präsentiert werden. Die weiteren Angaben nehmen Sie auf der jeweiligen Produktseite vor.

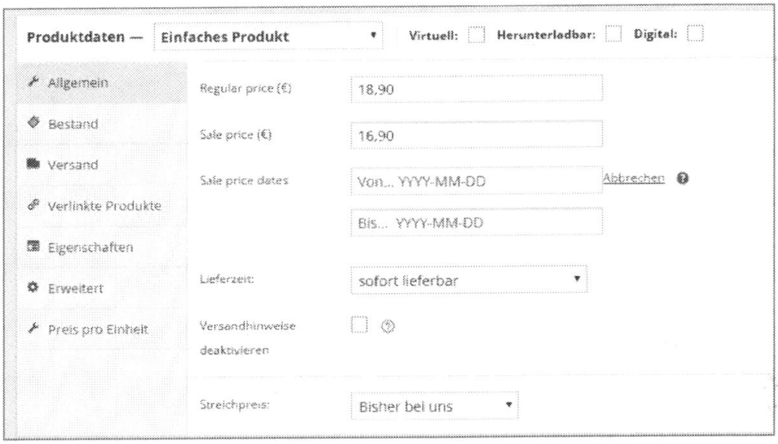

Bild 7.43: Der alte und der neue Preis werden auf der jeweiligen Produktseite eingegeben.

Im Fenster *Produktdaten/Allgemein* geben Sie die konkreten Preise ein. Wechseln Sie dann zur Kontrolle ins Frontend.

Bild 7.44: Darstellung des Streichpreises im Frontend.

Produkte

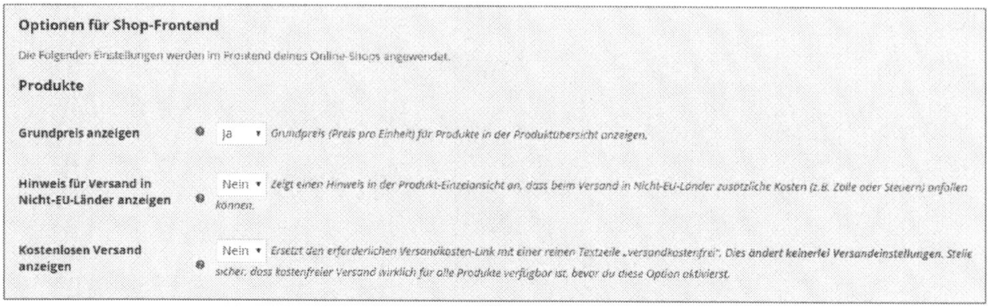

Bild 7.45: Optionen zur Darstellung der Produkte im Frontend.

Drei Einstellungen können Sie unter *Produkte* vornehmen.

- Mit der Option *Grundpreis anzeigen* wird der Preis pro Einheit, zum Beispiel 5 € pro Meter, zusätzlich zur Produktseite auch noch einmal auf der Bestellübersichtsseite angezeigt.

- Nicht wenige deutsche Shops liefern in Nicht-EU-Länder wie beispielsweise in die Schweiz und nach dem »Brexit« Großbritannien. Der Gesetzgeber verlangt in diesem Fall einen Hinweis auf alle möglichen Zusatzkosten. Mit der Aktivierung der Option *Hinweis für Versand in Nicht-EU-Länder anzeigen* wird der Kunde in der Produkteinzelansicht darüber informiert, dass beim Versand in Nicht-EU-Länder zusätzliche Kosten wie Zölle und Steuern anfallen können.

- Mit der Aktivierung der Option *Kostenlosen Versand anzeigen* ersetzen Sie den erforderlichen Versandkostenlink mit der reinen Textzeile »versandkostenfrei«. Stellen Sie sicher, dass ein kostenfreier Versand für alle Produkte verfügbar ist, bevor Sie diese Option aktivieren.

Warenkorb und Kasse

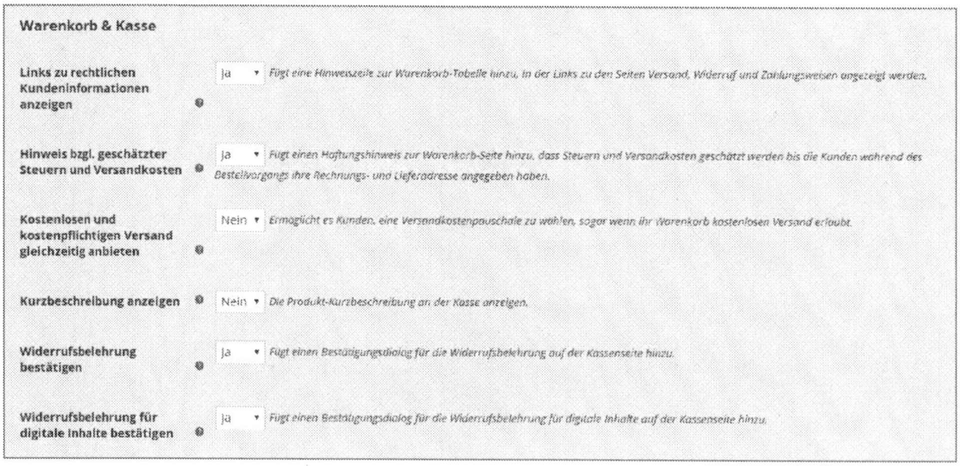

Bild 7.46: Konfiguration von Warenkorb und Kasse.

Sechs Optionen können im Fenster *Warenkorb & Kasse* ausgewählt werden.

- Standardmäßig aktiviert sind die *Links zu rechtlichen Kundeninformationen*. Lassen Sie diese Einstellung unverändert.
- Die zweite Option ist etwas erklärungsbedürftig. *Geschätzte Steuern und Versandkosten* klingt erst mal skurril, denn im modernen Handel wird ja nicht geschätzt, sondern auf den Cent genau gerechnet. Des Rätsels Lösung: Bei Lieferungen ins Ausland können Steuern und Versandkosten ja erst berechnet werden, nachdem der Kunde seine Adresse eingegeben hat. Ist die Option aktiviert, wird vorher dieser Hinweis eingeblendet: *Versandkosten und Steuern werden geschätzt und werden während des Kaufprozesses aktualisiert, basierend auf Ihren Rechnungs- und Versandinformationen.*
- Die dritte, nun wirklich skurrile Option ist standardmäßig deaktiviert, und das sollten Sie auch so lassen. Andernfalls kann der Kunde auch bei kostenlosem Versand eine Versandkostenpauschale auswählen.
- Mit der Option *Kurzbeschreibung anzeigen* erscheinen die Kurzbeschreibungen der Produkte noch einmal auf der Kassenseite. Nutzen Sie diese Möglichkeit, um die wesentlichen Eigenschaften der Waren noch einmal anzuzeigen und damit die Rechtssicherheit Ihres Shops zu erhöhen.
- Die beiden letzten Optionen betreffen die Widerrufsbelehrung, getrennt nach physischen und digitalen Produkten. Übernehmen Sie die Voreinstellungen, um den Kunden gesetzeskonform »zu belehren«, wie es im schönsten Amtsdeutsch heißt.

Global

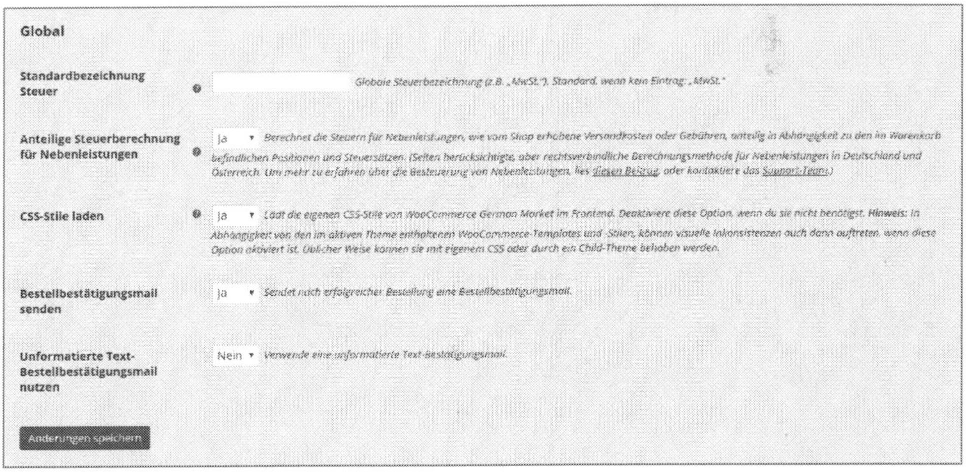

Bild 7.47: Was anderswo keinen Platz gefunden hat, lässt sich unter *Global* konfigurieren.

Gleich haben Sie es geschafft. Ein Sammelsurium aus fünf Optionen zu äußerst unterschiedlichen Bereichen lauert noch unter *Global* auf Sie.

- Unter *Standardbezeichnung Steuer* lässt sich die Abkürzung MwSt. ändern. In der Regel ist das nicht notwendig.

- Die Option *Anteilige Steuerberechnung für Nebenleistungen* ist standardmäßig aktiviert, und dies sollten Sie auch so lassen. Sie müssen nämlich für Nebenleistungen wie Versandkosten den gleichen Steuersatz berechnen und abführen wie für das Produkt.
  Beispiel: Für ein gedrucktes Buch, das mit 7 % besteuert wird, fallen auch 7 % auf die Versandkosten an. Für einen Monitor sind dagegen 19 % auf die Ware und 19 % auf die Versandkosten fällig.

- Die Option *CSS-Stile laden* betrifft vor allem die Optik der Website. Ob sie notwendig ist, hängt stark von Ihrem eingesetzten Theme ab. Probieren Sie aus, ob Sie bei einer Deaktivierung Probleme feststellen. Ist das nicht der Fall, schalten Sie die Option ab.

- Die beiden E-Mail-Einstellungen sollten Sie genau so lassen. Natürlich soll das System dem Kunden eine Bestätigungsmail schicken, und zwar im üblichen Format.

Checkliste Deutsche Erweiterungen für WooCommerce

- Entscheidung zwischen WooCommerce Germany und WooCommerce German Market getroffen.
- Seitenverwaltung aufgerufen.
- Inhalte aus bereits vorhandenen Pflichtseiten gesichert.
- Diejenigen Seiten gelöscht, auch aus dem Papierkorb, die vom Plug-in selbst angelegt werden.
- Plug-in installiert.
- Plug-in aktiviert.
- Plug-in konfiguriert.
- Rechtstexte angelegt.
- Rechtstexte sind in E-Mails integriert, angehängt oder werden verlinkt.
- Widerrufsbelehrung enthält Adresse.
- Optional: Integration einer Händlerorganisation.

8 wpShopGermany

8.1	Die Alternative zu WooCommerce	295
8.2	Demoshop testen	295
8.2.1	TestShopGermany	296
8.2.2	Testversion installieren	299
8.3	Erste Schritte mit wpShopGermany	302
8.3.1	Das neue Menü	302
8.3.2	Neue Seiten und Beiträge	302
8.3.3	Demoprodukt im Frontend	304
8.4	Das Warenkorb-Widget	304
8.4.1	Warenkorb-Widget einfügen	305
8.4.2	Links zu den Pflichtseiten aktivieren	305
8.5	Die neuen Seiten	307
8.5.1	Seiten befüllen	307
8.5.2	Seiten über ein Menü verlinken	307
8.6	Konfiguration	308
8.6.1	Einstellungen	309
8.6.2	Module	319
8.6.3	Lizenzverwaltung	324
8.6.4	Aktuelles	324
8.6.5	Hilfe	325
8.6.6	Über	326
8.7	Produktverwaltung	326
8.7.1	Produkt anlegen	327
8.7.2	Einzelne Produktseite anlegen	328
8.7.3	Produktübersichtsseite anlegen	330
8.8	Bestellverwaltung	332
8.8.1	Bestellungen in der Übersicht	332
8.8.2	Bestellung bearbeiten	332
8.8.3	Status ändern und Kunden informieren	333
8.9	Support	334
8.9.1	Das Supportforum	334
8.9.2	Support-Tickets	335

Checkliste wpShopGermany ... 337

Einen ganz anderen Ansatz als WooCommerce Germanized und WooCommerce German Market verfolgt *wpShopGermany*. Das Plug-in ist nämlich keine Ergänzung, sondern eine Alternative zu WooCommerce.

Bild 8.1: Bezugsquelle für das Plug-in wpShopGermany: *http://wpshopgermany.maennchen1.de/download*.

Das Glossar:

- **Bestellverwaltung** – Übersicht aller Bestellungen.

- **Konfigurationsmenü** – Das Steuerpult von wpShopGermany. Hier werden die Grundeinstellungen vorgenommen und die Module aktiviert, deaktiviert und verwaltet.

- **Modul** – Zusatzfunktionen hat wpShopGermany in Module ausgelagert. Viele kostenlose Module sind in wpShopGermany bereits enthalten, besonders hochwertige können hinzugekauft werden.

- **Produktverwaltung** – Übersicht aller Produkte. Mit der Installation von wpShopGermany wurde ein Demoprodukt mitgeliefert.

- **Shortcode** – Die Produkte werden in wpShopGermany über ein Platzhaltersystem in einen beliebigen Beitrag oder eine beliebige Seite eingebunden. Der Platzhalter, Shortcode genannt, enthält die Produkt-ID.

- **Sidebar** – Die meisten WordPress-Themes verfügen über eine oder mehrere Seitenleisten, in die Widgets platziert werden können.

- **Warenkorb-Widget** – Das in wpShopGermany integrierte Warenkorb-Widget wird über die Widget-Verwaltung von WordPress in eine Sidebar eingefügt.

8.1 Die Alternative zu WooCommerce

Ein Blick auf die Referenzen zeigt die typischen Anwender von wpShopGermany:

- Kleinunternehmer.
- Stationäre Läden mit einem Onlineshop als zweitem Standbein.
- Alternativläden und Szeneshops für Handgemachtes.
- Shops, die sich aus einem Blog heraus entwickelt haben.
- Websites, die den Shop nicht auf der Startseite platziert haben, sondern als Erweiterung.
- Techniker, Tüftler und Kreative.

Und dann gibt es da noch diese Freaks hier: *www.bavarianhighlands.com/shop*. Anmerkung des Autors: Ich erkläre hiermit an Eides statt, dass ich mit den Organisatoren der bayerischen Highlandgames weder verwandt noch verschwägert bin, keinerlei finanzielle Zuwendungen erhalte und nicht aktiv an den Wettkämpfen teilnehme.

Seltener anzutreffen sind dagegen Onlineshops aus den Bereichen Luxus und Schickimicki. Sagen wir es also frei heraus: Der Ökoladen und das Makerprojekt mit angeschlossenem Shop laufen nicht mit WooCommerce, sondern mit dem knuffigen und schlanken wpShopGermany.

Auswahl des Themes

wpShopGermany kann mit fast allen »normalen« WordPress-Themes betrieben werden. Wichtiges Kriterium ist das Vorhandensein einer Sidebar – denn die wird zur Platzierung des Warenkorb-Widgets benötigt.

> **Der Unterschied zu WooCommerce**
> Genügsam zeigt sich wpShopGermany in der Basisversion, die Produkte werden nämlich ausschließlich innerhalb von *Beiträgen* und *Seiten* präsentiert. Erst mit dem Einsatz des kostenpflichtigen Moduls *ProduktArtikel* nähert sich das deutsche Shopsystem dem Platzhirsch WooCommerce auf technischer Seite an und greift auf das in WordPress angelegte System der *Custom Post Types* zu. Das Modul kreiert einen neuen, auf die Produktpräsentation zugeschnittenen Typ: Zu *Beiträgen* und *Seiten* gesellen sich die *ProduktArtikel*.

8.2 Demoshop testen

Um den Einstieg mit wpShopGermany so angenehm wie möglich zu machen, hat der Hersteller eine Spielwiese eingerichtet, den Demoshop unter *https://testshopgermany.maennchen1.de/*.

Bild 8.2: Auf der Spielwiese *https://testshopgermany.maennchen1.de/* lässt sich wpShopGermany ohne Installation ausprobieren.

8.2.1 TestShopGermany

Mithilfe des Testshops lernen Sie das System aus der Sicht des Kunden kennen, arbeiten sich also in den Bestellprozess ein. Keinen Zugang haben Sie dagegen zur Administrationsoberfläche.

Bild 8.3: Mit einem Probekauf lässt sich der Bestellprozess von wpShopGermany kennenlernen. Rechts oben ist das Warenkorb-Widget zu sehen.

Testaccount anlegen

Am besten legen Sie schnell einen Testaccount an. Pflicht ist er zwar nicht, aber Sie erhalten dann einen erweiterten Einblick in das System. Sie können als Name Donald Duck und als Adresse Entenhausen angeben, das spielt keine Rolle. Anschließend klicken Sie auf ein Produkt und legen es in den Warenkorb.

Bestellprozess und Warenkorb-Widget

Die Leiste oben zeigt die vier Stufen des Bestellvorgangs jedes auf der Basis von wpShopGermany betriebenen Shops an:

1. *Warenkorb*
2. *Kundendaten*
3. *Zahlung/Versand*
4. *Abschluss*

Auf der rechten Seite ist das Warenkorb-Widget eingeblendet. Die Besonderheiten: Es behält den Bestellstatus auch dann, wenn Sie den Bestellprozess unterbrechen. Als Widget bleibt es auch beim Seitenwechsel treu auf seinem Platz.

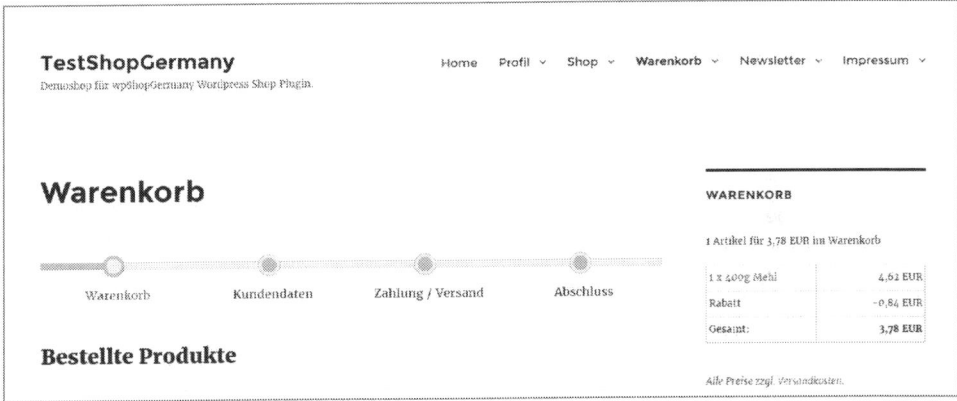

Bild 8.4: Die Bestellung läuft in vier Phasen ab: *Warenkorb*, *Kundendaten*, *Zahlung/Versand* und *Abschluss*. Das Warenkorb-Widget zeigt das ausgewählte Produkt an.

Probieren Sie es aus und rufen Sie zum Beispiel die Seite *Widerrufsbelehrung* auf. Mit einem Klick auf das Warenkorb-Widget kehren Sie dann wieder in den Bestellprozess zurück. Clever gemacht vom Hersteller des Plug-ins.

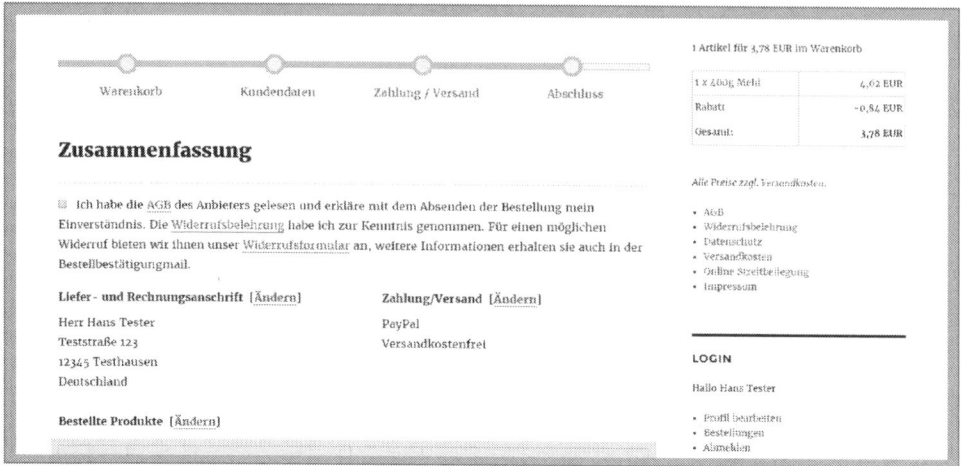

Bild 8.5: Zum Abschluss des Bestellprozesses verlangt wpShopGermany die Aktivierung einer Checkbox.

Klicken Sie sich nun bis zum *Abschluss* der Bestellung durch. Auf dieser Seite blendet wpShopGermany eine Checkbox ein, mit deren Aktivierung der Kunde drei Dinge bestätigt:

- Einverständnis mit den AGB.
- Widerrufsbelehrung zur Kenntnis genommen.
- Händler stellt Widerrufsformular zur Verfügung.

Probieren Sie die Klicks hinter der Checkbox einfach mal aus. Das Widerrufsformular stellt wpShopGermany als PDF zur Verfügung, gemäß gesetzlichen Vorgaben mit integrierter Shopadresse.

Widerrufsformular

Testshop - Demo für wpShopGermany
Max Mustermann
Musterstraße 1
12345 Musterstadt

Widerruf

Hiermit widerrufe(n) ich/wir (*) den von mir/uns (*) abgeschlossenen Vertrag über den Kauf der folgenden Waren (*)/die Erbringung der folgenden Dienstleistung.

Artikelname — Bestellt am (*)/erhalten am (*)

Meine Anschrift

Name:

Straße:

PLZ/Ort:

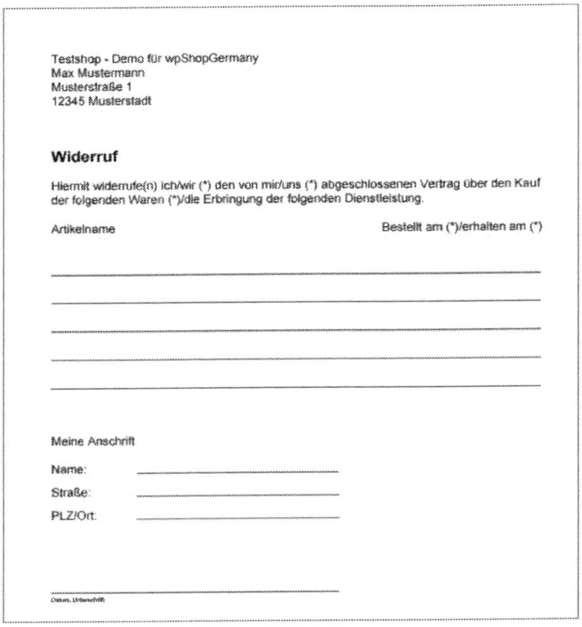

Bild 8.6: Widerrufsformular mit eingefügter Shopadresse.

Jetzt haben Sie wpShopGermany aus Kundensicht kennengelernt und sind bereit für die nächste Stufe, die Installation einer voll funktionsfähigen Testversion auf eigenem Webspace.

8.2.2 Testversion installieren

Um das Plug-in innerhalb der eigenen WordPress-Site zu installieren, sind bestimmte Systemvoraussetzungen notwendig.

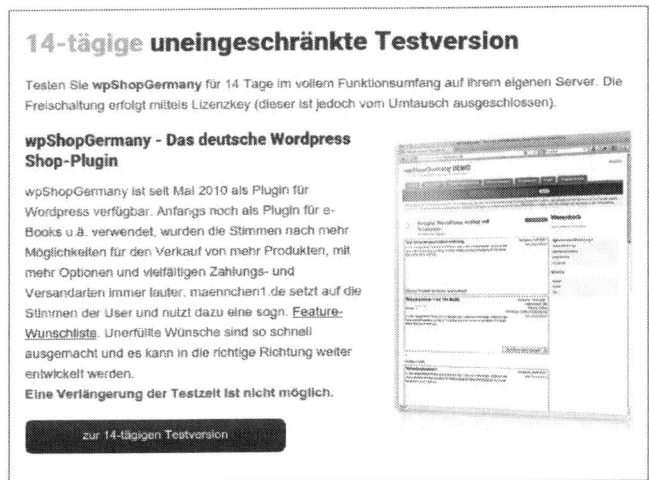

Bild 8.7: Der Hersteller bietet eine für 14 Tage voll funktionsfähige Testversion zum Download an.

Systemvoraussetzungen

wpShopGermany läuft zwar schon ab WordPress 3.9, aber aus Sicherheitsgründen sollte immer die aktuellste Version eingesetzt werden. Die Anforderungen an den Server:

- MySQL 5.0
- PHP ab 5.4 mit diesen Bibliotheken: OpenSSL, GD Library 2.0, SimpleXML, Soap Client, Zip
- memory_limit ab 128 MByte
- max_execution_time ab 600
- max_input_vars ab 5000
- upload_max_filesize ab 40 MByte
- register_globals = Off
- allow_url_fopen = On oder cURL
- extension=php_openssl.dll (nur auf einem Windows-Server)
- Verarbeitung von HT-Access-Dateien

Keine Sorge, Sie müssen nicht wissen, was das alles bedeutet. Sollte es ein Problem bei der Installation geben, schicken Sie diese Liste an Ihren Provider, damit er einen möglichen Fehler eingrenzen und beheben kann. Wahrscheinlicher ist es aber, dass Sie ein höherwertiges Hostingpaket benötigen. Faustregel: Ab einem Preis von 5 Euro pro Monat ist der Webspace für wpShopGermany geeignet.

wpShopGermany herunterladen

Bild 8.8: Die Downloadseite *wpshopgermany.maennchen1.de/download/*.

Von der Seite *wpshopgermany.maennchen1.de/download/* laden Sie sich die aktuelle und ganz reguläre Version herunter. Sie ist voll funktionsfähig und wartet 14 Tage auf die »Fütterung« mit einem Lizenzschlüssel. So lange haben Sie also Zeit, das Plug-in auf Herz und Nieren zu testen. Nach dem Erwerb einer Lizenz und dem Einfügen des Lizenzschlüssels wird das Testsystem zum »echten« Shop. Eine erneute Installation ist dann nicht mehr notwendig.

Bild 8.9: Die Datei *wpshopgermany.latest.zip* wurde heruntergeladen und befindet sich im Downloadordner.

Nach dem Herunterladen steht die Datei *wpshopgermany.latest.zip* auf Ihrem Computer bereit. An der Endung *.zip* erkennen Sie, dass es sich um ein ZIP-Archiv handelt. Lassen Sie es verpackt.

In der Plug-in-Verwaltung

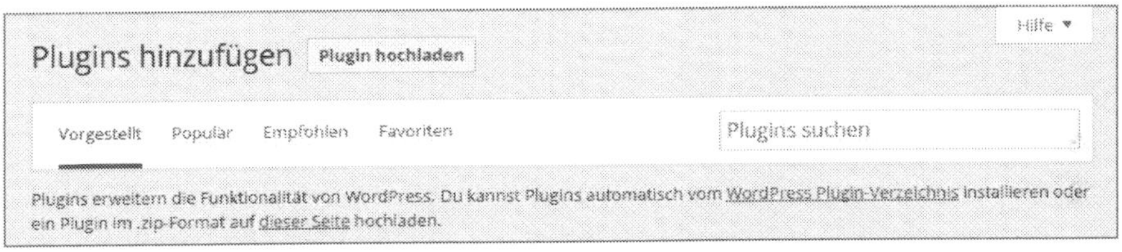

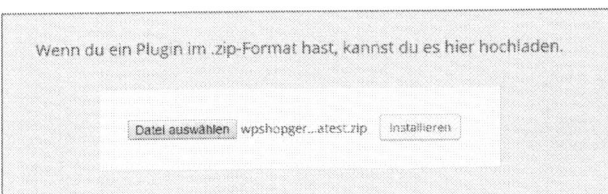

Bild 8.10: Das Plug-in wpShopGermany wird als ZIP-Datei hochgeladen.

Gehen Sie ins Backend von WordPress. Klicken Sie zunächst auf *Plugins/Plugins hinzufügen* und dann auf die Schaltfläche *Plugin hochladen*.

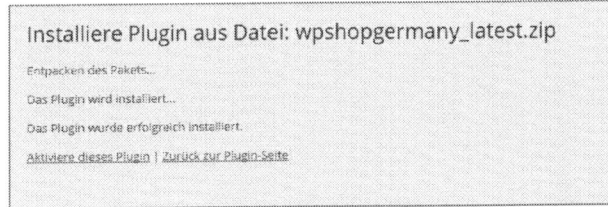

Bild 8.11: Über den Button *Datei auswählen* wird der eigene Computer durchforstet. wpShopGermany findet sich im Downloadordner.

Aus Ihrem Downloadordner wählen Sie die Datei *wpshopgermany.latest.zip*. Klicken Sie dann auf *Installieren*.

wpShopGermany aktivieren

Bild 8.12: WordPress hat *wpshopgermany.latest.zip* installiert und wartet auf die Aktivierung.

WordPress entpackt und installiert das Plug-in selbstständig. Mit der Meldung *Das Plugin wurde erfolgreich installiert* ist die Prozedur abgeschlossen. Klicken Sie nun auf *Aktiviere dieses Plugin*.

8.3 Erste Schritte mit wpShopGermany

Mit der Aktivierung hat sich wpShopGermany in WordPress eingenistet. Beginnen Sie mit einem kleinen Rundgang durch die neuen Menüs, Seiten und Funktionen.

8.3.1 Das neue Menü

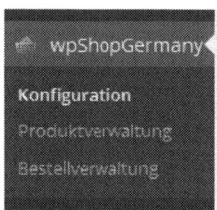

Bild 8.13: In der linken Menüleiste hat sich das Menü von wpShopGermany eingenistet.

Diese drei Menüpunkte wurden mit der Installation von wpShopGermany ergänzt:

- *Konfiguration*
- *Produktverwaltung*
- *Bestellverwaltung*

In Abhängigkeit von den aktivierten Modulen kommen später noch weitere Menü- und Untermenüpunkte hinzu.

8.3.2 Neue Seiten und Beiträge

Bild 8.14: In der Seitenverwaltung von WordPress sind neun neue Seiten gelistet.

Über *Seiten/Alle Seiten* öffnen Sie die Seitenverwaltung – und siehe da, es hat kräftig Zuwachs gegeben. Inklusive der schon mit der Installation von WordPress angelegten *Beispiel-Seite* sind es jetzt zehn. Scrollen Sie gleich mal ganz nach unten und klicken Sie die Demoseite an, sie trägt den etwas sperrigen Titel *wpShopGermany DemoProdukt WordPress Seite*. Sie finden darin einen Shortcode in eckigen Klammern.

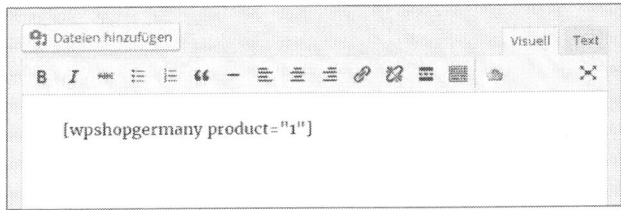

Bild 8.15: Der *Shortcode* steht als Platzhalter für das Demoprodukt.

Das Plug-in hat freundlicherweise schon ein Demoprodukt installiert. Über diesen Shortcode, also einen Platzhalter, ist das Produkt in die Seite eingebunden.

```
[wpshopgermany product="1"]
```

Neue Beiträge

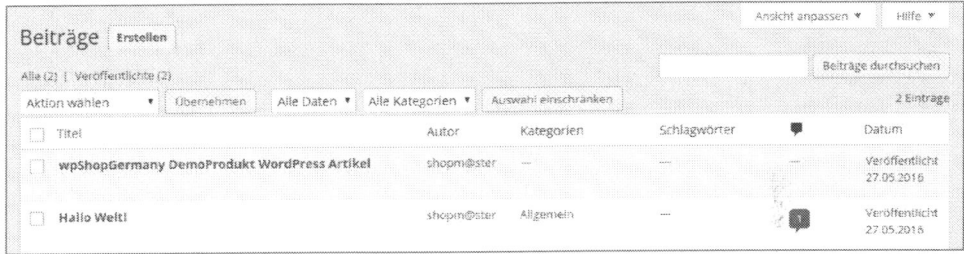

Bild 8.16: Ein neuer Beitrag ist hinzugekommen.

Auch ein neuer Beitrag ist hinzugekommen, und zwar unter dem Namen *wpShopGermany DemoProdukt WordPress Artikel*. Der gesamte Inhalt des Beitrags besteht aus dem schon bekannten Shortcode:

```
[wpshopgermany product="1"]
```

Sie fragen sich sicher, warum wpShopGermany doppelgleisig fährt und das Demoprodukt gleich zweimal integriert. Des Rätsels Lösung: WordPress lässt sich bekanntlich entweder als Blog oder als Content-Management-System betreiben. Noch einmal ein kurzer Vergleich der zwei unterschiedlichen Betriebsarten, zwischen denen Sie via *Einstellungen/Lesen* wechseln können:

1. Im Blogbetrieb zeigt die Startseite die letzten Beiträge.
2. Im CMS-Betrieb zeigt die Startseite eine ausgewählte statische Seite.

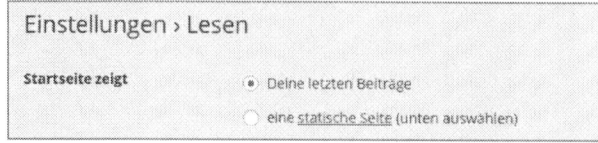

Bild 8.17: Standardmäßig zeigt WordPress die letzten Beiträge an. Seiten sind nur über Links oder Menüs erreichbar.

Die Hersteller des Plug-ins haben sich ganz einfach für eine narrensichere Konstruktion entschieden. Das Demoprodukt wird in beiden Betriebsarten angezeigt und ist damit für Sie auch gleich sichtbar, unabhängig Ihrer Startseiteneinstellung.

Sehr aussagekräftig ist der Shortcode natürlich nicht. Da hilft nur eines: das Demoprodukt aus der Kundenperspektive im Frontend ansehen.

8.3.3 Demoprodukt im Frontend

Bild 8.18: Das Demoprodukt in der Besucheransicht.

Im Frontend ist das Demoprodukt schon erhältlich. Wahrscheinlich juckt es Sie jetzt in den Fingern, und Sie möchten den Bestellvorgang testen? Ja, es funktioniert schon alles, aber besser ist es, vorher noch einige Handgriffe zu erledigen. Ein zentrales Element und auch ein pfiffiges Markenzeichen von wpShopGermany ist nämlich das jetzt noch nicht sichtbare Warenkorb-Widget. Nach der Installation will es zunächst einmal in die Sidebar platziert werden. Auf in die Widget-Verwaltung.

8.4 Das Warenkorb-Widget

Na so was. Eigentlich sind Plug-ins und Widgets ja zwei Paar Stiefel, aber wpShopGermany geht hier einen eigenen Weg. Mit der Installation des Plug-ins haben nämlich auch die Widgets Zuwachs bekommen. Neu dabei: das *Warenkorb Widget*. Mit einem Klick auf *Design/Widgets* öffnen Sie die Widget-Verwaltung.

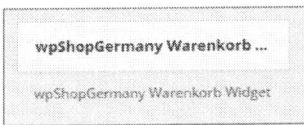
Bild 8.19: Mit der Installation von wpShopGermany wurde die Widget-Verwaltung durch das Warenkorb-Widget ergänzt.

8.4.1 Warenkorb-Widget einfügen

Klicken Sie das Warenkorb-Widget an, schlägt es selbst seinen Widget-Bereich vor. Ideal ist die Sidebar, die ja in den meisten Themes und generell im Standard-Theme vorhanden ist. Sie müssen dann nur noch auf *Widget hinzufügen* klicken. Was aber, wenn Ihr Theme über gar keine Seitenleiste verfügt? Dann haben Sie zwei Möglichkeiten:

1. Wechsel des Themes.

2. Selbst eine Sidebar anlegen.

Achtung, die zweite Methode ist nur für fortgeschrittene Anwender empfehlenswert. Wenn Sie Ihr Theme auf gar keinen Fall auswechseln möchten, gehen Sie in den Editor, öffnen die Datei *functions.php* und verwenden den Befehl `register_sidebar()`. Weitere Hinweise dazu finden Sie im WordPress-Kodex unter *https://codex.wordpress.org/Function_Reference/register_sidebar*.

Bild 8.20: Mit dem Anklicken des Warenkorb-Widgets erhalten Sie sogleich einige Vorschläge zur Platzierung.

8.4.2 Links zu den Pflichtseiten aktivieren

Gehen Sie noch einmal kurz auf die Spielwiese, den Testserver des Herstellers: *http://testshopgermany.maennchen1.de/*. Unterhalb des Warenkorbs sind diverse Links zu den Pflichtseiten Ihres Onlineshops eingeblendet, von AGB bis Impressum. Auf den ersten Blick sieht es so aus, als ob unterhalb des Warenkorb-Widgets ein weiteres Widget platziert wurde, aber der Schein trügt. Der Hersteller hat das Warenkorb-Widget so ausgestattet, dass darunter noch Links angehängt werden können. Ob Sie diese Zusatzfunktion nutzen wollen, bleibt Ihnen überlassen. Die Alternative wäre ein Servicefooter, wie er in Kapitel 13.4 beschrieben ist.

Bild 8.21: Von *AGB* bis *Impressum*. Unterhalb des Warenkorbs sind Links zu den Pflichtseiten eingeblendet.

Die Links zu den Pflichtseiten aktivieren

Nach der Platzierung des Widgets in der Sidebar wird die Option *Seiten unterhalb des Widgets* eingeblendet. Über Checkboxen lassen sich diese Links aktivieren:

- *Anfrageliste*
- *AGB*
- *Widerrufsbelehrung*
- *Datenschutzrichtlinien*
- *Versandkosten*
- *Online Streitbeilegung*
- *Impressum*

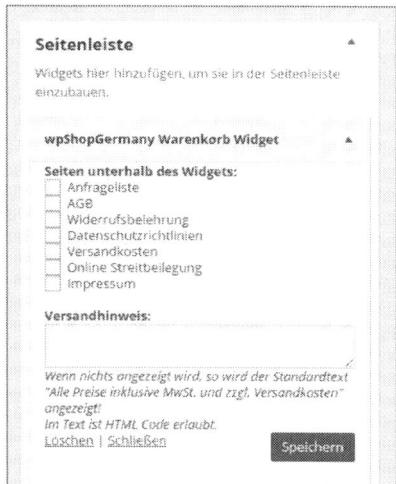

Bild 8.22: Über Checkboxen lassen sich unterhalb des Warenkorb-Widgets noch Links zu einigen Pflichtseiten des Onlineshops hinzufügen.

Alle Checkboxen aktivieren
Aktivieren Sie alle Checkboxen gleich nach der Installation, denn damit haben Sie bereits vor der Einrichtung von Menüs einen schnellen Zugriff auf einige wichtige Pflichtseiten.

8.5 Die neuen Seiten

wpShopGermany war bei der Installation schon fleißig. Neun Neulinge sind unter *Seiten/Alle Seiten* gelistet:

- *AGB*
- *Anfrageliste*
- *Datenschutz*
- *Impressum*
- *Online Streitbeilegung*
- *Versandkosten*
- *Warenkorb*
- *Widerrufsbelehrung*
- *wpShopGermany DemoProdukt WordPress Seite*

8.5.1 Seiten befüllen

Auf der Seite mit dem Demoprodukt ist der bekannte Shortcode enthalten, aber davon abgesehen sind keine Inhalte vorhanden. Es liegt an Ihnen, die rechtlich verpflichtenden Seiten mit Inhalten zu befüllen.

8.5.2 Seiten über ein Menü verlinken

Nicht alle neuen Seiten werden über die Links im Warenkorb-Widget gefunden. Um die Erreichbarkeit im Frontend sicherzustellen, gehen Sie via *Design/Menüs* in die Menüverwaltung.

Anlegen eines neuen Menüs

Bild 8.23: In der Menüverwaltung wird ein neues Menü erstellt.

Haben Sie schon ein Menü angelegt? Falls nicht, gehen Sie in die Menüverwaltung, geben bei *Name des Menüs* einen nur Ihrer Übersicht dienenden Begriff ein und klicken auf *Menü erstellen*.

Hinzufügen aller Seiten

Bild 8.24: Die neuen Seiten werden zum Menü hinzugefügt.

Nachdem ein Menü angelegt ist, können Sie links in der Menüverwaltung per Checkbox alle Seiten anwählen und hinzufügen. Vorsicht: Erschrecken Sie nach diesem Schritt nicht über das Menüchaos im Frontend. Die Sortierung der Menüpunkte lässt sich jederzeit per Drag-and-drop in der Menüverwaltung ändern.

8.6 Konfiguration

Mit einem Klick auf *wpShopGermany/Konfiguration* gelangen Sie zum »Stellpult« des Plug-ins. Grob vorsortiert ist es in sechs Bereiche, die Sie oben auf der horizontalen Leiste auswählen können: *Einstellungen, Module, Lizenzverwaltung, Aktuelles, Hilfe* und *Über*.

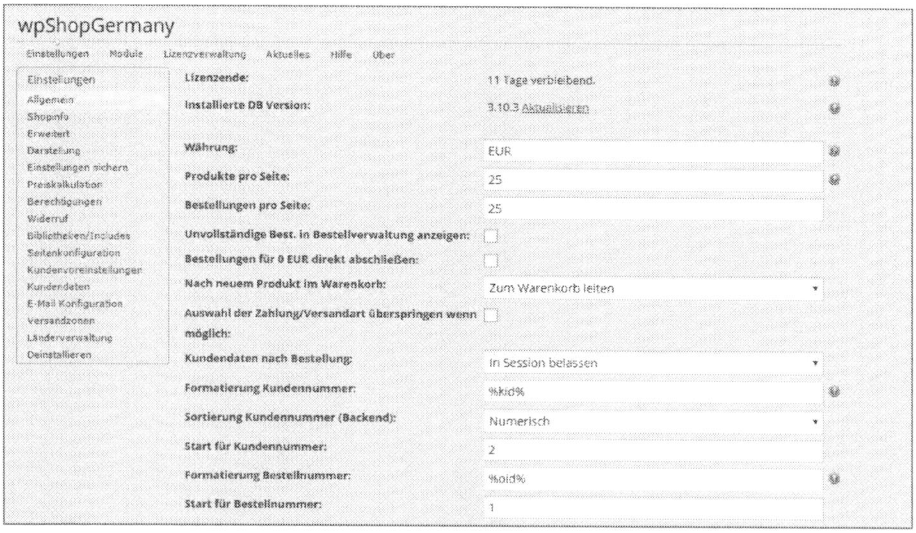

Bild 8.25: Das Konfigurationsmenü von wpShopGermany ist in sechs Bereiche gegliedert: *Einstellungen, Module, Lizenzverwaltung, Aktuelles, Hilfe* und *Über*.

8.6.1 Einstellungen

Zu den wichtigsten Schalthebeln führt das Menü *Einstellungen*. Hier stellen Sie die Preisberechnung und andere, vom Sortiment unabhängige Funktionen ein.

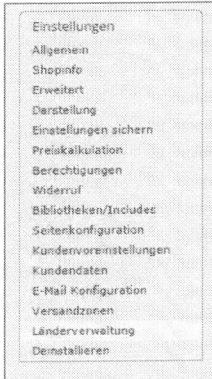

Bild 8.26: Das umfangreiche *Einstellungen*-Menü von wpShopGermany.

Allgemein

Ganz oben im Fenster *Allgemein* befinden sich zwei Hinweise: einer auf die verbleibenden Tage bis zum Ende der Testlizenz und einer, etwas kryptisch als *DB Version* bezeichnet, auf die Version von wpShopGermany. Im Beispiel wurde wpShopGermany 3.10.3 installiert. Darunter finden Sie diverse Einstellungsmöglichkeiten, von der Auswahl der Währung bis zur Startziffer für die Bestellnummern. Am besten lassen Sie die Vorgaben zunächst unverändert.

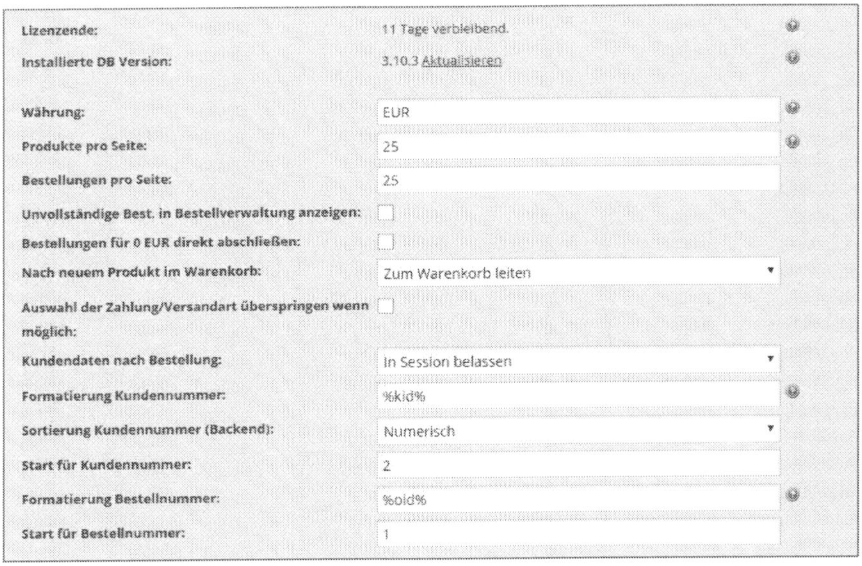

Bild 8.27: Ohne Lizenzierung ist wpShopGermany 14 Tage lauffähig.

Shopinfo

Gleich nach der Aktivierung fragt wpShopGermany die Basisinformationen zum Shop ab. Vielleicht hatten Sie schon einige Daten ausgefüllt? Komplettieren können Sie Ihre Angaben nun im Fenster *Shopinfo*.

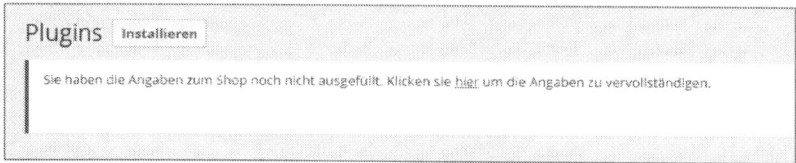

Bild 8.28: wpShopGermany fordert die Shopangaben ein.

Zu den Basisdaten gehören der Firmenname, die Postadresse, die E-Mail-Adresse, Steuernummern und Bankdaten. Bitte füllen Sie diese Eingabemaske möglichst vollständig aus, wpShopGermany greift auf verschiedene Weise darauf zurück, beispielsweise zur Erstellung des Widerspruchsformulars.

Bild 8.29: Eingabe von Firmendaten, Steuernummer, Adresse und Bankdaten.

Erweitert

Nur für fortgeschrittene Anwender empfiehlt sich die Ausschöpfung der Optionen im Fenster *Erweitert*. Am besten lassen Sie hier alle Voreinstellungen zunächst unverändert.

Darstellung

Gleiches gilt für die Optionen bei *Darstellung*. Lassen Sie die Grundeinstellungen unverändert.

Einstellungen sichern

Wie Sie vielleicht schon gemerkt haben: wpShopGermany bietet eine ganze Menge von Einstellungsmöglichkeiten. Was aber, wenn Sie den Überblick verloren haben und zu einer älteren Konfiguration zurückkehren möchten? Diesen Job erledigt das Feature *Einstellungen sichern*. Sie können damit eine aktuelle Einstellung als XML-Datei per Download sichern und später in wpShopGermany hochladen. Am besten gewöhnen Sie sich an, die Konfiguration vor größeren Änderungen immer zu sichern.

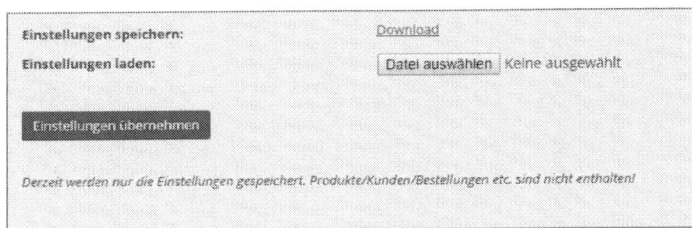

Bild 8.30: Mit einem Download lassen sich alle Einstellungen sichern.

Preiskalkulation und Kleinunternehmerregelung

Hinter dem etwas schwammigen Begriff *Preiskalkulation* verbirgt sich ein für viele Shopgründer sehr wichtiges Feature, nämlich die Berechnung und Anzeige der Preise für Kleinunternehmen.

Werden Sie vom Finanzamt als Kleinunternehmer geführt? Dann sollten Sie auf jeden Fall die Checkbox ganz oben aktivieren und den darunterstehenden Rechtstext unverändert übernehmen: *Aufgrund der Kleinunternehmerregelung gemäß § 19 UStG wird keine Umsatzsteuer erhoben oder ausgewiesen*. Anschließend wechseln Sie in die Besucheransicht.

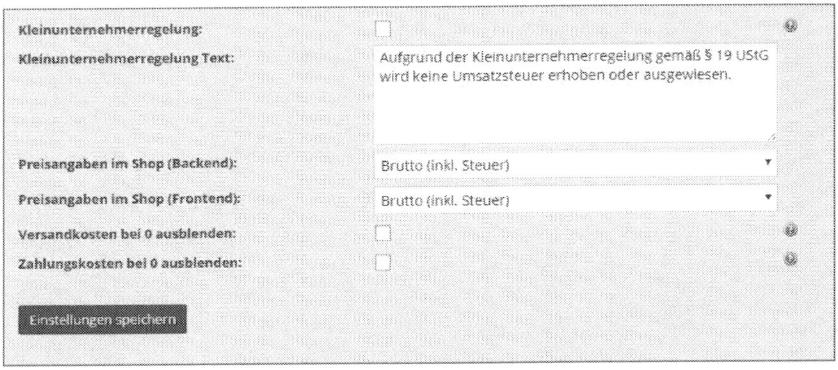

Bild 8.31: Preiskalkulation und Kleinunternehmerregelung.

Bild 8.32: Mit Aktivierung der Kleinunternehmerregelung ersetzt wpShopGermany die Preisangabe *inkl. 19 % MwSt.* durch *Endpreis*.

Im Frontend sehen Sie, was sich nach der Aktivierung der Checkbox in der Berechnung und Darstellung des Preises geändert hat. Die Umsatzsteuer wird weder erhoben noch ausgewiesen:

- ohne Kleinunternehmerregelung: *Preis inkl. 19 % MwSt. zzgl. Versandkosten*
- mit Kleinunternehmerregelung: *Endpreis zzgl. Versandkosten*

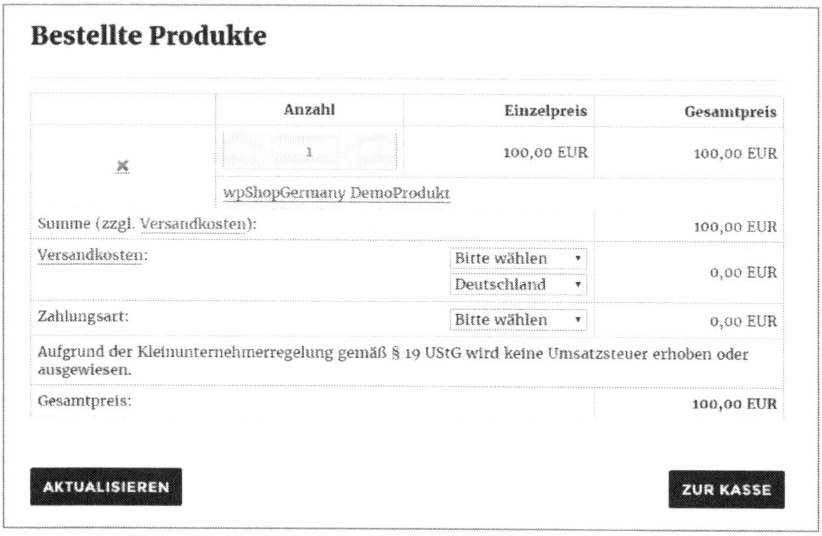

Bild 8.33: Der rechtlich verpflichtende Hinweis auf § 19 UStG wird im Warenkorb und auf der Kassenseite eingeblendet.

Im Warenkorb und auf der Kassenseite blendet wpShopGermany den für Kleinunternehmer rechtlich vorgeschriebenen Hinweis ein: *Aufgrund der Kleinunternehmerregelung gemäß § 19 UStG wird keine Umsatzsteuer erhoben oder ausgewiesen.*

Wechseln Sie nun wieder ins Backend zu *wpShopGermany/Einstellungen/Module/Preiskalkulation*. Weil Sie als Kleinunternehmer nur noch mit einheitlichen Preisen rechnen – wpShopGermany nennt sie *Endpreise* –, spielen die Begriffe Brutto und Netto für Sie keine Rolle mehr. Die beiden Felder zu den Preisangaben im Shop können Sie also ignorieren.

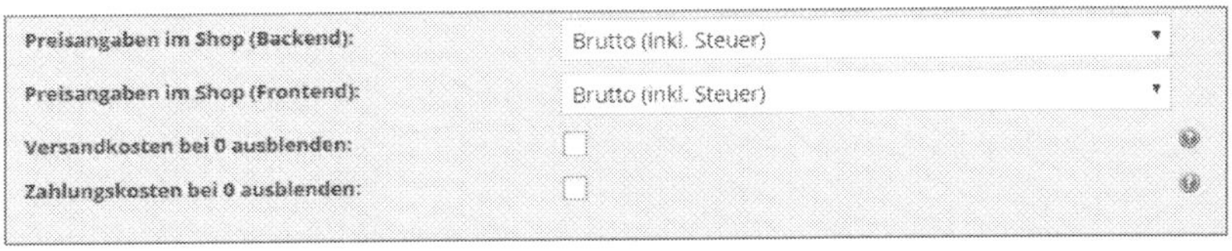

Bild 8.34: Standardmäßig werden die Bruttopreise angezeigt, also inklusive Steuer.

Sind Sie dagegen kein Kleinunternehmer, müssen Sie die Bruttopreise ausweisen, natürlich Umsatzsteuer erheben und diese an das Finanzamt abführen. Lassen Sie die Voreinstellungen von wpShopGermany unverändert. Eine Preisangabe exklusive Steuern ist nur zulässig, wenn Sie ausschließlich an Geschäftskunden verkaufen.

Unten finden Sie zwei Checkboxen, die Ihnen unabhängig von Ihrem Unternehmerstatus zur Verfügung stehen:

- *Versandkosten bei 0 ausblenden*
- *Zahlungskosten bei 0 ausblenden*

Mit beiden Checkboxen können Sie verhindern, dass ein Besucher mit überflüssigen Informationen belästigt wird.

Beispiel: Sie erheben auf ein Produkt keine Versandkosten. In diesem Fall dient es der Benutzerfreundlichkeit, die Anzeige »plus 0,00 € Versandkosten« auszublenden.

Berechtigungen

Bild 8.35: Einstellungsmöglichkeiten für die Rechte der Teammitglieder.

Sie arbeiten in einem Team? Dann bietet Ihnen das Fenster *Berechtigungen* eine gute Möglichkeit zur Aufgabenverteilung. wpShopGermany hat nämlich die Rollenverwaltung von WordPress aufgebohrt.

Zur Erinnerung: WordPress kennt fünf verschiedene Arten von Benutzern, wobei der Administrator an der Spitze steht und alle Aktionen innerhalb von WordPress durchführen darf.

wpShopGermany hat die Shopverwaltung standardmäßig in die Hände des Administrators gelegt – und nur des Administrators. Per Checkboxen können Sie den niederen Rängen Zugang zu den einzelnen Bereichen verschaffen, beispielsweise zur Produktverwaltung. Diese Methode erspart es Ihnen, für die Shopverwaltung zusätzliche

Administratoren zu ernennen, die ja generell mit sehr umfangreichen Berechtigungen ausgestattet sind. Ein unachtsamer Administrator hat die gesamte Site schnell über den Jordan geklickt. Vorsicht ist die Mutter der Porzellankiste. Mit diesem Rechte-Prinzip schlafen Sie am besten: so viel wie nötig, so wenig wie möglich.

Widerruf

Als Shopbetreiber sind Sie in puncto Widerruf zu zwei Dingen verpflichtet:

- *Widerrufsbelehrung* erstellen.
- *Widerrufsformular* zur Verfügung stellen.

Was Sie auf jeden Fall tun sollten: den Button *Standardformular aus dem Shopinfo erstellen* anklicken, denn damit ist das Pflichtformular schon mal vorhanden, und Sie können es über die Seite *Widerrufsbelehrung* zur Verfügung stellen. Um rechtlich ganz auf Nummer sicher zu gehen, stehen Ihnen auch diese Optionen zur Verfügung:

- Widerrufsbelehrung in die E-Mail einbinden.
- Widerrufsformular an die Bestellbestätigung anhängen.

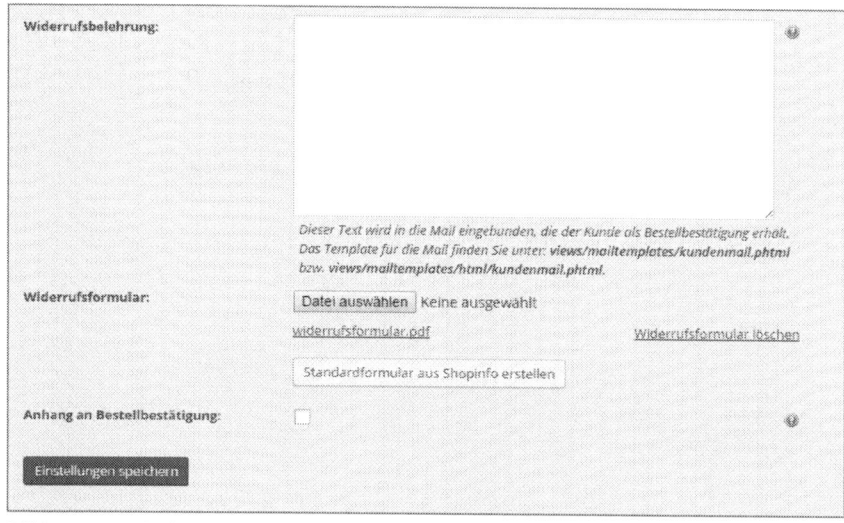

Bild 8.36: Aus den Daten der Seite *Shopinfo* erstellt wpShopGermany ein rechtskonformes Widerrufsformular.

Bibliotheken/Includes

Die Nutzung der Optionen im Fenster *Bibliotheken/Includes* empfiehlt sich nur für fortgeschrittene Anwender. Am besten lassen Sie die Voreinstellungen zunächst unverändert.

Seitenkonfiguration

In der *Seitenkonfiguration* lassen sich diverse Pflicht- und Funktionsseiten neu zuordnen. Übernehmen Sie auch hier die Voreinstellungen, denn leicht kann durch Modifikationen die Bestellfunktion unterbrochen werden. Auch an der Seitenkonfiguration sollten nur fortgeschrittene Anwender schrauben.

Kundenvoreinstellungen

Wichtige Entscheidungen werden im Fenster *Kundenvoreinstellungen* getroffen. Zunächst wählen Sie eine Versand- und eine Zahlungsart aus, die dem Kunden als Standard angezeigt wird. Angeboten wird allerdings nur, was Sie im Bereich *Einstellungen/Module* schon aktiviert haben. Ähnlich funktioniert die Zuweisung eines Standardlands. Um ein anderes Land als Deutschland zum Standard zu definieren, muss es vorher über die *Länderverwaltung* hinzugefügt worden sein. Und auch bei der letzten Eingabemöglichkeit sind Ihre Auswahlmöglichkeiten von einer anderen Einstellung abhängig. Um *Herr* und *Frau* zu ersetzen, müssen Sie zuvor eine Alternative bei den *Kundendaten* eingegeben haben.

Bild 8.37: Standardversand- und -zahlungsart einstellen.

Kundendaten

Welche Daten muss ein Kunde für eine Bestellung eingeben? Zu diesen Pflichtfeldern macht wpShopGermany eine Reihe von Vorschlägen. Hier sollten Sie eher zurückhaltend vorgehen. Beispiele:

- *Geburtsdatum* – Standardmäßig ist die Eingaben des Geburtsdatums nicht verpflichtend. Aktivieren Sie diese Option, falls Sie Produkte anbieten, die nur an volljährige Kunden verkauft werden sollen. Eine Altersverifizierung gewährt diese Methode allerdings nicht, denn der Kunde kann mogeln und Fantasiedaten eintragen.
- *UstIdNr.* – Die Abfrage der Umsatzsteuer-ID ist nur dann sinnvoll, wenn Sie an Geschäftskunden verkaufen und nicht an private Verbraucher.
- wpShopGermany bietet zwar zahlreiche Möglichkeiten zur Erhebung von Kundendaten, aber dennoch sollten Sie nicht alles ausschöpfen – aus juristischen wie auch aus kaufmännischen Gründen:

1. Nach § 3a des Bundesdatenschutzgesetzes dürfen Sie nur solche Daten erheben, die für die Abwicklung der Bestellung notwendig sind. Die Telefonnummer gehört beispielsweise nicht dazu.
2. Mit der steigenden Anzahl von Pflichtfeldern verlieren nicht wenige Kunden die Lust an der Sache. Sie geben dann entweder erfundene Daten ein oder, noch schlimmer, brechen den Bestellprozess ab.

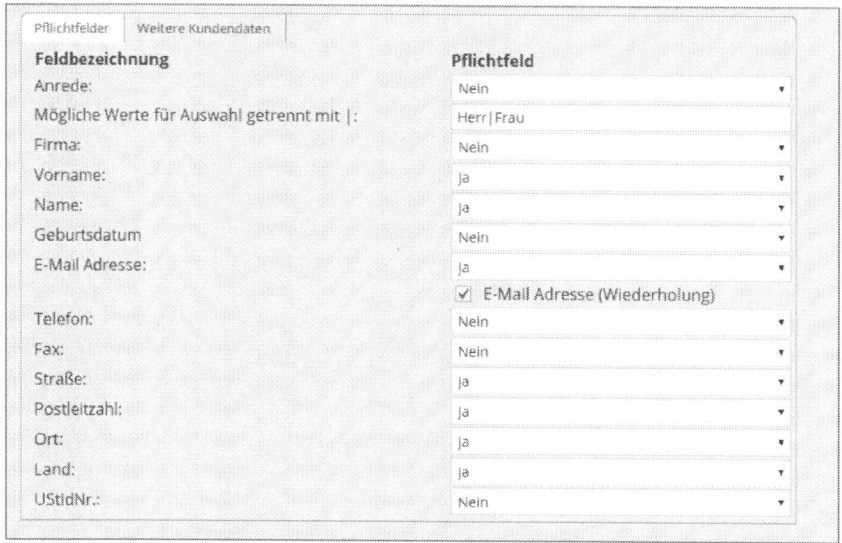

Bild 8.38: Im Fenster *Kundendaten* werden die Pflichtfelder definiert, die ein Kunde bei der Bestellung ausfüllen muss.

E-Mail Konfiguration

Darum sollten Sie die E-Mail-Konfiguration nicht auf die leichte Schulter nehmen:

1. Der Versand von E-Mails erfolgt teilweise automatisiert.
2. Durch E-Mails werden rechtlich relevante Vorgänge ausgelöst und dokumentiert.

Ganz oben finden Sie die standardmäßig deaktivierte Checkbox *HTML-Mails versenden*. Sie fragen sich, was HTML-Mails eigentlich sind? Kurz gesagt: Sie bieten im Vergleich zu reinen Textmails mehr Möglichkeiten, beispielsweise zum Einfügen von Bildern und Links. Der Nachteil: In Abhängigkeit vom jeweiligen Mailclient des Empfängers werden nicht alle HTML-Mails im Sinne des Absenders angezeigt.

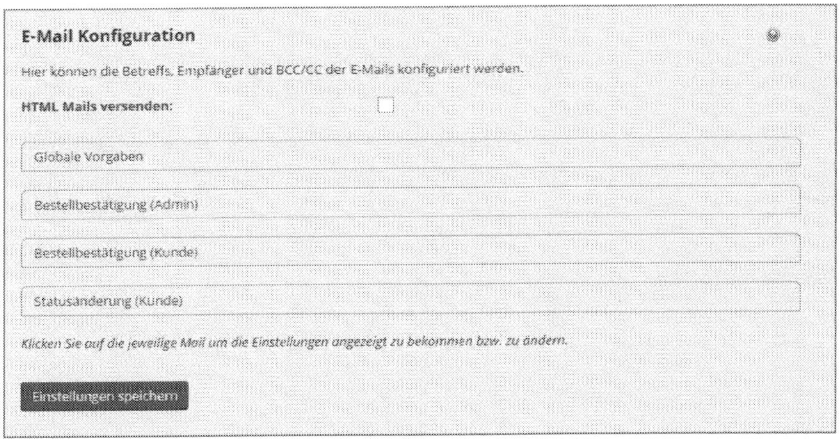

Bild 8.39: Konfigurationsbereich für E-Mails.

Separat bearbeiten lassen sich alle Sorten von Mails, die wpShopGermany versendet. Klicken Sie dazu die jeweilige Mailsorte einfach an, zum Beispiel *Bestellbestätigung (Kunde)*. Zuvor sollten Sie sich allerdings dem Fenster *Globale Vorgaben* widmen. Die globalen Vorgaben werden nämlich für die einzelnen Mailsorten übernommen, sofern Sie in diesen keine Änderungen vornehmen. Legen Sie am besten ein Kurzimpressum an, das dann unterhalb Ihrer sämtlichen Mails angezeigt wird. Von dort verlinken Sie auf das ausführliche Impressum auf Ihrer Website.

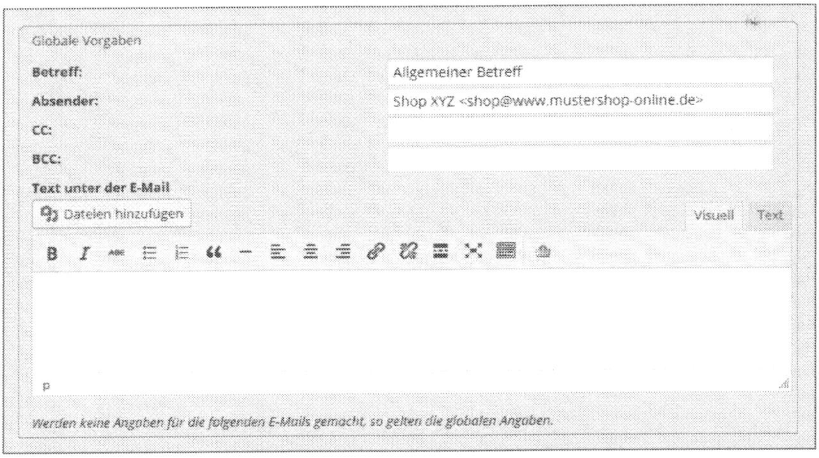

Bild 8.40: Die Einstellungen im Fenster *Globale Vorgaben* werden für alle anderen Mailsorten übernommen. Im Textfeld unterhalb der Mail kann ein kurzes Impressum eingefügt werden, das per Link zum vollständigen Impressum auf der Website führt.

Versandzonen

Im Fenster *Versandzonen* können Sie die Bezeichnung der Versandzone ändern und neue Versandzonen hinzufügen. Am besten lassen Sie die Einstellungen unverändert.

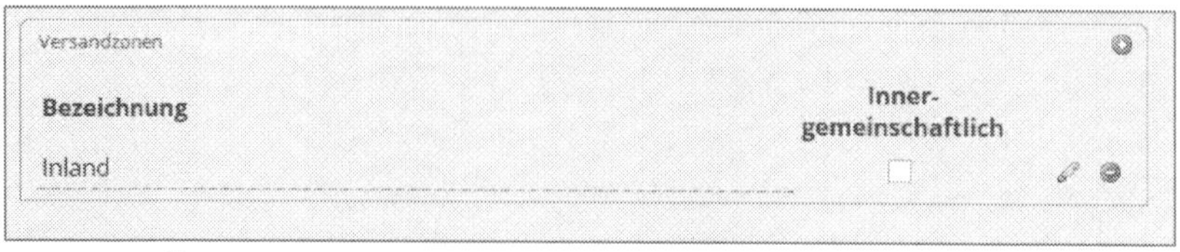

Bild 8.41: Ändern und Hinzufügen von Versandzonen.

Länderverwaltung

In der *Länderverwaltung* können Sie auf zweierlei Weise neue Länder hinzufügen, die Sie mit Ihren Produkten beliefern möchten:

1. Sie tragen jedes neue Land händisch in die Maske ein und ebenso die dazugehörigen Steuersätze.

2. Sie klicken auf einen der beiden Buttons *Standardländer importieren* oder *Standard-EU-Länder importieren*.

Die erste Option sollten Sie wählen, wenn Sie nur in eine überschaubare Zahl von Ländern versenden. Tragen Sie die Daten oben in die Maske ein und klicken Sie auf *Speichern*. Das hinzugefügte Land erscheint dann unten in der Liste *Bestehende Länder*.

Weil an den Steuersätzen immer mal wieder geschraubt wird, kommen Sie bei beiden Optionen nicht um eine Nachbearbeitung herum. Mit einem Klick auf den Stift in der Zeile des betreffenden Lands lassen sich die Angaben jederzeit ändern. Um keinen Fehler zu machen, sollten Sie hierzu Rücksprache mit Ihrem Steuerberater halten.

Bild 8.42: In der *Länderverwaltung* werden neue Länder hinzugefügt und die jeweiligen Steuersätze eingetragen.

Deinstallieren

Im Laufe der Zeit kommt einiges an Testbestellungen zusammen. Über das Fenster *Deinstallieren* sollten Sie sich vor der Umstellung auf den echten Betrieb wieder von diesem Ballast wieder befreien. Lassen Sie Vorsicht bei der Option *Plugin, Programm, Moduldateien und Datenbanktabellen* walten, denn damit wird wpShopGermany komplett aus WordPress entfernt. Zurück bleiben in diesem Fall lediglich die neu angelegten Seiten.

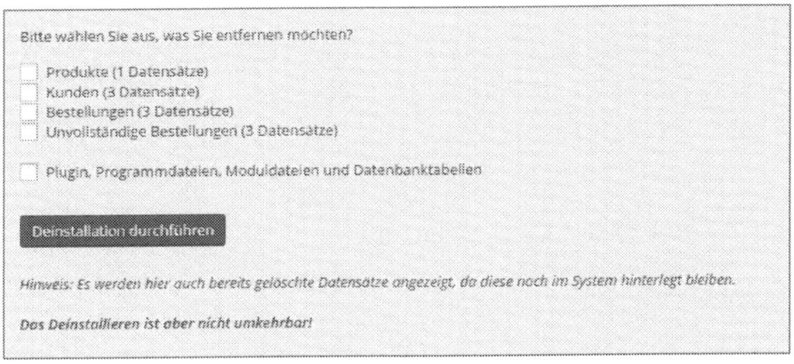

Bild 8.43: Deinstallation einzelner Datensätze oder des gesamten Plug-ins.

8.6.2 Module

Mithilfe der Modulverwaltung können Sie diverse Funktionen aktivieren und deaktivieren. Falls Sie von der Fülle der Module zunächst erschlagen sind: wpShopGermany hat sie, wie in der linken Spalte zu sehen ist, in fünf Modulgruppen vorsortiert:

- *Bestellung*
- *Produkte*
- *Sonstiges*
- *Versand*
- *Zahlungsarten*

Jedes Modul ist mehrstufig aufgebaut. Zunächst muss es aktiviert, sprich zum Leben erweckt werden, anschließend werden die Felder zur Konfiguration angezeigt. Im Folgenden erhalten Sie nähere Erläuterungen anhand jeweils eines populären Moduls pro Modulgruppe.

> **Nicht alle externen Module auf einmal**
> Im großen Fenster der Modulverwaltung haben Sie die Möglichkeit, verschiedene externe Module zu installieren, die entweder unter einer kostenlosen oder unter einer Demolizenz zur Verfügung stehen. Gehen Sie hier aus Gründen der Übersichtlichkeit mit Bedacht vor und beschränken Sie sich am Anfang auf zwei oder drei externe Module.

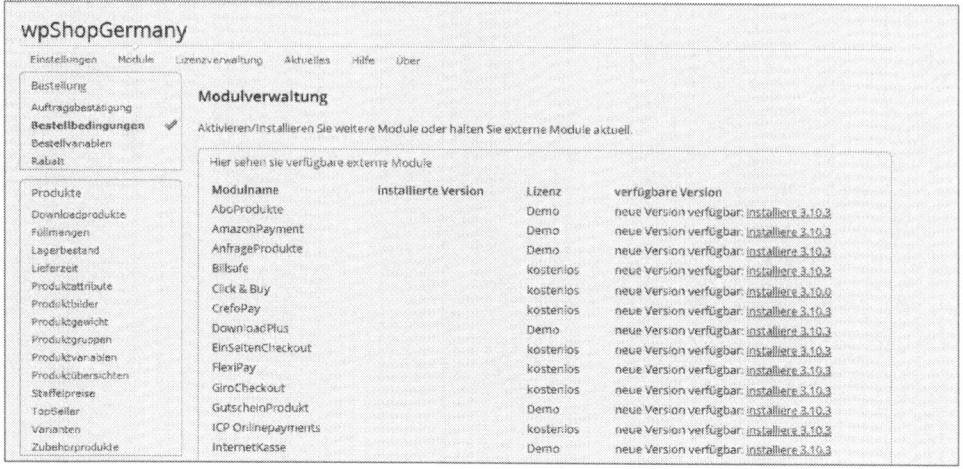

Bild 8.44: Die umfangreiche Modulverwaltung von wpShopGermany.

Modul Rabatt

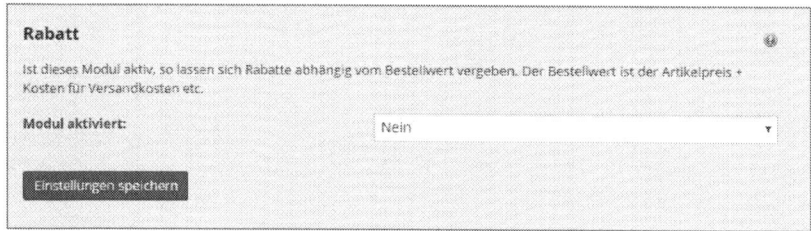

Bild 8.45: Das Rabattmodul wartet auf die Aktivierung.

Das *Modul Rabatt* ist Teil der Modulgruppe *Bestellung*. Standardmäßig ist in dieser Gruppe nur das Modul *Bestellbedingungen* aktiviert, was Sie am grünen Haken in der Übersicht erkennen. Nach der Aktivierung des Rabattmoduls gesellt sich ein weiterer Haken hinzu.

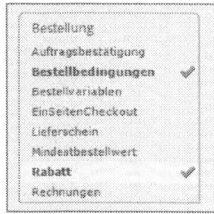

Bild 8.46: Nach der Aktivierung ist *Rabatt* mit einem grünen Haken versehen.

Das Modul bietet die Möglichkeit, Rabatte auf einzelne Produkte oder den gesamten Warenkorb einzuräumen. Bei Käufern und Händlern gleichermaßen beliebt sind Warenkorbrabatte.

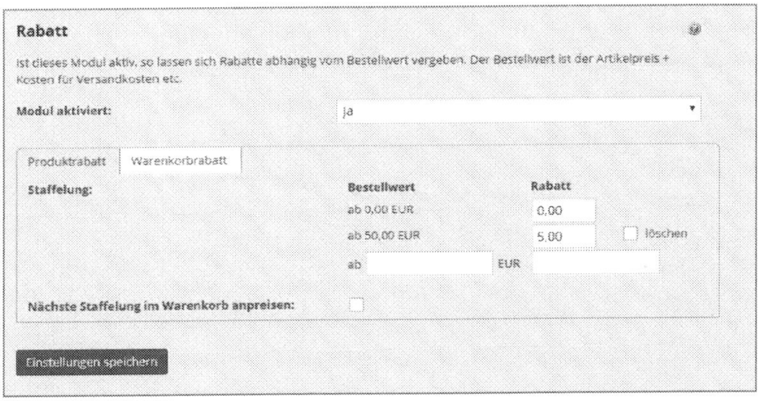

Bild 8.47: Der Warenkorbrabatt wird ab einem bestimmten *Bestellwert* vergeben.

Im Feld *Rabatt* haben Sie die Möglichkeit, Rabatte abhängig vom Bestellwert zu staffeln, zum Beispiel:

- ab 50 Euro Bestellwert 5 Euro Rabatt
- ab 100 Euro Bestellwert 15 Euro Rabatt

Modul Downloadprodukte

Das Modul *Downloadprodukte* befindet sich in der Gruppe *Produkte*. Die Downloadprodukte stehen dem Kunden gleich nach der Bezahlung via PayPal oder Sofortüberweisung zur Verfügung. Nach Zahlungseingang erhält er eine E-Mail mit einem personalisierten Downloadlink.

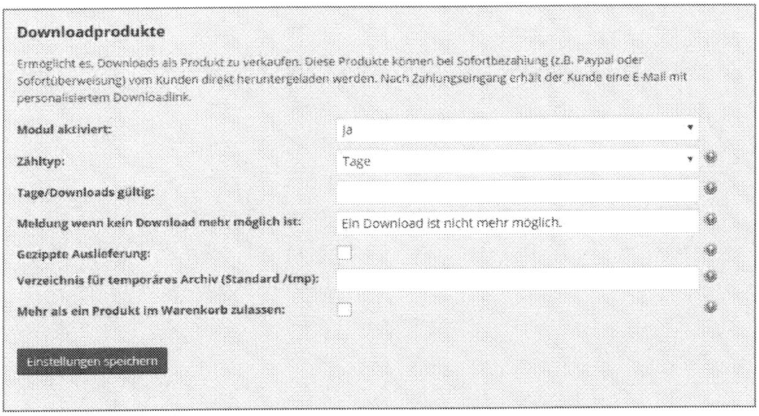

Bild 8.48: Die Konfiguration des Moduls *Downloadprodukte*.

Modul Gutscheine

Das Modul *Gutscheine* hat sich in der Gruppe *Sonstiges* versteckt. Leicht zu finden ist es erst nach der Aktivierung, dann hat sich nämlich im Menü links unterhalb der Bestellverwaltung ein neuer Punkt eingenistet.

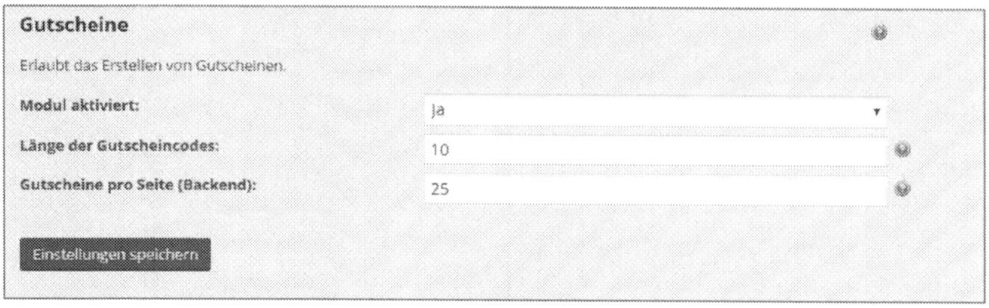

Bild 8.49: Aktivierung des Gutscheinmoduls.

Gehen Sie auf *wpShopGermany/Gutscheine*, um die nach der Aktivierung noch leere Gutscheinverwaltung aufzurufen. Oben klicken Sie dann auf den Button *Hinzufügen*, um einen neuen Gutschein anzulegen.

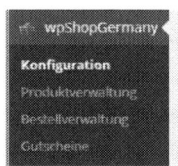

Bild 8.50: Die Aktivierung des Gutscheinmoduls hat den neuen Menüpunkt *Gutscheine* erzeugt.

Das Eingabefenster bietet detaillierte Möglichkeiten zur Konfiguration. Sie können nicht nur den Wert, die Berechnungsmethode und die Gültigkeitsdauer eingeben, sondern auch eine Reihe weiterer Bedingungen, etwa einen minimalen Warenwert. Außerdem lässt sich der Gutschein auf bestimmte Produkte beschränken.

Bild 8.51: Eingabe von Wert und Bedingungen für den Gutschein.

Modul Lieferadresse

Das Modul *Lieferadresse* befindet sich innerhalb der Gruppe *Versand*. Nach der Aktivierung hat der Kunde die Möglichkeit, während des Bestellungsvorgangs zwei Adressen einzugeben:

- die *Rechnungsadresse*
- eine abweichende *Lieferadresse*

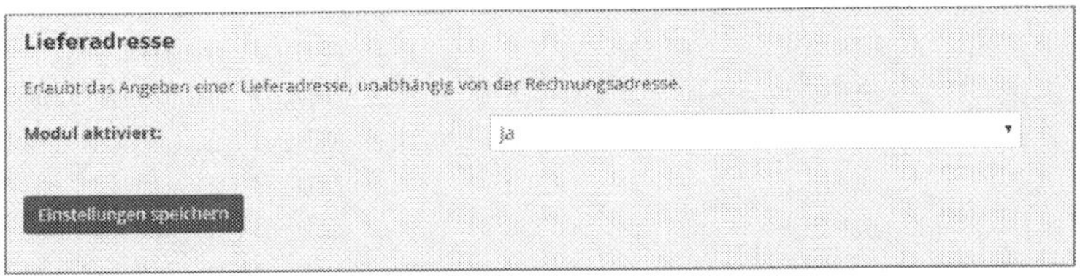

Bild 8.52: Nach Aktivierung des Moduls *Lieferadresse* kann der Kunde eine Ware an einer von der Rechnungsadresse abweichenden Adresse in Empfang nehmen.

Modul Rechnung

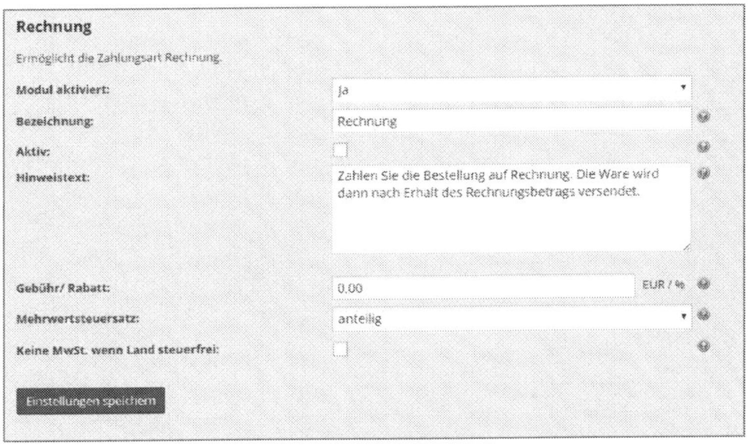

Bild 8.53: Aktivierung des Moduls *Rechnung*.

In der Gruppe der *Zahlungsarten* lässt sich das Modul *Rechnung* aktivieren. Im Feld *Gebühr/Rabatt* können Sie für diese Zahlungsart auch noch eine Zahlungsgebühr aufschlagen oder einen Rabatt gewähren.

Weitere Module aktivieren

Es hängt von der Art Ihres Shops ab, welche weiteren Module Sie noch benötigen. Populär sind *Produktbilder* aus der Gruppe *Produkte* und *PayPal* aus der Gruppe *Zahlungsarten*.

8.6.3 Lizenzverwaltung

Nach der Installation ist in der *Lizenzverwaltung* noch nichts eingetragen. Um den Shop auch über die 14-tägige Testphase hinaus zu betreiben, müssen Sie zunächst eine Lizenz beim Hersteller erwerben. Ausgeliefert wird sie in Form einer Datei mit der Endung *.txt*.

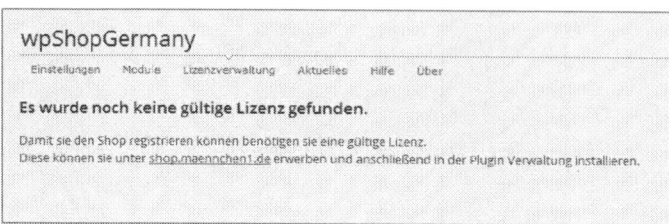

Bild 8.54: Die *Lizenzverwaltung* meldet nur, ob eine gültige Lizenz eingetragen wurde. Für die Lizenzierung selbst muss die Plug-in-Verwaltung aufgerufen werden.

Das Plug-in lizenzieren

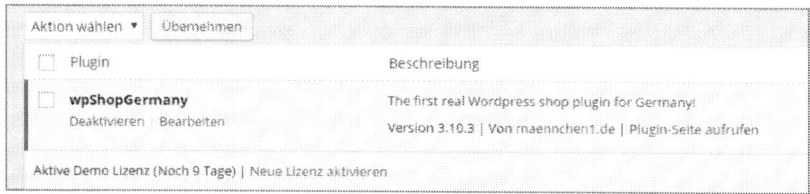

Bild 8.55: Der Weg zur Lizenzierung von wpShopGermany führt über die Plug-in-Verwaltung.

Die TXT-Datei haben Sie erhalten, und sie lagert auf Ihrem Computer? Dann öffnen Sie die Plug-in-Verwaltung via *Design/Plugins*. Unterhalb des Eintrags von wpShopGermany sehen Sie die Restlaufzeit der Demoversion sowie den Link *Neue Lizenz aktivieren*. Über diesen gelangen Sie in das Uploadfenster. Wählen Sie hier die Lizenzdatei aus und laden Sie sie hoch. Nach einem Klick auf *Lizenz aktivieren* steht Ihnen wpShopGermany für einen unbegrenzten Zeitraum zur Verfügung.

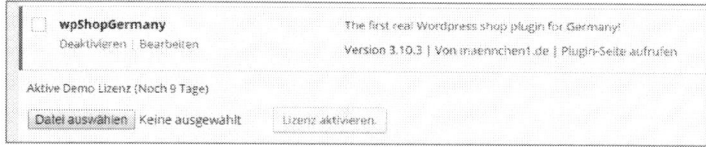

Bild 8.56: Die TXT-Datei wird ausgewählt und hochgeladen.

8.6.4 Aktuelles

Unter dem Menüpunkt *Aktuelles* finden Sie Meldungen über neue Features und Tipps, die den Umgang mit wpShopGermany erleichtern.

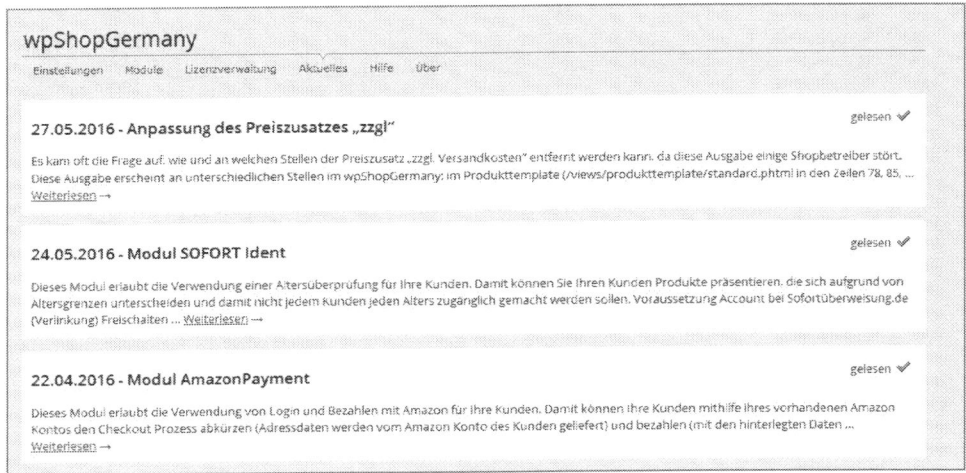

Bild 8.57: Aktuelle Meldungen und Tipps zu wpShopGermany bietet der Menüpunkt *Aktuelles*.

8.6.5 Hilfe

Fundierte Informationen zu wpShopGermany erreichen Sie über den Menüpunkt *Hilfe*. Die Links führen zu einer sehr umfangreichen Tutorialsammlung, in der sämtliche Module erklärt werden, sowie zum Kundenforum.

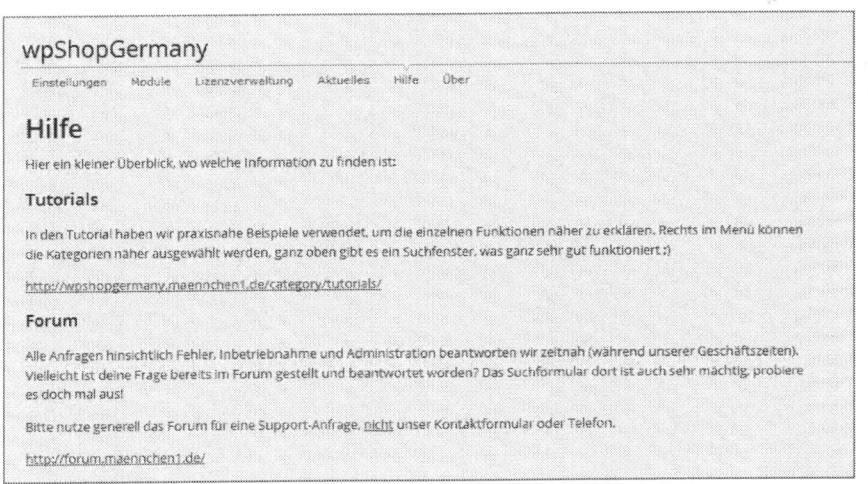

Bild 8.58: Das Hilfefenster leitet zu verschiedenen Tutorials und zum Kundenforum weiter.

8.6.6 Über

Im Fenster *Über* erhalten Sie eine Fülle von Informationen über Ihre WordPress-Installation und Ihre Serverkonfiguration. Ein hilfreiches Feature verbirgt sich hinter dem Link *Alle Plugins außer wpShopGermany deaktivieren (Kompatibilitätstest)*. Es ist nämlich so, dass sich WordPress-Plug-ins manchmal ins Gehege kommen. Mit der generellen Deaktivierung aller anderen Plug-ins lässt sich eine Fehlermeldung in wpShopGermany besser eingrenzen.

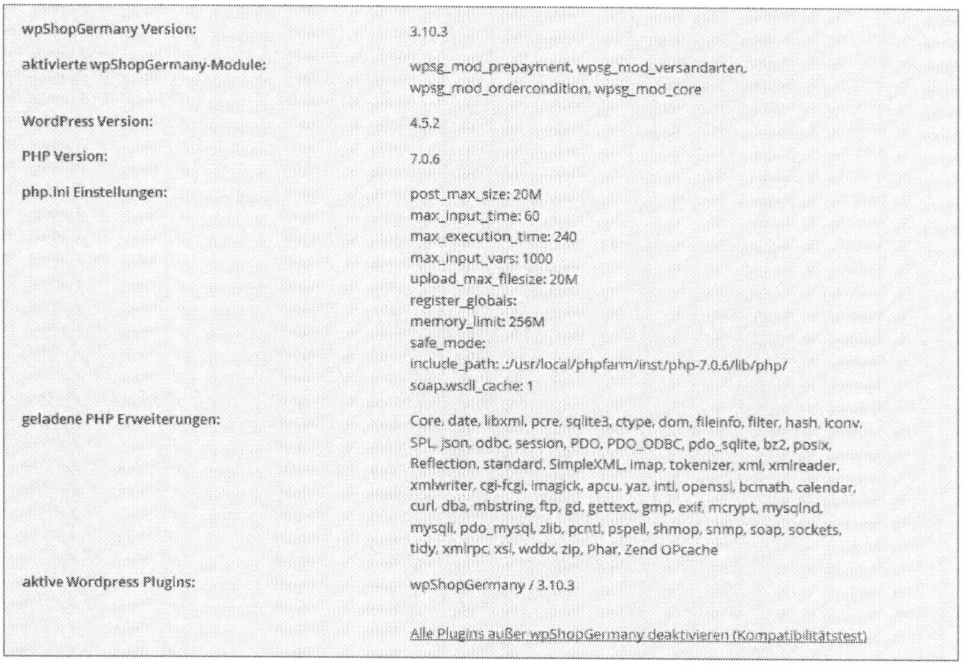

wpShopGermany Version:	3.10.3
aktivierte wpShopGermany-Module:	wpsg_mod_prepayment, wpsg_mod_versandarten, wpsg_mod_ordercondition, wpsg_mod_core
WordPress Version:	4.5.2
PHP Version:	7.0.6
php.ini Einstellungen:	post_max_size: 20M max_input_time: 60 max_execution_time: 240 max_input_vars: 1000 upload_max_filesize: 20M register_globals: memory_limit: 256M safe_mode: include_path: .:/usr/local/phpfarm/inst/php-7.0.6/lib/php/ soap.wsdl_cache: 1
geladene PHP Erweiterungen:	Core, date, libxml, pcre, sqlite3, ctype, dom, fileinfo, filter, hash, iconv, SPL, json, odbc, session, PDO, PDO_ODBC, pdo_sqlite, bz2, posix, Reflection, standard, SimpleXML, imap, tokenizer, xml, xmlreader, xmlwriter, cgi-fcgi, imagick, apcu, yaz, intl, openssl, bcmath, calendar, curl, dba, mbstring, ftp, gd, gettext, gmp, exif, mcrypt, mysqlnd, mysqli, pdo_mysql, zlib, pcntl, pspell, shmop, snmp, soap, sockets, tidy, xmlrpc, xsl, wddx, zip, Phar, Zend OPcache
aktive Wordpress Plugins:	wpShopGermany / 3.10.3
	Alle Plugins außer wpShopGermany deaktivieren (Kompatibilitätstest)

Bild 8.59: Das Fenster *Über* gibt Auskunft über die WordPress-Version und die Serverkonfiguration.

8.7 Produktverwaltung

Okay, durch die Konfiguration von wpShopGermany haben Sie sich tapfer hindurchgekämpft. Nun ist es an der Zeit, die Regale mit Waren zu bestücken. Der Weg führt über *wpShopGermany/Produktverwaltung*.

Bild 8.60: Die Übersicht zeigt: Bisher ist nur das Demoprodukt eingepflegt. Es wurde bereits mit der Installation mitgeliefert.

Was ist zu tun, damit ein Produkt im Shop verkauft werden kann? Zwei Dinge:

1. Anlage des Produkts in der *Produktverwaltung*. Hierbei generiert wpShopGermany eine Produkt-ID und einen Shortcode, also einen Platzhalter.
2. Anlage einer *Seite*, auf der der Shortcode eingefügt wird. Das Prinzip funktioniert zwar auch mit einem *Beitrag*, aber eine Seite ist der übliche Weg.

8.7.1 Produkt anlegen

Klicken Sie oben in der Produktverwaltung auf die Schaltfläche *Hinzufügen*. Anschließend können Sie alle Daten für Ihr erstes eigenes Produkt eingeben.

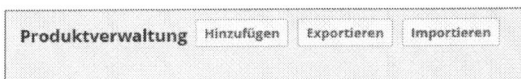

Bild 8.61: Über die Schaltfläche *Hinzufügen* wird ein neues Produkt angelegt.

Ganz oben wählen Sie den Produktnamen. Die Produktbeschreibung geben Sie in den Editor ein, der sich unter dem Feld *Allgemein* befindet. In der rechten Spalte sehen Sie die Boxen für Preis und Steuer, Zahlungsarten und Versand. Nachdem Sie das Wichtigste ausgefüllt haben – Feinheiten lassen sich später noch ändern –, klicken Sie auf *Produkt speichern*, bleiben aber auf der Seite. Nach dem Speichern hat sich da nämlich etwas geändert.

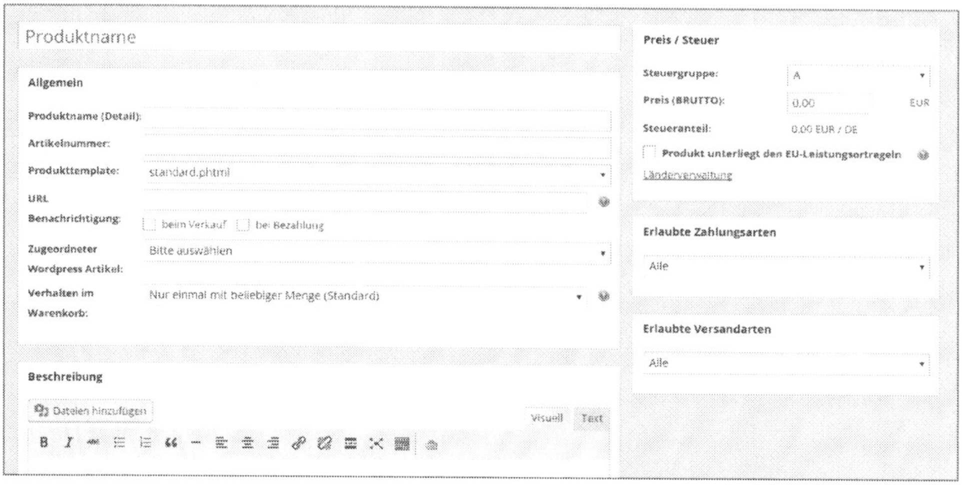

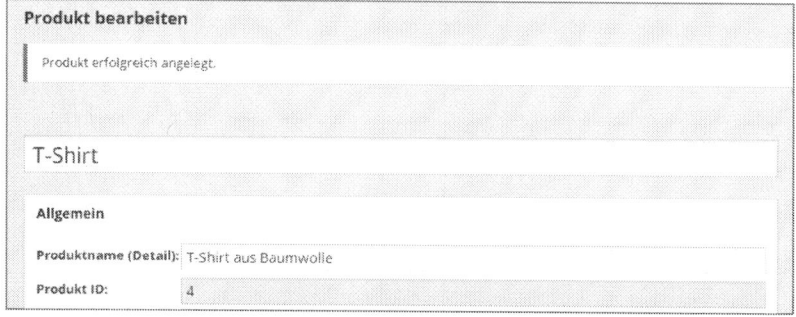

Bild 8.62: Eingabe von Produktname, Preis und anderen Daten.

Produkt-ID wurde erzeugt

In der Zeile *Produkt ID* wurde eine Ziffer eingefügt. Bei näherem Hinsehen erkennen Sie, dass das Feld leicht ausgegraut ist. Warum das? Weil die ID nicht mehr geändert werden kann, und das ist gut so. wpShopGermany organisiert nämlich die gesamte Produktverwaltung auf Basis der Produkt-IDs.

Bild 8.63: Mit dem Anlegen des Produkts hat das System eine Produkt-ID erzeugt.

8.7.2 Einzelne Produktseite anlegen

Verlassen Sie die Produktverwaltung und wechseln Sie zu *Seiten/Erstellen*. Legen Sie eine neue Seite an, geben Sie aber nur einen Titel an, keinen Inhalt. Dann werfen Sie noch einmal einen genauen Blick auf die Werkzeugleiste. Fällt Ihnen etwas Besonderes auf?

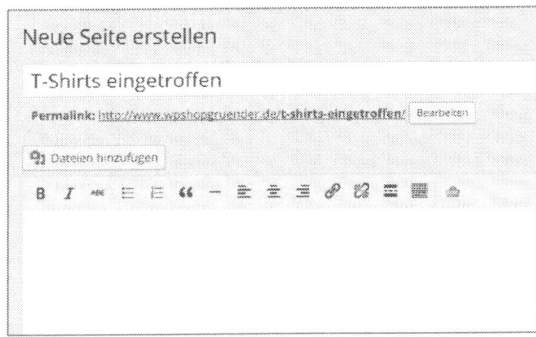

Bild 8.64: Für das Produkt wird eine neue Seite angelegt.

Das Einkaufskörbchen in der Werkzeugleiste

Ganz rechts in der Werkzeugleiste hat sich ein neues Symbol eingerichtet, ein Einkaufskörbchen. Beim Anklicken legt sich das Fenster *wpShopGermany Produktauswahl* über den Editor.

Bild 8.65: In der Werkzeugleiste hat sich rechts ein Einkaufskörbchen eingenistet.

Produkt auswählen

Mit einem Klick auf das Dreieck im Fenster *Produkt* können Sie nun aus allen Produkten, die bisher angelegt wurden, auswählen.

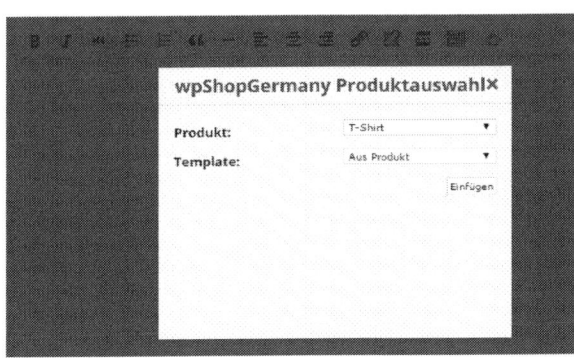

Bild 8.66: Nach dem Klick auf das Einkaufskörbchen hat sich das Fenster *wpShopGermany Produktauswahl* über den Editor gelegt.

Shortcode einfügen

Nach der Auswahl wurde der Shortcode in den Editor eingefügt. Natürlich können Sie ihn auch direkt eingeben. Die Ziffer entspricht ganz einfach der Produkt-ID. Wechseln Sie ins Frontend, um die Seite in der Besucheransicht zu betrachten.

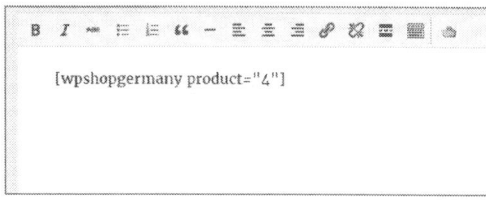

Bild 8.67: Der Shortcode wurde in den Editor eingefügt.

Unter der Überschrift wird nun das Produkt angezeigt. Mithilfe des Shortcodes können Sie jede einzelne Seite oder jeden einzelnen Beitrag mit einem Produkt bestücken. Das ist zwar ganz nützlich, wenn Sie sporadisch etwas verkaufen, aber ein echter Shop ist das noch nicht. Es fehlt ein »Schaufenster«, eine Produktübersichtsseite, auf der sich Ihre Besucher durch das Sortiment klicken können.

Bild 8.68: Die Produktseite aus der Besucheransicht.

8.7.3 Produktübersichtsseite anlegen

Legen Sie eine neue Seite an. Geben Sie Ihr nicht den Namen eines einzelnen Produkts, sondern nennen Sie sie schlicht und einfach *Shop*. Nun haben Sie zwei Möglichkeiten, die neue Seite erreichbar zu machen:

1. Verlinkung über ein Menü.
2. Festlegung als Startseite.

Bild 8.69: Die Shopseite wird angelegt.

Seite als Startseite festlegen

Via *Einstellungen/Lesen* lässt sich der Shops als Startseite einrichten. Wählen Sie bei *Startseite zeigt* die Option *eine statische Seite* und anschließend bei *Startseite* den Eintrag *Shop*.

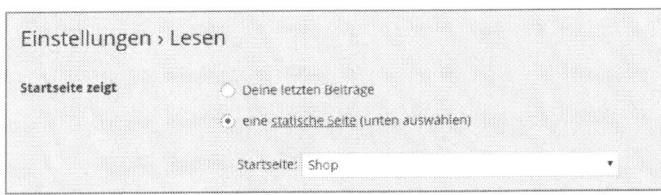

Bild 8.70: Die Startseite zeigt sofort den Shop.

Alle Shortcodes hinzufügen

Nun fügen Sie eine beliebige Anzahl an Shortcodes ein, entweder per Hand oder über das Symbol mit dem Einkaufskörbchen. Wechseln Sie dann wieder ins Frontend.

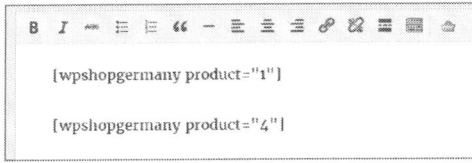

Bild 8.71: Auf der Shopseite können beliebig viele Shortcodes eingefügt werden.

Der Shop im Frontend

Nun finden die Besucher eine Übersicht aller Produkte, die Sie per Shortcode in die Shopseite eingefügt haben. Es darf bestellt werden.

Bild 8.72: Auf der Shopseite stehen mehrere Produkte zur Auswahl.

8.8 Bestellverwaltung

Über *wpShopGermany/Bestellverwaltung* gelangen Sie in die am Anfang noch leere Übersicht. Am besten geben Sie jetzt einige Probestellungen ein. Verwenden Sie dazu reale E-Mail-Adressen, um gleich das Mailsystem zu testen.

Bild 8.73: Die noch leere *Bestellverwaltung* von wpShopGermany.

8.8.1 Bestellungen in der Übersicht

Alle Bestellungen werden in der Übersicht angezeigt. Klicken Sie dann in der ersten Spalte auf *Ansehen*, um eine einzelne Bestellung aufzurufen.

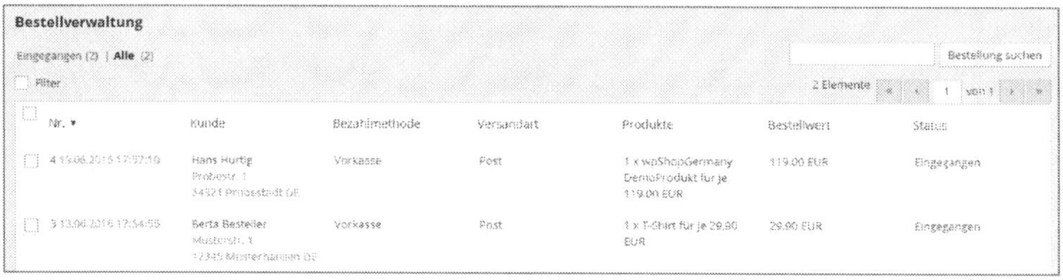

Bild 8.74: Alle Probebestellungen werden in der Übersicht angezeigt.

8.8.2 Bestellung bearbeiten

In der Einzelansicht sind alle wichtigen Daten gelistet, in der Box *Allgemein* die Bestellnummer, das Datum und der Status. Rechts und unterhalb finden Sie die Boxen für die *Kundendaten*, die *Bestelldaten* sowie für die *Versand- und Zahlungsart*.

Bild 8.75: Eine einzelne Bestellung bearbeiten.

8.8.3 Status ändern und Kunden informieren

Zunächst meldet wpShopGermany den Status *Eingegangen*. Nach dem Abschicken der Ware ändern Sie den Status auf *Ware versendet*.

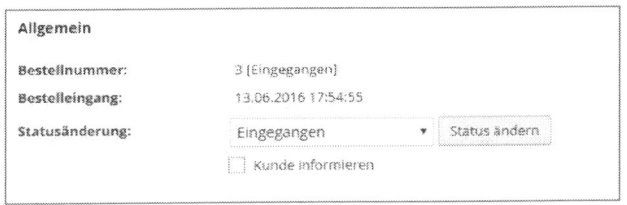

Bild 8.76: Der Status nach der Bestellung: *Eingegangen*.

Aktivieren Sie die Checkbox *Kunde informieren*, um dem Kunden über die eben getätigte Statusänderung eine automatisierte Mail zukommen zu lassen. wpShopGermany zeichnet den gesamten Mailverkehr in einem *Bestellprotokoll* auf. Sie finden es auf der Bestellseite ganz unten.

Bild 8.77: Der Status wurde bei aktivierter Checkbox *Kunde informieren* auf *Ware versendet* geändert.

wpShopGermany versendet in verschiedenen Phasen des Bestellprozesses E-Mails an Ihre Kunden. Kontrollieren Sie den Inhalt und den Empfang mit Probebestellungen, bevor Sie den Shop in den Live-Betrieb setzen. Änderungen können Sie gegebenenfalls unter *wpShopGermany/Konfiguration/E-Mail-Konfiguration* vornehmen.

Bestellprotokoll		
Datum	Titel	
19.06.2016 17:57:10	Bestellmail (Admin) an:bestellungen@www.wpshopgruender.de	Anzeigen/Verbergen
19.06.2016 17:57:11	Bestellmail (Kunde) an:heimwerkerglueck@web.de	Anzeigen/Verbergen
19.06.2016 18:29:01	Statusänderung mit Email an heimwerkerglueck@web.de von "Eingegangen" auf "Ware versendet"	Anzeigen/Verbergen

```
Hallo Hans Hurtig,

Der Status Ihrer Bestellung mit der Bestellnummer 4 hat sich von "Eingegangen"
auf "Ware versendet" geändert.

Mit freundlichen Grüßen
Shop - Team
```

Bild 8.78:
Der Mailverkehr wurde im *Bestellprotokoll* aufgezeichnet.

8.9 Support

Nun haben Sie sich in die Basics von wpShopGermany eingearbeitet. Weitere Informationen benötigen Sie für den Einsatz der Module und die Feinheiten beim Design. Der Hersteller bietet Ihnen dazu neben den FAQ- und Dokumentationsseiten drei weitere Hilfen an.

- Ein kostenloses Supportforum.
- Individuellen, kostenpflichtigen Support.
- Kostenpflichtige Programmierleistungen.

8.9.1 Das Supportforum

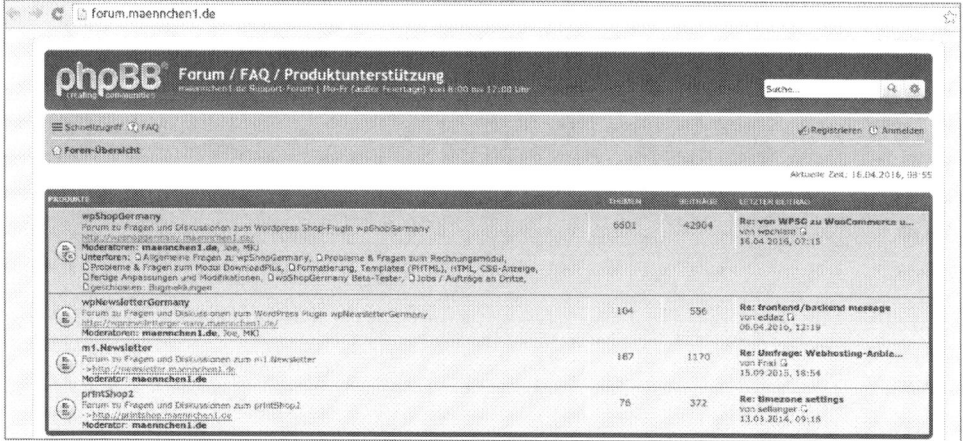

Bild 8.79: Das Supportforum beantwortet Fragen zu Installation, Konfiguration und Modulen.

Kompetente Hilfe, nicht nur zur Installation, finden Sie auf dem gut besuchten Supportforum von wpShopGermany: *http://forum.maennchen1.de/*.

Sie können dort auch nachsehen, welche Provider besonders häufig für wpShopGermany in Anspruch genommen werden. Der Hersteller hat dazu eine Umfrage gestartet.

8.9.2 Support-Tickets

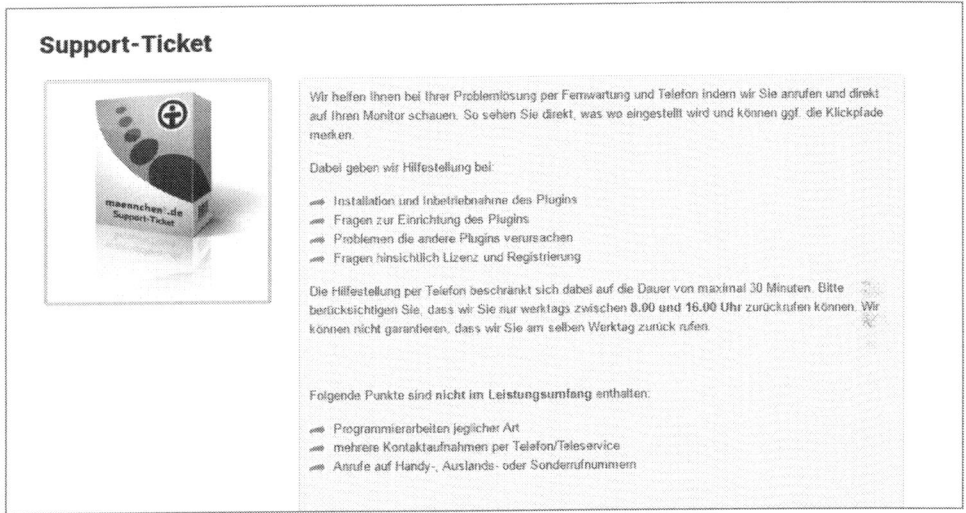

Bild 8.80: Der Hersteller bietet ein kostenpflichtiges Support-Ticket an.

Für diese Probleme bietet der Hersteller einen kostenpflichtigen, individuellen Support an:

- Installation und Inbetriebnahme des Plug-ins.
- Einrichtung des Plug-ins.
- Probleme, die andere Plug-ins verursachen.
- Lizenz und Registrierung.

Für alles, was darüber hinaus geht, können Sie eine Programmierleistung anfordern.

Programmierleistung anfordern

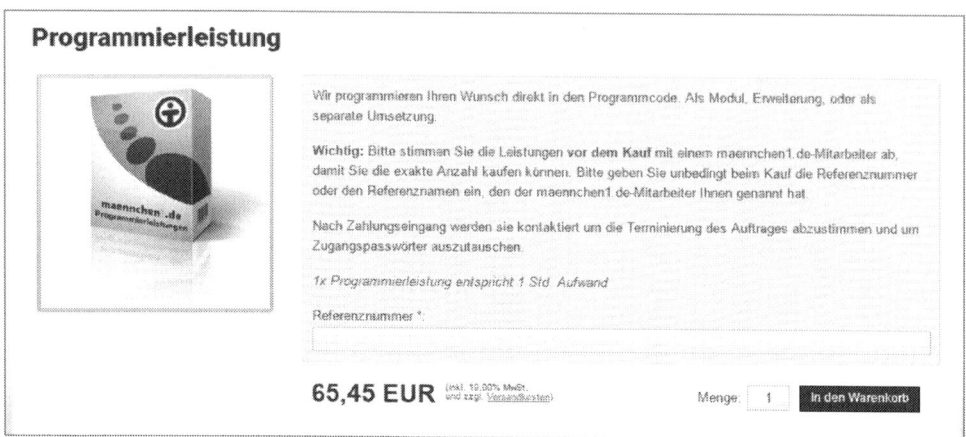

Bild 8.81: Der Hersteller bietet Programmierleistungen an.

Sie möchten eine individuelle Lösung umsetzen und benötigen dafür professionelle Hilfe? Für die Gebühr von 65,45 Euro pro Stunde stehen Ihnen die Programmierer des Herstellers zu Diensten.

Checkliste wpShopGermany

- Testserver ausprobiert.
- Systemvoraussetzungen überprüft.
- wpShopGermany heruntergeladen.
- wpShopGermany installiert.
- Theme mit Sidebar ausgewählt.
- Warenkorb-Widget platziert.
- Waren eingefügt.
- Probekäufe durchgeführt.
- Vom Shopsystem versendete Mails kommen beim Besteller an.
- Endgültige Lizenz erworben.
- Rechtstexte komplettiert.
- Widerrufsbelehrung enthält Adresse.
- Zusatzmodule ergänzt.
- Zahlungsmethoden getestet.

9 Verschlüsselung mit SSL und HTTPS

9.1	Warum verschlüsseln?	340
9.1.1	Worum geht es bei HTTPS?	341
9.1.2	Die Akteure der Verschlüsselung	341
9.2	**Das richtige Zertifikat**	**342**
9.2.1	Klasse 1: Domainvalidiertes SSL-Zertifikat	342
9.2.2	Klasse 2: Unternehmensvalidiertes SSL-Zertifikat	343
9.2.3	Klasse 3: Extended Validation	344
9.2.4	Als Onlinehändler im Klassenkampf	344
9.2.5	Let's Encrypt oder nicht?	346
9.3	**Zertifikat erwerben und URL umstellen**	**347**
9.3.1	Zertifikat erwerben	347
9.3.2	URL-Basis von HTTP auf HTTPS umstellen	347
9.3.3	Alle URLs umstellen	348
9.3.4	Weiterleitung auf HTTPS via HT-Access erzwingen	350

Checkliste Verschlüsselung **352**

Als Onlinehändler stehen Sie in der Pflicht. Sie müssen alle Hebel in Bewegung setzen, damit die Daten Ihrer Kunden nicht auf dem Weg vom Browser zum Server von Unbefugten abgefangen werden. An der Absicherung Ihres Shops durch SSL und HTTPS führt also kein Weg vorbei. Sie verstehen jetzt nur Bahnhof? Die wichtigsten Begriffe:

- **CA** – *Certification Authority* (Zertifizierungsinstanz). Eine Organisation, die SSL-Zertifikate nach bestimmten Prüfkriterien vergibt.
- **HTTPS** – *Hypertext Transfer Protocol Secure*. Hört sich wüst an, meint aber nur, dass eine Webseite via SSL und damit verschlüsselt an den Besucher übertragen wird.
- **Protokoll** – In diesem Zusammenhang die Technik, mit der eine Webseite übertragen wird.
- **Schlüssel** – Was als Schlüssel bezeichnet wird, ist nichts anderes als ein schnöder Zahlencode. Für ein SSL-Zertifikat wird immer ein Paar aus einem privaten und einem öffentlichen Schlüssel ausgegeben. Der private Schlüssel befindet sich auf dem Webserver und bleibt geheim, der öffentliche wird über das Zertifikat an den Browser weitergegeben.
- **SSL** – *Secure Sockets Layer* bzw. TLS – *Transport Layer Security*. SSL wurde bereits 1994 von der Firma Netscape entwickelt, der 1999 präsentierte Nachfolger heißt TLS. Im Sprachgebrauch werden SSL und TLS heute synonym verwendet. Wer SSL sagt, meint das sicherere TLS. Wegen der besseren Lesbarkeit wird in diesem Buch ausschließlich die Bezeichnung SSL verwendet.
- **SSL-Zertifikat** – Das SSL-Zertifikat sorgt für eine geschützte Verbindung zwischen Browser und Server. Es verhindert eine Manipulation der Daten durch Dritte.

9.1 Warum verschlüsseln?

Mit sogenannten Man-in-the-Middle-Angriffen versuchen Hacker, sich zwischen dem Shopkunden und dem Server einzuklinken. Ihr Ziel ist es, Daten mitzulesen, abzufangen und zu manipulieren. Begehrt sind Passwörter und Kontodaten, gefährdet sind Eingabefelder und Formulare. Das Opfer wird dabei über die Identität seines Kommunikationspartners getäuscht. Gelingt der Angriff, »kauft« der arglose Kunde nicht in Ihrem Shop, sondern bei Betrügern.

Die Abwehrstrategie von SSL besteht aus drei Komponenten:

- Verschlüsselung
- Sicherstellung der Datenintegrität
- Offenlegung der Identität des Website-Betreibers

> **Die Vertipperdomain**
> Ein sehr alter Trick basiert auf Tippfehlerdomains. Die Betrüger registrieren dabei eine Internetadresse, die sich geringfügig von der Domain des echten Shops unterscheidet, und bauen die Site optisch und technisch nach. Gelangt der Verbraucher auf den gefälschten Shop, bezahlt er dort ohne Gegenleistung. Einen gewissen Schutz gegen diese Masche bietet ein Zertifikat, über das sich die Identität des Eigentümers einer Website nachprüfen lässt.

9.1.1 Worum geht es bei HTTPS?

Vorübung: Gehen Sie mal zu Ihrer Bank, also online auf die Website. Und dann schauen Sie, was oben links im Adressfeld Ihres Browsers steht – ganz genau und Buchstabe für Buchstabe. Steht da so was wie *http://bankhaus-kleckersdorf.de*?

Falls ja: um Himmels willen. Bestellen Sie ein Taxi und holen Sie den schweren Koffer aus dem Wandschrank. Dann lassen Sie sich zur nächsten Filiale chauffieren und heben ganz fix Ihre sauer verdienten Kröten ab. Warum? Weil der ganze Schuppen offen steht wie ein Scheunentor. Die Adresse einer Bank sollte so aussehen: *https://bankhaus-kleckersdorf.de*.

Das kleine *s* macht den großen Unterschied. Zum Vergleich:

- *http://bankhaus-kleckersdorf.de* – unverschlüsselte Site
- *https://bankhaus-kleckersdorf.de* – verschlüsselte Site

9.1.2 Die Akteure der Verschlüsselung

Vier Akteure sind beteiligt, nämlich die Zertifizierungsinstanz (CA), der Provider, der Betreiber der Website (und Zertifikatsinhaber) und die Browserhersteller. Und so funktioniert das Ganze in der Praxis: Das von der CA signierte Zertifikat wird auf dem Webserver abgelegt. Falls beim Website-Betreiber kein eigener Rootserver läuft, fällt die korrekte Implementierung in den Aufgabenbereich des Providers. Was ist nun in diesem Zertifikat gespeichert? Vor allem diese Informationen:

- Aussteller des Zertifikats, also die CA.
- Inhaber des Zertifikats, beispielsweise der Shopbetreiber.
- Öffentlicher Schlüssel des Zertifikatsinhabers.

Der Aufruf einer HTTPS-Seite

Der Aufruf einer Webseite wird »Session« genannt, im Deutschen ist dafür auch das Wort Sitzung geläufig. Bevor die Sitzung auf einer HTTPS-Seite beginnt, zeigt der Webserver das Zertifikat an, das vom Browser sofort auf Echtheit überprüft wird. Anschließend wird an beide Seiten ein sogenannter Sitzungsschlüssel übertragen, und der Browser baut über den für HTTPS üblichen TCP-Port 443 eine Verbindung zum

Webserver auf. Dies alles geschieht ohne eine signifikante Verzögerung bei der Auslieferung der Website.

9.2 Das richtige Zertifikat

Eine Dreiklassengesellschaft im 21. Jahrhundert? Ja, die existiert in der Welt der SSL-Zertifikate. Dabei gelten folgende Spielregeln:

- Je höher die Klasse, desto vertrauenswürdiger das Zertifikat.
- Je höher die Klasse, desto teurer das Zertifikat.
- Alle Prüfungen einer niedrigeren Klasse sind auch für eine höhere Klasse obligatorisch.

9.2.1 Klasse 1: Domainvalidiertes SSL-Zertifikat

Für die Ausstellung eines Zertifikats dieser Klasse wird nur überprüft, ob der Antragsteller im Besitz der zugehörigen Domain ist. Der Check kann in den meisten Fällen durch Ihren Provider in Auftrag gegeben werden. Die Prozedur dauert nur wenige Minuten.

Bild 9.1: Domainabfrage bei der deutschen Registrierungsstelle DENIC. Über die URL *https://www.denic.de/webwhois-web20/* können Informationen zum Inhaber einer *.de*-Domain abgerufen werden.

Dabei wird eine Anfrage an das Whois-Verzeichnis gestellt, das »Einwohnermeldeamt« des Internets. Stimmen die dort hinterlegten Daten mit den Angaben des Antragstellers überein, wird das Zertifikat auch schon ausgestellt. Es kann nicht schaden, vor der Antragstellung noch einmal die eigenen Daten zu checken. Für eine *.de*-Domain ist die Registrierungsstelle DENIC zuständig. Rufen Sie dazu diese URL auf: *https://www.denic.de/webwhois-web20/*.

Zertifikat im Browser erkennen

Im Browser wird das typische Schlösschen eingeblendet. Unbedarfte Seitenbesucher verwechseln es schon mal mit einer Handtasche – und fragen sich, was die da soll. Der

IT-Experte erkennt dagegen gleich, dass er eine HTTPS-Seite aufgerufen hat, und klickt auch mal aufs Schlösschen selbst. Dort erfährt er dann einiges über das Zertifikat und die ausstellende CA, aber wenig über den Betreiber der Website.

Typische Websites dieser Klasse

Domainvalidierte SSL-Zertifikate sind günstig zu haben und bei Websites mit einem gewissen Sicherheitsbedürfnis wie Blogs und Foren verbreitet.

Sicherheit

Diese Zertifikatsklasse bietet nur eine begrenzte Sicherheit. Betrüger können sich nämlich auf legalem Weg eine Tippfehlerdomain sichern und validieren. Landet das Opfer auf dieser falschen Site, täuscht die SSL-Verschlüsselung auch noch Seriosität vor. Der automatisierte Abgleich mit dem Whois-Verzeichnis macht es den Halunken einfach. Wer mehr Sicherheit möchte, greift zum Zertifikat der Klasse 2.

9.2.2 Klasse 2: Unternehmensvalidiertes SSL-Zertifikat

Für die Ausstellung eines Zertifikats der Klasse 2 müssen Sie Ihren Ausweis und andere Dokumente prüfen lassen, unter Umständen Ihre Bankverbindung und weitere Daten. Die Details der Prüfung hängen ein bisschen von der Zertifizierungsstelle ab. Halten Sie vorsichtshalber einen aktuellen Auszug aus dem Vereins- oder Handelsregister bereit, falls Sie dort eingetragen sind. In der Regel erhalten Sie das Zertifikat nach einigen Stunden.

Darstellung im Browser

Bild 9.2: Auch das renommierte Onlinelexikon hat auf Verschlüsselung umgestellt. Wo *https://de.wikipedia.org* draufsteht, steckt auch Wikipedia drin. Dafür bürgt das Zertifikat der Klasse 2.

In der Browserzeile ist auf den ersten Blick nicht zu erkennen, ob ein Zertifikat der 1. oder 2. Klasse vorliegt. Der Unterschied zeigt sich aber mit einem Klick auf das Schlösschen. Beim unternehmensvalidierten SSL-Zertifikat werden der Unternehmensname und der Firmensitz angezeigt.

Verbreitung

Ein Zertifikat der Klasse 2 ist gut geeignet für einen Webshop und ebenso für Präsenzen von Unternehmen, größeren Vereinen und Organisationen.

Sicherheit

Das Zertifikat schützt vor Identitätsdiebstahl und bietet für kleine und mittlere Webshops eine ausreichende Sicherheitsstufe.

9.2.3 Klasse 3: Extended Validation

Bild 9.3: Zertifikate der Klasse 3 sind daran zu erkennen, dass hinter dem Schlösschen nicht *https* grün hinterlegt ist, sondern der Name des Betreibers der Website.

Für den Erhalt eines Zertifikats der Klasse 3 wird die Überprüfung nochmals intensiviert. Verpflichtend, und nicht nur optional wie bei Klasse 2, ist die Eintragung eines Unternehmens oder Vereins in ein öffentliches Register. Die Dokumente zum Antrag müssen unterzeichnet sein und bestätigt werden. Bis zum Erhalt des Zertifikats dauert es einige Tage.

Darstellung im Browser

Extended-Validation-Zertifikate werden optisch sehr deutlich hervorgehoben. Erkennungsmerkmal ist die grüne Adresszeile.

Verbreitung

Typische Anwender für diesen Zertifikatstyp sind Banken, Behörden und große Onlineshops.

Sicherheit

Eine hundertprozentige Sicherheit garantiert zwar auch ein Zertifikat der Klasse 3 nicht, aber die Möglichkeiten für die SSL-Verschlüsselung sind damit maximal ausgeschöpft.

9.2.4 Als Onlinehändler im Klassenkampf

	Klasse 1	*Klasse 2*	*Klasse 3*
Sicherheit	niedrig	mittel	hoch
Validierung	Domainvalidierung	Unternehmensvalidierung	Extended Validation
Verschlüsselung	128–256 Bit	128–256 Bit	256 Bit
Üblicher Erwerb	direkt über den Provider	über den Provider oder bei einer CA	über den Provider oder bei einer CA
Kosten	ca. 2 bis 5 Euro monatlich	ca. 10 Euro monatlich	ca. 30 Euro monatlich
Anzeige im Browser	Schlösschen	Schlösschen	Schlösschen plus grüne Adresszeile

Die Tabelle zeigt die verschiedenen Klassen in der Übersicht. Ein guter Kompromiss ist es, zunächst ein Zertifikat der Klasse 1 zu erwerben und mit dem Ausbau des Shops und der Erweiterung der Zahlungsmethoden zur Klasse 2 zu wechseln. Denken Sie dabei auch an die Minimierung Ihres unternehmerischen Risikos. Im Fall eines Datendiebstahls könnten Forderungen nach Schadensersatz an Sie gestellt werden. Zur Abwehr ist es hilfreich, Sicherheitsmaßnahmen zu belegen. Schlampen Sie also nicht bei der Verschlüsselung.

Google findet SSL gut

Nach eigener Aussage bewertet der Suchmaschinenbetreiber Google die Verwendung von SSL-Zertifikaten für das Ranking in den Trefferlisten positiv. Es gibt sicherlich wichtigere Rankingfaktoren, aber dieser Fakt spricht dafür, nicht nur einzelne Seiten, sondern die gesamten WordPress-Installation zu verschlüsseln.

Wie seriös sind die Zertifizierungsstellen?

Mit dem Trend zur kompletten Verschlüsselung aller Websites steigt der Bedarf an Zertifizierungen. Es steht zu befürchten, dass sich auch Betrüger in dieser Nische tummeln und bei der Zertifizierung windiger Websites beide Augen zudrücken – auf Kosten der ehrlichen Betreiber. Falls Sie das Zertifikat nicht über Ihren Provider, sondern selbst beantragen: Machen Sie sich vor der Bestellung ein Bild über die Zertifizierungsinstanz – aus Qualitätsgründen, aber auch weil sich die Preise sogar innerhalb derselben Zertifikatsklasse spürbar unterscheiden. Einige Anbieter im Vergleich:

- **D-Trust** – Erhaben über jeden Verdacht der Manipulation ist die Zertifizierungsstelle D-Trust, denn dahinter verbirgt sich die Bundesdruckerei. Die hier angebotenen Zertifikate sind allerdings nicht ganz billig: *https://www.bundesdruckerei.de/de/167-d-trust-ssl-zertifikate*.
- **Symantec** – Als großer internationaler Anbieter präsentiert sich die IT-Sicherheitsfirma Symantec. Zum Wachstum beigetragen hat die 2010 vollzogene Übernahme der SSL-Sparte des IT-Sicherheitsdienstleisters Verisign. Die Angebote von Symantec befinden sich in mittlerer Preislage: *https://www.symantec.com/index.jsp#website-security*.
- **Trustico** – Günstige Zertifikate verschiedener Zertifizierungsstellen, darunter Comodo, RapidSSL, GeoTRust und Symantec, können über diese Website erworben werden: *https://www.trusico.de*. Allerdings müssen Sie sich auf der in Englisch gehaltenen Site angesichts der Fülle von Angeboten ein bisschen durchkämpfen.

Der Browser muss das Zertifikat erkennen

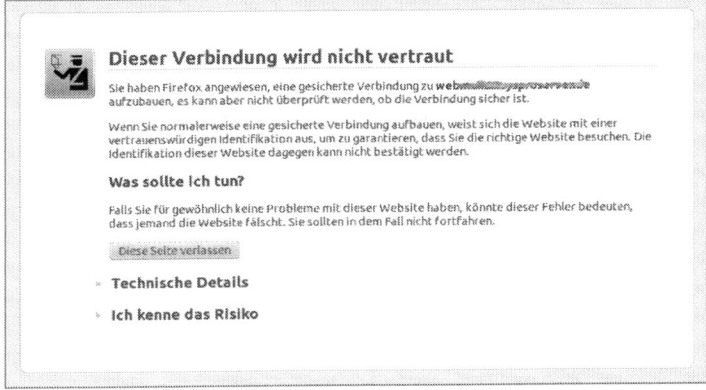

Bild 9.4: Das Bild zeigt die ultimative Katastrophe für jede Website: *Dieser Verbindung wird nicht vertraut*. Der Browser hat das Zertifikat nicht anerkannt.

Ein großes Problem hat der Shopbetreiber, wenn der Browser das Zertifikat nicht anerkennt. Das mögliche Ergebnis ist im Bild oben zu sehen: Der Browser zeigt für den Besucher eine Warnmeldung an, für den Shopbetreiber ist es eine Katastrophenmeldung. Der eben noch potenzielle Kunde rollt kurz mit den Augen, dann klickt er zur Konkurrenz.

Was ist da passiert? Möglicherweise hat der Betreiber der Website ein kostenloses Zertifikat eingesetzt, wie es zum Beispiel von der gemeinnützigen Zertifizierungsstelle Let's Encrypt angeboten wird. Die Initiative ist durchaus unterstützenswert, aber noch nicht frei von Kinderkrankheiten.

9.2.5 Let's Encrypt oder nicht?

Die Initiative Let's Encrypt hat sich zum Ziel gesetzt, das gesamte Internet mittels kostenloser Zertifikate zu verschlüsseln. Dahinter verbirgt sich die gemeinnützige *Internet Security Research Group* (ISRG). Unterstützt wird das Vorhaben unter anderem von der *Electronic Frontier Foundation* (EFF), der Mozilla Foundation, Akamai, Cisco Systems und der Linux Foundation. Das Prinzip:

Über die Website *https://letsencrypt.org* findet der technische interessierte Anwender die Möglichkeit, die Verschlüsselung selbst vorzunehmen. Allerdings sind die folgenden Probleme noch ungelöst:

- Es werden nur Zertifikate der 1. Klasse ausgestellt.
- Nicht alle Provider erlauben den Einsatz von kostenlosen Zertifikaten.
- Nicht alle Browser akzeptieren die verschlüsselten Websites.
- Probleme kann Let's Encrypt bei der Auslieferung von Werbebannern verursachen.

Falls Sie trotzdem Let's Encrypt einsetzen möchten, betreiben Sie wahrscheinlich einen Rootserver und implementieren das Zertifikat selbst.

Achten Sie in diesem Fall darauf, dass das Zertifikat immer wieder erneuert wird. Aus Sicherheitsgründen sind SSL-Zertifikate nämlich mit einem Verfallsdatum ausgestattet, bei Let's Encrypt sind es 90 Tage nach Ausstellung. Informationen hierzu finden Sie auf dieser Seite: *https://letsencrypt.org/gettig-started/*.

Fazit: Die Zukunft wird zeigen, ob sich die Initiative flächendeckend durchsetzt und das Zusammenspiel mit den Providern und den Browserherstellern einwandfrei funktioniert. Als Shopbetreiber gilt: Let's Encrypt im Auge behalten, aber derzeit noch nicht für das eigene System verwenden. Mit unreifen Lösungen können Sie sich nicht zufriedengeben.

Zwei erfreuliche Auswirkungen hat der Hype um Let's Encrypt aber jetzt schon:

1. Die Preise für die käuflich erwerbbaren Zertifikate sinken.
2. Einige Provider sind dazu übergegangen, SSL-Zertifikate nicht als Zusatzleistung anzubieten, sondern als Bestandteil eines Hostingpakets.

9.3 Zertifikat erwerben und URL umstellen

Wenn Sie wenig Erfahrung mit der Materie besitzen, sollten Sie das Zertifikat über Ihren Provider bestellen. Bei Problemen, beispielsweise mit Einträgen in der HT-Access-Datei, können Sie dann nämlich mit gutem Gewissen den providereigenen Support in Anspruch nehmen.

9.3.1 Zertifikat erwerben

Bei manchen Anbietern haben Sie auch gar keine andere Wahl, denn der Einsatz fremder Zertifikate ist nicht überall erlaubt. Zürnen Sie Ihrem Provider deshalb nicht, denn der sieht die Sache mit einem lachenden und einem weinenden Auge. Die Verschlüsselung erhöht zwar die Sicherheit, aber das Herumschrauben am Server zwecks Hochladen von SSL-Zertifikaten kann diesen Zuwachs wieder zunichtemachen.

Was ist also zu tun? Sie bestellen über Ihren Provider ein SSL-Zertifikat für eine bestimmte Domain. Hat der Provider das Zertifikat eingerichtet, folgt die Umstellung auf HTTPS. Drei Dinge müssen Sie erledigen:

1. URL-Basis umstellen.
2. Alle URLs umstellen.
3. Weiterleitung auf HTTPS via HT-Access erzwingen.

> **Einzelne Seiten umstellen?**
> Theoretisch ist es möglich, nur einzelne Seiten einer WordPress-Installation zu verschlüsseln, beispielsweise die Kassenseite. Im Zuge der allgemeinen Verschlüsselung des Internets ist diese Methode allerdings nicht mehr zeitgemäß. Zudem bringt ein Mischbetrieb von HTTP- und HTTPS-Seiten nicht unbedingt eine Arbeitserleichterung für den Administrator.

9.3.2 URL-Basis von HTTP auf HTTPS umstellen

Zunächst kontrollieren Sie noch einmal im Kundencenter des Providers, ob das Zertifikat der Domain zugeordnet ist. Anschließend wechseln Sie wieder in das Backend von WordPress. Gehen Sie auf *Einstellungen/Allgemein*.

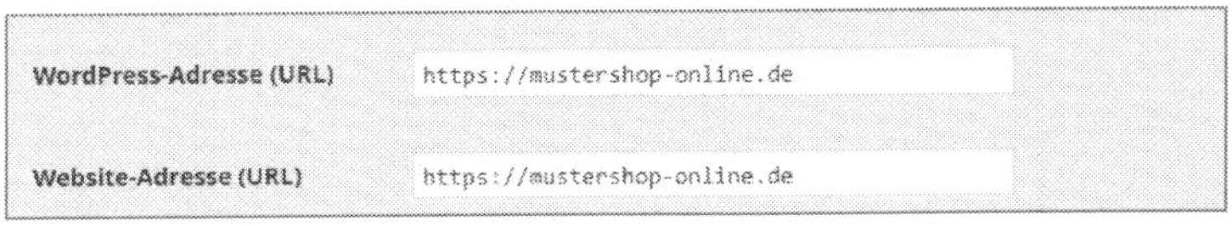

Bild 9.5: Änderung der URL-Basis via *Einstellungen/Allgemein*. Aus *http://* wird *https://*.

In den Feldern *WordPress-Adresse (URL)* und *Website-Adresse (URL)* ändern Sie *http://* zu *https://*, zum Beispiel:

vorher: *http://mustershop-online.de*

nachher: *https://mustershop-online.de*

HTTPS testen

 **Bild 9.6:** Das grüne Schlösschen zeigt an, dass die Seite mit SSL verschlüsselt ist und via HTTPS aufgerufen wird.

Dann prüfen Sie, ob der Aufruf Ihrer Startseite mit vorangestelltem *https://* statt *http://* problemlos funktioniert. Dies dürfte nach der Umstellung der URL-Basis der Fall sein. Sollte das grüne Schlösschen nicht angezeigt werden, wenden Sie sich an Ihren Provider.

9.3.3 Alle URLs umstellen

Nun ist zwar die URL-Basis umgestellt, aber innerhalb der Datenbank verbergen sich wahrscheinlich noch einige Links, die es zu ersetzen gilt. Diese Arbeit erledigt das Plug-in *Better Search Replace*.

Better Search Replace installieren

Installieren lässt sich *Better Search Replace* via *Plugins/Installieren*. Nach der Aktivierung versteckt es sich unter dem Menüpunkt *Werkzeuge*.

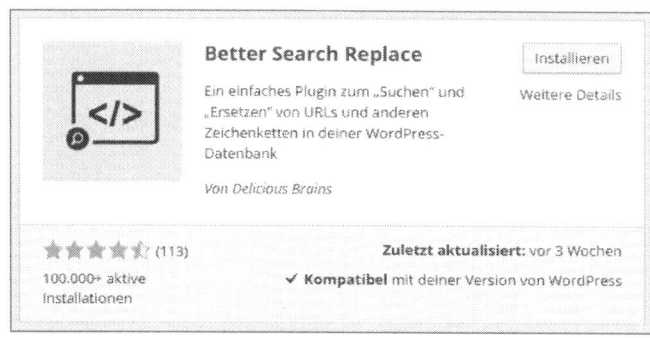

Bild 9.7: Das Plug-in *Better Search Replace* ersetzt URLs innerhalb der WordPress-Datenbank.

Datenbank sichern

Vorsicht: Sie sind doch jetzt kurz davor, in der Datenbank herumzuschrauben? Dann sollten Sie zuerst noch eine Sicherung anlegen, also die aktuelle Datenbank herunterladen. Das funktioniert zum Beispiel über die Verwaltungsoberfläche phpMyAdmin. Die URL und die Zugangsdaten hierfür erhalten Sie von Ihrem Provider.

Falls etwas schiefgeht, können Sie die ursprüngliche Datenbank dann wieder einspielen. Sie kennen doch Murphys Gesetz, oder? Es geht immer dann etwas schief, wenn nicht vorgesorgt wurde.

Better Search Replace anwenden

Wie arbeitet das Plug-in? Auf Ihren Wunsch hin ersetzt es in der WordPress-Datenbank irgendeine Zeichenkette – so nennen die Experten eine Ansammlung von Wörtern, Links und anderem Zeugs – durch eine andere Zeichenkette. Bei der Umstellung von HTTP zu HTTPS sind es Links, die ersetzt werden müssen. Geben Sie oben Folgendes ein:

bei *Suchen nach*: http://mustershop-online.de

bei *Ersetzen durch*: https://mustershop-online.de

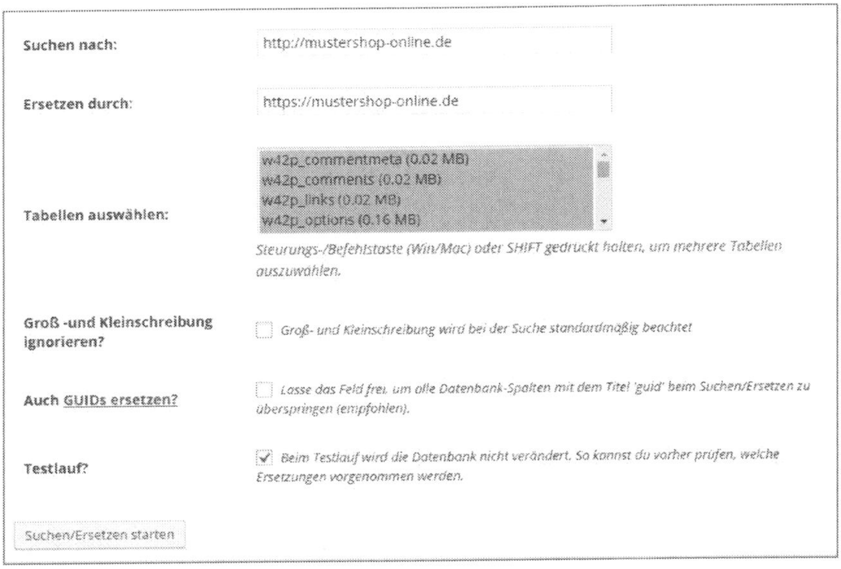

Bild 9.8: Das Plug-in ersetzt die URLs innerhalb der Datenbank.

Sie ersetzen *mustershop-online.de* natürlich durch Ihre eigene URL. Danach lauert eine Falle auf Sie, und zwar bei *Tabelle auswählen*. Hier müssen Sie darauf achten, auch wirklich alle Tabellen ausgewählt zu haben, am besten geht das mit der Tastenkombination Strg + A.

Die Checkboxen bei *Groß- und Kleinschreibung ignorieren?* und bei *Auch GUIDs ersetzen?* lassen Sie deaktiviert. Nutzen sollten Sie dagegen die Option *Testlauf?*. Hat alles geklappt, entfernen Sie das Häkchen in der *Testlauf*-Checkbox und führen den Vorgang noch einmal durch. In der *Auswertung* erhalten Sie Informationen zu den aktualisierten Links.

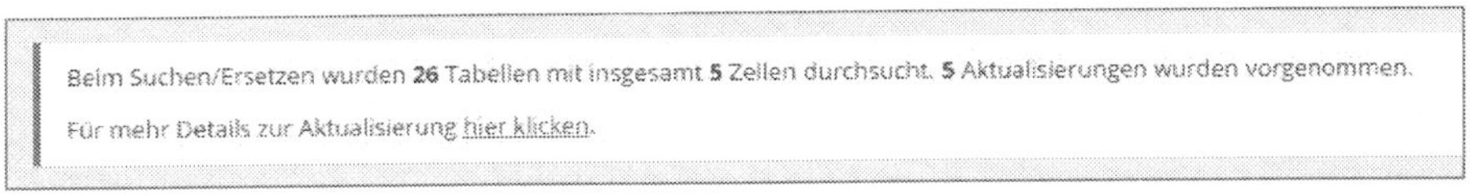

Bild 9.9: Das Plug-in hat die Datenbank durchsucht, 5 *http*-Links gefunden und durch *https*-Links ersetzt.

Kleiner Zwischencheck

Nun machen Sie wieder einen kleinen Zwischencheck. Wenn Sie auf die Unterseiten klicken, werden jetzt alle URLs via HTTPS aufgerufen. Allerdings kann es sein, dass sich Ihre Domain über diese URLs noch aufrufen lässt:

- http://mustershop-online.de
- www.mustershop-online.de
- Was nun? Um einen Mischbetrieb zwischen verschlüsselter und unverschlüsselter Startseite zu vermeiden, ist eine Weiterleitung via HT-Access die beste Lösung.

> **Weiterleitung über den Provider.**
> Einige Provider bieten die Weiterleitung per Checkbox an. Suchen Sie auf den Hilfeseiten nach »HTTPS erzwingen« und nehmen Sie gegebenenfalls die Einstellung im Kundencenter vor. Das folgende Kapitel können Sie sich damit ersparen.

9.3.4 Weiterleitung auf HTTPS via HT-Access erzwingen

Warnhinweis: Zum Erzwingen von HTTPS wird Ihre HT-Access-Datei ergänzt. Angelegt wurde diese Datei mit der Umstellung auf suchmaschinengerechte Permalinks, und im Laufe der Konfiguration sind möglicherweise einige Einstellungen hinzugekommen. Langer Rede kurzer Sinn: Sichern Sie die Datei *.htaccess*, bevor Sie Ergänzungen vornehmen.

HT-Access finden und sichern

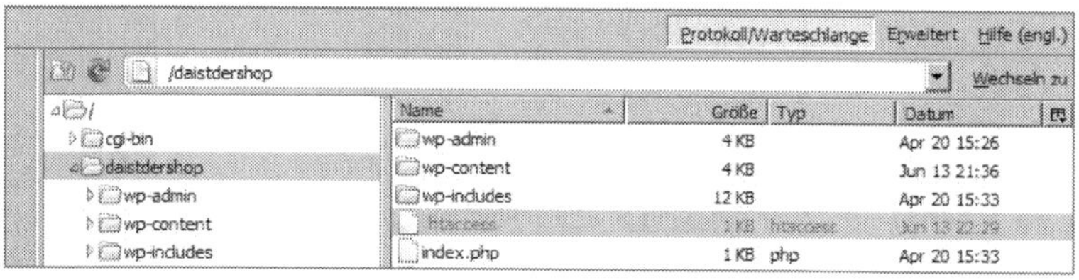

Bild 9.10: Die Datei *.htaccess* befindet sich im Wurzelverzeichnis von WordPress.

Verbinden Sie sich über Ihren FTP-Client mit dem Server und rufen Sie das Wurzelverzeichnis von WordPress auf, also die unterste Ebene. Da müsste nun eine Datei mit dem Namen *.htaccess* auftauchen. Ist das nicht der Fall, ist sie ausgeblendet. Abhilfe schaffen Sie über die Einstellung *Ausgeblendete Dateien anzeigen*.

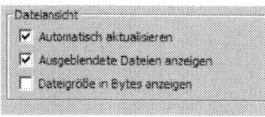

Bild 9.11: Mit Aktivierung der Checkbox *Ausgeblendete Dateien anzeigen* wird die Datei *.htaccess* sichtbar.

Datei sichern

Laden Sie die Datei herunter und sichern Sie sie unter einem neuen Namen, beispielsweise *.unveraenderte-ht-access*.

Datei öffnen

Öffnen Sie die Datei *.htaccess* in einem Editor. Der Inhalt hängt davon ab, welche Einstellungen Sie in WordPress vorgenommen haben. Denkbar ist dieser Code:

```
# BEGIN WordPress
<IfModule mod_rewrite.c>
RewriteEngine On
RewriteBase /
RewriteRule ^index\.php$ - [L]
RewriteCond %{REQUEST_FILENAME} .-f
RewriteCond %{REQUEST_FILENAME} .-d
RewriteRule . /index.php [L]
</IfModule>
# END WordPress
```

Code hinzufügen

Zur Erzwingung der Weiterleitung auf HTTPS ergänzen Sie ganz unten diesen Code:

```
RewriteCond %{SERVER_PORT} .^443$
RewriteRule (.*)$ https://mustershop-online.de/$1 [R=301,L]
```

Statt *mustershop-online.de* müssen Sie natürlich Ihren eigenen Shop einfügen.

Die neue HT-Access

Nach der Ergänzung ist die HT-Access-Datei um zwei Zeilen gewachsen, aber nichts wurde überschrieben:

```
# BEGIN WordPress
<IfModule mod_rewrite.c>
RewriteEngine On
RewriteBase /
RewriteRule ^index\.php$ - [L]
RewriteCond %{REQUEST_FILENAME} .-f
RewriteCond %{REQUEST_FILENAME} .-d
RewriteRule . /index.php [L]
RewriteCond %{SERVER_PORT} .^443$
RewriteRule (.*)$ https://mustershop-online.de/$1 [R=301,L]
</IfModule>
# END WordPress
```

Laden Sie die aktualisierte HT-Access-Datei in das Wurzelverzeichnis hoch. Anschließend geben Sie in die Adresszeile Ihres Browsers noch einmal die alte URL mit *http://* ein und probieren, ob die Weiterleitung funktioniert und das grüne Schlösschen erscheint. Falls nicht, wenden Sie sich an den Support Ihres Providers.

Prüfen Sie auch, ob Sie das aktive Theme händisch editiert haben. Möglicherweise haben Sie einen Link eingesetzt oder modifiziert, beispielsweise in der Datei *functions.php*? Weil *Better Search Replace* nur innerhalb der Datenbank tätig wird, müssen Sie solche Änderungen wiederum händisch aktualisieren.

Checkliste Verschlüsselung

- Passende Zertifikatsklasse ausgewählt.
- Zertifikat bestellt.
- Zertifikat ist der Shopdomain zugewiesen.
- URL-Basis in WordPress von HTTP auf HTTPS umgestellt.
- Alle Links via *Better Search Replace* umgestellt.
- Weiterleitung über Provider oder via HT-Access angelegt.
- Weiterleitung erfolgreich getestet.

10 Rechtssicherheit als Shopbetreiber

10.1	**Gesetze für alle Websites**	**359**
10.1.1	Das Grundgesetz (GG)	359
10.1.2	Das Strafrecht (StGB)	360
10.1.3	Das Telemediengesetz (TMG)	361
10.1.4	Das Bundesdatenschutzgesetz (BDSG)	365
10.1.5	Der Rundfunkstaatsvertrag (RStV)	366
10.1.6	Das Urheberrechtsgesetz (UrhG)	368
10.1.7	Das Markengesetz (MarkenG)	368
10.2	**Gesetze für Shopbetreiber**	**369**
10.2.1	Das Bürgerliche Gesetzbuch (BGB)	369
10.2.2	Das Einführungsgesetz zum Bürgerlichen Gesetzbuch (EGBGB)	371
10.2.3	Das Gesetz gegen unlauteren Wettbewerb (UWG)	372
10.2.4	Preisangabenverordnung (PangV)	375
10.2.5	Die Streitschlichtungs-Verordnung	377
10.2.6	Die Verpackungsverordnung (VerpackV)	378
10.3	**Gesetze für spezielle Shops**	**379**
10.3.1	Das Buchpreisbindungsgesetz	379
10.3.2	Das Textilkennzeichnungsgesetz	379
10.3.3	Das Elektro- und Elektronikgerätegesetz (ElektroG)	380
10.4	**Abmahnungen vermeiden**	**381**
10.4.1	Wer mahnt ab?	382
10.4.2	Notice and take down	382
10.4.3	Folgen einer Abmahnung	383
10.4.4	Die Pflichten im Überblick	383
10.5	**Praktische Umsetzung: Impressum**	**384**
10.5.1	Impressumspflicht – für wen und wo?	385
10.5.2	Die Formalien des Impressums	385
10.5.3	Musterimpressum	390
10.6	**Praktische Umsetzung: Widerruf**	**392**
10.6.1	Rechtliche Problematik	393
10.6.2	Best-Practice-Widerrufsbelehrung	393
10.6.3	Widerrufsbelehrung aus Rechtsquelle selbst erstellen	395
10.6.4	Ausschlüsse vom Widerrufsrecht hinzufügen	397
10.6.5	Das Widerrufsformular	399

10.7	Praktische Umsetzung: Versandgebühren und Lieferzeitangabe	399
10.7.1	Versandgebühren	399
10.7.2	Lieferzeitangaben	400
10.8	**Praktische Umsetzung: Datenschutzerklärung**	**401**
10.8.1	Allgemeiner Teil	403
10.8.2	Social-Media-Teil	404
10.8.3	Tracking-Teil	406
10.8.4	Partnerprogramme	407
10.8.5	Datenschutz bei aktivierter Kommentarfunktion	409
10.8.6	Datenschutzteil Newsletter	409
10.8.7	Datenschutzteil Cookies	410
10.8.8	Abschluss der Datenschutzerklärung	411
10.8.9	Tipps für die Datenschutzerklärung	411
10.9	**Praktische Umsetzung: AGB**	**411**
10.9.1	Mit oder ohne – AGB	411
10.9.2	Platzierung und Zustimmung	412
10.9.3	Gültige und ungültige Klauseln	412
10.10	**Praktische Umsetzung: Preisauszeichnung**	**413**
10.10.1	Die Angaben am Preis	413
10.10.2	Platzierung und Beschriftung des Bestellbuttons	414
10.11	**Praktische Umsetzung: Urheber-, Marken- und Persönlichkeitsrecht**	**415**
10.11.1	Urheberrecht beachten	415
10.11.2	Markenrechte beachten	415
10.11.3	Persönlichkeitsrechte beachten	416

Checkliste Rechtssicherheit **416**

Wichtiger Hinweis: Alle Angaben zu Rechtsfragen in diesem und in anderen Kapiteln wurden nach bestem Wissen und Gewissen zusammengestellt. Eine anwaltliche Beratung können sie aber aus folgenden Gründen nicht ersetzen:

- Die juristischen Rahmenbedingungen für den Onlinehandel sind nicht in Stein gemeißelt. Gesetze und Verordnungen ändern sich relativ häufig.
- Die Gerichte legen die oft schwammig formulierten Paragrafen immer wieder unterschiedlich aus. Heute so – morgen so.
- Je nach Sortiment des Onlineshops ist eine Reihe spezifischer Vorschriften zu beachten. Für Händler A ist das Batteriegesetz relevant, für Händler B die Textilverordnung.

Lesehilfe durch das juristische Kauderwelsch

Großen Wert legten die ehrwürdigen Väter des deutschen Grundgesetzes auf eine verständliche Sprache. Leider geriet diese Tugend danach schnell wieder in Vergessenheit. Moderne Gesetzestexte im Allgemeinen und die Gesetze für den Onlinehandel im Besonderen klingen für Nichtjuristen wie eine Mischung aus Altgriechisch und Klingonisch. Gegen die Schachtelsätze der Paragrafenreiter ist kein Kraut gewachsen, aber mit diesem kleinen Glossar wissen Sie wenigstens die Begriffe zu entschlüsseln:

- **Abmahnung** – Im Kontext von Onlineshops die Aufforderung, ein bestimmtes Verhalten zu unterlassen, das gegen ein Gesetz oder eine Verordnung verstößt. Damit verbunden sind für den Abgemahnten nicht unerhebliche Kosten und die Aufforderung, eine Unterlassungserklärung zu unterzeichnen.
- **AGB** – Allgemeine Geschäftsbedingungen. Im »Kleingedruckten« stehen die Spielregeln zwischen Shopbetreiber und Kunden. Den Rahmen für die AGB setzen das UWG (Gesetz gegen den unlauteren Wettbewerb) und andere Gesetze des Wettbewerbsrechts.
- **Anbieterkennzeichnung** – Das Impressum einer Website.
- **Diensteanbieter** – Der Betreiber einer Website, auch eines Onlineshops.
- **Elektronische Post** – Die Kommunikation via E-Mail und Newsletter.
- **Garantie** – Die freiwillige Zusage eines Herstellers oder Händlers, zusätzlich zur gesetzlich vorgeschriebenen Gewährleistung einen weiteren Service anzubieten.
- **Gesetz** – Eine Rechtsnorm, die von einem Parlament beschlossen wurde.
- **Gewährleistung** – Als Händler müssen Sie dafür einstehen, dass Ihre Produkte frei von Mängeln sind. Ist das nicht der Fall, stehen dem Kunden gesetzliche Rechte zu.
- **Kommerzielle Kommunikation** – Der Onlineshop selbst, aber auch geschäftliche Mails, Faxe, Briefe und Telefonate.
- **Nutzungsbedingungen** – Die AGB einer Website.
- **Telemedien** – Websites, E-Mails und Newsletter. Auch soziale Netzwerke, Foren und Blogs zählen zu den Telemedien.

- **Verordnung** – Der Unterschied zum Gesetz ist nur formal. Gesetze werden von einem Parlament beschlossen, Verordnungen von einer Behörde erlassen. Für Sie als Bürger und Shopbetreiber macht das aber wenig Unterschied. Halten müssen Sie sich an beides, und Unwissenheit schützt vor Strafe nicht.

- **Wettbewerbsrecht** – Der Oberbegriff für alle Gesetze und Verordnungen, die den Verkauf von Waren und Dienstleistungen betreffen. Besonders wichtig sind das UWG (Gesetz gegen den unlauteren Wettbewerb) und das BGB (das Bürgerliche Gesetzbuch).

- **Zivilrecht** – Akteure des Zivilrechts (auch Privatrecht genannt) sind Einzelpersonen, Firmen und Vereine. Im Zivilrecht fechten alle Beteiligten ihre Streitigkeiten auf Augenhöhe aus. Im Gegensatz dazu steht das öffentliche Recht. Hier stehen der Staat und seine Organe auf der einen, Personen, Firmen und Vereine auf der anderen Seite. Die stärkere Position nimmt dabei der Staat ein.

Der Teufel steckt im Detail

Wie bürgerfreundlich zeigt sich der Gesetzgeber doch im Fall von Mord, Trunkenheit am Steuer und Kokainhandel. Dank klarer Definitionen, Promilletabellen und dem Betäubungsmittelgesetz weiß der Bürger ganz genau, an welcher Schwelle ein Gesetz übertreten wird. Schon die Befolgung simpelster Regeln bewahrt zuverlässig vor Verbrechen und Strafe:

- Kein Messer anfassen, wenn die Schwiegermutter in der Nähe ist.
- Nach Schnäpsen ein Taxi bestellen.
- Beim Rückflug aus Kolumbien kein fremdes Gepäck mit durch den Zoll nehmen.

Vor weitaus schwierigeren Problemen steht ein Onlinehändler, der Kleidung, Bücher oder Elektrogeräte verkauft. Zahllos sind die Paragrafen, und hinter jedem lauert eine Gefahr. Wenn Sie das nicht ertragen, dürfen Sie keinen Shop eröffnen. Wenn Sie es ertragen: Verfallen Sie nicht in Fatalismus, sondern gehen Sie die Sache tapfer an. Sortieren Sie die Gesetze zunächst in drei große Gruppen:

1. Gesetze für alle Website-Betreiber, ob mit oder ohne Shop.
2. Gesetze nur für Onlinehändler, aber für alle gleich.
3. Gesetze, die Onlinehändler je nach Sortiment ihrer Waren und Dienstleistungen betreffen.

Zu den händlerspezifischen Gesetzen und Vorschriften gehören zum Beispiel das Buchpreisbindungsgesetz, das Textilkennzeichnungsgesetz und das Elektrogesetz. Sie alle zu beschreiben, würde den Rahmen dieses Buchs sprengen. Die drei aufgeführten stehen also exemplarisch.

Gesetze für alle Website-Betreiber

1. Grundgesetz (GG)
2. Strafgesetzbuch (StGB)

3. Telemediengesetz (TMG)
4. Bundesdatenschutzgesetz (BDSG)
5. Rundfunkstaatsvertrag (RStV)
6. Urheberrechtsgesetz (UrhG)
7. Markengesetz (MarkenG)

Gesetze für alle Onlineshopbetreiber
1. Bürgerliches Gesetzbuch (BGB)
2. Einführungsgesetz zum Bürgerlichen Gesetzbuch (EGBGB)
3. Gesetz gegen den unlauteren Wettbewerb (UWG)
4. Preisangabenverordnung (PangV)
5. Streitschlichtungs-Verordnung (ODR-Verordnung)
6- Verpackungsverordnung (VerpackV)

Gesetze, die vom Sortiment abhängig sind
1. Buchpreisbindungsgesetz (BuchPrG)
2. Textilkennzeichnungsgesetz (TextilKennzG)
3. Elektro- und Elektronikgerätegesetz (ElektroG)

Für die sortimentsspezifischen Gesetze wurde eine Auswahl getroffen. Weitere Quellen finden Sie im Anhang.

Den Überblick behalten
Um alle diese Gesetze durchzulesen, muss man sehr viel Zeit haben – und entweder wahnsinnig oder Jurist sein. Das ist bei Ihnen nicht der Fall? Macht nichts. Sie finden die wichtigsten Stellen in diesem Buch. Halbwegs lesbare Paragrafen sind im Originaltext wiedergegeben. Aus den anderen wurden Zitate ausgewählt und Erläuterungen hinzugefügt.

Die wichtigsten Stellen
Zur fröhlichen Einstimmung in die Juristerei erst mal eine kleine Übersicht der wichtigsten und deshalb im Buch zitierten Stellen:

»Grundgesetz (GG):
Artikel 1, Abs. 1 (Würde des Menschen)
Artikel 5, Abs. 1 und 2 (Freie Meinungsäußerung)

Telemediengesetz (TMG):
§ 5 (Allgemeine Informationspflichten)
§ 6 (Besondere Informationspflichten)
§ 13 Abs. 4 (Datenschutz)

Bundesdatenschutzgesetz (BDSG):
§ 11 Abs. 1 Satz 1 (Auftragsdatenverarbeitung)

Rundfunkstaatsvertrag (RStV):
§ 55 Abs. 2 (Informationspflichten und Informationsrechte)

Bürgerliches Gesetzbuch (BGB):
§ 312c (Fernabsatzverträge)
§ 312g Abs. 2 (Ausnahmen vom Widerrufsrecht)

Einführungsgesetz zum Bürgerlichen Gesetzbuch (EGBGB):
Anlage 1 zu Art. 246a § 1 Abs. 2 Satz 2 (Gesetzliches Muster für die Widerrufsbelehrung)

Gesetz gegen den unlauteren Wettbewerb (UWG):
Die »Schwarze Liste« des UWG

Preisangabenverordnung (PangV):
§ 2 (Grundpreis)
§ 4 Abs. 4 (Platzierung der Preisangabe)«

Die Reise kreuz und quer durch den Paragrafendschungel beginnt mit dem Grundgesetz, betrachtet durch die Brille des Onlinehändlers.

10.1 Gesetze für alle Websites

10.1.1 Das Grundgesetz (GG)

Die Rechte und Pflichten aus dem Grundgesetz sind maßgeblich für alle anderen deutschen Gesetze – aber auch ganz direkt für Sie als Betreiber einer Website. Sie dürfen dort nichts veröffentlichen, was gegen die Würde des Menschen verstößt. In Artikel 1 Absatz 1 heißt es:

> »Die Würde des Menschen ist unantastbar. Sie zu achten und zu schützen ist Verpflichtung aller staatlichen Gewalt.«

Die Meinungsfreiheit ist in Artikel 5 festgeschrieben. Für den Betrieb einer Website sind die ersten beiden Absätze relevant:

> »(1) Jeder hat das Recht, seine Meinung in Wort, Schrift und Bild frei zu äußern und zu verbreiten und sich aus allgemein zugänglichen Quellen ungehindert zu unterrichten. Die Pressefreiheit und die Freiheit der Berichterstattung durch Rundfunk und Film werden gewährleistet. Eine Zensur findet nicht statt.
> (2) Diese Rechte finden ihre Schranken in den Vorschriften der allgemeinen Gesetze, den gesetzlichen Bestimmungen zum Schutze der Jugend und in dem Recht der persönlichen Ehre.««

Im zweiten Absatz wird die Meinungsfreiheit begrenzt, zum Beispiel im Fall des Angriffs auf die persönliche Ehre. Diese ist nämlich Teil der in Artikel 1 geschützten Menschenwürde. Im Fall einer Kollision entscheiden die Gerichte, welchem Artikel der Vorrang gegeben wird. Details zu Ehrverletzungen wie Beleidigung, üble Nachrede und Verleumdung bestimmt das Strafgesetzbuch, das StGB.

Dank der Freiheit der Berufswahl (Art. 12) darf Ihnen niemand verbieten, als Händler tätig sein. Einschränkungen gibt es allerdings für bestimmte Waren, die ohne eine bestimmte Berufsausbildung oder zumindest einem Sachkundenachweis nicht in Verkehr gebracht werden dürfen, zum Beispiel Arzneimittel.

Sehr weitreichende Konsequenzen hat die grundgesetzliche Verankerung des Rechts auf Eigentum (Art. 14). Der Eigentumsbegriff umfasst nämlich nicht nur physische Waren, sondern auch Texte, Bilder, Musik und Filme. Geistiges Eigentum genießt besonders in Europa einen hohen Rechtsschutz. Details zu Artikel 14 regeln dann unter anderem das BGB und das UrhG.

Das war es auch schon mit den für Händler wichtigsten Artikeln des Grundgesetzes. Detailfragen werden dort nicht behandelt, dafür sind die vielen anderen Gesetzbücher zuständig. Los geht es mit dem Strafgesetzbuch. Für den Handel im engeren Sinne hat das Strafrecht zwar eine eher geringe Bedeutung, aber als Onlinehändler bewegen Sie sich ja auch im weiten Feld von Firmenblogs und Social-Media-Netzwerken.

Mit anderen Worten: Sie sind da, wo die Kesselflicker streiten. Sie sollten die wichtigsten Gesetze kennen und wissen, ab wann und mit welcher Begründung Sie Streithähnen am besten die Bühne entziehen – bevor es zu spät ist und Sie selbst juristisch belangt werden können.

10.1.2 Das Strafrecht (StGB)

Häufig gibt es juristische Auseinandersetzungen wegen Beleidigung (§ 185 StGB), übler Nachrede (§ 186) und Verleumdung (§ 187). Eine Beleidigung kann schon gegeben sein, wenn sich die Kontrahenten mit Schimpfworten bewerfen. Für die üble Nachrede sind Behauptungen erforderlich, die den Tatsachen nicht entsprechen. Noch eine Schippe obendrauf setzt die Verleumdung. Bei diesem Delikt setzt der Täter wider besseres Wissen irgendein Gerücht in die Welt; dazu gehört schon eine gehörige Portion Bosheit.

Lassen Sie sich da in nichts hineinziehen und bieten Sie auch anderen keine Plattform für Schlammschlachten. Tragen Sie dafür Sorge, dass auf Ihrer Website und auf den von Ihnen betriebenen Social-Media-Profilen keine persönlichen Streitereien ausgetragen werden. Es macht nämlich einen erheblichen Unterschied, ob eines der genannten Delikte in einem kleineren Kreis begangen wird oder in der Öffentlichkeit des Internets. Unschön ist beides, aber der Schaden und das Strafmaß liegen in letzterem Fall erheblich höher.

Strafrechtlich unproblematisch ist dagegen in den meisten Fällen die bloße Verbreitung von Unwahrheiten, die sich nicht auf Personen beziehen. Sie dürfen völlig straflos verbreiten, dass zwischen Erde und Mars eine Teekanne um die Sonne kreist. Oder ein Bügeleisen.

> **Russels Teekanne**
> Die erste Spekulation um die Teekanne im Weltraum stammt von einem gewissen Herrn Bertrand Russel. Die Kanne wurde bisher noch nicht entdeckt. Es ist aber auch noch nicht mit absoluter Sicherheit auszuschließen, dass ein solcher Flugkörper existiert.

Volksverhetzung

Eine deutsche Besonderheit stellt das Delikt der Volksverhetzung (§ 130 StGB) dar. Das Strafgesetzbuch sieht dafür einen sehr hohen Strafrahmen vor – eine Gefängnisstrafe zwischen drei Monaten und fünf Jahren. Die hohen Strafen gründen sich auf die deutsche Vergangenheit.

Die Haftungsfrage

Zunächst mal ist ja jeder für sich selbst und sein Geschreibe verantwortlich. Da stellt sich natürlich die Frage, ob und in welchem Umfang der Betreiber einer Website für fremde Inhalte haftet. Die Antwort: Er haftet (nach § 7 Abs. 2 TMG) erst dann, wenn er vom Verstoß Kenntnis genommen hat. Im Streitfall muss darüber ein Gericht entscheiden. Dazu ein paar praktische Hinweise:

- In jedem Fall haben Sie Kenntnis erlangt, wenn der anstößige Beitrag von Ihnen beantwortet oder bearbeitet wurde.
- Sie sind nicht dazu verpflichtet, alle zehn Minuten Ihre Userkommentare zu lesen, aber eine tägliche Kontrolle wird schon erwartet.
- Auch die Masse der Userbeiträge spielt eine Rolle für die Beurteilung, ob Sie als Betreiber zur Rechenschaft gezogen werden können. Bei 100 Userbeiträgen am Tag ist es glaubwürdig, dass Sie etwas übersehen haben, bei drei am Tag aber nicht.

Sollte ein User ein strafrechtlich relevantes Posting auf Ihrer Website oder Social-Media-Präsenz hinterlassen, halten Sie am besten eine klare Linie ein und entfernen den betreffenden Inhalt möglichst schnell. Mal ganz von der juristischen Komponente abgesehen: Sie wollen ja etwas verkaufen und keine Streitereien entfesseln. Um Eskalationen vorzubeugen, empfiehlt sich auch immer wieder ein Appell an die sogenannten »Netiquette«, die Höflichkeitsregeln im Internet.

Das nächste Gesetz betrifft mit ganz wenigen Ausnahmen alle, die eine eigene Website betreiben. Wer dagegen verstößt, riskiert eine Abmahnung. Grund genug, sich in die relevanten Stellen einzulesen.

10.1.3 Das Telemediengesetz (TMG)

Das TMG regelt zunächst die »allgemeinen Informationspflichten für Websites«. Gemeint ist das, was im Impressum zu stehen hat. Für kommerzielle Sites kommen noch »besondere Verpflichtungen« hinzu. Außerdem sind grundlegende Datenschutzbestimmungen im TMG verankert. Alles Weitere findet sich in einem eigenen Gesetzeswerk, dem Bundesdatenschutzgesetz (BDSG).

> **TMG ist nicht TKG**
> Gern verwechselt wird das Telemediengesetz (TMG) mit dem Telekommunikationsgesetz (TKG). Letzteres ist für Sie als Shopbetreiber aber nur indirekt relevant. Das TKG betrifft vor allem die Anbieter von IT-Infrastruktur. Es regelt zum Beispiel die Pflichten von Providern gegenüber ihren Kunden.

Als Shopbetreiber sollten Sie diese drei Stellen des TMG zumindest einmal überflogen haben:

- § 5 (Allgemeine Informationspflichten) – der Paragraf für alle, die auf irgendeine Weise mit einer Website Geld verdienen möchten – direkt oder indirekt. Er gilt für die meisten Websites, ob mit oder ohne Shop. Der Gesetzgeber geht davon aus, dass auch Hobbyprojekte in irgendeiner Form auf Vermarktung angelegt sind.
- § 6 (Besondere Informationspflichten) – der Paragraf für Onlinehändler.
- § 13 Abs. 4 (Datenschutz) – der Datenschutzteil des TMG.

Los geht es mit den beiden Paragrafen zu den Informationspflichten:

> »§ 5 Allgemeine Informationspflichten
> (1) Diensteanbieter haben für geschäftsmäßige, in der Regel gegen Entgelt angebotene Telemedien folgende Informationen leicht erkennbar, unmittelbar erreichbar und ständig verfügbar zu halten:
> 1. den Namen und die Anschrift, unter der sie niedergelassen sind, bei juristischen Personen zusätzlich die Rechtsform, den Vertretungsberechtigten und, sofern Angaben über das Kapital der Gesellschaft gemacht werden, das Stamm- oder Grundkapital sowie, wenn nicht alle in Geld zu leistenden Einlagen eingezahlt sind, der Gesamtbetrag der ausstehenden Einlagen.
> 2. Angaben, die eine schnelle elektronische Kontaktaufnahme und unmittelbare Kommunikation mit ihnen ermöglichen, einschließlich der Adresse der elektronischen Post.
> 3. Soweit der Dienst im Rahmen einer Tätigkeit angeboten oder erbracht wird, die der behördlichen Zulassung bedarf, Angaben zur zuständigen Aufsichtsbehörde.
> 4. Das Handelsregister, Vereinsregister, Partnerschaftsregister oder Genossenschaftsregister, in das sie eingetragen sind, und die entsprechende Registernummer.
> 5. Soweit der Dienst in Ausübung eines Berufs im Sinne von Artikel 1 Buchstabe d der Richtlinie 89/48/EWG des Rates vom 21. Dezember 1988 über eine allgemeine Regelung zur Anerkennung der Hochschuldiplome, die eine mindestens dreijährige Berufsausbildung abschließen (ABl. EG Nr. L 19 S. 16), oder im Sinne von Artikel 1 Buchstabe f der Richtlinie 92/51/EWG des Rates vom 18. Juni 1992 über eine zweite allgemeine Regelung zur Anerkennung beruflicher Befähigungsnachweise in Ergänzung zur Richtlinie 89/48/EWG (ABl. EG Nr. L 209 S. 25, 1995 Nr. L 17 S. 20), zuletzt geändert durch die Richtlinie 97/38/EG der Kommission vom 20. Juni 1997 (ABl. EG Nr. L 184 S. 31), angeboten oder erbracht wird, Angaben über

> a) die Kammer, welcher die Diensteanbieter angehören,
>
> b) die gesetzliche Berufsbezeichnung und den Staat, in dem die Berufsbezeichnung verliehen worden ist,
>
> c) die Bezeichnung der berufsrechtlichen Regelungen und dazu, wie diese zugänglich sind,
>
> 6. in Fällen, in denen sie eine Umsatzsteuer-Identifikationsnummer nach § 27a des Umsatzsteuergesetzes oder eine Wirtschafts-Identifikationsnummer nach § 139c der Abgabenordnung besitzen, die Angabe dieser Nummer,
>
> 7. bei Aktiengesellschaften, Kommanditgesellschaften auf Aktien und Gesellschaften mit beschränkter Haftung, die sich in Abwicklung oder Liquidation befinden, die Angabe hierüber.
>
> (2) Weitergehende Informationspflichten nach anderen Rechtsvorschriften bleiben unberührt.«

Umgesetzt werden diese Vorschriften im Impressum. Sie müssen beispielsweise Namen und Anschrift nennen sowie die zuständige Aufsichtsbehörde, falls Ihre Tätigkeit einer behördlichen Zulassung bedarf. Die Regelungen aus Nummer 5 beziehen sich auf Gruppen wie Apotheker, Psychologen und Steuerberater. Der Gesetzgeber möchte damit dem Missbrauch von Berufsbezeichnungen einen Riegel vorschieben.

Weiter geht es mit dem etwas kürzeren Paragrafen § 6 des TMG. Er betrifft die »kommerziellen Kommunikationen« in »Telemedien«. Tja, die Begriffe erinnern an die 80er-Jahre, als die Digitalisierung noch in den Kinderschuhen steckte. Streichen Sie sie durch und schreiben Sie »Onlineshops« und »Internet« drüber, dann passt es.

> **§ 6 Besondere Informationspflichten bei kommerziellen Kommunikationen**
>
> (1) Diensteanbieter haben bei kommerziellen Kommunikationen, die Telemedien oder Bestandteile von Telemedien sind, mindestens die folgenden Voraussetzungen zu beachten:
>
> 1. Kommerzielle Kommunikationen müssen klar als solche zu erkennen sein.
>
> 2. Die natürliche oder juristische Person, in deren Auftrag kommerzielle Kommunikationen erfolgen, muss klar identifizierbar sein.
>
> 3. Angebote zur Verkaufsförderung wie Preisnachlässe, Zugaben und Geschenke müssen klar als solche erkennbar sein, und die Bedingungen für ihre Inanspruchnahme müssen leicht zugänglich sein sowie klar und unzweideutig angegeben werden.
>
> 4. Preisausschreiben oder Gewinnspiele mit Werbecharakter müssen klar als solche erkennbar und die Teilnahmebedingungen leicht zugänglich sein sowie klar und unzweideutig angegeben werden.

> (2) Werden kommerzielle Kommunikationen per elektronischer Post versandt, darf in der Kopf- und Betreffzeile weder der Absender noch der kommerzielle Charakter der Nachricht verschleiert oder verheimlicht werden. Ein Verschleiern oder Verheimlichen liegt dann vor, wenn die Kopf- und Betreffzeile absichtlich so gestaltet sind, dass der Empfänger vor Einsichtnahme in den Inhalt der Kommunikation keine oder irreführende Informationen über die tatsächliche Identität des Absenders oder den kommerziellen Charakter der Nachricht erhält.
>
> (3) Die Vorschriften des Gesetzes gegen den unlauteren Wettbewerb bleiben unberührt.«

Dieser Paragraf enthält nicht nur Vorschriften für das Impressum, sondern auch für den Shop selbst. Im Kern geht es darum, dass Sie als Shopbetreiber Ihre Absichten nicht verschleiern dürfen.

Nicht, dass es verboten wäre, Geld zu verdienen. Das Kind muss aber beim Namen genannt werden. Absatz 3 verweist auf das UWG, das Gesetz gegen den unlauteren Wettbewerb. Darin findet sich ein ganzes Sammelsurium von ebenso originellen wie verbotenen Werbemaßnahmen. Die Vorschriften des TMG und des UWG ergänzen sich also. Was das TMG auch noch beackert, ist das weite Feld des Datenschutzes. Das Wichtigste steht in § 13 Abs. 4.

> **»§ 13 Abs. 4 Datenschutz**
>
> (4) Der Diensteanbieter hat durch technische und organisatorische Vorkehrungen sicherzustellen, dass
>
> 1. der Nutzer die Nutzung des Dienstes jederzeit beenden kann,
>
> 2. die anfallenden personenbezogenen Daten über den Ablauf des Zugriffs oder der sonstigen Nutzung unmittelbar nach deren Beendigung gelöscht oder in den Fällen des Satzes 2 gesperrt werden,
>
> 3. der Nutzer Telemedien gegen Kenntnisnahme Dritter geschützt in Anspruch nehmen kann,
>
> 4. die personenbezogenen Daten über die Nutzung verschiedener Telemedien durch denselben Nutzer getrennt verwendet werden können,
>
> 5. Daten nach § 15 Abs. 2 nur für Abrechnungszwecke zusammengeführt werden können und
>
> 6. Nutzungsprofile nach § 15 Abs. 3 nicht mit Angaben zur Identifikation des Trägers des Pseudonyms zusammengeführt werden können.«

Außerdem muss der Besucher einer Website nach § 13 Abs. 2 TMG über eine Datenerhebung informiert werden und eine Einwilligung erklären oder widerrufen können. Gnädigerweise kann die Information über die Datenerhebung »auch in elektronischer Form« geschehen. Sie müssen also keinen reitenden Boten aussenden. Üblich sind Opt-in- und Opt-out-Verfahren, die in Kapitel 12.7.4 beschrieben werden.

Das ist aber noch nicht alles, was an Gesetzesquellen zur Verfügung steht. Wie so oft wurde auch beim Datenschutz die Thematik über diverse Gesetzesbücher verstreut. Alles Weitere steht im BDSG, dem Bundesdatenschutzgesetz. Und weiter geht es im Paragrafendschungel.

10.1.4 Das Bundesdatenschutzgesetz (BDSG)

Der Betrieb eines Onlineshops ist ohne die Erhebung personenbezogener Daten gar nicht möglich. Namen und Adressen von Kunden sind das Minimum, um Bestellungen abzuwickeln. Weitere personenbezogene Daten sind:

- Geburtsdatum
- Telefonnummer
- E-Mail-Adresse
- Bankverbindung

Natürlich dürfen bzw. müssen Sie als Shopbetreiber speichern, was für die Abwicklung der Bestellungen benötigt wird, schon aus Gründen der Dokumentation. Denken Sie an Ihre Steuererklärung oder an eine Betriebsprüfung. Ihr Provider speichert allerdings auch die IP-Adressen, also die Einwahlnummern in das Internet. Anhand dieser lassen sich einige Rückschlüsse auf den Besucher einer Website ziehen. Es lässt sich zum Beispiel feststellen, von welchem Knoten er sich in das Netz eingewählt hat. Ob auch IP-Adressen zu den personenbezogenen Daten gehören? Hierzu erhalten Sie je nach Rechtsauffassung unterschiedliche Meinungen.

Weitergabe von Daten

Mit dem Einsatz von Google Analytics oder Sharebuttons für soziale Netzwerke reichen Sie als Seitenbetreiber die IP-Adressen Ihrer Besucher an externe Stellen weiter. Der Gesetzgeber spricht in diesem Fall von Auftragsdatenverarbeitung. Jetzt kommt der Clou. Sie tragen als Auftraggeber die Verantwortung dafür, was Google, Facebook und andere mit den übertragenen Daten so alles anstellen. So steht es nämlich im § 11, Abs. 1, Satz 1 des BDSG:

> Werden personenbezogene Daten im Auftrag durch andere Stellen erhoben, verarbeitet oder genutzt, ist der Auftraggeber für die Einhaltung der Vorschriften dieses Gesetzes und anderer Vorschriften über den Datenschutz verantwortlich.

Harter Tobak also. Um sich vor Abmahnungen zu schützen, müssen Sie bei der Ausformulierung, Platzierung und Verlinkung Ihrer Datenschutzerklärung höllisch aufpassen. Weitere Arbeit kommt im Fall der Verwendung von Tracking-Tools auf Sie zu. Für den datenschutzgerechten Betrieb von Google Analytics müssen Sie nicht nur einige technische Einstellungen vornehmen, sondern auch einen förmlichen Vertrag mit Google abschließen. Es ist schon erstaunlich, welche Verantwortung man plötzlich auf den Schultern trägt als braver Bürger, der in Frieden einen Onlineshop betreibt. Auch das nächste Gesetz hat es in sich. Es macht aus Ihnen nämlich einen echten Journalisten und Redakteur – ganz ohne Ausbildung.

10.1.5 Der Rundfunkstaatsvertrag (RStV)

Das Wort allein flößt schon Ehrfurcht ein: Rundfunkstaatsvertrag. Ist der nur für Netradios und die Präsenzen von Fernsehsendern relevant, oder haben auch gewöhnliche Websites und Onlineshops damit zu tun? Um das zu verstehen, muss man ein bisschen Internetarchäologie betreiben. Noch vor 30 Jahren lebten die Menschen ja völlig anders. Sie kannten schon das Rad, das Feuer und den Atari-Computer. Aber es wäre ihnen nicht im Traum eingefallen, dass Millionen von Bürgern eigene Websites betreiben. Ganz ohne Ironie: Im Jahr 1986 konnten sich nur große Firmen und Institutionen eine eigene Domain leisten. Gesetze zur Regelung der damals sogenannten »Neuen Medien« gab es nur wenige, und der stolze Domaininhaber fühlte sich tatsächlich wie der Chef einer Rundfunkanstalt. In der Folge wurde ein Teil des IT-Rechts im Rundfunkstaatsvertrag festgeschrieben. So weit zu den Anfängen des Internets und zurück in die Jetzt-Zeit. Als Shopbetreiber können Sie in zwei Bereichen vom RStV betroffen sein:

1. Bei der Bewerbung von Produkten – Zwar ist dies hauptsächlich Aufgabe der Hersteller, aber manche Shopbetreiber verkaufen ja Waren aus eigener Produktion oder Dienstleistungen. Wer etwas auf YouTube oder einem Blog präsentiert oder präsentieren lässt, sollte die Spielregeln kennen.

2. Bei der Produktion redaktioneller Inhalte – Auf Ihrer Website wird regelmäßig über Ereignisse berichtet, die auf der Welt vor sich gehen? Gratulation, dann sind Sie so etwas wie Journalist oder Redakteur, jedenfalls nach dem RStV. Die Konsequenz: Im Impressum muss eine redaktionell verantwortliche Person genannt werden.

Produktplatzierungen

Was sind eigentlich Produktplatzierungen? Auskunft erteilt § 2 Abs. 2 Nr. 11 RStV. Im Wortlaut:

> »Produktplatzierungen sind die gekennzeichnete Erwähnung oder Darstellung von Waren, Dienstleistungen, Namen, Marken, Tätigkeiten eines Herstellers von Waren oder eines Erbringers von Dienstleistungen in Sendungen gegen Entgelt oder eine ähnliche Gegenleistung mit dem Ziel der Absatzförderung.«

Sie dürfen Produktplatzierungen vornehmen, wenn Sie die Spielregeln des Rundfunkstaatsvertrags beachten. Die wesentlichen Punkte sind:

- Wenn Sie einen Artikel aus Ihrem Shop auf einem fremden Blog präsentieren oder in einem YouTube-Video unterbringen, dann nur mit einer Kennzeichnung als Werbung.
- Sie dürfen die redaktionelle Verantwortung und Unabhängigkeit nicht beeinträchtigen. Das wäre der Fall, wenn Sie eine Produktplatzierung davon abhängig machen, was der Blogger sonst so schreibt, zum Beispiel über die Konkurrenz.
- In der Produktplatzierung darf nicht unmittelbar, sprich mit dem Holzhammer, zum Kauf aufgefordert werden. Das Produkt darf nicht zu sehr im Mittelpunkt stehen, die Erwähnung in einem Video oder Artikel benötigt eine redaktionelle Rechtfertigung.

Die Produktion redaktioneller Inhalte

Schwer zu schätzen ist die Anzahl der Journalisten und Redakteure in Deutschland. Es sind eine Million, vielleicht sogar zwei oder drei. Wie, das halten Sie für übertrieben? Nun ja, der Witz dabei ist, dass die wenigsten Betroffenen wissen, in welche Schublade sie kraft des Gesetzes einsortiert werden. Man muss das Wort Journalist oder Reakteur nicht schreiben können, um einer zu sein. Ebenfalls nicht notwendig ist es, damit Geld zu verdienen. Es genügt, irgendetwas »periodisch« an die Öffentlichkeit zu bringen. Inhaltlich ist nichts vorgegeben und ebenso wenig die Dauer der Periode. Vor dem Gesetz sind also alle Berichterstatter gleich. Die einen schreiben täglich über die Auswirkungen der Nahostpolitik im Libanon, die anderen jährlich über die Stars der Murmelszene im Erzgebirge. Beide sind journalistisch-redaktionell tätig, so steht es in § 55 Abs. 2 RStV.

> »§ 55 Absatz 2 RStV
>
> Anbieter von Telemedien mit journalistisch-redaktionell gestalteten Angeboten, in denen insbesondere vollständig oder teilweise Inhalte periodischer Druckerzeugnisse in Text oder Bild wiedergegeben werden, haben zusätzlich zu den Angaben nach den §§ 5 und 6 des Telemediengesetzes einen Verantwortlichen mit Angabe des Namens und der Anschrift zu benennen. Werden mehrere Verantwortliche benannt, so ist kenntlich zu machen, für welchen Teil des Dienstes der jeweils Benannte verantwortlich ist. Als Verantwortlicher darf nur benannt werden, wer
>
> 1. seinen ständigen Aufenthalt im Inland hat,
>
> 2. nicht infolge Richterspruchs die Fähigkeit zur Bekleidung öffentlicher Ämter verloren hat,
>
> 3. voll geschäftsfähig ist und
>
> 4. unbeschränkt strafrechtlich verfolgt werden kann.
>
> Ein Verstoß gegen § 55 Abs. 2 kann als Ordnungswidrigkeit mit einer Geldbuße von bis zu 50.000 EUR geahndet werden, vgl. § 49 Abs. 2 RStV.«

Die Passage »Inhalte periodischer Druckerzeugnisse in Text oder Bild« ist etwas irreführend. Das Gesetz gilt nämlich nicht nur für Onlineableger von typischen Druckmedien wie Zeitungen und Zeitschriften, sondern auch für Blogs, die als reines Internetprojekt betrieben werden. Sobald Sie irgendetwas mit Journalismus fabrizieren, muss ein Verantwortlicher im Impressum Ihrer Website genannt werden. Und dieser arme Wicht haftet dann in vollem Umfang, und zwar sowohl im Sinne des Zivil- wie auch des Strafrechts. Entheben Sie also Ihren Praktikanten dieser Bürde.

Shop ohne Journalismus

Definitiv kein Redakteur oder Journalist ist, wer ausschließlich Produkte beschreibt und verkauft. Die Überschrift »Zwei wunderschön vergoldete Ohrringe« sowie die dazugehörige Produktbeschreibung fallen unter die Kategorie der Werbung, zur Bildung der öffentlichen Meinung tragen sie nichts bei. Nicht das Geringste. Aber schon ein Firmenblog, in dem über die Herstellung von Ohrringen in der Goldschmiede berichtet wird, macht sich des Journalismus verdächtig. Immerhin hat der Autor recherchiert und die Leserschaft über Hintergründe informiert. Damit fängt ja der ganze Journalismus an.

Das nächste Gesetz ist eigentlich eine eher trockene Angelegenheit. Trotzdem sorgt das Thema in kürzester Zeit für Zündstoff bei jeder Debatte. Die Kreativen meißeln es in Stein, die Konsumenten verdammen es. Richtig, es geht um das Urheberrecht.

10.1.6 Das Urheberrechtsgesetz (UrhG)

Die Urheberschaft ist etwas, was der Urheber nicht wieder los wird. Denken Sie einfach an die Fotografie. Wer ein Bild geknipst hat, ist und bleibt ein Leben lang und über den Tod hinaus der Urheber. Er kann das Bild verschenken oder die Kamera verkaufen, trotzdem hat er das Bild gemacht und kein anderer. Die Bildqualität spielt dabei keine Rolle, das Gesetz gilt für Hobby- und professionelle Fotografen gleichermaßen. Weil Profifotografen nicht von Luft und Liebe leben können, »verkaufen« sie Bilder, so heißt es landläufig.

Tatsächlich werden aber nicht die Bilder verkauft, sondern die Nutzungsrechte, auch Lizenzen genannt. Die Rahmenbedingungen für die Nutzungsrechte setzt das Urheberrecht. Es schützt kreative Menschen wie Fotografen, Komponisten, Autoren und Drehbuchschreiber davor, dass sich andere an ihren Werken bedienen, ohne dafür zu bezahlen. Als Betreiber einer Website dürfen Sie fremde Texte, Bilder, Videos und Audiodateien nur unter diesen Voraussetzungen verwenden:

- Das Urheberrecht ist abgelaufen.
- Der Urheber hat Ihnen Nutzungsrechte eingeräumt, und er ist dazu auch befugt.
- Sie verfügen über eine gültige Lizenz.

Produktbilder

Für Shopbetreiber ist das Urheberrechtsgesetz vor allem wegen der so wichtigen Produktbilder relevant. Erkundigen Sie sich vor dem Einstellen, ob Sie die Bilder des Herstellers in Ihrem Shop verwenden dürfen. Dies gilt vor allem, wenn eine weitere Verbreitung über Social-Media-Dienste wie Facebook, Twitter und Pinterest geplant ist. Sich mit fremden Federn zu schmücken, kann unangenehme Folgen haben. In einem Atemzug mit dem Urheberrecht wird oft das Markenrecht genannt. Es dient dazu, die Unverwechselbarkeit eines Unternehmens zu schützen – und Trittbrettfahrer abzuwehren.

10.1.7 Das Markengesetz (MarkenG)

Das »Gesetz über den Schutz von Marken und sonstigen Kennzeichen« schützt nicht nur einzelne oder mehrere Wörter wie »Apple« oder »Coca Cola«, sondern unter anderem:

- Zeichen, etwa ein Firmenlogo,
- geografische Herkunftsangaben, z. B. »Nürnberger Lebkuchen«,

- Zahlen und Buchstaben, z. B. 4711 und das T der Telekom,
- Hörzeichen, etwa ein Erkennungston oder eine Erkennungsmelodie.

Einen gesetzlichen Schutz erwirbt eine Marke am sichersten durch einen Eintrag beim DPMA, dem Deutschen Patent- und Markenamt. Es gibt aber auch noch andere Wege. Wer ein Buch, ein Lied oder einen Film produziert und veröffentlicht hat, erwirbt auch ohne Eintragung diverse Schutzrechte.

Titel und Inhalt eines Buchs werden durch das Urheberrecht geschützt. Allein durch die Veröffentlichung genießen sie einen ähnlichen Schutz wie eine Marke. Aus diesem Grund dürfen Sie zum Beispiel keinen Titel eines Romans für Ihre Website verwenden oder ein Produkt danach benennen, wenn dessen Autor nicht schon seit mindestens 70 Jahren verstorben ist. Auch Band- oder Künstlernamen benötigen zum Schutz keinen DPMA-Eintrag. Es genügt, wenn eine Band oder ein Künstler etwas veröffentlicht oder einen gewissen Bekanntheitsgrad erreicht hat.

Das war der allgemeine Gesetzesteil. Raucht Ihnen schon der Kopf? Dann gehen Sie eine Runde spazieren. Oder essen Sie zur Belohnung wenigstens ein Stück Schokolade. Und dann weiter durch den Paragrafendschungel. Auf zu den Gesetzen für die Shopbetreiber. Den Anfang macht das altehrwürdige BGB. Mit dieser Schwarte haben schon unsere Urgroßväter ihre Streitigkeiten vor Gericht ausgetragen. Respekt bitte. Erheben Sie sich, bevor Sie weiterlesen.

10.2 Gesetze für Shopbetreiber

Ein langes Leben auf dem Buckel haben das BGB und das weniger bekannte EGBGB, das Einführungsgesetz zum Bürgerlichen Gesetzbuch. Beide traten zum ersten Mal im Jahr 1896 in Kraft. Das Duo hat es mit ungezählten Änderungen (für den Normalbürger, die Juristen haben es natürlich genau dokumentiert) bis ins E-Commerce-Zeitalter geschafft. In den beiden Wälzern finden Sie alles, was mit Kaufverträgen zu tun hat.

10.2.1 Das Bürgerliche Gesetzbuch (BGB)

Lustigerweise sind die Gesetze für den Onlinehandel in einer Sprache verfasst, die an die Kaiserzeit erinnert. Das Internet heißt Fernkommunikationsmittel, und der Einkauf im Onlineshop wird zum Abschluss eines Fernabsatzvertrags. So steht es im BGB geschrieben:

> »§ 312c Fernabsatzverträge
>
> (1) Fernabsatzverträge sind Verträge, bei denen der Unternehmer oder eine in seinem Namen oder Auftrag handelnde Person und der Verbraucher für die Vertragsverhandlungen und den Vertragsschluss ausschließlich Fernkommunikationsmittel verwenden, es sei denn, dass der Vertragsschluss nicht im Rahmen eines für den Fernabsatz organisierten Vertriebs- oder Dienstleistungssystems erfolgt.

> (2) Fernkommunikationsmittel im Sinne dieses Gesetzes sind alle Kommunikationsmittel, die zur Anbahnung oder zum Abschluss eines Vertrags eingesetzt werden können, ohne dass die Vertragsparteien gleichzeitig körperlich anwesend sind, wie Briefe, Kataloge, Telefonanrufe, Telekopien, E-Mails, über den Mobilfunkdienst versendete Nachrichten (SMS) sowie Rundfunk und Telemedien.«

Das Widerrufsrecht im BGB

Ein wichtiges Thema für jeden Onlinehändler ist das äußerst kundenfreundlich gestaltete Widerrufsrecht. Allerdings gilt es nicht ausnahmslos. In § 312g Abs. 2 wird eine Reihe von Verträgen genannt, die nicht ohne Weiteres vom Kunden rückgängig gemacht werden können. Darunter fallen zum Beispiel maßgeschneiderte Produkte, schnell verderbliche Waren und alles, was aus hygienischen Gründen versiegelt ausgeliefert wird.

Die Ausnahmen:

> »1. Verträge zur Lieferung von Waren, die nicht vorgefertigt sind und für deren Herstellung eine individuelle Auswahl oder Bestimmung durch den Verbraucher maßgeblich ist oder die eindeutig auf die persönlichen Bedürfnisse des Verbrauchers zugeschnitten sind,
>
> 2. Verträge zur Lieferung von Waren, die schnell verderben können oder deren Verfallsdatum schnell überschritten würde,
>
> 3. Verträge zur Lieferung versiegelter Waren, die aus Gründen des Gesundheitsschutzes oder der Hygiene nicht zur Rückgabe geeignet sind, wenn ihre Versiegelung nach der Lieferung entfernt wurde,
>
> 4. Verträge zur Lieferung von Waren, wenn diese nach der Lieferung auf Grund ihrer Beschaffenheit untrennbar mit anderen Gütern vermischt wurden,
>
> 5. Verträge zur Lieferung alkoholischer Getränke, deren Preis bei Vertragsschluss vereinbart wurde, die aber frühestens 30 Tage nach Vertragsschluss geliefert werden können und deren aktueller Wert von Schwankungen auf dem Markt abhängt, auf die der Unternehmer keinen Einfluss hat,
>
> 6. Verträge zur Lieferung von Ton- oder Videoaufnahmen oder Computersoftware in einer versiegelten Packung, wenn die Versiegelung nach der Lieferung entfernt wurde,
>
> 7. Verträge zur Lieferung von Zeitungen, Zeitschriften oder Illustrierten mit Ausnahme von Abonnement-Verträgen.«

Die komplizierten Details zum Widerrufsrecht stehen aber nicht im BGB, sondern im EGBGB.

10.2.2 Das Einführungsgesetz zum Bürgerlichen Gesetzbuch (EGBGB)

Einführungsgesetz zum BGB? Klingt für Laien nach harmlosen Paragrafen, die zu Kaiser Wilhelms Zeiten feierlich dem BGB vorangestellt wurden, aber heute praktisch bedeutungslos sind. Doch das Gegenteil ist der Fall. Dieses EGBGB enthält nämlich das berüchtigte Widerrufsrecht. Das Gesetz ist gut gemeint und schlecht gemacht.

Die Kritikpunkte:

- Es versteckt sich in einem bei IT-Fachleuten wenig bekannten Gesetzbuch, dem EGBGB.
- Die praxisrelevanten Passagen sind innerhalb dieses Gesetzbuchs schwer aufzufinden.
- Die Ausformulierung ist ein Exempel juristischer Pfuscherei.

Nach den genauen Bestimmungen zum Widerruf folgt ein Mustertext, den der Shopbetreiber auf seiner Website einzubinden hat.

Sie finden ihn in Anlage 1 zu Artikel 246a § 1 Abs. 2 Satz 2:

> »Muster für die Widerrufsbelehrung bei außerhalb von Geschäftsräumen geschlossenen Verträgen und bei Fernabsatzverträgen mit Ausnahme von Verträgen über Finanzdienstleistungen.
>
> **Widerrufsbelehrung**
>
> **Widerrufsrecht**
>
> Sie haben das Recht, binnen vierzehn Tagen ohne Angabe von Gründen diesen Vertrag zu widerrufen.
>
> Die Widerrufsfrist beträgt vierzehn Tage ab dem Tag (1).
>
> Um Ihr Widerrufsrecht auszuüben, müssen Sie uns (2) mittels einer eindeutigen Erklärung (z. B. ein mit der Post versandter Brief, Telefax oder E-Mail) über Ihren Entschluss, diesen Vertrag zu widerrufen, informieren. Sie können dafür das beigefügte Muster-Widerrufsformular verwenden, das jedoch nicht vorgeschrieben ist (3).
>
> Zur Wahrung der Widerrufsfrist reicht es aus, dass Sie die Mitteilung über die Ausübung des Widerrufsrechts vor Ablauf der Widerrufsfrist absenden.
>
> **Folgen des Widerrufs**
>
> Wenn Sie diesen Vertrag widerrufen, haben wir Ihnen alle Zahlungen, die wir von Ihnen erhalten haben, einschließlich der Lieferkosten (mit Ausnahme der zusätzlichen Kosten, die sich daraus ergeben, dass Sie eine andere Art der Lieferung als die von uns angebotene, günstigste Standardlieferung gewählt haben), unverzüglich und spätestens binnen vierzehn Tagen ab dem Tag zurückzuzahlen, an dem die Mitteilung über Ihren Widerruf dieses Vertrags bei uns eingegangen ist. Für diese Rückzahlung verwenden wir dasselbe Zahlungsmittel, das Sie bei der ursprünglichen Transaktion eingesetzt haben, es sei denn, mit Ihnen wurde ausdrücklich etwas anderes vereinbart;

in keinem Fall werden Ihnen wegen dieser Rückzahlung Entgelte berechnet (4).
(5)
(6)

So weit der gesetzlich vorgegebene Text der Widerrufsbelehrung. Wahrscheinlich sind Sie wegen dieser rätselhaften Ziffern in den Klammern beim Lesen ins Stocken geraten. Das sind Platzhalter für die gefürchteten Gestaltungshinweise. Es ist so: Sie dürfen da nicht irgendwas hinschreiben, sondern nur bestimmte Textbausteine einsetzen. Diese Textbausteine, sie sind ebenfalls im EGBGB enthalten, wurden so formuliert, dass die gesetzlichen Vorgaben nicht eingehalten werden können.

Das klingt wirr, nicht? Ist es auch. Selbst wenn Sie nächtelang über Lösungen brüten – ein gewiefter Anwalt kann Ihnen trotzdem aus Ihren Textbausteinen einen Strick drehen. Eine Best-Practice-Lösung finden Sie in Kapitel 10.6.2. Verwenden Sie diese, um nicht in irgendeiner Weise aus dem Rahmen zu fallen und so wenig Angriffsfläche wie möglich zu bieten.

Nach dem Widerrufsrecht brauchen Sie jetzt ein bisschen was fürs Gemüt, oder? Irgendetwas Lustiges und ohne Ziffern in Klammern. Ein Vorschlag: Gehen Sie schnell auf YouTube und suchen Sie nach Filmchen wie »Western von gestern« oder »Rauchende Colts«. Lassen Sie sich kein schlechtes Gewissen einreden, falls Sie dabei von Ihrer besseren Hälfte erwischt werden und diesen Satz an den Kopf geknallt bekommen: »Schatz, du wolltest doch mit deinem Onlineshop weitermachen.« Cowboyfilme sind keine Zeitverschwendung, im Gegenteil. Die Guckerei hilft Ihnen, das nächste Kapitel besser zu verstehen.

10.2.3 Das Gesetz gegen unlauteren Wettbewerb (UWG)

Sie kennen doch diese typische Szene aus den Wildwestfilmen: Da kreuzt ein Planwagen in einem verschlafenen Nest auf, worauf sich die Bewohner gleich neugierig im Halbkreis um das Gefährt versammeln. Dann erscheint ein Wunderheiler und preist das berühmte »Schlangenöl« an. Es hilft gegen alles. Der Heiler verfügt über eine gute Redegabe und einen kränklich wirkenden Komplizen, der sich vor der Inszenierung heimlich unter das Publikum gemischt hat.

Der derangierte Komplize erhält einige Tropfen Schlangenöl und versprüht sogleich unbändige Lebensfreude. Jetzt beginnt die kurze, aber intensive Verkaufsphase. Kaum ist das Elixier an die Kundschaft gebracht, werden die schnellen Pferde auch schon wieder angespannt. Das Wässerchen ist nämlich vollkommen wirkungslos.

Tja, vorbei diese seligen Zeiten. Die letzten Schlangenölverkäufer haben ihre Fläschchen selbst getrunken. Verboten ist alles aus der Blütezeit der Quacksalberei. Schuld ist das UWG, das Gesetz gegen den unlauteren Wettbewerb. Es folgt eine kurze Darstellung der in Juristenkreisen berühmten »Schwarzen Liste«, dem Kern des Gesetzeswerks, mit kleinen Kürzungen und einigen Anmerkungen. Das Original finden Sie hier: *www.gesetze-im-internet.de/uwg_2004/anhang.html*. Die Schwarze Liste kennt nicht 10 Gebote, sondern 30.

Du sollst nicht …

1. … behaupten, zu den Unterzeichnern eines Verhaltenskodex zu gehören, wenn dies nicht der Fall ist. Beispiel: eine Erklärung gegen Kinderarbeit.

2. … ohne Genehmigung Gütezeichen, Qualitätskennzeichen oder Ähnliches verwenden. Beispiel: TÜV-geprüft oder Fair Trade.

3. … behaupten, ein Verhaltenskodex sei von öffentlicher oder anderer Stelle gebilligt. Beispiel: »Unser Unternehmenskodex ist staatlich anerkannt.«

4. … behaupten, von einer öffentlichen oder privaten Stelle bestätigt, gebilligt oder genehmigt zu sein. Beispiel: »Ich verkaufe im Einvernehmen mit dem Bundespräsidenten.«

5. … Lockangebote präsentieren, die nicht eingehalten werden können. Beispiel: »Buchen Sie Weltraumflüge für 99 Euro.«

6. … vortäuschen, einen bestimmten Preis einzuhalten, um dann etwas anderes zu liefern. Beispiel: »Die günstige Wellnessliege kann ich leider doch nicht liefern. Sie erhalten dafür einen wunderschönen Barhocker. Ist auch gut für den Rücken.«

7. … den Kunden irreführend mit einer begrenzten Verfügbarkeit locken. Beispiel: »Kaufen Sie heute, morgen ist nichts mehr da.«

8. … eine Dienstleistung ohne Rücksprache mit dem Kunden in einer Sprache erbringen, die nicht Vertragssprache oder Amtssprache im Land des Dienstleisters ist. Beispiel: »Für den Webdesignkurs steht Ihnen ein chinesischer Referent zur Verfügung. Da er in seiner Muttersprache unterrichtet, arbeiten Sie sich bitte zügig in die chinesische Sprache ein. Ni Hao.«

9. … den unzutreffenden Eindruck machen, eine Ware oder Dienstleistung sei verkehrsfähig. Beispiel: »Dieses Elektrobauteil hat sich bewährt, Sie können es bedenkenlos anschließen.«

10. … gesetzliche Rechte als Besonderheit eines Angebots darstellen. Beispiel: »Wenn die Maschine nicht funktioniert, dürfen Sie sie gnädigerweise umtauschen. Merken Sie, wie kulant ich bin?«

11. … redaktionelle Inhalte mit nicht gekennzeichneter Werbung vermischen. Beispiel: »Beim Bergsteigen ist die Sicherheit oberstes Gebot. Regel Nr. 1: Verwenden Sie die Bergschuhe der Firma XY.«

12. … dem Verbraucher suggerieren, der Nicht-Kauf sei für ihn oder seiner Familie gefährlich. Beispiel: »Wenn Sie kein Schlangenöl kaufen, wird Ihr Kind entführt.«

13. … zu einem Mitbewerber ähnliche Waren und Dienstleistungen so bewerben, dass die Herkunft verschleiert wird. Beispiel: »Unsere Ware stammt aus XY-Hausen, wo die XY-Werke stehen. Wir sind wie XY.«

14. … Pyramidensysteme anbieten. Beispiel: »Sie geben mir 100 Euro. Finden Sie zwei Leute, die Ihnen jeweils 100 Euro geben. Diese werden dann von vier Leuten mit jeweils 100 Euro gefüttert.«

15. … so tun, als ob eine Insolvenz oder ein Umzug bevorsteht. Beispiel: »Kaufen Sie heute, morgen gebe ich den Laden auf und ziehe nach Honolulu.«

16. … behaupten, eine bestimmte Ware oder Dienstleistung würde die Gewinnchancen bei einem Glücksspiel erhöhen. Beispiel: »Kaufen Sie Schlangenöl. Auf der Unterseite der Flasche stehen die Lottozahlen von morgen, die richtigen.«

17. … dem Verbraucher suggerieren, er hätte einen Preis gewonnen, wenn es diesen gar nicht gibt oder wenn damit die Zahlung eines Geldbetrags verbunden ist. Beispiel: »Sie haben 100 Euro gewonnen. Kaufen Sie Schlangenöl für 200 Euro, um den Gewinn einzustreichen.«

18. … widerrechtlich behaupten, eine Ware oder Dienstleistung hätte Heilkraft. Beispiel: »Mit Schlangenöl können Blinde wieder sehen.«

19. … den Verbraucher mit Tricks dazu bewegen, entgegen den Marktbedingungen zu kaufen. Beispiel: »Bei mir erhalten Sie die Ware zwar zum doppelten Preis, aber dafür wurde sie mit Schlangenölessenzen verfeinert.«

20. … mit Gewinnspielen locken, deren Preise nicht vergeben werden. Beispiel: »Der Sieger erhält einen Marsflug (hin und zurück).«

21. … etwas fälschlicherweise als gratis anbieten. Ausnahmen bilden unvermeidbare Kosten für Abholung und Lieferung. Beispiel: »Sie erhalten gratis einen Schokokuchen, genauer gesagt, die Schokostreusel. Der damit verknüpfte Kuchen kostet 19,90 Euro.«

22. … Werbung im Verbund mit einer Zahlungsaufforderung überreichen und dabei vortäuschen, der Kunde hätte schon gekauft. Beispiel: »Hier die Rechnung für Ihre Bestellung.«

23. … als Händler in die Rolle des Verbrauchers schlüpfen. Beispiel: »Ich verkaufe nichts. Ich verwende das Produkt selbst und sage nur, wie Sie es bekommen.«

24. … vortäuschen, einen Kundendienst im EU-Ausland anzubieten. Beispiel: »Wenn das Gerät in Palermo kaputtgeht, helfen wir gleich vor Ort.«

25. … den Verbraucher durch das Festhalten in einem Raum nötigen. Beispiel: »Unterschreiben Sie hier, dann lasse ich Sie wieder durch die Tür.«

26. … in der Wohnung eines Kunden Wurzeln schlagen. Beispiel: »Ich verlasse Ihre Wohnung nicht, ehe Sie meinen Staubsauger gekauft haben.«

27. … bei Versicherungsangelegenheiten vom Verbraucher unnötige Unterlagen verlangen. Beispiel: »Bringen Sie den Passierschein A 39, wie er im Rundschreiben B 65 festgelegt ist, sonst können wir nichts für Sie tun.«

28. … Kindern eine Ware verkaufen oder sie unmittelbar auffordern, ihre Eltern dazu zu veranlassen. Beispiel: »Sag Papi, dass eine Kettensäge in jedes Haus gehört.«

29. … unbestellte Waren abkassieren. Beispiel: »Sie müssen dieses Konversationslexikon jetzt bezahlen.«

30. ... behaupten, der Arbeitsplatz oder Lebensunterhalt des Unternehmers sei gefährdet, wenn der Verbraucher nichts kauft. Beispiel: »Entweder Sie kaufen mein Buch, oder ich muss mich erschießen. Ihretwegen.«

Sie haben es wahrscheinlich erkannt: Die Punkte 25 und 26 sind für den Onlinehandel nicht relevant, sondern nur der Vollständigkeit aufgeführt. Aber alle anderen Punkte zeigen ganz gut, welche Werbemaßnahmen von vornherein ausscheiden, und zwar auf allen Ebenen:

- Im Shop selbst.
- Im Firmenblog.
- Innerhalb von Newslettern.
- Auf Social-Media-Präsenzen.

Verwenden Sie einige ausgewählte Punkte der »Schwarzen Liste« auch als Inspiration für geeignete Maßnahmen. Erwerben Sie überprüfbare Gütesiegel oder werben Sie mit der Herkunft der bei Ihnen angebotenen Produkte.

> **Die UWG-Novelle**
> Das UWG, es stammt aus dem Jahr 1896, wurde zuletzt 2008 umfangreich novelliert. Unter den Tatbestand der Belästigung fallen auch der Versand von Newslettern ohne Einwilligung und der unerwünschte Anruf. Falls Sie selbst vom Telefonterror betroffen sind: Weisen Sie den Anrufer doch höflich darauf hin, dass er eine Verletzung des UWG begeht.

Immer noch das Hauptkriterium für die Kaufentscheidung ist der Preis. Wegen dieser Bedeutung hat der Gesetzgeber eine Art »UWG für Preisangaben« erlassen. Die Preisangabenverordnung soll verhindern, dass sich ein Händler durch Verschleierungen Wettbewerbsvorteile verschafft.

10.2.4 Preisangabenverordnung (PangV)

Die elf ausgefeilten Paragrafen der Preisangabenverordnung dürfen Sie in Ihrer ganzen Pracht hier nachlesen: *www.gesetze-im-internet.de/pangv/*.

Ausführlich mit der PangV müssen Sie sich beschäftigen, falls Sie in diesen Branchen tätig sind:

- Elektrizitätsversorgung, Gas, Fernwärme, Wasser
- Kredite
- Beherbergung, Gaststätten, Tankstellen, Parkplätze

§ 2 ist relevant, wenn Sie auch lose Waren anbieten. Hier sollten Sie nicht nachlässig sein, denn Fehler können zu einer Abmahnung führen.

> »§ 2 Grundpreis
>
> (1) Wer Letztverbrauchern gewerbs- oder geschäftsmäßig oder regelmäßig in sonstiger Weise Waren in Fertigpackungen, offenen Packungen oder als Verkaufseinheiten ohne Umhüllung nach Gewicht, Volumen, Länge oder Fläche anbietet, hat neben dem Gesamtpreis auch den Preis je Mengeneinheit einschließlich der Umsatzsteuer und sonstiger Preisbestandteile (Grundpreis) in unmittelbarer Nähe des Gesamtpreises gemäß Absatz 3 Satz 1, 2, 4 oder 5 anzugeben. Dies gilt auch für denjenigen, der als Anbieter dieser Waren gegenüber Letztverbrauchern unter Angabe von Preisen wirbt. Auf die Angabe des Grundpreises kann verzichtet werden, wenn dieser mit dem Gesamtpreis identisch ist.
>
> (2) Wer Letztverbrauchern gewerbs- oder geschäftsmäßig oder regelmäßig in sonstiger Weise unverpackte Waren, die in deren Anwesenheit oder auf deren Veranlassung abgemessen werden (lose Ware), nach Gewicht, Volumen, Länge oder Fläche anbietet oder als Anbieter dieser Waren gegenüber Letztverbrauchern unter Angabe von Preisen wirbt, hat lediglich den Grundpreis gemäß Absatz 3 anzugeben.
>
> (3) Die Mengeneinheit für den Grundpreis ist jeweils 1 Kilogramm, 1 Liter, 1 Kubikmeter, 1 Meter oder 1 Quadratmeter der Ware. Bei Waren, deren Nenngewicht oder Nennvolumen üblicherweise 250 Gramm oder Milliliter nicht übersteigt, dürfen als Mengeneinheit für den Grundpreis 100 Gramm oder Milliliter verwendet werden. Bei nach Gewicht oder nach Volumen angebotener loser Ware ist als Mengeneinheit für den Grundpreis entsprechend der allgemeinen Verkehrsauffassung entweder 1 Kilogramm oder 100 Gramm oder 1 Liter oder 100 Milliliter zu verwenden. Bei Waren, die üblicherweise in Mengen von 100 Liter und mehr, 50 Kilogramm und mehr oder 100 Meter und mehr abgegeben werden, ist für den Grundpreis die Mengeneinheit zu verwenden, die der allgemeinen Verkehrsauffassung entspricht. Bei Waren, bei denen das Abtropfgewicht anzugeben ist, ist der Grundpreis auf das angegebene Abtropfgewicht zu beziehen.
>
> (4) Bei Haushaltswaschmitteln kann als Mengeneinheit für den Grundpreis eine übliche Anwendung verwendet werden. Dies gilt auch für Wasch- und Reinigungsmittel, sofern sie einzeln portioniert sind und die Zahl der Portionen zusätzlich zur Gesamtfüllmenge angegeben ist.«

Und dann gibt es da noch § 4 Abs. 4. Er ist für alle Onlinehändler relevant, ganz unabhängig vom Sortiment. Das Gesetz bestimmt, dass der Preis in unmittelbarer Nähe von Produktbild oder Beschreibung platziert werden muss:

> »Waren, die nach Katalogen oder Warenlisten oder auf Bildschirmen angeboten werden, sind dadurch auszuzeichnen, dass die Preise unmittelbar bei den Abbildungen oder Beschreibungen der Waren oder in mit den Katalogen oder Warenlisten im Zusammenhang stehenden Preisverzeichnissen angegeben werden.«

10.2.5 Die Streitschlichtungs-Verordnung

Der Grundgedanke der Verordnung ist sehr löblich: Warum vor Gericht ziehen, wenn angenehmere Alternativen zur Verfügung stehen? Denken Sie zum Beispiel an die Bonobo-Affen, die ihre Streitigkeiten mit friedlicher Sexualität schlichten. Allerdings – die Europäische Union hat sich für ein anderes Verfahren entschieden.

ODR-Verordnung

Die Abkürzung ODR steht für *Online Dispute Resolution*. Sinn und Zweck ist es, Streitigkeiten zwischen Verbrauchern und Onlinehändlern im EU-Raum außergerichtlich zu regeln, insbesondere im grenzüberschreitenden Verkehr. Aus Angst vor der Verzettelung in komplizierte Prozesse blieben vor der Umsetzung der ODR-Verordnung nämlich viele Fälle ungeklärt, wodurch das Vertrauen auf beiden Seiten gelitten hatte.

Die wichtigsten Merkmale der Onlinestreitbeilegung:

- Zuständig für den Onlineverkauf von Waren und Dienstleistungen innerhalb der EU.
- Unabhängig und unparteiisch.
- Schnell und kostengünstig.
- Möglichkeit einer außergerichtlichen Streitbeilegung.

Streitschlichtungsplattformen

Nun fragen sich Onlinehändler und Verbraucher: An wen soll ich mich ganz praktisch wenden, um einen außergerichtlichen Streit anzugehen? Brauche ich einen qualifizierten Schamanen, Mediator oder Amtsvertreter? Nein, Ansprechpartner sind eigens eingerichtete Streitbeilegungsstellen. Eine Übersicht der von der EU zugelassenen Stellen finden Sie hier: *http://ec.europa.eu/consumers/odr/*.

Pflicht als Händler

Sie als Onlinehändler mit Sitz in der Europäischen Union sind dazu verpflichtet, die Besucher Ihres Shop auf eine Möglichkeit der alternativen Streitbeilegung hinzuweisen. Setzen Sie also einen kurzen Informationstext und einen Link zu einer anerkannten Plattform. Nun ist das System erst im Aufbau. Zum Zeitpunkt der Erstellung dieses Buchs sind lediglich zwei deutsche Plattformen in Betrieb:

1. Allgemeine Verbraucherschlichtungsstelle des Zentrums für Schlichtung e. V.
2. Schlichtungsstelle Luftverkehr beim Bundesamt für Justiz

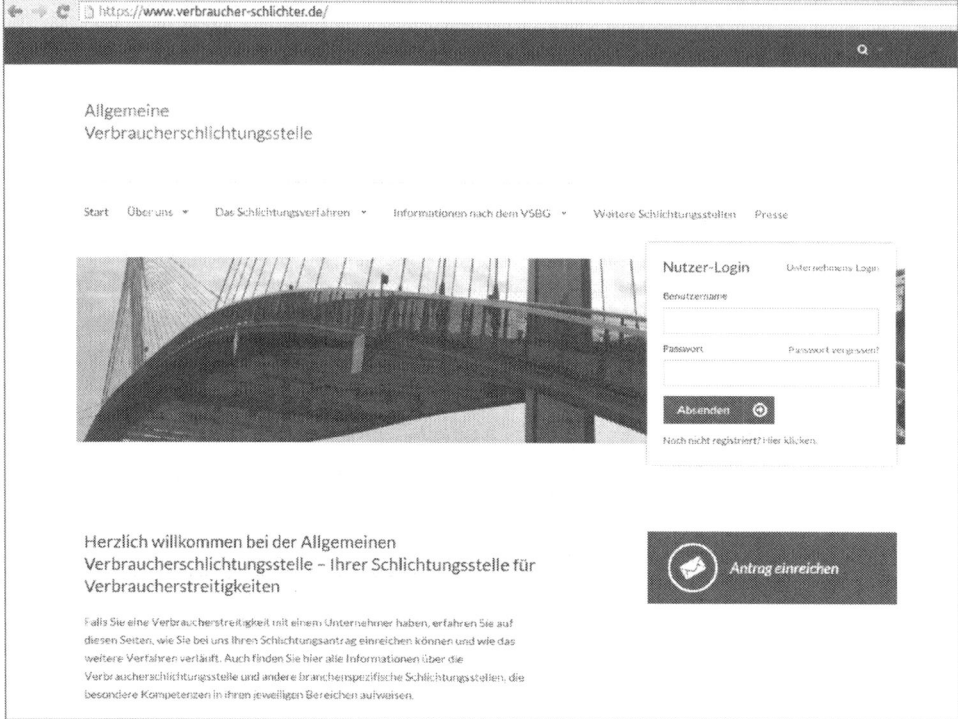

Bild 10.1: Die anerkannte Streitschlichtungsplattform *www.verbraucher-schlichter.de*.

Sie können den Link auf eine Streitschlichtungsplattform ins Impressum packen. Ob ein Link auf eine deutsche Plattform wie *www.verbraucher-schlichter.de* genügt, ist noch umstritten. Wenn Sie auf Nummer sicher gehen wollen, verlinken Sie auf die europäische Plattform *http://ec.europa.eu/consumers/odr/*.

10.2.6 Die Verpackungsverordnung (VerpackV)

Sinn und Zweck der Verpackungsverordnung ist es, den Verpackungsmüll zu reduzieren und gebrauchte Verpackungen dem Recycling zuzuführen. Dabei werden fünf verschiedene Verpackungen unterschieden:

- Verkaufsverpackungen
- Umverpackungen
- Transportverpackungen
- Getränkeverpackungen
- Mehrwertverpackungen

In die Pflicht genommen werden dabei Hersteller und Händler. Als Händler dürfen Sie nur solche Verpackungen in den Verkehr bringen, die von einem Partner des Dualen Systems lizenziert wurden. Über die Lizenzgebühr beteiligen Sie sich an den Kosten für die Entsorgung und das Recycling.

10.3 Gesetze für spezielle Shops

Jetzt haben Sie sich tapfer vom Grundgesetz bis zur Verpackungsverordnung durchgekämpft und glauben, es kann nicht mehr schlimmer kommen? Weit gefehlt. Für alle möglichen Produkte und Dienstleistungen gibt es ja noch spezifische Regelungen.

Drei davon werden hier kurz vorgestellt:

1. Buchpreisbindungsgesetz
2. Textilkennzeichnungsgesetz
3. Elektrogesetz

10.3.1 Das Buchpreisbindungsgesetz

Mal angenommen, Sie haben ein eigenes Buch verfasst und möchten es in Ihrem Onlineshop verkaufen. Wenn es ausschließlich bei Ihnen erhältlich ist, sind Sie bei der Preisgestaltung völlig frei, aber auch wirklich nur in diesem Fall.

In jedem Shop derselbe Preis

Das Gesetz schreibt nämlich vor, dass ein Buch, egal ob gedruckt oder als E-Book, bei allen Verkaufsstellen denselben Preis haben muss. Mit einer Abmahnung durch einen Wettbewerber oder den Börsenverein des Deutschen Buchhandels muss rechnen, wer die Buchpreisbindung umgeht.

10.3.2 Das Textilkennzeichnungsgesetz

Eine Fülle von Paragrafen lauert auf alle, die mit Textilerzeugnissen handeln, und darunter fallen nicht nur Jacken und Hosen, sondern auch viele mit Stoffen bezogene Möbel, Bodenbeläge und sogar Haushaltsgegenstände. Ob Dessous oder Eierwärmer – was Fasern enthält, fällt unter die Textilien. Prüfen Sie alles genau nach. Die Bürokratie beglückt Textilhändler mit einem Duo, das es in sich hat. Es besteht aus einem europäischen und einem deutschen Gesetzeswerk:

- Die Verordnung (EU) Nr. 1007/2011 des Europäischen Parlaments und des Rats vom 27. September 2011 über die Bezeichnungen von Textilfasern und die damit zusammenhängende Etikettierung und Kennzeichnung der Faserzusammensetzung von Textilerzeugnissen und zur Aufhebung der Richtlinie 73/44/EWG des Rats und der Richtlinien 96/73/EG und 2008/121/EG des Europäischen Parlaments und des Rats.

  Den Originaltext der Verordnung haben die Bürokraten gut versteckt. Rufen Sie die Seite *http://eur-lex.europa.eu/homepage.html* auf und geben Sie dann diesen Code in die seiteneigene Suchmaschine ein: *1007/2011*.

- Das deutsche Textilkennzeichnungsgesetz in der Neufassung vom Februar 2016 können Sie hier nachlesen: *www.gesetze-im-internet.de/textilkennzg_2016/*.

Das Fiese an der Sache: Eigentlich sollte das deutsche Gesetz von 2016 die oben genannte europäische Verordnung von 2011 umsetzen. Die Juristen haben das deutsche Gesetz aber so kompliziert verfasst, dass es nicht ohne die in der EU-Verordnung definierten Begriffe funktioniert. In der Konsequenz müssen sich die betroffenen Händler mit beiden umfangreichen – um nicht zu sagen aufgeblähten – Werken auseinandersetzen. Drei Alternativen stehen zur Verfügung:

1. Sich durchquälen.
2. Anwaltliche Hilfen in Anspruch nehmen.
3. Bei den Berufsverbänden kundig machen.

Falls Sie die dritte Option bevorzugen: Unterstützung bietet der Gesamtverband Textil und Mode an. Informationen finden Sie auf der Webseite: *www.textil-mode.de/service/a-z/textilkennzeichnung*.

10.3.3 Das Elektro- und Elektronikgerätegesetz (ElektroG)

Die Europäische WEEE-Richtlinie (von engl. *Waste of Electrical and Electronic Equipment*) regelt die umweltgerechte Entsorgung von Elektro- und Elektronikgeräten. Eigentlich ist das ja keine schlechte Idee, aber wie so oft liegt auch hier der Teufel im Detail. Umgesetzt wird die Europäische Richtlinie durch das deutsche ElektroG.

Die betroffenen Gerätearten

Betroffen sind nahezu alle Geräte, die für ihren ordnungsgemäßen Betrieb elektrische Ströme bzw. elektromagnetische Felder erzeugen, verbrauchen, übertragen oder messen. Dabei unterscheidet der Gesetzgeber zwei Klassen:

- B2C (von engl. *Business to Custumer*) – Produkte für Privatkunden
- B2B (von engl. *Business to Business*) – Produkte für Geschäftskunden

Elektroschrott-Recycling

Für Aufruhr unter den Onlinehändlern sorgt die im ElektroG vorgeschriebene Rücknahmepflicht. Nicht wenige Versender von Smartphones, Laptops und Flatscreens beklagen die damit verbundenen Kosten. Darum geht's:

Wer ein Elektrogerät in Deutschland in den Verkehr bringt, muss sich bei der Stiftung EAR registrieren und eine Reihe weiterer behördlicher Auflagen erfüllen. Dazu gehören unter anderem:

- besondere Garantiepflichten,
- die Kennzeichnung von Produkten,
- die Bereitstellung von Hinweisen für Verbraucher sowie
- die Beteiligung an einer Rücknahmelösung.

Kopfschmerzen bereitet den Händlern vor allem das Recycling. Aus Gründen des Umweltschutzes ist es den Verbrauchern verboten, Elektro- und Elektronikgeräte in den Hausmüll zu geben. Der Gesetzgeber möchte nun die Händler durch Gebühren am Aufwand für die Entsorgung beteiligen.

Bild 10.2: Das Elektrogesetz gilt auch für Vertreiber. Informationen hierzu hält die Webseite *https://stiftung-ear.de* bereit.

Welche Strafen gibt es für Verstöße?

Ob Hersteller, Importeur oder Händler – wer die Registrierungspflicht umgeht, muss mit Konsequenzen rechnen:

1. Bußgelder in Höhe von bis zu 100.000 Euro, verhängt durch die Aufsichtsbehörde, und ein Verbot des Vertriebs, solange das Gesetz nicht beachtet wird.
2. Abmahnungen durch Konkurrenten. Der freie Wettbewerb ist hin, wenn sich einzelne Händler den Aufwand und die Kosten einer Registrierung sparen.

10.4 Abmahnungen vermeiden

Die Idee der Abmahnung ist es, gerichtliche Auseinandersetzungen zu vermeiden und einen fairen Wettbewerb zu sichern. So weit die Theorie. In der Praxis kosten Abmahnungen Zeit, Geld und Nerven. Sie sind so ziemlich das Übelste, was einem Shopbetreiber passieren kann. Allerdings sollte bei diesem heiklen Thema nicht alles über einen Kamm geschoren werden. Abmahnungen lassen sich ganz grob in zwei Kategorien unterteilen – verdiente und unverdiente:

- **Verdiente** – Wer mit gefälschten Markenprodukten oder illegalen Waren handelt, kennt in der Regel auch die Konsequenzen. Es ist nicht wirklich eine gute Idee, einen Onlineshop für Elefantenstoßzähne zu eröffnen. Da helfen dann auch keine Tricks in den Rechtstexten weiter.

- **Unverdiente** – Abmahnung wegen Lappalien? Hier gilt es, als ehrlicher Händler den überflüssigen Abmahnungen einen Riegel vorzuschieben.

10.4.1 Wer mahnt ab?

Wo kein Kläger, da kein Richter. Anwälte dürfen nicht ohne Auftrag gegen Sie vorgehen. Aus diesem Grund können Sie auch Glück haben und Ihren Shop trotz Mängeln bei den Pflichtangaben über Jahrzehnte ohne Abmahnung betreiben. Es schläft sich aber angesichts dieser Gruppen besser, wenn Sie die gesetzlichen Vorgaben einhalten:

- Mitbewerber, sprich Ihre Konkurrenz. Von ihnen geht die größte Gefahr für eine Abmahnung aus. Tipp: Bleiben Sie selbst fair und drohen Sie nicht immer gleich mit dem Gang vor den Kadi. Die meisten Probleme lassen sich auch mit einem Telefonat erledigen.

- Verbraucherschutzverbände, zum Beispiel die Verbraucherzentrale Bundesverband (vzbv).

- Wettbewerbsverbände, zum Beispiel Integritas (Verein für lautere Heilmittelwerbung).

Um keine Missverständnisse aufkommen zu lassen: Die beiden genannten Verbände sind absolut seriös und mahnen nicht ab, um kleine Shopbetreiber zu ärgern. Sie müssen schon handfest gegen das UWG verstoßen, um unliebsame Post aus dieser Ecke zu erhalten.

Allerdings treten auch immer wieder obskure Verbände auf den Plan, die Abmahnungen als Geschäftsmodell betreiben. Typisch ist dieses Vorgehen: Nach einer Änderung in einem Gesetz oder einer Verordnung werden diejenigen Shops ins Visier genommen, die ihre Rechtstexte noch nicht auf den aktuellen Stand gebracht haben. Beliebter Abmahngrund ist eine fehlende oder falsche Widerrufsbelehrung. Die 2014 in Kraft getretene Neuregelung ist nämlich bis heute nicht von allen Shopbetreibern umgesetzt worden.

10.4.2 Notice and take down

Falls Sie sich über einen Konkurrenten ärgern, sollten Sie vor einer Abmahnung die Alternativen ausschöpfen. Eine stammt aus dem Angelsächsischen und nennt sich »Notice and take down«. Eine deutsche Übersetzung hat sich noch nicht so richtig durchgesetzt. Für den Onlinebereich könnte es sinngemäß so übersetzt werden: »Du weißt Bescheid, nimm es von der Website.«

Und so funktioniert es: Sie schicken dem Betroffenen eine E-Mail oder einen Brief mit der Aufforderung, ein wettbewerbswidriges Verhalten zu unterlassen. Damit verzichten

Sie nicht auf weitere rechtliche Schritte, aber Sie kochen die Angelegenheit erst einmal auf niedriger Flamme.

10.4.3 Folgen einer Abmahnung

Über Scheidungen gibt es diesen Witz: »Die Kinder hat die Frau, das Haus der Mann und das Vermögen der Anwalt.«

Ähnlich kann es verlaufen, wenn sich zwei Onlinehändler ordentlich in die Wolle kriegen. Auf eine Abmahnung folgt nicht selten eine Gegenabmahnung. Als Anlass genügt es schon, wenn in der Mahnung ein Formfehler vorliegt. Nun ist eine Abmahnung ja eigentlich dazu gedacht, Gerichtsprozesse zu vermeiden. Eben deshalb ist die Abmahnung in der Regel mit einer strafbewehrten Unterlassungserklärung verbunden. Unterzeichnet der Abgemahnte die Erklärung, ist der Streit vorerst beendet.

So richtig kommt die Auseinandersetzung aber ins Rollen, wenn ein erneuter Verstoß begangen wird. Das Ende vom Lied:

- Die Streithähne erleiden einen finanziellen Schaden und sind reif für eine Therapie.
- Die übrige Konkurrenz und die Anwälte bauen sich goldene Armaturen ins Badezimmer.

Fazit: Beauftragen Sie erst dann einen Anwalt mit einer Abmahnung, wenn

- Sie mit der sanften Tour auf Granit gebissen haben,
- Ihr Gegner satisfaktionsfähig ist (schießen Sie nicht mit Kanonen auf Spatzen),
- Sie selbst Ihre Pflichten für einen rechtskonformen Onlineshop erfüllen und
- den Streisand-Effekt einkalkuliert haben. Möglicherweise verhelfen Sie Ihrem Gegner ungewollt zu medialer Sympathie, geraten aber selbst in die Schusslinie.

10.4.4 Die Pflichten im Überblick

Eine hundertprozentige Sicherheit gegen Abmahnungen gibt es zwar nicht, aber mit der Beachtung folgender Punkte verringert sich das Risiko doch erheblich:

- Impressum – Hier lauern Unmengen von Fallstricken. Pflichtangaben sind unter anderem Ihre Adresse und Ihre Unternehmensform. Es gibt aber auch Dinge, die Sie ins Impressum lieber nicht hineinschreiben.
- Widerruf – Das Dreigespann aus Widerrufsbelehrung, Widerrufsfolgen und Widerrufsformular will mit spitzen Fingern angefasst werden.
- Versand und Lieferung – Sie sind verpflichtet, transparent über Kosten und Lieferzeiten zu informieren.
- Datenschutzerklärung – Was ist schwieriger zu erstellen als ein rechtskonformes Impressum? Die Datenschutzerklärung. Kompliziert wird es, wenn Sie Social-Media-Netzwerke verwenden und Tracking-Tools einsetzen.

- Die AGB – Die allgemeinen Geschäftsbedingungen sind zwar von Shop zu Shop verschieden, das heißt aber nicht, dass dafür keine Regeln existieren. Sie dürfen keine Klauseln konstruieren, die mit dem UWG oder dem BGB kollidieren. Das Wettbewerbsrecht setzt der Gestaltungsfreiheit Grenzen.
- Preisauszeichnung und Bestellbutton – Zu den Preisangaben und zur Beschriftung und Platzierung des Kaufbuttons hat der Gesetzgeber eine Reihe von Vorgaben auf Lager.
- Urheber-, Marken- und Persönlichkeitsrecht – Diese drei Rechte müssen Sie auf Ihrer gesamten Webpräsenz beachten.

So weit der Schnelldurchlauf. Jetzt liegt es an Ihnen, diverse Rechtstexte anhand von Vorlagen zu erstellen und im Onlineshop rechtskonform einzubinden. Ein Hinweis vorweg: Auch der verschwurbelste Rechtstext muss der Lesbarkeit halber mit Absätzen und Zwischenüberschriften versehen werden. Sie sehen, dass die Juristen wirklich an alles gedacht haben: Die Verschwurbelung ist zwar unvermeidlich, doch wenigstens wird sie portionsgerecht serviert.

Jetzt hauen Sie in die Tasten. Zur Motivation genehmigen Sie sich nach jedem abgeschlossenen Rechtstext ein Bier. Wie, Sie haben keines da? Dann gehen Sie ums Eck in die Kneipe, und zwar diesmal »ganz bewusst« – mit Blick fürs Detail.

10.5 Praktische Umsetzung: Impressum

Na, wieder da? Und haben Sie aufs Detail geachtet? Nein, es geht nicht um die neue Bedienung, sondern um die Kneipentür. Irgendwo auf oder neben dieser steht nämlich ein kleines Schild mit einem Text in dieser Art:

Zur letzten Laterne. Inhaberin Ulrike Tulpenstengel. Geöffnet täglich 10:00 bis 02:00 Uhr.

Die Öffnungszeiten haben Sie sowieso im Kopf? Ja, aber jetzt wissen Sie auch, wem der Laden gehört. Wenn es mal Probleme gibt, ist Ulrike Tulpenstengel die richtige Ansprechpartnerin. Was für die Kneipe richtig ist, gilt auch für einen Onlineshop – und noch einiges mehr. Darlegen müssen Sie:

- Ihre Identität,
- Ihre Adresse und
- Ihre Steuernummer sowie
- weitere Informationen in Abhängigkeit von Ihrer beruflichen Qualifikation und Ihrer Unternehmensform.

10.5.1 Impressumspflicht – für wen und wo?

Ausgenommen von der Impressumspflicht sind nur rein private Seiten und private Social-Media-Profile, und selbst da sind die Grenzen sehr eng gesteckt. Als Shopbetreiber sind Sie ganz klar zur Angabe eines Impressums verpflichtet, und zwar:

- auf Ihrer Site selbst sowie
- auf allen Ihrer Social-Media-Präsenzen.

Dabei gelten folgende Spielregeln: Ein einziges Impressum deckt den Shop und alle anderen Bereiche Ihrer Website ab, zum Beispiel ein Firmenblog.

Für die Social-Media-Netzwerke sollte dagegen pro Präsenz ein separates Impressum geschrieben werden, eines für Facebook, eines für Twitter etc. Sie könnten zwar auch ein zentrales Impressum erstellen, das von den jeweiligen Netzwerken verlinkt wird, doch Arbeit sparen Sie damit nicht unbedingt. Weil das heutige Rechtssystem noch gar nicht auf die Social-Media-Netzwerke zugeschnitten ist, werden in den nächsten Jahren viele weitere Gesetze und Verordnungen erlassen, vor allem auf dem Gebiet des Datenschutzes. Ein zentrales Impressum kann schnell unübersichtlich werden, und im schlimmsten Fall erzeugen Sie ein juristisch heikles Monstrum.

Falls Sie trotzdem ein zentrales Impressum vorziehen, müssen Sie es nicht nur von Ihren Social-Media-Präsenzen verlinken, sondern auch Hinweise zur Gültigkeit einbauen, zum Beispiel:

Dieses Impressum gilt für folgende Internetpräsenzen:

- *mustershop-online.de*
- *facebook.com/mustershop.online*
- *twitter.com/mustershop_online*

10.5.2 Die Formalien des Impressums

Gesetzlich erforderlich ist es zwar nicht, aber Sie sollten dem Impressum aus ganz praktischen Gründen eine eigene Seite in WordPress spendieren, auf der sich keine weiteren Inhalte befinden. Die einschlägigen deutschen Shop-Plug-ins legen schon bei der Installation eine Impressumsseite für Sie an. Auf diese Weise behalten Sie alles im Blick und können bei Gesetzesänderungen die nötigen Anpassungen flott erledigen. Vom Telemediengesetz strikt vorgeschrieben sind diese formalen Gütekriterien eines Impressums:

- Leichte Erkennbarkeit.
- Ständige Verfügbarkeit.
- Unmittelbare Erreichbarkeit.

Leichte Erkennbarkeit

Als Linktext haben sich Begriffe wie »Impressum« oder »Kontakt« eingebürgert. »Info« ist als Impressumslink dagegen schon problematisch.

Beste Lösung: Eine Unterseite mit dem Seitennamen *mustershop-online.de/impressum* und eine Verlinkung mit dem Linktext *Impressum*. Damit nennen Sie das Kind beim Namen und setzen sich erst gar nicht dem Verdacht aus, irgendetwas verschleiern zu wollen.

Ständige Verfügbarkeit

Nicht rechtskonform ist es, den Text eines Impressums als Bild einzufügen. Es ist dann zwar vorhanden, aber nicht für alle verfügbar. Aus diesen zwei Gründen muss der Impressumstext im Browser lesbar sein:

- Keine Diskriminierung blinder Benutzer.
- Gewährleistung der Sichtbarkeit auch für Smartphone-User.

Ein Link auf die Impressumsseite kann ohne böse Absicht verschwunden sein, nachdem Sie im Seiten- oder Menüsystem von WordPress geschraubt haben. Nach größeren Änderungen sollten Sie die Erreichbarkeit des Impressums deshalb noch einmal kontrollieren.

Beste Lösung: Das Plug-in *Broken Link Checker* verwenden und ab und zu händisch die Verfügbarkeit testen.

Verfügbarkeit in Social-Media-Diensten
Die Betreiber von Social-Media-Diensten schrauben immer mal wieder und ohne Rücksicht auf die deutsche Gesetzgebung an der Darstellung der Profile herum. Google Plus hat bei einem Update 2014 ohne Vorwarnung alle als Impressum gekennzeichneten Seitenbereiche ins Nirwana verschwinden lassen. In solchen Fällen müssen Sie selbst aktiv werden und das Impressum an anderer Stelle wieder einfügen.

Unmittelbare Erreichbarkeit

Das Impressum muss vom Durchschnittsanwender ohne langes Suchen und Scrollen gut aufzufinden sein. Zur Umsetzung gibt es unterschiedliche Gerichtsurteile. Nach Ansicht des BGH ist die Erreichbarkeit über zwei Links ausreichend. Es bleibt Ihnen überlassen, an welcher Stelle Sie zum Impressum verlinken. Sie können das Hauptmenü verwenden, belegen damit aber sehr wertvollen Platz. Viele Webmaster verbannen den Link deswegen in ein Footer-Menü oder ein Footer-Widget.

Beste Lösung: Impressumslink im Footer.

Schnelle und unmittelbare Kontaktaufnahme

Über die Notwendigkeit der Angabe einer Telefonnummer streiten sich die Gerichte. Aber als Shopbetreiber sollten Sie hier kein Risiko eingehen und sämtliche Kontaktdaten zur Verfügung stellen: Name, Adresse, Telefonnummer und E-Mail-Adresse.

Kompletter Name

Sie verwenden einen Künstlernamen und verkaufen Ihre Tracks im eigenen Onlineshop? Das ist prima, aber juristisch gesehen ist ein Künstler-, Spitz- oder Rufname eine Privatangelegenheit. Was zählt, ist Ihr im Personalausweis eingetragener Name. Den müssen Sie komplett mit Vor- und Nachnamen im Impressum angeben.

Juristische Personen

Sie betreiben den Shop für einen Verein, eine GmbH oder eine andere rechtsfähige Gesellschaftsform? In diesem Fall spricht man von einer juristischen Person. Auch der Name juristischer Personen muss vollständig im Impressum vertreten sein. Beispiele:

- Kickers Ballhausen e. V.
- Mode Musterfrau GmbH

Achtung: Falls sich Ihr Unternehmen in Abwicklung oder Liquidation befindet, sind Sie auch hierüber im Impressum zu Angaben verpflichtet.

Geschäftsführung

Für jede juristische Person haften ein oder mehrere Geschäftsführer. Es müssen alle mit vollem Namen benannt werden.

- Falsch: Geschäftsführer Hr. H. Obermaier und Fr. G. Müller.
- Richtig: Geschäftsführer Hans Obermaier und Gerda Müller.

Komplette Adresse

Nötig ist Ihre komplette Geschäftsadresse. Geben Sie Ihre Privatadresse an, falls Sie von zu Hause aus arbeiten. Ein Postfach genügt als Adresse nicht.

Telefonnummer

Die IT-Anwälte streiten darüber, ob eine Telefonnummer im Impressum rechtlich verpflichtend ist. Beim Onlineshop sollten Sie sie auf jeden Fall angeben, schon weil der Kunde bei der Ausübung seines Widerrufsrechts nicht an einen bestimmten Weg gebunden ist und Sie die telefonische Möglichkeit nicht ausschließen sollten. Zudem schaffen Sie mit einer telefonischen Erreichbarkeit Vertrauen – und damit auch Umsätze.

> **Servicenummern**
> Nach der deutschen Umsetzung einer europäischen Richtlinie zum Verbraucherrecht dürfen zum Beispiel für den Widerruf eines Kunden keine höheren Telefongebühren als der Grundtarif verlangt werden. Teure Servicenummern, im Fachjargon auch Mehrwertnummern genannt, scheiden also aus. Ob die 0180er-Servicenummern darunter fallen, ist strittig.

> Gehen Sie auf Nummer sicher und bieten Sie im Impressum eine Telefonnummer zum Ortstarif an. Es hindert Sie natürlich niemand daran, prinzipiell auch unter einer Mehrwertnummer einen Telefonsupport anzubieten. Diese gehört dann aber nicht ins Impressum. Sie könnten sonst den Eindruck erwecken, dass es sich bei der kostenlosen Ortsnetznummer um eine selten oder nie besetzte Leitung handelt. Trennen Sie besser, was nicht zusammengehört.

Berufsrechtliche Pflichtangaben

Für bestimmte Berufsgruppen gelten spezielle Pflichtangaben, ganz unabhängig vom Betrieb eines Shops. Betroffen sind zum Beispiel Akustiker, Ärzte, Apotheker, Architekten, Hebammen, Heilpraktiker, Ingenieure, Logopäden, Optiker, Rechtsanwälte, Spielhallenbetreiber, diverse Therapeuten und Wirtschaftsprüfer.

Machen Sie sich bei Ihrer Berufsvertretung oder Ausbildungsstelle kundig, ob und welche Informationen im Impressum verpflichtend sind. Wahrscheinlich bezahlen Sie bei diversen Stellen ja immer brav Beiträge oder haben für eine Therapeutenausbildung eine Stange Geld hingeblättert? Da dürfen Sie auch mal eine kleine Rechtsauskunft als Gegenleistung in Anspruch nehmen.

Diese Angaben sind für viele Berufe vorgeschrieben:

- Die genaue Berufsbezeichnung.
- Informationen zu Erwerb und Gültigkeit Ihrer beruflichen Qualifikation.
- Name und Anschrift einer Kammer oder einer anderen berufsständischen Vertretung.
- Name und Anschrift einer Aufsichtsbehörde.
- Links zu berufsspezifischen Gebührenordnungen.
- Links zu berufsspezifischen Gesetzen und Verordnungen.

Beispiel der berufsrechtlichen Angaben für eine Apotheken-Website:

- Gesetzliche Berufsbezeichnung, verliehen in Deutschland: Apotheker.
- Aufsichtsbehörde: Behörde für Gesundheit, Ernährung und Verbraucherschutz, 12345 Musterstadt, Kneippweg 1.
- Zuständige Apothekerkammer: Apothekerkammer Musterstadt (mit hinterlegtem Link auf die Apothekerkammer).
- Es gelten die folgenden berufsrechtlichen Regelungen: Berufsordnung für die Apotheke, abzurufen bei der oben genannten Apothekerkammer: 16.11.2005 (mit hinterlegtem Link auf die Berufsordnung der Apothekerkammer).

> **Impressum und Marketing**
> Denken Sie im Impressum nicht nur an die rechtliche Seite, sondern auch ans Marketing. Mit einer übersichtlichen Darstellung Ihrer beruflichen Qualifikationen erzielen Sie Vertrauen bei der Kundschaft.

Die Steuernummer

Falls Sie eine Umsatzsteuer-Identifikationsnummer nach § 27a des Umsatzsteuergesetzes (UStG) besitzen, müssen Sie sie im Impressum ebenfalls angeben. Relevant ist sie sowohl für den mehrwertsteuerfreien Warenaustausch innerhalb der Europäischen Union (EU) wie auch für EU-Auslandsgeschäfte. Falls Sie diese Nummer nicht besitzen, fragen Sie vorsichtshalber beim Finanzamt nach. Dort können Sie die USt-IdNr. auch beantragen.

Registereinträge

Ihr Unternehmen oder Verein ist im Handels-, Vereins-, Genossenschafts- oder Partnerschaftsregister eingetragen? In diesem Fall müssen Sie angeben:

- das zuständige Registergericht sowie
- Ihre Registernummer.

Nicht erforderlich ist die Angabe der genauen Gerichtsadresse. Es genügt diese Form:

Handelsregisternummer: Amtsgericht Musterstadt, HRA 1234

Rundfunkstaatsvertrag

Wenn Sie nicht ausschließlich einen Shop betreiben, sondern auch redaktionelle Inhalte verbreiten, müssen Sie einen inhaltlich Verantwortlichen dafür benennen. Für die Platzierung des Hinweises gelten die gleichen Spielregeln wie für das Impressum. Er muss »leicht erkennbar, unmittelbar erreichbar und ständig verfügbar« sein. Es spricht nichts dagegen, den Hinweis ins Impressum zu integrieren.

Beispiel:

> »Inhaltlich Verantwortlicher nach § 55 Abs. 2 RStV
> Thomas Sender
> Müller und Sender GbR
> Musterstraße 1
> 12345 Musterstadt«

Vielleicht haben Sie mehrere Bereiche, die von unterschiedlichen Personen verantwortet werden? Unzulässig ist, einfach mehrere Namen aneinanderzureihen. Trennen Sie nach Ressorts:

- Inhaltlich verantwortlich für das Ressort Sport: Hans Ballhauer
- Inhaltlich verantwortlich für das Ressort Gesundheit: Dr. med. Hildegard Lind

Link auf Streitschlichtungsplattform

Setzen Sie einen Link von Ihrer Website auf die EU-Streitschlichtungsplattform *https://webgate.ec.europa.eu/odr/*. Wie beim Rundfunkstaatsvertrag spricht nichts dagegen, auch hier eine Platzierung im Impressum vorzunehmen.

Als Begleittext können Sie diese Formulierung übernehmen:

»Die Europäische Kommission stellt eine Plattform zur Onlinestreitbeilegung (OS) bereit. Die Plattform finden Sie unter *https://webgate.ec.europa.eu/odr/*.«

> **Hinweis**
> Falls Sie WooCommerce Germanized oder WooCommerce German Market einsetzen, ist der Pflichtlink samt Begleittext bereits in die Impressumsseite integriert. wpShopGermany legt hierfür eine separate Seite an.
> Schreiben Sie hinzu, dass man Sie bei Streitfällen auch persönlich erreichen kann. Noch besser als eine neutrale Streitbeilegung ist der direkte Kontakt. Diesen Satz dürfen Sie für Ihr Impressum übernehmen:
> »Irren ist menschlich, und auch wir machen Fehler. Wenn Sie sich über etwas geärgert haben, schicken Sie uns eine Mail, oder rufen Sie uns an.«

10.5.3 Musterimpressum

Im Folgenden finden Sie für verschiedene Rechtsformen jeweils ein Musterimpressum. Sie müssen nur noch Ihre Daten einsetzen und die Elemente für berufsrechtliche Regelungen, Rundfunkstaatsvertrag und Streitschlichtungsplattform hinzufügen.

Gewerbetreibender ohne Eintrag ins Handelsregister

Johann Jericho
Musterstraße 1
12345 Musterhausen
Tel. 123 456789
Fax 123 456788
E-Mail: info@johannjericho.de
USt-IdNr. DE 12345678

Kaufmann mit Eintrag im Handelsregister

Firma Mustermann e. K.
Geschäftsführer: Otto Mustermann
Beispielstr. 5
12345 Beispielstadt
Tel. 123 456789
Fax 123 456788
E-Mail: info@mustermann.de

Registergericht und Handelsregisternummer:
Amtsgericht Beispielstadt HRB 1234

USt-IdNr. DE 123456789

GbR (Gesellschaft bürgerlichen Rechts)

Bei der GbR sind alle Gesellschafter anzugeben. Zwei sind es mindestens, denn das ist die Voraussetzung einer GbR.

Mustermann und Schneider GbR
Gesellschafter:
Monika Mustermann
Max Schneider
Flotte Straße 42
12345 Modenhausen
Tel. 123 456789
Fax 123 456788
E-Mail: info@mustermann.de

USt-IdNr. DE 123456789

GmbH (Gesellschaft mit beschränkter Haftung)

Bei der GmbH ist der bzw. sind die vertretungsberechtigten Geschäftsführer anzugeben. Im Beispiel ist Monika Mustermann allein vertretungsberechtigt.

Modehaus Musterfrau GmbH
Vertretungsberechtigte Geschäftsführerin: Monika Musterfrau
Flotte Straße 42
12345 Modenhausen
Tel. 123 456789
Fax 123 456788
E-Mail: info@mode-mustermann.de

Sitz: Modenhausen

Registergericht und Handelsregisternummer:
Amtsgericht Modenhausen HRB 1234

USt-IdNr. DE 123456789

Falls Sie im Impressum Angaben über das Kapital Ihrer Gesellschaft einfügen: Nach § 5 Abs. 1. Nr. 1 TMG muss dann die Höhe des Stammkapitals oder Grundkapitals aufgeführt sein. Alle anderen Angaben könnten als irreführend ausgelegt werden.

e. V. (Eingetragener Verein)

Sie arbeiten für einen eingetragenen Verein? Gar ehrenamtlich, für den Sport oder für einen guten Zweck? Das ist löblich, aber selbst wenn der Verein vom Finanzamt als gemeinnützig anerkannt ist, gelten die gleichen Impressumsregeln wie für eine Firma.

Schauen Sie also genau in die Satzung. Irgendwo steht da etwas über die Vertretung und die Geschäftsführung. In vielen kleineren Vereinen gibt es einen Vorsitzenden und einen Stellvertreter, die beide einzeln für den Verein vertretungsberechtigt sind. In größeren Vereinen arbeiten Vorstand und Geschäftsführung häufig getrennt. Für das Impressum relevant ist die Geschäftsführung.

Denken Sie daran, dass die Posten in einem Verein öfter neu besetzt werden. Dafür werden die Jahreshauptversammlungen protokolliert, ja überhaupt abgehalten. Oder glauben Sie etwa, die Mitglieder kommen nur wegen des Büfetts? Halten Sie das Impressum immer auf dem aktuellen Stand.

Musterimpressum für einen Verein, der durch den Vorsitzenden und die stellvertretende Vorsitzende einzeln vertreten wird:

Kickers Ballhausen e. V.

vertreten durch:
Walter Sportsfreund (Vorsitzender)
Petra Zielwasser (stellv. Vorsitzende)
Am Sportplatz 1

12345 Ballhausen
Tel. 123 456789
Fax 123 456788

E-Mail: info@kickers-ballhausen.de

Sitz: Ballhausen

USt-IdNr. DE 123456789

Vereinsregister-Nr. 1234
Registergericht Ballhausen

Ist der Vereinsvorsitzende gleichzeitig Geschäftsführer, beginnen Sie das Impressum mit dieser Formulierung:

Kickers Ballhausen e. V.

vertreten durch den geschäftsführenden Vorsitzenden:
Hans Dampf

10.6 Praktische Umsetzung: Widerruf

Damit Ihr Onlineshop nicht gegen das Widerrufsrecht verstößt, müssen Sie drei Elemente beackern:

1. **Widerrufsbelehrung** – Dieser Rechtstext bildet den ersten Teil Ihrer Widerrufsseite. Er muss nach den Gestaltungshinweisen des EGBGB modifiziert werden.

2. **Folgen des Widerrufs** – Dieser Rechtstext bildet den zweiten Teil Ihrer Widerrufsseite. Er muss ebenfalls nach den Gestaltungshinweisen des EGBGB modifiziert werden.

3. **Widerrufsformular** – Sie müssen ein Widerrufsformular auf Ihrer Website zur Verfügung stellen. Der Verbraucher hat die Wahl, ob er es verwenden möchte oder den Widerruf schriftlich, telefonisch, per E-Mail oder per Fax erklärt. Die technische Form des Widerrufsformulars ist nicht vorgegeben. Sie können ein PDF zum Download anbieten oder für diesen Zweck ein Webformular konstruieren, zum Beispiel mithilfe des Plug-ins *Contact Form 7*.

Eigene Widerrufsseite

Wie für das Impressum ist auch für das Thema Widerruf eine separate Seite am zweckmäßigsten. Falls Sie ein deutsches Shop-Plug-in verwenden, wurde die entsprechende Seite schon angelegt – allerdings nur die Seite ohne Inhalte.

10.6.1 Rechtliche Problematik

Seit dem 13.06.2014 gilt ein neues Widerrufsrecht. Mit der Widerrufsbelehrung hat der Gesetzgeber den Shopbetreibern eine echte Knobelaufgabe gestellt:

Vorgegeben ist ein Basistext, der durch weitere, ebenfalls vorgegebene »Bauteile« ergänzt werden muss. Mit Letzteren soll die Widerrufserklärung angepasst werden. Das Ganze wäre harmlos, wenn es dabei nur um den Zuschnitt auf den eigenen Shop ginge. Ein Lebensmittelversand tickt ja anders als ein Modehaus. In deutscher Gründlichkeit unterscheiden diese Gestaltungshinweise aber zwischen Lieferungen und Teillieferungen. Es kann ja sein, dass ein Kunde zwei Waren bestellt hat, von denen nur eine vorrätig ist. Der freundliche Händler schickt dann eben die Waren in zwei Sendungen ab, damit der Kunde nicht zu lange auf dem Trockenen sitzt.

Dynamische Widerrufserklärung

Um die gesetzlichen Vorgaben hundertprozentig zu erfüllen, müsste das Shopsystem so aufbohrt werden, dass es die Widerrufserklärung in Abhängigkeit vom Versand (Komplettlieferung oder Teillieferung) anzeigt. Solch eine »dynamische Widerrufserklärung« ist allerdings sehr aufwendig und die absolute Ausnahme. Machen Sie es also wie die anderen Händler und verwenden Sie eine Best-Practice-Lösung.

10.6.2 Best-Practice-Widerrufsbelehrung

So funktioniert diese Vorlage: Nach einer Klammer müssen Sie entweder individuelle Daten eingeben, zum Beispiel Ihre Adresse, oder Sie sind zum Verwenden eines Textbausteins verpflichtet. Voreingestellt ist der für die meisten Shops geeignete Textbaustein. In Kapitel 10.6.3 finden Sie noch einmal den kompletten Gesetzestext einschließlich der in den Gestaltungshinweisen formulierten anderen Textbausteine. Je nach Art Ihres Shops kann es sinnvoll sein, einige Textbausteine zu ersetzen.

Anschließend entfernen Sie die Klammern und Ziffern.

»**Widerrufsbelehrung**

Widerrufsrecht

Sie haben das Recht, binnen vierzehn Tagen ohne Angabe von Gründen diesen Vertrag zu widerrufen.

Die Widerrufsfrist beträgt vierzehn Tage ab dem Tag (1), an dem Sie oder ein von Ihnen benannter Dritter, der nicht der Beförderer ist, die letzte Ware in Besitz genommen haben bzw. hat.

Um Ihr Widerrufsrecht auszuüben, müssen Sie uns (2)

Mustershop Online GmbH
Musterstraße 42
12345 Musterstadt
Tel.: 01234 56789
Fax: 01234 56788
E-Mail: widerruf@mustershop-online.de

mittels einer eindeutigen Erklärung (z. B. ein mit der Post versandter Brief, Telefax oder E-Mail) über Ihren Entschluss, diesen Vertrag zu widerrufen, informieren. Sie können dafür das beigefügte Muster-Widerrufsformular verwenden, das jedoch nicht vorgeschrieben ist. (3)

Sie können das Muster-Widerrufsformular oder eine andere eindeutige Erklärung auch auf unserer Webseite *www.mustershop-online.de/widerruf* elektronisch ausfüllen und übermitteln. Machen Sie von dieser Möglichkeit Gebrauch, so werden wir Ihnen unverzüglich (z. B. per E-Mail) eine Bestätigung über den Eingang eines solchen Widerrufs übermitteln.

Zur Wahrung der Widerrufsfrist reicht es aus, dass Sie die Mitteilung über die Ausübung des Widerrufsrechts vor Ablauf der Widerrufsfrist absenden.

Folgen des Widerrufs

Wenn Sie diesen Vertrag widerrufen, haben wir Ihnen alle Zahlungen, die wir von Ihnen erhalten haben, einschließlich der Lieferkosten (mit Ausnahme der zusätzlichen Kosten, die sich daraus ergeben, dass Sie eine andere Art der Lieferung als die von uns angebotene, günstigste Standardlieferung gewählt haben), unverzüglich und spätestens binnen vierzehn Tagen ab dem Tag zurückzuzahlen, an dem die Mitteilung über Ihren Widerruf dieses Vertrags bei uns eingegangen ist. Für diese Rückzahlung verwenden wir dasselbe Zahlungsmittel, das Sie bei der ursprünglichen Transaktion eingesetzt haben, es sei denn, mit Ihnen wurde ausdrücklich etwas anderes vereinbart; in keinem Fall werden Ihnen wegen dieser Rückzahlung Entgelte berechnet.

(4) Wir können die Rückzahlung verweigern, bis wir die Ware wieder zurückerhalten haben oder bis Sie den Nachweis erbracht haben, dass Sie die Waren zurückgesandt haben, je nachdem, welches der frühere Zeitpunkt ist.

(5) Sie haben die Waren unverzüglich und in jedem Fall spätestens binnen vierzehn Tagen ab dem Tag, an dem Sie uns über den Widerruf dieses Vertrags unterrichten, an uns zurückzusenden oder zu übergeben. Die Frist ist gewahrt, wenn Sie die Waren vor Ablauf der Frist von vierzehn Tagen absenden.

> Sie tragen die unmittelbaren Kosten der Rücksendung der Waren.
> Sie müssen für einen etwaigen Wertverlust der Waren nur aufkommen, wenn dieser Wertverlust auf einen zur Prüfung der Beschaffenheit, Eigenschaften und Funktionsweise der Waren nicht notwendigen Umgang mit ihnen zurückzuführen ist.

10.6.3 Widerrufsbelehrung aus Rechtsquelle selbst erstellen

Hier noch einmal die Rechtsquelle einschließlich aller Gestaltungshinweise: EGBGB Anlage 1 zu Art. 246a § 1 Abs. 2 Satz 2. Im Internet finden Sie das Paragrafengestrüpp exakt hier, lassen Sie sich dabei vom falschen Artikel in der URL nicht blenden, es wird trotzdem der richtige Paragraf angezeigt:

www.gesetze-im-internet.de/bgbeg/art_248anlage_1.html

> »**Widerrufsbelehrung**
>
> **Widerrufsrecht**
>
> Sie haben das Recht, binnen vierzehn Tagen ohne Angabe von Gründen diesen Vertrag zu widerrufen.
>
> Die Widerrufsfrist beträgt vierzehn Tage ab dem Tag (1).
>
> Um Ihr Widerrufsrecht auszuüben, müssen Sie uns (2) mittels einer eindeutigen Erklärung (z. B. ein mit der Post versandter Brief, Telefax oder E-Mail) über Ihren Entschluss, diesen Vertrag zu widerrufen, informieren. Sie können dafür das beigefügte Muster-Widerrufsformular verwenden, das jedoch nicht vorgeschrieben ist. (3)
>
> Zur Wahrung der Widerrufsfrist reicht es aus, dass Sie die Mitteilung über die Ausübung des Widerrufsrechts vor Ablauf der Widerrufsfrist absenden.
>
> **Folgen des Widerrufs**
>
> Wenn Sie diesen Vertrag widerrufen, haben wir Ihnen alle Zahlungen, die wir von Ihnen erhalten haben, einschließlich der Lieferkosten (mit Ausnahme der zusätzlichen Kosten, die sich daraus ergeben, dass Sie eine andere Art der Lieferung als die von uns angebotene, günstigste Standardlieferung gewählt haben), unverzüglich und spätestens binnen vierzehn Tagen ab dem Tag zurückzuzahlen, an dem die Mitteilung über Ihren Widerruf dieses Vertrags bei uns eingegangen ist. Für diese Rückzahlung verwenden wir dasselbe Zahlungsmittel, das Sie bei der ursprünglichen Transaktion eingesetzt haben, es sei denn, mit Ihnen wurde ausdrücklich etwas anderes vereinbart; in keinem Fall werden Ihnen wegen dieser Rückzahlung Entgelte berechnet (4).
>
> (5)
>
> (6)
>
> **Gestaltungshinweise:**
>
> (1) Fügen Sie einen der folgenden in Anführungszeichen gesetzten Textbausteine ein:

a) im Falle eines Dienstleistungsvertrags oder eines Vertrags über die Lieferung von Wasser, Gas oder Strom, wenn sie nicht in einem begrenzten Volumen oder in einer bestimmten Menge zum Verkauf angeboten werden, von Fernwärme oder von digitalen Inhalten, die nicht auf einem körperlichen Datenträger geliefert werden: »des Vertragsabschlusses.«;

b) im Falle eines Kaufvertrags: », an dem Sie oder ein von Ihnen benannter Dritter, der nicht der Beförderer ist, die Waren in Besitz genommen haben bzw. hat.«;

c) im Falle eines Vertrags über mehrere Waren, die der Verbraucher im Rahmen einer einheitlichen Bestellung bestellt hat und die getrennt geliefert werden: », an dem Sie oder ein von Ihnen benannter Dritter, der nicht der Beförderer ist, die letzte Ware in Besitz genommen haben bzw. hat.«;

d) im Falle eines Vertrags über die Lieferung einer Ware in mehreren Teilsendungen oder Stücken: », an dem Sie oder ein von Ihnen benannter Dritter, der nicht der Beförderer ist, die letzte Teilsendung oder das letzte Stück in Besitz genommen haben bzw. hat.«;

e) im Falle eines Vertrags zur regelmäßigen Lieferung von Waren über einen festgelegten Zeitraum hinweg: », an dem Sie oder ein von Ihnen benannter Dritter, der nicht der Beförderer ist, die erste Ware in Besitz genommen haben bzw. hat.«

(2) Fügen Sie Ihren Namen, Ihre Anschrift und, soweit verfügbar, Ihre Telefonnummer, Telefaxnummer und E-Mail-Adresse ein.

(3) Wenn Sie dem Verbraucher die Wahl einräumen, die Information über seinen Widerruf des Vertrags auf Ihrer Webseite elektronisch auszufüllen und zu übermitteln, fügen Sie Folgendes ein: »Sie können das Muster-Widerrufsformular oder eine andere eindeutige Erklärung auch auf unserer Webseite [Internet-Adresse einfügen] elektronisch ausfüllen und übermitteln. Machen Sie von dieser Möglichkeit Gebrauch, so werden wir Ihnen unverzüglich (z. B. per E-Mail) eine Bestätigung über den Eingang eines solchen Widerrufs übermitteln.«

(4) Im Falle von Kaufverträgen, in denen Sie nicht angeboten haben, im Falle des Widerrufs die Waren selbst abzuholen, fügen Sie Folgendes ein: »Wir können die Rückzahlung verweigern, bis wir die Waren wieder zurückerhalten haben oder bis Sie den Nachweis erbracht haben, dass Sie die Waren zurückgesandt haben, je nachdem, welches der frühere Zeitpunkt ist.«

(5) Wenn der Verbraucher Waren im Zusammenhang mit dem Vertrag erhalten hat:

a) fügen Sie ein:

– »Wir holen die Waren ab.« oder

– »Sie haben die Waren unverzüglich und in jedem Fall spätestens binnen vierzehn Tagen ab dem Tag, an dem Sie uns über den Widerruf dieses Vertrags unterrichten, an … uns oder an [hier sind gegebenenfalls der Name und die Anschrift der von Ihnen zur Entgegennahme der Waren ermächtigten Person einzufügen] zurückzusenden oder zu übergeben. Die Frist ist gewahrt, wenn Sie die Waren vor Ablauf der Frist von vierzehn Tagen absenden.«

b) fügen Sie ein:
- »Wir tragen die Kosten der Rücksendung der Waren.«;
- »Sie tragen die unmittelbaren Kosten der Rücksendung der Waren.«;
- Wenn Sie bei einem Fernabsatzvertrag nicht anbieten, die Kosten der Rücksendung der Waren zu tragen, und die Waren aufgrund ihrer Beschaffenheit nicht normal mit der Post zurückgesandt werden können: »Sie tragen die unmittelbaren Kosten der Rücksendung der Waren in Höhe von … EUR [Betrag einfügen].«, oder, wenn die Kosten vernünftigerweise nicht im Voraus berechnet werden können: »Sie tragen die unmittelbaren Kosten der Rücksendung der Waren. Die Kosten werden auf höchstens etwa … EUR [Betrag einfügen] geschätzt.«

oder

»Wenn die Waren bei einem außerhalb von Geschäftsräumen geschlossenen Vertrag aufgrund ihrer Beschaffenheit nicht normal mit der Post zurückgesandt werden können und zum Zeitpunkt des Vertragsschlusses zur Wohnung des Verbrauchers geliefert worden sind: »Wir holen die Waren auf unsere Kosten ab.«

und

c) fügen Sie ein: »Sie müssen für einen etwaigen Wertverlust der Waren nur aufkommen, wenn dieser Wertverlust auf einen zur Prüfung der Beschaffenheit, Eigenschaften und Funktionsweise der Waren nicht notwendigen Umgang mit ihnen zurückzuführen ist.«

(6) Im Falle eines Vertrags zur Erbringung von Dienstleistungen oder der Lieferung von Wasser, Gas oder Strom, wenn sie nicht in einem begrenzten Volumen oder in einer bestimmten Menge zum Verkauf angeboten werden, oder von Fernwärme fügen Sie Folgendes ein: »Haben Sie verlangt, dass die Dienstleistungen oder Lieferung von Wasser/Gas/Strom/Fernwärme [Unzutreffendes streichen] während der Widerrufsfrist beginnen soll, so haben Sie uns einen angemessenen Betrag zu zahlen, der dem Anteil der bis zu dem Zeitpunkt, zu dem Sie uns von der Ausübung des Widerrufsrechts hinsichtlich dieses Vertrags unterrichten, bereits erbrachten Dienstleistungen im Vergleich zum Gesamtumfang der im Vertrag vorgesehenen Dienstleistungen entspricht.«

10.6.4 Ausschlüsse vom Widerrufsrecht hinzufügen

Nun ist es ja so, dass bestimmte Waren vom Widerrufsrecht ausgeschlossen sind. Leider sind sie aber in der gesetzlich vorgeschriebenen Muster-Widerrufsbelehrung nicht erwähnt. Sie müssen deshalb ein wenig tricksen, um die Ausschlüsse so zu platzieren, dass sie keinen Teil der eigentlichen und vorgeschriebenen Belehrung bilden. Fügen Sie mit etwas Abstand, oder durch eine horizontale Linie getrennt, aus dem folgenden Text diejenigen Passagen hinzu, die für Ihr Sortiment relevant sind:

»Das Widerrufsrecht besteht, soweit die Parteien nichts anderes vereinbart haben, nicht bei folgenden Verträgen:

1. Verträge zur Lieferung von Waren, die nicht vorgefertigt sind und für deren Herstellung eine individuelle Auswahl oder Bestimmung durch den Verbraucher maßgeblich ist oder die eindeutig auf die persönlichen Bedürfnisse des Verbrauchers zugeschnitten sind,

2. Verträge zur Lieferung von Waren, die schnell verderben können oder deren Verfallsdatum schnell überschritten würde,

3. Verträge zur Lieferung versiegelter Waren, die aus Gründen des Gesundheitsschutzes oder der Hygiene nicht zur Rückgabe geeignet sind, wenn ihre Versiegelung nach der Lieferung entfernt wurde,

4. Verträge zur Lieferung von Waren, wenn diese nach der Lieferung auf Grund ihrer Beschaffenheit untrennbar mit anderen Gütern vermischt wurden,

5. Verträge zur Lieferung alkoholischer Getränke, deren Preis bei Vertragsschluss vereinbart wurde, die aber frühestens 30 Tage nach Vertragsschluss geliefert werden können und deren aktueller Wert von Schwankungen auf dem Markt abhängt, auf die der Unternehmer keinen Einfluss hat,

6. Verträge zur Lieferung von Ton- oder Videoaufnahmen oder Computersoftware in einer versiegelten Packung, wenn die Versiegelung nach der Lieferung entfernt wurde,

7. Verträge zur Lieferung von Zeitungen, Zeitschriften oder Illustrierten mit Ausnahme von Abonnement-Verträgen,

8. Verträge zur Lieferung von Waren oder zur Erbringung von Dienstleistungen, einschließlich Finanzdienstleistungen, deren Preis von Schwankungen auf dem Finanzmarkt abhängt, auf die der Unternehmer keinen Einfluss hat und die innerhalb der Widerrufsfrist auftreten können, insbesondere Dienstleistungen im Zusammenhang mit Aktien, mit Anteilen an offenen Investmentvermögen im Sinne von § 1 Absatz 4 des Kapitalanlagegesetzbuchs und mit anderen handelbaren Wertpapieren, Devisen, Derivaten oder Geldmarktinstrumenten,

9. vorbehaltlich des Satzes 2 Verträge zur Erbringung von Dienstleistungen in den Bereichen Beherbergung zu anderen Zwecken als zu Wohnzwecken, Beförderung von Waren, Kraftfahrzeugvermietung, Lieferung von Speisen und Getränken sowie zur Erbringung weiterer Dienstleistungen im Zusammenhang mit Freizeitbetätigungen, wenn der Vertrag für die Erbringung einen spezifischen Termin oder Zeitraum vorsieht,

10. Verträge, die im Rahmen einer Vermarktungsform geschlossen werden, bei der der Unternehmer Verbrauchern, die persönlich anwesend sind oder denen diese Möglichkeit gewährt wird, Waren oder Dienstleistungen anbietet, und zwar in einem vom Versteigerer durchgeführten, auf konkurrierenden Geboten basierenden transparenten Verfahren, bei dem der Bieter, der den Zuschlag erhalten hat,

> zum Erwerb der Waren oder Dienstleistungen verpflichtet ist (öffentlich zugängliche Versteigerung),
>
> 11. Verträge, bei denen der Verbraucher den Unternehmer ausdrücklich aufgefordert hat, ihn aufzusuchen, um dringende Reparatur- oder Instandhaltungsarbeiten vorzunehmen; dies gilt nicht hinsichtlich weiterer bei dem Besuch erbrachter Dienstleistungen, die der Verbraucher nicht ausdrücklich verlangt hat, oder hinsichtlich solcher bei dem Besuch gelieferter Waren, die bei der Instandhaltung oder Reparatur nicht unbedingt als Ersatzteile benötigt werden,
>
> 12. Verträge zur Erbringung von Wett- und Lotteriedienstleistungen, es sei denn, dass der Verbraucher seine Vertragserklärung telefonisch abgegeben hat oder der Vertrag außerhalb von Geschäftsräumen geschlossen wurde, und
>
> 13. notariell beurkundete Verträge; dies gilt für Fernabsatzverträge über Finanzdienstleistungen nur, wenn der Notar bestätigt, dass die Rechte des Verbrauchers aus § 312d Absatz 2 gewahrt sind.«

Rechtsgrundlage für diese Ausschlüsse ist § 312 BGB. Sie finden den Paragrafen unter dieser URL: *https://www.gesetze-im-internet.de/bgb/__312g.html*.

10.6.5 Das Widerrufsformular

Sie haben die Pflicht, den Verbraucher auf das Widerrufsformular hinzuweisen. Die Erstellung des Formulars übernehmen die Plug-ins WooCommerce Germanized, WooCommerce German Market oder wpShopGermany. Am besten platzieren einen Link zum Widerrufsformular gleich unterhalb der Widerrufsbelehrung.

10.7 Praktische Umsetzung: Versandgebühren und Lieferzeitangabe

10.7.1 Versandgebühren

Nach § 1 Abs. 2 Nr. 1 der Preisangabenverordnung muss die Höhe der Versandkosten in unmittelbarer Nähe des Preises platziert werden.

In der Praxis ist das aber nur bei einer Versandpauschale möglich, zum Beispiel:

Preis: 9,99 € inkl. MwSt. plus 3 € Versand

Manche Händler nehmen eine Staffelung der Versandgebühren vor, beispielsweise nach Gewicht, Bestellwert und Lieferadresse. In diesem Fall ist es zweckmäßig und erlaubt, auf eine separate Versandkostenseite zu verlinken, ebenfalls direkt am Preis, zum Beispiel:

Preis: 9,99 € inkl. MwSt. zzgl. Versandkosten

Informationen über Steuern und Zölle

Beim Versand in Länder außerhalb der EU können unter Umständen Zölle oder andere Abgaben fällig werden. Auch darüber besteht für den Händler eine Informationspflicht.

Versandgebühren und Portopreis

Psst, sagen Sie es bitte nicht weiter – und schon gar nicht, Sie hätten es in diesem Buch gelesen. Es ist rechtlich nicht verboten, Versandgebühren zu erheben, die über dem Portopreis liegen. Schließlich kostet ja das Verpackungsmaterial Geld und das Einpacken Arbeitsstunden. In der Praxis runden nicht wenige Unternehmen bei den Versandgebühren ein bisschen zu ihren Gunsten auf. Übertreiben Sie es aber nicht.

10.7.2 Lieferzeitangaben

Wann erhält der Kunde seine Ware? Als Händler müssen Sie den Verbraucher über die Lieferzeit informieren. Wie genau das sein muss, darüber streiten sich die Gerichte. Mit einer Angabe wie »2–4 Tage« oder auch »2–4 Werktage« sind Sie, sofern die Lieferzeit dann auch eingehalten wird, auf der relativ sicheren Seite. Wenn Sie allerdings bei einem groben Zeitraum noch ein »ungefähr« dazusetzen, schießen Sie sich selbst ins Knie. Die Angabe »ungefähr 1–5 Tage« ist mit Sicherheit zu ungenau.

Expresslieferungen

Sie liefern Ihre Waren in bestimmten Regionen besonders schnell aus, zum Beispiel per Fahrradkurier? Dann sollten Sie bei der Formulierung auf Genauigkeit achten. Auf werbewirksame Untertöne müssen Sie dabei nicht verzichten.

Beispiel:

In München, Frankfurt (Main) und Berlin liefern wir schnell und umweltfreundlich per Fahrradkurier aus. Bestellungen vor 12 Uhr (außer Samstag) können meistens noch am selben Tag ausgeliefert werden.

Sendungen ohne Fahrradkurier werden von uns innerhalb eines Werktags (an Paketdienstleister XY) übergeben. XY stellt in der Regel innerhalb von 1 bis 2 Tagen an Sie zu. Falls ein Artikel nicht sofort lieferbar ist, erhalten Sie von uns eine Mitteilung über die Ursache der Lieferverzögerung und die voraussichtliche Lieferzeit.

Lieferzeitangabe platzieren

Der Gesetzgeber schreibt vor, dass nicht nur die Versandgebühr, sondern auch die Lieferzeit in unmittelbarer Nähe des Preises platziert werden muss. Die Hinweise dürfen den Preis nicht verdecken. Gehen Sie bei gestaffelten Lieferzeiten ähnlich vor wie bei gestaffelten Versandgebühren und verlinken Sie auf Details zu den Lieferzeiten. Üblich ist eine gemeinsame Seite für Versand und Lieferung.

> **Der Händler trägt das Transportrisiko**
> Nach § 307 Abs. 1 BGB trägt der Händler das Transportrisiko. Rechtlich unwirksam sind daher alle Versuche, die Verantwortung für Transportprobleme über Hinweise auf der Versandseite oder AGB-Klauseln abzugeben. Falls der Transportdienstleister eine Ware beschädigt anliefert, trägt der Händler dem Kunden gegenüber die Verantwortung.
> Natürlich heißt das nicht, dass der Händler damit auf dem Schaden sitzen bleiben muss, denn er hat die Möglichkeit, Forderungen an den Transportdienstleister zu stellen. Allerdings haben die meisten Dienstleister bei der Erstattung für beschädigte und verlorene Pakete eine Obergrenze festgesetzt. Für sehr teure Lieferungen empfiehlt es sich daher, eine zusätzliche Versicherung gegen Transportschäden abzuschließen. Außerdem sollten Sie im Schadensfall nachweisen können, dass Ihre Sendungen ordentlich verpackt werden.

10.8 Praktische Umsetzung: Datenschutzerklärung

Eine lästige Angelegenheit für alle Webmaster ist die Erstellung der Datenschutzerklärung. Die dahinterstehende Idee mag ihre Berechtigung haben, aber die Umsetzung verlangt einiges an Zeit, Nerven und Bewusstseinserweiterung. Denken Sie bei Letzterem aber bitte nicht an berauschende Substanzen, es geht hier nur um das Bewusstsein über den Wert personenbezogener Daten.

Personenbezogene Daten? Nach landläufiger Meinung fallen darunter ja eher solche Sachen wie Name, Adresse, Geburtsdatum, Telefon- und Kontonummer.

Die europäischen Internetdatenschützer setzen da allerdings ganz andere Maßstäbe. Nach ihrer Ansicht sind auch die IP-Nummer, die E-Mail-Adresse und Aufzeichnungen über das Surfverhalten personenbezogen, denn schließlich lassen sich damit diverse Rückschlüsse ziehen.

Weil das aber dem gewöhnlichen Internetsurfer nicht so richtig bewusst ist und er alle AGB von Google, Facebook und Konsorten zumeist ohne Nachdenken oder gar Durchlesen akzeptiert, wird er in Zukunft noch mehr als heute vom Gesetzgeber an die Hand genommen.

Umsetzung der Datenschutzgrundverordnung

Im Jahr 2018 laufen die Übergangsfristen für nationale Gesetzgebungen im Datenschutz aus; danach müssen alle EU-Mitgliedsstaaten die Vorgaben der EU-DS-GVO umgesetzt haben, der Datenschutzgrundverordnung.

Diese neue Verordnung hält so einige Überraschungen für Datensammler bereit. Eng wird es für Facebook und Google, die ihre Europavertretungen nicht ohne Grund im Schlupfwinkel Irland angesiedelt haben. Dafür ausschlaggebend waren nämlich nicht der leckere Whisky und die schöne Landschaft, sondern niedrige Steuern und Irlands äußerst tolerante Gesetzgebung beim Datenschutz. Mit der europaweiten Verschärfung werden die großen Datenkraken bald gezwungen, ihre AGB in puncto Datenschutz anzupassen – und ihr Geschäftsmodell zu überdenken.

Die Datenschutzbürokratie entsteht

Und das sagt der Blick in die Glaskugel: Neue Datenschutzbehörden sprießen aus dem Boden und ahnden, ebenso wie die Verbraucherschutzverbände, diverse Regelverstöße. Ins Visier genommen werden dabei nicht nur ausgewiesene Datensammler wie Google und Facebook, sondern auch Browserhersteller und Website-Betreiber.

Viel Arbeit wird den Juristen das neue »Recht auf Vergessen« bereiten. Vorgesehen ist folgendes Verfahren: Eine Privatperson, die die Integrität ihrer Persönlichkeit durch das Internet in Gefahr wähnt, kann sich an die Datenschutzaufsichtsbehörde wenden, die dann gegebenenfalls ein Verfahren gegen ein Unternehmen einleitet.

> **Fazit:** Wer sich vor Abmahnungen und anderem juristischem Ärger schützen will, darf das Thema Datenschutz nicht auf die leichte Schulter nehmen. Machen Sie sich also ans Werk.

Platzierung der Datenschutzerklärung

Aus § 13 Abs. 1 TMG geht hervor, dass der Nutzer »zu Beginn des Nutzungsvorgangs« über den Datenschutz informiert werden muss. In der Praxis halten sich genau null Prozent aller Websites an diese Vorgabe. Dazu müsste dem Besucher nämlich vor dem Aufruf einer Website eine Aufforderung in dieser Art eingeblendet werden: »Lesen Sie erst mal die Datenschutzbestimmungen, bevor Sie weitersurfen.«

Weil das natürlich niemand macht, schlampen Sie wie alle anderen auch. Ideal ist eine separate Seite mit dem Namen »Datenschutzerklärung« oder »Datenschutzbelehrung«. Verlinkt wird sie über ein Menü, denn damit ist sie von jeder einzelnen Seite aus erreichbar. Am besten setzen Sie die Links zu Impressum und Datenschutz nebeneinander. Stellen Sie sich darauf ein, dass beim Impressum eher selten etwas zu ändern ist, Sie bei der Datenschutzerklärung aber doch alle ein bis zwei Jahre ranmüssen.

Wenn Sie wertvollen Platz im Hauptmenü sparen wollen, platzieren Sie Impressum und Datenschutzerklärung im Footer, dort allerdings nicht zu klein.

> **Datenschutzseite**
> Legen Sie die Datenschutzseite nicht selbst an, wenn Sie WooCommerce Germanized, WooCommerce German Market oder wpShopGermany verwenden. Schauen Sie erst einmal unter *Seiten/Alle Seiten* nach, wo das betreffende Plug-in Vorarbeit geleistet hat. In der Regel finden Sie eine leere Seite vor – die will gefüllt werden.

Inhalte der Datenschutzerklärung

Mit der Vernetzung Ihrer Site zu Social-Media-Netzwerken und dem Einsatz von Tracking-Tools und Partnerprogrammen wachsen auch die Anforderungen an die Datenschutzerklärung. Mit diesen acht Komponenten haben Sie alles im Griff:

1. **Allgemeiner Teil** – verpflichtend.
2. **Social-Media-Teil** – falls Sie Sharebuttons einsetzen.
3. **Tracking-Teil** – falls Sie Tracking-Tools einsetzen.
4. **Partnerprogramme** – falls Sie Partnerprogramme einsetzen, beispielsweise *Google AdWords* oder *Google AdSense*.
5. **Kommentarteil** – falls Sie ein Firmenblog betreiben und dort Kommentare zulassen.
6. **Newsletter-Teil** – falls Sie einen Newsletter verschicken.
7. **Cookie-Teil** – verpflichtend.
8. **Abschlussteil** – verpflichtend.

Sie finden in den folgenden acht Kapiteln jeweils einen Muster-Textbaustein, den Sie, ohne Haftung des Autors, als Vorlage für Ihre Shopsite übernehmen können.

10.8.1 Allgemeiner Teil

Die Besucher Ihres Onlineshops müssen laut Gesetz »über Art, Umfang und Zweck der Erhebung und Verwendung personenbezogener Daten« aufgeklärt werden. Als Händler legen Sie die Karten am besten gleich auf den Tisch: Selbstverständlich wird zur Aufnahme der Bestellungen und zur Auslieferung der Waren eine ganze Reihe von Daten erhoben und aufbewahrt. Dazu sind Sie schließlich auch als Kaufmann verpflichtet. Sie können sich ja auch nicht beim Finanzamt hinter dem Datenschutz verstecken, falls eine Betriebsprüfung ansteht. Für den Mustershop wäre folgender allgemeiner Teil einer Datenschutzerklärung denkbar:

> **Mustertext Allgemeiner Teil**
>
> Der Mustershop misst dem Datenschutz für seine Website-Besucher und Kunden einen hohen Stellenwert bei. Alle unsere Mitarbeiterinnen und Mitarbeiter sind zur Einhaltung der gesetzlichen Vorgaben verpflichtet. Unsere Website ist mit technischen Maßnahmen gegen den unberechtigten Zugriff und den Missbrauch von Daten geschützt. Mustershop-Online wird keine personenbezogenen Daten an Dritte vermieten oder verkaufen. Ihre Daten werden vertraulich behandelt und nicht an Dritte weitergegeben, die nicht am Bestell-, Liefer- und Zahlungsvorgang beteiligt sind.
>
> Diese vom Kunden übermittelten Daten werden zur Bearbeitung des Auftrags und zur Bereitstellung von Kundendienst und Support gespeichert:
>
> • Name
>
> • Anschrift

- Geburtsdatum
- Bankverbindung
- Konditionen für Rechnung und Zahlung
- Auftragsbezogene Daten

Eine Weitergabe personenbezogener Daten an Behörden und staatliche Institutionen erfolgt nur aufgrund zwingender rechtlicher Vorschriften.

Damit wäre der allgemeine Teil auch schon erledigt, es folgt die Abteilung Social Media.

10.8.2 Social-Media-Teil

Haben Sie Social-Media-Plug-ins in WordPress aktiviert? Dann müssen Sie in Ihrer Datenschutzerklärung auch auf die Praktiken der eingebundenen Netzwerke hinweisen. Zimperlich sind die nicht gerade. Facebook sammelt ungefragt auch Daten derjenigen Besucher Ihrer Website, die gar keinen Facebook-Account besitzen. Das Problem dabei:

Daten dürfen nach dem Telemediengesetz (TMG) nur erhoben werden, wenn sie für den Betrieb einer Website erforderlich sind. Und nun? Die Speicherung von Kundenadressen ist für einen Onlineshop unerlässlich, die Datensammelei von Facebook nicht. Bei strenger Auslegung des TMG sind die auf fast allen Websites anzutreffenden Social-Media-Buttons gesetzwidrig. Gegen diese Gesetzwidrigkeit nützt die Datenschutzerklärung eigentlich nichts. Sie dürfen ja auch nicht straflos Ihre Schwiegermutter umbringen, nur weil Sie dazu eine detaillierte Erklärung abgeliefert haben.

Unklare Rechtslage

Wie so oft im IT-Recht betreten Sie auch mit dem Einsatz von Social-Media-Plug-ins eine Grauzone. Auf der rechtlich sicheren Seite sind Sie nur mit diesen beiden Lösungen:

1. Verzicht auf Social-Media-Plug-ins.
2. Einsatz datenschutzgerechter Social-Media-Plug-ins.

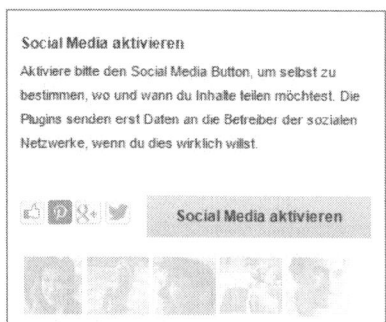

Bild 10.3: Die Social-Media-Buttons sind auf dem Firmenblog des Onlinehändlers Zalando standardmäßig deaktiviert. Erst mit einem Klick auf *Social Media aktivieren* gibt die Website Informationen über die Besucher an die Netzwerke preis.

Die datenschutzgerechte Lösung: Der User muss die Sharebuttons zunächst durch das Anklicken »scharf schalten«, bevor Daten an Facebook und andere Netzwerke übertragen werden. Erst mit dem zweiten Klick führt er die eigentliche Aktion aus, also zum Beispiel das Liken eines Beitrags.

So weit die Idee. Und in der Praxis? Nach Abmahnungen durch Verbraucherschutzverbände haben einige große Onlineshops reagiert und datenschutzgerechte Buttons eingesetzt, aber wirklich verbreitet hat sich die Methode noch nicht. Wohl nur eine sehr kleine und technisch interessierte Minderheit versteht den Sinn hinter dieser Konstruktion und klickt sich umständlich durch.

Bedenklich ist auch, dass das dafür entwickelte Plug-in *Shariff for WordPress* schon lange nicht mehr aktualisiert wurde. Sie finden es unter dieser URL: *https://de.wordpress.org/plugins/shariff-sharing/*.

Fazit: Wer Social-Media-Plug-ins benutzerfreundlich einsetzen will, muss rechtliche Unwägbarkeiten in Kauf nehmen. Mit dem Einbau der folgenden Textbausteine lässt sich das Abmahnrisiko minimieren. Abgedeckt werden die für Onlineshops wichtigsten Netzwerke: Facebook und Twitter. Weitere Netzwerke oder andere Datensammler können Sie nach dem gleichen Schema hinzufügen.

Mustertext Social Media: Facebook

»Die Internetpräsenz Mustershop-Online verwendet Schnittstellen zum sozialen Netzwerk Facebook. Anbieter: Facebook Inc., 1 Hacker Way, Menlo Park, CA 94025, USA.

Beim Besuch unserer Site wird eine Verknüpfung mit Facebook hergestellt, wodurch Facebook Informationen über Ihr Surfverhalten erhebt.

Über die Verwendung dieser Informationen haben wir keine Kenntnis. Hier finden Sie die Datenrichtlinie von Facebook: *https://de-de.facebook.com/policy*.

Um die Übermittlung an Facebook einzuschränken, empfehlen wir Ihnen, sich während des Besuchs auf Mustershop-Online bei Facebook auszuloggen.«

Mustertext Social Media: Twitter

»Die Internetpräsenz Mustershop-Online verwendet Schnittstellen zum sozialen Netzwerk Twitter Anbieter: Twitter Inc., 1355 Market Street, Suite 900, San Francisco, CA 94103, USA.

Beim Besuch unserer Site wird eine Verknüpfung zu Twitter hergestellt, und Daten werden an Twitter übertragen. Über die Verwendung dieser Informationen haben wir keine Kenntnis. Hier finden Sie die Datenschutzrichtlinie von Twitter: *https://twitter.com/privacy?lang=de*.

Um die Übermittlung an Twitter einzuschränken, empfehlen wir Ihnen, sich während des Besuchs auf Mustershop-Online bei Twitter auszuloggen.«

10.8.3 Tracking-Teil

Sie kennen doch diese Schilder an Bahnhöfen und anderen Orten: »Dieser Bereich wird videoüberwacht.« Was für die Aufsteller von Kameras im öffentlichen Raum gilt, trifft auch für Sie zu. Sie dürfen die Aktivitäten Ihrer Besucher nicht heimlich verfolgen. Sobald Sie Tracking-Tools einsetzen, müssen Sie darüber in der Datenschutzerklärung informieren. Und außerdem dürfen Sie ohne ausdrückliche Einwilligung der Besucher keine personenbezogenen Daten erheben und speichern.

Bevor Sie die Textbausteine in Ihre Datenschutzerklärung übernehmen: Stellen Sie sicher, dass für Ihr Tool diese gesetzlichen Vorgaben auf technischer Seite eingerichtet sind:

- Anonymisierung der IP-Adressen.
- Opt-out-Möglichkeit.
- Im Fall von Google Analytics ein Vertrag zur Auftragsdatenverarbeitung.

Eine Anleitung hierzu finden Sie in Kapitel 16.3 für Piwik und in Kapitel 16.4 für Google Analytics.

Mustertext Tracking: Piwik

> »Wir setzen das Tracking-System Piwik ein, weil dadurch alle erhobenen Daten auf unserem Server bleiben. Es werden keine Informationen an Dritte übermittelt. Um das Tracking generell zu unterdrücken, empfehlen wird das Browser-Plug-in NoScript. Bitte beachten Sie, dass es dabei zu Funktionseinschränkungen kommen kann.«

Mustertext Tracking: Google Analytics

> »Diese Website benutzt Google Analytics, einen Webanalysedienst der Google Inc. (»Google«). Google Analytics verwendet sogenannte »Cookies«, Textdateien, die auf Ihrem Computer gespeichert werden und die eine Analyse der Benutzung der Website durch Sie ermöglichen. Die durch das Cookie erzeugten Informationen über Ihre Benutzung dieser Website werden in der Regel an einen Server von Google in den USA übertragen und dort gespeichert.
>
> Auf dieser Website wurde Google Analytics um den Code »anonymizeIp« erweitert, um eine anonymisierte Erfassung von IP-Adressen (sog. IP-Masking) zu gewährleisten.
>
> Aus diesem Grund wird Ihre IP-Adresse von Google innerhalb von Mitgliedsstaaten der Europäischen Union oder in anderen Vertragsstaaten des Abkommens über den europäischen Wirtschaftsraum zuvor gekürzt. Nur in Ausnahmefällen wird die volle IP-Adresse an einen Server von Google in den USA übertragen und dort gekürzt. Im Auftrag des Betreibers dieser Website wird Google diese Informationen benutzen, um Ihre Nutzung der Website auszuwerten, um Reports über die Website-Aktivitäten zusammenzustellen und um weitere mit der Website-Nutzung und der Internetnutzung verbundene Dienstleistungen gegenüber dem Website-Betreiber zu erbringen.

> Die im Rahmen von Google Analytics von Ihrem Browser übermittelte IP-Adresse wird nicht mit anderen Daten von Google zusammengeführt. Sie können die Speicherung der Cookies durch eine entsprechende Einstellung Ihrer Browsersoftware verhindern; wir weisen Sie jedoch darauf hin, dass Sie in diesem Fall gegebenenfalls nicht sämtliche Funktionen dieser Website vollumfänglich werden nutzen können. Sie können darüber hinaus die Erfassung der durch das Cookie erzeugten und auf Ihre Nutzung der Website bezogenen Daten (inkl. Ihrer IP-Adresse) an Google sowie die Verarbeitung dieser Daten durch Google verhindern, indem Sie das unter dem folgenden Link verfügbare Browser-Plug-in herunterladen und installieren: *http://tools.google.com/dlpage/gaoptout?hl=de*.«

Sie können die Erfassung durch Google Analytics verhindern, indem Sie auf folgenden Link klicken. Es wird ein Opt-out-Cookie gesetzt, das die zukünftige Erfassung Ihrer Daten beim Besuch dieser Website verhindert:

<a href="javascript:gaOptout()">Google Analytics deaktivieren</a>

Nähere Informationen zu Googles Nutzungsbedingungen und Datenschutzeinstellungen finden Sie unter *www.google.com/analytics/terms/de.html* und *www.google.de/intl/de/policies/*.

Weitere Tracking-Programme

Falls Sie weitere Tracking-Programme einsetzen: Erkundigen Sie sich beim jeweiligen Anbieter nach den datenschutzrechtlichen Folgen und fragen Sie nach etwaigen Textvorlagen.

10.8.4 Partnerprogramme

Sie setzen Partnerprogramme ein, beispielsweise *Google AdWords* oder *Google AdSense*? Weil Google damit allerlei Informationen über das Nutzerverhalten aufzeichnet, müssen Sie Ihre Besucher darüber informieren.

Das Prinzip von Google AdWords: Sie bezahlen Google, um zusätzliche Besucher auf Ihren Onlineshop zu bringen. Google schaltet dazu von Ihnen gestaltete Anzeigen, und zwar über und neben den regulären Treffern auf der Suchergebnisseite sowie auf Websites von Teilnehmern des Diensts Google AdSense.

Mustertext Google AdWords

> »Wir setzen das Partnerprogramm Google AdWords ein und in diesem Rahmen auch das Programm Conversion-Tracking. Betreiber des Programms ist die Firma Google Inc. Firmenadresse: Google Inc., 1600 Amphitheatre Parkway, Mountain View, CA 94043, USA. Der Analysedienst Conversion-Tracking platziert ein Cookie auf Ihrem Endgerät, falls Sie über eine Google-Anzeige auf *mustershop-online.de* gelangt sind. Die von diesem Dienst platzierten Cookies verlieren nach 30 Tagen ihre Gültigkeit und enthalten keine personenbezogenen Daten.

> Ist das Cookie noch nicht abgelaufen, können Google und wir erkennen, ob Besucher über eine Anzeige auf *mustershop-online.de* gelangt sind. Die AdWords-Kunden erhalten Informationen über die Gesamtanzahl der Nutzer, die auf eine Anzeige geklickt haben und zu einer mit einem Conversion-Tracking-Tag versehenen Seite weitergeleitet wurden.
>
> Es werden aber keine Informationen bereitgestellt, mit denen sich Nutzer persönlich identifizieren lassen.
>
> Wenn Sie nicht am Tracking-Verfahren teilnehmen möchten, können Sie dieser Nutzung widersprechen, indem Sie das Platzieren von Cookies durch eine entsprechende Konfiguration Ihres Browsers verhindern. Bitte beachten Sie, dass damit möglicherweise Funktionseinschränkungen in unserem Shop auftreten können. Weitere Informationen zu Google AdWords finden Sie hier:
>
> *www.google.com/policies/technologies/ads/*.
>
> Bitte beachten Sie auch die Datenschutzerklärung von Google: *www.google.de/policies/privacy/*.«

Den umgekehrten Weg zu Google AdWords gehen Sie mit Google AdSense. Sie erhalten Geld dafür, dass Google auf Ihrer Website Anzeigen schaltet. Ein kleiner Hinweis am Rande: Sie können in AdSense die Anzeigen bestimmter Anbieter ausschließen, beispielsweise Ihrer Konkurrenz.

Mustertext Google AdSense

> »Die Website *mustershop-online.de* nutzt Google AdSense, einen Onlinewerbedienst der Google Inc. Firmenadresse: Google Inc., 1600 Amphitheatre Parkway, Mountain View, CA 94043, USA.
>
> Google AdSense verwendet sogenannte Cookies, kleine Dateien, die auf dem Computer der Nutzer gespeichert werden und eine Analyse der Benutzung der Website ermöglichen. Außerdem verwendet Google AdSense sogenannte Web Beacons. Durch diese unsichtbaren Grafiken können Informationen wie beispielsweise der Nutzerstrom ausgewertet werden. Die durch Cookies und Web Beacons erzeugten Informationen über die Benutzung dieser Website, einschließlich der IP-Adresse der Nutzer, und Auslieferung von Werbeformaten werden an einen Server von Google in den USA übertragen und dort gespeichert. Diese Informationen können von Google an Vertragspartner von Google weitergegeben werden. Google führt Ihre IP-Adresse jedoch nicht mit anderen von Ihnen gespeicherten Daten zusammen.
>
> Sie können die Installation der Cookies von Google AdSense auf diese Weise unterbinden:
> - durch eine entsprechende Konfiguration Ihrer Browsersoftware,
> - durch dauerhafte Deaktivierung durch ein Browser-Plug-in,
> - durch Deaktivierung der interessenbezogenen Anzeigen bei Google,
> - durch Deaktivierung der interessenbezogenen Anzeigen der Anbieter, die Teil der Selbstregulierungskampagne »About Ads« sind.

> Hinweis: Die Einstellungen der letzten beiden Optionen werden gelöscht, wenn Sie die Cookies in Ihrem Browser löschen. Bitte beachten Sie auch, dass Sie mit der Unterbindung der Annahmen von Plug-ins möglicherweise nicht alle Funktionen von *mustershop-online.de* verwenden können.
>
> Weitere Informationen zu Datenschutz und Cookies für Werbung bei Google AdSense finden Sie unter den folgenden Links:
>
> *www.google.de/policies/privacy/partners/*
>
> *www.google.de/intl/de/policies/technologies/ads*
>
> *http://support.google.com/adsense/answer/2839090*«

Weitere Partnerprogramme

Falls Sie weitere Partnerprogramme einsetzen: Erkundigen Sie sich beim jeweiligen Anbieter nach den datenschutzrechtlichen Folgen und fragen Sie nach etwaigen Textvorlagen.

10.8.5 Datenschutz bei aktivierter Kommentarfunktion

Sie lassen im Firmenblog oder an anderer Stelle Kommentare oder Produktrezensionen zu? Dann müssen Sie auch über die datenschutzrechtlichen Konsequenzen informieren.

Mustertext Kommentare

> »Aus rechtlichen Gründen speichert *mustershop-online.de* die IP-Adressen von Besuchern, die Kommentare oder Produktrezensionen im Blog oder an anderer Stelle hinterlassen. Dies dient der rechtlichen Absicherung des Anbieters. Sollten widerrechtliche Inhalte wie beispielsweise Beleidigungen, üble Nachrede oder Verleumdungen hinterlassen werden, dient die IP-Adresse der Identitätsfeststellung des Autors.«

10.8.6 Datenschutzteil Newsletter

Vorweg: Es genügt nicht, die Newsletter-Interessenten ausschließlich über die Datenschutzerklärung zu informieren. Vor dem Abonnement müssen Sie zunächst ganz grob die Inhalte des Newsletters umreißen.

> **Beispiel:** »Der Mustershop-Newsletter informiert Sie über neue Produkte und aktuelle Angebote. Außerdem finden Sie wertvolle Tipps und Tricks zur optimalen Anwendung.«

»Außerdem ist eine ausdrückliche Einwilligung der Nutzer erforderlich, was am besten durch ein Double-Opt-in-Verfahren gewährleistet wird. Informationen hierzu finden Sie in Kapitel 12.7.4.«

Mustertext Newsletter

»Der Newsletter *von mustershop-online.de* informiert über Produkte und Angebote in unserem Shop sowie über Events, Gewinnspiele und andere Aktionen.

Vor dem Versand des Newsletters geht Ihnen eine E-Mail zu, die einen Bestätigungslink enthält. Nicht bestätigte Anmeldungen werden automatisch und spätestens innerhalb von vier Wochen gelöscht.

Die Abonnenten können dem Empfang des Newsletters jederzeit widersprechen, z. B. per Abmeldelink am Ende des Newsletters.

Im Rahmen unserer Dokumentationspflicht speichern wir Anmelde- und Bestätigungszeitpunkt sowie die IP-Adresse des Abonnenten.«

10.8.7 Datenschutzteil Cookies

Jede moderne Website setzt heute Cookies ein, ganz einfach um die Userfreundlichkeit zu erhöhen, und natürlich werden sie auch in WordPress verwendet. Für diesen ganz normalen Zweck genügt es, folgenden Part in die Datenschutzerklärung einzufügen:

Mustertext Cookies

»Unsere Website setzt Cookies ein, kleine Dateien, die Informationen im Browser speichern. Cookies dienen dazu, das Angebot userfreundlicher zu gestalten und Bestellvorgänge problemlos abzuwickeln. Gespeichert werden sie über das Ende des Aufenthalts auf unsere Site hinaus, um bei einem erneuten Besuch wieder aufgerufen zu werden. Sie können den Browser so konfigurieren, dass prinzipiell keine Cookies gespeichert werden. Unter Umständen kann dies bei der Nutzung unseres Shops zu Funktionseinschränkungen führen.«

Setzen Sie Google Analytics ein, empfiehlt sich, neben dem entsprechenden Textbaustein, auch der Einsatz eines Plug-ins, zum Beispiel *Cookie Notice*.

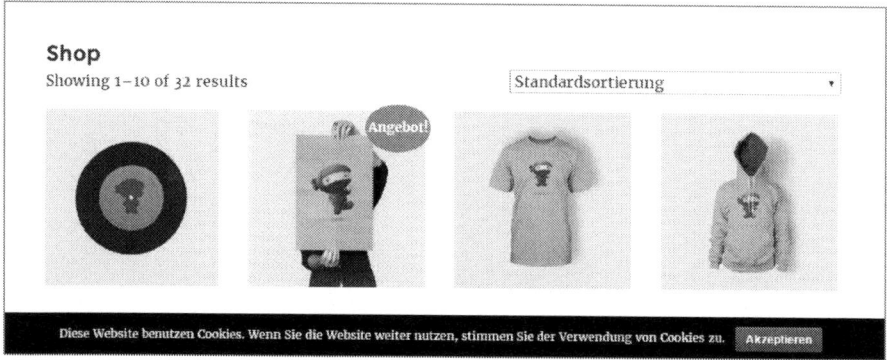

Bild 10.4: Das Plug-in *Cookie Notice* informiert die Besucher einer Website zu Beginn der Sitzung über den Einsatz von Cookies.

Das Plug-in blendet eine auffällige Schaltfläche ein, die Ihre Besucher schon zu Beginn einer Sitzung sehr deutlich auf die Verwendung von Cookies hinweist.

10.8.8 Abschluss der Datenschutzerklärung

Am Ende der Datenschutzerklärung sollten Sie die Besucher noch einmal auf ihre gesetzlichen Rechte hinweisen und eine Kontaktmöglichkeit anbieten, zum Beispiel eine spezielle E-Mail-Adresse wie *datenschutz@mustershop-online.de*.

Es spricht aber auch einiges dafür, eine solche Adresse nicht einzurichten, vor allem für Betreiber kleinerer Shops und Einzelunternehmer. Schließlich wollen Sie ja Produkte verkaufen und nicht über Cookies diskutieren. Wecken Sie also keine schlafenden Hunde. Es genügt, wenn Sie auf das Impressum verweisen.

Mustertext Abschlussteil

> »Nutzerrechte: Sie sind dazu berechtigt, über personenbezogene Daten, die von *mustershop-online.de* über Sie gespeichert wurden, eine unentgeltliche Auskunft zu erhalten. Außerdem besteht das Recht auf Korrektur unrichtiger Daten, auf Widerruf von Einwilligungen sowie auf Sperrung und Löschung Ihrer personenbezogenen Daten. Ausgenommen sind Daten, die aus gesetzlichen Gründen von *mustershop-online.de* aufbewahrt werden müssen. Eine Kontaktadresse finden Sie auf der Impressumsseite.«

10.8.9 Tipps für die Datenschutzerklärung

Nun bietet das Internet ja immer wieder neue technische Möglichkeiten, und gerade die WordPress-Plug-ins sind hier am Puls der Zeit. Denken Sie deshalb daran, Ihre Datenschutzerklärung immer wieder zu ergänzen, um Abmahnern keine Angriffsflächen zu bieten. Die Faustregel: Plug-ins, die einen API-Schlüssel oder die Anmeldung bei einem externen Account benötigen – darunter fällt auch *wordpress.com* –, geben Informationen an ihre Hersteller weiter und erfordern gegebenenfalls eine Erweiterung der Datenschutzerklärung.

10.9 Praktische Umsetzung: AGB

In fast jedem Onlineshop finden Sie die AGB, die allgemeinen Geschäftsbedingungen. Wie bitte, in fast jedem?

10.9.1 Mit oder ohne – AGB

Jetzt fragen Sie sich, was es mit den AGB-Verweigerern auf sich hat? Die Antwort ist recht simpel: Für Onlinehändler besteht keine rechtliche Pflicht zur Ausformulierung von AGB. Das im BGB festgeschriebene Vertragsrecht gilt ganz automatisch, dazu muss niemand Klauseln verfassen und auf der Webseite platzieren.

Warum gibt es dann überhaupt AGB?

Man könnte die ketzerische Frage stellen, ob sich die Mühe zur Erstellung von AGB überhaupt lohnt. Wie so oft kommt es hier auf den Einzelfall an. Sinn und Zweck aus Händlersicht ist es, strittige Fragen im Vorfeld eines Vertrags zu klären. Weniger diplomatisch ausgedrückt: Sie biegen mithilfe der AGB das Wettbewerbsrecht so hin, dass Ihnen kein Kunde auf der Nase herumtanzen kann. Sie dürfen dabei allerdings nicht die Vorgaben der §§ 307 bis 390 BGB aushebeln. Es ist nicht nur so, dass die entsprechenden Klauseln ungültig sind, Sie riskieren auch eine Abmahnung wegen versuchter Täuschung der Verbraucher.

10.9.2 Platzierung und Zustimmung

Okay, Sie haben sich dazu entschlossen, eigene und mit dem Wettbewerbsrecht konforme AGB zu erstellen. Wirksam sind die Bestimmungen aber nur, wenn sie auch gelesen werden. Die Verlinkung auf eine AGB-Seite via Menü genügt den gesetzlichen Vorgaben allerdings nicht – notwendig ist eine Einbindung in den Bestellprozess.

Einbindung in den Bestellprozess

> ☐ Ich habe die AGB des Anbieters gelesen und erkläre mit dem Absenden der Bestellung mein Einverständnis. Die Widerrufsbelehrung habe ich zur Kenntnis genommen.

Bild 10.5: Der User muss zwingend eine Checkbox aktivieren, um den Bestellvorgang abzuschließen. Über diese Checkbox fragt wpShopGermany die *Zustimmung zu den AGB* ab sowie die Kenntnisnahme der *Widerrufsbelehrung*.

Mit der Zustimmung via Checkbox gehen Sie sicher, dass der Kunde die AGB gelesen und seine Zustimmung erteilt hat. Na ja, oder dass er zumindest so tut, als hätte er sie gelesen. In jedem Fall werden die AGB mit der vom Kunden vorgenommenen Aktivierung auch Bestandteil des Vertrags.

10.9.3 Gültige und ungültige Klauseln

Kommen Sie bloß nicht auf die Idee, irgendwelche Klauseln von anderen Websites zu fischen und bei sich einzubauen. Viele davon sind nämlich unwirksam, weil sie gegen das Wettbewerbsrecht oder das Produkthaftungsgesetz verstoßen. Einige Beispiele:

- •»Im Fall des Widerrufs hat der Verbraucher die Kosten der Hinsendung der Ware zu tragen.«
- •»Sollte ein bestimmter Artikel nicht lieferbar sein, senden wir Ihnen in Einzelfällen einen qualitativ und preislich gleichwertigen Artikel (Ersatzartikel) zu.«
- •»Bei der Feststellung eines Mangels ist nur Umtausch oder Nachbesserung möglich.«
- •»Eine Haftung für Mängel ist ausgeschlossen.«

- •»Die AGB gelten auch für alle künftigen Geschäftsbeziehungen, auch wenn sie nicht erneut ausdrücklich vereinbart werden.«
- •»Gutscheine sind ein Jahr ab Ausstellungsdatum gültig. Danach können sie nicht mehr verwendet werden.«
- •»Die Gewährleistungsfrist beträgt ein Jahr.«

Eine kleine Erläuterung zu den beiden letzten Punkten:

Wahrscheinlich haben Sie auch schon einmal einen Gutschein geschenkt bekommen, der »nur 1 Jahr gültig« ist. Tatsächlich ist diese Begrenzung unwirksam. Für Gutscheine gilt eine dreijährige Verjährungsfrist.

Die gesetzlich vorgeschriebene Gewährleistungsfrist beträgt 24 Monate, und natürlich darf sie nicht über die AGB ausgehebelt werden. Eine Verkürzung auf 12 Monate ist nur für Gebrauchtwaren möglich. Unwirksam ist auch diese Klausel:»»Treten Mängel innerhalb der Gewährleistungsfrist auf, sind diese unverzüglich in Textform anzuzeigen.«

Sicherlich fragen Sie sich jetzt, ob sich die Anlage von AGB überhaupt lohnt – wo doch überall Fettnäpfchen herumstehen. Die Antwort: Ja, es gibt einen gewissen Spielraum, den Sie nutzen können, um bestimmte Situationen entschärfen.

Beispiel: Für etwaige Transportschäden müssen Sie gegenüber dem Kunden geradestehen – um sich dann später beim Transportdienstleister schadlos zu halten. Mit der folgenden Klausel in den AGB bleiben Sie rechtlich auf der sicheren Seite, stärken aber Ihre Verhandlungsposition gegenüber dem Transportdienstleister:

»Wir bitten Sie, falls eine Ware mit offensichtlichen Transportschäden angeliefert wird, diesen Schaden sofort beim Transportdienstleister zu melden und anschließend mit *mustershop-online.de* in Kontakt zu treten.

Wir benötigen diese Information, um unsere Ansprüche gegenüber dem Transportdienstleister geltend zu machen. Davon unabhängig bleibt Ihr Gewährleistungsanspruch gegenüber *mustershop-online.de* bestehen.«

10.10 Praktische Umsetzung: Preisauszeichnung

10.10.1 Die Angaben am Preis

Die Preise müssen »klar und wahr« dargestellt werden.

Konkret heißt das:

- **Angabe des Endpreises** – Der Händler darf dem Verbraucher nicht zumuten, den Endpreis anhand der einzelnen Komponenten und Gebühren selbst herauszufinden.
- **Aufschlüsselung des Endpreises** – Die einzelnen Bestandteile und die Mehrwertsteuer sind vom Händler aufzuschlüsseln.

- **Angabe von Liefer- und Versandkosten** – Liefer- und Versandkosten sind entweder direkt am Preis anzubringen oder deutlich zu verlinken.
- **Angabe des Grundpreises** – Für Waren, die üblicherweise in offenen Packungen oder Verkaufseinheiten ohne Umhüllung abgegeben werden, muss der Grundpreis unmittelbar in der Nähe des Endpreises angegeben werden, aber so, dass keine Verwechslungsgefahr zwischen Grund- und Endpreis besteht.
- **Kleinunternehmerregelung** – Falls die Kleinunternehmerregelung in Anspruch genommen wird, steht bei der Preisangabe natürlich weder »inkl. 19 %« noch »inkl. 7 %«, sondern der gesetzlich vorgeschriebene Hinweis auf § 19 UStG.

> **Das Problem der Grundpreise**
> Die Regelungen sind nicht immer eindeutig. Bei Kabeln mit angeschlossenem Stecker streiten sich beispielsweise die Juristen darüber, ob die Angabe des Grundpreises pro Meter erforderlich ist. Als Händler müssen Sie sich bei Fachverbänden darüber kundig machen, welche Waren Ihres Sortiments davon betroffen sind, und hoffen, die richtigen Informationen zu erhalten.

10.10.2 Platzierung und Beschriftung des Bestellbuttons

Der Heilige Gral des Onlineshops ist zweifellos der Bestellbutton. Er ist so heilig, dass es ihn auf der Bestellübersichtsseite nur ein einziges Mal geben darf, und dies am festgelegten Ort.

Die Details:

- Platzierung unmittelbar unterhalb der Pflichtinformationen.
- Keine trennenden Elemente zwischen Pflichtinformationen und Button, nicht einmal Links zur Widerrufsbelehrung oder den AGB. Achtung: Diese Links gehören zwar auf die Bestellübersichtsseite, aber eben nicht zwischen Pflichtinformationen und Button.
- Gut lesbare Beschriftung.

Beschriftung des Bestellbuttons

Auch bei der genauen Bezeichnung des Buttons müssen Sie höllisch aufpassen. Zulässig, empfehlenswert und noch nicht beanstandet sind diese vier:

- Jetzt kaufen.
- Zahlungspflichtigen Vertrag schließen.
- Kostenpflichtig bestellen.
- Zahlungspflichtig bestellen.

Denken Sie am besten gar nicht über Experimente bei der Buttonbeschriftung nach. Bleiben Sie hier lieber unkreativ, das erspart Ärger mit Justitia. Das Landgericht Stuttgart hat in einem Urteil vom 17.11.2014 (Az. 35 O 37/14) einen Button mit der Aufschrift »Bestellung bestätigen« als unzulässig erklärt.

10.11 Praktische Umsetzung: Urheber-, Marken- und Persönlichkeitsrecht

10.11.1 Urheberrecht beachten

Nicht wenige Websites bewegen sich auf urheberrechtlich heiklem Terrain.

Erstaunlich verbreitet ist diese Praxis:

- Texte und Bilder werden irgendwo herauskopiert und auf der eigenen Site eingebaut.
- Darunter ist ein Verweis auf die Quelle angegeben.

Zugegeben, der Verweis auf die Quelle ist ein Zeichen des Respekts gegenüber dem Urheber. Allerdings stehen die Chancen im Fall einer juristischen Auseinandersetzung trotzdem schlecht. Die Rechtslage ist klar: Wer fremde Texte und Bilder für die eigene Website verwendet, benötigt dafür eine Lizenz.

Urheberhinweise einfügen

Sie haben über einen Stockfotoanbieter wie Fotolia, Pixelio oder iStockfoto eine Bildlizenz erworben und verschiedene Bilder auf Ihrer Website eingebaut? Dann sind Sie zu Urheberangaben verpflichtet. Eine eigene Seite ist dafür nicht erforderlich, machen Sie die Angaben entweder direkt am Bild oder im Impressum. Genaue Hinweise zur Kennzeichnung und Platzierung finden Sie in den AGB der Stockfotoanbieter. Üblich ist eine Kennzeichnung im Impressum unter der Rubrik Bildnachweis, zum Beispiel:

© FredFotoshooter – fotolia.com.

Das Zitatrecht

Zitate sind unter Einhaltung dieser Spielregeln erlaubt:

- Die Zitate müssen in einem Zusammenhang mit Ihren eigenen Gedanken verwendet werden.
- Angabe der Quelle.
- Keine unnötige Länge eines Zitats.

10.11.2 Markenrechte beachten

Markenrechte entstehen nicht nur durch die Eintragung beim DPMA, dem Deutschen Patent- und Markenamt, sondern auch durch häufige Benutzung, sprich eine große Bekanntheit.

Die Verwechslungsgefahr

Vermeiden Sie es in jedem Fall, sich an eine Marke »anzulehnen«, indem Sie identische oder ähnliche Farben, Logos oder Slogans verwenden. Sobald eine Verwechslungsgefahr zwischen Ihrem Shop und einer anderen Marke besteht, droht juristisches Ungemach.

Die Faustregel: Je bekannter eine Marke, desto ausgedehnter ist der Schutz. Typische Beispiele sind das »Telekom-Magenta«und das »Nivea-Blau«. Die Farben sind so bekannt, dass Sie selbst dann mit einem bösen Brief vom Anwalt des Markeninhabers rechnen müssen, wenn Sie lediglich die Farben einsetzen – selbst wenn Sie weder Kommunikationsdienste noch Hautpflegeprodukte anbieten.

10.11.3 Persönlichkeitsrechte beachten

Zu denjenigen Persönlichkeitsrechten, die Sie als Webmaster besonders beachten müssen, zählen:

- Recht am eigenen Bild.
- Recht am gesprochenen und geschriebenen Wort.
- Verfügung über Darstellungen der eigenen Person.
- Schutz der Privat-, Geheim- und Intimsphäre.
- Recht auf informationelle Selbstbestimmung.

Öffentliche und private Sphäre

Prominente, Politiker und andere, die sich bewusst in der Öffentlichkeit bewegen, genießen im Vergleich zu Privatpersonen einen eher begrenzten Schutz. Tabu ist aber in jedem Fall, was die Privat- und insbesondere die Intimsphäre berührt. Klammern Sie diese Bereiche für Beiträge im Firmenblog oder bei Marketingaktionen aus. Für Nichtprominente gilt ein sehr weitreichender Schutz der Persönlichkeit. Sie dürfen hier niemanden ungefragt für Ihre Zwecke einspannen.

Checkliste Rechtssicherheit

- Schwarze Liste des UWG beachtet.
- AGB-Seite erstellt.
- Keine ungültigen Klauseln in den AGB.
- Impressum rechtsgültig umgesetzt.
- Link auf Streitschlichtungsplattform gesetzt.
- Versandkosten und Lieferzeiten ausgewiesen.
- Rechtssichere Widerrufsbelehrung.
- Widerrufsformular steht zur Verfügung.

- Rechtssichere Datenschutzerklärung erstellt.
- Bestellbutton rechtskonform beschriftet.
- Preisbestandteile und Steuern ausgewiesen.
- Wesentliche Eigenschaften der Ware beschrieben.
- Double-Opt-in-Verfahren für Newsletter-Abonnement.
- Beachtung sortimentsabhängiger Gesetze.
- Verpackungen bei Partnern des Dualen Systems lizenziert.
- Urheber-, Marken- und Persönlichkeitsrechte beachtet.
- Optional: Hinweis auf Kleinunternehmerregelung.

11 Gewerbeanmeldung und Steuern

11.1	Gewerbe anmelden	421
11.2	**Gründungszuschuss nutzen**	**422**
11.2.1	Voraussetzung und Antragstellung	422
11.2.2	Dauer und Höhe	423
11.3	**Freiwillige Weiterversicherung**	**424**
11.3.1	Als Selbstständiger in der Arbeitslosenversicherung	424
11.3.2	Voraussetzungen	424
11.3.3	Beiträge für die freiwillige Weiterversicherung	425
11.3.4	Den Aufnahmeantrag stellen	426
11.4	**Kleinunternehmerregelung**	**426**
11.4.1	Höchstgrenzen für die Kleinunternehmerregelung	427
11.4.2	Der Moment der Entscheidung	427
11.5	**Crashkurs Umsatzsteuer**	**427**
11.5.1	Die Umsatzsteuer-Voranmeldung	428
11.5.2	Die Steuersätze	430
11.6	**Tipps für Gründer**	**430**
11.6.1	Soll- oder Ist-Besteuerung	430
11.6.2	Das Geschäftskonto	431
11.6.3	Zwei Jahre Anlaufzeit	431

Checkliste Gründung und Gewerbeanmeldung **431**

Sie wollen sich mit einem Onlineshop selbstständig machen und nichts verschenken, was Ihnen gesetzlich zusteht? Dann heißt es, die Weichen von Anfang an richtig stellen – und zwar vor der Gründung.

Das Vokabular

- **Businessplan** – Eine Vorschau über die Art und Weise, wie ein neues Unternehmen Geld verdienen möchte.

- **Freiwillige Weiterversicherung ALG** – Die Möglichkeit, auch als Selbstständiger unter das Dach der Arbeitslosenversicherung zu schlüpfen.

- **Gewerbe** – Eine wirtschaftliche Tätigkeit mit der Absicht, Gewinn zu erzielen.

- **Gründungszuschuss** – Ein staatlicher Zuschuss für die Bezieher von Arbeitslosengeld 1. Zum Gründungszeitpunkt müssen noch mindestens 150 Tage Restanspruch auf Arbeitslosengeld 1 bestehen.

- **Kleinunternehmerregelung** – Eine steuerliche Sonderregelung für Unternehmer, deren Jahresumsatz nicht mehr als 17.500 Euro beträgt.

- **Umsatz** – Der Umsatz berechnet sich aus der Formel »Absatzmenge x Preis«, ganz unabhängig von den Kosten. Nicht zu verwechseln ist der Umsatz mit dem Gewinn.

Die richtige Taktik

Vertrauen Sie beim Thema Gewerbeanmeldung und Steuern nicht blindlings allen Ratschlägen von Organisationen und Kammern, denn die verfolgen ja auch ein Eigeninteresse. Schnell sind Sie überall beigetreten, zahlen Mitgliedsbeiträge und ersticken in einem Berg von teils überflüssigen Informationen. Kurz gesagt: Es lauern Quacksalber, die Sie mit Firlefanz vom Aufbau des Shops abhalten. Beginnen Sie Ihre Ansammlung von Gründungs-Know-how bei diesen beiden Anlaufstellen, die seit vielen Jahren kompetent, aktuell und ohne Jubelgeschichten informieren:

- *www.gruendungszuschuss.de*
- *www.mediafon.de*

Nachdem Sie diese beiden kritischen Websites abgegrast haben, wechseln Sie auf die offizielle Gründer-Website des Bundesministeriums für Wirtschaft und Energie:

- *www.existenzgruender.de*

Haben Sie nicht nur Ihre Shopidee im Kopf, sondern auch die organisatorischen Rahmenbedingungen und Abläufe. Denken Sie an folgende drei goldenen Regeln, bevor Sie einen Steuerberater, das Finanzamt, die Agentur für Arbeit oder irgendeine andere Behörde mit Fragen löchern:

1. Kompetente Auskünfte erhalten Sie niemals ohne eigene Einarbeitung in die Materie.

2. Fristen haben auch die Funktion, den Kreis der Berechtigten auszusieben. Passen Sie da auf.

3. Fertigen Sie eine Kopie an, bevor Sie irgendetwas bei einem Amt abgeben.

Lesen Sie dieses Kapitel komplett durch, bevor Sie irgendwelche Schritte unternehmen, Anträge stellen oder den Bogen zur steuerlichen Erfassung abschicken. Gehen Sie nicht davon aus, dass Sie wichtige Entscheidungen nach der Unternehmensgründung ohne Komplikationen korrigieren können.

11.1 Gewerbe anmelden

Falls Sie bereits ein Gewerbe angemeldet haben, müssen Sie überprüfen, ob der Onlineshop damit abgedeckt ist. Klären Sie das am besten rechtzeitig mit dem Gewerbeamt und dem Finanzamt ab.

Beispiel: Sie betreiben ein Ladengeschäft für Fahrräder und möchten mit dem Onlineshop ein zweites Standbein errichten. Vom Inhalt Ihrer ursprünglichen Gewerbeanmeldung hängt ab, ob Ergänzungen vorgenommen werden müssen.

Eine echte Neugründung ist also nicht in jedem Fall gegeben. Wenn aber doch, stellt sich sofort die erste Frage: freiberuflich oder gewerbetreibend?

Freiberuflich oder gewerbetreibend?

Die Unterscheidung ist für viele Existenzgründungen nicht immer ganz einfach zu treffen, aber für den Betreiber eines Onlineshops gibt es hier nichts zu deuten. Als Händler gehören Sie in die Schublade der Gewerbetreibenden.

Rathaus und Finanzamt

Anmelden müssen Sie sich zunächst beim Gewerbeamt, zumeist befindet es sich in Ihrem Rathaus. Erkundigen Sie sich, ob die Anmeldung von dieser Stelle auch gleich ans Finanzamt weitergeleitet wird. Vom Finanzamt erhalten Sie dann den »Fragebogen zur steuerlichen Erfassung«. Doch bevor Sie losmarschieren – bewaffnen Sie sich.

Bewaffnet ins Amt

Mit Ämterbesuchen ist das immer so eine Sache. Erst wartet man ewig, und am Schalter fehlt dann irgendwelches Zeugs. Nehmen Sie zur Erhaltung Ihrer körperlichen und geistigen Stabilität auf jeden Fall eine Mineralwasserflasche und Ihre Lieblingskekse mit. Und diese Unterlagen:

- Gültiger Personalausweis oder Reisepass. Besser ist der Personalausweis, weil dort auch Ihre Adresse verzeichnet ist.
- Steuernummer, falls vorhanden auch eine Umsatzsteuer-ID.
- Einen Gesellschaftervertrag, falls Sie beispielsweise eine GbR, GmbH oder UG gegründet haben.
- Ihre Bankverbindung mit der IBAN.
- Falls vorhanden, einen Mietvertrag für Geschäftsräume.
- Geld für Gebühren, die Sie vor Ort im Amt entrichten müssen.

Übung für zwischendurch

Schauen Sie mal in den Wetterbericht, um festzustellen, wann Morgennebel gemeldet ist, so eine richtige Waschküche. Termin gefunden? Dann machen Sie durch oder stehen sehr früh auf und steigen auf die nächste Anhöhe. Was sehen Sie? Fast nichts? Sehr gut, jetzt haben Sie das Prinzip von Starthilfen für Existenzgründer erkannt. Die professionellen »Schleiermacher« leisten immer wieder ganze Arbeit, damit die wenigen guten Möglichkeiten nicht in Anspruch genommen werden.

Alle Starthilfen zu finden, aufzuzählen oder gar zu erklären, würde ein mehrbändiges Werk locker füllen. Dieses Buch beschränkt sich auf drei ganz wesentliche:

1. den Gründungszuschuss,
2. die freiwillige Weiterversicherung sowie
3. die Kleinunternehmerregelung.

Der Wermutstropfen: Diese Möglichkeiten sind an bestimmte Voraussetzungen gebunden. Falls Sie die Kriterien erfüllen, lohnt es sich aber.

11.2 Gründungszuschuss nutzen

Zu den sehr nützlichen Starthilfen gehört der Gründungszuschuss aus der Arbeitslosigkeit heraus. Die wesentlichen Merkmale:

- Im Gegensatz zu den Programmen der KfW (*Kreditanstalt für Wiederaufbau*) handelt es sich um einen Zuschuss – und nicht um einen Kredit. Im Klartext: Sie müssen nichts zurückzahlen.
- Der Zuschuss wird direkt an Sie ausbezahlt, und Sie verfügen auch frei darüber.
- Seit 2012 ist der Gründungszuschuss nur noch eine Ermessensleistung. Einen rechtlichen Anspruch gibt es darauf nicht. Einen Antrag sollten Sie aber auf jeden Fall stellen, sofern Sie die Voraussetzung erfüllen.

11.2.1 Voraussetzung und Antragstellung

Die Voraussetzung: Es müssen noch mindestens 150 Tage Restanspruch auf Arbeitslosengeld 1 (ALG 1) bestehen. Haben Sie weniger Tage zur Verfügung, kann der Gründungszuschuss nicht mehr gewährt werden. Warten Sie also, falls Sie ALG 1 beziehen, nicht allzu lange mit der Antragstellung.

Antragsformular und Businessplan

Das Antragsformular erhalten Sie von der Agentur für Arbeit. Abliefern müssen Sie es zusammen mit einem gut strukturierten Businessplan. Diesen sollten Sie auf jeden Fall von einer fachkundigen Stelle absegnen lassen, zum Beispiel von einem Steuer- oder Unternehmensberater.

> **Tipp für einen guten Businessplan**
> Konzentrieren Sie sich in der Aufbauphase auf eine klar eingegrenzte Nische, in der Sie sich als Spezialist von der Konkurrenz abheben. Wenn sich das eingegrenzte Sortiment gut verkauft, nehmen Sie weitere Produkte hinzu.

11.2.2 Dauer und Höhe

Die maximale Dauer beträgt 15 Monate. Der Gründungszuschuss ist dabei in zwei Phasen gesplittet. Die erste Phase dauert sechs, die zweite neun Monate.

Erste Phase

In der ersten Phase von sechs Monaten setzt sich der Zuschuss aus diesen zwei Komponenten zusammen:

1. Förderung in Höhe des bisherigen Anspruchs auf ALG 1.
2. Monatliche Pauschale von 300 Euro zur Deckung der Sozialversicherung.

Sie dürfen also mit dem Gründungszuschuss den Status der Arbeitslosigkeit beenden, aber trotzdem Gelder in Höhe des ALG 1 beziehen. Allerdings fallen Sie mit diesem Schritt aus der Sozialversicherung. Die Agentur für Arbeit übernimmt die Beiträge dann nicht mehr für Sie.

Der Knackpunkt ist die Krankenversicherung. Die Mitgliedschaft in einer Krankenkasse ist in Deutschland Pflicht, und hier werden Selbstständige in der Regel ordentlich gemolken. Um die exorbitanten Beiträge abzufedern, ist die Pauschale von 300 Euro gedacht.

Die Summe steht Ihnen dabei völlig unabhängig von den tatsächlichen Kosten zur Verfügung. Vielleicht wurden Sie ja als Künstler oder Publizist in die tariflich günstige Künstlersozialkasse aufgenommen? Dann müssen Sie von den 300 Euro nichts zurückgeben.

Zweite Phase

Wenn Sie nichts tun, läuft die Förderung sang- und klanglos nach sechs Monaten aus. Um in die zweite Phase zu gelangen, müssen Sie selbst aktiv werden und einen Antrag auf Verlängerung stellen. Ihre Zahlen werden dann unter die Lupe genommen, denn auch dabei handelt es sich um eine Ermessensleistung. Wird die zweite Phase genehmigt, erhalten Sie für neun Monate noch einmal die Pauschale von 300 Euro, insgesamt also 2.700 Euro. Eine weitere Verlängerung ist nicht mehr möglich, nach 15 Monaten ist die Förderung beendet.

Gründungszuschuss und Steuern

Der gesamte Gründungszuschuss einschließlich der Sozialversicherungspauschale ist in jeglicher Hinsicht steuerfrei. Konkret bedeutet das:

- Sie müssen den Zuschuss zwar in Ihrer jährlichen Steuererklärung angeben, es wird aber nichts davon abgezogen.
- Wenn Sie mit Ihrem Shop Einkommen erwirtschaften, gilt zunächst der niedrige Eingangssteuersatz. Ihr Gewinn wird nicht auf den Gründungsschuss »obendrauf gelegt«.

11.3 Freiwillige Weiterversicherung

Haben Sie Anspruch auf ALG 1? Dann sollten Sie dieses Kapitel kopieren, einrahmen und über den Schreibtisch hängen. Es geht um die »freiwillige Arbeitslosenversicherung für Selbstständige«, auch »freiwillige Weiterversicherung« genannt. Im Unterschied zum Gründungszuschuss gibt es bei der Gewährung der freiwilligen Weiterversicherung keinen Ermessensspielraum. Im Klartext: Sind keine formalen Fehler vorhanden, steht Ihnen der Eintritt in diese Versicherung zu. Doch worum geht es überhaupt?

11.3.1 Als Selbstständiger in der Arbeitslosenversicherung

Die Gründung eines Onlineshops ist wie jede Unternehmensgründung mit dem Risiko des Scheiterns verbunden. Im Fall des Falles ist es beruhigend, mit der Aufgabe der Selbstständigkeit nicht gleich in ein finanzielles Loch zu fallen. Allerdings ist die Vorsorge gar nicht so einfach, wie ein Vergleich zwischen Angestellten und Selbstständigen zeigt:

- Für Angestellte besteht (ab einem Monatseinkommen über 450 Euro) eine Pflichtmitgliedschaft in der Arbeitslosenversicherung. Der Gesetzgeber hat hierfür klare Regelungen erlassen. Ein Arbeitgeber, der seine Angestellten nicht ordnungsgemäß meldet und für sie Sozialbeiträge abführt, macht sich strafbar. In der Folge sind nahezu alle Angestellten ab der Mindesteinkommensschwelle gegen Arbeitslosigkeit versichert.
- Bei den Selbstständigen ist die Situation viel komplizierter. Um in die Arbeitslosenversicherung zu gelangen, ist eine Reihe von Voraussetzungen nötig. In der Folge sind nur sehr wenige Selbstständige gegen Arbeitslosigkeit versichert.

11.3.2 Voraussetzungen

Als Selbstständiger müssen Sie eine dieser beiden Voraussetzungen erfüllen, um in die Arbeitslosenversicherung aufgenommen zu werden:

- Sie müssen unmittelbar vor der Unternehmensgründung ALG 1 (oder eine vergleichbare Leistung nach Sozialgesetzbuch III) bezogen haben. Keine Rolle spielt die Dauer des Bezugs.
- Sie müssen innerhalb der letzten 24 Monate mindestens 12 Monate in einem Versicherungspflichtverhältnis gestanden haben, beispielsweise als Arbeitnehmer, Bezieher von Krankengeld oder über versicherungspflichtige Erziehungszeiten.

> **Fristen und Fallen**
> Achten Sie peinlich genau auf Abläufe und Fristen, denn sonst scheitert Ihr Vorhaben.
> **Beispiel:** Sie beziehen ALG 1 bis zum 12. eines Monats, einem Samstag. Ihr Unternehmen gründen Sie zum 14. des Monats, einem Montag. Durch den Unterbrechungstag haben Sie Ihren Anspruch auf Aufnahme in die freiwillige Weiterversicherung endgültig versiebt.
> Zwingend ist aber nur der nahtlose Übergang von der Arbeitslosigkeit in die Selbstständigkeit. Danach haben Sie etwas Spielraum. Innerhalb von drei Monaten nach der Gründung kann der Antrag auf die freiwillige Weiterversicherung noch eingereicht werden.

11.3.3 Beiträge für die freiwillige Weiterversicherung

Die Beiträge ab dem Gründungszeitpunkt und dem folgenden Kalenderjahr:

- 43,58 Euro pro Monat (West)
- 37,80 Euro pro Monat (Ost)

Danach erhöhen sich die Beiträge auf:

- 87,15 Euro pro Monat (West)
- 75,60 Euro pro Monat (Ost)

Eintritt des Versicherungsfalls

Sollten Sie mit der Selbstständigkeit scheitern, tritt der Versicherungsfall ein. Sie fallen dann wieder in den Bezug von Arbeitslosengeld 1 zurück. Voraussetzung ist allerdings, dass Sie in den zwei Jahren vorher, der sogenannten Rahmenfrist, mindestens zwölf Monate in die Arbeitslosenversicherung einbezahlt haben.

> **Anspruch auf ALG 1**
> Falls Sie nach elf Monaten feststellen, dass Ihr Shop nicht den gewünschten Erfolg bringt, sollten Sie Ihr Gewerbe trotzdem noch einen Monat weiter betreiben. Damit haben Sie nämlich mit Sicherheit zwölf Monate eingezahlt und den Anspruch auf ALG 1 erworben.

Höhe des Arbeitslosengelds

Im Versicherungsfall richtet sich die Höhe des Arbeitslosengelds nun nicht, wie man annehmen könnte, nach dem erzielten Gewinn aus der selbstständigen Tätigkeit. Hier hat sich der Gesetzgeber mal wieder etwas Skurriles einfallen lassen, und zwar das »fiktive Arbeitsentgelt«. Je nach Qualifikation (von ungelernt bis Uniabschluss) werden Sie in eine Schublade gesteckt. Je höher die Qualifikation, desto höher auch dieses »fiktive Arbeitsentgelt« und das daraus resultierende ALG 1. Das alles gilt unter der

Voraussetzung, dass Sie sich bemühen, eine neue Stelle in Ihrer Qualifikationsstufe zu finden.

11.3.4 Den Aufnahmeantrag stellen

Um als Selbstständiger in die Arbeitslosenversicherung aufgenommen zu werden, müssen Sie selbst aktiv werden und einen Antrag stellen, und zwar bei der für Sie zuständigen Agentur für Arbeit. Fragen Sie also dort nach einem Formular mit der Bezeichnung »Versicherungspflichtverhältnis auf Antrag«. Füllen Sie es aus, kopieren Sie es für Ihre Unterlagen und geben Sie es ab.

Nachweisen müssen Sie mit dem Antrag, dass Sie

- ein Gewerbe angemeldet haben und
- mindestens 15 Stunden pro Woche damit beschäftigt sind.

Gehen Sie davon aus, dass Sie vor allem in der Startphase des Shops weit mehr als 15 Stunden Arbeit pro Woche hineinstecken. Die Installation des Shopsystems hat dabei nur einen geringen Anteil. Echte Zeitfresser sind Ihre Marketingaktivitäten. Dazu gehören die Gestaltung von Newslettern, die Führung eines Firmenblogs und die Aktivitäten in den Social-Media-Netzwerken.

> **Abbuchung der Versicherungsbeiträge**
> Eine Bestätigung über die Aufnahme in die freiwillige Weiterversicherung erhalten Sie nicht. Tipp: Geben Sie zur Abbuchung eine Einzugsermächtigung ab und wählen Sie die monatliche Zahlung. Mit der ersten Abbuchung wissen Sie, dass Sie sich auf der sicheren Seite befinden.

11.4 Kleinunternehmerregelung

Ob Sie Ihren Onlineshop als Kleinunternehmen führen sollten? Ihr Steuerberater rät Ihnen wahrscheinlich davon ab, denn er lebt ja auch ein Stück weit von der ganzen Bürokratie. Die Kleinunternehmerregelung verschont Sie von vielerlei lästigen Aufgaben. Das können Sie sich schenken:

- Erhebung der Umsatzsteuer für die Produkte.
- Erhebung der Umsatzsteuer für die Versandkosten.
- Ausweisung der Umsatzsteuer für Produkte und Versandkosten.
- Verbuchung der Umsatzsteuer.
- Umsatzsteuer-Voranmeldung an das Finanzamt, die in den ersten zwei Jahren monatlich durchzuführen ist.
- Jährliche Umsatzsteuermeldung an das Finanzamt.

Der Nachteil als Kleinunternehmer:

- Sie erhalten die Umsatzsteuer nicht vom Finanzamt erstattet, wenn Sie beispielsweise einen Computer anschaffen oder Räume mieten.
- Sie müssen im Shop selbst und auf allen Rechnungen auf Ihren Kleinunternehmerstatus hinweisen. Damit verbunden ist möglicherweise ein gewisser Imageverlust gegenüber Geschäftskunden.

11.4.1 Höchstgrenzen für die Kleinunternehmerregelung

Nach § 19 UStG (Umsatzsteuergesetz) wird von Kleinunternehmern die Umsatzsteuer in diesen Fällen nicht erhoben:

- Im Gründungsjahr wird der Umsatz voraussichtlich 17.500 Euro nicht überschreiten.
- Der Umsatz betrug im Vorjahr nicht mehr als 17.500 Euro, im laufenden Jahr werden 50.000 Euro voraussichtlich nicht überschritten.

11.4.2 Der Moment der Entscheidung

Die erste Entscheidung pro oder kontra fällen Sie beim Ausfüllen des Fragebogens zur steuerlichen Erfassung. Überlegen Sie sich diesen Schritt gut, denn bei einem Verzicht auf die Umsatzsteuerbefreiung sind Sie ganze fünf Jahre an Ihre Entscheidung gebunden. Leicht fällt es dagegen, den Kleinunternehmerstatus zu beenden, es genügt ein formloser Antrag an das Finanzamt. Allerdings ist auch diese Entscheidung wieder fünf Jahre bindend.

> **Umsatz ist nicht Gewinn**
> Wenn Sie pro Jahr 30.000 Euro einnehmen, aber 25.000 Unkosten haben, sind Sie formal kein Kleinunternehmer mehr. Da können Sie noch so mit den Augen rollen, das Finanzamt lässt sich nicht erweichen, die Kleinunternehmerregelung kann nicht mehr in Anspruch genommen werden. Achtung: Die kritische Grenze von 17.500 Euro Umsatz müssen Sie selbst im Auge behalten. Vom Finanzamt erhalten Sie keine spezielle Benachrichtigung über den Eintritt in die Umsatzsteuerpflicht.

11.5 Crashkurs Umsatzsteuer

Aus diesen drei Gründen ist es empfehlenswert, die Basics zum Thema Umsatzsteuer zu kennen:

1. Kein Geld verschenken.
2. Einen günstigen Preis anbieten.
3. Ärger mit dem Finanzamt vermeiden.

Etwas verwirrend ist allerdings die Begrifflichkeit: Meinen Umsatzsteuer und Mehrwertsteuer dasselbe? Und was, um Himmels willen, ist eigentlich die Vorsteuer? Betrachten Sie das Ganze aus zwei Perspektiven, nämlich der des Kunden und der des Händlers.

Der Kunde bezahlt Mehrwertsteuer an den Händler

Der ganz normale Privatkunde interessiert sich in den meisten Fällen gar nicht für den Steueranteil des Preises der eingekauften Produkte. Er erwirbt ein paar Wanderstiefel oder einen Computer, ohne über den darin enthaltenen Mehrwertsteuersatz nachzudenken. Etwas anders tickt eine Firma oder ein Selbstständiger, zumindest beim Einkauf eines Computers. Sofern der Computer für das Unternehmen gebraucht wird, kann der Steueranteil vom Finanzamt wieder zurückgeholt werden. Das nennt sich Vorsteuer.

Der Händler führt Umsatzsteuer ans Finanzamt ab

Als Händler führen Sie die Mehrwertsteuer, die Sie dem Kunden in Rechnung gestellt haben, als Umsatzsteuer ans Finanzamt ab. Unterschiede im Steuersatz gibt es nicht. Wo 19 % erhoben wurden, werden auch 19 % abgeführt, wo 7 % erhoben wurden, auch genau diese 7 %.

11.5.1 Die Umsatzsteuer-Voranmeldung

Je nach Umsatz Ihres Unternehmens müssen Sie – sofern Sie kein Kleinunternehmer sind – in bestimmten Abständen monatlich oder vierteljährlich an das Finanzamt eine Umsatzsteuer-Voranmeldung abgeben, und zwar elektronisch über das ELSTER-Verfahren. Davor steht die Registrierung beim ELSTER-Portal, was einige Zeit und Nerven in Anspruch nehmen kann.

Bild 11.1: Via *https://elsteronline.de* wird die Umsatzsteuer-Voranmeldung eingereicht.

Als Existenzgründer stehen Sie für die ersten zwei Jahre monatlich in der Pflicht. Immer bis zum 10. des nachfolgenden Kalendermonats muss der Vormonat abgerechnet sein. Falls Ihnen diese Frist zu knapp ist, können Sie auf Antrag jeweils einen Monat Fristverlängerung erreichen.

> **Warum heißt es Umsatzsteuer-Voranmeldung?**
> Genau abgerechnet wird die Umsatzsteuer später noch einmal für das ganze Jahr. Weil der Unternehmer durch die Aufstellung im Monatsturnus »vorauseilenden Gehorsam« leistet, spricht man auch von einer Voranmeldung.

Getrennt nach Steuersätzen

Schlüsseln Sie getrennt nach Steuersätzen auf, was Sie an Mehrwertsteuer eingenommen und an Umsatzsteuer (Vorsteuer) ausgegeben haben. Die beiden Beträge werden dann miteinander verrechnet.

Beispiel

Mehrwertsteuereinnahmen	19 %:	250 Euro
Mehrwertsteuereinnahmen	7:%	110 Euro
Gesamte Mehrwertsteuereinnahmen: 360 Euro		
Umsatzsteuerausgaben	19 %:	120 Euro
Umsatzsteuerausgaben	7 %:	20 Euro
Gesamte Umsatzsteuerausgaben: 140 Euro		

Die Steuereinnahmen werden mit den Steuerausgaben verrechnet. Ergebnis: Sie bezahlen 360 – 140 = 220 Euro an das Finanzamt.

Ausgaben bei Unternehmensgründung

Bei der Neugründung eines Unternehmens müssen diverse Dinge angeschafft werden, z. B. Möbel, Computer, Software und Fachliteratur. Hinzu kommen Ausgaben für Werbung und Marketing. Die Einnahmen fließen aber erst später. Aus diesem Grund ist es gar nicht so selten, dass ein Unternehmer über die Umsatzsteuer-Voranmeldung kein Geld an das Finanzamt abdrückt, sondern etwas erhält. Sehen Sie, das Finanzamt ist gar nicht so böse, wie man meint. Allerdings sollten Sie daraus kein Geschäftsmodell entwickeln. Wenn Sie über Jahre kaum Umsätze, aber hohe Ausgaben haben, will die Behörde von Ihnen genauer wissen, womit Sie Ihren Lebensunterhalt verdienen.

Ausweisung auf den Rechnungen

Achten Sie vor allem bei größeren Anschaffungen für das Unternehmen immer darauf, dass die Vorsteuer auch ausgewiesen ist. Was nicht auf der Rechnung als Steueranteil gekennzeichnet ist, können Sie beim Finanzamt auch nicht geltend machen.

11.5.2 Die Steuersätze

Umsatzsteuer wird auf fast alle Waren und Dienstleistungen fällig. Sie als Händler müssen die Steuer im Auftrag des Finanzamts erheben. Die Steuersätze:

- 19 % – Der allgemeine Steuersatz.
- 7 % – Der ermäßigte Steuersatz, zum Beispiel für gedruckte Bücher (E-Books werden mit 19 % besteuert), Lebensmittel, Kunstwerke und Hotelübernachtungen.
- 0 % – Für Heilbehandlungen von Ärzten, Zahnärzten und genau festlegten therapeutischen Dienstleistungen.

Und dann gibt es da noch diverse Sonderfälle. Auf ein Kunstwerk, das direkt vom Maler an den Sammler geht, werden 7 % erhoben. Verkauft es der Kunsthändler oder eine Galerie weiter, sind 19 % fällig. Ganz schön kompliziert, oder? Die Einzelfälle finden Sie in § 12 UStG.

Umsatzsteuer auf Versandkosten

Umsatzsteuerpflichtig sind auch die von Ihnen erhobenen Versandkosten. Der Steuersatz orientiert sich dabei an den Produkten. Verschicken Sie Waren mit einem Umsatzsteuersatz von 19 %, werden auch die dazugehörigen Versandkosten mit 19 % besteuert. Auf Waren mit einem Umsatzsteuersatz von 7 % fallen auch nur 7 % Steuern auf die Versandkosten an.

11.6 Tipps für Gründer

Bei der Soll-Besteuerung ist das Datum der Rechnung entscheidend. Sobald Sie die Rechnung gestellt haben, sind Sie steuerpflichtig – unabhängig davon, wann der Kunde bezahlt. Diese Form ist der Normalfall.

11.6.1 Soll- oder Ist-Besteuerung

Die Ist-Besteuerung orientiert sich am Datum des Zahlungseingangs. Erst nach der Verbuchung auf Ihrem Konto sind Sie zur Abführung an das Finanzamt verpflichtet.

Gewährt wird die Ist-Besteuerung erst auf (formlosen) Antrag beim Finanzamt. Anspruch haben Unternehmen unter einer dieser beiden Voraussetzungen:

- Der Jahresumsatz beträgt nicht mehr als 500.000 Euro.
- Das Unternehmen ist von der Pflicht zur Buchführung befreit.

Im Fragenbogen zur steuerlichen Erfassung können Sie als Gründer sofort die Ist-Besteuerung beantragen.

11.6.2 Das Geschäftskonto

Eine betriebswirtschaftliche Grundregel lautet: keine Buchung ohne Beleg. Sammeln Sie alle Ein- und Ausgänge für Ihr Unternehmen, um bei der monatlichen Vorsteueranmeldung und der jährlichen Steuererklärung nicht ins Trudeln zu geraten. Eine zusätzliche Quelle der Dokumentation bieten die Kontoauszüge. Ob diese von einem Privat- oder Geschäftskonto stammen, spielt dabei allerdings keine Rolle.

Was für ein Geschäftskonto spricht: die Übersichtlichkeit. Mit dem Wachstum Ihres Shops kommen Sie um ein Geschäftskonto nicht herum. Gebühren können Sie sparen, wenn Sie einen Shop für einen gemeinnützigen Verein betreiben. Insbesondere die Sparkassen lassen da »mit sich reden«.

11.6.3 Zwei Jahre Anlaufzeit

Ein Onlineshop braucht wie jedes andere Unternehmen eine gewisse Anlaufzeit, in der noch keine großen Gewinne abgeworfen werden. Geben Sie sich eine Frist von zwei Jahren. Danach sollte der Shop rentabel sein. Andernfalls ist es besser, wenn Sie Ihr Geschäftsmodell von Grund auf neu ausrichten. Probieren Sie einen zweiten Anlauf – mit einem anderen Sortiment und einer anderen Zielgruppe.

Checkliste Gründung und Gewerbeanmeldung

- Gewerbeanmeldung erledigt.
- Beim Finanzamt gemeldet.
- Steuerlichen Erfassungsbogen des Finanzamts ausgefüllt.
- Entscheidung pro/kontra Kleinunternehmerregelung getroffen.
- Entscheidung pro/kontra Geschäftskonto getroffen.
- Optional: Businessplan erstellt.
- Optional: Antrag auf Gründungszuschuss gestellt.
- Optional: Antrag auf freiwillige Weiterversicherung gestellt.
- Optional: Antrag auf Ist-Besteuerung gestellt.

12 Marketing

12.1	**Marketing-Basics**	**435**
12.1.1	Praktische Übungen	435
12.1.2	Corporate Design	436
12.1.3	Das AIDA-Prinzip in der Theorie	438
12.1.4	Das AIDA-Prinzip in der Praxis	439
12.1.5	Die richtigen Knöpfe	440
12.2	**Angebote und Aktionen**	**442**
12.2.1	Der Mindestbestellwert	442
12.2.2	Prozente und Rabatte	443
12.2.3	Rabatte bei Büchern	445
12.2.4	Rabatte bei Heilmitteln	445
12.2.5	Die Tiefpreisgarantie	446
12.2.6	Cross- und Up-Selling	446
12.3	**Plug-ins und Module nutzen**	**448**
12.3.1	Plug-ins für WooCommerce	449
12.3.2	Module für wpShopGermany	450
12.4	**Die Kraft der Bilder**	**451**
12.4.1	Bilder für Produktseiten	451
12.4.2	Bilder im Header und auf Serviceseiten	453
12.4.3	Bilder für das Firmenblog und Informationsseiten	455
12.4.4	Bilder für Social-Media-Netzwerke	456
12.4.5	Gutes Bildmaterial erhalten	456
12.4.6	Bilder vom Hersteller	456
12.4.7	Stockfotos	457
12.4.8	Bilder vom Fotografen	459
12.4.9	Eigene Bilder	459
12.4.10	Kostenlose Bilder	461
12.5	**Händlerorganisationen**	**461**
12.5.1	Geprüfter Webshop	463
12.5.2	Der Händlerbund	464
12.5.3	Trusted Shops	467
12.5.4	Bundesverband Onlinehandel (BVOH)	468
12.6	**Das Firmenblog**	**469**
12.6.1	Gründe für das Blog zum Shop	470
12.6.2	Platzierung des Firmenblogs	471

12.6.3	Ziele und Themen des Firmenblogs	472
12.6.4	Kategorien eines Firmenblogs	474
12.6.5	Beiträge streuen	474
12.6.6	Firmenblog-Knigge	476
12.6.7	Kommentare auf dem Firmenblog	477
12.6.8	Blogvernetzung mit Gastbeiträgen und Interviews	477
12.6.9	Die richtigen Ansprechpartner finden	478
12.7	**Newsletter-Marketing**	**478**
12.7.1	Newsletter-Plug-ins nutzen	479
12.7.2	Der externe Anbieter MailChimp	479
12.7.3	Rechtskonforme Verwendung	480
12.7.4	Opt-in und Opt-out	480
12.7.5	Newsletter-Knigge	481
12.8	**Offlinemarketing**	**484**
12.8.1	Events nutzen	485
12.8.2	Ladenwerbung	485
12.8.3	Werbung auf dem Versandpaket	485
12.8.4	Werbung im Versandpaket	486
12.8.5	Mit anderen Händlern real vernetzen	487

Checkliste Marketing **487**

Marketingmenschen werfen oft und gern mit Wörtern aus einer sonderbaren, mit Anglizismen gespickten Sprache um sich. Wer zu tief darin eintaucht, wird wahnsinnig und kann sich dann nur noch mit seinesgleichen unterhalten. Manches davon ist aber doch ganz gut geeignet, um Sachverhalte schnell auf den Punkt zu bringen. Mit der Anwendung des folgenden Vokabulars müssen Sie sich um Ihre geistige Gesundheit noch keine Sorgen machen.

- **Cross-Selling** – Beim Cross-Selling oder Querverkauf geht es darum, einem Kunden zu seinem ursprünglich gewählten Produkt noch weitere und möglichst passende anzubieten. Sie kennen diese Aufforderung sicher von Amazon: »Kunden, die dieses Produkt gekauft haben, kauften auch ...«
- **Call to Action** (CTA) – Primär die Aufforderung zum Kauf. Sie dürfen Ihre Kunden aber auch deutlich auf Möglichkeiten zum Newsletter-Abo oder zur Produktbewertung hinweisen. Der Button ist das wichtigste Mittel für Aufforderungen aller Art.
- **Corporate Design** – Das einheitliche Erscheinungsbild eines Unternehmens.
- **Eyecatcher** – Ein gutes Produktbild spricht die Gefühle der Besucher an. Sie dürfen auch Hingucker sagen.
- **Konversion** – Die Umwandlung vom interessierten Seitenbesucher zum Käufer.
- **Konversionsrate** – Der Anteil derjenigen, die den Besuch Ihres Onlineshops mit einem Kauf abschließen. Je nach Branche sind Konversionsraten von 1 bis 5 % üblich.
- **Lead** – Eine Aktion, die ein Besucher im Sinne des Händlers tätigt: ein Klick auf ein Banner oder einen Button, ein Newsletter-Abo und am besten der Einkauf.
- **Rabatt** – Ein Nachlass auf den Preis. Kunden lieben Rabatte.
- **Return on Investment** (ROI) – Der Punkt, an dem für das gesamte Projekt oder für eine bestimmte Maßnahme eine Kostendeckung erreicht wird. Auf Deutsch: Die Kuh wurde gefüttert, jetzt gibt sie Milch.
- **Social-Media-Marketing** (SMM) – Die Bewerbung Ihrer Produkte über Facebook, Twitter und andere Social-Media-Netzwerke.
- **Stockfoto** – Ein Bild aus der Datenbank einer Bildagentur. Nach dem Bezahlen einer Lizenzgebühr dürfen Sie es unter den Bedingungen der Agentur verwenden.
- **Trust Signals** – Bilder und Texte, mit denen Sie das Vertrauen der Besucher gewinnen. Beliebt sind Shopsiegel von Händlerorganisationen.
- **Up-Selling** – Die Steigerung von Cross-Selling. Dem Kunden wird ein im Vergleich zum ersten Produkt höherwertiges angeboten. Ein Up-Selling-Profi verkauft demselben Kunden zuerst einen Tischtennisball, dann einen Tischtennisschläger und zur Krönung eine Tischtennisplatte.
- **Unique Selling Proposition** (USP) – Das Alleinstellungsmerkmal. Es grenzt Ihre Waren und Dienstleistungen von der Konkurrenz ab, im Idealfall auch Ihren gesamten Shop. Möglichkeiten zum Geldausgeben gibt es ja wie Sand am Meer.

Warum sollte der Kunde ausgerechnet bei Ihnen einkaufen? Da müssen Sie schon einmalig sein.

12.1 Marketing-Basics

Haben Sie die Fachbegriffe alle inhaliert? Dann kehren Sie schnell wieder auf den Boden der Tatsachen zurück. Dahin, wo Currywurst und Bier serviert werden oder Kaffee und Kuchen.

12.1.1 Praktische Übungen

Es ist die Alltagswelt, in der sich Ihre Kunden bewegen. Absolvieren Sie gleich mal zwei kleine praktische Übungen.

1. Übung

Legen Sie das Buch weg und besuchen Sie Ihre Tante zum Kaffee. Sie freut sich, wenn Sie mal wieder vorbeischauen. Der letzte Besuch ist ja auch schon wieder eine Weile her, oder? Bringen Sie Blumen und Hunger mit. Nach dem dritten Stück Kuchen legen Sie die Kuchengabel weg, packen Ihren Laptop aus und surfen mit ihr auf die Startseite Ihres Onlineshops. Wortlos, sonst funktioniert es nicht. Hören Sie genau hin, was die Tante sagt. Ordnen Sie die ersten drei Sätze der folgenden Auswertungstabelle zu:

Aussage	Punkte
Was ist das denn?	−3
Noch ein Stück Kuchen?	0
Das ist ja schön.	+1
Kann ich da einkaufen?	+2
Aha, hier kann ich einkaufen.	+3

Sollten Sie weniger als drei Punkte erzielt haben, ist der Wurm drin. Ihre Tante und auch die anderen Durchschnittsuser wissen nämlich gar nicht, was sie mit Ihrer Website anfangen sollen.

Jetzt heißt es, den Charakter des Shops eindeutig herauszustellen. Lassen Sie sich den noch nicht verzehrten Kuchen in Alufolie einpacken, und es geht weiter mit der nächsten Übung.

2. Übung

Wieder zu Hause? Futtern Sie erst mal den eingepackten Kuchen, damit er nicht schlecht wird. Dann geben Sie die Alufolie brav in das dafür vorgesehene Müllbehältnis. Ach ja, und da Sie schon beim Müll sind, gehen Sie auch gleich zur Altpapiertonne. Fischen Sie die Prospekte wieder heraus, die Sie da neulich entsorgt hatten. Gehen Sie wieder ins Haus und legen Sie die Prospekte auf den Tisch.

Achten Sie nicht nur auf die Produkte, sondern auch auf das ganze »Drumherum«. Da steht zum Beispiel so etwas:

- Ihr freundlicher Shop
- 50 % gespart
- Ab 9,99 €
- Sonderangebote
- Sparpreise
- Sparaktion
- Testsieger

Zugegeben, diese Phrasen sind nicht besonders originell, aber sie machen dem Leser ganz zweifelsfrei klar, was Sache ist: Hier ist ein Shop. Hier kaufe ich ein. Mit der Übernahme dieses Vokabulars hinterlassen Sie einen deutlichen ersten Eindruck und grenzen sich von privaten Websites und Informationsangeboten wie der Wikipedia ab.

> **Vorsicht bei dem Begriff »Testsieger«**
> Vorsicht ist allerdings bei Wörtern wie »Testsieger« geboten. Wenn Sie eine solche Auszeichnung nicht belegen können, handeln Sie sich möglicherweise juristische Scherereien wegen eines Verstoßes gegen das Wettbewerbsrecht ein.

Ein Shop auf den ersten Blick

Übungen absolviert? Dann haben Sie bestimmt Ideen gesammelt, um den Shop ordentlich aufzumöbeln. Das Wort Shop oder Onlineshop könnte auffälliger im Header der Site platziert werden, die anderen Begriffe in den Seitenleisten oder direkt bei den Produkten. Unterstützt wird die Wirkung der Worte mit eindeutigen Bildern, vielleicht mit solchen Motiven:

- Entspannter Onlineshopper am Laptop.
- Glückliche Paketempfängerin.

Doch bevor Sie loslegen, brauchen Sie einen Klebstoff, der das ganze Design zusammenhält. Die Marketingmenschen nennen ihn Corporate Design, einheitliches Erscheinungsbild.

12.1.2 Corporate Design

Ein erfolgreicher Onlineshop liefert in Texten und Bildern einen einheitlichen Gesamteindruck ab. Oder noch mehr – ein Lebensgefühl. Denken Sie dabei an erfolgreiche Marken wie Ikea oder Zalando. Beide bedienen sich einer flotten, jugendlichen Ansprache. Es wird nicht nur durchgehend geduzt, es wird auch eine Vertrautheit zwischen Shop und Kunde suggeriert, etwa in dieser Art:

Die Welt da draußen ist manchmal fröhlich und manchmal grau, aber wir verstehen dich in jeder Lebenslage. Wir duzen uns wie gute Freunde, die sich noch von der Schulbank kennen.

Wollen Sie Ihrem Shop einen jugendlichen Touch geben? Dann dürfen Sie auch duzen, insbesondere die finanzkräftige Generation der Alt-68er. Die etablierten Revolutionäre fühlen sich damit wieder jung. Allerdings funktioniert der lockere Umgangston nicht mit jedem Sortiment. Im Umfeld von teurem Schmuck und exquisiter Mode bürgt das »Sie« für eine von der Kundschaft erwartete Seriosität. Heikel kann das »Du« auch bei Produkten werden, die es in Apotheken und Sanitätshäusern zu kaufen gibt. Wie auch immer Sie sich entscheiden – vertreten Sie Ihre Linie durchgängig, und das nicht nur in der Du-Sie-Frage. Einheitlichkeit gilt für alle wichtigen Elemente des Corporate Design.

Einheitliches Logo

Ideal ist ein klares und auch auf den kleinen Bildschirmen der Smartphones gut zu erkennendes Firmenlogo. Es liegt an Ihnen, ob Sie das Logo selbst entwerfen oder einen Grafikdesigner dafür bezahlen.

Bild 12.1: Das Logo der Bundesliga spricht nicht nur für sich, es ist auch auf kleinen Displays gut erkennbar. So muss ein Logo sein.

Die Endkontrolle sollten Sie Leuten überlassen, die sich mit Designfragen überhaupt nicht beschäftigen. Wie heißt es so treffend: Der Wurm muss dem Fisch schmecken und nicht dem Angler. Legen Sie den Logoentwurf zufällig ausgewählten Personen vor, dann erhalten Sie ein unverfälschtes Feedback.

Bild 12.2: Das Logo der Fußball-EM 2016 ist erklärungsbedürftig. Was ist da zu sehen? Eine Amphore, ein Fisch? Auf kleineren Displays ist gar nichts erkennbar. Als Logo für einen Onlineshop ist das Motiv ungeeignet.

Einheitlicher Schriftzug

Der Schriftzug Ihres Onlineshops darf zwar individuell sein, aber aus Lesbarkeitsgründen nicht zu verschnörkelt. Sie brauchen ihn als Bilddatei in verschiedenen Größen, und natürlich muss er mit dem Logo harmonieren.

Einheitliche Farben

Seien Sie kein Stubenhocker. Gehen Sie mal wieder gepflegt abtanzen in einer Disco der gehobenen Qualität. Erst rocken Sie die Tanzfläche, bis der Schweiß tropft, dann bestellen Sie einen Drink und beobachten die Lightshow. Wenn der Lightjockey etwas von seinem Handwerk versteht, sieht sie je nach Musikstil unterschiedlich aus:

- ABBA – Es blinken die Spots in bunten und fröhlichen Farben.
- Depeche Mode – Zu den Elektroklängen dominieren kühle Blau- und Weißtöne.
- AC-DC – Hier darf ein knalliges, kraftvolles Rot nicht fehlen.

Die Farben stehen für Emotionen. Wählen Sie ein Schema, das Ihre Philosophie repräsentiert und mit Ihrem Sortiment harmoniert.

Bildersprache des Genres bedienen

Na, haben Sie die Nacht durchgemacht? Und sind allein geblieben? Dann kriegen Sie jetzt nicht den Blues, sondern bummeln zum Bahnhof. Der Zeitschriftenladen hat schon sehr früh geöffnet. Studieren Sie die Cover. Die Abteilung mit der Klatschpresse erkennen Sie mühelos aus fünf Metern Entfernung, denn die mit Photoshop aufgehübschten Gesichter der Promis aus Königshäusern und Modewelt leuchten Ihnen unübersehbar und in der typischen Art des Genres entgegen.

Auf den Covern der Computerzeitschriften ist dagegen fast immer Hardware abgebildet. Was Sie äußerst selten sehen: Promis vor Monitoren, denn eine solche Mixtur würde sämtliche Zielgruppen nur verwirren. Die Leute gehen nicht davon aus, dass sich Prinzessinnen mit Computern auskennen oder Hacker mit Handtaschen.

Fazit: Ein erfolgreicher Shop bedient die Bildersprache des Genres. Sie bieten Kindermode an? Dann gehören auch lachende Kinder in den Header. Oder Bergschuhe? Mit einem Panorama im Hintergrund fühlt sich der Kunde bei Ihnen gleich wie im Urlaub.

Individuelle Bildersprache entwickeln

Die grobe Richtung stimmt? Dann fehlt jetzt noch das Sahnehäubchen, die Abgrenzung von der Konkurrenz. Die Kunst besteht darin, innerhalb der Grenzen des Genres eine persönliche Note zu kreieren. Wie wäre es mit einer Identifikationsfigur oder einem Maskottchen? Überlegen Sie, wer über Produkte und Angebote Ihres Shops am schnellsten informieren könnte.

Für einen Technikshop ist ein sympathischer Nerd geeignet. Wenn Sie aber Tierfutter verkaufen, brauchen Sie einen firmeneigenen Vogel – Papageien sind dank ihres Sprachtalents ideal – oder einen Hund. Ob er nun gezeichnet oder fotografiert ist, spielt keine Rolle. Weil er sich mit Futtersorten wie kein anderer auskennt, steht er in der Skala der Glaubwürdigkeit ganz oben. Nehmen Sie es ihm nicht übel, aber er kann zum Corporate Design mehr beitragen als Sie.

12.1.3 Das AIDA-Prinzip in der Theorie

AIDA? Heute steht nicht die Oper in vier Akten auf dem Programm, sondern das Marketingprinzip in vier Phasen. Ziel ist es, den Besucher zur Kaufentscheidung zu bewegen.

In einem Onlineshop bedeutet AIDA:

- **A** wie Aufmerksamkeit.
- **I** wie Interesse.
- **D** wie Desire (Sehnsucht).
- **A** wie Action: in den Warenkorb legen und bestellen.

Aufmerksamkeit erzeugen

Wörter sind langweilig. Aufmerksamkeit erzeugen Sie auch in einem Onlineshop in erster Linie mit Bildern. Was dem Besucher beim Aufruf Ihres Shops gezeigt wird, muss sofort ins Auge springen. Ist es sexy, macht es glücklich, oder ist es auf geniale Weise nützlich? Dann eignet es sich auch, um Aufmerksamkeit zu erzeugen.

Interesse wecken

Aufmerksamkeit ist wichtig, aber der Effekt allein ist schnell verpufft. Jetzt muss nachgelegt werden. In der zweiten Phase dürfen Sie ein bisschen ins Detail gehen und Informationen zu Waren und Dienstleistungen liefern. Was haben die in Ihrem Shop angebotenen Produkte, das andere nicht haben? Stellen Sie Vorzüge und Besonderheiten heraus, um Interesse zu wecken.

Sehnsüchte

In der Traumfabrik von Hollywood dreht sich alles um die Erfüllung der großen Sehnsüchte. Es geht um Liebe, Abenteuer, Gerechtigkeit oder den persönlichen Lebenstraum. Der Held, ein James Bond oder Indiana Jones, muss sich dazu in allerlei Gefahren begeben. Erfolgreiche Werbung verknüpft die Traumwelt mit der Warenwelt. Auch der gewöhnliche Kunde hat ja seine großen Sehnsüchte. Zur Erfüllung muss er sich aber nicht ständig aus einer Todesfalle retten. Sein Stück vom Glück erlangt er über Produkte, die in Ihrem Onlineshop erhältlich sind.

Action bitte

Die Sehnsucht nach einem Produkt ist geweckt? Dann geben Sie dem Kunden die Möglichkeit, seinen Traum zu erfüllen – durch einen Klick auf den Kaufbutton.

12.1.4 Das AIDA-Prinzip in der Praxis

Nehmen Sie den Kunden bei der Hand und geleiten Sie ihn durch alle vier AIDA-Phasen. Eine geeignete Methode ist das Storytelling, das Erzählen einer Geschichte. Fangen Sie mit kleinen und in Bild und Text realisierbaren Geschichten an.

Beispiel: Sie verkaufen originelle Hüte. Zur Verfügung stehen Ihnen die Produkte selbst und außerdem

- eine fröhliche Meute auf einem Sommerfest sowie
- eine Kamera.

Folgende kleine AIDA-Story lässt sich damit leicht produzieren und in den Shop oder das Firmenblog einbinden. Zuerst erregen wir Aufmerksamkeit.

Aufmerksamkeit

So eine Partymeute mit Hüten sieht sexy aus. Spielen Sie ein bisschen mit dem Motiv und zeigen Sie, wie sich ein paar Leute einen Hut schnappen und als Frisbeescheibe zweckentfremden.

Interesse

Beschreiben Sie im Produkttext, wie jede Party damit in Schwung kommt. Und wie heiß es bei Sommerfesten werden kann. Gut, wer da einen Hut trägt.

Sehnsucht

Verkünden Sie, dass die Hüte bei Ihnen im Shop jetzt erhältlich sind – und das auch als Schnäppchenangebot im 10er-Pack. Wer zuschlägt, rettet die nächste Feier.

Action

Falls Sie die Story im Shop selbst platziert haben, ist der Bestellbutton schon in der Nähe. Falls nicht, verlinken Sie möglich auffällig zur Produktseite.

Das war der Schnelldurchlauf. Ganz wesentlich ist natürlich, dass der »Empfänger« der Story auch zum Kunden wird, und zwar bei Ihnen. Es ist ja nicht Sinn der Sache, dass sich Ihre Besucher über die Story freuen, um dann bei Amazon, eBay oder sonstwo einzukaufen. Verhindert wird das Abwandern zur Konkurrenz durch den richtigen Knopf bzw. die richtigen Knöpfe. Der Kaufbutton ist nämlich nicht alles.

12.1.5 Die richtigen Knöpfe

Gehen Sie in ein Museum und beobachten Sie, was die Kinder da am liebsten machen. Wenn Sie Glück haben, ist gerade Schulausflug. Dann baut sich der Lehrer vor dem Exponat einer Dampfmaschine auf und erzählt über das Leben und Werk von James Watt. Und die Schüler?

Zwei Streber hören zu, der Rest drückt eifrig diverse Knöpfe, die vor dem Exponat angebracht sind. Mit jedem Drücken tut sich etwas: Es dampft, es zischt, es bewegt sich ein Kolben. Den Kleinen macht es sichtlich Spaß, alle möglichen Reaktionen per Knopfdruck auszulösen. Deswegen lieben sie auch Klingelstreiche, die Lümmel. Die Erwachsenen lieben das Knöpfedrücken auch, aber im realen Leben kommen sie nicht mehr dazu.

Wer als Volljähriger wie ein Pennäler auf die Knöpfe haut, ruft den Museumswärter auf den Plan. Der Mann mit der Mütze macht dem Spaß ein Ende, und es setzt Schelte für das Kind im Manne – oder der Frau. Doch zum Glück gibt es das Internet. Im Onlineshop darf und soll gedrückt werden, was das Zeug hält.

Im Vorfeld der Kaufentscheidung

Im Leben ist es unhöflich, immer gleich mit der Tür ins Haus zu fallen. Denken Sie mal an eine neue Bekanntschaft. Die laden Sie ja auch zunächst ins Restaurant ein, selbst wenn da schon ganz andere Gedanken im Kopf herumschwirren. Im Onlineshop ist das nicht anders. Die wenigsten Seitenbesucher gehen beim ersten Mal gleich bis zum Äußersten, zur Bestellung. Der Händler muss sie Schritt für Schritt zum Kauf hinführen – auf emotionaler Seite durch das AIDA-Prinzip, auf technischer durch Vorfeldaktionen wie zum Beispiel:

- Ansehen weiterer Informationen.
- Abonnement eines Newsletters.
- Ansehen einer Bewertung.
- Verfassen einer Bewertung.
- Teilnahme an einem Gewinnspiel.
- Teilnahme an einer Abstimmung.

Für die meisten Aktionen können Sie rein technisch gesehen auch einen einfachen Link mit einem Aufforderungstext setzen. Aber Links sind langweilig und aufgrund ihrer Vielzahl leicht zu übersehen. Wesentlich wirkungsvoller ist ein optisch ansprechender und auffälliger Button.

jetzt anmelden   **Bild 12.3:** Ein Button ist ansprechender als ein Link.

Viel Platz steht auf einem Button nicht zur Verfügung. Dichten Sie also keine Opern, sondern fassen Sie sich kurz. Typische Beschriftungen sind:

- *Jetzt starten* – die universelle Lösung passt für alles.
- *Jetzt abonnieren* – den firmeneigenen Newsletter.
- *Jetzt anmelden* – für ein Webinar.
- *Hier herunterladen* – eines kostenlosen E-Books.
- *Ich nehme teil* – an einem Gewinnspiel.

Alle Aktionen im Vorfeld eines Kaufs sind für Sie als Händler wertvoll. Im Idealfall nähert sich der Besucher der Kaufentscheidung an. Doch selbst wenn kein Kauf erfolgt, bleibt Ihnen ein ansehnlicher Trostpreis. Die Suchmaschinen messen und bewerten auch die Verweildauer und das Klickverhalten. Je länger sich der Durchschnittsbesucher auf einer Website aufhält und je öfter er etwas anklickt, desto besser für das Ranking bei Google. Durch die höhere Position werden wieder andere Besucher von Ihrem Shop angezogen.

Das Internet unterscheidet sich hier nicht vom Markt auf der Straße. Wo die Passanten zum Anschauen und Ausprobieren am Stand verweilen, bildet sich eine Menschentraube. Viele schauen nur, aber einige kaufen auch. Wo nichts los ist, kauft dagegen auch niemand.

12.2 Angebote und Aktionen

Der Mensch hat sich im Laufe der Evolution zwar technisch immer weiterentwickelt, aber in seinen Instinkten unterscheidet er sich in keiner Weise vom Neandertaler, da hat sich in Zehntausenden von Jahren nichts geändert. Denken Sie nur an den Paarungs- und den Jagdtrieb. Nun gibt es in der modernen Gesellschaft aber kaum noch Anlässe, um letzteren Trieb so richtig auszuleben. Das Mammut bedroht uns nicht mehr, und die Tiere im Zoo sind entweder putzig oder hinter Gittern. Was bleibt, ist die Schnäppchenjagd, und an der sollten Sie sich beteiligen – auf Händlerseite. Schaffen Sie attraktive Beute herbei.

12.2.1 Der Mindestbestellwert

Immer eine gute Idee ist es, Rabatte an einen bestimmten Mindestbestellwert zu koppeln. Damit erzielen Sie eine ganze Reihe angenehmer Effekte.

Beispiel: Der übliche Preis für ein Brettspiel liegt zwischen 19,90 und 39,90 Euro. Was passiert, wenn ein Versender von Brettspielen ab einem Mindestbeitrag von 50 Euro einen kräftigen Rabatt gewährt? Mit etwas Glück animiert der Käufer seine Freunde, sich der Bestellung anzuschließen. Der Mengenrabatt generiert dann eine Sammelbestellung, bei der der Kunde alles Organisatorische selbst in die Hand nimmt. Besser kann es für den Händler nicht laufen. Die Gewinnmarge sinkt zwar je Produkt, aber dieser Faktor wird mehr als ausgeglichen.

Die Vorteile:

- Umsatzsteigerung durch den Verkauf einer weiteren Ware.
- Die Sammelbestellung erspart Aufwand und Kosten bei Versand, Bestellverwaltung und Buchhaltung.
- Der Name des Onlineshops wird vom Kunden im Freundeskreis weitergegeben. Dieser Effekt tritt selbst dann ein, wenn die Sammelbestellung gar nicht zustande kommt.
- Bei der Sammelbestellung sinkt die Wahrscheinlichkeit einer Retoure. Zumindest ein Teil der Käufer steht mit dem Händler in keiner direkten geschäftlichen Beziehung.

Kostenloser Versand

Beliebt ist auch die Methode, ab einem bestimmten Mindestbestellwert »nur« einen kostenlosen Versand zu gewähren. Der Gesamtpreis für die Produkte bleibt dabei gleich, und an der Gewinnmarge ändert sich nichts.

Diese Methode empfiehlt sich besonders für:

- Betreiber von Onlineshops, die das erste Mal mit Preisnachlässen arbeiten,
- den Verkauf von Büchern, die ja wegen der Buchpreisbindung nicht rabattiert werden dürfen.

Mit Rabatten sind einige juristische Fallstricke verbunden. Werfen Sie also nicht unüberlegt mit Prozenten um sich. Im nächsten Kapitel finden Sie dazu alles Wissenswerte.

12.2.2 Prozente und Rabatte

Vor Urzeiten, genauer gesagt bis zur Abschaffung des Rabattgesetzes im Jahr 2001, verhinderte der Gesetzgeber noch den allzu lockeren Umgang mit Preisnachlässen. Die Höchstgrenze für Rabatte lag außerhalb von speziellen Aktionszeiträumen wie dem Sommer- oder Winterschlussverkauf bei mageren 3 %. Heute darf jeder Händler auch 30 % und mehr mit dem Preis nach unten gehen.

Übertreiben sollten Sie es aber trotzdem nicht, und zwar aus zwei Gründen:

1. Sie wollen doch mit Ihrem Onlineshop Geld verdienen, oder?
2. Wenn Sie über längere Zeiträume Ihre Produkte unter dem Selbstkostenpreis anbieten, verstößt dies gegen § 4 Nr. 10 UWG (Gesetz gegen den unlauteren Wettbewerb). Sie behindern damit nämlich Ihre Mitbewerber auf dem Markt. Die könnten auf die Idee kommen, ihre Anwälte mit einer Abmahnung zu beauftragen.

Transparenzgebot

Es ist also auch heute nicht alles erlaubt, was dem Händler so einfallen könnte. In § 4 Nr. 4 UWG ist das sogenannte Transparenzgebot verankert:

»Unlauter handelt insbesondere, wer bei Verkaufsförderungsmaßnahmen wie Preisnachlässen, Zugaben oder Geschenken die Bedingungen für ihre Inanspruchnahme nicht klar und eindeutig angibt.«

Ein Händler ist verpflichtet, die Bedingungen für einen Rabatt ganz klar zu kommunizieren. Sie können die Rabattkonditionen entweder direkt neben einem Produkt platzieren oder darauf verlinken, dann aber deutlich hervorgehoben. Es genügt nicht, als Linktext nur »weitere Infos« einzusetzen, es muss dort »Konditionen«, »Teilnahmebedingungen« oder ein vergleichbar deutlicher Begriff stehen.

Irreführungsverbot

Wer mit den Preisen auf unzulässige Weise jongliert, ruft schnell Abmahner auf den Plan.

Beispiel: Ein Händler setzt den Ausgangspreis eines Produkts höher an oder verkauft tatsächlich eine kurze Zeitlang, zu einem überhöhten Preis, um anschließend großzügige Nachlässe zu verkünden. In diesem Fall liegt ein Verstoß gegen das in § 5 UWG festgeschriebene Irreführungsverbot vor.

Rabatte gesetzeskonform gewähren

Mit der Einhaltung dieser Spielregeln gestalten Sie Ihre Aktion transparent und halten sich Abmahner vom Leib:

- Angabe der Rabatthöhe – Beispiele: 10 % billiger oder 10 € billiger. Mischen Sie aber nichts durcheinander, sondern bleiben Sie bei einem System.
- Genaue Angabe zum rabattierten Sortiment, zum Beispiel: Alle Damenschuhe 10 % billiger. Geben Sie zusätzlich an, falls irgendetwas ausgeschlossen wird, etwa: »außer Brautschuhe«.
- Angabe des Aktionszeitraums, zum Beispiel: Gültig vom 10. bis 17. Oktober. In juristisch gefährliches Fahrwasser schippern Sie dagegen mit Angaben wie »nur für kurze Zeit«. Der Kunde darf nicht zu einem Panikkauf gedrängt werden.
- Angaben über eventuelle Beschränkungen der »Teilnehmergruppe«, zum Beispiel: Nur für Neukunden. In der Definition der Gruppe sind Sie frei, achten Sie aber trotzdem auf ein bisschen Fingerspitzengefühl, damit sich keine Ausgeschlossenen auf den Schlips getreten fühlen. Problemlos können Sie Rabatte an Studenten vergeben. Nennen Sie aber für jede Gruppe auch Details in der Beschreibung der Konditionen, zum Beispiel: Studenten bis zum vollendeten 30. Lebensjahr, die für ein reguläres Studium an einer Universität oder Fachhochschule eingeschrieben sind.
- Angaben über Limits, zum Beispiel: Maximal 3 Paar Schuhe pro Kunde. Damit verhindern Sie, dass sich professionelle Käufer bei Ihnen eindecken, um die Waren nach Ende Ihrer Aktion bei Amazon und eBay weiterzuverscherbeln.

Und Sie sollten ein bisschen für Ordnung sorgen, falls mehrere Rabattaktionen gleichzeitig laufen. Empfehlenswert ist es, die Sache nicht ausufern zu lassen. Mit so einem Hinweis sorgen Sie für klare Rabattverhältnisse:

»Die Aktion für Neukunden ist nicht mit anderen Rabattaktionen kombinierbar.«

Das Gegenteil funktioniert auch:

»Die Aktion für Neukunden ist mit der Aktionswoche kombinierbar.«

Wichtig ist nur, dass Sie über die Bedingungen klar informieren.

Rabatte ankündigen

Vorfreude ist die schönste Freude. Machen Sie Ihre Kundschaft doch ein bisschen heiß und streuen Sie einige Informationen schon vor Beginn der Rabattaktion, zum Beispiel im Firmenblog oder über einen Newsletter. Beachten Sie aber, dass auch hier die Vorschriften den UWG (Gesetz gegen den unlauteren Wettbewerb) und des TMG (Telemediengesetz) gelten. Weil nichts verschleiert werden darf, muss der werbende Charakter eines Newsletters offengelegt werden und schon aus dem Betreff hervorgehen. Unbedenklich ist dieser Betreff: 30 % Rabatt.

Einschränkungen

Bestimmte Waren und Dienstleistungen dürfen nicht mit beliebigen bzw. rabattierten Preisen versehen werden. Steuerberater und Rechtsanwälte sind beispielsweise an Gebührenordnungen gebunden, die nicht mit Nachlässen ausgehebelt werden dürfen. Auch beim Vertrieb von Büchern und Heilmitteln gelten besondere Regelungen.

12.2.3 Rabatte bei Büchern

Vorsicht ist bei bestimmten Warengruppen geboten. Bücher dürfen sowohl in gedruckter Form wie auch als E-Books generell nicht herabgesetzt werden. So steht es nämlich im BuchPrG, dem Buchpreisbindungsgesetz. Jetzt fragen Sie sich vielleicht, warum Amazon mit Bücherrabatten werben darf? Beim näheren Hinsehen ergibt sich dieses Bild:

- Neuwertige deutschsprachige Literatur ist davon nicht betroffen.
- Der Handelsriese leistet sich regelmäßig juristische Auseinandersetzungen mit dem Börsenverein des Deutschen Buchhandels, der mit Argusaugen über die Buchpreisbindung wacht.

Sie als unabhängiger Händler haben weder Zeit noch Lust noch das nötige Kleingeld für juristische Auseinandersetzungen? Dann sollten Sie deutsche Bücher nur in diesen drei Fällen billiger anbieten:

1. Es handelt sich um beschädigte Bücher, sogenannte »Mängelexemplare«.
2. Es handelt sich um Bücher, deren Buchpreisbindung vom Verlag aufgehoben wurde. Erlaubt ist die Aufhebung frühestens 18 Monate nach dem Erscheinungstermin, aber üblich sind längere Zeiträume. Die Bindung fällt in der Regel erst dann, wenn sich der Schmöker kaum noch verkauft.
3. Sie haben selbst ein Buch verfasst und bieten es ausschließlich in Ihrem eigenen Onlineshop an? Dann sind Sie in der Preisgestaltung völlig frei. Die Buchpreisbindung besagt nur, dass ein Buch bei allen Verkaufsstellen denselben Preis haben muss, Preisänderungen sind nicht verboten.

Nicht erlaubt sind in Deutschland – falls Sie nicht nach obigem Punkt 3 völlige Gestaltungsfreiheit haben – auch die folgenden Methoden:

- Statt eines bestimmtes Preises einfach um eine Spende zu bitten.
- Den Käufer den Preis selbst bestimmen zu lassen.
- Den Buchpreis mit einem Gutschein zu mindern.
- Die Buchpreisbindung über ein Gewinnspiel auszuhebeln.
- Den Preis über Kombinationen mit anderen Produkten zu mindern, also über Produktbundles.

12.2.4 Rabatte bei Heilmitteln

Sie sind Apotheker oder vertreiben Brillen oder andere medizinische Hilfsmittel? Dann sollten Sie nicht nur beim Umgang mit den Patienten Vorsicht walten lassen, sondern auch beim Marketing. Ein besonders scharfes Auge wirft der Gesetzgeber nämlich auf alle Marketingaktionen, die mit medizinischen Produkten und Dienstleistungen zu tun haben. Die Bedingungen hierfür sind in einem eigenen Werk festgeschrieben, dem Gesetz über die Werbung auf dem Gebiete des Heilwesens, kurz Heilmittelwerbegesetz oder noch kürzer HWG. Drei große Bereiche fallen in die Zuständigkeit:

- Arzneimittel (§ 1 Abs. 1 Nr. 1 HWG)
- Medizinprodukte (§ 1 Abs. 1 Nr. 1 a HWG)
- Sonstige Mittel/Verfahren/Behandlungen/Gegenstände (§ 1 Abs. 1 Nr. 2 HWG)

Informieren Sie sich vor einer Rabattaktion über eventuelle Beschränkungen und ebenso, wenn Sie Gratisprodukte zugeben. Bei einem Verstoß gegen § 7 HWG (Verbotene Zugaben und Rabatte) droht Ihnen neben einer Abmahnung auch eine Buße von bis zu 50.000 Euro.

12.2.5 Die Tiefpreisgarantie

Die Tiefpreisgarantie garantiert Gesprächsstoff. Sie sorgt dafür, dass der Name Ihres Shops weitergereicht wird, zum Beispiel bei Facebook, Twitter und in anderen Social-Media-Netzwerken. Allerdings: Was Sie versprechen, müssen Sie auch einhalten. Sollte ein anderer Händler Ihren Preis unterbieten, verlieren Sie empfindlich bei der Gewinnmarge.

Widerrufsrecht

Und dann gibt es ja noch das verbriefte Widerrufsrecht – das ausschließlich im Onlinehandel gilt und extrem kundenfreundlich gestaltet wurde. Ein Kunde kann einen Kauf in einem Onlineshop innerhalb der Frist von 14 Tagen nach Erhalt der Ware widerrufen, ohne Gründe anzugeben. Selbst wenn Sie im Recht sind und tatsächlich den niedrigsten Preis für ein Produkt beweisen können – Sie müssen mit Trotzreaktionen rechnen. Bieten Sie die Tiefpreisgarantie also nur an, wenn Sie sich Ihrer Sache wirklich sicher sind.

12.2.6 Cross- und Up-Selling

Mit jeder einzelnen Bestellung ist für Sie als Händler ein Aufwand verbunden – vom Einpacken der Ware bis zur Kontrolle des Zahlungseingangs. Umso schöner ist es, wenn gleich mehrere Produkte über die Onlineverkaufstheke gehen. Cross-Selling und Up-Selling sind gute Methoden, den Aufwand je Produkt zu senken und das Sortiment eines Shops behutsam auszuweiten. Neue Artikel lassen sich auf diese Weise unauffällig präsentieren und auf ihre Attraktivität testen.

Quersubventionen und Spontankäufe

Als Neuling müssen Sie auf den Putz hauen, um Aufmerksamkeit zu erreichen, insbesondere in einem gesättigten Markt. Ein beliebtes Mittel: an der Preisschraube drehen und für eine begrenzte Zeitspanne hart am Einkaufspreis oder sogar ein bisschen darunter verkaufen. Natürlich muss dieser Verlust über andere Produkte wieder ausgeglichen werden. Über Cross- und Up-Selling lässt sich eine solche Quersubvention am leichtesten realisieren. Das Prinzip ist im Onlineshop und im stationären Laden gleich. Der Kunde wird durch das stark reduzierte Produkt angelockt, kauft dann aber mehr, als ursprünglich geplant. Über die Spontankäufe gelangt der Händler wieder in den grünen Bereich.

Die Funktionsweise von Cross-Selling

Das Cross-Selling erleben Sie in jedem Schuhgeschäft. Neben der Kasse stehen diverse Pflegeprodukte, auf die eine geschulte Verkäuferin direkt beim Kauf mit einer suggestiven Frage aufmerksam macht: »Haben Sie noch Schuhcreme?« Mit den passenden Produkten zu den neuen Schuhen lassen sich schnell ein paar Euro dazuverdienen. Wenn Sie Cross-Selling in höchster Perfektion erleben wollen, müssen Sie zur Tankstelle. Von der Straße leuchtet der Benzinpreis entgegen, aber tatsächlich geht das Sortiment weit über den Bedarf für Autofahrer hinaus. Verkauft werden Süßigkeiten, Zeitschriften, Geschenke, die legendären Dosenravioli und Kondome.

Fazit: Zwei Arten von Produkten sind für das Cross-Selling geeignet:

1. Ähnliche Produkte.
2. Produkte aus einem anderen Segment.

Leichter fällt das Cross-Selling mit ähnlichen Produkten. Als Shopgründer sollten Sie mit dieser Methode beginnen.

Von Kunde zu Kunde

Der Besucher orientiert sich gern am Einkaufsverhalten anderer, die Werbung spricht hier von Empfehlungsmarketing. Sicherlich kennen Sie diese Floskeln von Amazon:

- »Kunden, die diesen Artikel gekauft haben, kauften auch ...«
- »Kunden, die diesen Artikel angesehen haben, haben auch angesehen ...«
- »Meistverkaufte Produkte in dieser Kategorie: ...«

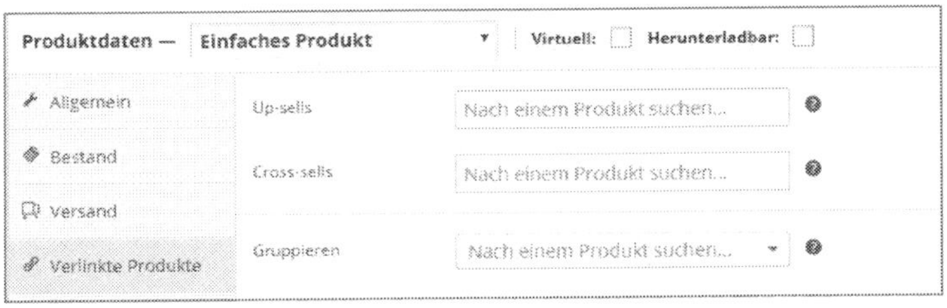

Bild 12.4: Über den Tab *Verlinkte Produkte* werden Up- und Cross-Sells zugeordnet.

In WooCommerce können Sie die Zuordnung auf der Produktseite über den Tab *Verlinkte Produkte* beeinflussen. Die Produkte werden dann im Frontend als *Ähnliche Produkte* eingeblendet.

Von Händler zu Kunde

Bild 12.5: Empfehlungsmarketing in WooCommerce via Up-Selling.

Sie kennen Ihr eigenes Sortiment am besten. Was Sie in WooCommerce unter Up-Sells verknüpfen, wird dem Kunden unter dem eigentlichen Produkt mit dieser Formulierung beworben:

- »Das könnte dir auch gefallen ...«

Verbindungen mit Kategorien und Schlagwörtern herstellen

Über das Prinzip der Kategorien und Schlagwörter – bei WooCommerce heißen sie *Produkt-Kategorien* und *Produkt-Schlagwörter* – bringen Sie zusammen, was zusammengehört. Versetzen Sie sich bei der Benennung in die Kundenperspektive. Ein guter Begriff ist *Sommerkleid*, ein schlechter *Damenoberbekleidung*.

Das Menüproblem lösen

Gerade bei einem größeren Sortiment stoßen Sie mit einem Menü schnell an die Grenzen. Sie können zwar das Menü in beliebig viele Untermenüs aufsplitten, bei mehr als drei Menüebenen wird es allerdings für den Besucher sehr unübersichtlich. Und Google? Eine Produktseite, die ausschließlich über die zweite oder gar nur dritte Menüebene aufgerufen werden kann, wird als relativ unbedeutend eingestuft. Mit Up-Selling, Kategorien und Schlagwörtern lassen sich Produktseiten stärker gewichten, die im Menüsystem ein Schattendasein fristen.

12.3 Plug-ins und Module nutzen

Mit Bordmitteln lässt sich zwar schon einiges bewerkstelligen, aber für die Feinheiten der Preisgestaltung brauchen Sie zusätzliche Programme – Plug-ins und Extensions für WooCommerce und Module für wpShopGermany.

12.3.1 Plug-ins für WooCommerce

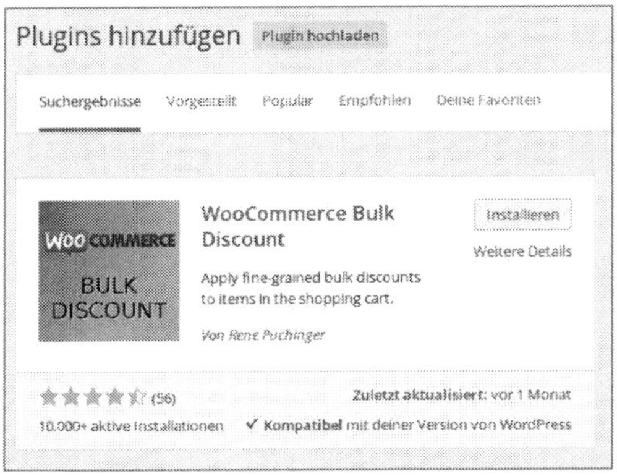

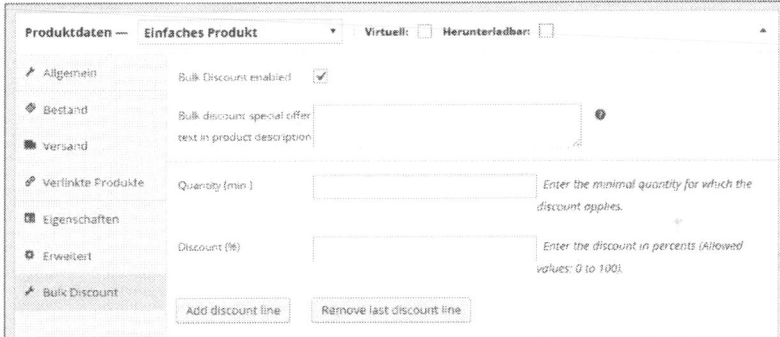

Bild 12.6: Mit dem Plug-in *WooCommerce Bulk Discount* lässt sich ein Mengenrabatt für WooCommerce einrichten.

Mithilfe von *WooCommerce Bulk Discount* können Sie Ihren Kunden einen Mengenrabatt offerieren. Installiert wird das Plug-in via *Plugins/Installieren*.

Bild 12.7: Im neuen Tab *Bulk Discount* lässt sich für jedes Produkt ein Mengenrabatt gewähren.

Nach der Aktivierung erscheint bei den Produkteinstellungen ein neuer Tab. Hier können Sie nicht nur den Rabatt selbst einstellen, sondern auch einen beliebigen Text, der dann im Warenkorb angezeigt wird. Tipp: Nutzen Sie den Spieltrieb Ihrer Kunden aus und weisen Sie im Text auf die Schaltfläche *Produktmenge aktualisieren* hin. Damit aktualisiert sich nämlich auch der Preis.

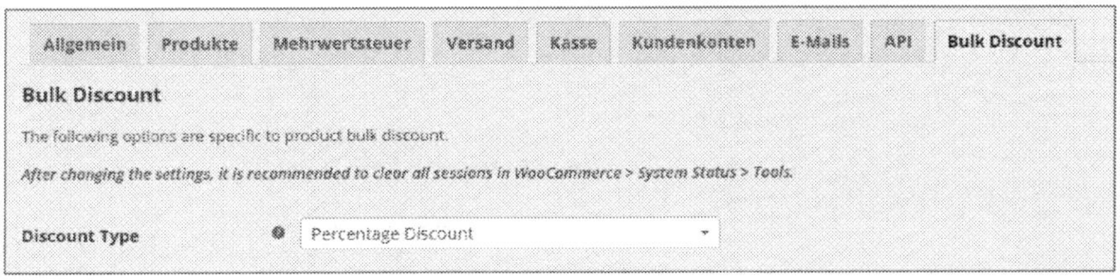

Bild 12.8: Wechsel zwischen Rabatt in Prozenten und in Euro.

Unter *WooCommerce/Einstellungen/Bulk Discount* können Sie die Art der Rabatte bestimmen.

Prozentualer Rabatt:
- ab 3 Stück 5 % Rabatt
- ab 5 Stück 10 % Rabatt
- ab 10 Stück 20 % Rabatt

Sie sind dabei nicht an Prozente gebunden, möglich ist auch ein Preisnachlass in Euro.

Rabatt in Euro:
- ab 10 Stück 5 € Rabatt
- ab 20 Stück 10 € Rabatt

Achtung: Der Nachlass wird auf jedes einzelne Stück berechnet und nicht auf den Gesamtpreis. Gehen Sie also vorsichtig mit der Rabattschraube um.

Chained Products

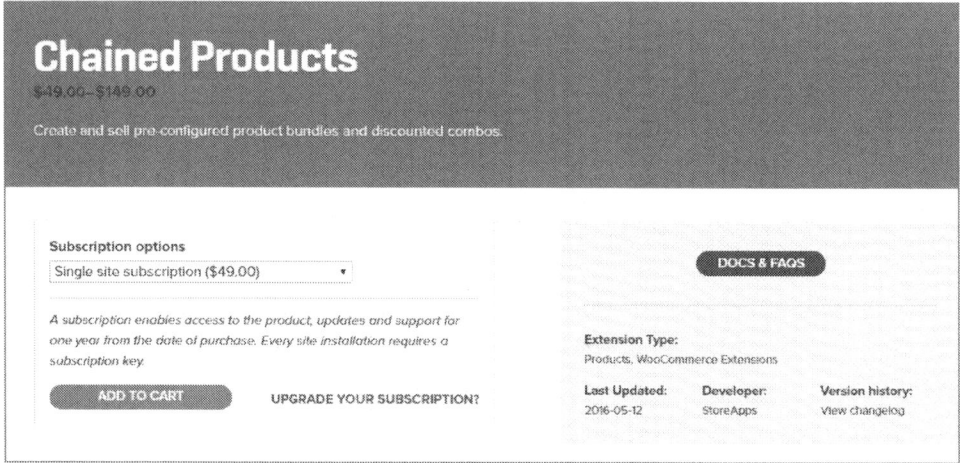

Bild 12.9: Vielfältige Optionen für die Zusammenstellung von Bundles bietet das Plug-in *Chained Products*.

Nur über die Herstellerseite *www.woothemes.com* ist die kostenpflichtige Extension *Chained Products* erhältlich. Einsatzgebiet: Produktbundles. Die Konfigurationsmöglichkeiten sind hier sehr viel umfangreicher als bei der in WooCommerce integrierten Funktion der gruppierten Produkte.

12.3.2 Module für wpShopGermany

Im Unterschied zu WooCommerce lassen sich bei wpShopGermany wesentlich mehr Angebots- und Preisaktionen mit bereits integrierten Modulen realisieren. Zusätzliche

Module können Sie unter dieser URL erwerben: *https://shop.maennchen1.de/category/wpshopgermany/*

12.4 Die Kraft der Bilder

»Die Technik steht, machen wir noch schnell irgendwelche Bilder.« Hat das jemand aus Ihrem Team gesagt? Dann schmeißen Sie den Kerl raus. Oder kürzen Sie ihm das Gehalt, bis er diese Beleidigung der knipsenden Zunft zurücknimmt, und zwar einschließlich der Produktfotografien.

Es ist nämlich so:

Die Qualität der Produktbilder hat sich in den letzten Jahrzehnten gewaltig verbessert. Was in den 90ern noch als Standardbild geduldet wurde, läuft heute unter Trash – und bewirkt eher Schaden als Nutzen.

Ein erfolgreicher Shop braucht Eyecatcher, zumindest für die Topseller und die wesentlichen Bereiche des Shops.

Bilder sind überall

An welchen Stellen brauchen Sie Bilder? Hier eine kleine Auflistung:

1. Auf den Produktseiten.
2. Im Header des Shops und der Serviceseiten.
3. Auf dem Firmenblog und den Informationsseiten.
4. In den Social-Media-Netzwerken.

12.4.1 Bilder für Produktseiten

Das perfekte Produktbild muss einen Triathlon bestehen. Die Disziplinen: Ästhetik, Technik und Juristerei.

Ästhetik

Ein Produktbild muss glänzen, verführen und lecker sein. Noch mehr Verkäufe generiert es, wenn die Fantasie des Kunden beflügelt wird – allerdings nicht bei jedem Sortiment. Sie verkaufen teure Kleidung und edlen Schmuck? Dann dürfen Sie auch mit Models werben und das Kino im Kopf des Kunden starten: schöne Produkte = glückliche Beschenkte. Beim Verkauf von Zementsäcken sieht die Sache wieder anders aus. Setzen Sie hier lieber kein Kopfkino in Gang. Sie ahnen gar nicht, was die Leute mit »Zementfantasien« so alles verbinden: Mafiamorde und einstürzende Neubauten. Ein technisches Produkt muss sachlich und nüchtern abgebildet werden, wenn es Vertrauen erwecken soll.

Die meisten Onlineshops setzen bei den Produktbildern auf eine sehr reduzierte Ästhetik und zeigen nur ein freigestelltes Produkt vor einem weißen Hintergrund. Die Gründe sind auch technischer und juristischer Natur.

Technik

So, wie die Bilder aus der Kamera kommen, mit über 2 MB Dateigröße und riesigen Abmessungen, sind sie für den Einsatz im Onlineshop völlig ungeeignet. Das Rohmaterial müssen Sie aufbereiten und dabei mit diversen Werten jonglieren.

Das Bild verkleinern

Die Texte einer Webseite sind schnell geladen. Was den Aufbau verzögert, sind die Bilder. Mit jeder Zehntelsekunde Ladezeit verlieren Sie Besucher an die Konkurrenz. Außerdem verärgern Sie mit großen Dateien diejenigen Benutzer von Smartphones, deren Datenvolumen begrenzt ist. Sichtbar sind Riesenbilder darauf auch nicht. Ein Richtwert für die maximale Bildgröße: 600 Pixel Breite und 600 Pixel Höhe. Größere Formate sind nur sinnvoll, wenn Sie eine Zoomfunktion in Ihre Produktgalerie einbauen möchten. Notwendig ist dafür ein externes Plug-in wie beispielsweise *Magic Zoom*, das Sie kostenpflichtig von dieser Website beziehen können: *www.magictoolbox. com/magiczoom/modules/woocommerce/*.

Dateigröße verringern durch Komprimierung

Das Originalbild liegt in der Regel in einem unkomprimierten Format vor. Bei der Umwandlung in das komprimierte JPEG-Format lässt sich auch die Qualität verringern. Optisch kaum wahrgenommen wird der Schritt von 100 auf 60 %, und das bei einer ganz erheblichen Verringerung der Dateigröße. Diesen Spielraum sollten Sie auf jeden Fall nutzen, denn die Ladezeit einer Seite verkürzt sich damit spürbar.

Eine stärkere Kompression hat neben dem positiven auch einen negativen Effekt: Schärfe und Farbtreue nehmen sichtbar ab und damit auch die Attraktivität des Bilds. Hier gilt es, einen vernünftigen Mittelwert zu finden. Experimentieren Sie mit Kompressionsraten um die 50 %.

Quantität und Qualität

Die ideale Anzahl von Produktbildern, die Sie mit Ausnahme des Hauptbilds in einer Produktgalerie unterbringen, liegt bei drei bis fünf. Mehr sollten nicht notwendig sein, um eine Ware attraktiv darzustellen. Achten Sie lieber auf Qualität. Für WooCommerce steht Ihnen eine Reihe kostenloser und kostenpflichtiger Erweiterungen zur Verfügung.

Juristische Anforderungen

Auf keinen Fall sollten Sie bei Produktbildern die rechtlichen Aspekte vernachlässigen. Für einen Onlineshop gelten strenge Regeln, die sich aus unterschiedlichen Rechtsquellen speisen.

1. **Das Urheberrecht** – Sie müssen ausschließen können, mit der Platzierung eines Produktbilds gegen das Urheberrecht zu verstoßen. Prüfen Sie daneben auch etwaige Verletzungen des Marken- oder Persönlichkeitsrechts.

2. **Das Wettbewerbsrecht** – Sie dürfen den Verbraucher nicht mit einem Bild in die Irre führen. Was dort zu sehen ist, muss auch im Preis inbegriffen sein. Davon ausgenommen sind nur Selbstverständlichkeiten.

Beispiel: Sie bieten einen Rock an. Das auf dem Produktbild abgebildete Model trägt dazu eine passende Bluse. Ist es für die Kundin unzweifelhaft, dass die Bluse im Preis nicht inbegriffen ist, können Sie das Bild so lassen. Ersparen Sie sich die Überlegung, ob das Model aus wettbewerbsrechtlichen Gründen irgendwelche Kleidungsstücke ablegen muss.

Erklärungsbedürftig sind dagegen die meisten Bilder, die sich auf ein mehrteiliges Produkt beziehen, zum Beispiel einen Anzug. Der Kunde muss erkennen können, welche Komponenten im Preis enthalten sind. Fügen Sie deshalb eine Erklärung dieser Art hinzu: »Dreiteiliger Anzug mit Sakko, Hose und Weste. Krawatte im Preis nicht inbegriffen.«

Übereinstimmung mit dem Produkt

Entspricht das verkaufte Produkt nicht dem, was durch Bild und Text dargestellt ist, müssen Sie mit diesen beiden Folgen rechnen:

- Abmahnung durch Konkurrenten und Verbraucherschützer.
- Widerruf durch Kunden. Zwar kann der Kunde einen Kauf im Onlineshop immer ohne Begründung widerrufen, Sie sollten ihn aber nicht durch ein fragwürdiges Produktbild zum Widerruf ermuntern.

12.4.2 Bilder im Header und auf Serviceseiten

Für jede Website am wichtigsten ist das Header-Bild. Als Shopbetreiber können Sie Ihren Besuchern nicht nur eine schlagkräftige Einheit aus Logo, Schriftzug und Bildersprache präsentieren, sondern auch Elemente, die das Vertrauen in den Onlineshop erhöhen. Typisch für einen Shopheader sind:

1. Logo des Unternehmens.
2. Schriftzug des Unternehmens.
3. Ansprechende Bilder.
4. Siegel einer Händlerorganisation.
5. Telefonnummer.
6. Hinweise wie »Kostenloser Versand ab 50 € Bestellwert« oder »Gegründet 20XX«.

Treffen Sie eine Auswahl, um den Header nicht zu überfrachten. Einige dieser Elemente lassen sich auch über ein Widget in der Seitenleiste unterbringen.

> **Ein Siegel im Header**
> Bei etablierten Onlineshops gehen die Verbraucher von vornherein davon aus, dass
> »da alles seine Richtigkeit hat«. Für neue Shops empfiehlt es sich, Gütesiegel als vertrauensbildende Maßnahmen einzusetzen. Voraussetzung ist natürlich, dass das
> Siegel für Qualität bürgt und über einen gewissen Bekanntheitsgrad verfügt.
> Ein Siegel steht für Seriosität, ein zweites oder drittes aber dafür, dass Sie dem ersten
> nicht trauen. Tragen Sie Gürtel und Hosenträger niemals gleichzeitig.

Keine fremden Markenzeichen

Wenn Sie sich einer Händlerorganisation angeschlossen haben, schmücken Sie sich natürlich auch mit dem entsprechenden Siegel. Ansonsten sind fremde Markenzeichens strikt tabu. Nicht nur urheberrechtlich und markenrechtlich kommen Sie sonst schnell in Schwierigkeiten, auch ökonomisch ergibt dieses Vorgehen wenig Sinn. Zweck des Headers ist es ja, Ihrem Shop eine eigene Identität zu geben.

Bilder auf Serviceseiten

Die Serviceseiten sind zwar für den Besucher Ihres Shops zunächst weniger wichtig als die Produktseiten, doch wenn es um die Kaufentscheidung geht, können sie das Zünglein an der Waage spielen. Grund genug, hier optisch nichts zu vernachlässigen. Sie brauchen allerdings nicht übermäßig Zeit und Energie für sämtliche Nebenseiten zu verplempern. Setzen Sie Prioritäten. Die folgende Tabelle gibt eine grobe Orientierung darüber, welche Seiten sich für eine Bebilderung eignen.

	Ohne Bild	Eventuell mit Bild	Mit Bild
AGB	X		
Datenschutzerklärung	X		
FAQ			X
Firmengeschichte			X
Impressum	X		
Kontakt			X
Über uns			X
Versand		X	
Widerrufsbelehrung	X		
Zahlungsarten		X	

Bilder werten eine Seite nicht nur optisch auf, sondern auch bei den Suchmaschinen. Eine Seite mit Bild wird als wichtig eingestuft, auf den Trefferseiten weiter oben angezeigt und somit auch öfter aufgerufen. Nun wollen Sie aber bei Google mit Ihren Produkten gefunden werden und nicht mit der langweiligen AGB-Seite. Lassen Sie deshalb die Bilder hier ebenso weg wie bei der Datenschutzerklärung und der Widerrufsbelehrung. Ob Sie auf der Seite mit den Versandmöglichkeiten Bildmaterial einsetzen? Sofern Sie die Selbstabholung anbieten: auf jeden Fall.

Bilder für die Versandart Selbstabholung

Sie betreiben parallel zum Onlineshop auch einen stationären Laden und bieten dort die Selbstabholung an? Aussagekräftige Bilder können diesen Service viel schneller zum Ausdruck bringen als lange Formulierungen. Zeigen Sie auf der Versandseite ein Bild Ihres Ladengeschäfts und vergessen Sie nicht die Angabe der Öffnungszeiten.

Bilder für die FAQ-Seite

Meist ist es sinnvoll, die FAQ in verschiedene Rubriken aufzuteilen, zum Beispiel Bestellung, Versand und Zahlung. Mit diesen Bildmotiven lotsen Sie Ihre Besucher schnell und sicher zur gesuchten Frage:

- Einkaufszettel – für die Rubrik Bestellung
- Lieferwagen – für die Rubrik Versand
- Geldbörse – für die Rubrik Bezahlung

Über uns

Auf dieser Seite erklären Sie kurz und knapp, wer Sie sind und was Sie verkaufen. Im Idealfall bringen Sie beides auf ein stimmungsvolles Bild: das Team Ihres Shops und das wichtigste Produkt.

Bilder für die Firmengeschichte

Es bleibt Ihnen überlassen, ob Sie eine etwas umfangreichere Seite mit einer Firmengeschichte anlegen. Was dafür spricht: die Möglichkeit, das eigene Profil zu schärfen. Das große Problem von Onlineshops ist ja die Austauschbarkeit im Warensortiment und im technischen Aufbau. Mit einer spannend und unterhaltsam erzählten Firmengeschichte heben Sie sich von der Konkurrenz ab. Und natürlich gehört dazu auch authentisches Bildmaterial.

Bilder für die Kontaktseite

Typisch für Kontaktseiten sind Bilder mit telefonierenden Menschen – aus gutem Grund. Der Kunde soll wissen, dass in diesem Shop reale Menschen sitzen, die er bei Problemen auch anrufen kann. Hier können Sie individuelles Bildmaterial einsetzen, aber auch auf den Service von Bildagenturen zurückgreifen.

12.4.3 Bilder für das Firmenblog und Informationsseiten

Ein Blog ohne Bilder ist schon ziemlich langweilig. Reichern Sie Ihr Firmenblog mit lustigen Bildern an. Geeignet sind:

- Bilder mit Tieren. Fragen Sie nicht, warum, es ist einfach so.
- Bilder mit skurrilen, aber harmlosen Situationen.

Beispiel: Sie transportieren mit dem Gabelstapler ein rohes Ei? Das kommt als Bild in das Blog. Sie hatten einen Wasserrohrbruch im Lager? Das besser nicht.

Informationen mit Bildern unterlegen

Sie bieten Ihren Besuchern Informationsseiten, Tipps und Tutorials zu Ihren Produkten? Das ist gut, denn damit schlagen Sie zwei Fliegen mit einer Klappe:

- Die Besucher freuen sich über Know-how.
- Die Suchmaschinen finden Content zum Einsaugen.

Natürlich sollte das Bildmaterial mit dem Thema harmonieren.

Beispiel: Ein Modeversand bietet eine Umrechnungstabelle für die verschiedenen Kleidergrößen an. Passendes Bildmotiv ist ein Maßband.

12.4.4 Bilder für Social-Media-Netzwerke

Was an Bildermaterial in die Social-Media-Netzwerke eingespeist wird, ist zum Weitergeben bestimmt. Vor der Fütterung von Facebook, Twitter & Co. sollten Sie deshalb ganz sicher sein, keine Markenrechte, Urheberrechte oder Persönlichkeitsrechte zu verletzen. Ansonsten gilt: nicht langweilen, sondern mit lustigem und interessantem Material Fans gewinnen und Klicks auf die eigene Website generieren.

12.4.5 Gutes Bildmaterial erhalten

Woher gute Bilder nehmen und nicht stehlen? Zunächst eine kleine Übersicht:

- Vom Hersteller.
- Von Stockfoto-Anbietern.
- Vom Fotografen
- Gutes Bildmaterial
- Eigene Bilder anfertigen.
- Kostenlose Bilder verwenden.

12.4.6 Bilder vom Hersteller

Die meisten Hersteller stellen auch Bildmaterial zur Verfügung. Allerdings sollten Sie dieses nicht ohne Rücksprache für Ihren Shop verwenden.

Interessenkonflikte mit Herstellern

Sie liegen zwar mit der Annahme richtig, dass die Hersteller an einem möglichst hohen Umsatz interessiert sind, doch aus folgenden Gründen ist das Verhältnis zu den Onlinehändlern nicht immer ungetrübt:

- **Konkurrenzsituation und Marke** – Zwischen Ihnen und dem stationären Handel besteht eine Konkurrenzsituation. Da Sie als Onlinehändler keine Mietkosten für ein Ladengeschäft bezahlen, können Sie geringere Preise anbieten. Das missfällt nicht nur dem stationären Händler, sondern möglicherweise auch einem Hersteller, der befürchtet, seine Marke könne durch Dumpingpreise an Prestige einbüßen. Das alles hat zwar nicht direkt etwas mit Produktbildern zu tun, aber manchmal werden Interessenkonflikte auf Nebenkriegsschauplätzen ausgetragen. Loten Sie deshalb aus, ob mit Problemen zu rechnen ist.

- **Urheberrechte des Fotografen** – Der Hersteller hat seine Produktbilder in der Regel von einem professionellen Fotografen anfertigen lassen. Im Lizenzvertrag ist genau festgeschrieben, welche Verwendung dem Lizenznehmer zusteht. Es kann sein, dass die Verwendung in einem externen Shop nicht inbegriffen ist.

Vertrag mit Hersteller abschließen

Wenn Sie auf Nummer sicher gehen wollen, hilft nur eine schriftliche Vereinbarung. Lassen Sie sich vom Hersteller bestätigen, dass Sie die Produktbilder in Ihrem Shop verwenden dürfen, ohne in lizenzrechtliche Schwierigkeiten zu geraten. Es schläft sich dann doch besser, vor allem wenn Sie mehrere oder gar Hunderte von Herstellerbildern einsetzen.

> **Bilder vom Großhandel und der Konkurrenz**
> Es versteht sich von selbst, dass das Bildmaterial der Konkurrenz ebenso tabu ist wie das von Großhändlern – und zwar auch dann, wenn die dort vorhandenen Bilder von »Ihrem« Hersteller zur Verfügung gestellt wurden. Besonders heikel ist es, von dieser Quelle gleich massenhaft Bilder abzugreifen. Das Urheberrecht schützt nämlich nicht nur jedes einzelne Bild, sondern auch Datenbanken, sprich Zusammenstellungen.

12.4.7 Stockfotos

Wenn Sie schnell und relativ preisgünstig Bilder und Grafiken benötigen, bietet sich der Einsatz von »Stockfotos« an. Der Begriff leitet sich aus dem englischen Wort für »Vorrat« ab. Große Agenturen wie Fotolia, iStockphoto oder Shutterstock bieten einen reichhaltigen Fundus an typischen Bildern an, die Sie gegen Bezahlung auf Ihre Site verwenden dürfen.

Einsatzgebiete von Stockfotos

Gut einsetzbar sind Stockfotos zur Illustration von Dienstleistungsangeboten und für alle anderen Bereiche Ihrer Website, aber niemals als Ersatz für das klassische Produktbild.

Beispiel: Sie verkaufen eine Badezimmerwaage. Ein eigenes Foto dafür herzustellen, ist gar nicht so einfach, schneller geht es mit einem Stockfoto. Von den Agenturen wird eine Menge qualitativ hochwertiger Bilder angeboten. Vielleicht haben Sie ein Bild entdeckt, das Ihrer Waage sehr ähnlich sieht? Trotzdem ist nicht das originale Produkt abgebildet, und dies kann als Irreführung des Verbrauchers ausgelegt werden.

Stockfoto-Lizenzen

Umgangssprachlich kaufen Sie zwar Bilder bei einer Stockfoto-Agentur, tatsächlich erwerben Sie aber nur ein Nutzungsrecht. Die Bilder gehören Ihnen nicht, selbst dann nicht, wenn der Anbieter mit dem wohlklingenden Zusatz »Royalty Free« wirbt. Dieser

Begriff wird teilweise mit »gebührenfrei« oder »lizenzfrei« übersetzt. Beides führt im Zusammenhang mit Stockfotos völlig in die Irre bzw. in die Abmahnfalle.

Was bedeutet Royalty Free tatsächlich?

Es könnte ja sein, dass Sie neben Ihrem Shop noch weitere Websites betreiben und dasselbe Bild in unterschiedlichen Projekten einsetzen möchten. Als Käufer einer Royalty-Free-Lizenz müssen Sie nicht für jede einzelne Verwendung einen weiteren Vertrag mit der Agentur aushandeln, denn es handelt sich um eine pauschale Lizenz. Außerdem sind Sie nicht der Einzige, der das Bild verwenden darf. Die Bildagenturen verkaufen die Nutzungsrechte an möglichst viele Kunden – auch an Ihre direkte Konkurrenz.

Fazit: Royalty Free steht für pauschal lizenzierte Massenware.

> **Die Kennzeichnungspflicht**
> Fast alle Agenturen verlangen einen Hinweis auf den Fotografen, unterschiedliche Vorgaben gibt es jedoch zum Ort der Kennzeichnung. Üblich ist die Kennzeichnung im Impressum, in Einzelfällen müssen die Angaben direkt am Bild erfolgen.

Grenzen des Nutzungsrechts

Beim Einsatz von Stockfotos sparen Sie zwar Ausgaben für den Fotografen, kommen aber um die Auseinandersetzungen mit rechtlichen Dingen nicht herum. Die genauen Nutzungsbedingungen müssen Sie auf den Hilfeseiten beim jeweiligen Anbieter studieren. Üblich sind diese Einschränkungen:

- Sie dürfen das Bildmaterial zwar verändern, aber nicht so, dass Sie daraus ein eigenes Urheberrecht beanspruchen.
- Sie dürfen Bilder nicht an Dritte weiterverkaufen.
- Sie dürfen Bilder nicht für unrechtmäßige Zwecke wie Rufschädigung oder Verleumdung einsetzen.

Stockfoto-Fallen

Auch ohne böse Absicht und trotz einer bezahlten Lizenz können Sie beim Einsatz von Stockfotos in juristische Schwierigkeiten kommen. Vor dem Erwerb einer Lizenz sollten Sie sichergehen, dass diese beiden Einsatzgebiete damit abgedeckt sind:

- **Hinzufügen eines Schriftzugs** – Es gibt gute Gründe, ein Bild mit Ihrem eigenen Schriftzug zu versehen. Allerdings erwecken Sie damit den Eindruck, als ob Sie das Bild selbst aufgenommen hätten. Erkundigen Sie sich bei der Stockfoto-Agentur, ob die von Ihnen erworbene Lizenz diese Verwendung erlaubt.
- **Gastartikel und Social Media** – Beinhaltet die Lizenz auch den Einsatz in Gastartikeln und auf Social-Media-Netzwerken? Klären Sie diese Frage vor dem Einsatz des Bildmaterials.

12.4.8 Bilder vom Fotografen

Die Produktfotografie ist eine Kunst für sich. Ein routinierter Fotograf erkennt sofort, an welchen Stellschrauben er drehen muss, um die Ware verführerisch in Szene zu setzen. Für die Spitzenprodukte Ihres Sortiments sollten Sie hier nicht am falschen Ende sparen, das Geld ist mit Sicherheit gut investiert. Für ein einzelnes professionelles Produktbild müssen Sie mit Preisen von 50 bis 80 Euro rechnen. Spürbar billiger wird es, wenn Sie eine größere Menge in Auftrag geben.

> **Es kommt auf die Größe an**
> Die Produktgröße spielt für den Fotografen eine andere Rolle, als man gemeinhin denkt. Kleinere Produkte sind nämlich aufwendiger zu fotografieren als Eisenbahnen oder Atomkraftwerke.

Achten Sie beim Aushandeln des Vertrags genau auf die Lizenzbedingungen. Folgende Einsatzzwecke sollten abgedeckt sein:

- Verwendung auf allen bestehenden und zukünftigen Websites von Ihnen oder einem von Ihnen geführten Unternehmen.
- Verwendung innerhalb von Print- und Videowerbung.
- Weitergabe in den Social-Media-Netzwerken.
- Erlaubnis, den Namen Ihres Shops oder Ihrer Website in die Bilder einzufügen.

Klären Sie auch diese Rechte und Pflichten mit dem Fotografen ab:

- Kennzeichnungspflicht – An welcher Stelle Ihrer Website muss auf den Fotografen hingewiesen werden?
- Exklusivität – Werden die Bilder exklusiv für Sie angefertigt, oder darf der Fotograf auch an Ihre Konkurrenz verkaufen?

12.4.9 Eigene Bilder

Die Fotografie ist ja ein Ding zwischen Kunst und Handwerk. Es gibt Fotografen, die ein goldenes Händchen für Schnappschüsse haben oder den richtigen Riecher, um Promis und Politiker in großen oder peinlichen Momenten einzufangen. Das Technische steht dabei an zweiter Stelle.

Die Produktfotografie

In der Produktfotografie ist es andersherum. Ohne solides Equipment, Wissen und viel Erfahrung kommen Bilder zustande, die heute nur noch in Imbissbuden an Nebenstraßen weit hinter dem Ural finden sind. Probieren Sie es einfach mal aus. Knipsen Sie ein gefülltes Weinglas und vergleichen Sie Ihr Ergebnis mit einer professionellen Aufnahme. Wenn Sie qualitativ wenig Unterschiede sehen, dürfen Sie sich auch an Ihrem Sortiment versuchen. Ansonsten – es lässt sich alles lernen.

Fotografieren lernen

Eine solide Ausrüstung allein ist zwar ein guter Anfang, führt aber noch nicht zwangsläufig zu guten Produktbildern. Sie müssen Ihr Können in allen Schritten von der Aufnahme bis zur Bildbearbeitung unter Beweis stellen. Es würde den Rahmen dieses Buchs sprengen, auf die Produktfotografie im Detail einzugehen, aber vielleicht helfen Ihnen diese Einsteigertipps weiter:

- Ja, ein Stativ ist notwendig.
- Wichtig ist die Wahl der Perspektive und des Bildhintergrunds. Wählen Sie einen Hintergrund, der eine leichte Bildfreistellung ermöglicht, zum Beispiel einen weißen oder schwarzen. Fotografieren Sie das Produkt aus unterschiedlichen Perspektiven und aus unterschiedlicher Entfernung.
- Positionieren Sie die Beleuchtung so, dass Schatten vermieden werden.

Vor Bilderklau schützen

Sie haben perfekte Produktbilder erstellt oder gar einen Fotografen damit beauftragt. Wie davor schützen, dass sich andere an Ihren Werken bedienen? Technisch können Sie sich vor einem Bilderklau überhaupt nicht schützen, denn mit einem Screenshot lässt sich jedes Bild gegen Ihren Willen abspeichern. Vieles spricht dafür, eine URL in eigene Bilder einzufügen. Mit dieser Methode schlagen Sie nämlich zwei Fliegen mit einer Klappe:

1. Falls jemand unbedarft das Bild mopst und irgendwo bei Facebook, Twitter oder Pinterest präsentiert, dürfen Sie sich über die Nebenwirkungen freuen. Der Mensch ist von Natur aus neugierig. Ein Teil der Betrachter Ihres Bilds wird Ihre URL einfach mal bei Google eintippen und direkt bei Ihnen vorbeischauen.

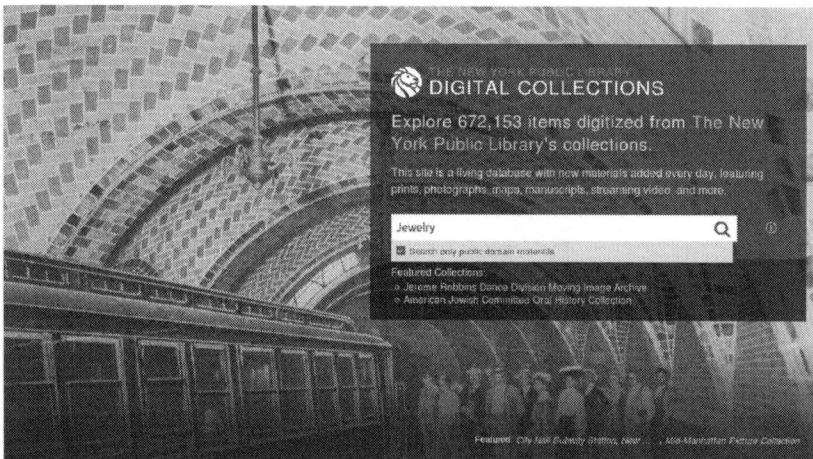

Bild 12.10: Reichhaltiges Bildmaterial stellt die New York Public Library zur Verfügung. Über eine Checkbox lässt sich innerhalb der *Digital Collections* gezielt nach kostenlosen Bildern suchen.

2. Ein professioneller Dieb wird abgeschreckt. Wer einen Urheberhinweis mithilfe eines Bildbearbeitungsprogramms entfernt, hat im Fall einer juristischen Auseinandersetzung sehr schlechte Karten.

12.4.10 Kostenlose Bilder

Kostenlose Bilder mit Retrocharme finden Sie in der Rubrik *Digital Collections* der NYPL, der New York Public Library. Ein Teil der Sammlung ist Public Domain, darf also von jedermann frei verwendet werden. So finden Sie das kostenlose Bildmaterial:

1. Rufen Sie die URL *http://digitalcollections.nypl.org* auf.
2. Klicken Sie mit der Maus in die Suchmaske rechts oben. Es öffnet sich eine neue Zeile, in der eine Checkbox angezeigt wird.
3. Setzen Sie einen Haken vor *Search only public domain materials*. Geben Sie dann ein englisches Suchwort ein.

12.5 Händlerorganisationen

Der Begriff Händlerorganisation ist zwar etwas unscharf, aber etwas Besseres hat sich für diese helfenden Geister noch nicht durchgesetzt. In ihren Dienstleistungen – sie reichen von der Verleihung von Gütesiegeln bis zum Rechtsschutz – ähneln sie sich. Sehr unterschiedlich ist dagegen ihre Struktur.

Keine staatliche Kontrolle

Kommen wir zu einem kleinen Exkurs. Über die Musikverwertungsgesellschaft GEMA wachen das DPMA und das Bundesjustizministerium als Aufsichtsbehörden.

Die GEMA wird oft kritisiert, und einige Kritiker haben die alternative Verwertungsgesellschaft C3S ins Leben gerufen, die »bessere GEMA«. Allerdings bedarf sie noch einer amtlichen Zulassung, bevor sie im Auftrag der Musiker tätig werden kann. Die Aufsichtsbehörden prüfen sehr akribisch, ob die Organisation finanziell, technisch und personell dazu in der Lage ist, die gesetzlich verankerten Standards einzuhalten. Es braucht eine lange Zeit, bevor eine neue Verwertungsgesellschaft mit ihrer praktischen Tätigkeit beginnen kann.

Ganz anders sieht es bei den Händlerorganisationen aus. Sie sind keiner speziellen Aufsichtsbehörde unterworfen und unterscheiden sich schon in ihrer Rechtsform: Der »Händlerbund« ist ein eingetragener Verein, hinter »Trusted Shops« und »Geprüfter Webshop« verbergen sich GmbHs.

Mitglieder zweiten Grades

Etwas verschleiernd sprechen die Händlerorganisationen von Mitgliedschaften, die sie den Shopbetreibern anbieten. Nun haben Sie aber als Mitglied jedes Kaninchenzüchtervereins verbriefte Rechte, dürfen sich als Kandidat für den Vorstand aufstellen lassen und die Vereinspolitik mitbestimmen. In einer Händlerorganisation sind Sie dagegen nur Mitglied zweiten Grades. Treffender wäre die Bezeichnung Kunde.

Nichts und niemand hindert Sie daran, selbst eine Händlerorganisation ins Leben zu rufen, ein eigenes Siegel zu entwerfen und es gegen eine Monatsgebühr an andere Shops zu verticken. Allerdings wäre es mit dem Bildchen allein nicht getan. Die etablierten Händlerorganisationen haben sich zum Wohle ihrer Schäflein eine ganze Menge einfallen lassen:

Typische Basisdienstleistungen
- Prüfung des Onlineshops auf Funktionalität und Rechtssicherheit.
- Verleihung eines Siegels zum Einbau auf die Shopsite.

Typische Marketingleistungen
- Bereitstellung eine Tools, mit dem Kunden einen Shop bewerten können.
- Informationen für Händler im Bereich Marketing.

Typische Rechtsdienstleistungen
- Informationen über Gesetzesänderungen.
- Rechtstexte zur Verfügung stellen und aktualisieren.
- Haftung für Rechtstexte.
- Rechtsberatung.
- Anwaltliche Vertretung.
- Schlichtung zwischen Händler und Kunde, Käuferschutz und Verbraucherschutz.
- Schlichtung zwischen Händler und Händler (Initiative FairCommerce beim Händlerbund).

Typische Zahlungsdienstleistungen
- Inkasso-Service.

Daneben betreiben manche Organisationen auch Lobbyarbeit für den Onlinehandel. Die Themen werden ihnen angesichts der Regulierungswut der Behörden und der oft unklaren Gesetzeslage nicht so schnell ausgehen.

Die Qual der Wahl
Die Mitgliedschaft in einer Händlerorganisation ist nicht nur mit monatlichen Kosten verbunden, sondern auch mit einem regelmäßigen Aufwand zur Einhaltung der Prüfungskriterien. Sie sollten das Für und Wider deshalb gut abwägen und verschiedene Optionen prüfen:

1. Händlerorganisation, ja oder nein?
2. Falls ja, welche Organisation?
3. Falls ja, welche Form der Mitgliedschaft?

In den folgenden Kapiteln finden Sie Details zu drei Händlerorganisationen. Die Auswahl war angesichts der Fülle an Kandidaten nicht ganz einfach. Die Kriterien:

- Verbreitung des Siegels.
- Qualität der Shopprüfung.
- Serviceangebot für den Onlinehändler.

Diese Organisationen haben es auf das Siegertreppchen geschafft: »Geprüfter Webshop«, »Händlerbund« und »Trusted Shops«.

12.5.1 Geprüfter Webshop

Bild 12.11: Das Händlersiegel »Geprüfter Webshop« wird nach der Prüfung durch eine Anwaltskanzlei von einer Unternehmensberatung verliehen.

Das Siegel »Geprüfter Webshop« und eine Reihe von anderen Dienstleistungen werden von der Unternehmensberatung TISKO Consulting GmbH zur Verfügung gestellt. Das Unternehmen hat seinen Sitz in Halle. Die Prüfung der Shopkriterien erfolgt aus Gründen der Neutralität durch eine externe Anwaltskanzlei.

Zielgruppe

Die Organisation ist vor allem auf kleine und mittlere Onlineshops ausgerichtet.

Zertifizierungskriterien

Die Prüfung dauert etwa fünf Tage und umfasst diese Kategorien:

- Anbieterkennzeichnung, also das Impressum.
- Allgemeine Geschäftsbedingungen, also die AGB.
- Produktbeschreibung und Preisinformation.
- Ordnungsgemäßer Bestellvorgang.
- Zahlungsmöglichkeiten.
- Kundendienst.
- Leistungserbringung und Lieferung.
- Widerruf und Rückgabe.
- Datenschutz.
- Sonstiges, hier geht es um die Einhaltung sortimentsspezifischer Verordnungen.

Nach bestandener Prüfung kann ein Händler das Gütesiegel »Geprüfter Webshop« nutzen und weitere Leistungspakete hinzubuchen.

Kundenbewertungstool

Das Kundenbewertungstool wird in den eigenen Shop eingebunden. Es zeigt die Gesamtnote aller Bewertungen an und führt per Klick zu den Einzelbewertungen und Kommentaren der Kunden auf der Website *www.gepruefter-webshop.de*.

Bild 12.12: Das Kundenbewertungstool im Einsatz.

Mitgliedschaften

Zwei Mitgliedschaften stehen zu Auswahl:

- Gütesiegel Basis für 9,90 Euro plus 19 % USt. pro Monat
- Gütesiegel Premium für 14,90 Euro plus 19 % USt. pro Monat

Der Unterschied liegt vor allem beim Rechtstexte-Service. Nur im Premiumpaket sind die anwaltliche Erstellung und die Haftungsübernahme für die gelieferten Rechtstexte inbegriffen.

12.5.2 Der Händlerbund

Sich selbst bezeichnet der Händlerbund, der auch dem Dachverband E-Commerce Europe angehört, als größten Onlinehandelsverband Europas. Der im Jahr 2008 eingetragene Verein mit Sitz in der Messestadt Leipzig betreut über 50.000 Onlinepräsenzen. Die Zahl bezieht sich allerdings auf den europäischen Raum und umfasst auch reine Amazon- und eBay-Shops.

Bild 12.13: Das Käufersiegel des Händlerbunds.

Zielgruppe

Zielgruppe sind die Betreiber eigener Onlineshops, aber auch professionelle Verkäufer auf Plattformen wie eBay und dem Amazon-Marketplace.

Zertifizierungskriterien

Die Prüfung des Händlerbunds umfasst diese Teilgebiete:

- Impressum.
- Datenschutzerklärung und Newsletter-Versand.
- Produktangebote bezüglich Vertriebsbeschränkungen.
- Preisangaben einschließlich Grundpreisausweisungen.
- Versandkosten und Zusatzkosten.
- Lieferbedingungen und Verfügbarkeitsangaben.
- Zahlungsbedingungen.
- Widerrufs- bzw. Rückgaberecht.
- Allgemeine Geschäftsbedingungen.
- Erfüllung der Informationspflicht bei Fernabsatzverträgen.
- Hinweise zu speziellen Produktkennzeichnungen.

Die Feinheiten des Prüfungsverfahrens sind von der Mitgliedschaft abhängig. Der Ablauf erfolgt in fünf Schritten:

1. Vorbereitung
2. Tiefenprüfung
3. Fehlerbeseitigung
4. Endprüfung
5. Rechtssicherheit

Mit der Erfüllung des fünften Schritts übernimmt der Händlerbund auch die Haftung für die Rechtssicherheit Ihres Onlineshops.

Kundenbewertungssystem

Auch der Händlerbund bietet ein System an, mit dem die Kunden einen angeschlossenen Shop auf einer Skala von 1 bis 5 Sternen bewerten können. Integriert ist eine Kommentarfunktion für Käufer und Händler.

Bild 12.14: Das Bewertungssystem des Händlerbunds.

Rechtliche Beratung und Service

Die Qualität der Rechtsdienstleistungen ist von der Art der Mitgliedschaft abhängig. Sie reicht von der Haftungsübernahme für Rechtstexte bis zur rechtlichen Vertretung im Abmahnfall.

Mitgliedschaften

Der Händlerbund bietet drei Arten der Mitgliedschaft an:

- Basic: pro Monat 9,90 Euro plus MwSt.
- Premium: pro Monat 24,90 Euro plus MwSt.
- Unlimited: pro Monat 39,90 Euro plus MwSt.

Mit der Premium-Mitgliedschaft erhalten Sie eine 30-minütige Beratung durch einen Anwalt, E-Mail-Support und eine Haftungsübernahmegarantie für die Rechtsberatung. Besondere Leistungen der Unlimited-Mitgliedschaft sind die »Shop-Tiefenprüfung« und die Bereitstellung auch fremdsprachiger Rechtstexte (Niederländisch, Englisch, Französisch, Italienisch, Spanisch und Polnisch).

Integration in WordPress

Als Mitglied des Händlerbunds stellen Sie Rechtstexte zunächst in einem »AGB-Konfigurator« zusammen. Dazu erhalten Sie einen API-Key, der im Shop-Plug-in von WordPress eingebunden werden muss. Eine Kooperation besteht zwischen dem Händlerbund und wpShopGermany. Der Plug-in-Hersteller liefert ein spezielles Modul zur Integration von Händlerbund-Rechtstexten. In ähnlicher Weise funktioniert die Integration mit WooCommerce, wobei die technische Lösung vonseiten des Händlerbunds zur Verfügung gestellt wird.

Initiative FairCommerce

Mit FairCommerce hat der Händlerbund eine Initiative gegen das frühzeitige Abmahnen gestartet – nicht ganz uneigennützig, wie die Aufnahmebedingungen beweisen:

- Die Teilnahme an FairCommerce selbst ist kostenlos.
- Voraussetzung ist eine kostenpflichtige Mitgliedschaft im Händlerbund.

Zur Philosophie von FairCommerce

Irren ist menschlich. Die wenigsten Verletzungen des Wettbewerbsrechts werden aus Bosheit begangen. Oft hat sich irgendwo ein Fehler eingeschlichen, oder ein ursprünglich rechtskonformer Text wurde nach einer Gesetzesänderung zur Falle. Der gesunde Menschenverstand sagt, dass bei solchen Bagatelldelikten kein schweres Geschütz aufgefahren werden muss.

Der Schuss vor den Bug

Die Mitglieder der Initiative unterschreiben die Verpflichtung, vor der Abmahnung zu einer sanfteren Methode zu greifen, und zwar zu einer Aufforderung per E-Mail. Nach Empfang der Mail hat der Betroffene sieben Tage Zeit, den rechtswidrigen Zustand zu beenden, also die Fehler im Onlineshop oder auf anderen Bereichen der Website zu beseitigen.

Kein Verzicht auf Rechtsansprüche

Was die Initiative ausdrücklich betont: Die Teilnehmer verzichten nicht auf ihre Rechtsansprüche. Es geht primär darum, die Verhältnismäßigkeit zu wahren, sprich, Aufwand, Kosten und Ärger niedrig zu halten.

12.5.3 Trusted Shops

Das europaweit ausgerichtete Unternehmen Trusted Shops wurde 1999 gegründet. Der Sitz befindet sich in Köln. Als Besonderheit umwirbt Trusted Shops nicht nur die Händler, sondern auch die Verbraucher. Zum »Rundum-sicher-Paket« zählt auf der Seite der Verbraucher eine Geld-zurück-Garantie.

Bild 12.15: Das Gütesiegel von Trusted Shops.

Zielgruppe und Verbreitung

Nach Eigenangaben haben sich »seit der Firmengründung 1999 europaweit über 19.000 Händler« von Trusted Shops zertifizieren lassen. Die Zahlenbasis verwirrt etwas, lässt sie doch einen breiten Interpretationsspielraum über die aktuell zertifizierten Onlineshops in Deutschland zu. Trotzdem ist unübersehbar, dass Trusted Shops zu den breit aufgestellten Händlerorganisationen zählt. Nicht nur kleine und mittelgroße Shops tragen das Gütesiegel »Trustbadge«, sondern auch Big Player wie Zalando, MediaMarkt und die Commerzbank.

Zertifizierungskriterien

Geprüft werden an vorderster Stelle:

- Bonität
- Preistransparenz
- Kundenservice
- Datenschutz

Kundenbewertungstool

Um die Bewertungen zu bündeln, hat Trusted Shops ein eigenes Portal geschaltet. Auf *www.etrusted.com/de/* können Verbraucher nach Onlineshops suchen und sehr detaillierte Angaben über die Kundenzufriedenheit abrufen.

Bild 12.16: Die durchschnittliche Kundenbewertung wird auf einer Skala von 1 bis 5 Sternen präsentiert.

Leistungen

Das Angebot von Trusted Shops deckt eine breite Palette ab. Als Händler können Sie zur Grundausstattung verschiedene Zusatzoptionen wählen, beispielsweise:

- Gütesiegel für die Shopseite.
- Möglichkeit zur Kundenbewertung.
- Abmahnschutz mit Haftung.
- Hilfe bei der Erstellung von Pflichtseiten.
- Updateservice.
- Haftungsübernahme.

Mitgliedschaft für Händler

Trusted Shops ist nicht ganz billig. Drei Arten der Mitgliedschaft stehen zur Verfügung:

- Basis: pro Monat ab 49 Euro plus MwSt.
- Performance: pro Monat ab 111 Euro plus MwSt.
- Performance Plus: pro Monat ab 204 Euro plus MwSt.

Das kleine Wörtchen »ab« weist darauf hin, dass mit weiteren Kosten zu rechnen ist. Abhängig sind diese vom Jahresumsatz und von zugebuchten Optionen, zum Beispiel für das Zertifikat.

Integration in WordPress

Trusted Shops kooperiert mit der Firma Vendidero, dem Hersteller des Plug-ins WooCommerce Germanized. Das Plug-in bietet die Möglichkeit einer bequemen Einbindung von Gütesiegel und Bewertungssternen.

12.5.4 Bundesverband Onlinehandel (BVOH)

Im Vergleich zu den drei genannten Organisationen ist der *Bundesverband Onlinehandel* (BVOH) schon fast wieder ein Exot. Hierbei handelt es sich tatsächlich um eine Basisorganisation, in der die Mitglieder über ihre eigenen Belange selbst entscheiden. Der BVOH veranstaltet Stammtische, organisiert Workshops und Veranstaltungen und leistet politische Lobbyarbeit. Zu den Zielen gehören unter anderem:

- Schaffung nachhaltiger und umsetzbarer Rahmenbedingungen für den Onlinehandel.
- Aufhebung von Handelsbeschränkungen und Abmahnmissbrauch.
- Änderungen des Elektro- und Elektronikgerätegesetzes (ElektroG)

Ganz billig ist die Mitgliedschaft allerdings nicht. Die Beitragsstufen richten sich nach dem Jahresumsatz:

- Bis 10 Mio. Euro Jahresumsatz: 50 Euro monatlich.
- Über 10 bis 50 Mio. Euro Jahresumsatz: 100 Euro monatlich.
- Über 50 Mio. Euro Jahresumsatz: 100 Euro monatlich plus Zusatzbeitrag nach Vereinbarung mit dem Vorstand.

Auch der Einstiegsbeitrag ist für kleine Shops schon ziemlich happig. Es bleibt ein kleiner Trost: Als Mitglied dürfen Sie das Logo des BVOH verwenden.

> **Zu viele Köche verderben den Brei.**
> Natürlich wollen alle Ihr Bestes: Händlerorganisationen, Anwälte, Theme- und Plug-in-Hersteller, Zahlungsdienstleister, Provider, Suchmaschinenoptimierer, Social-Media-Agenturen und Berufsverbände. Sie können leicht ein Dutzend Dienstleister für sich arbeiten lassen. Damit der Überblick nicht verloren geht: Setzen Sie sich ein Limit.

12.6 Das Firmenblog

Zum Shop noch ein Blog? Bei dieser Frage spalten sich die Onlinehändler in zwei Gruppen. Wer seinen Shop auf der Basis von WordPress betreibt, hat schon alles an Bord. Wer nicht, schaut in die Röhre. Doch bevor es an die Feinheiten geht, richten Sie bitte Ihre Aufmerksamkeit auf die Bedeutung der Blogs als Sturmgeschütze des demokratischen Journalismus.

Die Blogs haben den Journalismus komplett umgekrempelt. Früher gab es ja nur zwei Wege, als Otto Normalverbraucher der Welt etwas mitzuteilen:

1. Nach London fahren, sich im Hydepark auf eine Apfelsinenkiste stellen und auf die zufällig anwesenden Hörer einreden. Nachteil: nicht gerade effektiv.
2. Eine eigene Zeitschrift gründen. Nachteil: nicht gerade billig.

Dann kamen die Blogs und haben den Journalismus demokratisiert. Wer heute etwas zu vermelden hat, ist mit einem Blog sofort Journalist, Chefredakteur und technischer Leiter in einer Person, und zwar ohne alles. Ohne journalistische Ausbildung. Ohne technische Ausbildung. Ohne Programmierkenntnisse. Der journalistische Ansatz der meisten Blogger lässt sich in wenige Worte fassen: »Ich blogge über etwas, was mich interessiert. Du Welt da draußen, nimm und lies und kommentiere.«

Der Erfolg von Blogs ist recht unterschiedlich. Die meisten sind nach spätestens einem Jahr wieder eingeschlafen, die verbleibenden ziehen eine feste Leserschaft an. Einige Blogger können sogar von ihrer Schreiberei leben. Bei einem Firmenblog ist der Anspruch natürlich niedriger. Es steht nicht allein, sondern agiert im Dienst des Shops.

12.6.1 Gründe für das Blog zum Shop

Mit einem Firmenblog, oder auf Unternehmerdeutsch »Corporate Blog«, haben Sie eine hervorragende Möglichkeit, sich zu profilieren und Ihren Shop ein wenig menschlicher erscheinen zu lassen. Die Argumente pro Blog im Detail:

1. **Alles ist schon da** – WordPress ist für diesen Zweck ideal, denn es war vor über zehn Jahren als Blogsystem gestartet und hat seine Wurzeln nie aufgegeben. Der große Vorteil: Sie können Shop und Blog verbinden, ohne die Einheit zu zerbrechen. Das Design bleibt bestehen, eine separate Domain ist nicht notwendig, auch keine Subdomain. Schöpfen Sie das Potenzial von WordPress aus – und zeigen Sie den Benutzern anderer Shopsysteme die Nase. Lassen Sie es krachen.

2. **Spaß haben** – Blogs sind ein hervorragendes Mittel, um Fachwissen auf unterhaltsame Weise auszubreiten, zum Beispiel: Sie betreiben einen Whiskyshop? Dann berichten Sie im Firmenblog nicht nur über Destillierungsmethoden, sondern auch über die Highlandgames. Sie waren vor Ort und haben Bilder von Männern in Röcken geschossen? Dann rein damit ins Firmenblog. Mit witzigen Reportagen gewinnen Sie Sympathie, Leserschaft und Kundschaft.

3. **Kunden informieren** – Sie erwarten ein neues Produkt oder möchten ein kleines Tutorial veröffentlichen? Das Blog ist das geeignete Medium.

4. **Google erfreuen** – Suchmaschinen lieben WordPress und vor allem Websites, die oft aktualisiert werden. Mit WordPress lassen sich Blog und Shop perfekt verzahnen. Regelmäßige Blogbeiträge bringen auch Produktseiten nach oben.

5. **Marktforschung** – Kommentare auf einem Firmenblog sind äußerst aufschlussreich. Sie können damit unkompliziert die Wünsche Ihrer Kunden erforschen.

6. **Kundenbewertungen** – Viel glaubwürdiger als Sie sind Ihre Kunden. Auch ein Blog bietet die Möglichkeit, Kundenbewertungen zu generieren – und zwar direkt auf der eigenen Site und nicht nur eingebunden über die Bewertungstools der Händlerorganisationen.

7. **Kundenbindung** – Blogs können Sie mit den richtigen Tools noch etwas differenzierter als Newsletter zum Abonnement anbieten, und zwar über die Kommentarfunktion. Das Jetpack-Plug-in bietet die Möglichkeit, entweder eine einzelne Diskussion oder das gesamte Blog zu abonnieren. Beachten Sie dabei aber die deutsche Rechtslage. Die Möglichkeit zum Double-Opt-in liefert Jetpack mit. Weil die Kommentare Ihrer Besucher aber auch auf den Servern des Herstellers gespeichert werden, müssen Sie dafür einen Hinweis in die Datenschutzerklärung einfügen.

8. **Vertrauensbildung** – Vor einer Kaufentscheidung will der Kunde nicht nur über das Produkt informiert sein, er muss dem Händler auch vertrauen. Als vertrauensbildende Maßnahme ersten Ranges gilt die Platzierung von Content auf »neutralem« Terrain. Das ist bei einem Firmenblog zwar nicht ganz der Fall, aber Sie haben hier wesentlich mehr Möglichkeiten als in den Produktbeschreibungen. Im Blog können Sie viel subjektiver und emotionaler schreiben, mit anderen Worten: Begeisterung wecken.

9. **Kein Dauerbloggen notwendig** – Ein Firmenblog ist weniger aufwendig als ein allein stehendes. Sie können, müssen aber nicht täglich oder wöchentlich neue Beiträge posten. In der Umgebung des Shops wirkt Ihr Blog auch bei einer niedrigen Beitragsfrequenz nicht einsam und verlassen.

10. **Individualität herstellen** – Die Onlineshops ähneln sich doch sehr, und das ist aus Gründen der Benutzbarkeit durchaus gewollt. Mit einer allzu individuellen technischen Lösung können Sie leicht Schiffbruch erleiden. Es gibt ja auch keinen Supermarkt, der anstelle von Einkaufswagen Fässer bereitstellt, die von den Kunden durch die Gänge gerollt werden müssen.

    Wie dann aber an Profil gewinnen, originell sein und sich von der Konkurrenz abheben? Mit der Narrenfreiheit, die das Firmenblog bietet. Berichten Sie über Trends und Kurioses und entfachen Sie einen Kult um Ihr Unternehmen.

11. **Social-Media-Netzwerke füttern** – Die Netzwerke verhalten sich ein Leben lang wie Jungvögel. Sie sperren die Schnäbel auf und gieren nach Futter. Um genügend für Facebook und Twitter zur Verfügung zu stellen, müssen Sie mit Ihren Kräften haushalten. Wer kein WordPress hat, greift zu externen Tools wie der Hootsuite, um einen Beitrag mit einem Klick auf mehrere Netzwerke zu streuen.

    Für WordPress-User viel ökonomischer ist auch hier das Jetpack-Plug-in. Was gebloggt wurde, kann damit auch gleich in die Netzwerke verteilt werden.

12. **Mal abschalten** – Natürlich verfolgen Sie mit Shop und Blog in erster Linie wirtschaftliche Ziele. Aber im Blog dürfen Sie dieses elende kapitalistische Verwertbarkeitsdenken auch mal völlig vergessen und Ihre Leser und Kunden an einem Bild von einem schönen Sonnenuntergang teilhaben lassen.

12.6.2 Platzierung des Firmenblogs

Zur Platzierung des Firmenblogs haben Sie drei Möglichkeiten:

1. Externe Platzierung.
2. Platzierung auf der Startseite.
3. Platzierung im Hintergrund.

Externe Platzierung

Das Blog befindet sich in diesem Fall auf einer zweiten WordPress-Installation und auf einer externen Domain oder Subdomain. Beispiele:

- *www.mustershop-blog.de*
- *www.blog.mustershop-online.de*

Der Vorteil: Sie haben völlige Freiheit bei der Gestaltung und können das Blog ausreizen, ohne mit dem Shop ins Gehege zu kommen. Es kommt nichts durcheinander, auch nicht bei der Lösung mit der Subdomain, denn Haupt- und Subdomain sind technisch eigenständig. Allerdings hat diese Konstruktion auch ihre Schattenseiten. Die Aufspaltung in zwei Präsenzen wirkt sich negativ auf die Gewichtung bei den Suchmaschinen aus. Mit einer großen integrierten Shop- und Blogsite auf einer einzigen Domain erreichen Sie einen insgesamt besseren Rang. Außerdem lässt sich das Blog nicht nachträglich in die Shopsite integrieren.

Fazit: Die Auslagerung des Blogs auf eine separate Domain bietet nur in wenigen Fällen Vorteile.

Platzierung auf der Startseite

Sie können das Blog auch auf die Startseite von WordPress legen und sich damit als Shop mit angeschlossenem Blog präsentieren. Sinnvoll ist die Konstruktion unter diesen Umständen:

- Sie verkaufen nur ein einziges oder sehr wenige unterschiedliche Produkte.
- Die Blogeinträge sind zumeist auf passende Produkte zugeschnitten.
- Sie bauen sich über das Blog eine Fanbase auf.

Beispiel: Sie haben ein eigenes Buch geschrieben, das Sie im Onlineshop verkaufen. Im Blog, dem Hauptteil der Site, informieren Sie über Lesungen und Rezensionen. »Nebenbei« verlinken Sie auf die Shopseite.

Platzierung im Hintergrund

Dies ist der Regelfall. Beim Aufruf der Startseite *www.mustershop-online.de* erscheint der Shop selbst. Das Blog ist dagegen nur über ein Menü erreichbar. Sie können aber ein bisschen nachhelfen, beispielsweise über ein gut platziertes Text-Widget. Wenn Sie eher zurückhaltend vorgehen möchten, verlinken Sie die Blogseite nur mit einem kurzen Text, zum Beispiel: »Eine Menge Tipps und Tricks verraten wir Ihnen auf unserem Firmenblog.« Eine deutlich höhere Klickzahl erhalten Sie mit einem verlinkten Bild unter oder über dem Text.

12.6.3 Ziele und Themen des Firmenblogs

Das Blog ist optimal innerhalb der Website platziert bzw. gut verlinkt? Dann sollten Sie sich auch inhaltlich klar festlegen. Blogs über »dies und das« sind heute nämlich wenig erfolgreich, oder kennen Sie etwa eine gut besuchtes Projekt, das sich gleichzeitig mit Salsa und dem Minicomputer Raspberry Pi beschäftigt? Schützen Sie Ihr Blogprofil mit folgenden Zielen und Themen vor dem Absinken in die Beliebigkeit.

Über Produkte informieren

Machen Sie Ihre Besucher heiß auf neue Produkte. Im Blog können Sie im Unterschied zu den Produktbeschreibungen alle Register ziehen und bis zur Schmerzgrenze gehen. Berichten Sie, was Ihre Nichte und Ihre Schwiegermutter zum Produkt zu sagen haben. Fotografieren Sie die beiden damit. Zwar sind Sie auch auf dem Blog an die Regelungen des Wettbewerbsrechts gebunden, allerdings ist die Gefahr nicht allzu hoch, beispielsweise wegen Schleichwerbung belangt zu werden. Die Gerichte gehen davon aus, dass der Besucher einer Firmensite mit diversen Werbebotschaften rechnet. Ihnen gibt diese

Konstruktion einen erweiterten Spielraum, etwa im Vergleich zur Werbung auf fremden Websites. Dort müssen, so fordert es der Rundfunkstaatsvertrag, Werbung und der redaktionelle Teil sehr viel klarer und deutlich getrennt werden.

Tipps, Tricks und Tutorials

Mit Tipps, Tricks und Tutorials machen Sie sich Freunde und gewinnen Kommentare. Irgendeine Frage zu einem Produkt gibt es ja immer. Vergessen Sie nicht, auch vom Blog auf Ihre FAQ-Seiten zu verweisen.

Nebeneffekt: Mit wertvollen Beiträgen im Blog rücken Sie auch das Verhältnis zwischen Ihnen und den gierigen Social-Media-Netzwerken wieder zurecht. Auf Ihren Präsenzen bei Facebook und Twitter platzieren Sie nur kleine Häppchen. Wer fundierte Informationen will, muss von dort auf WordPress weiterklicken.

Gute Laune verbreiten

Mit Werbebotschaften allein werden Sie sich keine Fanbase aufbauen. Sorgen Sie also auch im Firmenblog für ein bisschen Spaß. Knipsen Sie ein paar lustige Bilder und fügen Sie ein paar Zitate hinzu, das geht schnell und passt eigentlich immer. Haben Sie dabei aber das Urheberrecht im Auge. Kleine Zitate sind erlaubt, ganze Gedichte aber nur bei Autoren, die schon mindestens 70 Jahre verstorben sind. Wenn Sie nichts falsch machen wollen, plündern Sie nicht bei Heinz Erhardt, Otto und Loriot, sondern bei Schiller, Wilhelm Busch und Ringelnatz.

Hinter den Kulissen

Plaudern Sie auch mal Interna aus, um Ihrem Unternehmen ein menschliches Antlitz zu geben. Eine Mitarbeiterin ist nach dem Mutterschutz wieder da? Sie waren zum Wandern in den Dolomiten? Ein neuer Computer wurde angeschafft? Dann bloggen Sie das auch. Sie machen dem Kunden damit klar, dass er es mit Menschen zu tun hat und nicht mit einer Verkaufsmaschinerie.

> **Persönlichkeitsrecht beachten**
> Beachten Sie das Persönlichkeitsrecht. Bevor Sie im Firmenblog etwas über Ihre Mitarbeiter verbreiten, sollten Sie den geplanten Artikel den betreffenden Personen vorlegen und absegnen lassen.

Deeskalation

Üblicherweise verläuft ein problematisches Telefongespräch so: Ein Kunde ist mit dem Produkt oder mit einer Serviceleistung unzufrieden und emotional »auf der Palme«. Sie können einer Eskalation entgegenwirken, indem Sie die Umstände erklären und etwas Hintergrundinformationen liefern.

Beispiel: »Unsere Frau X aus der Versandabteilung kam erst heute wieder aus dem Mutterschutz zurück, vielleicht haben Sie es im Blog gelesen? Während der letzten Wochen mussten wir mit einer Vertretung arbeiten, aber jetzt liefern wir wieder in gewohnter Geschwindigkeit.«

Retouren verringern

Ein großes Problem der Onlineshops sind die Retouren. Es scheint so, als ob viele Kunden gar nicht wissen, dass sie mit ihrem nicht gerade sozialen Verhalten für einen erheblichen Aufwand sorgen. Klären Sie darüber doch einfach mal ein bisschen auf, aber ohne Moralkeule. Werden Sie persönlich und zeigen Sie die Emotionen Ihres Teams.

Diesen Text dürfen Sie anpassen und bei sich einbauen:

»Wochenende, hurra. Und es war mal wieder eine gute Woche. Exakt 85 Bestellungen bei null Retouren. Vielen Dank. Sie helfen uns damit, die Kosten niedrig und die Preise stabil zu halten. PS: Der Rekord liegt bei 127 Bestellungen ohne Retoure.«

Personenkult betreiben

Sie müssen ja nicht gleich eine Bronzestatue von sich in Auftrag geben, aber ein bisschen Personenkult darf es schon sein. Präsentieren Sie sich von der menschlichen und sympathischen Seite, etwa beim Anstreichen Ihres Büros mit der Leiter in der Hand und einer Mütze aus Zeitungspapier auf dem Kopf. Die Botschaft: Der Chef packt an, er ist ein Mensch wie ich und du.

12.6.4 Kategorien eines Firmenblogs

Nachdem das Blog thematisch umrissen ist, legen Sie am besten gleich die wichtigsten Kategorien an, und zwar im Backend via *Beiträge/Kategorien*. Beispiel für den Mustershop:

- Messeneuheiten
- Sonderangebote
- Support
- Tipps und Tricks
- Humor
- Der Chef persönlich
- Freddies Ecke

Je nach Sortiment kann die Zusammensetzung natürlich ganz anders aussehen. Worauf es ankommt: ein vernünftiges Verhältnis zwischen Produktinformation, Support und Humor zu schaffen. Sie fragen sich, was es mit Freddies Ecke auf sich hat? Nun, das kann eine spezielle Abteilung für den Firmenhund sein oder für ein Maskottchen. Vielleicht haben Sie auch jemanden im Team, der gern mit spitzer Feder schreibt. In jedem Fall schärfen Sie mit individuellen und originellen Kategorien Ihr Profil.

12.6.5 Beiträge streuen

Ökonomisch vorteilhaft ist es, Beiträge schon gleich beim Erstellen in WordPress auch in die sozialen Netzwerke zu streuen, natürlich mit Links zur WordPress-Website, wo die Besucher nähere Informationen erhalten. Gut realisieren lässt sich diese Methode mithilfe des Plug-ins *Jetpack*. Installieren Sie es zunächst ganz normal über die Plug-in-Verwaltung.

Bild 12.17: Mit dem Jetpack-Plug-in lassen sich Blogbeiträge gleich in die Social-Media-Netzwerke streuen.

Nach der Aktivierung führt Sie Jetpack auf die Seite *wordpress.com*, wo Sie die Jetpack-Verbindung autorisieren müssen. Voraussetzung ist ein Account bei *wordpress.com*. Hatten Sie WordPress schon einmal ohne Installation dort getestet, haben Sie bereits ein Konto. Falls nicht, ist es schnell angelegt.

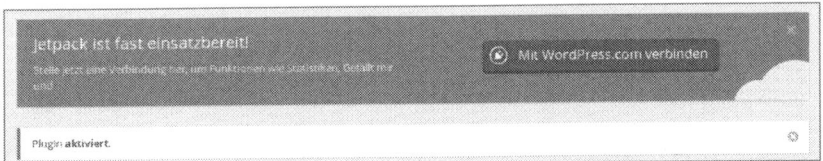

Bild 12.18: Jetpack autorisieren.

Jetpack konfigurieren

Jetpack ist so umfangreich, dass man darüber ein eigenes Buch schreiben könnte. Im Backend nistet es sich nach der Installation gleich ganz oben im Dashboard ein. Für das Streuen von Beiträgen aktivieren Sie die Funktion *Publicize*.

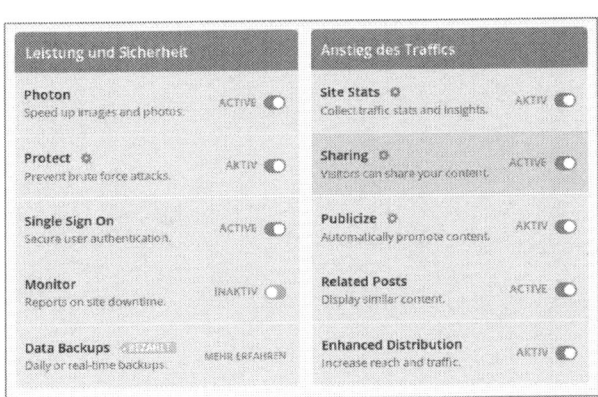

Bild 12.19: Sie können das volle Potenzial von Jetpack ausschöpfen oder nur *Publicize* aktivieren. Dort wird die Streuung der Beiträge konfiguriert.

Netzwerke anschließen

Prüfen Sie zunächst, ob Sie über Ihren Browser bei Facebook & Co. eingeloggt sind, also bei allen Diensten, bei denen Sie einen Account besitzen. In den Sharing-Einstellungen von Jetpack finden Sie dann die wichtigsten Netzwerke. Klicken Sie auf *Verbinden*, um ein Netzwerk hinzuzufügen. Ab dann gilt: Mit dem Erstellen eines Beitrags streuen Sie ihn parallel in alle angeschlossenen Kanäle.

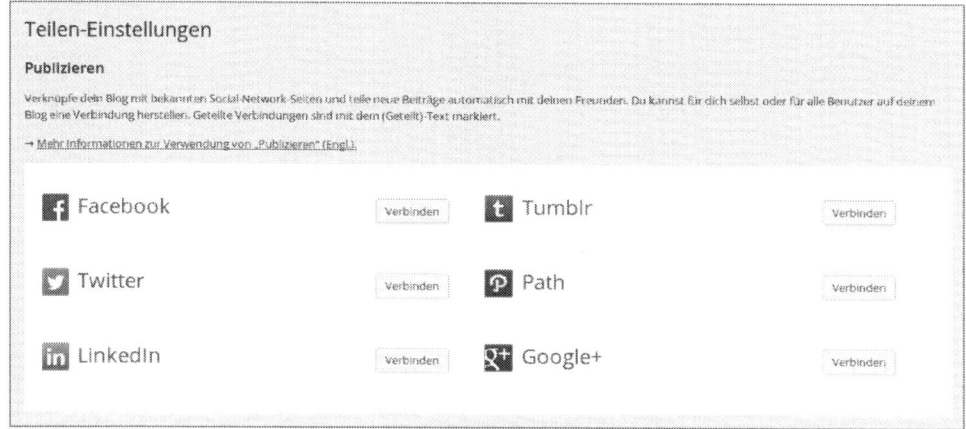

Bild 12.20: Let's work together. Hier werden die Netzwerke verknüpft.

12.6.6 Firmenblog-Knigge

»Wo sich persönliches, politisches und geschäftliches Interesse treffen, sorgt der richtige Umgangston für ein angenehmes Miteinander.« So hätte es vielleicht Freiherr von Knigge in einem Buch über das richtige Benehmen im Internet formuliert. Der kleine Firmenblog-Knigge:

Nicht nur Marketingsprache

Auf den Shopseiten hat die Marketingsprache ihren Platz, im Blog darf es etwas familiärer und persönlicher zugehen. So weiß der Besucher, auf welchem Teil der Website er sich befindet.

Es kommt auf die Länge an

Ein guter Blogartikel ist so lang, dass er bei Google als gehaltvoll eingestuft wird – und so kurz, dass der Leser nicht abbricht. Ideal sind etwa 300 bis 600 Wörter. Verzichten Sie dabei auf lange und komplizierte Formulierungen.

Nicht langweilen

Langweilige Beiträge gibt es im Internet genug, die will niemand lesen. Ein Blog sollte entweder unterhaltsam oder informativ sein. Oder beides.

Thema auf den Punkt bringen

Das dürfen nur Professoren im Nachtprogramm: mit langen Einleitungen beginnen und dann aus einer Inspiration heraus die ganze Welt erklären. Die Normalsterblichen können nicht darauf hoffen, mit verschlungenen Argumentationen ein Publikum zu generieren. Bringen Sie das Thema schnell auf den Punkt.

Mäßig, aber regelmäßig

Sie müssen zwar nicht täglich Neuigkeiten verkünden, aber eine gewisse Regelmäßigkeit sollte eingehalten werden. Wenn kurz vor Weihnachten noch der Bericht über die Ostereiersuche erscheint, lässt das die Kunden an der Dynamik Ihres Unternehmens zweifeln. Andererseits wirkt es verdächtig, wenn Sie mehrmals am Tag Beiträge veröffentlichen. Man könnte daraus den Schluss ziehen, dass Sie mit Ihrer eigentlichen Tätigkeit nicht so recht ausgelastet sind.

Praxistipp: Finden Sie einen Rhythmus zwischen einem und fünf Beiträgen pro Monat.

Niemand in die Bleiwüste schicken

Der Begriff Bleiwüste entstammt dem klassischen Journalismus. Er bezeichnet einen Zeitungstext ohne Bilder und Absätze. Damit ein Text im Internet gut lesbar ist, muss das Auge einen Halt finden. Schreiben Sie deshalb nur kurze Absätze und strukturieren Sie Ihre Beiträge mit Zwischenüberschriften, Listen und Zitaten.

12.6.7 Kommentare auf dem Firmenblog

Hat ein gewöhnliches Blog 200 Beiträge und null Kommentare, gibt es nur eine Diagnose: gescheitert. Kommentare sind der Nachweis für die Relevanz des Blogthemas und des gesamten Blogprojekts. Beim Firmenblog gelten allerdings andere Spielregeln. Wenn Sie kein Feedback erhalten, haben Sie zwei Möglichkeiten:

- Die Kommentarfunktion deaktivieren und das Blog als »Verkündigungsplattform« weiterführen.
- Nachfragen der Leser herausfordern, zum Beispiel durch die Anfertigung kleiner Tutorials zu den Produkten im Shop.

12.6.8 Blogvernetzung mit Gastbeiträgen und Interviews

Keiner ist allein auf dieser Welt. Durch Gastbeiträge und Interviews holen Sie Ihr Firmenblog aus der Isolationsfalle.

Der Gastartikel

Thematisch passende Blogs sind der richtige Ort, um einen Gastbeitrag zu platzieren. Denken Sie dabei aus wettbewerbsrechtlichen Gründen an die Kennzeichnung.

Beispiel: »Dieses Kleid habe ich nur unter Tränen hergegeben. Ein Gastbeitrag von Monika Musterfrau.«

In den Beitrag packen Sie unterhaltsam aufbereitete Informationen hinein, die Sie mit ein oder zwei Links zu Ihrem Shop garnieren.

Das Interview

Für beide Blogbetreiber etwas aufwendiger ist das Interview, denn es müssen zunächst geeignete Fragen gefunden werden. Am besten signalisieren Sie schon bei der Kontaktaufnahme eine Beschränkung auf drei bis fünf Fragen.

12.6.9 Die richtigen Ansprechpartner finden

Bei der Kontaktaufnahme mit einem anderen Webmaster sollten Sie die üblichen Gepflogenheiten beachten. Der Ton macht die Musik. Weil Bloggen etwas Persönliches ist, spielt der richtige Tonfall in der Bloggerszene eine besonders wichtige Rolle. Angenommen, Sie haben einen Onlineshop für exklusive Mode eröffnet und möchten ein bisschen Publicity. Ein gut besuchter Fashionblog ist dafür der ideale Ort. Hier trifft sich die Szene, und die hat für Neuheiten prinzipiell ein offenes Ohr.

Beim Herantasten an die Blogger, meist sind es Bloggerinnen, ist allerdings Fingerspitzengefühl gefragt. Wer dank einer gewissen Popularität sehr viele Anfragen für Interviews, Gastartikel und andere Kooperationsformen erhält, reagiert auf die Holzhammermethode eher allergisch. So vermasseln Sie gründlich den ersten Kontakt:

»Suche Interview, Linktausch etc. für meinen Shop, wie wäre es?? MFG Hanni«

Zunächst sollten Sie sich auf dem betreffenden Blog ein wenig umsehen. Passt das Genre, und ist Ihnen der Schreibstil generell sympathisch? Dann fassen Sie sich ein Herz und stellen eine freundliche Anfrage, ob die Betreiberin mit Ihnen kooperieren möchte. In der Anfrage stellen Sie auf jeden Fall eine thematische Verbindung her. Am besten funktioniert der Kontakt, wenn Sie ein bisschen »vorgebaut« haben, zum Beispiel durch einen Kommentar oder eine Followerschaft bei Twitter oder Facebook.

Mit dieser Anrede haben Sie gute Chancen:

»Hallo [Name des Blogbetreibers], ich darf mich kurz vorstellen: Ich betreibe das Blog und den Shop www.mustershop-online.de. In unserem Blog bringen wir jeden Monat entweder einen Gastartikel oder ein Interview. Hast Du Lust auf eines von beiden? Thema wäre vielleicht die Fashionweek. LG Marion Musterfrau«

12.7 Newsletter-Marketing

Die Begriffe E-Mail-Marketing und Newsletter-Marketing stehen heute in der Praxis für dasselbe Prinzip: Kunden erhalten vom Website-Betreiber in mehr oder weniger regelmäßigen Abständen eine E-Mail mit Informationen und Werbung. Sie dürfen Rundmail oder elektronische Hauspostille dazu sagen, besser ist aber Newsletter. Der Begriff hat sich eingebürgert, und der Kunde weiß, was ihn erwartet. Kennzeichen der meisten Newsletter:

- Zum Newsletter-Abonnement ist eine Anmeldung erforderlich.
- Der Newsletter landet im E-Mail-Postfach.
- Der Inhalt ist brandaktuell und teilweise exklusiv.
- Newsletter erscheinen regelmäßig.
- Newsletter sind kostenlos.
- Datenschutzbestimmungen werden eingehalten.
- Des Abonnements lässt sich über einen Link im Newsletter unproblematisch beenden.

Es liegt viel Potenzial in so einem Newsletter, und zwar besonders für diese beiden Gruppen:

- Potenzielle Kunden, die sich im Vorfeld einer Kaufentscheidung informieren möchten.
- Stammkunden, die sich gern über Neuerungen auf dem Laufenden halten.

12.7.1 Newsletter-Plug-ins nutzen

Auf technischer Seite haben Sie zwei Möglichkeiten, eine interne und eine externe. Am einfachsten ist die Verwendung eines Plug-ins. Gehen Sie dazu auf *Plugins/Installieren* und geben Sie »Newsletter« in die Suchmaske ein. Sie finden dann eine breite Auswahl verschiedener Tools. Populär ist das Plug-in mit dem simplen Namen *Newsletter*.

Bild 12.21: Das Plug-in Newsletter kann über das Backend installiert werden.

12.7.2 Der externe Anbieter MailChimp

Sehr ausgefeilte Möglichkeiten stellen diverse externe Newsletter-Anbieter zur Verfügung. Der Platzhirsch heißt MailChimp. Voraussetzung ist die Anlage eines Kontos auf *www.mailchimp.com*.

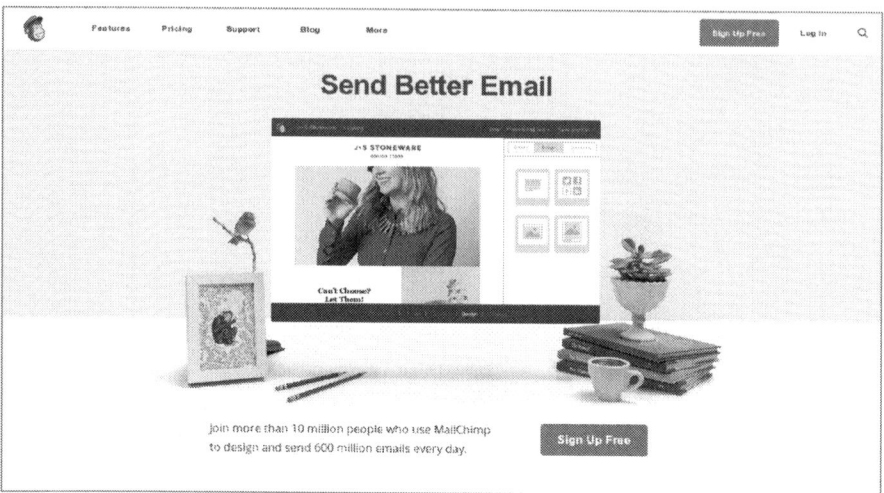

Bild 12.22: Anmeldung beim externen Newsletter-Dienst *www.mailchimp.com*.

12.7.3 Rechtskonforme Verwendung

Mit der guten alten Post können Sie Briefe verschicken, bis in der Portokasse Ebbe herrscht. Kommen Sie aber bloß nicht auf die Idee, E-Mails oder Newsletter an irgendwelche Leute ohne deren ausdrückliche Zustimmung zu verschicken.

Kündigungsoption am Ende des Newsletters

Am Ende des Newsletters müssen Sie dem Empfänger eine Möglichkeit bieten, das Abonnement schnell und unkompliziert zu kündigen. Beim Einsatz von Newsletter-Plug-ins oder externen Tools ist diese Funktion leicht eingerichtet.

Impressum am Ende des Newsletters

Auch in einer E-Mail oder einem Newsletter besteht Impressumspflicht, allerdings ist der Platz hier im Gegensatz zur Website begrenzt. In der Praxis hat es sich durchgesetzt, ein Kurzimpressum hinzuzufügen, das per Link auf das ausführliche Impressum der Website weiterleitet.

12.7.4 Opt-in und Opt-out

Opt-in-Verfahren sind zwar nicht nur im Zusammenhang mit Newslettern vorgeschrieben, aber die meisten Webmaster kommen bei diesem Thema zum ersten Mal damit in Berührung. Worum geht es?

Opt-in

Bei einem Opt-in-Verfahren muss der Kunde aktiv bestätigen, dass er mit der Zusendung eines Newsletters oder einer anderen Werbemaßnahme einverstanden ist. Die Zustimmung ist nicht an eine bestimmte Form gebunden, kann also theoretisch auch per Telefon oder SMS eingeholt werden. Der Werbetreibende sollte allerdings sicherstellen, dass die Zustimmung nicht von einer dritten Person abgegeben wurde. Außerdem besteht eine Pflicht zur Dokumentation. Viele Webmaster setzen deshalb auf die Methode des Double-Opt-in.

Double-Opt-in

1. Das erste Opt-in: Der Kunde fordert den Newsletter zunächst mit der Eingabe einer E-Mail-Adresse und/oder dem Setzen eines Hakens in eine Checkbox an. Automatisch versendet WordPress eine E-Mail mit einem Bestätigungslink.
2. Das zweite Opt-in: Mit einem Klick auf den Link in der Bestätigungsmail wird die Anmeldung abgeschlossen.

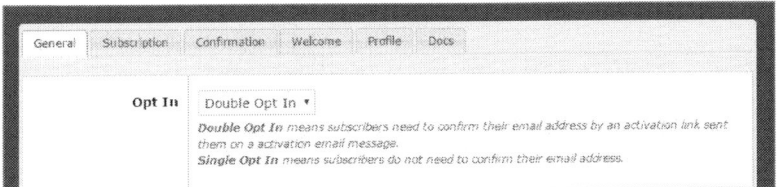

Bild 12.23: Das Plug-in Newsletter ist standardmäßig auf Double-Opt-in eingestellt.

> **Newsletter und Bestätigungslink**
> Es kommt immer wieder vor, dass die Bestätigungsmail oder auch der Newsletter selbst beim Kunden im Spam-Ordner landet. Am besten weisen Sie Ihre Kundschaft auf dieses (und andere) Probleme hin. Folgenden Text können Sie für Ihre Website übernehmen: »Nach dem Abonnieren unseres Newsletters erhalten Sie eine E-Mail mit einem Bestätigungslink. Sollten Sie keine E-Mail in Ihrem Postfach oder Spam-Ordner vorfinden, wenden Sie sich bitte an unseren Support: *support@mustershop-online.de*.

Opt-out

Der Vollständigkeit halber sei an dieser Stelle auch auf das Opt-out-Verfahren hingewiesen. Hierbei ist ein Haken in einer Checkbox standardmäßig gesetzt. Der Betreiber der Website unterstellt dem Besucher damit in der Regel das Einwilligen in eine Werbe- oder Tracking-Maßnahme. Mit der Entfernung des Hakens widerruft der Kunde die unterstellte Einwilligung.

12.7.5 Newsletter-Knigge

Ein Marketing-Satz lautet »Write more, sell more«, auf gut Deutsch »Schreibe mehr, verkaufe mehr«. Für den Newsletter gilt diese Formel aber nicht uneingeschränkt. Ein allzu umfangreicher Newsletter wird eher weggeklickt als durchgelesen. Und wer elektronische Post im Stundentakt versendet, landet auf der Insel der Verdammten: dem Spam-Ordner. Mit diesen Kniffen gewinnen und halten Sie Abonnenten.

Vorteile kommunizieren

Aus Spaß an der Freud wird niemand einen Newsletter abonnieren. Fast alle Newsletter-Plug-ins bieten die Möglichkeit, in der Nähe des Anmeldefelds einen Text zu platzieren. Kommunizieren Sie hier die Vorteile für Newsletter-Abonnenten.

Bild 12.24: Sehr übersichtlich präsentiert die Newsletter-Anmeldeseite der Galeria Kaufhof die Vorteile für die Abonnenten.

Das Intervall einhalten

Es ist beim Newsletter-Versand wie mit Blumensträußen. Wenn jemand besonders galant sein möchte und dem Objekt der Begierde in einer Woche zehn davon mitbringt, steckt in 1 % der Fälle eine ganz heiße Affäre dahinter, in 99 % Stalking. Bombardieren Sie Ihre Abonnenten nicht täglich, sondern versenden Sie zur Grundversorgung einen regelmäßigen Newsletter im Intervall von ein bis drei Monaten.

Preisaktionen oder neue Artikel im Sortiment bewerben Sie mit einem zusätzlichen »Breaking Newsletter« oder einer »Newsletter-Sonderausgabe«. In diese speziellen Newsletter setzen Sie etwas häufiger als üblich direkte Links auf die entsprechenden Produkte im Shop.

Entscheidung an der Betreffzeile

Die Betreffzeile entscheidet, ob der Newsletter gelesen oder weggeklickt wird. Betreffzeilen aus der Hölle klingen so:

- Rundbrief Nr. 01/2017
- Mitteilungen für den Monat
- Planung und Verschiedenes

Wenn Vorgesetzte ihren Mitarbeitern eine Mail schreiben, stehen genau solche Wörter im Betreff. Die Reaktionskette bei den Empfängern:

1. Oh nein, muss ich das wirklich lesen?
2. Das Zeugs kommt ja gar nicht vom Chef.
3. Löschen.

Das Entsetzen beim Kunden können Sie nur noch steigern, wenn Sie um eine Empfangsbestätigung des Newsletters bitten. Aber das ist natürlich völlig abwegig – weg mit diesen finsteren Gedanken. Was stattdessen? Der ideale Betreff ist kurz, beschränkt sich auf ein Thema und weckt die Neugierde:

- Unser Angebot des Monats.
- Noch zwei Tage 50 % billiger.
- Jetzt Neuheiten ausprobieren.

Sie dürfen natürlich auch mit typischen Begriffen aus Ihrem Warensortiment um sich werfen. Beispiele:

- Neue Kollektion eingetroffen.
- Fanschals 20 % reduziert.
- Out Now: die neue Single.

Tabu sind aber marktschreierische Begriffe, die typischerweise von Spam-Versendern verwendet werden. Mit gewissen Phrasen und der Häufung von Ausrufezeichen läuft Ihr Newsletter Gefahr, im Spam-Ordner zu landen:

- Gratis.
- Reich werden.
- Herzlichen Glückwunsch ...

Die richtige Anrede

Der Kunde hat den Newsletter abonniert und geöffnet? Sehr gut. Nach dem Betreff gilt es, eine etwas kleinere Aufgabe zu meistern: die richtige Anrede.

Auch hier hat das Beamtendeutsch keinen Platz. Sehr geehrte Damen und Herren? Das klingt nach einer Vorladung beim Ordnungsamt wegen Ruhestörung oder mangelnder Sorgfalt bei der Mülltrennung. Wecken Sie bei Ihrer Kundschaft keine negativen Assoziationen. Mit dieser Sprachregelung kann nichts schiefgehen:

- Persönlich werden – Bessere Newsletter-Tools lassen sich so einstellen, dass der Name des Empfängers automatisiert in die Anrede übernommen wird. Das verleiht dem Newsletter eine persönliche Note.

- Festlegung auf Du oder Sie – Im Newsletter fällt diese Grundsatzentscheidung sofort auf. Wie auch immer Sie sich entscheiden: Ziehen Sie die Sprachregelung einheitlich durch, nicht nur innerhalb des Newsletters.

Rechtschreibfehler

Rechtschreibfehler in Newslettern sind absolut tabu. Zücken Sie im Zweifelsfall den Duden und lassen Sie den Deutschlehrer im Team noch einmal gegenlesen, bevor Sie auf das Sendeknöpfchen klicken und bei den Abonnenten Stirnrunzeln produzieren. Es geht bei der Rechtschreibung nämlich nicht nur um Äußerlichkeiten, sondern um die Glaubwürdigkeit Ihrer Identität.

Betrügerische Mails werden oft unter falschem Namen verschickt. Gern geben sich die Angreifer als Bank oder Onlineshop aus. Eines der Merkmale zur Erkennung dieser Plage sind die in Betrugsmails nicht selten enthaltenen Rechtschreibfehler.

Fazit: Achten zie darauff, das Inen kain einzigster Fehla bassiert.

Bilder und Platzhalter

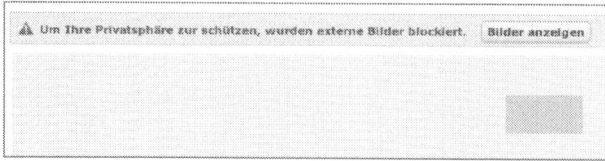

Bild 12.25: Im Postfach dieses Mailempfängers sind statt der Bilder nur Platzhalter zu sehen.

Die Darstellung eines Newsletters variiert bei den Empfängern je nach eingesetztem Mailprogramm. Nicht selten werden dabei Bilder durch hässliche Platzhalter ersetzt. Gehen Sie deshalb in Newslettern mit Bildern und Grafiken eher sparsam um. Tabu ist Folgendes:

- Großflächige Bilder – sie zerschießen das Layout.
- Große Bilddateien – sie verstopfen das Postfach und verlängern die Ladezeit.
- Exotische Bildformate – sie werden nicht in allen Browsern dargestellt.

Noch vorsichtiger als beim Einsatz von Bildern sollten Sie bei Anhängen sein.

Der Anhang macht Probleme

Anhänge sind gefährlich, weil sich Viren und andere Plagegeister darin verbergen können. Außerdem bringen sie keinen neuen Traffic auf Ihre Website – Links aber schon. Wenn Sie Ihre Kunden auf eine PDF- oder MP3-Datei hinweisen möchten, platzieren Sie diese direkt auf Ihrer Website und verlinken im Newsletter auf die entsprechende Stelle. Um es kurz machen: Anhänge haben in Newslettern nichts verloren.

Das erste Mal

Erfahrungswert: Das erste Mal geht es schief. Wann Sie das bemerken? Sofort nach dem Absenden. Dagegen können Sie nichts tun. Aber es muss ja niemand merken. Senden Sie den ersten Newsletter nur an sich selbst oder an Ihr Team und eventuell auch den zweiten. Die weite Welt wird erst beglückt, wenn die Probeläufe erfolgreich waren.

Qualitätskontrolle

Sie möchten feststellen, in welcher Optik Ihre Newsletter bei den Abonnenten ankommen? Dann geht Probieren über Studieren. Legen Sie sich einige unterschiedliche, aber geläufige Testaccounts zu, z. B. via web.de, Outlook und Gmail, und setzen Sie sich selbst auf die Abonnentenliste.

12.8 Offlinemarketing

Forschen Sie einfach mal nach, welche Veranstaltungen von Ihrer Zielgruppe besucht werden. Events wie Messen, Vorträge oder Konzerte sind auch für Onlineshops attraktiv. Schließlich dürfen Sie hier Ihre Produkte zum Anfassen auslegen.

12.8.1 Events nutzen

Facebook und Twitter bieten hervorragende Möglichkeiten, die Teilnahme Ihres Shops bekannt zu machen. Laden Sie Ihre Followerschaft ein und peppen Sie Ihren Stand mit Häppchen auf. Für Zulauf sorgen auch kleine Goodies oder Gewinnspiele. Hat sich eine Menschentraube um Ihren Stand versammelt, schießen Sie unter der Wahrung des Persönlichkeitsrechts einige Bilder. Zwei Methoden stehen Ihnen zur Verfügung:

- Sie fotografieren eine Menschenmasse, in der die einzelnen Personen schwer erkennbar sind.
- Sie fotografieren Ihre Standbesucher frontal – dann aber nur mit deren ausdrücklicher Erlaubnis, diese Bilder aufnehmen und auch im Internet präsentieren zu dürfen.

Die Bilder laden Sie während des Events auf Ihre Social-Media-Präsenzen. So bringen Sie noch einige Nachzügler dazu, bei Ihrem Stand aufzutauchen.

12.8.2 Ladenwerbung

Wenn Sie Onlineshop und Ladengeschäft parallel betreiben, richten Sie im Schaufenster eine »Onlineecke« ein. Platzieren Sie Schilder mit QR-Codes neben den Produkten, um die Kundschaft in den Onlineshop zu lotsen. Weisen Sie dabei auch auf ganz neue und stressfreie Möglichkeiten des Einkaufs für etwas sperrige Waren hin. Parkplatzsuche muss nicht sein, es geht auch so:

1. Der Kunde radelt gemütlich zu Ihrem Shop in die Innenstadt. Stress und Strafzettel entfallen.
2. Im Ladengeschäft fasst der Kunde die Ware an und probiert sie aus. Er kann auch gleich bestellen, muss aber nicht. Anschließend bummelt er noch gemütlich durch die City. In einem netten Café bestellt er per Smartphone, während die Bedienung den Cappuccino bringt.
3. Die Ware wird bequem angeliefert.

12.8.3 Werbung auf dem Versandpaket

Haben Sie sich schon mal überlegt, welchen Weg Ihre Sendung kurz vor und nach der Ankunft beim Empfänger zurücklegt? Ein typischer Ablauf:

1. Der Paketdienst klingelt bei der Kundin und will die eleganten neuen Schuhe abliefern. Die ist aber mal wieder nicht da, weil Studentin auf Heimaturlaub oder Künstlerin auf Tournee.
2. Der Paketdienst klingelt beim Nachbarn. Da wohnt ein etwas unrasierter Typ, der das Paket für die hübsche Nachbarin annimmt. Wie immer unterschreibt er beim Paketboten und legt die Sendung ins Treppenhaus.

3. Das Paket liegt eine ganze Weile im Treppenhaus. Wer vorbeikommt, wirft auch einen Blick darauf.
4. Die Kundin kommt nach Hause und nimmt das Paket mit in die Wohnung.
5. Die Kundin packt das Paket aus und freut sich über die neuen Schuhe.
6. Das leere Paket landet wieder im Treppenhaus, bis es in die Altpapiertonne wandert.

Eine gewaltige Dummheit wäre es, sich als Händler all diese Werbemöglichkeiten durch die Lappen gehen zu lassen. So werben Sie auf dem Paket selbst:

- Große Lösung: bedruckte Kartons mit Shopnamen, URL und Slogan.
- Mittlere Lösung: Aufkleber mit Shopnamen und URL.
- Notlösung: Paketklebeband mit Shopnamen oder URL.

Ein ideales Preis-Leistungs-Verhältnis erhalten Sie mit dieser Kombination:

- Bedruckte Kartons für die am häufigsten verwendeten Paketgrößen.
- Alle anderen Pakete werden mit Aufklebern versehen und mit bedrucktem Paketklebeband verschlossen. Beides ist nicht teuer und unabhängig von der Größe einsetzbar.

12.8.4 Werbung im Versandpaket

Sie kennen ja vielleicht noch den Werbespot des Onlineschuhhändlers Zalando? Falls nicht, dies ist die Handlung in einem Satz: Die Kundin erhält ein Paket und schreit vor Glück. Das simple Drehbuch beschreibt einen psychologisch wichtigen Moment: das schönes Gefühl, etwas Neues in den Händen zu halten. In diesem kurzen Moment der Hormonausschüttung gilt es zuzuschlagen. Animieren Sie zu weiteren Käufen.

Die Paketbeilage

Eine Paketbeilage ist viel billiger, unkomplizierter und effektiver als jedes separate Anschreiben.

Bedingung: Sie muss so eingepackt werden, dass sie mit dem Geschenk aus der Packung herauspurzelt und sofort ins Auge springt – und nicht etwas mit dem Füllmaterial entsorgt wird.

Typische Paketbeilagen:

- Ein Lesezeichen im bestellten Buch.
- Ein Flyer, Folder oder kleiner Katalog direkt auf oder in der Ware selbst.
- Kleine Überraschungen.

Im Idealfall haben Sie ein Set von Paketbeilagen, das Sie je nach Kunde/Kundin unterschiedlich zusammenstellen. So vermeiden Sie es, beim Antialkoholiker für Whisky und beim Radfahrer für Scheibenwischer zu werben.

Fremde Paketbeilagen

Pflegen Sie Geschäftskontakte mit Anbietern, zu denen Sie nicht in direkter Konkurrenz stehen? Dann können Sie sich auch gegenseitig mit Paketbeilagen weiterempfehlen.

Beispiel: Sie verkaufen Schuhe, ein befreundetes Unternehmen Hüte? Wenn Sie sich gegenseitig mit Paketbeilagen versorgen, profitieren beide. Vernetzen Sie sich, um geeignete Partner zu finden.

12.8.5 Mit anderen Händlern real vernetzen

Alte Kaufmannsregel: Wo schon ein Laden ist, mach noch einen hin, wo nicht, lass es sein. Die Kundschaft liebt es nämlich, von Geschäft zu Geschäft zu bummeln. Ein einzelner Laden hat dagegen einen schweren Stand. Sie brauchen diese zwei Dinge, um eine Onlineladenzeile zu gründen:

1. Eigeninitiative
2. Bier

Sie haben über ein Forum oder über die sozialen Netzwerke andere Onlinehändler kennengelernt, im Idealfall mit einem ähnlichen, aber nicht gleichen Sortiment? Oder Sie kennen Berufskollegen aus Ihrer Stadt? Dann trinken Sie mit denen mal ein ganz reales Bier. Anschließend vernetzen Sie sich online und zeigen das auch gegenüber der Kundschaft, zum Beispiel durch gegenseitige Verlinkungen und Gastartikel im Firmenblog. Sie manövrieren sich damit aus der Isolation und gewinnen bei der Kundschaft an Vertrauen.

Checkliste Marketing

- Website wird sofort als Shop wahrgenommen.
- Logo, Schriftzug und Design harmonieren.
- Farbschema entwickelt.
- Corporate Design entwickelt.
- Einheitliche Ansprache: Du oder Sie.
- Produkte für Cross- und Up-Selling ausgewählt.
- Plug-ins und Module für Aktionen installiert.
- Rechtssicheres Bildmaterial für Website vorhanden.
- Rechtssichere Produktbilder vorhanden.
- Firmenblog eingerichtet.
- Firmenblog mit Social-Media-Netzwerken verbunden.
- Optional: Beitritt zu Händlerorganisation.
- Optional: Newsletter-Tool eingerichtet.
- Optional: Nutzung von Versandpaketen als Werbeträger.

13 Information, Beratung und Service

13.1	**Information**	**490**
13.1.1	Nummer gefällig?	490
13.1.2	Mehr, als das Gesetz vorsieht	491
13.1.3	Der FAQ-Bereich	492
13.1.4	Informationen zu den Produkten	493
13.1.5	Von der Wikipedia lernen	493
13.2	**Beratung**	**494**
13.2.1	Mit Beratung Sympathie gewinnen	495
13.2.2	Die fachliche Komponente	495
13.3	**Service**	**495**
13.3.1	Service für gewöhnliche Kunden	496
13.3.2	Service für unzufriedene Kunden	496
13.3.3	Service für Stammkunden	497
13.4	**Der Servicefooter**	**497**
13.4.1	Servicefooter mit Text-Widgets	498
13.4.2	Servicefooter mit Bildern und Texten	502

Checkliste Information, Beratung und Service 505

Warum sollte ein Kunde bei Ihnen kaufen und nicht bei der Konkurrenz? Die Preise lassen sich nicht ewig drücken. Halten Sie die Gewinnmarge stabil und punkten Sie bei Information, Beratung und Service.

Das Glossar:

- **FAQ-Seite** – Das Kürzel FAQ steht für *Frequently Asked Questions*, häufig gestellte Fragen. Eine gute FAQ-Seite beantwortet schnell, was den meisten Kunden unter den Nägeln brennt.
- **Gewährleistung** – Pflicht des Händlers, nach dem Verkauf eines mangelhaften Produkts eine Nacherfüllung des Vertrags zu leisten, beispielsweise in Form von Umtausch oder Reparatur. Alternativen sind unter bestimmten Bedingungen der Rücktritt und die Minderung.
- **Garantie** – Freiwillige Zusatzleistung eines Händlers, die über die gesetzliche Gewährleistungspflicht hinausgeht.
- **Kundenbindung** – Maßnahmen zur Umwandlung von Neukunden in Stammkunden und zum Erhalt von Stammkunden.
- **Servicefooter** – Kleine sortierte Linklisten im Seitenfooter. Die Links führen zur FAQ-Seite, den Versandbedingungen, den Zahlungsmethoden und anderen Informations- und Serviceseiten.

13.1 Information

Zur Blütezeit des gedruckten Katalogs, als die Menschen mit dem Wort Amazon noch einen mächtigen Strom in Südamerika assoziierten, wo fand der Versandhauskunde da die Informationen zu Versand, Bezahlung und Service? Ganz hinten. Und weil der Platz begrenzt war, stand alles in so winziger Schrift, dass auch Normalsichtige zum Lesen eine Lupe benötigten. Besonders kundenfreundlich war das nicht. Als Onlinehändler haben Sie heute viel mehr Möglichkeiten. Präsentieren Sie ausführliche und gut strukturierte Informationen, die von allen einzelnen Seiten gut erreichbar sind.

13.1.1 Nummer gefällig?

Das Telefon hat einfach alles überlebt: Rauchzeichen, Morsezeichen, Fax, E-Mail, SMS und sogar WhatsApp. Mal ehrlich, wer etwas schnell und genau wissen will, der greift heute wie vor 100 Jahren ganz einfach zum Hörer.

Telefonnummer im Header

Nicht jeder Kunde ist scharf auf ein Telefonat mit dem Händler. Der Vorteil des Onlineshoppings ist ja gerade das Wegfallen des Verkaufsgesprächs. Im stationären Handel ist schließlich nicht jeder Verkäufer täglich hoch motiviert. Und der Kunde, dieser Heuchler? Spielt Interesse vor, um sich nach der Fachberatung »noch umzusehen«. In Wahrheit trägt er sein Geld zur billigeren Konkurrenz. Der Verkäufer riecht den Braten, macht aber gute Miene zum bösen Spiel. Stößt er dann noch auf Leute, die gefühlte zwei Stunden ohne Kaufabsicht zwischen den Regalen herumschleichen, sinkt die Laune im Laden auf den Nullpunkt.

Kurz gesagt: Die Abläufe im stationären Handel strapazieren die Nerven aller Beteiligten. Wie unkompliziert ist dagegen der wunderbar anonyme Einkauf im Internet! Informieren ohne Kauf erlaubt, Schlendern erlaubt, Preisvergleich erlaubt. Trotzdem will der Kunde die Gewissheit haben, dass sich hinter der Onlinemaschinerie noch ein Mensch aus Fleisch und Blut befindet. Einen, den man anrufen kann und der bei Problemfällen Auskunft gibt, einen »Kümmerer«.

Lassen Sie Ihre Kundschaft wissen, dass Sie im Bedarfsfall telefonisch erreichbar sind. Ideal ist die Darstellung Ihrer Telefonnummer im Header – in Verbindung mit einer peppigen Grafik. Zur Belohnung erhalten Sie von Ihren Besuchern Vertrauen. Und zwar von allen, nicht nur von den wenigen, die tatsächlich bei Ihnen anrufen.

13.1.2 Mehr, als das Gesetz vorsieht

Auf den Seiten für AGB, Datenschutz, Impressum, Versandbedingungen, Widerruf und Zahlungsarten sind Ihnen die Hände gebunden. Schreiben Sie dort nur hinein, was nötig ist, denn aufgrund der wettbewerbsrechtlichen Bestimmungen lauern eine Menge Fallen. Sie dürfen beispielsweise nicht mit Leistungen prahlen, die gesetzlich vorgeschrieben sind. Platzieren Sie zusätzliche Informationen deshalb nicht auf Pflichtseiten, sondern in einer charmanteren Umgebung. Geeignet sind:

- die *FAQ*-Seite,
- die *Über uns*-Seite sowie
- spezielle Hilfeseiten zu Produkten.

Präsentieren Sie dort neben Fotos von Ihnen und Ihrem Team diverse Informationen in flotter Sprache. Werden Sie auch ein bisschen persönlich. Sie führen Ihr Unternehmen gemeinsam mit Ihrer Schwester? Sie machen die Bestellungen und ein anderes Familienmitglied die Buchhaltung? Geben Sie Ihren Kunden ein paar Infohäppchen über Ihre Firma. Damit signalisieren Sie, dass alles im Lot ist, und gewinnen wieder ein Stück Vertrauen.

Gute Wörter – schlechte Wörter

Gewisse Wörter lösen negative Emotionen aus, beispielsweise diese hier:

Paragraf, Gesetz, AGB, Fußpilz, Frist, kaputt, Beulenpest, Gerichtsstand

Freundlich klingen hingegen:

bequem, angenehm, genießen, Massage, Sonnendeck

Ein Beispielsatz: »Genießen Sie unsere Produkte. Falls Ihnen etwas nicht gefällt, schicken Sie es einfach innerhalb von 14 Tagen zurück.«

13.1.3 Der FAQ-Bereich

Technisch orientierte Menschen – zu denen eine Minderheit der Bevölkerung gehört – gehen zur Lösung eines Problems streng analytisch vor. Sie scheuen weder abstrakte Begriffe noch Kategorien und Unterkategorien. Normale Menschen – also die Mehrheit der Bevölkerung – empfinden schon beim Lesen des Worts »Kategorie« ein Unwohlsein, und sobald sie »Unterkategorie« lesen, bekommen sie Allergieschübe. Sie haben keine Lust auf Systematisierungen, sie wollen jetzt und sofort das Problem gelöst haben.

Kurz gesagt: Ihre Kunden sind so geduldig wie ein Dreijähriger, dem Gummibärchen versprochen wurden. Wenn er sie nicht gleich bekommt, tobt er.

Lösung des Problems: Ein FAQ-Bereich muss her. Die drei Buchstaben stehen für *Frequently Asked Questions*, also häufig gefragte Fragen. Weil das auf Deutsch nach philosophischem Quartett klingt, sollten Sie bei FAQ bleiben. Die Themen stellen Sie anhand der Anfragen per Telefon, E-Mail und Social Media zusammen. Beschränken Sie sich zunächst auf ein Dutzend Fragen, später können Sie die Rubrik immer noch erweitern.

Ein Klassiker ist diese Frage: »Kann ich auf Rechnung bezahlen?«

Auch wenn Sie die Frage schon auf der Seite *Zahlungsarten* beantwortet haben – unter *FAQ* machen Sie es ein zweites Mal. Der FAQ-Bereich ist schließlich das Herzstück Ihrer Informationspolitik. Hier findet der Kunde alles auf einen Blick.

Sortierte FAQ

Zurück zu den Kategorien. Sie dürfen schon nach Kategorien sortieren, aber verwenden Sie bloß nicht dieses Wort. Werden Sie konkret. Hier ein Beispiel für eine Sortierung:

- Wie kann ich bezahlen?
  Kann ich auf Rechnung bezahlen?
  Kann ich mit PayPal bezahlen?
  Kann ich bar bezahlen und die Ware im Laden abholen?

- Liefern Sie auch ins Ausland?
  Liefert der Mustershop nach Österreich?
  Liefert der Mustershop in die Schweiz

- Kann ich eine Ware umtauschen?

- Welche Frist habe ich zum Umtausch?

- Wer trägt die Rücksendekosten?

FAQ-Tipps

Bei der Entwicklung Ihres FAQ-Bereichs sollten Sie sich von drei Aspekten leiten lassen:

1. **F** steht für **Frequent** – Was häufig gefragt wird, steht an erster Stelle. Über Ihre Kundenkontakte stellen Sie sehr schnell fest, wo bei den meisten der Schuh drückt.

2. **Schleichwerbung erlaubt** – Nehmen Sie Ihre Kunden ein bisschen an die Hand. Sie haben ein neues Produkt im Sortiment? Dann dürfen Sie hierzu auch ein paar Fragen in die FAQ einflechten.

3. **Sortieren und ausmisten** – Optimieren Sie Ihre FAQ von Zeit zu Zeit. Wichtige Fragen rücken Sie nach oben, nicht mehr relevante löschen Sie.

13.1.4 Informationen zu den Produkten

Viele Onlineshops verwenden für ihre Produktbeschreibungen einfach die Herstellertexte. Dadurch sparen sie zwar Zeit, verlieren aber an anderen Stellen.

- Google registriert sehr schnell, ob ein Text einmalig oder auf Hunderten von Händlerseiten vorhanden ist. Was bei der Texterstellung eingespart wurde, muss dann in die Suchmaschinenoptimierung investiert werden.

- Ihr Shopprofil leidet, wenn der Kunde einen Text wiedererkennt, den er schon bei der Konkurrenz gelesen hat.

Überprüfen Sie daher, bei welchen Produkten Sie mit eigenen Beschreibungen glänzen können. Wenn Sie ein sehr großes Sortiment haben, empfiehlt sich eine Kompromisslösung. Für die Bestseller schreiben Sie eigene Produkttexte, für die Massenware übernehmen Sie die Herstellertexte. Auch für Produktbeschreibungen und insbesondere Produktkritiken gilt natürlich das Urheberrecht. Im Zweifelsfall klären Sie rechtliche Fragen vor der Verwendung ab.

> **Nichts übertreiben**
> Gerade wenn Sie viel Wert auf ausführliche Informationen legen: Vermeiden Sie, was beim Kunden unnötig Verdruss erzeugt. Beispiel: Sie verkaufen Wanderkarten, die alle zwei Jahre neu aufgelegt werden. Wenn Sie die Karte als »aktuelle Auflage« anbieten, sind Sie im gesamten Verkaufszeitraum auf der sicheren Seite. Kennzeichnen Sie das Produkt dagegen mit dem Zusatz »Auflage 2016«, wird diese Information im Jahr 2017 mit Sicherheit einige Kunden von der Kaufentscheidung abhalten.

13.1.5 Von der Wikipedia lernen

Was verbindet den Elektronikhändler Reichelt mit dem Schuhversender Zalando? Beide haben ein kleines Lexikon in ihre Onlineshops integriert, eine Art Miniatur-Wikipedia. Kennzeichen:

- Die Einträge sind selbst geschrieben.
- Die Einträge sind thematisch eng gefasst und haben einen hohen Bezug zum Sortiment.

Der Vorteil: In den FAQ können Sie sich nicht so richtig austoben, in einem Lexikon haben Sie dagegen Platz. Der Kunde freut sich über Hintergrundinformationen, und

Google liebt gut verlinkte und mit reichhaltigen Inhalten bestückte Seiten. Es empfiehlt sich, für jeden einzelnen Buchstaben des Mini-Lexikons eine separate Seite anzulegen. Auf diese Weise haben Sie genug Platz, um die Inhalte immer mal wieder zu ergänzen.

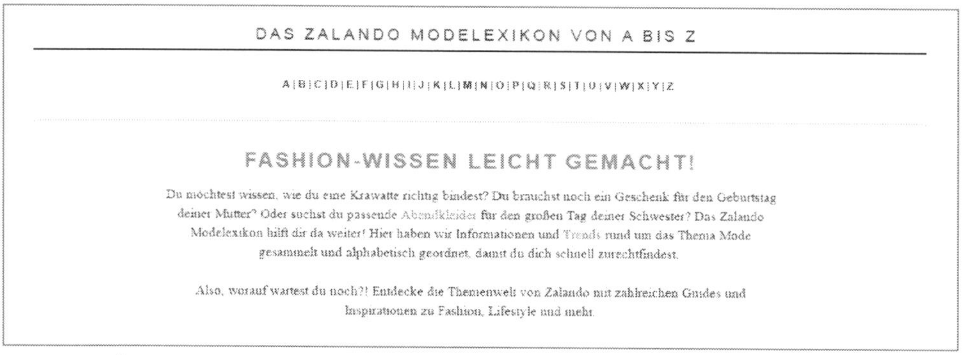

Bild 13.1: Über das Modelexikon von Zalando freuen sich die Kunden ebenso wie die Suchmaschinen.

Wiki-Software verwenden

Sie wollen es so richtig krachen lassen und verfügen über das nötige Zeitbudget? Dann – und nur dann – bietet sich auch diese Lösung an:

1. Legen Sie eine Subdomain an, z. B. *www.lexikon.mustershop-online.de*.
2. Installieren Sie auf dieser Subdomain die kostenlose Software Mediawiki, die Sie hier herunterladen können: *www.mediawiki.org*.
3. Befüllen Sie das System regelmäßig mit neuen Artikeln.
4. Sorgen Sie für eine passende Verlinkung von Haupt- und Subdomain.

13.2 Beratung

Beratung ist besonders wichtig, wenn Sie anspruchsvolle Produkte in Ihr Sortiment aufgenommen haben. Die Gründe:

- Beratung erhöht die Kundenzufriedenheit. Zufriedene Kunden werden Sie weiterempfehlen.
- Beratung verhindert Retouren. Wenn die Kunden kaufen, was sie tatsächlich wollen, schicken sie die Ware nicht zurück.
- Beratung verhindert Beschwerden und Unzufriedenheit. Denken Sie daran, dass unzufriedene Kunden Schaden anrichten können, zum Beispiel durch negative Bewertungen auf diversen Portalen und in den Social-Media-Netzwerken.

13.2.1 Mit Beratung Sympathie gewinnen

Das ganze große Problem des Onlinehandels heißt Distanz. Sie kennen das von Beziehungsdiskussionen: »Schatz, du bist da und doch nicht da ...«

Die Beratung bietet die Möglichkeit, Distanz zu überwinden und sich von der Konkurrenz abzuheben. Bei sympathischen Kunden dürfen Sie auch mal »menscheln« und zur Fachberatung Plaudereien einstreuen, insbesondere am Telefon. Weniger geeignet für Beiläufigkeiten ist hingegen der E-Mail-Verkehr, und ironische Anmerkungen werden bei dieser Kommunikationsform oft missverstanden.

Eine gute Beziehung strahlt in alle Bereiche des Lebens hinein, auch ins Händlerleben. Konkret heißt das: Aus Stammkunden werden Fans, und die haben nicht nur eine hohe Zahlungsmoral, sie empfehlen Ihren Onlineshop auch weiter.

13.2.2 Die fachliche Komponente

Das Prinzip heißt: Je spezieller die Ware, desto hochwertiger muss die Beratung sein. Wenn Sie beispielsweise mit Fair-Trade-Produkten handeln, sollten Sie die entsprechenden Hintergrundinformationen stets zur Verfügung haben und Fragen nach Produktionsbedingungen und Qualitätssiegeln schnell und kompetent beantworten. Bei Massenware wird die Beratung hingegen weniger in Anspruch genommen.

Es ist also stark vom Sortiment abhängig, welches Gewicht Sie Ihrer Beratung beimessen und welche personellen Ressourcen Sie hierfür zur Verfügung stellen. Eine gute Idee ist es, feste Telefonzeiten und Reaktionszeiten im E-Mail-Verkehr zu kommunizieren.

Beispiel: »Für Fragen zu unseren Produkten stehen wir Ihnen montags bis freitags von 10:00 bis 16:00 Uhr unter dieser Telefonnummer zur Verfügung: *0123 456789*. E-Mails beantworten wir innerhalb von 24 Stunden. Mailadresse: *beratung@mustershop-online.de*«

Beratung ist nicht Therapie

Im Mail- oder Telefonkontakt merken Sie schnell, ob ein Kunde an einem Kauf interessiert ist oder nur persönliche Befindlichkeiten bei Ihnen ausbreiten möchte. Manche Zeitgenossen sind auch mit dem besten Service und den besten Produkten nicht zufrieden, verursachen aber einen großen Aufwand und hohe Kosten, zum Beispiel für Retouren.

Wenn Sie Ihre Nerven schonen möchten, verzichten Sie in diesen Fällen auf eine intensive Beratung. Verweisen Sie Problemkunden lieber in höflicher Form auf geeignete Plattformen im Internet. Verzichten Sie dabei auf ironische Anspielungen, auch wenn es Sie ein wenig in den Fingern juckt.

13.3 Service

Was einen guten Kundenservice auszeichnet?

- Höflichkeit.
- Schnelle Reaktion.

- Kompetenz.
- Die Fähigkeit, den Kunden mit unkomplizierten Lösungen zufriedenzustellen.

Guter Service spricht sich schnell herum, schlechter Service noch schneller, und das bei folgenden drei Gruppen:

- Gewöhnliche Kunden.
- Unzufriedene Kunden.
- Stammkunden.

13.3.1 Service für gewöhnliche Kunden

Information und Beratung sind für alle da, auch für Noch-nicht-Kunden. Wenn Sie die Sache aber übertreiben und an jedermann Service- und Supportleistungen verschenken, werden Sie nicht mehr als Shop, sondern als öffentliche Servicestelle wahrgenommen – und entsprechend in Beschlag genommen. Bei Produkten, die einen intensiven Support benötigen, sollten Sie den Service auch an bestimmte Voraussetzungen binden, beispielsweise an den Kauf eines bestimmten Produkts. Prüfen Sie auch, für welche Thematik Sie als Ansprechpartner infrage kommen und für welche der Hersteller.

13.3.2 Service für unzufriedene Kunden

Ob am Telefon oder in einer E-Mail – einen unzufriedenen Kunde erkennen Sie schon am Tonfall. Er klingt enttäuscht oder auch gereizt und fordernd. Jetzt heißt es, weiteren Schaden abzuwenden. Immerhin hat Sie der Kunde ja persönlich angefunkt – anstatt Negatives über Ihr Unternehmen in einem Internetforum oder sozialem Netzwerk zu hinterlassen.

Damit das auch so bleibt, empfiehlt sich folgende Vorgehensweise:

1. Dampf vom Kessel nehmen. Meist hat sich vor einer Beschwerde schon eine gehörige Portion Groll aufgestaut. Jetzt gilt es, zunächst die Emotionen wieder herunterzufahren und dem Kunden persönliches Verständnis zu signalisieren. Mit Schaum vor dem Mund lässt es sich nicht sachlich diskutieren.

2. Ist der Kunde beruhigt? Dann kümmern Sie sich um das Problem und verweisen auf bereits vorhandene Ressourcen. Möglicherweise helfen Produktbeschreibungen, FAQ oder Tutorials im Firmenblog weiter? Ist das nicht der Fall, leisten Sie weiteren Support, soweit Sie als Händler dazu befugt sind. Verweisen Sie aber auch auf den Hersteller.

3. Kundenpflege betreiben. Zeigt sich der Kunde verständnisvoll, bieten Sie ihm weitere Serviceleistungen an. Vielleicht gewinnen Sie dadurch einen neuen Stammkunden.

13.3.3 Service für Stammkunden

Das Paretoprinzip besagt ganz allgemein, dass mit 20 % des gesamten Aufwands eines Projekts 80 % des gesamten Erfolgs erzielt werden. Für Ihren Onlineshop lässt sich das Prinzip so übertragen:

- 20 % der Produkte generieren 80 % des Umsatzes. Das sind die Topseller.
- 20 % der Kunden generieren 80 % des Umsatzes. Das sind die Stammkunden.

Es gibt also gute Gründe, die Stammkunden bei der Stange zu halten, weshalb Ihre Lieblinge die beste Betreuung verdient haben:

- Es ist leichter, einen Stammkunden zu einem weiteren Kauf zu bewegen, als einen Neukunden zu gewinnen.
- Stammkunden liefern Feedback und Kritik. Beides ist nützlich, um das Angebot zu optimieren.
- Stammkunden empfehlen Sie weiter.
- Stammkunden haben eine höhere Zahlungsmoral.

Außerdem sind treue Kunden eine gute Motivation für das Shopprojekt. Auch der Onlinehändler braucht ab und zu ein bisschen Applaus. Was Sie konkret tun können, um Ihre Stammkunden zu verwöhnen:

- Bevorzugte Behandlung beim Support.
- Kleine Aufmerksamkeiten wie eine Postkarte zu Weihnachten und Neujahr.
- Besondere Produktempfehlungen und die Beilage von Produktproben im Versandpaket.
- Versendung von Rabattgutscheinen.
- Kulanz bei Garantie und Gewährleistung.

13.4 Der Servicefooter

Sie kennen doch auch diese sympathischen Trödelläden? Im Schaufenster hängen diverse Zettel in krakeliger Schrift. Da steht »Montag geschlossen« oder »Bin im Lager, um die Ecke links«. Und drinnen? Im verwinkelten und spärlich beleuchteten Geschäft müssen Sie den Verkäufer erst mal suchen. Er kommt erst dann hervorgekraxelt, wenn Sie schon fast wieder gehen wollen. Wenn Sie ihn dann aber nach einem antiken Schachspiel fragen, zaubert er in Sekundenschnelle ein echtes Schmuckstück hervor und erklärt Beschaffenheit und Herkunft. An guten Tagen spielt er sogar eine Partie mit Ihnen. Mit anderen Worten: Sie haben es mit einem Genie zu tun, der das Chaos beherrscht.

Im Onlinehandel gelten allerdings andere Regeln. Nicht, dass die Nostalgie im Netz keinen Platz hätte. Über besondere Themes, Bilder und Produktbeschreibungen lässt sich die Atmosphäre des Trödelladens perfekt einfangen. Sie verkaufen antiquarische Gegenstände? Dann dürfen Sie sich als Heinrich Schliemann oder Kara Ben Nemsi verkleiden und in einem Produktvideo über Ihre gefährlichen Abenteuer im Orient berichten. Doch ganz unabhängig von der Begeisterung für ein Produkt erwartet der neugierig gewordene Shopbesucher vor der Kaufentscheidung gut geordnete und schnell abrufbare Informationen über Zahlungsarten, Lieferzeiten und Service.

Die allgemeinen Informationen über Ihren Shop müssen Sie der Kundschaft so präsentieren, dass die Produkte selbst nicht überdeckt werden. Genügend Platz dafür ist ganz unten auf den Seiten. Praktikabelste Lösung: ein Servicefooter, der alle Informationen in mehreren Spalten verlinkt. Möglich werden diese Spalten durch Footer-Widgets.

> **SERVICE-SIDEBAR**
> Die Lage der Widget-Bereiche ist vom Theme abhängig. Einige Themes haben gar keine Widgets im Footer vorgesehen und bieten stattdessen Widget-Bereiche in der Sidebar an. Nutzen Sie diese gegebenenfalls.

13.4.1 Servicefooter mit Text-Widgets

Text-Widgets sind die Eier legenden Wollmilchsäue von WordPress. Sie lassen sich mit Überschriften versehen und via HTML-Code mit Links bestücken. Ideal sind sie, um einen Servicefooter zu erstellen.

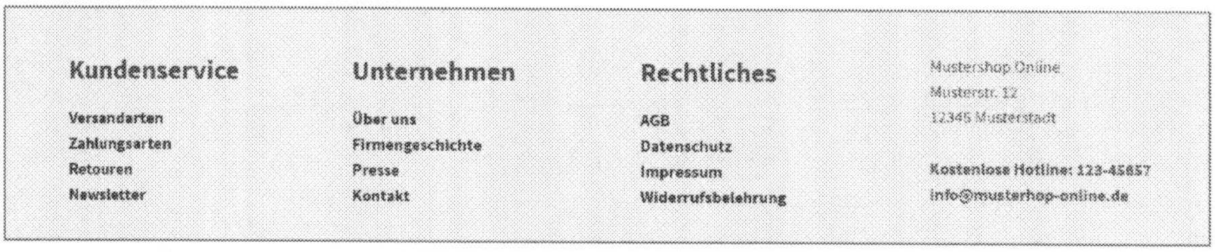

Bild 13.2: Über die Servicelinks am unteren Ende sind alle wichtigen Seiten schnell verfügbar.

Widget-Verwaltung aufrufen

Setzen Sie *Storefront* oder ein anderes Theme ein, das im Footer über mehrere Widget-Bereiche verfügt? Dann los. Über *Design/Widgets* öffnen Sie die Widget-Verwaltung. Checken Sie die Widget-Bereiche – zu 90 % sind Shopping-Themes damit gut bestückt – und zaubern Sie im Handumdrehen einen mehrspaltigen Servicefooter.

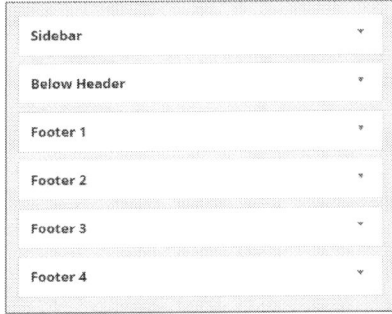

Bild 13.3: Das Theme *Storefront* stellt vier Widget-Bereiche im Footer zur Verfügung.

Das folgende Beispiel verwendet vier nebeneinanderliegende Widget-Bereiche, aber das Prinzip funktioniert auch mit einer anderen Anzahl.

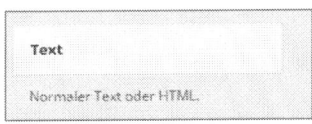

Bild 13.4: Ein Text-Widget ist flexibel. Es kann normaler Text oder HTML eingegeben werden.

Das Text-Widget gehört zu den Standard-Widgets. Es ist also schon vorhanden und muss nur ausgewählt werden. Die erste Verwendung dient der Abteilung Kundenservice.

1. Kundenservice-Widget

Bild 13.5: Das erste Widget *Kundenservice* listet die wichtigsten Serviceseiten auf. Die Widget-Bereiche rechts daneben sind noch leer.

Dieses Widget verlinkt zu den aus der Perspektive des Kunden wichtigsten Seiten:

- *Versandarten*
- *Zahlungsarten*
- *Retouren*

Zusätzlich lässt sich hier ein bisschen Werbung unterbringen. Platzieren Sie beispielsweise Links zu Gutscheinen, Gewinnspielen oder der Newsletter-Anmeldung.

Ziehen Sie ein Text-Widget in den ersten Footer-Widget-Bereich und öffnen Sie das Eingabefeld. Markieren Sie unten den Haken bei *Absätze automatisch hinzufügen*. Damit übernimmt das Widget Ihre Absatzformatierungen.

Unter *Titel* geben Sie *Kundenservice* oder einen anderen passenden Namen ein. Die Links im Textfeld werden mit HTML-Code erstellt. Im Beispiel werden vier Seiten verlinkt: *Versandarten, Zahlungsarten, Retouren* und *Newsletter*.

Bild 13.6: Die Links werden in einem Text-Widget mit HTML-Code eingefügt.

Folgender HTML-Code ist dafür denkbar:

```
<a href="/versandarten/">Versandarten</a>
<a href="/bezahlmoeglichkeiten/">Zahlungsarten</a>
<a href="/retouren/">Retouren</a>
<a href="/newsletter/">Newsletter</a>
```

Der für Ihr Widget erforderliche Code hängt natürlich von Ihren Seiten-URLs und dem gewünschten Linktext ab. Beides muss nicht zwingend übereinstimmen. Betrachten Sie hierzu den zweiten Link, er führt zu den *Zahlungsarten*. Weil die URL der Zielseite etwas altbacken klingt, unterscheidet sich der Name des Links, der sogenannte Ankertext, davon.

- Obiger Code verlinkt auf diese Seite */bezahlmoeglichkeiten*.
- Als Ankertext erscheint *Zahlungsarten*.

Speichern Sie nun das erste Widget und überprüfen Sie in der Besucheransicht, ob alles funktioniert. Dann übertragen Sie das Prinzip auf die nächsten Widgets.

2. Unternehmens-Widget

Hier erfährt der Kunde einiges über Sie und Ihr Unternehmen. Die wichtigsten Links:

- *Über uns*
- *Firmengeschichte*

- *Presse*
- *Kontakt*

Platz hat hier alles, was Ihr Unternehmen so besonders macht. Suchen Sie neue Mitarbeiter für Ihr Team? Auch für einen Link zur Karriereseite wäre dieses Widget das geeignete.

3. Das Rechts-Widget

Im Rechts-Widget bringen Sie die für Ihre Besucher absolut unattraktiven Pflichtseiten unter:

- *AGB*
- *Datenschutz*
- *Impressum*
- *Widerrufsbelehrung*

Für diese Links ist der wertvolle Platz oben im Hauptmenü nun wirklich zu schade. Sie wollen dem Kunden ja nicht das in allen Bestandteilen grausige Wort »Widerrufsbelehrung« unter die Nase reiben. Im dritten der vier Footer-Widgets sind die lästigen Bürokratielinks bestens platziert, nämlich an einer relativ unauffälligen Stelle. Häufiger werden tatsächlich das erste, zweite und vierte Widget wahrgenommen.

4. Das Abschluss-Widget

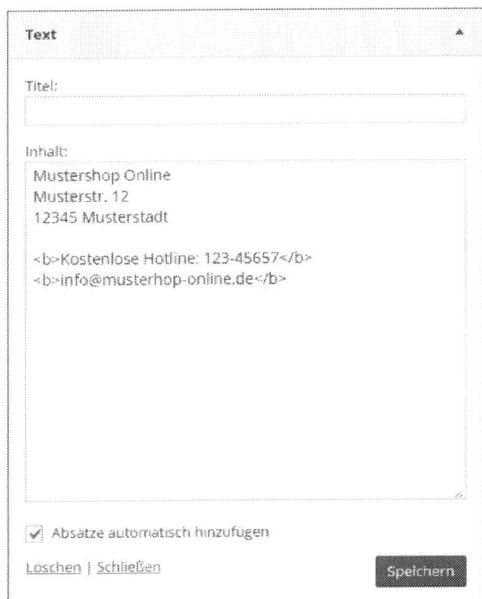

Bild 13.7: Das letzte Widget enthält keinen Titel. Telefonnummer und Mailadresse werden mithilfe des <b>-Tags fett dargestellt.

Das letzte der vier Footer-Widgets ist gut geeignet, um das starre Schema der Linklisten ein wenig aufzulockern. Wenn Sie ein Ladengeschäft besitzen, sollten Sie hier noch einmal Ihre Adressdaten eingeben. Gut für einen vertrauenerweckenden Seitenabschluss eignen sich auch Ihre Telefonnummer und die E-Mail-Adresse. Um die Schrift fett darzustellen, wird beides mit dem HTML-Tag <b> ausgezeichnet:

```
<b>Kostenlose Hotline: 123-45657</b>
<b>info@mustershop-online.de</b>
```

Hier noch einmal der komplette Servicefooter in der Besucheransicht:

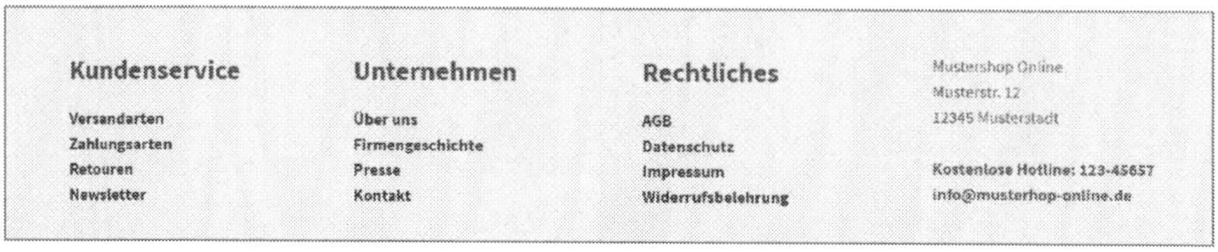

Bild 13.8: Das vierte Footer-Widget lockert die Optik auf. Hotline und E-Mail-Adresse sind fett dargestellt.

Kurzanleitung für Text-Widgets

Sieht doch schon recht ordentlich aus, dieser Seitenfooter. Hier noch einmal die Kurzanleitung:

1. Öffnen Sie die Widget-Verwaltung unter *Design/Widgets*.
2. Ziehen Sie ein Text-Widget in den ersten Widget-Bereich.
3. Geben Sie eine Überschrift ein, beispielsweise *Kundenservice*.
4. Fügen Sie die passenden Links als HTML-Code ein.
5. Wiederholen Sie die Schritte 2 bis 4 für weitere Text-Widgets.

Der Servicefooter steht, und alle Links funktionieren? Dann kommt jetzt noch das Sahnehäubchen. Reichern Sie die Widgets mit Bildern an und fügen Sie kleine Texte hinzu.

13.4.2 Servicefooter mit Bildern und Texten

Auch Bilder können in ein Text-Widget integriert und verlinkt werden. Sie bieten eine ganze Reihe von Zahlungsarten an? Dann erstellen Sie zunächst mit einem Bildbearbeitungsprogramm eine optisch ansprechende Übersicht.

Bild 13.9: Dieses Footer-Widget enthält nicht nur die üblichen Links, sondern auch ein Bild zu den Zahlungsarten und einen Texthinweis zum Newsletter-Abo.

Anschließend laden Sie das Bild in die Mediathek und klicken es an, um die Seite *Dateianhang-Details* abzurufen.

Bild 13.10: Das Bild zur Illustration der Zahlungsarten wurde in die Mediathek geladen.

Bild-URL abrufen

Um ein Text-Widget mit einem Bild zu bestücken, benötigen Sie den Pfad zum Bild. Sie können ihn rechts oben aus dem Feld *URL* herauskopieren. Benötigt wird nur der Teil ab dem Verzeichnis */wp-content*, zum Beispiel: */wp-content/uploads/2016/05/zahlungsartenbild.png*.

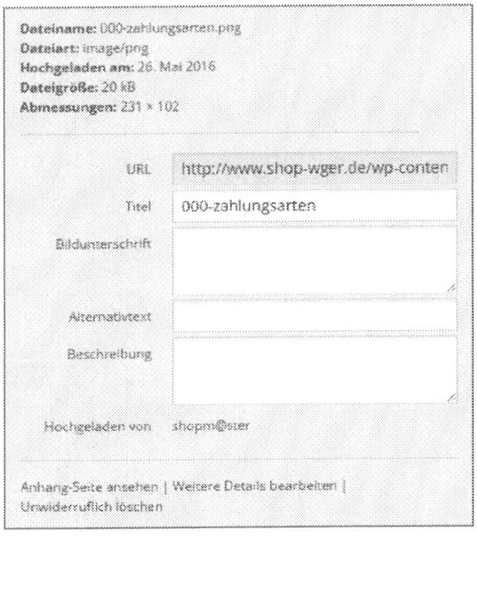

Bild 13.11: Im Feld *URL* zeigt die Seite *Dateianhang-Details* den Pfad zum Bild an.

Bild in ein Widget einfügen

Nachdem Sie den Pfad herausgefischt haben, öffnen Sie das Text-Widget. Mit diesem HTML-Code wird das Bild in das Text-Widget eingebunden:

```
<img src="/wp-content/uploads/2016/05/zahlungsartenbild.png" alt="Zahlungsarten" />
```

Natürlich müssen Sie den Bestandteil /2016/05/zahlungsartenbild.png durch Ihren eigenen Pfad und Ihren eigenen Namen der Bilddatei ersetzen. Falls Sie sich fragen, was es mit der vierstelligen und der zweistelligen Zahl auf sich hat: Die WordPress-Mediathek sortiert alle Dateien nach Uploadjahr und Uploadmonat.

Nach dem Speichern des Widgets wechseln Sie ins Frontend. Das Bild ist zu sehen? Falls nicht, liegt es wahrscheinlich an einem verschobenen Anführungszeichen oder Schrägstrich. Eine weitere Fehlerquelle: die Endung der Bilddatei. Prüfen Sie noch einmal, in welchem Format Sie Ihr Bild erstellt haben, und schrauben Sie am HTML-Code, bis das Bild angezeigt wird.

Das Bild ist zu sehen? Gut, aber da fehlt ja noch etwas, nämlich der Link auf die Zahlungsseite. Angenommen, Ihre Zahlungsseite hat diese URL *http://mustershop-online.de/bezahlmoeglichkeiten*. Mit diesem Code führt der Klick auf das Bild auf die Zahlungsseite:

```
<a href="/bezahlmoeglichkeiten/"><img src="/wp-content/uploads/2016/05/zahlungsartenbild.png" alt="Zahlungsarten" /></a>
```

Das kombinierte Text-Bild-Widget

Bild 13.12: Mit Bild kommt der Kunde nicht nur leichter ans Ziel, der Footer wirkt auch professioneller.

Nun ist der Kundenservicefooter perfekt. Die eingeblendeten Logos führen nicht nur schnell zur Zahlungsartenseite, sie schaffen auch Vertrauen. Ganz unten wurde der Newsletter-Link in einen Text eingerahmt. Der dazugehörige Quellcode:

```
In unserem <a href="/newsletter/">Newsletter</a> erfahren Sie alles über unsere Schnäppchen!
```

Natürlich müssen Sie auch diesen Link Ihrer eigenen Newsletter-Anmeldeseite anpassen.

Checkliste Information, Beratung und Service

- Telefonnummer im Header.
- Seite *Über uns* angelegt.
- Gut sortierter FAQ-Bereich.
- Kleines Lexikon angelegt.
- Kommunikationsrichtlinien für Neu-, Stamm- und Problemkunden erstellt.
- Telefonische Beratungszeiten kommuniziert.
- Übersichtlichen Servicefooter erstellt.
- Links im Servicefooter überprüft.
- Optional: Bilder in Servicefooter eingebunden.
- Optional: Kleine Werbetexte im Servicefooter.

14 Social Media

14.1	Social-Media-Basics	509
14.1.1	Das klassische Theater	509
14.1.2	Das Social-Media-Theater	509
14.1.3	Die Macht der Netzwerke	509
14.2	**Social-Media-Ziele**	**510**
14.2.1	Follower gewinnen	510
14.2.2	Usergeneriertes Content erzeugung	511
14.2.3	Von Social Media zum Shop	511
14.3	**Kanäle und Accounts**	**512**
14.3.1	Die wichtigsten Kanäle	512
14.3.2	Accounts anlegen	513
14.4	**Facebook**	**513**
14.4.1	Facebook-Seite anlegen	515
14.4.2	Die ersten 30 Fans	518
14.4.3	Veranstaltungen erstellen	518
14.5	**Twitter**	**519**
14.5.1	Twitter-Instrumente	520
14.5.2	Der Einstieg bei Twitter	521
14.5.3	Kundendialog auf Twitter	521
14.6	**Sonstige Netzwerke**	**522**
14.6.1	Pinterest	522
14.6.2	Google Plus	523
14.6.3	YouTube	523
14.6.4	SoundCloud	524
14.6.5	XING und LinkedIn	524
14.7	**Strategie und Planung**	**525**
14.7.1	Der Redaktionsplan	525
14.7.2	Die Followerkampagne	526
14.7.3	Die Produktkampagne	528
14.7.4	Social Media als Teamarbeit	528
14.7.5	Haftung für Social-Media-Inhalte	529
14.7.6	Social-Media-Agentur beauftragen	530
14.7.7	Haftung für nutzergenerierte Inhalte	531
14.8	**Der Social-Media-Knigge**	**532**
14.8.1	Geben und nehmen	532
14.8.2	Auf Äußerlichkeiten achten	532
14.8.3	Persönlich werden	532
14.8.4	Eine einfache Sprache verwenden	532
14.8.5	Nicht mit fremden Federn schmücken	533

Checkliste Social Media ... **533**

Aus der Welt des Internets nicht mehr wegzudenken sind die Social-Media-Netzwerke. Ursprünglich dienten sie der privaten Kommunikation, doch die Wirtschaft hat das Potenzial längst erkannt. Heerscharen von Marketingspezialisten umgarnen die Teilnehmer von Facebook, Twitter & Co. Wer die Netzwerke als Kundenquelle nutzen möchte, muss ihre Sprache sprechen.

Die wichtigsten Begriffe:

- **Social-Media-Netzwerk** – Facebook, Twitter, Google Plus, Pinterest und andere.
- **Social-Media-Präsenz** – Der Auftritt Ihres Unternehmens auf einem dieser Netzwerke.
- **Posting** – Die Veröffentlichung einer Nachricht auf einem Netzwerk.
- **Follower** – Die Anhänger- und Leserschaft einer Social-Media-Präsenz.
- **Teilen** – Das Weitergeben von Postings.
- **Liken** – Die positive Bewertung eines Postings oder einer Social-Media-Präsenz.
- **Stream** – Der bei jedem Teilnehmer unterschiedliche Nachrichtenstrom. Ihre Postings erscheinen erst dann direkt im Stream eines Teilnehmers, wenn er Ihr Follower geworden ist.
- **Hashtag** – Wenn Wörter innerhalb eines Postings mit einem »Lattenzaun«, also dem Zeichen #, versehen sind, können thematisch ähnliche Nachrichten leichter gefunden werden. Populär wurden die Hashtags durch Twitter, inzwischen haben sie auf allen Netzwerken eine große Bedeutung.

Das war der allgemeine Teil. Allerdings variiert die Sprache von Netzwerk zu Netzwerk ein wenig. Die wichtigsten »Dialektwörter«:

- Auf Facebook heißt der Follower einer privaten Präsenz »Freund«, einer geschäftlichen »Fan«.
- Auf Twitter heißt ein Posting »Tweet«, das Teilen »Retweeten« und der Stream »Timeline«.

Verwechseln Sie das bloß nicht. Der Autor dieses Buchs hat es einmal und nie wieder gewagt, bei Twitter mit Facebook-Vokabular um sich zu werfen. Waren Sie schon mal mit einem FC-Bayern-Outfit im Fanblock von Borussia Dortmund? Die Reaktion dürfte ähnlich sein. Wenn Sie auf Teufel komm raus bei Twitter provozieren wollen, beginnen Sie Ihren ersten Tweet so:

»Hallo Facebook …«

Aber sagen Sie nicht, Sie wären nicht gewarnt worden.

14.1 Social-Media-Basics

Seit der Antike besteht das Theater aus zwei Bereichen: Bühne und Zuschauerplätzen. Auf der Bühne agieren die Schauspieler, auf den Rängen applaudieren die Zuschauer. Oder verteilen Buhrufe, falls die Schauspieler ihre Rollen nur herunterleiern.

14.1.1 Das klassische Theater

In Athen war das Theater eine echte Massenbewegung. Ein Bürger, der nicht ins Theater ging, musste sich fürs Fernbleiben rechtfertigen. Schließlich wurde im Theater alles auf die Bühne gebracht, was die Menschen bewegte: Liebe und Krieg, Entscheidungen und Schicksal. Nur ein völlig uninteressierter Eigenbrötler konnte sich diesem Geschehen entziehen. Nun gibt es Theater ja immer noch, aber welche gesellschaftliche Relevanz hat es? Mal ehrlich, im Theater von heute sitzt nur ein verschwindend geringer Teil der Bevölkerung. Und was macht dieser bildungsbürgerliche Rest in der Pause oder gar heimlich während der Vorstellung? Sie haben es erraten: Er treibt sich auf Facebook und Twitter herum. Was gibt es da zu sehen, etwa auch Schauspieler?

14.1.2 Das Social-Media-Theater

Ja, Schauspieler gibt es da auch, allerdings wurde die klassische Form des Theaters auf den Kopf gestellt. Fast leer ist der Zuschauerraum und überfüllt die Bühne des Social-Media-Theaters. Und auf dieser Bühne, auf der alle wild durcheinander um Aufmerksamkeit buhlen, müssen Sie Ihre Rolle so überzeugend spielen, dass Sie Zuschauer gewinnen – im Jargon der Social-Media-Netzwerke werden sie Follower genannt.

14.1.3 Die Macht der Netzwerke

Facebook und andere Social-Media-Netzwerke haben einen Teil des freien und vielfältigen Internets gekapert und eingezäunt. Innerhalb dieses Zauns bestimmen sie ihre Regeln selbst, und sie streben danach, ihre Macht immer weiter auszudehnen. Mit beachtlichem Erfolg. Nicht wenige Betreiber einer Website vernachlässigen ihre eigene Präsenz und verlagern ihre Aktivitäten zunehmend auf Facebook, Twitter und Konsorten. Nicht ohne Risiko.

Unterschied zwischen Domain und Social-Media-Präsenz

Bei Erwerb und Betrieb einer gewöhnlichen Domain gelten für alle die gleichen Spielregeln. Den Umgang der Provider mit den ihnen anvertrauten Domains regelt unter anderem das TKG, das Telekommunikationsgesetz. Eine Sperrung, Löschung oder gar Weitergabe nach Lust und Laune bliebe nicht ohne Folgen. Bei Verstößen seitens eines Providers hätte der Kunde vor dem Kadi gute Aussichten auf Schadensersatz. Die Anbieter der Social-Media-Netzwerke dürfen sich dagegen wie ein Kneipenbesitzer gebärden. Kein Wirt ist ja dazu verpflichtet, allen ein Bier einzuschenken. Er genießt Hausrecht und darf einen Gast rausschmeißen, wenn ihm dessen Nase nicht passt.

Nach der Sperrung eines Accounts bei Facebook oder Twitter hat der Betroffene auf dem Rechtsweg keine Chance. Ihm bleibt nur übrig, sich ein Büßerhemd überzustreifen und auf Knien um eine Aufhebung der Sperrung zu betteln. Wer eine Social-Media-Präsenz anlegt, muss wissen, was er tut: sich den Nutzungsbedingungen unterwerfen und nach der Pfeife des Anbieters tanzen. Der gewöhnliche User macht sich über diese Bedingungen wenig Gedanken. Er ist auf Facebook, weil da auch die anderen sind. Punkt.

Und Sie als Shopbetreiber? Sie können die sozialen Netzwerke privat ganz wunderbar finden oder hassen. Aber wenn Sie mit Erfolg einen Onlineshop aufbauen und betreiben möchten, muss eine Social-Media-Präsenz her. Und mindestens noch eine, denn Facebook und Twitter sind das Minimum. Ihre Kunden sind nämlich schon da und lassen sich dort positiv oder negativ über Sie aus. Sie können sich den sozialen Netzwerken auch dann nicht entziehen, wenn Sie draußen bleiben und bocken.

> **Der Niedergang der deutschen Netzwerke**
> Die deutschen Netzwerke spielen mit Ausnahme von XING und SoundCloud, das mittlerweile von Twitter unterstützt wird, nur noch eine sehr untergeordnete Rolle. Untergegangen sind StudiVZ, Wer-kennt-wen und andere. Über die Gründe lässt sich viel spekulieren. Vielleicht liegt es auch daran, dass sie sich im Gegensatz zu den anderen an die deutschen Datenschutzgesetze gehalten haben – zulasten der Benutzerfreundlichkeit.

14.2 Social-Media-Ziele

Der Aufbau von Social-Media-Präsenzen ist für Shopbetreiber kein Selbstzweck. Oberstes Ziel ist es, den eigenen Shop voranzubringen. Stürmen Sie aber nicht einfach los, sondern schonen Sie Ihre Kräfte, und achten Sie auf die richtige Reihenfolge:

1. Ziel: Gewinn von Followern.

2. Ziel: Erzeugung von usergeneriertem Content auf den Social-Media-Präsenzen.

3. Ziel: Umleitung der Besucher von Facebook & Co. auf die eigene Shopsite.

14.2.1 Follower gewinnen

Ein Verbraucher, der einen Account bei Facebook, Twitter oder Google Plus hat, erwartet dort auch Firmenpräsenzen. Zufriedene Kunden sind das Reservoir, aus dem bereits am Markt etablierte Unternehmen ihre Follower schöpfen können. Neue Unternehmen stehen dagegen vor einer gewaltigen Herausforderung, denn sie müssen den Spieß umdrehen: Follower gewinnen, die später zu Kunden werden.

14.2.2 Usergeneriertes Content erzeugen

Am Anfang haben Sie keine andere Wahl: Sie müssen Inhalte in die Social-Media-Netzwerke einspeisen. Dieses Vorgehen kostet Mühe und Zeit, ohne dass Sie sofort einen Nutzen davon haben – im Gegenteil. Der Betreiber des Netzwerks vermarktet Ihren Content, und Sie erhalten davon keinen Cent. In der Startphase ist der Betrieb einer Social-Media-Präsenz also immer ein Minusgeschäft. Das Blatt wendet sich erst, wenn andere User zu Ihrem Content beitragen, Ihnen also einen Teil der Arbeit abnehmen. In der Regel funktioniert das über Fragen, Antworten und Kommentare. Beispiele:

- **Twitter** – Ein Follower stellt Ihnen eine Frage zu einem Produkt.
- **Facebook** – Ein Fan antwortet auf Ihr Posting.
- **YouTube** – Ein User hinterlässt einen Kommentar unter Ihrem Video.

14.2.3 Von Social Media zum Shop

Eine erfolgreiche Social-Media-Präsenz ist für einen Onlineshop ganz nützlich zur Imagepflege, aber dabei soll es natürlich nicht bleiben. Sie wollen ja mit Ihrem Shop Geld verdienen und nicht nur den Entertainer auf Twitter geben und Facebook selbstlos mit interessanten Postings füttern. Moralisch brauchen Sie da nicht ins Grübeln zu kommen. Der Facebook-Gründer Mark Zuckerberg leidet keine Not, er ist auf Ihre Content-Spende nicht angewiesen. Legen Sie sich also ins Zeug, um den Traffic umzuleiten – von Social Media zu Ihrem Shop. Von allein wechseln Ihre Follower allerdings nicht. Da müssen Sie schon etwas nachhelfen – mit halben Sachen.

Halbe Sachen machen

Wie vereinen Sie beide Welten – Shop und Social Media? Zum Beispiel, indem Sie bei Supportanfragen auf Informationen verweisen, die im FAQ-Teil Ihrer Website enthalten sind. Machen Sie halbe-halbe.

Beispiel 1: Ein User erkundigt sich auf Facebook, ob er ein Produkt aus Ihrem Shop an eine USB-Buchse anschließen kann. Beantworten Sie die Frage zunächst in groben Zügen, setzen Sie dann aber einen Link auf Ihre FAQ-Seite oder auf einen passenden Beitrag auf dem Firmenblog.

Beispiel 2: Eine Userin fragt auf Twitter nach den Produktionsbedingungen für die von Ihnen verkaufte Kleidung. Auf Twitter ist wenig Platz. Beantworten Sie den Tweet und spielen Sie den Ball mit Rückfragen einige Male hin und her, bevor Sie dann auf fundierte Informationen verweisen, die Ihre Website bietet.

Im Idealfall wird das Frage-Antwort-Spiel zwischen Kunden und Support über die Kommentarfunktion auf dem Firmenblog weitergeführt. Usergenerierter Content auf Social-Media-Präsenzen ist gut – auf dem Firmenblog aber besser.

14.3 Kanäle und Accounts

Die Statistiken über die Anzahl der Teilnehmer schwanken je nach Quelle. Die Netzwerke selbst berechnen die Zahl der aktiven User gern nach großzügigen Kriterien und filtern Zweitaccounts nicht heraus. Unabhängige Studien sind ebenfalls mit Vorsicht zu genießen, denn ihre Daten basieren nur auf Umfragen.

14.3.1 Die wichtigsten Kanäle

Nehmen Sie die folgenden Zahlen als grobe Richtwerte:

Facebook

Facebook ist nach wie vor der Marktführer. 1,5 Milliarden User sind weltweit monatlich aktiv, in Deutschland wohl 25 bis 27 Millionen.

Twitter

Über 300 Millionen User finden sich monatlich auf Twitter ein, in Deutschland schätzungsweise 2 bis 3 Millionen. Twitter liegt damit zwar quantitativ unter Google Plus, besitzt aber eine höhere Relevanz. In den Fernsehnachrichten und Zeitungen wird das Netzwerk als meinungsbildendes Medium zitiert.

Google Plus

Schätzungsweise 3 Millionen aktive User hat das Netzwerk Google Plus in Deutschland. Beim Vergleich mit der Konkurrenz sollte allerdings auch die Verweildauer berücksichtigt werden. Die Anhänger von Facebook und Twitter sind aus anderem Holz geschnitzt als der typische Google Plus-Benutzer. Viele von ihnen verbringen mehrere Stunden pro Monat in ihrem Netzwerk – und einige von ihnen mehrere Stunden pro Tag.

Pinterest

Das Bildernetzwerk Pinterest gilt als der Shootingstar der Social-Media-Szene. Grobe Schätzungen gehen von 70 Millionen Usern weltweit und 2 Millionen deutschen Usern aus, die regelmäßig Bilder anschauen, zusammenstellen oder veröffentlichen.

LinkedIn und XING

Über ungefähr 4 Millionen Mitglieder verfügt das Businessnetzwerk LinkedIn in Deutschland, Österreich und der Schweiz. Etwa 5 Millionen Teilnehmer haben sich beim Konkurrenten XING eingeschrieben.

YouTube

Schätzungsweise 1 Milliarde User schaut sich regelmäßig Videos auf YouTube an, in Deutschland sind es Umfragen zufolge 4 Millionen. Von den anderen Netzwerken unterscheidet sich YouTube dadurch, dass die Inhalte auch ohne eine Registrierung eingesehen werden können.

SoundCloud

Auch bei SoundCloud benötigt der User keinen eigenen Account. Rund 350 Millionen Hörer nutzen die Audioplattform weltweit regelmäßig.

14.3.2 Accounts anlegen

»Jetzt registrieren und einfach loslegen« – so werben die Netzwerke um neue Mitglieder. Als Betreiber eines Onlineshops sollten Sie hier aber nichts überstürzen. Das Fiese ist nämlich, dass sich eine Panne bei der Registrierung nicht sofort bemerkbar macht. Denken Sie dabei an eine Fahrt im falschen Zug: Sie steigen ein, schlummern so vor sich hin und träumen von der Sonne Italiens. Und als Sie die Augen wieder öffnen, stehen da auf einmal dänische Ortsnamen. Um keine bösen Überraschungen zu erleben, müssen Sie sich vor der Registrierung über diese Dinge Gedanken machen:

1. die Art Ihres Social-Media-Accounts
2. die URL Ihres Social-Media-Accounts

Privat- und Businessaccount

Einige Social-Media-Dienste unterscheiden zwischen Privat- und Businessaccounts, und das nicht nur aus verwaltungstechnischen Gründen. Insbesondere Facebook hat die beiden Accountarten mit sehr unterschiedlichen Features ausgestattet.

Die URL des Social-Media-Accounts

Aus Gründen der Wiedererkennung sollte die URL Ihres Social-Media-Accounts ähnlich der Ihrer Domain gewählt werden. Hierbei treten zwei Probleme auf:

- Einige Netzwerke verlangen bestimmte Voraussetzungen, bevor sie eine »sprechende« URL freigeben, zum Beispiel eine Mindestanzahl von Followern. Für eine Übergangszeit müssen Sie sich mit einer nichtssagenden Zahlenschlange begnügen.
- Es steht nur ein eingeschränkter Zeichenvorrat zur Verfügung.

Der in einer Domain übliche Bindestrich kann für eine Facebook-URL nicht verwendet werden. Hier und in anderen Netzwerken müssen Sie nach Alternativen suchen, zum Beispiel:

- Domain: *www.mustershop-online.de*
- Facebook-URL: *www.facebook.com/mustershop.online*

14.4 Facebook

Facebook ist ein hervorragendes Mittel, Kunden für den eigenen Shop zu gewinnen. Allerdings lässt das Netzwerk nichts unversucht, sich dafür bezahlen zu lassen. Facebook unterscheidet nämlich zwei Arten von Präsenzen:

1. *Facebook-Profil* – Facebook-Profile sind für Privatanwender konzipiert und mit umfangreichen Funktionen ausgestattet, die nicht mit harter Münze bezahlt werden müssen.

2. *Facebook-Seite* – Sie ist für Unternehmen konzipiert und im Vergleich zum Profil mit anderen Funktionen bestückt. Für das Voranbringen einer Seite möchte Facebook Geld sehen – von Ihnen.

- **Übung:** Stellen Sie sich vor den Spiegel und rufen Sie fünf Mal laut: »Ich darf Facebook-Profil und Facebook-Seite nicht verwechseln.«

Facebook als Fallensteller

Facebook weist gern darauf hin, dass eine Seite »mehr Möglichkeiten« bietet als ein Profil. Allerdings gilt das auch für Facebook selbst. Eine Seite bietet zahllose Möglichkeiten, den Seitenbetreiber zu schröpfen – also Sie.

Trotzdem sollten Sie nicht mit dem Gedanken spielen, die Facebook-Präsenz Ihres Shops als Profil zu tarnen. Wenn die Sache auffliegt, lässt das Netzwerk nämlich gern die Muskeln spielen. Es kann dann vorkommen, dass Ihr Profil von heute auf morgen in eine Seite zwangsumgewandelt wird – verbunden mit einem Verlust aller »Freunde«, wie Facebook die Follower nennt. Wenn Facebook ehrlich wäre, stünde diese Meldung auf der Startseite:

»Facebook ermöglicht Ihnen, auf einen Schlag alle Freunde zu verlieren.«

Seiten können keine Freundschaftsanfragen stellen

Lassen Sie sich von Facebook nicht ins Bockshorn jagen. Der Seite fehlt das wichtigste Feature zur Gewinnung einer Leserschaft. Sie können damit nämlich keine Freundschaftsanfragen stellen. Für dieses Problem bietet Facebook gegen Geld auch gleich eine Lösung an: Sie sollen bezahlen, um die Seite hervorzuheben zu lassen und Fans zu gewinnen. Zücken Sie aber nicht gleich die Geldbörse. Möglicherweise erhalten Sie dann nämlich eine Anhängerschaft minderer Qualität. Die echten Facebook-Anwender durchschauen solche Methoden recht schnell, und in der Konsequenz gefährden Sie Ihre Reputation.

Kurz gesagt: Facebook ist ein Biest, das bei den Hörnern gepackt werden will – und zwar mit der Tandemmethode.

Profil und Seite im Tandem

Zum Pushen einer Facebook-Präsenz verwenden Sie am besten die Tandemmethode:

- Vordermann – das *Profil*

- Hintermann – die *Seite*

- Stellen Sie sich die Funktionsweise eines Tandems einmal bildlich vor. Der Vordermann lenkt nicht nur das Tandem, er fährt zur Not auch allein. Und eines ist ganz sicher: Ohne Vordermann bewegt sich das Gefährt nicht vom Fleck.

Zunächst das Profil voranbringen

Ein Facebook-Profil haben Sie wahrscheinlich schon. Falls nicht, legen Sie eines unter Ihrem persönlichen Namen an und erwerben sich eine Anhängerschaft. Mit einem Profil ist das nicht schwer. Sie spendieren ein paar Likes und schicken einige Freundschaftsanfragen, so wie das unter Profilen üblich ist. Haben Sie 100 Freunde eingesammelt oder auch mehr? Dann ist es Zeit, eine Seite anzulegen.

14.4.1 Facebook-Seite anlegen

Jetzt wird es tricky. Legen Sie keinen zweiten Account an, sondern loggen Sie sich zunächst ganz normal in Ihr Facebook-Profil ein. Dann klicken Sie im Menü oben auf den kleinen weißen Pfeil, um das Drop-down-Menü zu öffnen.

Bild 14.1: Hinter dem kleinen Pfeil hat Facebook eine Menge Möglichkeiten versteckt.

Eine Seite erstellen

Das Drop-down-Menü erscheint. Klicken Sie auf *Seite erstellen*. Noch mal zum Festhalten: Sie erstellen jetzt eine *Seite* aus einem *Profil* heraus. Der Vorteil ist, dass sich eine so eingebundene Seite wesentlich komfortabler administrieren lässt als eine separate.

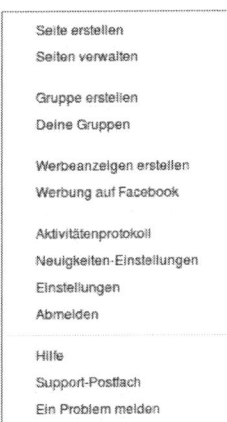

Bild 14.2: Im Drop-down-Menü erscheint die Option *Seite erstellen*.

Kategorie auswählen

Facebook führt Sie nun auf einen Auswahlbildschirm. Sechs Hauptkategorien stehen zur Verfügung:

1. *Lokales Unternehmen vor Ort*
2. *Unternehmen, Organisation oder Institution*
3. *Marke oder Produkt*

4. *Künstler, Band oder öffentliche Person*

5. *Unterhaltung*

6. *Guter Zweck oder Gemeinschaft*

Für Sie als Shopbetreiber kommt in der Regel eine der ersten drei Kategorien infrage. Wenn Sie sich nicht ganz sicher sind, klicken Sie verschiedene Kategorien an, anhand der dann eingeblendeten Eingabemasken können Sie etwas mehr über den Typus erfahren.

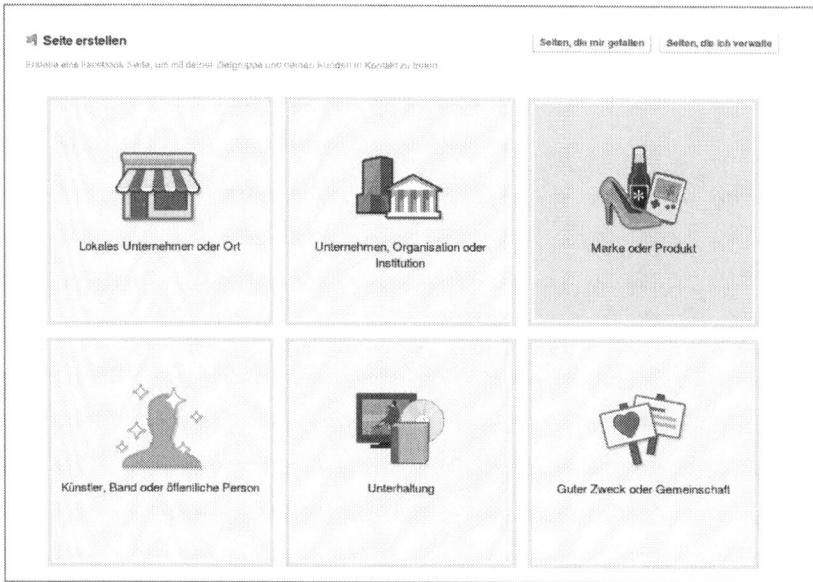

Bild 14.3: Facebook gibt sechs Kategorien vor.

Eingabemaske ausfüllen

In die erste Eingabemaske können Sie einige Informationen zu Ihrem Unternehmen eingeben, die sich später noch ändern lassen.

Bild 14.4: Details zum Unternehmen eingeben.

Seitenname

Nach dem Klick auf *Los geht's* wird es konkret. Sie müssen nämlich einen Seitennamen nach diesen Spielregeln vergeben:

- Beginn mit einem Großbuchstaben.
- Binde- und Unterstriche sind nicht erlaubt.
- Der Seitenname kann nur einmal geändert werden.

Facebook-Internetadresse auswählen

Unabhängig vom Seitennamen vergeben Sie anschließend eine Facebook-Internetadresse. Handeln Sie mit Bedacht, denn wie beim Seitennamen ist auch hier eine Änderung nur ein einziges Mal möglich – bei einem Verbot von Binde- und Unterstrichen. Erlaubt ist es dagegen, den Namen mit einem Punkt zu strukturieren, zum Beispiel: *http://facebook.com/mustershop.online*.

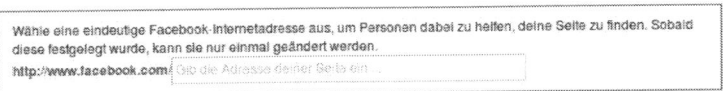

Bild 14.5: Auswahl einer *Facebook-Internetadresse*.

Zu Favoriten hinzufügen

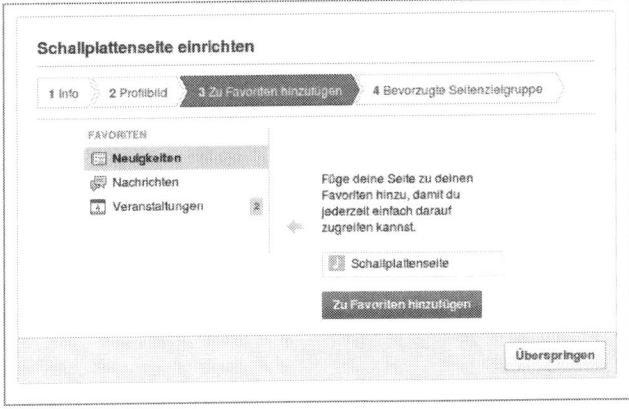

Nach Eingabe der URL blendet Facebook einige weitere Fenster ein. Das meiste können Sie überspringen und später noch erledigen. Hilfreich ist allerdings der Button *Zu Favoriten hinzufügen*. Klicken Sie ihn an, um die neue Seite später von Ihrem Profil aus schneller zu finden. Achtung: Als Favoriten bezeichnet Facebook nicht die Favoriten in Ihrem Browser, sondern die bevorzugten Präsenzen innerhalb des Facebook-Netzwerks.

Für Traffic sorgen

Wie kommen nun die Leser auf die neue Facebook-Seite? Am liebsten ist es Facebook, wenn Sie auf den Button *Bewirb deine Webseite* klicken und dafür in die Tasche greifen. Schon an der Bezeichnung *Webseite* – und nicht etwa *Facebookseite* – zeigt sich der Größenwahn des Netzwerks.

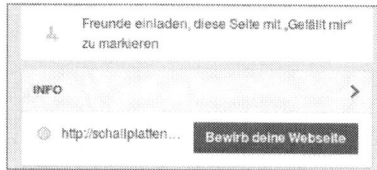

Bild 14.6: Freunde einladen, die die neue Seite mit *Gefällt mir* markieren sollen.

Zum Glück gibt es für die Anwender der Tandemmethode eine Alternative. Klicken Sie auf *Freunde einladen, diese Seite mit „Gefällt mir" zu markieren.* Es klappt nun die gesammelte Freundesliste Ihres Profils auf. Klicken Sie einen Schwung Ihrer Freunde an, um die neue Seite voranzubringen. Wer der Einladung nachgekommen ist, wird auf der Seite als Fan bezeichnet.

14.4.2 Die ersten 30 Fans

Wenn Sie über Ihr Profil eine ordentliche Anzahl von Freunden gesammelt haben, dürfte es nicht allzu schwer sein, die Schwelle von 30 *Gefällt mir*-Angaben für die Seite zu knacken. Ab dieser Anzahl schaltet Facebook Ihre Seitenstatistik frei. Am besten legen Sie immer mal wieder nach. Sammeln Sie mit dem Profil neue Freunde und fordern Sie sie zum »Liken« Ihrer Seite auf.

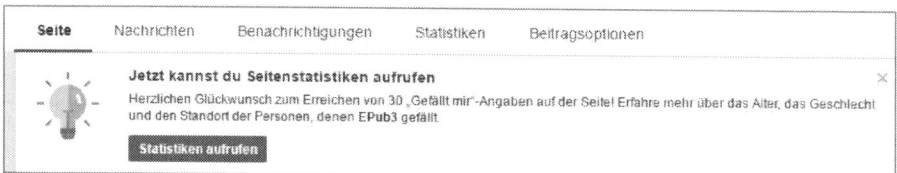

Bild 14.7: Ab einer Schwelle von 30 *Gefällt mir*-Angaben schaltet Facebook die Seitenstatistiken frei.

14.4.3 Veranstaltungen erstellen

Mit wachsender Fanbase lohnt es sich, mit *Veranstaltungen* Aufmerksamkeit zu erzeugen und mit der Funktion *Einladung zur Veranstaltung* Traffic zu generieren. Zulässig sind auch reine Webevents, Sie müssen also nicht unbedingt eine Veranstaltung vor Ort bieten. Schöpfen Sie die Möglichkeiten von WordPress aus und trommeln Sie dafür auf Facebook. Sie können zum Beispiel ein Quiz auf Ihrem Firmenblog bei Facebook als *Veranstaltung* deklarieren.

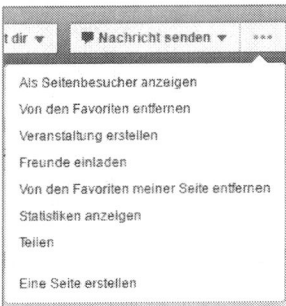

Bild 14.8: *Veranstaltung erstellen* erzeugt Aufmerksamkeit.

14.5 Twitter

Mögen Sie philosophische Brocken? Dann geht es Ihnen wie Millionen anderer Menschen, die ihre Weis- und Albernheiten auf Twitter austauschen. Aber wieso Brocken?

Das 2006 gegründete Netzwerk hält eisern an der Regel fest, dass jeder Tweet, so nennen die Twitterer ihre Kurznachrichten, nur aus maximal 140 Zeichen bestehen darf. Die Obergrenze hat ihren Ursprung darin, dass Twitter einst als SMS-Dienst gestartet war. Für die Jüngeren: Damals gab es noch kein WhatsApp. Für die Älteren: Erinnern Sie sich noch an die Telefonzellen und was außen dranstand? »Fasse dich kurz.« Tja, es kommt doch alles wieder. Wer auf Twitter ist, der beherrscht die Kunst der Komprimierung.

Warnung

Twitter ist Teufelszeug. Wenn Sie richtig süchtig sind, verbringen Sie unbemerkt mehrere Stunden in der Timeline – obwohl Sie »nur noch den einen Tweet« abschicken wollten. Gegen solche Exzesse helfen nur drastische Mittel – wie etwa dieser Dreipunkteplan:

1. Vertrauen Sie sich vor dem Anlegen eines Twitter-Accounts einem Freund an, einem wirklich sehr guten Freund. Oder einem Therapeuten.

2. Geben Sie der Vertrauensperson den Auftrag, Auffälligkeiten festzustellen. Typisches Symptom einer Twitter-Sucht ist die häufige Benutzung von Insiderwörtern wie Einhornwald, Gnihihi (inneres Lachen) und FUMP (Geräusch beim Öffnen einer Bierflasche). Hinzu kommen körperliche Probleme wie Schwellungen am »Twitter-Finger«.

3. Im Fall von Punkt 2 bevollmächtigen Sie die Vertrauensperson, Ihr Smartphone bei schwerer Twitteritis sofort zu konfiszieren und in einen Tresor einzuschließen.

2.000 Follower aufbauen

In der Szene kursiert dieser treffende Spruch: Es gibt zwei Sorten von Twitterern. Die einen wollen mehr Follower, die anderen lügen. Die ganz gewieften Twitter-Lügner erkennen Sie daran, dass sie auch noch betonen, wie unwichtig ihnen die Follower sind. Sie können sich aber sicher sein, dass solche Understatement-Tweets nur von Accounts mit sehr vielen Followern losgelassen werden.

Die gute Nachricht: Der Aufbau von Followern geht auch als Unternehmen schnell voran, wenn Sie mit etwas Fingerspitzengefühl arbeiten.

Behutsam aufbauen

Gras wächst nicht schneller, wenn man daran zieht. Es braucht etwas Zeit, sich einen Followerstamm aufzubauen. Wenn Sie auf Twitter wahllos jeden Tag 100 Leuten folgen, wird man Sie als Spammer wahrnehmen und blocken. Achten Sie auf ein halbwegs organisches Wachstum.

Eine grobe Hausnummer für Twitter: 500 bis 1.000 Follower in einem Jahr sind schon eine gute Zahl.

14.5.1 Twitter-Instrumente

Tweet, Retweet, Hashtag? Das Instrumentarium klingt komplizierter, als es ist. Die Twitter-Terminologie:

Tweet

Ein Tweet ist nichts anderes als eine Nachricht mit maximal 140 Zeichen. Klicken Sie auf das Symbol mit der Feder, um einen Tweet zu verfassen. Es öffnet sich ein Eingabefenster. Sie können darin Texte erstellen und Bilder einfügen. Mit dem Anklicken des Sendeknopfs erreicht der Tweet Ihre Follower.

Retweet

Mit einem Retweet schaffen Sie sich auf Twitter schnell Freunde. Sie reichen dann nämlich den Tweet eines anderen zu Ihren Followern weiter, machen ihn also populär. Ihre Follower können den Retweet auch selbst wieder retweeten. Es handelt sich also um ein Schneeballsystem. Ein richtig guter Tweet generiert auf diese Weise Hunderte von Retweets – und macht seinen Urheber populär.

Liken

Eingefleischte Twitterer sagen noch Faven (von Favorisieren) dazu. Bis vor gar nicht so langer Zeit durfte jeder User ein Sternchen an einen Tweet »kleben«, um seine Zustimmung auszudrücken. Im Frühjahr 2016 hat Twitter die Sternchen durch Herzchen ersetzt – und ebenfalls an der Terminologie geschraubt. Wie bei Facebook darf jetzt auch bei Twitter »gelikt« werden. Das Liken hat drei Funktionen:

- Das Ausdrücken von Zustimmung.
- Das Befördern eines Tweets. Die positive Bewertung beeinflusst nämlich den Twitter-Algorithmus. Die Anzahl von Reaktionen wie Likes, Retweets und Antworten erhöht die Sichtbarkeit eines Tweets.
- Das persönliche Abspeichern von besonders wichtigen Tweets.

Hashtag

Nur wenige Altachtundsechziger verbinden mit einem Hashtag noch ein Event, bei dem Substanzen konsumiert werden, die unter das Betäubungsmittelgesetz fallen. Heute dient ein Hashtag der thematischen Verbindung von Tweets. Am Anfang des Hashtags steht eine Raute, Sie dürfen auch Lattenzaun dazu sagen. Anschließend folgt ein Wort, eine Zahl oder eine Kombination aus beiden.

Typische Hashtags sind *#DFBPokal* oder auch das auf Twitter immer wieder gesichtete *#Einhorn*.

Antworten

Mit einem Klick auf den kleinen Pfeil nach links kann eine Antwort auf einen Tweet gesendet werden. Twitter bildet dann den gesamten Dialog ab.

14.5.2 Der Einstieg bei Twitter

Kennen Sie das, wenn Sie sich neu in einer Gruppe befinden? Da legen Sie nicht gleich los, sondern hören erst mal zu. Der Einstieg auf Twitter ist ganz einfach. Folgen Sie anderen Accounts und beginnen Sie mit Interaktionen.

Die Schaltflächen unterhalb des Tweets

Bild 14.9: Ein Tweet lässt sich beantworten, retweeten und liken.

Gleich unterhalb eines Tweets finden Sie ein kleines Menü. Die Schaltflächen führen zu den wichtigsten Reaktionsmöglichkeiten auf einen interessanten Tweet. Von links nach rechts: *Antworten, Retweeten, Liken.* Höfliche Twitterer verbinden Like und Retweet. Die eindeutige Message: Ich finde den Tweet großartig, und deshalb habe ich ihn retweetet.

Die Folgen der Interaktionen

Ob Like, Retweet oder Antwort, der Autor eines Tweets erhält in jedem Fall eine Nachricht darüber, wie oft und von wem eine Interaktion durchgeführt wurde. Alle diese Interaktionen sind Anbahnungen für eine Followerschaft.

14.5.3 Kundendialog auf Twitter

Mit Twitter haben Sie eine hervorragende Möglichkeit, mit potenziellen und bestehenden Kunden in Kontakt zu treten und etwas über deren Wünsche zu erfahren.

Antwortgeschwindigkeit

Twitter ist – im Gegensatz zu Facebook oder Google Plus – ein sehr schnelles Medium. Weil die Timeline von hartgesottenen Twitterern neue Tweets im Sekundentakt ausspuckt, verschieben sich die älteren schnell nach unten. Erfolgreiche Kundendialoge führen Sie auf Twitter deshalb am besten in Echtzeit. Halten Sie die Kunden mit schnellen Reaktionen bei der Stange und generieren Sie auch sofort Likes und Retweets. Bei Twitter gilt mehr als in jedem anderen Netzwerk: Was vorbei ist, ist vorbei. Ausnahmen bilden lustige Sprüche, die über Retweets einen zweiten oder dritten Frühling erleben.

14.6 Sonstige Netzwerke

Facebook und Twitter sind das Pflichtprogramm für alle, die beim Marketing auf Social Media setzen. Alle anderen Netzwerke sollten Sie je nach Vorliebe und Sortiment in Betracht ziehen.

14.6.1 Pinterest

Dieses Netzwerk schreit geradezu danach, von Onlinehändlern genutzt zu werden, vor allem wenn gutes eigenes Bildmaterial zur Verfügung steht. Das Prinzip von Pinterest: Die User legen Bildersammlungen auf einer Pinnwand an. Dabei können nicht nur eigene Bilder hochgeladen, sondern auch Bilder aus dem Netz hinzugefügt werden – mit einem Link auf die Herkunftsseite. Wie auch in anderen Netzwerken folgen sich die User gegenseitig und bewerten und teilen Inhalte. Über einen Repin, vergleichbar mit dem Retweet bei Twitter, werden Bilder an andere User weitergereicht. Die Plattform ist ideal, um erstklassige Produktbilder viral zu verbreiten.

Kategorien anlegen

Die Bilderflut sortiert Pinterest nach Kategorien wie beispielsweise *Rezepte*, *Mode*, *Hochzeit* oder *Garten*. Ordnen Sie Ihre Pinnwände diesen populären Kategorien zu, um gefunden zu werden und nicht in der Kategorie *Alles* zu landen und dort zu versauern.

Das Unternehmensprofil

Pinterest bietet die Wahl zwischen einem privaten und einem Unternehmensprofil. Im Unterschied zu Facebook sind die Möglichkeiten zum Aufbau einer Followerschaft bei einem Unternehmensprofil aber nicht eingeschränkt. Legen Sie deshalb gleich ein Unternehmensprofil an oder nutzen Sie die Möglichkeit der Umwandlung eines privaten Profils.

Die sorglose Pinterest-Community

In der Pinterest-Community scheren sich die meisten sehr wenig um rechtliche Fragen. Sie als Shopanbieter sollten dieses Thema aber nicht außer Acht lassen, denn die Abmahnwellen werden früher oder später auch die Pinterest-User und den Plattformbetreiber selbst erreichen. Als Konsequenz droht die Verschärfung der Bedingungen durch den Plattformbetreiber. Das beschert dann denjenigen nachträgliche Arbeit, die die Rechtsproblematik ausgeblendet hatten.

Gehen Sie hier kein Risiko ein. Bevor Sie irgendetwas in Pinterest einspeisen, müssen diese rechtlichen Fragen geklärt sein:

- Verstößt das Bild gegen Urheberrechte?
- Verstößt das Bild gegen Markenrechte?
- Verstößt das Bild gegen Persönlichkeitsrechte?

14.6.2 Google Plus

Google Plus war 2011 angetreten, um dem Social-Media-Giganten Facebook das Wasser abzugraben. Der Plan ist grandios gescheitert. In einem Relaunch 2015 wurde die Ausrichtung auf Personen und Unternehmen zugunsten der »Collections« verschoben. Die User sollen sich nun eher themenorientiert zusammenfinden. Ein Blick auf die Userschaft von Google Plus zeigt, dass eher technische Themen als Mode und Lifestyle im Mittelpunkt stehen. Nutzen Sie dieses Netzwerk, falls Sie entsprechende Produkte im Sortiment führen.

14.6.3 YouTube

Das Videoportal YouTube ist Teil des Google-Imperiums, an dem Sie als Webmaster sowieso nicht vorbeikommen. Wahrscheinlich haben Sie schon einen Google-Account, z. B. für die Nutzung von Google Plus oder Google Analytics. Für YouTube ist dann kein neuer Account nötig, Sie müssen den Dienst nur noch freischalten lassen.

Der eigene Kanal

Voraussetzung zum Hochladen von Videos ist die Einrichtung eines eigenen Kanals, aber auch das ist schnell bewerkstelligt. Sie können mit einem einzigen Account auch mehrere Kanäle betreiben.

Videos produzieren

Die Produktion eines professionellen Imagevideos schlägt mit einem vierstelligen Betrag ins Kontor. Die Produktion eines halb professionellen Videos richtet mehr Schaden als Nutzen an. Was also tun? Entweder eine ordentliche Summe investieren oder aus der Not eine Tugend machen. Wenn Sie sich die Kröten sparen möchten, dann drehen Sie doch bewusst ein unprofessionelles Video. Setzen Sie nicht auf Strahlegesichter, sondern auf Durchschnittstypen und Tollpatsche.

Für maximale Aufmerksamkeit sorgen unterhaltsame Tests von Antiexperten. Dazu schnappen Sie sich Ihren Praktikanten und fragen ihn, ob er sich gern vor Kameras produziert. Vereinbaren Sie aber aus persönlichkeitsrechtlichen Gründen, dass er vor der Veröffentlichung des Materials noch ein Wörtchen mitzureden hat. Wenn er ja sagt, kann es losgehen. Das Video darf auch etwas verwackelt sein, auf technische Perfektion kommt es nicht an.

Ein Praxistest als Drehbuch

Sie verkaufen Gartenmöbel oder etwas anderes, das nach der Lieferung zusammengesteckt werden muss? Dann filmen Sie eine Person, die zunächst stümperhaft an die Sache herangeht, aber trotzdem alles meistert.

Der Lerneffekt beim Betrachter:

- Das Produkt macht Laune.
- So einfach geht das.
- Was der Praktikant kann, kann ich (der ich Anleitungen hasse) auch.

Die Gesamtlänge des Videos sollte 60 bis 90 Sekunden nicht übersteigen. Natürlich integrieren Sie den Clip auch ins Firmenblog, in WordPress funktioniert das heute sehr einfach. Sie müssen lediglich die YouTube-URL in den Editor eingeben, eine spezielle Verlinkung oder ein Plug-in ist überflüssig.

14.6.4 SoundCloud

Mit der Hilfe der Audioplattform SoundCloud lässt sich die Aufenthaltsdauer der Besucher Ihrer Website steigern. Produzieren Sie einen kurzen Audioclip und gehen Sie auf diese Weise vor:

1. Anlegen eines SoundCloud-Accounts.
2. Hochladen Ihres Audioclips auf SoundCloud.
3. Einbetten des Audioclips auf WordPress.

Den Clip können Sie zum Beispiel auf Ihrem Firmenblog einbinden. Den Code erhalten Sie bei SoundCloud über einen Klick auf die Schaltfläche *Share*. Sie können ihn direkt in einen Beitrag kopieren, wie für die Einbettung von YouTube-Videos ist auch hierfür kein spezielles Plug-in notwendig.

14.6.5 XING und LinkedIn

XING und das 2016 von Microsoft aufgekaufte Netzwerk LinkedIn sind vor allem für die Anbahnung von Geschäftskontakten interessant. Der große Unterschied: LinkedIn ist international präsent, XING ein Netzwerk für Firmenkontakte vor allem im deutschsprachigen Raum. Ansonsten gelten die gleichen Prinzipien wie bei anderen Netzwerken. Sie können auch hier Profile anlegen und sich gegenseitig folgen.

XING oder LinkedIn?

XING oder LinkedIn? Das ist ein bisschen wie Beatles gegen Stones. Die Fanboys der einen Seite haben für die andere nur ein müdes Lächeln übrig. Verwunderlich ist das nicht, denn die parallele Präsenz auf zwei ähnlich gestrickten Businessnetzwerken kostet zu viel Zeit und bringt wenige Vorteile. Sie sollten sich also für eine entscheiden.

Privates und Berufliches mischen

Auch auf Businessplattformen beschränken sich die Themen nicht aufs Berufliche. Sie sollten also nicht sofort mit der Tür ins Haus fallen und alle Kontakte nach Lieferanten und Kunden sortieren.

Sicherheit bei LinkedIn und XING

Gehen Sie sicher, dass Sie oder Ihre Mitarbeiter keine Betriebsgeheimnisse ausplaudern, die der Konkurrenz von Nutzen sein können, wozu auch detaillierte Informationen über Ihren Mitarbeiterstab gehören.

Die Hacker haben LinkedIn und XING längst als Quelle zum Erwerb von Hintergrundwissen entdeckt. Mit der Methode des Social Engineering versuchen sie dann, an Passwörter und andere sensible Daten heranzukommen.

14.7 Strategie und Planung

Bei aller Begeisterung für den Social-Media-Hype – behalten Sie die Balance zwischen eigener Site und Social-Media-Präsenzen im Auge. Die goldene Regel lautet: die eigene Site immer etwas besser behandeln als die Ableger auf den Netzwerken. Deren zukünftige Entwicklung ist nämlich nicht abschätzbar. Behalten Sie im Hinterkopf, welchen Wert all die einst mühsam aufgebauten Präsenzen auf StudiVZ und Wer-kennt-wen heute haben: gar keinen, denn diese beiden sind abgeschaltet.

Setzen Sie auf die richtigen Pferde, schonen Sie die eigenen Ressourcen und verheizen Sie wertvollen Content nicht in einem Strohfeuer. Für eine effektive Umsetzung des Social-Media-Marketings sorgt ein Redaktionsplan.

14.7.1 Der Redaktionsplan

Was soll von wem wann wo veröffentlicht werden? Zeitungen erstellen dafür einen Redaktionsplan. Nun betreiben Sie ja einen Shop und keine Zeitung, und deshalb genügt eine grobe Festlegung. Wie detailliert Sie den Plan einhalten, steht dann auf einem anderen Blatt. Bleiben Sie also locker an, ein genialer Tweet steht immer über der Erfüllung des Plansolls.

Der Eigenrhythmus der Netzwerke

Auf Twitter kursieren immer wieder mal zum Spaß aufgestellte »Wochenpläne« mit den für dieses Netzwerk typischen Themen. Am Montagmorgen ist beispielsweise »Mimimi« angesagt, so eine Art kollektives inneres Klagen über den Beginn der Arbeitswoche. Tweets über Talkshows werden dagegen in den Abendstunden verschickt. Vom Fußball wird Twitter an Spieltagen der Bundesliga dominiert.

Fazit: Jedes Netzwerk hat einen eigenen zeitlichen Rhythmus. Sie arbeiten effektiver, wenn Sie beim Timing darauf Rücksicht nehmen.

Koordination von Posting und Kanal

Ein guter Redaktionsplan berücksichtigt die Eigenarten der Netzwerke. Dazu ein paar Beispiele:

- Für brandheiße Neuigkeiten ist Twitter das ideale Medium. Nicht wenige nutzen dieses Netzwerk wie einen Nachrichtenticker. Neue Ware ist soeben eingetroffen? Dann erst mal so schnell wie möglich etwas in dieser Art twittern: »Leute, neue Ware ist da. Klickt mal hier, dann seht ihr es.« Auf Twitter ist so eine Kurzmeldung völlig in Ordnung.
- Mehr Platz als Twitter bietet Facebook. Hier können bzw. müssen Sie schon etwas mehr Hintergrundinformationen liefern. Ein Einzeiler ist zu wenig.
- Für gutes Bildmaterial sind Pinterest und Instagram die idealen Kanäle.

Kampagnen planen

Einen ausgefeilten Redaktionsplan brauchen Sie vor allem zur Durchführung von Kampagnen. Ganz grob lassen sich zwei Formen unterscheiden.

- Die **Followerkampagne** – Hier geht es um Ihre Social-Media-Präsenz selbst. Ziel ist die Gewinnung von Followern.
- Die **Produktkampagne** – Hier steht ein Produkt oder eine Dienstleistung im Vordergrund, die in Ihrem Shop angeboten wird. Ziel ist der Verkauf.

Wenn Sie am Anfang stehen, beginnen Sie natürlich mit einer Followerkampagne.

14.7.2 Die Followerkampagne

Der Wert eines Social-Media-Accounts setzt sich aus der Anzahl und der Qualität der Follower zusammen. Und die wollen erst einmal in einem langen Prozess gewonnen werden. Bei der Followerkampagne geht es darum, die Reichweite eines Onlineshops zu steigern, sprich das Publikum zu vergrößern. Drei Methoden sind hierzu geeignet:

- Positives Image verbreiten.
- Nützliche Informationen liefern.
- Folgen auf Gegenseitigkeit.

Positives Image verbreiten

Ein positives Image bauen Sie sich auf den Netzwerken nicht anders auf als im echten Leben. Beliebt ist, wer die Leute zum Lachen bringt, am besten mit lustigen Sprüchen, und seine Bürotür auch mal offen lässt. Weil die Leute neugierig sind, schauen sie Ihnen gern beim Arbeiten oder in Ihrer Mittagspause über die Schulter. Sie haben neue Ware vom Großhändler erhalten? Dann dürfen Sie davor auch mal ganz locker mit dem Kaffeebecher in der Hand posieren.

Nützliche Informationen liefern

Als Privatperson ist es schön und gut, wenn Sie in den Netzwerken den Clown spielen, als Unternehmer ist das aber zu wenig. Bieten Sie Ihren Followern auch handfeste Informationen: Tipps und kleine Tutorials zu Ihren Produkten.

Folgen auf Gegenseitigkeit

Am schwierigsten ist der Aufbau einer Followerschaft am Anfang, aber das geht nicht nur Ihnen so. Das Problem lässt sich zwar durch gegenseitiges Folgen am schnellsten lösen, aber wer nimmt schon gern mit Unbekannten so mir nichts dir nichts Kontakt auf? Auf Twitter sinkt dafür an jedem Freitag die Hemmschwelle. Da ist nämlich Ritualtag: Follow Friday. Üblich ist es, einen Tweet mit dem Namen anderer Twitterer und dem Hashtag *#followfriday* oder *#ff* zu versehen.

Follower kaufen

Lassen Sie es. Die Sache geht schief, wenn sich potenzielle Follower Ihre gekauften Follower etwas näher ansehen. Sie gewinnen dann nämlich keine hochwertigen Follower mehr hinzu.

Adressaten der Followerkampagne

In welche Richtungen sollten die Fühler ausgestreckt werden? Aus der Sicht eines Onlinehändlers lassen sich Benutzer eines Social-Media-Netzwerks in sieben Gruppen aufteilen. Als Adressaten sind diese drei Gruppen besonders geeignet:

- Das interessierte Publikum – Leute, die sich in Ihrem Metier so zu Hause fühlen wie ein Biertrinker in einer Brauerei.
- Das gewöhnliche Publikum – Die breite Masse der ganz gewöhnlichen Nutzer eines Netzwerks.
- Gewerbliche ähnliche Präsenzen – Firmenaccounts, mit denen Sie Interessen teilen, aber nicht in direkter Konkurrenz stehen.

Ungeeignet für die Followerkampagne

- Die direkte Konkurrenz – Ihre Mitbewerber auf dem Markt.
- Die echte Prominenz – Verifizierte Promi-Accounts von Stars, Sportlern und Politikern.
- Die lokale Prominenz – Auf Twitter heißen sie Wurfschuh, Renate Bergmann und Horst Hutzel. Gemeinsames Kennzeichen: Sie sind (fast) nur auf Twitter prominent.
- Die Trolle – Sie wollen Streit um jeden Preis.

Ideale Partner zum Followerwachstum sind vor allem am Anfang private Accounts und Businesspräsenzen mit ähnlichem, aber nicht gleichem Interesse.

Beispiel: Sie betreiben einen Onlineshop für Brautmoden. Ein schlechter Verbündeter ist ein anderer Brautausstatter. Besser ist die gegenseitige Followerschaft mit einem

Hochzeitsfotografen oder Hochzeits-DJ. Sie nehmen sich nicht die Butter vom Brot, wenn Sie sich gegenseitig liken, retweeten und Postings teilen.

14.7.3 Die Produktkampagne

Ziel der Kampagne ist es, Produkte in den Social-Media-Netzwerken bekannt zu machen und im Onlineshop zu verkaufen. Voraussetzung ist ein Grundstock an Followern, denn sonst läuft die gesamte Aktion ins Leere.

Materialsammlung und Planung

Sie benötigen vor allem Fotos und Beschreibungen, idealerweise von neuen Produkten in Ihrem Sortiment. Beachten Sie dabei das Urheberrecht, am besten verwenden Sie eigene Fotos und Texte. Beziehen Sie in Ihre Zeitplanung besondere Ereignisse mit ein, zum Beispiel Messen und Feiertage.

Startphase

Vorfreude ist die schönste Freude. Die Startphase in den Social-Media-Diensten beginnt einige Zeit vor Verkaufsstart im Shop. Verwenden Sie Überschriften, die die Neugierde wecken, zum Beispiel: »Noch 9 Tage, dann ist es so weit.«

Heiße Phase

Nach dem Verkaufsstart erklären Sie die Vorteile des neuen Produkts auf verschiedenen Levels. Liefern Sie täglich einen Tipp und kennzeichnen Sie das Niveau. Beispiele für Überschriften: »3 Tipps für blutige Anfänger« oder »5 Profi-Tipps«.

Auswertung

Werten Sie den Erfolg der Kampagne nach diesen Kriterien aus:

- Direkte Resonanz in den Social-Media-Netzwerken (Antworten, Likes, Shares und Retweets).
- Indirekte Resonanz (Zuwachs oder Verlust an Followern).
- Besucher, die sich von den Netzwerken zur Shopsite durchgeklickt haben.
- Umsatzwachstum bei den beworbenen Produkten.

14.7.4 Social Media als Teamarbeit

Am schwierigsten ist der Aufbau von Followern in der ersten Phase. Wo niemand ist, kommt keiner dazu. Leichter ist der Start von 0 auf 100 Follower mit einem Grundstock an Mitarbeitern. Vielleicht haben Sie selbst schon einige Mitarbeiter im Betrieb, die auf Facebook, Twitter und anderen Netzwerken unterwegs sind. Das wäre natürlich eine gute Basis, um den Firmenaccount voranzubringen.

Die Sache kann allerdings aus drei Gründen nach hinten losgehen:

1. Konflikte im Team – Streitigkeiten des Personals sind intern schon schlimm genug. Wenn sie allerdings in aller Öffentlichkeit ausgetragen werden, erleidet das Unternehmen einen Imageverlust.
2. Die Mitarbeiter gehen sorglos mit Urheber-, Persönlichkeits- und Markenrechten um.
3. Probleme beim Ausscheiden eines Mitarbeiters.

Am besten ist es, frühzeitig für klare Verhältnisse zu sorgen. Verwenden Sie die folgenden Regeln als Vorlage für Ihre Social-Media-Guidelines.

Social-Media-Guidelines

- **Sinn und Zweck** – Der Mustershop betreibt Präsenzen auf Facebook, Twitter und anderen Social-Media-Netzwerken. Die Social-Media-Guidelines dienen dazu, ein positives Erscheinungsbild zu prägen und eine Geschäftsschädigung durch Mitarbeiter zu verhindern.
- **Netikette** – Alle Mitarbeiter beachten die »Netikette«, verhalten sich also respektvoll gegenüber anderen Benutzern und Diskussionsteilnehmern.
- **Keine Pseudonyme** – Alle Mitarbeiter treten unter ihrem richtigen Namen auf.
- **Verantwortung der Autoren** – Jeder Mitarbeiter ist für seine Beiträge selbst verantwortlich, unabhängig davon, ob diese von ihnen als Privatperson oder als Firmenmitarbeiter verfasst wurden.
- **Private Beträge kennzeichnen** – Ein Mitarbeiter, der innerhalb eines Unternehmensaccounts einen privaten Beitrag verfasst, hat diesen als persönliche Meinung zu kennzeichnen.
- **Gesetze einhalten** – Alle Mitarbeiter beachten die gesetzlichen Vorgaben, insbesondere die des Urheber-, Marken- und Persönlichkeitsrechts.
- **Verschwiegenheitspflicht** – Die Mitarbeiter achten darauf, keine Betriebs- oder Geschäftsgeheimnisse zu verletzen. Die Verschwiegenheitspflicht besteht auch über das Ausscheiden aus dem Unternehmen hinaus.
- **Unternehmensschädigende Beiträge** – Alle Mitarbeiter tragen dafür Sorge, den Ruf des Unternehmens sowie seiner Partner und Kunden nicht zu schädigen.
- **Ansprechpartner** – Für alle Fragen, insbesondere zur Reaktion auf rechtlich bedenkliche Beiträge, steht dieser Ansprechpartner zur Verfügung: Kontaktperson der Firma Mustershop.

14.7.5 Haftung für Social-Media-Inhalte

Kompliziert wird es, wenn Sie eine technisch perfekte Maschinerie in Gang gesetzt haben und dann durch die Nachlässigkeit eines Mitarbeiters bei der Beachtung der Social-Media-Guidelines in die Bredouille geraten. Eine falsche Behauptung oder ein urheberrechtlich geschütztes Bild kann nämlich schnell zum Bumerang werden.

Beispiel: Ein Mitarbeiter Ihres Unternehmens hat behauptet, dass ein Konkurrenzprodukt mit erheblichen Sicherheitsmängeln behaftet sei. Der Beitrag wurde von Ihrer WordPress-Unternehmenssite abgeschickt, via Jetpack automatisiert auf Facebook, Twitter und ein halbes Dutzend weiterer Networks gestreut und anschließend von den dortigen Usern weiterverbreitet.

Nach einer Beschwerde oder gar Klage gegen Sie entfernen Sie natürlich den Beitrag auf der Unternehmensseite, aber das genügt nicht. Der Bundesgerichtshof hat nämlich in einem Urteil entschieden (Az. VI ZR 340/14), dass in einem solchen Fall der Beklagte auch an anderen Stellen im Internet, also auch auf den Social-Media-Plattformen, auf eine Löschung hinzuwirken hat – zwar nur »im Rahmen des Zumutbaren«, aber der ist Auslegungssache. Sie dürfen sich also auf einen erheblichen Aufwand einstellen, um solche Beiträge zu tilgen.

Erschwerend kommt hinzu, dass es sich bei Firmen wie Facebook Inc. de facto um Geisterorganisationen handelt. Zwar existieren in Deutschland drei Facebook-Büros, aber sie gehören zu einer Facebook-GmbH, die zum Plattformbetreiber Facebook als Plattformbetreiber eine gewisse Distanz einhält.

Fast unmöglich ist es für Normalbürger und kleine bis mittlere Unternehmen, überhaupt mit einem leibhaftigen Vertreter von Facebook in Verbindung zu treten, eher erhalten Sie eine Audienz beim Papst. Online dürfen Sie die Administratoren von Facebook (und anderen Netzwerken) zwar auf alle möglichen Dinge hinweisen, aber eine direkte oder gar persönliche Reaktion ist sehr unwahrscheinlich.

Paradoxerweise dürfen Sie nicht einmal erwarten, dass Facebook-Mitarbeiter über Facebook-Profile verfügen. Geheimtipp: Facebook-Mitarbeiter finden Sie eher auf XING oder LinkedIn als beim eigenen Laden.

Die rechtliche Grauzone

Mit einem Social-Media-Account betritt ein Unternehmen eine juristische Grauzone. Große Plattformen wie Facebook, Twitter oder Pinterest gehören US-Unternehmen. Die dortige Rechtstradition des Freedom of Speech kollidiert in einigen Punkten mit dem deutschen Strafrecht, zum Beispiel dem § 130 (Volksverhetzung), und die Praktik des »Fair Use« kollidiert mit dem deutschen Urheberrecht.

Fazit: Das Führen einer Social-Media-Präsenz ist aufwendig und juristisch heikel. Vielleicht haben Sie schon einmal daran gedacht, professionelle Hilfe für Ihre Social-Media-Präsenz in Anspruch zu nehmen?

14.7.6 Social-Media-Agentur beauftragen

Wer bei gutem Wetter einen Stadtbummel unternimmt, trifft häufig auf Infostände, die im Namen diverser gemeinnütziger Institutionen betrieben werden. Dort warten junge, schöne und sich engagiert gebende Menschen auf ihre Beute. Mit einem Lächeln im Gesicht sprechen sie die Passanten an. Ihr Auftrag: Fördermitgliedschaften verkaufen. Diese Handlanger, »Dialoger« genannt, werden von spezialisierten Agenturen geschult und mit einem Abzeichen oder einem anderen Erkennungsmerkmal der jeweiligen

Organisation bestückt. Sie wissen sehr viel über das Verkaufen und wenig über ihre Auftraggeber.

Kurz gesagt: Vertriebsprofis arbeiten unter falscher Flagge, um den Organisationen Arbeit abzunehmen. Ein Vielzahl großer Hilfsorganisationen arbeitet heute auf dieser Basis.

Okay, den von Idealen angetriebenen Vereinsmitgliedern rollen sich angesichts dieser Praxis die Fußnägel hoch, aber der Erfolg gibt den Dialogagenturen recht. Wir leben in einer hektischen Welt. Für inhaltliche Auseinandersetzung ist da wenig Zeit. Was zählt, sind die Zahlen. Der Zwillingsbruder der Dialogers auf der Straße arbeitet als Social-Media-Manager im Internet. Auch er ist bei einer Agentur angestellt. Gegen Bezahlung verbringt er den ganzen Tag vor Facebook, Twitter und Konsorten, verfasst Postings, reagiert auf Antworten und baut Followerschaften aus. Vielleicht haben Sie auch schon überlegt, eine Social-Media-Agentur mit der Betreuung Ihrer Präsenz zu beauftragen?

Agentur oder nicht?

Was spricht dafür, eine Social-Media-Agentur zu beauftragen? Sie sparen sich eine Menge Aufwand und können das Fachwissen einer Social-Media-Agentur nutzen. Diese kennt die Eigenheiten der unterschiedlichen Netzwerke aus dem Effeff und weiß um die richtige Ansprache. Problematisch kann es allerdings werden, wenn Sie in den Netzwerken auch Support leisten. Für beratungsintensive Produkte fehlt externen Dienstleistern das nötige Fachwissen.

14.7.7 Haftung für nutzergenerierte Inhalte

Ihre Social-Media-Präsenz ist erst dann erfolgreich, wenn Sie nicht ständig den Alleinunterhalter spielen. Je mehr Inhalte von Nutzern generiert werden, desto besser. Was passiert aber, wenn ein Nutzer einfach mal so und ohne böse Absicht ein urheberrechtlich geschütztes Bild auf Ihrer Präsenz platziert – oder mit böser Absicht und Anlauf eine Beleidigung unter der Gürtellinie hinterlässt?

Die Antwort: Sie müssen dafür geradestehen. Die Juristen nennen das Ganze »Störerhaftung«. Der Störer sind Sie. Durch das Bereitstellen Ihrer Social-Media-Präsenz haben Sie nämlich zur Störung (der Rechtsordnung) beigetragen und können zur Verantwortung gezogen werden.

Gnade lassen die Gerichte unter Umständen walten, wenn Ihre Präsenz so viele nutzergenerierte Inhalte produziert, dass Sie mit dem Lesen kaum noch nachkommen. Sie haften erst dann, wenn Sie von einem rechtswidrigen Inhalt Notiz genommen haben. Hier gelten die gleichen Regelungen wie bei Kommentaren zum Firmenblog. Sie müssen also nicht 24 Stunden vor dem Computer sitzen und auf jede Veröffentlichung sofort reagieren, aber warten Sie auch nicht zu lange.

Brenzlig wird es, wenn ein Rechteinhaber oder ein »Beleidigter« an Sie herantritt und die Löschung eines Inhalts einfordert. Spätestens dann können Sie sich nicht mehr auf Unwissenheit berufen. Ersparen Sie sich den Ärger und die Kosten einer juristischen

Auseinandersetzung. Löschen Sie umstrittenen Inhalt und trinken Sie einen Schnaps. Fertig.

14.8 Der Social-Media-Knigge

Sympathie gewinnen Sie überall mit der richtigen Mischung aus Kompetenz und Humor. Der Dialog in einem Netzwerk unterscheidet sich aber in einem sehr wesentlichen Punkt vom Verkaufsgespräch im stationären Handel: Er darf öffentlich mitgelesen werden. Jeder Kunde, den Sie hier zufriedenstellen oder vergraulen, wirkt als Multiplikator. Beachten Sie den Social-Media-Knigge, um den richtigen Ton zu treffen und Ihre Präsenz zum Erfolg zu führen.

14.8.1 Geben und nehmen

Erwarten Sie nicht, nach dem Anlegen eines Accounts mit Geschenken überhäuft zu werden. In jedem Netzwerk ist es eine Gepflogenheit, als Neuling erst einmal zu geben. Spendieren Sie den anderen eine Antwort, einen Like, einen Retweet oder einen Repin.

14.8.2 Auf Äußerlichkeiten achten

Gestalten Sie Ihre Social-Media-Präsenz von Anfang an im Stil Ihrer Website. Gleichen Sie die Farben an und nutzen Sie Ihr Logo und Ihren Schriftzug.

14.8.3 Persönlich werden

Fakten stehen in der Wikipedia. Der User der Social-Media-Netzwerke sucht primär kein Wissen, sondern das Menschliche, das Persönliche. Machen Sie sich schmutzig. Lassen Sie sich mit einem Schrauber in der Hand oder auf einem Gabelstapler fotografieren. Bildunterschrift: Hier packt der Chef noch selbst an.

14.8.4 Eine einfache Sprache verwenden

Zugegeben, es gibt geborene Tüftler und Detailversessene. Menschen, die kaltblütig Schaltpläne und sogar Gebrauchsanleitungen studieren. Nur sind das skurrile Typen, etwa Kuckucksuhrenmechaniker oder Fachbuchautoren. Der Rest der Bevölkerung genießt zwar die Vorzüge der Technik, empfindet die Auseinandersetzung mit dieser aber als Zumutung. Wenn Sie den Kunden auch noch auf Social-Media-Netzwerken mit komplizierten Dingen belästigen, schaltet er ab.

Einige Ausnahmen bestätigen auch diese Regel: In Facebook-Gruppen und auf Google Plus finden Sie hochkarätige Fachdiskussionen. Nur ist das Marketing in diesem Gruppenumfeld etwas verpönt. Sie können das natürlich ändern, indem Sie zum Beispiel eine eigene Facebook-Gruppe eröffnen und die Gepflogenheiten dort selbst definieren. Allerdings ist damit ein hoher Zeitaufwand verbunden.

14.8.5 Nicht mit fremden Federn schmücken

Unter Privatleuten gilt es als Zeichen des Anstands, beim Herauskopieren von Inhalten die Quelle anzugeben. Das ist es sicherlich auch, aber es hilft nicht über die Tatsache hinweg, dass es aus urheberrechtlichen Gründen prinzipiell nicht gestattet ist, ganze Artikel zu übernehmen. Rechtlich gestattet sind nur kurze Zitate. Schmücken Sie sich nicht mit fremden Federn. Posten Sie ganze Artikel nur, wenn Sie sie selbst verfasst und schon auf Ihrer eigenen Website platziert haben. Natürlich mit Quellenangabe und Link.

Checkliste Social Media

- Social-Media-Netzwerke ausgewählt.
- AGB der ausgewählten Netzwerke gelesen.
- Accounts so angelegt, dass Social-Media-URLs die Shopdomain repräsentieren.
- Für Facebook: Tandemlösung aus Profil und Seiten.
- Banner und Logo hochgeladen, Farben angepasst.
- Impressum für Social-Media-Präsenzen erstellt.
- Social-Media-Guidelines für Team festgelegt.
- Redaktionsplan erstellt.
- Rechtssicheres Bildmaterial gesammelt.
- Followerkampagne begonnen.

15 Suchmaschinenoptimierung (SEO)

15.1	**SEO-Basics**	**536**
15.1.1	Wie Suchmaschinen funktionieren	536
15.1.2	WordPress-Grundeinstellungen	537
15.1.3	Keywords optimieren	539
15.1.4	Suchmaschinengerechte Texte	541
15.1.5	Bilder-SEO	542
15.2	**SEO für Produkte**	**544**
15.2.1	Titel und URL	544
15.2.2	Produktbeschreibungen optimieren	545
15.2.3	Internationale Artikelnummern nutzen	547
15.2.4	Das SEO-Plug-in Yoast	547
15.3	**Optimale Seitenstruktur**	**548**
15.3.1	Ebenen und Menüs	549
15.3.2	Interne Verlinkungen	550
15.4	**Aufbau von Backlinks**	**550**
15.4.1	Links von anderen Seiten	550

Checkliste Suchmaschinenoptimierung 551

Sie können in Ihrem Shop die besten Produkte zum kleinsten Preis, den schnellsten Service und ein halbes Dutzend Zahlungsmethoden anbieten – alles ist vergebliche Liebesmüh, wenn Sie bei Google nicht gefunden werden. Auf der Ergebnisseite sollten Sie bei den relevanten Begriffen – den Produkten Ihres Shops – möglichst weit vorne platziert sein. Die meisten User sind nämlich zu faul, um bei Google nach unten zu scrollen oder gar die zweite oder dritte Ergebnisseite aufzurufen. Das kleine Einmaleins der Suchmaschinenoptimierung:

- **Absprungrate** oder **Bounce-Rate** – Die Prozentzahl der Besucher, die lediglich eine einzelne Seite aufrufen, bevor sie eine Internetpräsenz wieder verlassen.
- **Backlink** – Ein Link von einer fremden Seite zur eigenen.
- **Deep Link** – Ein Link auf eine Unterseite einer Webpräsenz und nicht auf die Startseite.
- **Crawler** – Automatisierte Programme, die im Auftrag der Suchmaschinen das Internet permanent nach Inhalten durchstöbern.
- **Keywords** – Siehe Suchbegriffe.
- **PageRank** – Googles geheimer Algorithmus vergibt für jede erfasste Website einen PageRank zwischen 1 und 10. Nicht erfasste Sites erhalten den PageRank 0.
- **Suchbegriffe** – Suchbegriffe und Keywords sind zwei Seiten derselben Medaille. Der User gibt den Suchbegriff bei Google ein, der Webmaster versucht, ihn mit Keywords zu treffen.
- **Suchmaschinenergebnisseite** – Die Seite, auf der Google und andere Suchmaschinen die Ergebnisse für den Suchbegriff auflisten.
- **Verweildauer** – Die Zeit, die ein Besucher auf der Internetpräsenz verbringt.

15.1 SEO-Basics

Kennen Sie diesen Loriot-Sketch mit dem Saugbläser Heinzelmann? Das Multifunktionsgerät saugt etwas ein und bläst etwas aus. Suchmaschinen machen das auch. Eingesaugt werden sämtliche Webseiten, ausgeblasen werden die Suchergebnisse.

15.1.1 Wie Suchmaschinen funktionieren

Google betrachtet das Internet wie Kleinkinder einen Süßigkeitenladen. Was lecker aussieht, wird mitgenommen – ohne einen Blick hinter die Kulissen zu werfen. Ob ein Onlineshop allein von einem Wohnzimmer aus betrieben wird oder ein ganzes Team dahintersteckt, das interessiert überhaupt nicht. Nutzen Sie diese Chance in der Start- und Wachstumsphase. Hübschen Sie sich auf und machen Sie sich groß – für die Suchmaschinen, die die Kundschaft bringen.

Welche Kriterien sind wichtig?

Die Google-Formel ist erstens unbekannt und zweitens nicht in Stein gemeißelt. Weil die Google-Männer verhindern wollen, dass sich unseriöse Websites durch exzessiven SEO-Einsatz nach oben hangeln, schrauben sie ständig an den Parametern herum. Mit Sicherheit spielen aber diese Faktoren heute und auch in Zukunft eine gewichtige Rolle:

- Qualität und Anzahl der Backlinks.
- Qualität der Texte.
- Anreicherung der Texte mit Bildern und Videos.
- URLs der Domain und der Unterseiten.
- Titel der Startseite und der Unterseiten.
- Ladezeit.
- Absprungrate und Verweildauer.

So weit zu den klassischen Rankingfaktoren. Neu hinzugekommen ist die Prüfung auf Tauglichkeit für alle Endgeräte. Endgerät? Klingt nach Guillotine, meint aber nur das Teil, mit dem der User eine Seite aufruft: Desktop-PC, Laptop, Tablet oder Smartphone.

Google ist ein Sensibelchen

Der Google-Algorithmus gibt in Abhängigkeit vom Endgerät unterschiedliche Ergebnisse aus. Ein nicht responsiver Shop erhält ein schlechteres Ranging, falls der Kunde eine Suchanfrage via Tablet oder Smartphone abgeschickt hat. Der Blick auf eine Website hat sich verändert.

- Google früher: Ist eine Webseite für die Suchanfrage relevant?
- Google heute: Ist eine Webseite für die Suchanfrage relevant und für das Endgerät optimiert?

Die Seite *www.google.de/webmasters/tools/mobile-friendly/* bietet die schnellste und beste Möglichkeit, Ihre Site zu testen. WordPress-Sites schneiden hier erfahrungsgemäß sehr gut ab. Falls es Probleme gibt, kann es nur am Theme liegen. Wechseln Sie es gegebenenfalls aus.

> **Ist Google das Maß aller Dinge?**
> In der SEO-Welt wird so getan, als sei Google das Maß aller Dinge. Die Wahrheit: Google ist das Maß aller Dinge. Der Marktanteil liegt bei weit über 90 %. Der Siegeszug von Google hat die Art verändert, in der wir uns durch das Netz bewegen. Das Suchfeld hat die Adresszeile abgelöst. Richten Sie Ihre SEO auf Google aus, die anderen Suchmaschinen sind entweder in ähnlicher Weise gestrickt oder bedeutungslos.

15.1.2 WordPress-Grundeinstellungen

Bevor Sie sämtliche SEO-Register ziehen: Checken Sie die Grundeinstellungen von WordPress. Schon ein falsch gesetztes Häkchen kann sich verheerend auswirken.

Sichtbarkeit für Suchmaschinen

Kontrollieren Sie unter *Einstellungen/Lesen*, ob in der Checkbox vor *Suchmaschinen davon abhalten, diese Website zu indexieren* ein Häkchen gesetzt ist. Falls ja, dann schnell raus damit. Nur so werden Ihre Inhalte überhaupt von den Suchmaschinen durchforstet.

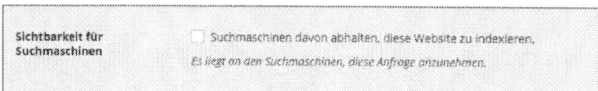

Bild 15.1: Vorsicht, Falle: Sitzt unter *Einstellungen/Lesen* etwa ein Häkchen bei *Suchmaschinen davon abhalten, diese Website zu indexieren*? Damit wären sämtliche Suchmaschinen ausgesperrt.

Seitentitel und Untertitel

Als besonders relevant stuft Google den Seitentitel und den Untertitel der Startseite ein. Unter *Einstellungen/Allgemein* können Sie beides ändern. Am besten wählen Sie gleich nach der Installation aussagekräftige und suchmaschinenfreundliche Begriffe, die mit der Domain und der Thematik des Projekts im Einklang stehen.

- *Titel*: Mustershop Online
- *Untertitel*: Mode für Damen und Herren

Suchmaschinenfreundliche Permalinks

Auf keinen Fall sollten Sie auf »sprechende« Permalinks verzichten. Über *Einstellungen/Lesen* lassen sich verschiedene Optionen auswählen. Wahrscheinlich haben Sie diesen Job schon erledigt und *Beitragsname* eingestellt.

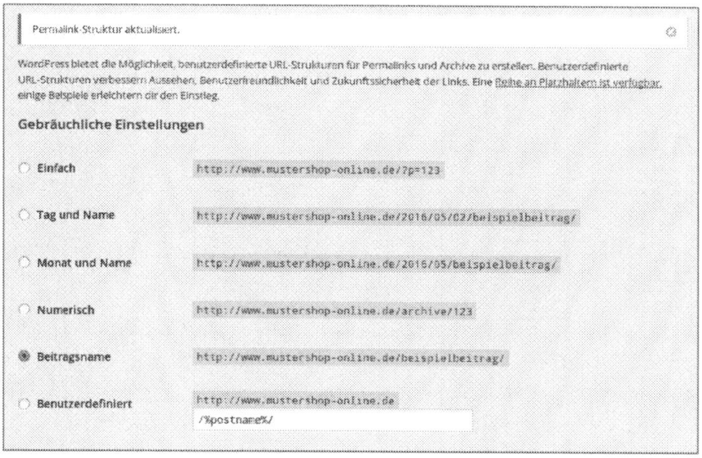

Bild 15.2: Die Permalinks wurden suchmaschinenfreundlich auf *Beitragsname* eingestellt.

Tote Links vermeiden

Besucher mögen sie nicht, Google auch nicht: Links, die ins Nirwana führen. Verwenden Sie das Plug-in *Broken Link Checker*, um tote Links aufzuspüren. Je umfangreicher Ihr Projekt wird, desto wichtiger ist dieses Plug-in.

15.1.3 Keywords optimieren

Die Begriffe Keyword und Keyword-Optimierung sollten Sie nur mit spitzen Fingern anfassen, denn allzu viele SEO-Hexenmeister spicken ihre Versprechungen damit. Vielleicht haben Sie auch schon solche verheißungsvollen Ankündigungen erhalten: »Wir bringen Sie in den Suchmaschinen auf Platz 1«. Sind Sie bereit für ein Experiment? Dann werfen Sie Google an und geben diese drei Begriffe ein:

1. *Schuhe*
2. *Brautschuhe*
3. *Brautschnürsenkel*

Als Ergebnisse werden angezeigt:

- Sehr viele Treffer für *Schuhe*.
- Etwas weniger Treffer für *Brautschuhe*.
- Null Treffer für *Brautschnürsenkel*. Es werden zwar Websites angezeigt, aber die enthalten gar nicht den kompletten Suchbegriff.

Aus diesem Experiment leitet sich das erste Keyword-Gesetz ab:

»Je weniger Treffer bei Google, desto unbedeutender das Keyword.«

Schauen Sie sich die Treffer mal genauer an. Beim Keyword *Schuhe* sind es nicht unbedingt die kleinen Shops, die sich ganz oben breitmachen. Daraus ergibt sich das zweite Keyword-Gesetz:

»Je populärer das Keyword, desto schwerer haben es Newcomer, bei Google auf die ersten Ränge zu gelangen.«

Die Konkurrenz für das Keyword *Schuhe* ist riesig, und die etablierten Marktteilnehmer haben diesen Begriff in Beschlag genommen. Besser sieht es für die Begriffe *Brautschuhe*, *Wanderschuhe* oder *Tanzschuhe* aus. Hier bestehen durchaus Chancen, mit Keyword-starken Texten im Google-Ranking nach oben zu gelangen.

Und wie ist es mit dem *Brautschnürsenkel*? Mit diesem Keyword steigen Sie ohne Mühe in Rekordzeit auf die Spitzenplätze sämtlicher Suchmaschinen. Bevor Sie jetzt dieses phänomenale Wort in Ihre Texte einschleusen oder gar überprüfen, ob die Domain www.brautschnuersenkel.de noch zu haben ist: Es gibt da einen Haken. Wer sucht schon danach – wenn er nicht gerade durch dieses Buch dazu verleitet wurde?

Außerdem ist es nicht notwendig, das Thema einer Website aus SEO-Gründen über Bord zu werfen. Die Kunst von SEO besteht darin, ohne inhaltliche Verbiegungen auf die vorderen Plätze gelangen.

Haben Sie einen noch unberührten Text vorliegen? Dann überlegen Sie, welche Keywords für eine »Anreicherung« infrage kommen. Einige Beispiele finden Sie in der folgenden Matrix:

Thema	Starkes Keyword	Schwaches Keyword	Kein Keyword
Hochzeit	Brautkleid	Mode	fantasievoll
Italienreisen	Neapel	Süditalien	bellissima
Damenschuhe	Stilettos	Schuhe	Hingucker
Sportevents	Bundesliga	Ergebnisse	Tooooor

Starke Keywords sind griffig. Wer nach einem *Brautkleid* sucht, gibt genau dieses Wort ein und nicht etwa *Mode*. Doch immerhin taugt dieser allgemeine Begriff noch ganz gut zur Unterstützung. Schließlich ist *Brautmode* für eine Suchanfrage nicht unwahrscheinlich, und auch das Abdecken von Wortteilen bringt Sie bei Google weiter.

Fazit: Für einen Hochzeitsausstatter ist *Brautkleid* ein starkes Keyword, *Mode* ein schwaches. Als Suchbegriff zu abstrakt ist dagegen das Wort *fantasievoll*, es schmückt lediglich den Text aus.

Keywords brauchen Content

Bevor Sie mit Keywords experimentieren: Vergewissern Sie sich, dass die dazugehörigen Inhalte auf Ihrer Website heimisch sind, im Idealfall als Produkte im Shop.

Beispiel: Ein neues Smartphone ist erschienen, und Sie haben es getestet. Jetzt könnten Sie natürlich eine Produktrezension schreiben und viel Zeit in die Keyword-Optimierung stecken – um Leser über Google zu gewinnen.

Diese Methode ist aber nur dann erfolgreich, wenn Sie von den Besuchern als glaubwürdiger Experte eingestuft werden, zum Beispiel weil Sie das Smartphone auch verkaufen. Andernfalls werden viele Besucher Ihren mit Keywords angefütterten Beitrag gar nicht lesen und sofort wieder von der Seite springen. Die hohe Absprungrate bringt Sie bei Google in Misskredit.

Fazit: Sparen Sie sich jegliche Strohfeueraktion. Bei Inhalten, die vom Grundthema Ihrer Site abweichen, verpufft die Keyword-Optimierung.

Keyword-Dichte

Diese Grundregel gilt ja für das ganze Leben: nicht einfach drauflosstürmen, sondern sich gefühlvoll und von mehreren Seiten herantasten.

- Falscher Ansatz: »Dieses Brautkleid ist das beste Brautkleid unserer Brautkleidkollektion.«

Mit der bloßen Wiederholung irritieren Sie nicht nur potenzielle Kunden, auch Google zeigt Ihnen für diese billige Anmache die kalte Schulter.

- Richtiger Ansatz: »Dieses Brautkleid ist der Star unserer Kollektion.«

Häufen Sie das Keyword nicht, sondern platzieren Sie es an unterschiedlichen Stellen. Eine Webseite hat neben dem Fließtext einiges mehr zu bieten:

- Die Seiten-URL.
- Den Seitentitel.
- Die Seiten-Description (Seitenbeschreibung).
- Bildname und Alt-Tag.
- Die `h2`-Überschrift (Zwischenüberschrift).
- Ankertexte in den Links.

Je höher die Übereinstimmung an diesen Positionen, desto besser kommt das Brautkleid auch bei Google zur Geltung, zum Beispiel:

- URL: *www.mustershop-online.de/brautkleid*
- Seitentitel: *Weißes Brautkleid in Größe 36-38-40-42*
- Description: *Brautkleider in allen Größen und Farben bietet Ihnen der Mustershop Online. Wählen Sie die Farbe Ihres Brautkleids jetzt aus.*
- Bildname: *Brautkleid*
- Alt-Tag des Bilds: *Brautkleid mit Spitze*
- `h2`-Überschrift: *Edles Brautkleid eingetroffen*
- Ankertext von Links: *Wissenswertes über Brautkleider*

Wie Sie vielleicht bemerkt haben, steht das Keyword auch im Plural und im Genitiv. Die Variationen in der Schreibweise sind für Google nicht schädlich – im Gegenteil. Sie erfüllen die Forderung des Keyword Humanizing.

Keyword Humanizing

Das Word Humanizing stammt aus der computergenerierten Musik. Viele Chartstürmer werden heute ja nicht mehr von einer Band eingespielt, sondern auf dem PC zusammengestöpselt. Was aber, wenn ein Musikinstrument klingen soll, wie von Menschenhand gespielt? Dann werden kleine »natürliche« Unregelmäßigkeiten eingebaut. Das Prinzip lässt sich gut auf das Setzen von Keywords übertragen. Taucht das Keyword immer in der gleichen Schreibweise auf, erregt es Verdacht. Variationen signalisieren der Suchmaschine die Natürlichkeit eines Texts. Sie belegen, dass nicht überoptimiert wurde.

15.1.4 Suchmaschinengerechte Texte

Sie haben eine Mission? Formulieren Sie sie klar und deutlich in der Überschrift und in den ersten Sätzen. Weg mit den Füllwörtern, her mit klaren Statements:

- Schlecht: »Es gibt ja sehr viele schöne Cocktailkleider.«
- Gut: »Dieses Cocktailkleid macht dich zum Star.«

Textumfang

Der ideale Textumfang beträgt etwa 300 bis 600 Wörter. Lang genug, um Google Futter zu bieten, kurz genug, um vom Besucher komplett gelesen zu werden.

Zwischenüberschriften

Über Zwischenüberschriften freuen sich alle – Leser und Suchmaschinen. Ideal ist die Verwendung des h2-Tags. So gehen Sie in WordPress vor:

1. Markieren Sie die Zwischenüberschrift.
2. Klicken Sie rechts oben in der Werkzeugliste auf das Symbol *Werkzeugleiste umschalten*, um die zweite Werkzeugleiste einzublenden.
3. Weisen Sie dem markierten Text über das Auswahlfeld in der zweiten Werkzeugleiste die Auszeichnung *Überschrift 2* zu.

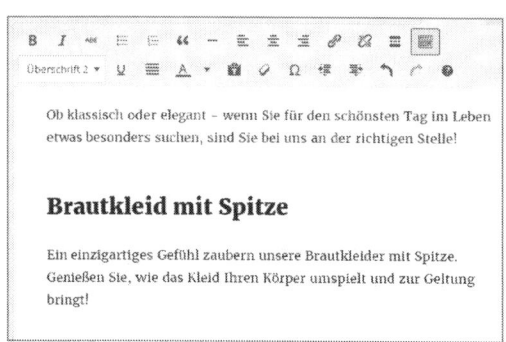

Bild 15.3: Die Zwischenüberschrift *Brautkleid mit Spitze* verbessert die Lesbarkeit für alle – Kunden und Suchmaschinen.

15.1.5 Bilder-SEO

Hier können Sie viel Terrain gewinnen. Nehmen Sie sich kein Beispiel an anderen Onlineshops, denn die Bilder-SEO findet meistens gar nicht statt. In vielen Unternehmen läuft das nämlich so:

Von einem Brautkleid mit der Artikelnummer 1735 müssen hübsche Bilder her. Der Fotograf knipst aus mehreren Perspektiven und außerdem mit und ohne Model. Nach dem Shooting genießt er ein Weinchen in seinem Stammlokal, danach poliert er die Bilder mit Photoshop auf. Weil mit dem Shooting und der Nachbearbeitung eine Menge Material zusammenkommt, speichert der Fotograf die Bilder so ab, dass sie auf der Festplatte oder in der Cloud schnell wiederzufinden sind, also mit diversen Informationen im Dateinamen. Und so reicht der Fotograf die Brautkleidbilder an den Webmaster weiter:

- *artnr1735-bk-vorder460x850.jpg*
- *artnr1735-bk-rueck460x850.jpg*
- *artnr1735-bk-model750x1200.jpg*

Sie müssen dieses Kauderwelsch erst mal entziffern? Da geht es Ihnen noch besser als Google. Das Zeugs ist suchmaschinentechnisch eine Katastrophe. Mit den Artikelnummern kann Google so wenig anfangen wie mit *bk* als Abkürzung für Brautkleid. Tun Sie den Suchmaschinen und sich selbst einen Gefallen und benennen Sie die Bilder so um:

- *brautkleid.jpg*
- *brautkleid-ruecken.jpg*
- *edles-brautkleid.jpg*

Bild 15.4: Mit einem konkreten Namen wie *brautkleid.png* rutscht das Bild auch in Googles Bildersuche nach vorne.

Richtig, jetzt wird das Brautkleid auch für Google attraktiv, und die Website profitiert davon gleich mehrfach.

- Google überprüft, ob Text und Bildname harmonieren. Mit der Übereinstimmung wird Ihre einzelne Produktseite nach oben gehievt.
- Sie betreiben einen Brautmodenshop? Dann ist es von Vorteil, wenn die Bilder und das Site-Thema harmonieren. Die gesamte Site gewinnt bei Google an Profil.
- Google verfügt über eine eigene Bildersuche. Jetzt werden Sie auch über diesen Modus besser gefunden.

Das Alt-Tag

Denken Sie auch an das für blinde User und Suchmaschinen so wichtige Alt-Tag. In den Bildeinstellungen wird es über das Eingabefeld *Alternativtext* hinzugefügt. Im Idealfall stimmen der Name des Bilds, die Bildunterschrift und das Alt-Tag überein.

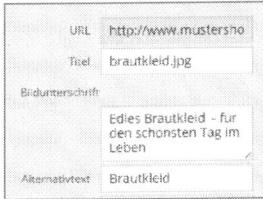

Bild 15.5: Im Feld *Alternativtext* wird eingegeben, welche Informationen blinde User und Suchmaschinen über das Bild erhalten.

15.2 SEO für Produkte

Experiment: Googeln Sie »Wanderschuhe kaufen« und sehen Sie sich die Trefferliste an. Die Suchmaschine spuckt zumeist keine Startseiten aus, sondern Produktseiten spezialisierter Onlineshops. Was noch auffällt: Zahlreiche Treffer enthalten das genaue Suchwort im Titel und/oder in der URL.

15.2.1 Titel und URL

Mit der richtigen Benennung der Produktseite können Sie bei Google punkten. Ideal wäre *www.wanderschuhe.de*. Allerdings lässt sich »das Innere« der URL nicht ändern. Setzen Sie den Hebel deshalb danach an.

Permalinks bearbeiten

WordPress macht es leicht, eine URL zu optimieren. Unterhalb des Eingabefelds für den Titel eines Beitrags, einer Seite oder eines Produkts finden Sie in der Zeile *Permalink* den Button *Bearbeiten*. Nutzen Sie diese Möglichkeit, um den für Suchmaschinen irrelevanten Teil einer URL rauszuschmeißen.

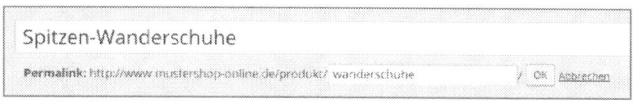

Bild 15.6: Optimierung der Permalinks durch Konzentration auf das Wesentliche.

Beispiel: Ihr Produkttitel heißt »Spitzen-Wanderschuhe«. Den ersten Wortteil möchten Sie aus Marketinggründen beibehalten. Allerdings googeln die meisten Kunden nicht nach diesem Doppelwort. Werfen Sie deshalb die »Spitzen« aus der URL.

Suchbegriffe in URLs einbauen

Sie berichten im Firmenblog über eine neue Lieferung wasserdichter Wanderschuhe? Auch dann zahlt sich die Strategie der abweichenden URL aus. Legen Sie noch eine Schippe drauf und bauen Sie Suchbegriffe in die URLs ein, zum Beispiel:

- Beitragstitel: *Mit neuen Wanderschuhen zum Gipfel*
- Beitrags-URL: *www.mustershop-online.de/wanderschuhe-wasserdicht*

Mit der optimierten URL haben Sie garantiert einen vorderen Platz auf der Ergebnisseite, falls *wasserdicht* in die Suchanfrage mit eingegeben wurde. Denkbar sind auch URL-Zusätze wie *Damen*, *Herren*, *Kinder* oder – nach Rücksprache mit dem Hersteller – der Markenname.

> **Das müssen Sie unbedingt lesen!**
> Sie kennen doch diese typischen Anreißer:
> Immer mehr Frauen genießen …
> Hilfe, meine Katze hat …

> Ich hätte nicht für möglich gehalten, dass ...
>
> Zugegeben, für das Erzeugen von Klicks erfüllen diese Formulierungen ihren Zweck. Voraussetzung ist aber, dass sich ein Besucher bereits auf der entsprechenden Website befindet. Zum Generieren von neuen Besuchern via Google sind diese Anreißer nicht griffig genug.

15.2.2 Produktbeschreibungen optimieren

Weil Produktbeschreibungen nicht wie eine Parzellenordnung im Schrebergartenverein klingen dürfen, verwenden die Hersteller gern szenetypische Begriffe und Slogans.

- **Typisch für Mode:** aktueller Look, Eleganz, Vintage
- **Typisch für Technik:** Enterprise-Technologie, Ultrapower, High Performance
- **Typisch für Möbel:** ergonomisches Design, Wohlfühlfaktor, Markenqualität

Für gedruckte Kataloge und Prospekte sind diese Bezeichnungen alle wunderbar, aber für die Suche im Internet sind sie völlig irrelevant. Ihre Kunden geben bei Google ganz handfeste Begriffe ein.

- **Im Bereich Mode:** Bikini, Brautkleid, Umstandskleid
- **Im Bereich Technik:** Arbeitsspeicher, Motorsäge, Batterien
- **Im Bereich Möbel:** Schreibtisch, Schlafsofa, Kühlschrank

Nicht wenige tippen ins Suchfeld noch Eigenschaften ein, die eine Ware näher beschreiben, zum Beispiel eine Farbe oder Größe. Trimmen Sie Ihre Produktbeschreibungen auf diese typischen Suchanfragen.

Details der Produktbeschreibung

Schon aus rechtlichen Gründen müssen Sie in der Produktbeschreibung die wesentlichen Merkmale einer Ware nennen. In diesem Buch wurde die Erbsenzählerei der Juristen ja des Öfteren angeprangert, aber aus SEO-Perspektive ist sie ganz praktisch. Das Gesetz verlangt die Angabe von Größen, Gewichten, Materialeigenschaften und Farben. Das alles sind Dinge, die auch potenzielle Käufer in die Suchmaschine eingeben. Geizen Sie also nicht mit Informationen und gehen Sie sogar über die gesetzlichen Vorgaben hinaus.

Beispiel: Weisen Sie bei der Produktbeschreibung von Textilien darauf hin, dass die italienische Konfektionsgröße etwas kleiner geschnitten ist, oder bieten Sie eine Umrechnungstabelle an. Google freut sich über das Futter, die Kundin über die Information.

Denken Sie auch an Kunden, die mit dem System der Konfektionsgrößen überfordert sind. Diese Mode-Analphabeten – die Mehrheit unter ihnen ist männlich – kennen nur die simplen Angaben *Größe S*, *Größe M*, *Größe L* und *Größe XL*. Fügen Sie diese Klassifizierung hinzu, um typische Suchbegriffe in Ihrer Produktbeschreibung abzudecken. Noch ein Tipp zu Farbangaben: Rubinrot oder Lachsorange sind zwar schöne Farben, werden aber kaum bei Google gesucht. Behalten Sie bei Produktbeschreibungen immer die Verwertbarkeit für die Suchmaschinen im Hinterkopf.

Produkt in Stichwörtern beschreiben

Sie wollen es bei Google so richtig krachen lassen? Dann schießen Sie in der Produktbeschreibung doch einfach eine ganze Salve an relevanten Suchbegriffen ab. Mit einer Aufzählung lässt sich eine Menge abgrasen, ohne viel Platz zu verschwenden. Beispiel einer effektiven Stichwortliste für ein Cocktailkleid:

- Ausschnitt: Rundhals
- Design: 50ies Pettycoat
- Saumlänge: kurz
- Taille: schmal
- Ärmellänge: ärmellos
- Verzierung: Falten
- Stoff: Taft
- Rücken: Reißverschluss
- Farbe: Rot oder Schwarz
- Anlass: Abiball, Cocktailparty, Hochzeitsparty, Tanzparty, Abschlussball
- Stil: Retro, Swing, Rock & Roll
- Jahreszeit: Frühling, Sommer und Herbst
- Passende Accessoires: Schultertasche und Handschuhe

Mit einer solchen Liste wird auch eine ganze Reihe von Zielgruppen fix abgedeckt, im Beispiel sind es Schüler, Tänzer, Partybesucher, Nostalgiker und Heiratswillige. Etwas mehr Übung erfordert es, einen Fließtext auf unterschiedliche Adressaten zu trimmen. Beispiel für einen ebenso knackigen wie Google-freundlichen Universaltext: »Ob auf dem Abiball, der Hochzeit oder der Tanzparty – mit diesem Cocktailkleid im Stil der 50er machst du auf jedem Parkett eine gute Figur.«

Synonyme verwenden

Stümperhaft optimierte Texte werden sowohl von Google wie auch von den Lesern schnell als »überoptimiert« erkannt. Vermeiden Sie Wortanhäufungen. Abhilfe schaffen Synonyme und verwandte Wörter. Wechseln Sie zum Beispiel zwischen Cocktailkleid und Abendkleid. Sie erzielen damit zwei Effekte:

- Der Text bleibt locker und natürlich.
- Sie erreichen Interessenten, die nicht die exakte Bezeichnung Ihres Produkts eingegeben haben.

Variieren Sie auch mit deutschen und fremdsprachigen Bezeichnungen. Beispiele:

- Kapuzenpullover – Hoodie
- Handtasche – Clutch
- Arbeitsspeicher – Memory

15.2.3 Internationale Artikelnummern nutzen

Diverse Preissuchmaschinen und automatisierte Vergleichsportale verwenden nicht nur Texte und Bilder, um Produkte eines Shops zu erkennen, aufzunehmen und zu ordnen. Überprüfen Sie Ihr Sortiment auf Produkte, die mit einer der folgenden international anerkannten Nummern versehen sind:

- EAN (*European Article Number*)
- GTIN (*Global Trade Item Number*)
- ISBN (*International Standard Book Number*)

Es kann nie schaden, die betreffende Nummer in der Produktbeschreibung anzugeben. Keine Rolle spielen dagegen Artikelnummern, die Sie selbst vergeben haben. Übrigens: Die EAN wurde 2009 durch die GTIN abgelöst. Nutzen Sie nach Möglichkeit das neuere System.

15.2.4 Das SEO-Plug-in Yoast

Für die schnelle Optimierung von Texten, aber auch für die generelle Suchmaschinenoptimierung empfiehlt sich der Einsatz des Plug-ins *Yoast*. Installieren lässt es sich ganz einfach über das Backend. Das sehr umfangreiche Tool erfordert zwar eine gewisse Einarbeitungszeit, aber langfristig lohnt sich die Mühe mit Sicherheit.

Bild 15.7: Das SEO-Plug-in Yoast.

Live-Analyse

Herausragendes Feature von Yoast ist die Live-Analyse. Während Sie etwas schreiben, blendet das Plug-in unterhalb des Editors zahlreiche Informationen über die SEO-Tauglichkeit Ihres Textes ein. Außerdem können Sie über Yoast eine »Meta-Description« eingeben. Aus dieser Seitenbeschreibung generiert Google den Text unterhalb der URL-Anzeige auf der Suchergebnisseite.

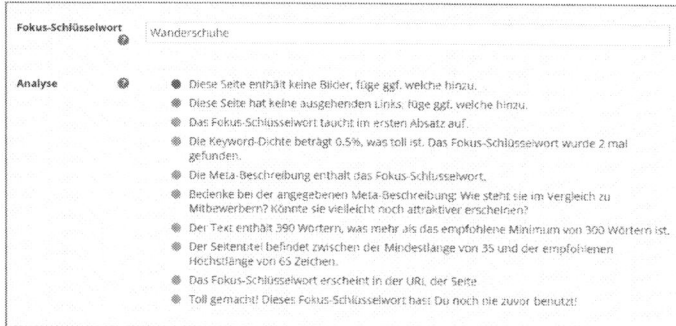

Bild 15.8: Schon während der Texteingabe prüft Yoast auf SEO-Tauglichkeit.

Google mit Unternehmensdaten füttern

Via *Yoast/Deine Info* füttern Sie den Google Knowledge Graph, also die ausführliche Darstellung von Informationen einer Website neben den Suchergebnissen. Dieses Google-Feature ist für gewöhnliche Webmaster eher ärgerlich, denn es verhindert in vielen Fällen, dass der User die eigentliche Website aufruft. Sie als Shopmaster braucht das aber wenig zu kümmern, denn gekauft wird ja immer noch bei Ihnen – und nicht bei Google.

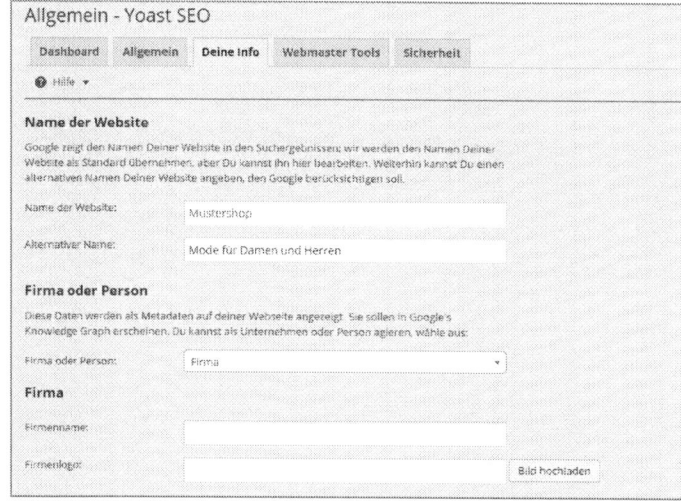

Bild 15.9: Yoast füttert Google mit Unternehmensdaten.

15.3 Optimale Seitenstruktur

Nehmen Sie mal einen großen Atlas zur Hand und schlagen Sie eine Karte auf, die das Nildelta zeigt oder die Mündung des Amazonas. Ist es nicht faszinierend, wie sich der Hauptstrom in Unterarme verteilt? Lassen Sie sich für Ihren Shop inspirieren. Die Crawler der Suchmaschinen bewegen sich wie das Wasser, und das Flussbett ist Ihre Site. Damit Google ordentlich strömen kann, dürfen keine Hindernisse im Weg sein. Keine toten Arme, in denen sich fauliges Wasser staut und sich die Moskitos vermehren.

Bild 15.10: Gut strukturierte Websites belohnt Google mit der Anzeige von Sitelinks, zusätzlichen Links zu den wichtigsten Unterseiten.

Am wichtigsten ist die Startseite. Absolut katastrophal sind alle Arten von vorgeschalteten Seiten, die lediglich minimalen Content und kein Menü enthalten, sondern nur den Hinweis »Klicken Sie hier zum Shop!«.

Bei diesem »Modell Staumauer« hat Google überhaupt keine Angriffsfläche. Der Shop muss Google sofort mit seinen wichtigsten Kategorien entgegenkommen. Wichtig ist der Aufbau einer klaren Navigation durch die Warengruppen – für die Suchmaschinen und die Ihnen folgenden Kunden.

15.3.1 Ebenen und Menüs

Google bewertet die Wichtigkeit einer Seite auch nach der Position innerhalb der Site-Hierarchie. Reizen Sie die Möglichkeiten zur Bildung umfangreicher Hierarchien deshalb nur für Seiten aus, bei denen Sie auf die Platzierung bei Google keinen großen Wert legen.

Ideal ist eine Beschränkung auf lediglich zwei Ebenen:

1. **Ebene** – Startseite
2. **Ebene** – alles Übrige

Menüs

Am wichtigsten ist das Hauptmenü, die meisten Themes platzieren es oben. WordPress sortiert die einzelnen Menüpunkte allerdings alphabetisch und nicht nach ihrer Wichtigkeit. Hier sollten Sie eingreifen. Über *Design/Menüs* gelangen Sie in die Menüverwaltung. Schieben Sie wichtige Menüpunkte nach links und wichtige Unterpunkte nach oben.

Individuelles zusätzliches Menü

Aus SEO-Gründen ist es empfehlenswert, ein weiteres Menü auf der Website zu integrieren. Google weiß solche zusätzlichen »Strömungskanäle« zu schätzen. Falls Ihr Theme keine Möglichkeit bietet: Via *Design/Widgets* erreichen Sie die Widget-Verwaltung. Schnappen Sie sich das *Individuelle Menü* und ziehen Sie es in einen Widget-Bereich. Füllen Sie es mit Links zu Ihren Topprodukten. Mit diesem zweiten Menüzugang werten Sie die wichtigen Seiten noch einmal auf.

15.3.2 Interne Verlinkungen

Machen Sie es wie die Wikipedia – glänzen Sie vor Google mit vielen internen Querverbindungen. Außerdem lässt sich der Besucherstrom über interne Links beeinflussen. Nicht jeder Kunde hangelt sich gern durch Menüs. Häufig verlinkte Seiten erhalten früher oder später auch einen höheren Traffic. Um nichts zu verschenken, achten Sie vor allem bei internen Links auf griffige, »sprechende« Ankertexte.

- **Falsch**: Hier finden Sie einen *Link* zu unserem neuen Cocktailkleid.
- **Richtig**: Hier finden Sie unser neues *Cocktailkleid*.

Besonders wichtig sind natürlich die Links von den Beiträgen im Firmenblog zu den Produkten im Shop.

15.4 Aufbau von Backlinks

Eine Website wird bei Google hoch bewertet, wenn sie über Backlinks verfügt, also von anderen Seiten verlinkt wird. Allerdings achten die Suchmaschinen dabei auf Qualität. Es nützt Ihnen wenig, wenn es sich um schlecht besuchte oder fachfremde Seiten handelt.

15.4.1 Links von anderen Seiten

Kommen Sie also nicht auf die Idee, bei dubiosen Anbietern Links zu kaufen oder sich in unseriöse Linkkataloge einzutragen. Im schlimmsten Fall werden Sie dabei ertappt und erhalten eine Abstrafung, Google nennt sie Penalty. Die Folge: Sie rutschen auf den Ergebnislisten weit, weit nach hinten.

Gegenseitige Verlinkung

Sinnvoll ist immer eine gegenseitige Verlinkung thematisch verwandter und seriöser Seiten. Es spricht nichts dagegen, als Chefin des Mustershops einen Gastartikel in einem Fotografie-Blog zum Thema Modefotografie zu verfassen und dabei auch auf die eigene Webpräsenz zu verweisen. Es sollte allerdings nicht bei der direkten Konkurrenz angeklopft werden, sprich einem Onlineshop mit ähnlichem Sortiment.

Google PageRank

Welche Backlinks sind besonders wertvoll für eine Website? Auskunft über diese Frage gibt der PageRank. Er ordnet alle erfassten Websites auf einer Skala von 1 bis 10. Je mehr Links auf eine Seite verweisen, desto höher steigt sie im Rang. Allerdings ist die Masse der Backlinks viel weniger bedeutend als die Qualität. Wenn es Ihnen gelingt, einige Backlinks von Seiten mit dem PageRank 4 oder 5 zu ergattern, dürfen Sie darauf hoffen, selbst schnell zum Beispiel von 2 auf 3 voranzukommen. Dutzendweise Backlinks von Seiten mit dem PageRank 1 sind für dieses Vorhaben dagegen nicht förderlich.

Natürlicher Linkaufbau

Gerade in der Startphase ist es gar nicht so einfach, überhaupt an Backlinks zu kommen. Vielleicht haben Sie selbst schon ein anderes Webprojekt gestartet? Natürlich dürfen Sie auch Ihre Projekte querverlinken. Halten Sie sich aber dabei an die Spielregeln. Ihre Backlinks sollten organisch wachsen.

- Keine massenhafte oder ausschließliche Verlinkung von eigenen Seiten.
- Keine massenhafte Verlinkung von Seiten mit niedrigem PageRank.
- Links von thematisch passenden Seiten sind wertvoller als von beliebigen.

Checkliste Suchmaschinenoptimierung

- Checkbox bei *Einstellungen/Lesen* überprüft.
- Permalinks auf *Beiträge* umgestellt.
- *Broken Link Checker* eingesetzt.
- Aussagekräftige Titel und Untertitel.
- Griffige Zwischenüberschriften.
- Keywords definiert.
- Verwendung der Keywords an verschiedenen Stellen.
- Überflüssiges aus URLs entfernt.
- Typische Suchbegriffe in URLs integriert.
- Listen in Produktbeschreibungen integriert.
- Synonyme in Produktbeschreibungen verwendet.
- Aussagekräftige Bildnamen und Alt-Tags.
- Flache Seitenhierarchie.
- Wichtige Menüpunkte an erste Stelle gerückt.
- Wichtige Seiten sind über zweites Menü erreichbar.
- Aufbau von Backlinks begonnen.
- Yoast installiert.

16 Tracking und Auswertung

16.1	Statistiktools der Provider nutzen	555
16.1.1	Tracking ohne Installation	555
16.1.2	Grenzen der Providertools	555
16.2	**WordPress-Statistiken**	**556**
16.2.1	Statistik-Plug-ins	556
16.2.2	Das Jetpack-Plug-in	556
16.3	**Piwik**	**557**
16.3.1	Piwik herunterladen	557
16.3.2	Piwik installieren	559
16.3.3	Tracking-Code einfügen	564
16.3.4	Opt-out-Link einfügen	568
16.3.5	Auswertungen mit Piwik	569
16.4	**Google Analytics**	**570**
16.4.1	Google Analytics einrichten	571
16.4.2	Tracking-Code erzeugen lassen und einfügen	572
16.4.3	Die Besucherströme analysieren	574
16.4.4	Datenschutzgerechter Einsatz	579

Checkliste Tracking und Auswertung ... **580**

Was mag der Kunde am liebsten und was überhaupt nicht? Im stationären Handel ist das ganz einfach herauszufinden. Es genügt schon, die Augen ein bisschen offen zu halten und zu beobachten, vor welchen Schaufenstern oder Regalen die Kundschaft am häufigsten und längsten verweilt. Ein Händler weiß aber noch mehr. An den Einkaufstüten erkennt er, wo der Kunde vor dem Betreten des Ladens gewesen ist. Im persönlichen Gespräch findet er schnell heraus, warum der Kunde gerade bei ihm und nicht bei der Konkurrenz einkauft. Informationen über die Kundschaft helfen dem Händler, seinen Shop zu optimieren und höhere Umsätze zu generieren.

Auch der Onlinehändler möchte gern etwas über seine Kundschaft wissen, insbesondere wenn er Arbeit und Geld in Werbemaßnahmen investiert hat. Möglichkeiten bieten hier zum Beispiel Anzeigen via Google AdWords, Facebook und Twitter. Mit dem Einsatz von Tracking-Tools lässt sich herausfinden, ob und an welcher Stelle ein Zuwachs an Besuchern stattgefunden hat. Das Glossar:

- **Auftragsdatenverarbeitung** – Die Weitergabe von Besucherdaten einer Website an einen externen Dienst wie beispielsweise Google Analytics.
- **Ereignisse** – Sämtliche Interaktionen des Besuchers. Darunter fallen Klicks, die Benutzung der seiteneigenen Suchmaschine, das Abspielen von Mediendateien, Eingaben in ein Formularfeld und natürlich auch der Abschluss einer Bestellung.
- **IP-Adresse** – Die Einwahlnummer in das Internet besteht aus vier jeweils durch einen Punkt getrennte Zahlen, zum Beispiel: 234.145.65.191.
- **Logfile** – Ein Logfile (Logdatei) wird von einem Server aufgezeichnet. Es enthält unter anderem Informationen über die IP-Adresse, die URLs, die Zeitpunkte und den Browsertyp eines Besuchers. Das Logfile bildet die Grundlage der Analysetools.
- **Radarereignisse** – Auffällige positive oder negative Veränderungen im Traffic einer Website, sprich ein plötzlicher Besucheranstieg oder -schwund.
- **Seitenaufrufe** (Page Impressions) – Gesamtanzahl der besuchten Seiten während der Sitzung eines Besuchers.
- **Tracking** – Das Nachverfolgen von Seitenbesuchern.
- **Tracking-Code** – Der Code zum Aufzeichnen der Benutzerströme wird in die Website integriert. Er übermittelt die Tracking-Daten an das Analysetool.
- **Visits** – Visits stehen für die Anzahl der Besucher einer Website. Nicht zu verwechseln sind Visits mit Page Impressions (Seitenaufrufen). Klickt sich ein Besucher durch mehrere Unterseiten, hinterlässt er trotzdem nur einen Visit.

Warnhinweis für Händler

Sind Sie ein neugieriger Mensch? Dann seien Sie gewarnt. Diese Analysetools haben eine Suchtwirkung. Es ist einfach zu schön, bis in die Nacht hinein nur Kurven zu betrachten. Wenn Sie da nicht aufpassen, fallen Sie in einen Dämmerzustand und vergessen die wesentlichen Dinge des kaufmännischen Lebens. Und dann ist da noch die Sache mit dem Datenschutz. Mit einigen Tools leiten Sie alle möglichen Daten über das Surfverhalten Ihrer Besucher an Dritte weiter. Auftragsdatenverarbeitung nennen die Juristen diese Methode. Außerdem kommt je nach Tool ein nicht unerheblicher Aufwand auf Sie zu, und zwar auf bis zu vier Ebenen:

1. **Installation** – Tool herunterladen bzw. freischalten lassen und installieren.
2. **Tracking-Code einbauen** – Code in die Website einfügen.
3. **Rechtskonformität** – Tool konfigurieren, Datenschutzerklärung anpassen und beides auf dem aktuellen Stand halten.
4. **Auswertung** – Die Analyse der Zahlen und Kurven.

16.1 Statistiktools der Provider nutzen

Bevor Sie sich auf allerlei Analysetools stürzen wie ein Dreijähriger auf eine Tüte Gummibärchen: Schauen Sie erst mal nach, was schon da ist, und zwar bei Ihrem Provider. Gehen Sie auf die Hilfeseiten und stöbern Sie nach »Statistik« oder »Auswertung von Logfiles«.

16.1.1 Tracking ohne Installation

In der Aufbauphase Ihres Shops gibt es eine Reihe von dringlichen Aufgaben zu erledigen, wozu das exakte Tracking nicht gehört. Trotzdem kann es nicht schaden, von Anfang an einen groben Überblick über die Zugriffszahlen zu haben. Wenn Sie sich den Aufwand der Installation und Konfiguration eines Tracking-Tools sparen möchten, loggen Sie sich in das Kundencenter Ihres Providers ein und rufen dort die Statistik ab.

16.1.2 Grenzen der Providertools

Die Sache hat allerdings einen Nachteil: Gerade bei den grafischen Analysetools der großen Provider sollten Sie die Ergebnisse mit der Kneifzange anfassen. Da wird gern alles als regulärer Besuch gewertet, was im Entferntesten danach aussieht, also auch die Bots der Suchmaschinen, die das Web durchstöbern. Es schadet zwar nicht, wenn Sie von Bots regen Besuch erhalten, aber die werden keine Produkte bei Ihnen einkaufen.

Fazit: Die providereigenen Tools spucken wesentlich mehr Besucher aus, als tatsächlich vorhanden sind. Für eine qualifizierte Analyse ist das zu ungenau.

> **Allzeit bereit**
> Im Unterschied zu allen anderen Lösungen sind die providereigenen Statistiken treu und anhänglich. Sie sind ab dem Start Ihrer Präsenz am Werk und funktionieren unaufdringlich und ohne weiteres Zutun. Bemerken werden Sie diese Tugenden bei der Inbetriebnahme eines externen Tools. Die Zählung beginnt dann nämlich erst mit dem Einbau des Tracking-Codes.

16.2 WordPress-Statistiken

16.2.1 Statistik-Plug-ins

Das offizielle WordPress-Directory bietet eine Reihe von einfachen Statistik-Plug-ins. Der Vorteil dieser Lösung ist, dass Sie die Analyse immer gleich in WordPress durchführen können. Sie sparen sich das Einloggen in das Kundencenter des Providers. Gehen Sie auf *Plugins/Installieren* und geben Sie »Stats« oder »Statistics« in den Suchfilter ein, um ein entsprechendes Plug-in zu installieren.

16.2.2 Das Jetpack-Plug-in

Jetpack ist ein sehr umfangreiches Plug-in. Installiert wird es zumeist zu einem anderen Zweck, nämlich um Inhalte von WordPress auf die Social-Media-Netzwerke zu streuen, doch auch als Statistiktool hat es eine Menge zu bieten. Haben Sie das Plug-in bereits installiert? Dann gehen Sie in die Einstellungen von Jetpack, um die Statistik zu aktivieren.

Jetpack betreibt Auftragsdatenverarbeitung

Direkt nach der Freischaltung der Statistik sind natürlich noch keine Daten vorhanden, was Jetpack mit dieser lockeren Meldung verkündet:

Ganz ruhig, Kumpel. Du hast es sicher eilig. Deine Seite wurde registriert und wir erfassen nun deine Statistiken, aber es gibt noch nichts anzuzeigen. Deine Statistiken werden in den nächsten zwanzig Minuten beginnen, hier zu erscheinen. Hol dir einen kühlen Drink.

Gegen kühle Drinks ist ja nichts einzuwenden, aber in diesem Fall sollten Sie beim Mineralwasser bleiben und sich die Meldung von Jetpack ganz langsam auf der Zunge zergehen lassen. Die entscheidende Stelle ist »wir erfassen nun deine Statistiken«.

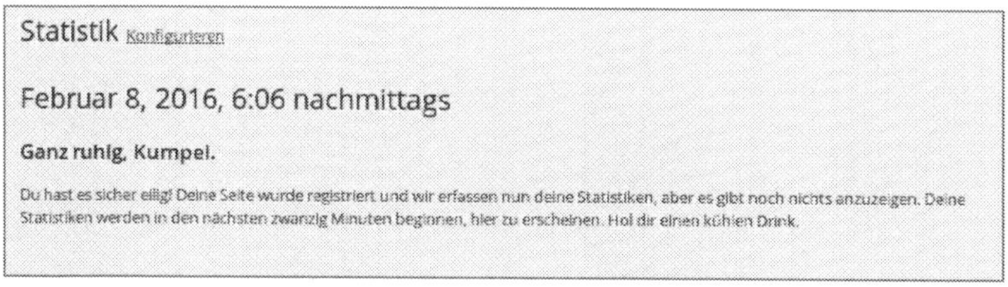

Bild 16.1: Die Statistik wurde aktiviert.

Das Plug-in speichert die Daten über Ihre Seitenbesucher also nicht innerhalb der WordPress-Installation, sondern leitet sie auf den Server des Plug-in-Herstellers weiter. Ob IP-Adresse, Uhrzeit, abgerufene Seiten, Browser oder Betriebssystem – eine ganze Menge Informationen geraten in fremde Hände. Mit dem Einsatz der Jetpack-Statistiken betreten Sie das Feld der Auftragsdatenverarbeitung. Sie sind verpflichtet, darüber einen Hinweis in Ihrer Datenschutzerklärung zu hinterlassen.

Jetpack-Auswertungen

Der ganz große Vorteil von Jetpack: Die Auswertung wird direkt und sehr übersichtlich in das Backend von WordPress geliefert. Das Bild zeigt die Zugriffszahlen für eine Website in der Monatsübersicht, über die Register oben links lässt sich aber auch eine Tages- oder Wochenansicht einblenden. Das ist jedoch noch längst nicht alles. Jetpack liefert Ihnen auch detaillierte Informationen über den Zugriff jeder einzelnen Seite.

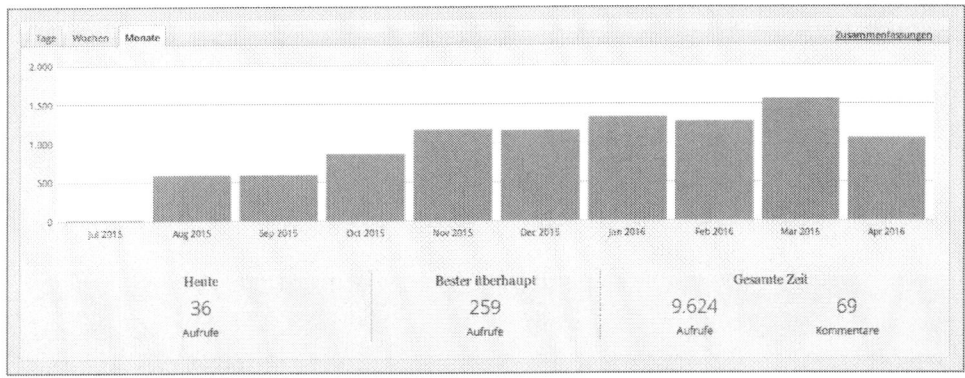

Bild 16.2: Die Zugriffe in der Monatsübersicht.

16.3 Piwik

Weil das Open-Source-Projekt Piwik kein WordPress-Plug-in ist, verlangt die Installation etwas Vorarbeit. Doch die Mühe lohnt sich angesichts dieser Vorteile:

- Sehr detaillierte Darstellung der Besucherströme.
- Alle Daten können auf dem eigenen Webspace abgelegt werden. Eine Auftragsdatenverarbeitung findet nicht statt.
- Im Vergleich zu Google Analytics ist weniger Arbeit nötig, um einen rechtskonformen Einsatz von Piwik zu gewährleisten.
- Mit der Auslagerung der Daten wird die Performance von WordPress nicht belastet.

Sind Sie überzeugt? Dann geht es an die Installation.

16.3.1 Piwik herunterladen

Bei der Installation unterscheidet sich Piwik kaum von WordPress. Die Piwik-Schlingel werben sogar mit der »5-Minuten-Installation«. Ob es tatsächlich in so kurzer Zeit klappt, hängt wie so oft von der Serverkonfiguration ab. Und davon, ob Sie Ihre Zugangsdaten für die Datenbank beim ersten Mal richtig eingeben. Persönlicher Erfahrungswert bei WordPress und Piwik: Die Installation klappt in fünf Minuten – aber nicht beim ersten Mal.

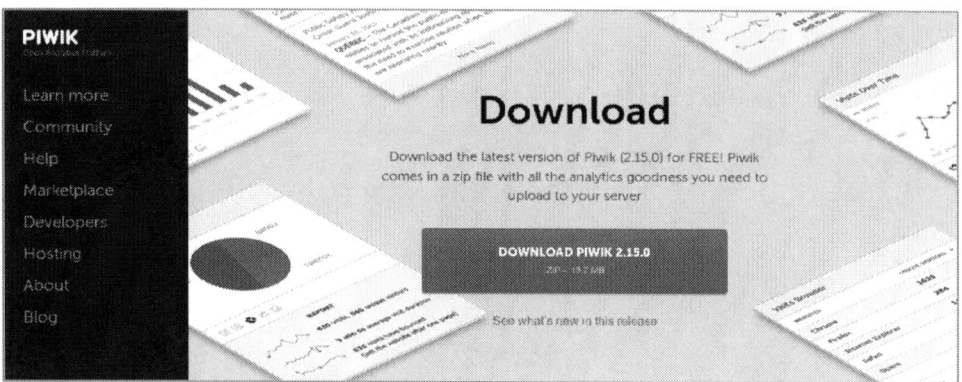

Bild 16.3: Download der aktuellen Version von *piwik.org*.

Los geht es mit dem Download. Auf *piwik.org* erhalten Sie die aktuelle Version. Nach dem Herunterladen finden Sie in Ihrem Downloadordner eine Datei mit dem Namen *piwik.zip*.

 Bild 16.4: Piwik wurde auf den eigenen PC heruntergeladen.

Die folgende Prozedur kennen Sie von der WordPress-Installation. Das ZIP-Archiv muss erst mit Ihrem Dateimanager oder einem kleinen Entpackungstool extrahiert werden. Danach finden Sie einen Ordner mit dem simplen Namen *piwik* ohne weitere Zusätze vor.

 Bild 16.5: Piwik ist entpackt.

Nun ist Piwik bereit für die Installation, doch wohin? Theoretisch können Sie ein eigenes Verzeichnis anlegen, das sich mit WordPress auf derselben Ebene befindet. Sie würden Piwik dann zum Beispiel hier installieren:

www.mustershop-online.de/piwikordner

Allerdings bringt diese Lösung einige Nachteile mit sich. Aus drei gewichtigen Gründen ist es besser, WordPress und Piwik von Beginn an sauber zu trennen:

- Bessere Übersicht, vor allem wenn Sie mehrere Projekte mit Piwik analysieren.
- Höhere Sicherheit. Keine Kettenreaktion, falls Piwik oder WordPress gehackt wird.
- Keine Probleme bei einer Neuinstallation von Piwik oder WordPress.

Bestimmt haben Sie noch irgendwo eine nicht genutzte Domain über? Dann installieren Sie Piwik dort. Der Domainname spielt dabei keine Rolle, denn außer Ihnen soll ja niemand auf Piwik zugreifen. Eine Piwik-Installation wird auch nicht von Google eingesaugt, denn die Inhalte sind öffentlich nicht sichtbar.

Falls Sie keine Domain in petto haben, richten Sie für Piwik eine Subdomain ein, zum Beispiel *www.piwik.mustershop-online.de*.

Oder Sie nennen die Subdomain *www.nudelsuppe.mustershop-online.de*. Aus Sicherheitsgründen ist es durchaus empfehlenswert, von einem erwarteten Schema abzuweichen. Die Skripte der Hacker setzen ja zumeist bei Standardkonstruktionen an.

> **Piwik nur auf eigenem Server**
> Es gibt tatsächlich Leute, die Piwik-Hosting auf einem fremden Server lagern oder in irgendeiner Cloud betreiben. Sinn ergibt das aber wenig. Der Vorteil von Piwik gegenüber Google Analytics ist ja gerade, dass keine Daten in fremde Hände geraten. Um ein ausgelagertes Piwik zu betreiben, müssen die Rechtstexte entsprechend angepasst werden. Das heißt: viel Arbeit in Kombination mit rechtlicher Unsicherheit.

Datenbank anlegen

Piwik arbeitet wie WordPress mit einer eigenen Datenbank. Darin werden die Aktionen der Besucher gespeichert, und Piwik bastelt daraus alle Berichte zusammen. Loggen Sie sich ins Kundencenter Ihres Providers ein, erzeugen Sie eine neue MySQL-Datenbank und halten Sie für die Installation die Zugangsdaten bereit. Die Datenbank steht? Dann werfen Sie Ihr FTP-Programm an und laden Piwik auf den Server hoch.

16.3.2 Piwik installieren

Im Unterschied zu WordPress kennt Piwik keine spezielle Installations-URL. Geben Sie einfach Ihre Piwik-Domain in die Adresszeile Ihres Browsers ein. Dann wählen Sie links oben bei der Sprachauswahl gleich *Deutsch* aus, damit Piwik die richtigen Einstellungen für den Datenschutz vornimmt.

Bild 16.6: Auf dem Willkommensbildschirm wird die Installation gestartet.

Systemprüfung

Zunächst führt Piwik einen Systemcheck durch. Das ist ganz praktisch, wenn Sie das Tool auf einer nicht mehr benötigten Domain installieren, die sich auf knapp dimensioniertem Webspace befindet.

Um Probleme nach Piwik-Updates zu vermeiden, sollten Sie aber nicht zu sehr knausern. Die Version 3.0 (Veröffentlichung 2016) benötigt mindestens PHP 5.5.

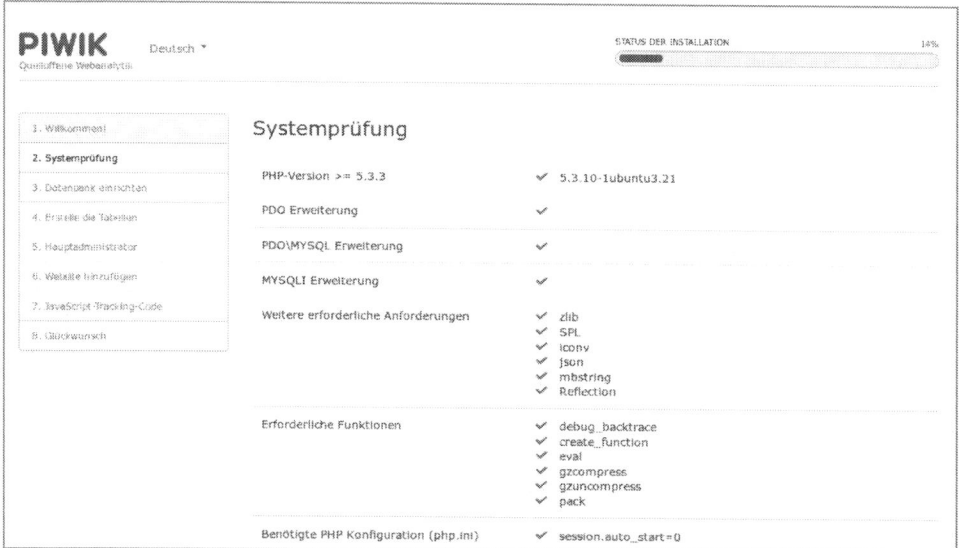

Bild 16.7: Piwik prüft, ob die Systemvoraussetzungen erfüllt sind.

Mit der Datenbank verbinden

Den nächsten Schritt nennt Piwik *Datenbank einrichten*. Das ist damit gemeint: Die Datenbank muss zuvor schon von Ihnen beim Provider angelegt worden sein. Piwik erstellt dann innerhalb der Datenbank die nötigen Tabellen. Hierfür werden die üblichen Zugangsdaten gebraucht, diese Prozedur kennen Sie von WordPress.

Warnung für Chaoten: Stellen Sie sicher, dass Sie hier wirklich die Zugangsdaten der Piwik-Datenbank eintragen und nicht etwa die der WordPress-Datenbank. Sie haben doch nicht vor, Ihre WordPress-Installation durch Überschreiben ins Nirwana zu befördern?

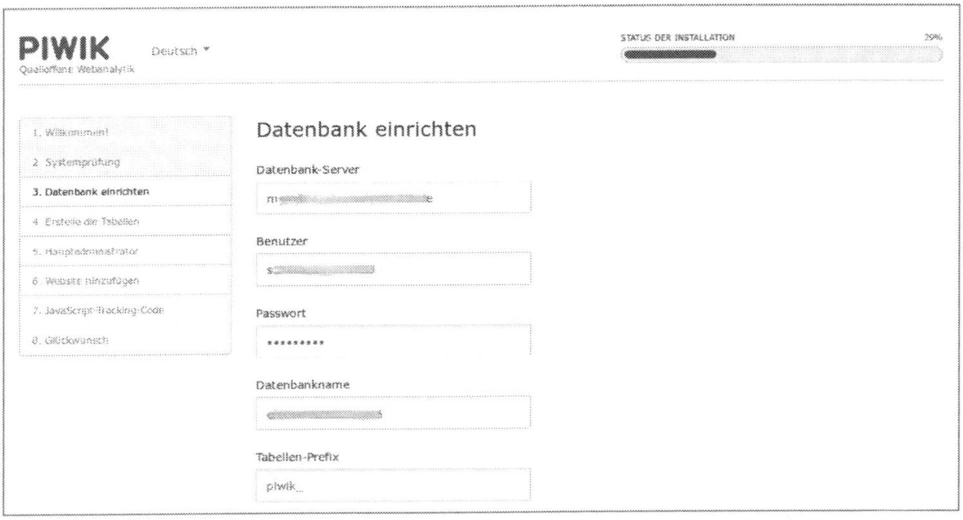

Bild 16.8: Piwik fordert die Zugangsdaten zum Anschluss der Datenbank.

Tabellen sind angelegt

Wenn dieser Bildschirm erscheint, wurden die Zugangsdaten korrekt eingegeben. Piwik hat Zugriff und hat die benötigten Tabellen erstellt.

Bild 16.9: Piwik hat die Datenbank mit Tabellen bestückt.

Hauptadministrator erzeugen

Vergeben Sie Name, Passwort und E-Mail-Adresse für einen Hauptadministrator. Damit loggen Sie sich später ein. Weitere Admins können später vom Hauptadministrator hinzugefügt werden.

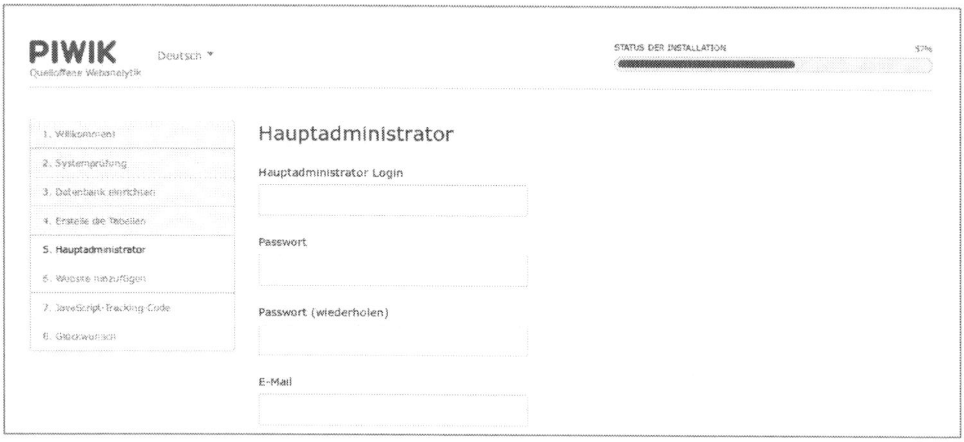

Bild 16.10: Piwik fordert die Eingabe von *Name*, *Passwort* und *E-Mail* für einen *Hauptadministrator*.

Website hinzufügen

Die erste zu trackende Website wird schon während der Installation hinzugefügt. Geben Sie hier einige Daten zur Website ein, am wichtigsten ist die URL. Weitere Websites lassen sich später jederzeit ergänzen.

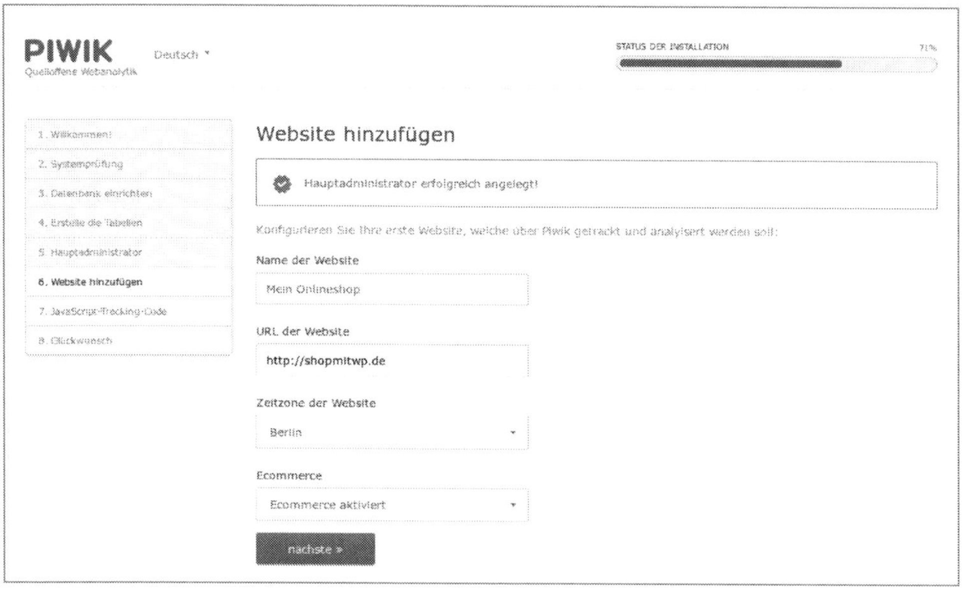

Bild 16.11: Eine Website hinzufügen, die mit Piwik getrackt und analysiert werden soll.

Tracking-Code abrufen

Nach der Eingabe der Website spuckt Piwik den JavaScript-Tracking-Code aus. Diesen bauen Sie später in WordPress ein. Er zeichnet die Aktionen der Besucher auf und sendet sie zur Auswertung an Ihre Piwik-Installation.

Sie können den Tracking-Code jetzt links liegen lassen und die Installation noch zu Ende führen, er lässt sich jederzeit in Piwik abrufen.

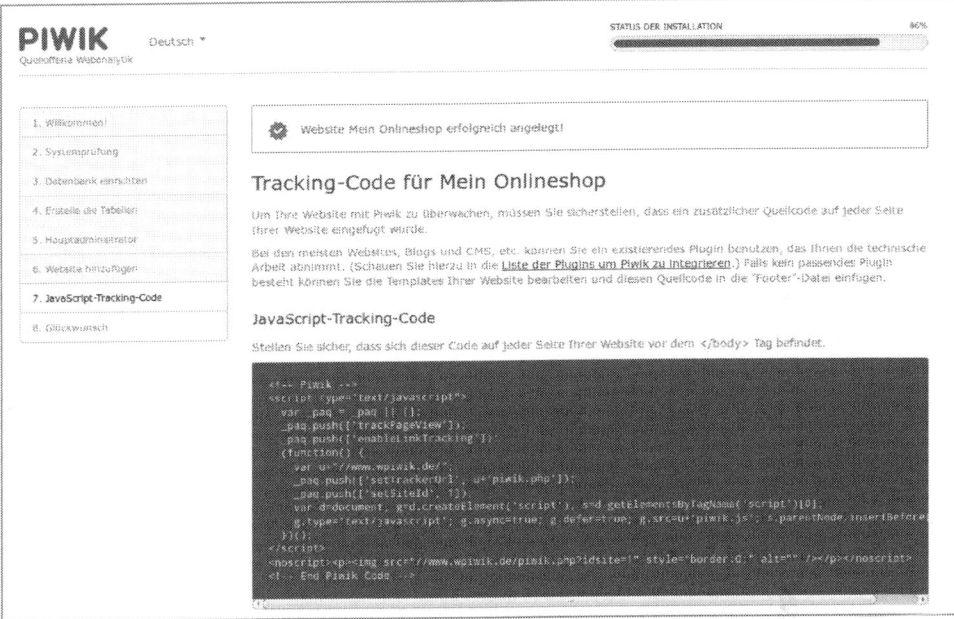

Bild 16.12: Der Tracking-Code für die erste Website.

Installation abschließen

Die Installation ist nun abgeschlossen. Bevor Sie den Tracking-Code in WordPress einfügen, scrollen Sie erst mal nach unten, denn dort finden Sie zwei Checkboxen für die Grundeinstellungen zum Datenschutz.

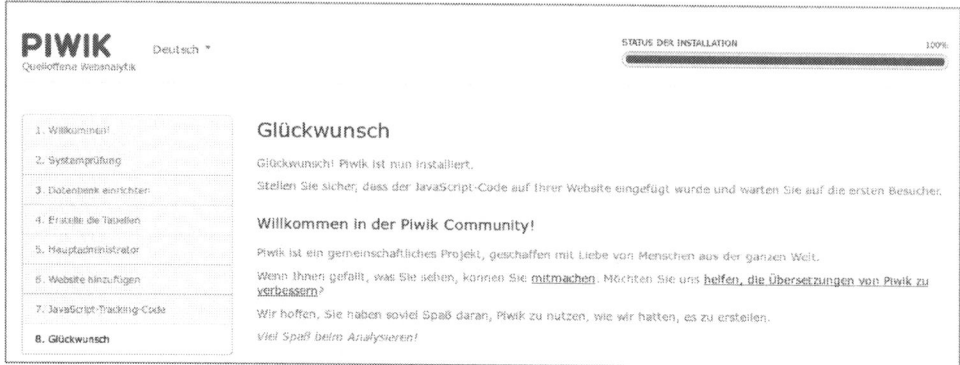

Bild 16.13: Glückwunsch. Die Installation ist abgeschlossen.

Mit dem Abschluss der Installation können Sie die Grundeinstellungen für den Datenschutz einsehen. Sofern Sie die deutsche Sprachversion ausgewählt haben, sind diese beiden Checkboxen aktiviert:

- **Do-not-Track-Unterstützung** – Hat der Besucher in seinem Browser die Einstellung *Do not Track* (nicht nachverfolgen) aktiviert, hält sich Piwik auch daran.

- **Anonyme IP-Adresse** – Mit dieser Einstellung benutzt Piwik nicht die komplette IP-Adresse eines Besuchers, beispielsweise *213.34.51.91*, sondern anonymisiert sie zu *213.34.0.0*.

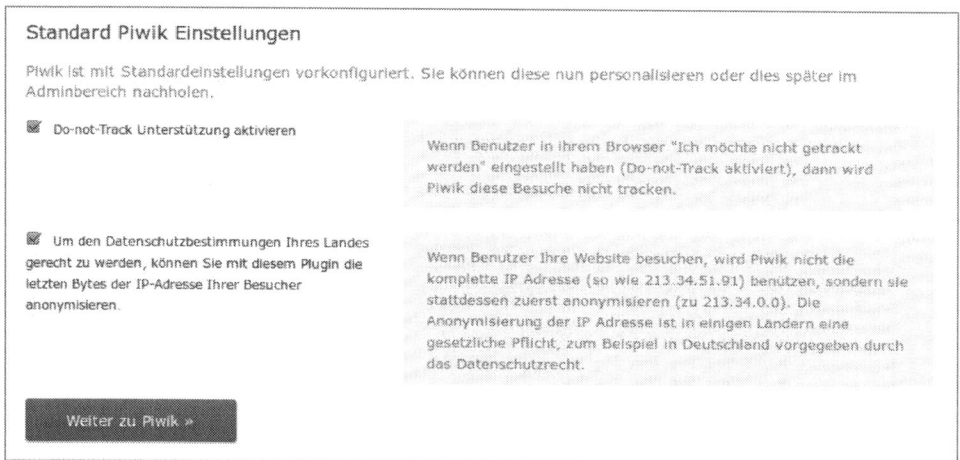

Bild 16.14: Standardmäßig aktiviert sind die Einstellungen zu Do-not-Track und der anonymen IP-Adresse.

16.3.3 Tracking-Code einfügen

Mit dem Abschluss der Piwik-Installation ist die erste Hürde geschafft. Das Tracking- und Analysesystem ist aufnahmebereit und die URL der zu trackenden Website auch schon eingegeben. Aber da war doch noch etwas? Richtig, der Tracking-Code. Gehen Sie in Ihre Piwik-Installation, um den Code abzurufen.

Piwik-Log-in

Geben Sie Benutzername und Passwort ein, um ins Backend von Piwik zu gelangen. Wohin auch sonst? Ein Frontend besitzt Piwik natürlich nicht, denn ein öffentlicher Zugang ist nicht vorgesehen. Die Informationen sind ja nur für Sie und Ihr Team bestimmt, alles andere würde massiv gegen die Datenschutzbestimmungen verstoßen. Geben Sie niemals die Zugangsdaten für Piwik an Unbefugte weiter.

Bild 16.15: Der Anmeldeschirm von Piwik.

Das Dashboard von Piwik

Von WordPress sind Sie diese schon Terminologie gewohnt: Die erste Seite des Backends nennt sich Dashboard. Willkommen auf der Kommandobrücke. Bisher ist alles recht ruhig hier. Die bei der Installation hinzugefügte Website hat noch keine Besuche verzeichnet – auf Piwik. Jetzt heißt es, noch einmal den Tracking-Code aufzuspüren.

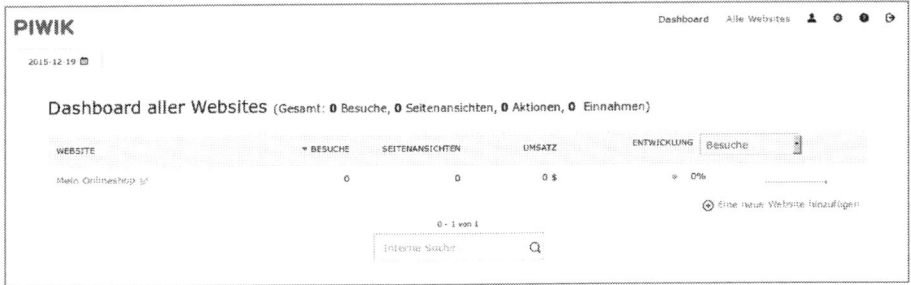

Bild 16.16: Das Dashboard von Piwik nach der Installation.

Klicken Sie dazu im Menü ganz rechts oben auf das leider sehr klein geratene Zahnradsymbol. Es erscheint dann links ein Menü mit der Überschrift *Administration*. In diesem Administrationsmenü wählen Sie den Punkt *Websites* aus. Unter *Manage Websites* erscheint der Link *View Tracking Code*. Klicken Sie auf den Link und scrollen Sie etwas nach unten. Mit einem beliebigen Klick auf die graue Box markieren Sie den Code, mit der Tastenkombination Strg + C befördern Sie ihn in die Zwischenablage.

Jetzt ist es Zeit, von Piwik nach WordPress zu wechseln.

Quelltext in WordPress bearbeiten

Loggen Sie sich in das Backend von WordPress ein. Auf dem Dashboard wählen Sie *Design/Editor*, um das Theme im Quelltext zu bearbeiten. Vergewissern Sie sich rechts oben, dass das richtige Theme angezeigt ist. Über das Drop-down-Menü kann das zu bearbeitende Theme gewechselt werden. Sinn ergibt ja nur, den Quellcode in das aktive Theme einzupflanzen.

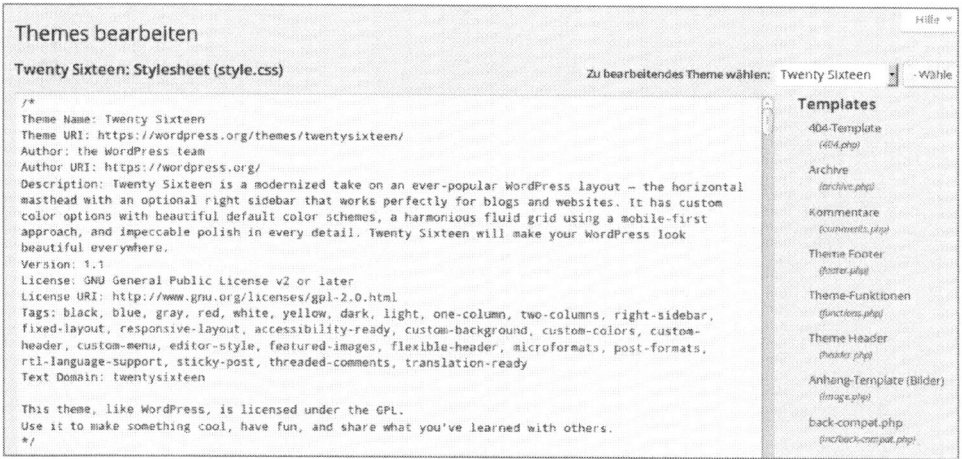

Bild 16.17: Im Editor wird der Quelltext bearbeitet.

Behalten Sie auch diese beiden Dinge im Hinterkopf:

- Bei einem Theme-Wechsel wird der Tracking-Code wirkungslos.
- Bei einem Theme-Update wird der Tracking-Code überschrieben.

Weiter geht es mit der Auswahl der richtigen Datei. Standardmäßig ist im Hauptfenster des Editors nämlich die Datei *style.css* zu sehen, aber sie ist für den Einbau des Tracking-Codes nicht geeignet. Nötig ist eine PHP-Datei, die überall in WordPress eingebunden ist – bei allen Beiträgen, Seiten, Produkten und Kommentaren.

Der Code muss in den Footer

Piwik empfiehlt, den Tracking-Code in den Footer einzufügen, und zwar ganz am Ende vor dem schließenden Body-Tag. Wählen Sie rechts unter *Templates* die Datei *footer.php* aus.

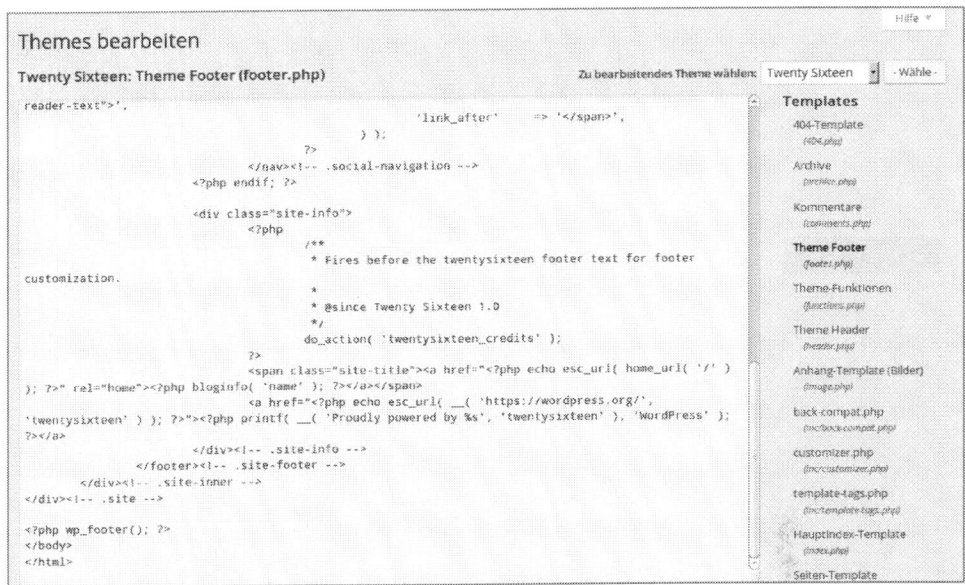

Bild 16.18: Der Tracking-Code muss in den Footer.

Die richtige Stelle zum Einbinden

Im Footer scrollen Sie nach ganz unten. Der Tracking-Code wird vor </body> eingeschoben. Freundlicherweise hat Piwik vor dem Anfang und nach dem Ende des Codes jeweils eine Kommentarzeile eingefügt.

Mit dieser Kommentarzeile beginnt der Einschub:

```
<!-- Piwik -->
```

Mit dieser Kommentarzeile endet der Einschub:

```
<!-- End Piwik Code -->
```

> **Tracking-Code direkt eingeben.**
> Einige (wenige) WordPress-Themes bieten die Möglichkeit, den Tracking-Code bequem über ein spezielles Eingabefeld einzufügen. Angenehmer Nebeneffekt: Der Code bleibt bei einem Theme-Update erhalten.

```
Themes bearbeiten
Twenty Sixteen: Theme Footer (footer.php)

'twentysixteen' ) ); ?>"><?php printf( __( 'Proudly powered by
?></a>
                            </div><!-- .site-info -->
                    </footer><!-- .site-footer -->
            </div><!-- .site-inner -->
</div><!-- .site -->

<?php wp_footer(); ?>

<!-- Piwik -->
<script type="text/javascript">
  var _paq = _paq || [];
  _paq.push(['trackPageView']);
  _paq.push(['enableLinkTracking']);
  (function() {
    var u="//www.statistikseite.de/";
    _paq.push(['setTrackerUrl', u+'piwik.php']);
    _paq.push(['setSiteId', 1]);
    var d=document, g=d.createElement('script'), s=d.getElemen
    g.type='text/javascript'; g.async=true; g.defer=true; g.sr
s.parentNode.insertBefore(g,s);
  })();
</script>
<noscript><p><img src="//www.statistikseite.de/piwik.php?idsit
</noscript>
<!-- End Piwik Code -->

</body>
</html>
```

Bild 16.19: Der Tracking-Code wird vor `</body>` platziert.

16.3.4 Opt-out-Link einfügen

Nach § 13 Abs. 1 und § 15 Abs. 3 TMG muss dem Website-Besucher eine Möglichkeit zum Widerspruch gegen die Datenerfassung gegeben werden. Für Piwik ist diese Methode üblich:

- Der Website-Betreiber weist den Besucher auf eine Opt-out-Checkbox hin. Dort ist ein Häkchen gesetzt, das das Tracking erlaubt.
- Entfernt der Besucher das Häkchen, gilt das als Widerspruch – und Piwik stellt das Tracken ein.

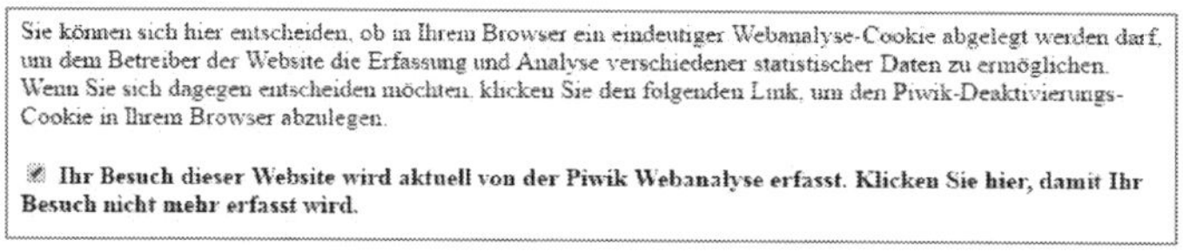

> Sie können sich hier entscheiden, ob in Ihrem Browser ein eindeutiger Webanalyse-Cookie abgelegt werden darf, um dem Betreiber der Website die Erfassung und Analyse verschiedener statistischer Daten zu ermöglichen. Wenn Sie sich dagegen entscheiden möchten, klicken Sie den folgenden Link, um den Piwik-Deaktivierungs-Cookie in Ihrem Browser abzulegen.
>
> ☑ Ihr Besuch dieser Website wird aktuell von der Piwik Webanalyse erfasst. Klicken Sie hier, damit Ihr Besuch nicht mehr erfasst wird.

Bild 16.20: Über eine Opt-out-Checkbox kann der Besucher der Datenanalyse widersprechen.

Opt-out-Code finden

Den Code zum Einfügen in WordPress stellt Piwik selbst zur Verfügung. Sie finden ihn unter *Administration/Einstellungen/Privatsphäre*. Scrollen Sie nach unten zu *Piwik-Deaktivierung für Ihre Besucher* und kopieren Sie den Code aus der Box. Er wird als iFrame in WordPress eingebunden.

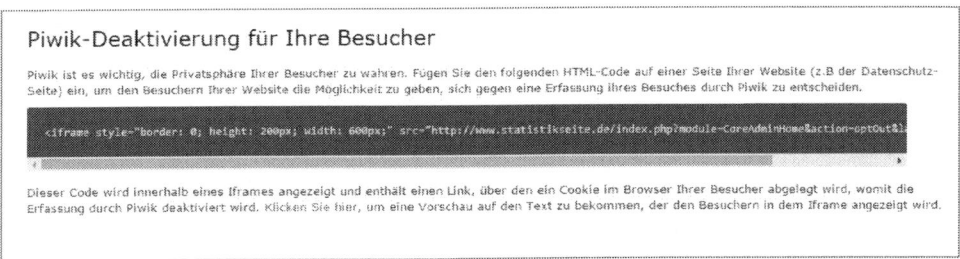

Bild 16.21: Abruf des Opt-out-Codes via *Administration/Einstellungen/Privatsphäre*.

Opt-out-Code in WordPress einbinden

Wechseln Sie nun von Piwik zu WordPress. Den Opt-out-Code fügen Sie in den Tracking-Teil Ihrer Datenschutzerklärung ein. Klickt der Besucher auf den Link, legt Piwik ein Cookie in den Browser, der das Tracking deaktiviert.

16.3.5 Auswertungen mit Piwik

Nach dem Einbau des Tracking-Codes beginnt die Erhebung der statistischen Daten. Auf dem Dashboard, der Startseite von Piwik, finden Sie eine Fülle von Informationen über Ihre Besucher. Klicken Sie im Menü *Links* auf *Besucher* und *Aktionen*, um alle Statistiken im Überblick zu haben. Hilfreich ist es, etwas über die *Einstiegsseiten* zu erfahren, also diejenigen Seiten, auf denen ein Shopbesuch beginnt.

Bild 16.22: Das Piwik-Dashboard präsentiert die Statistiken.

Einstiegsseiten analysieren

Via *Aktionen/Einstiegsseiten* erfahren Sie nicht nur, welche Seiten am häufigsten aufgerufen werden, sondern auch die Höhe der Absprungrate. Ideal ist die Startseite oder eine

Produktseite als Einstiegsseite. Optimierungsbedarf besteht, falls eine Pflichtseite wie die langweilige ABG-Seite ganz oben steht. In diesem Fall müssen Sie Ihre Produktseiten attraktiver gestalten und zusätzliche Texte und Bilder einfügen.

Ebenfalls dringender Handlungsbedarf besteht bei Absprungraten von 80 % und mehr. Geben Sie dem Besucher zusätzliche Anreize, weitere Seiten aufzurufen, zum Beispiel über Cross- und Up-Selling, Produktkategorien und -Schlagwörter.

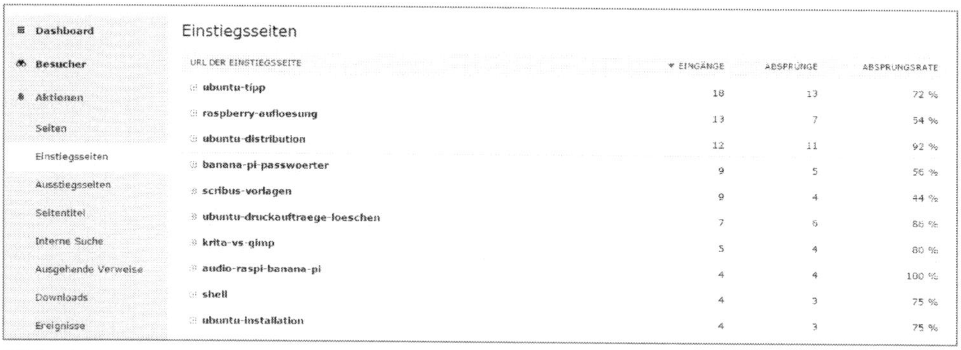
Dashboard
Besucher
Aktionen
Seiten
Einstiegsseiten
Ausstiegsseiten
Seitentitel
Interne Suche
Ausgehende Verweise
Downloads
Ereignisse
Einstiegsseiten
URL DER EINSTIEGSSEITE
EINGÄNGE
ABSPRÜNGE
ABSPRUNGSRATE
ubuntu-tipp 18 13 72 %
raspberry-aufloesung 13 7 54 %
ubuntu-distribution 12 11 92 %
banana-pi-passwoerter 9 5 56 %
scribus-vorlagen 9 4 44 %
ubuntu-druckauftraege-loeschen 7 6 86 %
krita-vs-gimp 5 4 80 %
audio-raspi-banana-pi 4 4 100 %
shell 4 3 75 %
ubuntu-installation 4 3 75 %

Bild 16.23: Analyse der Einstiegsseiten.

Mobile Analyse
Für Android und iOS stehen Piwik-Apps zur Verfügung. Sie können das Besucherverhalten auf Ihrer Website auch mit mobilen Geräten analysieren.

16.4 Google Analytics

Google Analytics ist wohl das bekannteste Tracking-System und im Gegensatz zu Piwik sehr schnell in Gang zu setzen. Sie sparen viel Installationsarbeit, müssen aber dafür eine andere dicke Kröte schlucken: Viel Arbeit kommt auf Sie zu, um einen halbwegs datenschutzgerechten Einsatz zu gewährleisten. Ein kurzer Vergleich der beiden Platzhirsche im Tracking:

	Piwik	*Google Analytics*
Aufwand Installation	hoch	niedrig
Aufwand Rechtssicherheit	mittel	extrem hoch
Tracking und Analyse	sehr gut	extrem gut

Die rechtliche Problematik wird sich in Zukunft noch verschärfen. Am 25.05.2018 tritt nämlich die EU-Datenschutz-Grundverordnung in Kraft. In den 99 Artikeln und 173 Erwägungsgründen sind im Vergleich zum »harmlosen« Bundesdatenschutzgesetz (BDSG) sehr ausführliche Informations- und Belehrungspflichten festgelegt.

Um es polemisch auszudrücken: Google Analytics ist ein echtes Geschenk für die Berufsgruppen der Datenschützer und Juristen. Welcher Admin, welcher Shopbetreiber hat schon Lust und Zeit, sich ohne Beistand zwischen diese beide Mühlsteine zu begeben:

- Google Analytics ändert häufig die Tracking-Techniken und die eigenen Datenschutzrichtlinien.
- Die Politik ändert häufig die gesetzlichen Rahmenbedingungen.

Sind Sie immer noch nicht abgeschreckt, oder fühlen Sie sich von der Echtzeitanalyse magisch in den Bann gezogen? Möchten Sie den Strom Ihrer Benutzer um jeden Preis live verfolgen? Dann brauchen Sie Google Analytics wie ein Süchtiger den Stoff – und dürfen der Versuchung nachgeben.

16.4.1 Google Analytics einrichten

Als Webmaster kommt man um ein Google-Konto in der Regel nicht herum, und wahrscheinlich besitzen Sie auch schon eines. Hier können Sie sich mit Ihrem allgemeinen Konto einloggen und Google Analytics freischalten lassen: *www.google.de/analytics*.

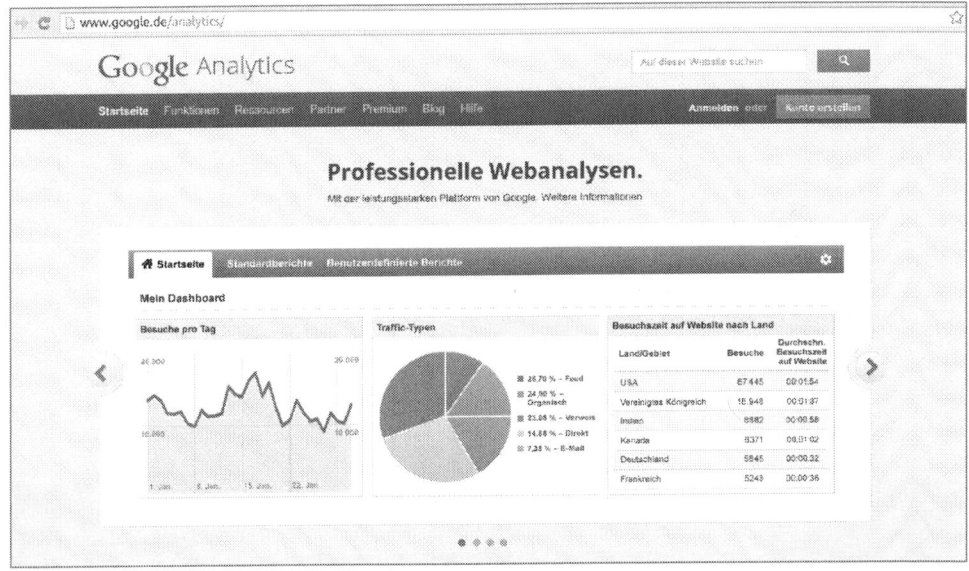

Bild 16.24: Anmeldung unter der URL *www.google.de/analytics*.

Installieren müssen Sie Google Analytics im Gegensatz zu Piwik nicht. Es ist schon alles da, und nach der Freischaltung geht es relativ schnell. Sie müssen nur noch:

1. eine Website angeben,
2. den Tracking-Code in Google Analytics abrufen und
3. ihn in WordPress einfügen.

16.4.2 Tracking-Code erzeugen lassen und einfügen

Eine zu trackende Website nennt Google Analytics *Property*. Jede Property erhält von Google eine eigene ID und einen eigenen Tracking-Code. Über ein Konto lassen sich bis zu 50 Properties verwalten, aber in der Praxis wird dieses Kontingent selten ausgeschöpft. Los geht es erst einmal mit einer einzigen Property: dem Shop. Über diesen Weg teilen Sie Google Analytics mit, welche Website ins Visier genommen werden soll: *Verwalten/Neue Property*.

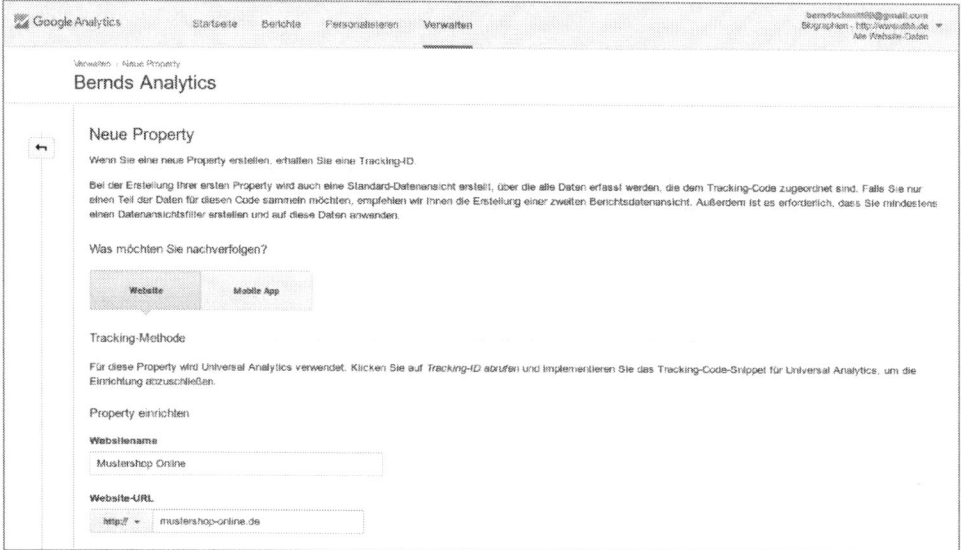

Bild 16.25: Eine neue Property wird erstellt: *http://mustershop-online.de*

Nach der Eingabe der Website-URL *http://mustershop-online.de*, die Sie natürlich durch Ihre eigene Shopadresse ersetzen, scrollen Sie nach unten und klicken auf den Button *Tracking-ID abrufen*.

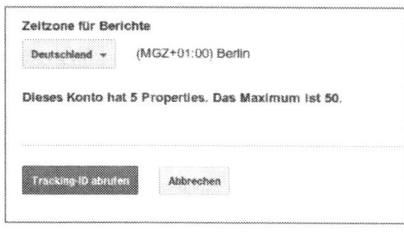

Bild 16.26: Nach der Eingabe der URL: Über den Button *Tracking-ID abrufen* wird der Tracking-Code erstellt.

Google Analytics stellt einen Tracking-Code zur Verfügung, der in WordPress eingebaut werden muss:

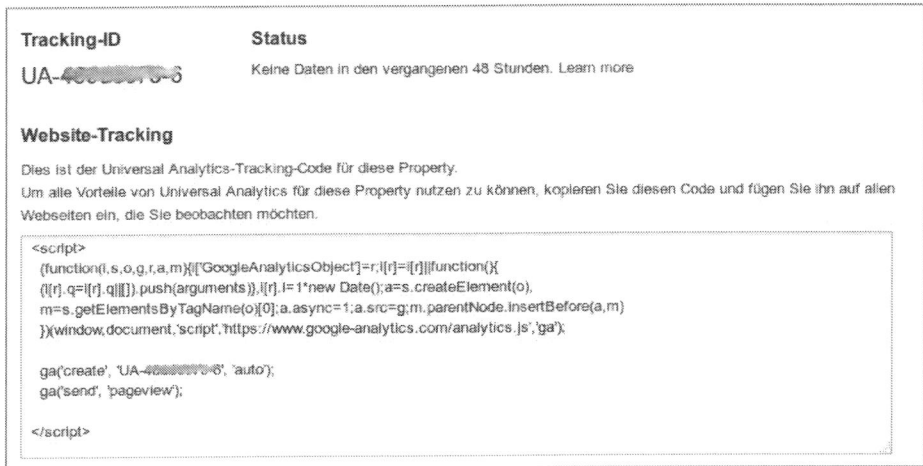

Bild 16.27: Der Tracking-Code für *mustershop-online.de* steht zur Verfügung.

Tracking-Code in WordPress einbauen

Loggen Sie sich nun in WordPress ein. Im Dashboard wählen Sie *Design/Editor*, um Ihr aktives Theme im Quelltext zu bearbeiten, denn dort wird der Tracking-Code eingefügt.

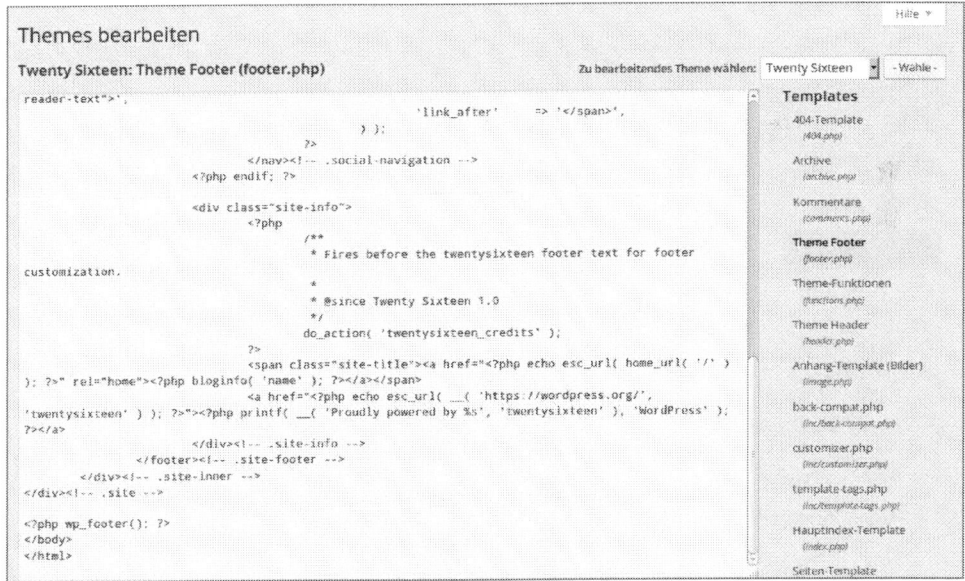

Bild 16.28: Der Tracking-Code wird in die Datei *footer.png* eingefügt.

Behalten Sie auch diese beiden Dinge im Hinterkopf:

- Bei einem Theme-Wechsel wird der Tracking-Code wirkungslos.
- Bei einem Theme-Update wird der Tracking-Code überschrieben.

Standardmäßig ist im Hauptfenster des Editors die für die Platzierung des Quellcodes ungeeignete Datei *style.css* zu sehen. Wählen Sie rechts unter *Templates* die Datei *footer.php* aus. Im Footer scrollen Sie dann nach ganz unten.

Der Tracking-Code wird nun von Google Analytics kopiert und im Footer des aktiven Themes vor `</body>` eingeschoben.

16.4.3 Die Besucherströme analysieren

Klicken Sie zunächst im Menü links oben auf *Berichte*. Achtung, bei Ihnen sind natürlich noch keine Daten zu sehen wie auf dem Bild hier im Buch – Sie haben ja eben erst mit dem Tracking begonnen.

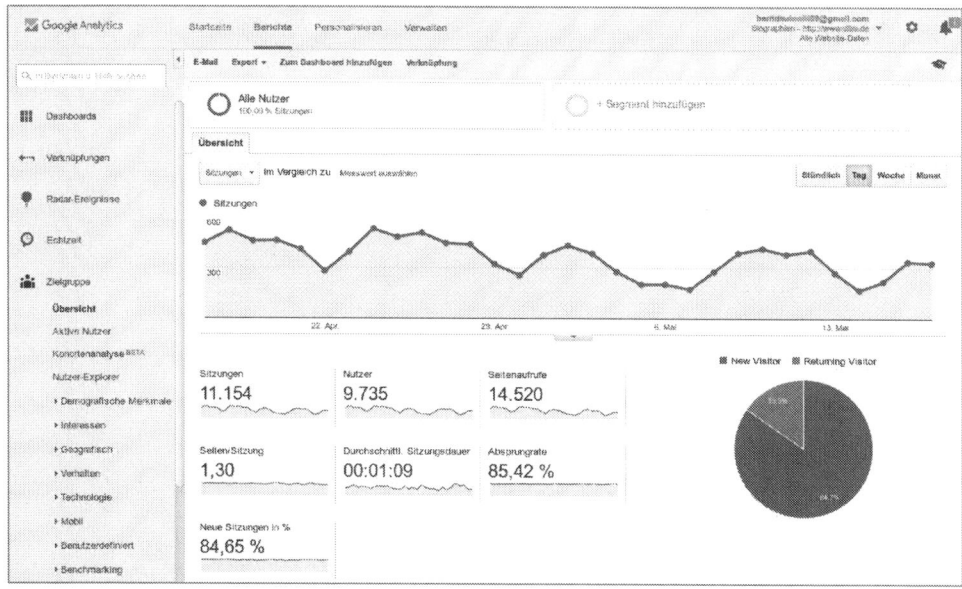

Bild 16.29: Auf der Berichtsseite präsentiert Google Analytics die Anzahl der Sitzungen, der Benutzer, der Seitenaufrufe und einiges mehr.

Auf der Übersichtsseite werden zuerst diese sieben Statistiken angezeigt:

1. Anzahl der Sitzungen.
2. Anzahl der Besucher.
3. Anzahl der Seitenaufrufe.
4. Durchschnittliche Anzahl der Seiten pro Sitzung.

5. Durchschnittliche Sitzungsdauer.

6. Absprungrate.

7. Neue Sitzungen in Prozent

- Zunächst ist es natürlich wichtig, eine gewisse Menge von Besuchern zu erreichen, und dafür sind die ersten drei Statistiken interessant.

- Die Qualität Ihre Besucher bzw. Ihres Shops erkennen Sie an den nächsten drei Statistiken: durchschnittliche Anzahl der Seiten pro Sitzung, durchschnittliche Sitzungsdauer und Absprungrate. Interessierte Besucher klicken sich durch mehrere Seiten und verweilen eine längere Zeit.

- Der siebte Wert beschreibt das Verhältnis zwischen Stamm- und »Laufkunden«. Je niedriger der Wert, desto höher ist die Anzahl der Stammkunden.

- Im Menü auf der linken Seite gelangen Sie zu den sehr detaillierten Analysemöglichkeiten.

Spaß in Echtzeit

- Was in Google Analytics so richtig Spaß macht, ist die Echtzeitanalyse. Klicken Sie dazu links auf *Echtzeit/Übersicht*, nehmen Sie einen gut gefüllten Eimer Popcorn zur Hand und genießen Sie die Show.

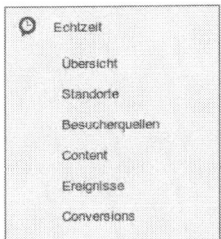

Bild 16.30: Über das Menü links lässt sich die Echtzeitanalyse starten.

Sind Sie ein ungeduldiger Mensch? Möchten Sie sofort nach dem Schreiben eines Beitrags gleich die Reaktionen mitverfolgen? Kein Problem. In der linken Spalte ist die Anzahl der aktuell aktiven Nutzer Ihrer Website eingeblendet, darunter finden Sie diese Zusatzinformationen:

- Aufschlüsselung nach Geräten.

- Häufigste Verweise.

- Häufigste soziale Zugriffe.

- Häufigste Keywords.

Im Hauptfenster rechts ist oben eine Art »Zugriffsticker« zu sehen. Angezeigt wird die Anzahl der Besucher der letzten 30 Minuten (minutengenau) und der letzten Minute (sekundengenau). Darunter ordnet Google Analytics die Seiten mit der größten Aktivität an. Auch diese Anzeige aktualisiert sich im Sekundentakt.

Sind Sie gerade auf einer Messe vertreten oder haben Sie eine regionale Werbemaßnahme gestartet? Dann ist es hilfreich, etwas über die Standorte Ihrer Besucher zu erfahren.

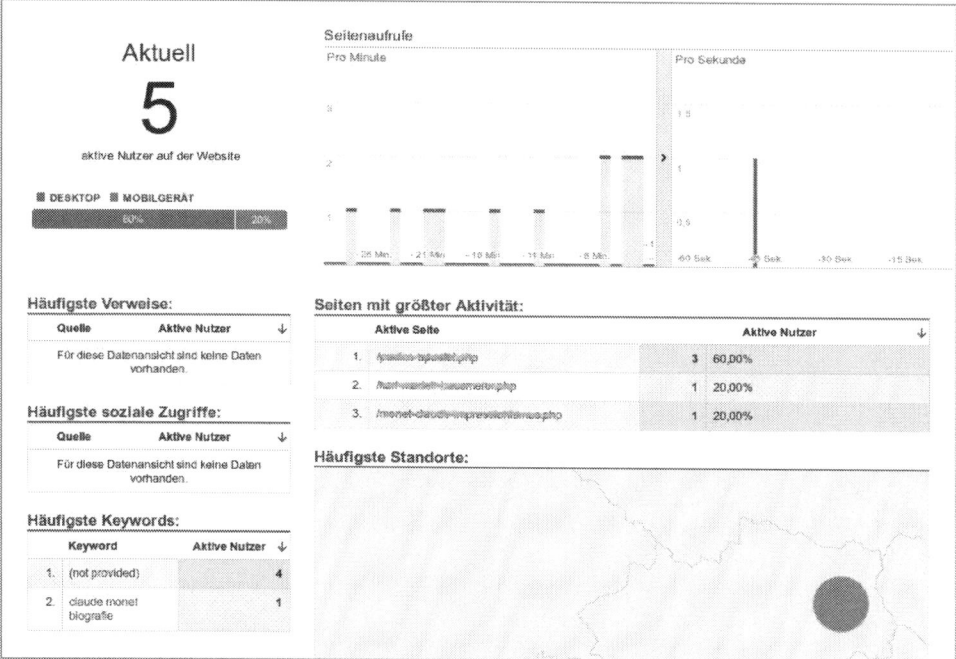

Bild 16.31: Die Zugriffe in Echtzeit verfolgen.

Die Standorte Ihrer Besucher

Eingeblendet wird in der Echtzeitansicht auch eine Karte mit den Standorten der Besucher.

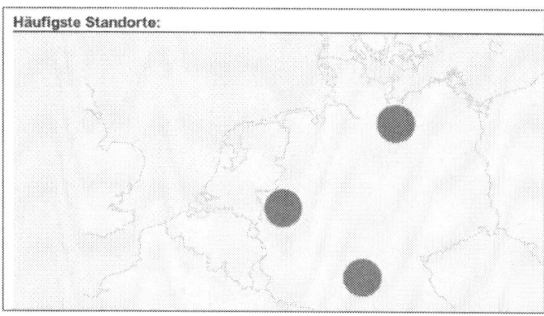

Bild 16.32: Live-Anzeige der Besucherstandorte.

Die Echtzeit-Features machen zwar Laune, aber Sie wollen ja nicht wirklich den ganzen Tag davor verbringen. Kein Problem, denn Google Analytics liefert alle hier erfassten Daten auch in der klassischen Form.

Sagt mal, wo kommt ihr denn her?

Unter dem Menüpunkt *Berichte/Primäre Dienste* lassen sich die Zugriffe auf Ihre Webseite nach einer Fülle von Kriterien anzeigen. Das Bild zeigt die Sortierung nach Städten.

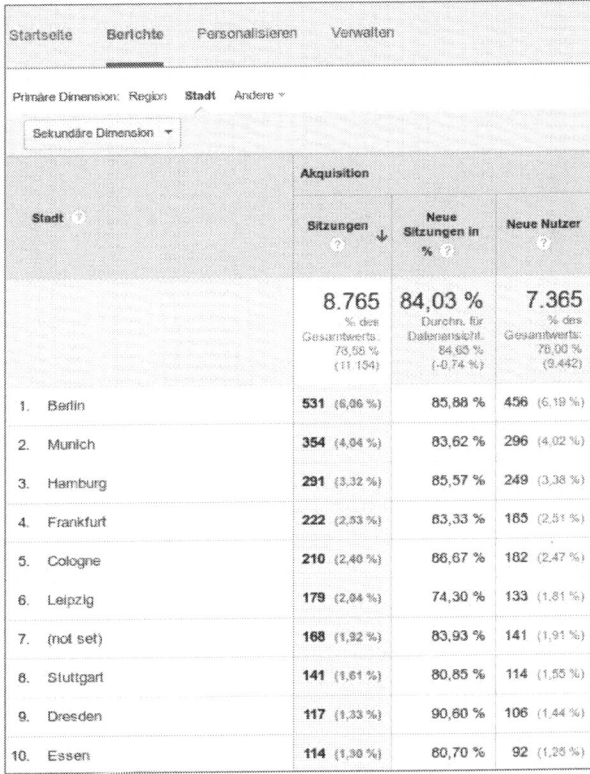

Bild 16.33: Google Analytics schlüsselt die Zugriffe nach Städten auf.

Herkunft nach Kanälen

Über welchen Kanal kommen die Besucher? Im Bericht *Akquisition* finden Sie die folgende Aufschlüsselung:

- *Organic Search* – Besucher, die ein Suchwort in Google oder einer anderen Suchmaschine eingegeben haben.
- *Direct* – Besucher, die *mustershop-online.de* direkt in die Adresszeile des Browsers eingegeben haben.
- *Referral* – Besucher, die einem Link folgten.
- *Social* – Besucher, die von einem Social-Media-Netzwerk stammen.

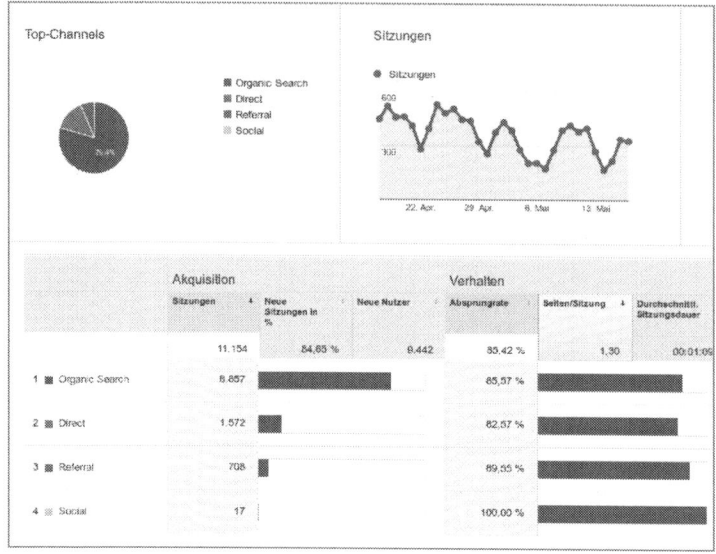

Bild 16.34:
Aufschlüsselung nach vier Kanälen: *Organic Search*, *Direct*, *Referral*, *Social*.

Alles fließt

Im Diagramm *Verhaltensfluss* erfahren Sie nicht nur, auf welchen Seiten Ihre Besucher bei Ihnen einstiegen, sondern auch, wie sie sich innerhalb Ihrer Präsenz weiterbewegten. Links zu sehen ist die Eingangsseite, in den Spalten rechts davon werden die anschließend besuchten Seiten angezeigt. Die Linien dazwischen veranschaulichen die Besucherströme.

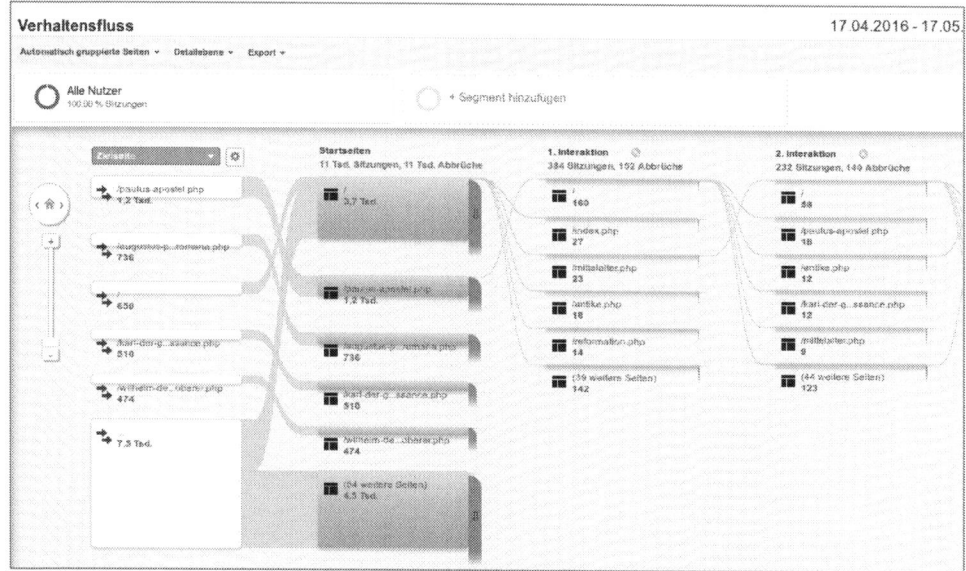

Bild 16.35: Das Diagramm *Verhaltensfluss* zeigt den genauen Weg der Besucher innerhalb einer Website.

Dieses Feature sollten Sie nutzen, um die Erreichbarkeit wichtiger Seiten zu überprüfen und gegebenenfalls zu korrigieren.

Beispiel: Sie stellen fest, dass Ihre wichtigste Seite von vielen Besuchern nur auf verschlungenen Pfaden erreicht wird, während sich eine unwichtige Seite als Eingangsseite dient? Dann wird es Zeit, an den Menüs oder Widgets zu schrauben. Ergreifen Sie diese beiden Maßnahmen:

- Die wichtige Seite erhält einen eigenen Menüpunkt, die unwichtige wandert in ein Submenü.
- Über ein Text-Widget erhält die wichtige Seite einen »Zubringer«.

16.4.4 Datenschutzgerechter Einsatz

Wenn ein Datenschützer den Begriff »Google Analytics« hört, verfällt er sofort in Schnappatmung. Der Grund: Die Daten werden auf Servern in den USA gespeichert, analysiert und letztlich auf irgendeine Weise vermarktet. Google ist kein Wohltätigkeitsverein.

Nun haben die Datenschützer aber bei der Europäischen Kommission ein offenes Ohr gefunden mit dem Ergebnis, dass Google nach zähem Ringen einige Zugeständnisse abgepresst wurden.

Wer jetzt Schnappatmung bekommt, sind die Seitenbetreiber. Um nicht gegen die europäischen Datenschutzbestimmungen zu verstoßen, ist eine Menge Fleißarbeit angesagt. Nicht nur die Datenschutzerklärung muss mit einem Abschnitt über Google Analytics ergänzt werden, es sind auch noch drei nervige Zusatzaufgaben zu erledigen:

1. Abschluss eines schriftlichen Vertrags zur Auftragsdatenverarbeitung.
2. Einfügen einer Codezeile in den Tracking-Code, um die IPs zu anonymisieren.
3. Einfügen eines Skripts vor den Tracking-Code, um die Funktionalität eines Opt-out-Cookies zu gewährleisten.

Abschluss eines schriftlichen Vertrags

Jetzt wird es ulkig. In den Zeiten des Internets müssen Sie tatsächlich einen Vertrag per guter alter Post an Google schicken – mit frankiertem Rückumschlag. Hier erhalten Sie die Vorlage: *https://www.google.com/analytics/terms/de.pdf*.

Erschrecken Sie nicht über den Umfang, es sind wirklich 18 Seiten. Ob die jemals irgendwer komplett gelesen hat? Egal, füllen Sie das Zeugs aus, und dann ab damit in den Briefkasten. In zweifacher Ausfertigung.

Hinzufügen einer Codezeile in den Tracking-Code

Zur Anonymisierung der IP-Adressen müssen Sie eine kleine Codezeile in den Tracking-Code einfügen, und zwar diese:

```
ga('set', 'anonymizeIp', true);
```

Eingefügt wird die neue Zeile weit unten vor der letzten Pageview-Codezeile, und zwar ohne irgendetwas zu löschen. Die letzten drei Zeilen Ihres Tracking-Codes müssen nach dem Einschub genau so aussehen:

```
ga('set', 'anonymizeIp', true);
ga('send', 'pageview');
</script>
```

Weiter geht es nun mit einem Skript, das vor dem Tracking-Code eingefügt werden muss.

Hinzufügen eines Skripts vor den Tracking-Code

Innerhalb der Datenschutzerklärung (siehe Kapitel 10.8.3) haben Sie speziell für mobile User einen Opt-out-Link gesetzt. Damit der Link funktioniert, muss der folgende Codeschnipsel vor dem Tracking-Code platziert werden:

```
<script>

// Set to the same value as the web property used on the site
var gaProperty = 'UA-XXXX-Y';

// Disable tracking if the opt-out cookie exists.
var disableStr = 'ga-disable-' + gaProperty;
if (document.cookie.indexOf(disableStr + '=true') > -1) {
  window[disableStr] = true;
}

// Opt-out function
function gaOptout() {
  document.cookie = disableStr + '=true; expires=Thu, 31 Dec 2099 23:59:59 UTC; path=/';
  window[disableStr] = true;
}

</script>
```

Achtung, ganz wichtig: In der dritten Ziele müssen Sie XXXX-Y durch Ihre eigene Tracking-ID ersetzen.

Checkliste Tracking und Auswertung

- Aufruf und Auswertung der providereigenen Statistik.
- Entscheidung zwischen Piwik und Google Analytics.
- Installation von Piwik bzw. Freischaltung von Google Analytics.
- Hinzufügen der Shop-URL in Piwik bzw. Google Analytics.

- Tracking-Code erzeugen.
- Abruf des Tracking-Codes.
- Einfügen des Tracking-Codes in WordPress.
- Technische Umsetzung für einen datenschutzgerechten Betrieb.
- Für Google Analytics: schriftlicher Vertrag.
- Ergänzung der Datenschutzerklärung.
- Analyse der eingehenden Links.
- Analyse der am häufigsten aufgerufenen Seiten.
- Analyse der Absprungrate und der Besucherströme.

17 WordPress-Security

17.1	**Vorbeugung** **584**
17.1.1	Sichere Namen 585
17.1.2	Sichere Passwörter 585
17.1.3	Log-in-Versuche begrenzen 586
17.1.4	Tabellenpräfix ändern 587
17.1.5	Administrator Nummer 2 ersetzt Nummer 1 587
17.1.6	Adminbereich via HT-Access schützen 589
17.1.7	Regelmäßige Updates 590
17.1.8	Information ist alles 591
17.1.9	Technik ist nicht alles 592
17.1.10	Ausführung von PHP im Uploadordner deaktivieren 593
17.1.11	Externe Überprüfung 593
17.1.12	Weniger ist mehr Sicherheit 594
17.1.13	Umfangreiche Security-Plug-ins 594
17.2	**Datensicherung** **597**
17.2.1	Schnelle Sicherung 597
17.2.2	Gründliche Sicherung 598
17.2.3	Automatische Sicherungen 599
17.3	**Spiegelung auf XAMPP** **602**
17.3.1	XAMPP herunterladen 603
17.3.2	XAMPP installieren 605
17.3.3	WordPress lokal installieren 609
17.3.4	WordPress lokal spiegeln 611
17.4	**Keine Panik bei Kompromittierung** **616**
17.4.1	Was ist eine Kompromittierung? 616
17.4.2	Wie wird eine Kompromittierung festgestellt? 616
17.4.3	Warum Sie die Ruhe bewahren sollten 616
17.4.4	Was jetzt zu tun ist 616

Checkliste Security **618**

Vielfältige Methoden verwenden die Bösewichte, um eine Installation zu knacken:

- **Botnetze** und **Brute Force** – Die Übeltäter arbeiten mit automatisierten Botnetzen, die zum Beispiel diverse Passwörter durchprobieren, um bei Erfolg die Website mit Malware zu infizieren.
- **Cross-Site-Scripting** (XSS) – Bei dieser Methode wird Schadcode über die Eingabefelder auf Ihrer Site eingeschleust. Beliebt sind die Suchfunktion, Formulare und Kommentarfelder. Gewiefte Angreifer versuchen sich auch im Abgreifen von Cookies oder dem Einpflanzen von Phishing-Formularen auf Ihrer Präsenz.
- **Man-in-the-Middle** (MITM) – Dabei versucht der Angreifer, sich zwischen dem Webserver und dem Besucher einzuklinken. Wenn die Methode gelingt, kommuniziert der arglose Besucher nicht mit Ihnen, sondern mit dem Angreifer. Empfohlenes Gegengift: die Verschlüsselung der Kommunikation über SSL.
- **Social Engineering** – Die Angreifer täuschen eine falsche Identität vor, um an vertrauliche Informationen zu gelangen.

Warum ist WordPress besonders gefährdet?

Eigentlich ist WordPress nicht mehr oder weniger sicher als andere Systeme. Allerdings hat es sich im Laufe der Jahre zum Standard für Websites aller Art etabliert. Stolz wie Oskar verweisen die Entwickler auf über 70 Millionen Installationen, mehr als Drupal, Joomla! und TYPO3 zusammen. Ja, das stimmt, Skeptiker schauen hier nach: *https://www.datanyze.com/market-share/cms/*.

Die hohe Popularität ist Segen und Fluch zugleich, denn sie spornt auch die Schreiber von Schadcode an. Je verbreiteter ein System, desto größer die Anfälligkeit für automatisierte Angriffe. Gerade als Betreiber eines Onlineshops sollten Sie das Thema Sicherheit deshalb nicht vernachlässigen, schließlich verwalten Sie jede Menge Kundendaten. Schalten Sie die größten Schwachstellen aus und minimieren Sie das Risiko.

Wer greift an?

Die wenigsten Angriffe auf WordPress und andere CMS sind persönlicher Natur. Den Hackern ist auch egal, welche Inhalte auf einer Website platziert sind. Sie müssen also nicht bei der Konkurrenz vorbeifahren und nachsehen, ob da nachts noch Licht brennt. Ihre Feinde sind weder andere Händler noch erboste Neider, sondern Roboterarmeen. Sie finden das nicht wirklich beruhigend? Dann seien Sie gewappnet.

17.1 Vorbeugung

Lassen Sie es nicht zu einer Kompromittierung kommen. Eine hundertprozentige Sicherheit gibt es zwar weder im Leben noch bei WordPress, aber jede der folgenden Maßnahmen macht es den bösen Buben ein bisschen schwerer, Ihre Website zu knacken.

17.1.1 Sichere Namen

Sie haben *Admin* als Namen gewählt? Das freut den Angreifer, denn mit einem Standardnamen haben Sie gute Vorarbeit für ihn geleistet. Jetzt muss er nur noch ein Skript durch die Passwortabfrage schicken, üblich ist der komplette Wortschatz des Dudens, und schon hat er gute Chancen, Ihren Account zu übernehmen.

Verwenden Sie als Namen auf gar keinen Fall »Admin« und auch nicht andere gängige Begriffe wie »Moderator« oder »Webmaster«. Am besten sind Kunstwörter. Entdecken Sie Ihren inneren Gangsterrapper und nennen Sie sich zum Beispiel *sh0pm@stR*.

Dasselbe gilt für die Namen von Datenbanken und Installationsverzeichnissen. Wo es möglich ist, verwenden Sie keine echten Namen, sondern wirres Zeug. Wirres Zeug ist weniger schlimm als ein gehackter Account.

17.1.2 Sichere Passwörter

Es gilt gleichermaßen für den FTP-Zugang, das phpMyAdmin- und das WordPress-Login: Verwenden Sie für alle Bereiche sichere und unterschiedliche Passwörter. Der Verwaltungsaufwand hält sich mit dem Anlegen einer Liste in Grenzen. Kleiner Leitfaden für ein sicheres Passwort:

- Alles, was im Duden steht, ist tabu.
- Ideal sind Kombinationen aus Klein- und Großbuchstaben, Zahlen und Sonderzeichen.
- Verwenden Sie kein Passwort, das einen Bezug zu Ihrem Shop oder Firmennamen hat. Es könnte erraten werden.

Beispiel:

- Unsicheres Passwort: *Verkäufer1*
- Sicheres Passwort: *co@3Htö427*
- Hier noch einige Lieblingspasswörter aus Hackersicht – häufig verwendet und leicht zu erraten:
- 1234, abcd, ABCDE, Admin, Passwort, Wordpress, Haus, Maus, Schatz, 012345, Liebling, tralala

Verwendung von Sonderzeichen

Mit Sonderzeichen lässt sich die Sicherheit von Passwörtern drastisch erhöhen. WordPress macht dazu schon bei der Vergabe des Adminpassworts einige Vorschläge. Bauen auch Sie etwas aus dem folgenden Arsenal in Ihr Passwort ein: . » ? $ % ^ &).

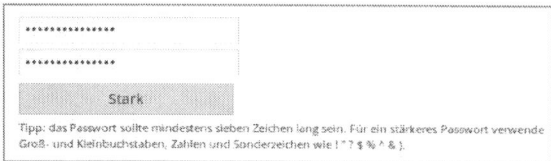

Bild 17.1: WordPress selbst gibt Tipps zu geeigneten Sonderzeichen für Passwörter.

Schon während der Eingabe zeigt WordPress die Qualität des Passworts an. Geben Sie sich nicht mit weniger als der Stufe *Stark* zufrieden.

Mit Eselsbrücken arbeiten

Sicherheitsfanatiker verwenden gern diese Methode: Alle Passwörter werden auf einem verschlüsselten USB-Stick gespeichert, und dieser wird in einem Tresor verstaut. Das klingt erst mal gut, aber ein Tresor kann auch Begehrlichkeiten im Team und bei Dieben wecken. Und was ist, wenn die Entschlüsselung nicht funktioniert oder, was gar nicht so selten vorkommt, der USB-Stick seinen Geist aufgibt?

Machen Sie es nicht zu kompliziert, sonst sperren Sie sich noch selbst aus. Besser ist die Verschlüsselung durch Eselsbrücken, zum Beispiel: Der Satz »Im August 17 bin ich am Vesuv« lässt sich so abkürzen: *IA17bi@V*.

Sparen Sie sich den Tresor und kaufen Sie sich ein schönes Fotoalbum. Dann unterlegen Sie die Urlaubsfotos mit erbaulichen Sätzen, aus denen sich die Passwörter ableiten lassen. Ein paar Tage Italien genügen, um ein ganzes Passwortarsenal zu zaubern.

17.1.3 Log-in-Versuche begrenzen

Mit dem Plug-in *Login Security Solution* begrenzen Sie die Einwahlversuche auf Ihrer Log-in-Seite und erschweren damit das Knacken Ihres Accounts durch eine Brute-Force-Attacke. Bei dieser Methode bombardieren die Angreifer Ihre Log-in-Seite mit einem Skript, das in hoher Geschwindigkeit Tausende von Namen und Passwörtern ausprobiert. Installieren lässt es sich ganz einfach über die Plug-in-Verwaltung.

Bild 17.2: Das Plug-in *Login Security Solution* begrenzt die Anmeldeversuche im Backend.

Selbst ausgesperrt?

Ein Tipp, falls Sie selbst ein paar Mal fehlerhafte Zugangsdaten eingegeben haben und dringend ins Backend müssen:

- Starten Sie Ihr FTP-Programm.
- Gehen Sie auf dem Server in den Plug-in-Ordner, dort finden Sie für jedes Plug-in ein Verzeichnis.
- Benennen Sie das Verzeichnis des Plug-ins *Login Security Solution* um. Üblich ist das Hinzufügen eines Unterstrichs vor dem Namen.
- Das Plug-in ist nun außer Gefecht, und Sie erreichen das Backend.
- Gehen Sie erneut ins FTP-Programm, um den ursprünglichen Verzeichnisnamen des Plug-ins wiederherzustellen.

Hinweis: Beachten Sie, dass die Installation mehrerer Security-Plug-ins die Sicherheit nicht wesentlich erhöht. Setzen Sie *Login Security Solution* deshalb nicht in Kombination mit einem sehr umfangreichen Security-Plug-in wie *Wordfence* ein.

17.1.4 Tabellenpräfix ändern

Beim Anlegen der Datenbank vergibt WordPress standardmäßig das Tabellenpräfix *wp_*. Die Folge: Jede Datenbanktabelle ist an der »Vorsilbe« schnell als WordPress-Tabelle zu identifizieren.

Wenn Sie es den automatisierten Skripten der Hacker etwas schwerer machen wollen, verwenden Sie ein anderes Präfix. Die Änderung nehmen Sie schon beim Einrichten der Datenbank während der Installation von WordPress vor. Sie finden diese Methode deshalb in Kapitel 2.4.2 beschrieben.

Nachträglich sollten Sie nur dann Präfixe oder andere Teile einer Tabelle oder Datenbank ändern, wenn Sie Erfahrung im Umgang mit SQL-Befehlen haben.

17.1.5 Administrator Nummer 2 ersetzt Nummer 1

Mit der Installation legt WordPress einen mit Administratorrechten ausgestatteten Benutzer an – Sie selbst. Die damit verbundene Benutzer-ID 1 nutzen Hacker aus, um sich Zutritt zu verschaffen.

Bild 17.3: Dem Administrator hat WordPress die *ID 1* zugewiesen. Sie ist ein beliebtes Angriffsziel für Hacker.

Abwehrmaßnahme: Legen Sie einen zweiten Administratoraccount an und löschen Sie danach den ersten.

Schießen Sie sich dabei aber nicht selbst ins Knie. Achten Sie jetzt peinlich genau auf die Reihenfolge und andere Feinheiten. Sie wollen sich ja weder aussperren noch Beiträge verlieren.

Zweiten Administrator anlegen

In der Benutzerverwaltung haben Sie die Möglichkeit, weitere Benutzer anzulegen. Wählen Sie einen neuen Benutzernamen. WordPress verlangt dazu auch eine neue E-Mail-Adresse, sie lässt sich später wieder ändern.

Bild 17.4: Ein zweiter Benutzer ist angelegt – und auch ihm wurde die Rolle *Administrator* zugewiesen.

Weisen Sie dem neuen Profil die Rolle *Administrator* zu. Loggen Sie sich dann aus und unter dem neuen Benutzernamen wieder ein.

Den ersten Administrator löschen, aber die Beiträge retten

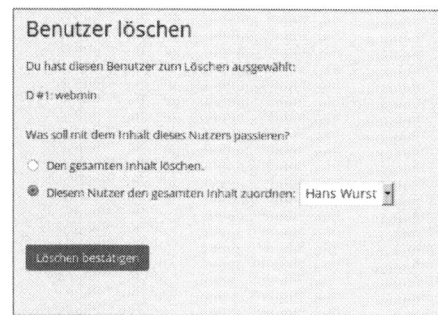

Bild 17.5: Vor dem Löschen des ersten Accounts werden dessen Inhalte einem anderen zugeordnet.

Hat alles geklappt, und sind Sie auch wirklich als Administrator eingeloggt? Dann hat der bisherige Administrator seine Schuldigkeit getan. Weg mit ihm. Vor der Löschung fragt WordPress, was mit den vielleicht schon vorhandenen Beiträgen des Geschassten passieren soll. Sie haben zwei Möglichkeiten:

- Beiträge löschen.
- Beiträge an einen anderen Benutzer übertragen.

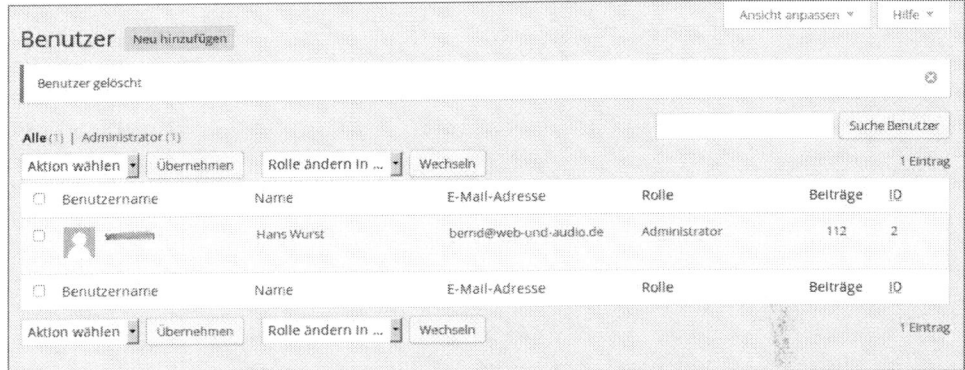

Bild 17.6: Der erste Administrator ist gelöscht, die *ID 1* nicht mehr vorhanden. Die Beiträge wurden dem zweiten, neuen Administrator zugeordnet.

Am besten übertragen Sie die Beiträge auf den neuen Administrator, denn löschen lassen sie sich ja immer noch. Am Ende der Prozedur können Sie die E-Mail-Adresse ändern und wieder Ihre gewohnte Adresse verwenden.

17.1.6 Adminbereich via HT-Access schützen

Experiment: Gehen Sie in die Adresszeile Ihres Browsers und hängen Sie */wp-config.php* an Ihren Domainnamen an, zum Beispiel: *www.mustershop-online.de/wp-config.php*.

Hoffentlich wird auf dem Schirm nichts außer einer Fehlermeldung angezeigt, denn ansonsten hätten Sie schon verloren. In der Konfigurationsdatei befinden sich nämlich die unverschlüsselten Zugangsdaten für Ihre Datenbank. Sie haben sie bei der Installation höchstpersönlich dort eingetragen.

Angreifer kennen natürlich diesen neuralgischen Punkt von WordPress. Da ist es am besten, wenn diese Seite gar nicht erst vom Server ausgeliefert wird. Und so funktioniert dieser Kniff:

1. Öffnen Sie Ihr FTP-Programm.
2. Vergewissern Sie sich, dass die versteckten Dateien angezeigt werden.
3. Laden Sie die Datei *.htaccess* vom Server auf Ihren Computer herunter.

Bild 17.7: Die Verzeichnisse von WordPress. In der Datei *wp-config.php* lagern – unverschlüsselt – die Zugangsdaten zu Ihrer Datenbank.

4. Öffnen Sie die Datei *.htaccess* in einem Editor, nicht in einem Textbearbeitungsprogramm. Achten Sie darauf, nichts zu entfernen oder zu überschreiben. Fügen Sie ganz oben diesen Code hinzu:

```
# Schutz der WP-CONFIG
<Files wp-config.php>
order Allow,Deny
Deny from all
</Files>
```

5. Laden Sie die ergänzte HT-Access-Datei wieder auf den Server.

Nun testen Sie *www.mustershop-online.de/wp-config.php* erneut. Ergebnis: Der Zugriff auf die Seite wird Ihnen verweigert, denn sie wird gar nicht ausgeliefert. Auch mit dieser Maßnahme ist WordPress wieder ein bisschen sicherer geworden.

17.1.7 Regelmäßige Updates

WordPress hat sie, andere CMS- und Shopsysteme nicht: die automatische Updatefunktion für kleine Sicherheitsupdates. Nach dem Bekanntwerden von Sicherheitslücken verhindern die WordPress-Entwickler auf diesem Weg, dass sich Schadcode weiter ausbreitet. Das Update von Hauptversionen, Themes und Plug-ins müssen Sie allerdings selbst in die Wege leiten. Tun Sie es, denn der Weiterbetrieb von länger nicht mehr aktualisierten Versionen birgt ein hohes Sicherheitsrisiko. Früher oder später werden Sie von Hackern ins Visier genommen und getroffen.

Keine veralteten Plug-ins mitschleppen

Manchmal werden Plug-in-Projekte von den Herstellern heimlich, still und leise wieder aufgegeben. Über diese »Ausschleicher« werden die Anwender in den seltensten Fällen informiert, und auch das Benachrichtigungssystem im Backend legt darüber den Mantel des Schweigens. Weil nicht mehr gepflegte Plug-ins ein Sicherheitsrisiko darstellen, sollten Sie ab und zu die Aktualität überprüfen und diese Plug-ins gegebenenfalls löschen. Bei externen Plug-ins informiert Sie die entsprechende Herstellerseite, bei internen das offizielle Plug-in-Directory: *https://de.wordpress.org/plugins*.

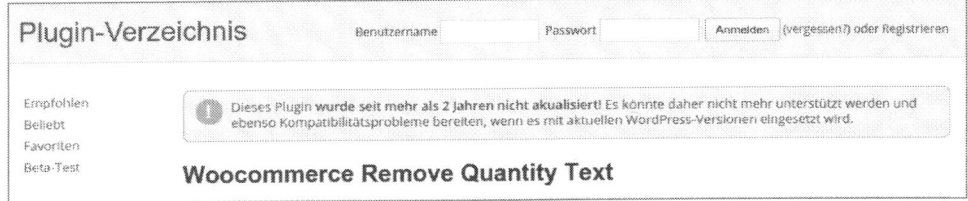

Bild 17.8: Nicht mehr gepflegte Plug-ins sollten aus Sicherheitsgründen nicht installiert bzw. deaktiviert und gelöscht werden.

17.1.8 Information ist alles

Auf Websites wie *www.heise.de* oder *https://de.wordpress.org/news/* finden Sie immer wieder Berichte über Sicherheitslücken in WordPress, nicht selten in Verbindung mit einem bestimmten Plug-in. Im Verdachtsfall überprüfen Sie Ihre Installation und aktualisieren oder löschen das Plug-in.

Meetups

Wertvolle Informationen zum Thema Sicherheit erhalten Sie auch bei den regionalen (und ganz realen) Treffen der WordPress-Community, den sogenannten Meetups. Die Termine im deutschsprachigen Raum sind auf der Website *https://wpmeetups.de* verzeichnet und auch die thematischen Schwerpunkte. Die Treffen finden in der Regel abends in einer gemütlichen Kneipe statt.

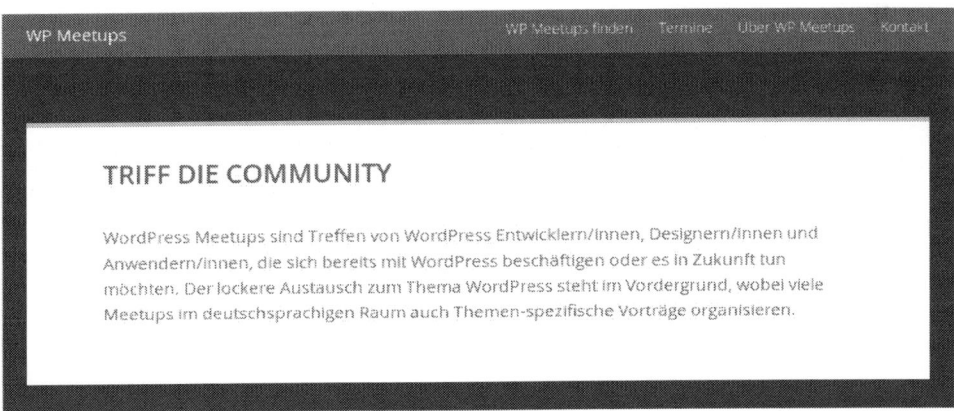

Bild 17.9: Auf *https://wpmeetups.de* sind die Termine der deutschsprachigen WordPress-Regionalgruppen verzeichnet.

WordCamps

Im deutschsprachigen Raum werden etwa ein bis zwei Mal pro Jahr WordCamps organisiert, das sind mehrtägige und überregionale Veranstaltungen der Community. Hier lauschen Sie Vorträgen und nehmen an Workshops teil. Natürlich steht dabei auch das Thema Sicherheit auf der Tagesordnung.

Supportforum nutzen

Wie bitte, Ihre Liebe zu WordPress ist nicht so groß, dass Sie dafür Vorträge und Workshops besuchen möchten? Na gut, es geht auch eine Nummer kleiner. Das amtliche deutsche Supportforum hilft bei allen Fragen, und auch das Thema Sicherheit spielt eine große Rolle. Sie finden es unter dieser Adresse:

https://de.forums.wordpress.org

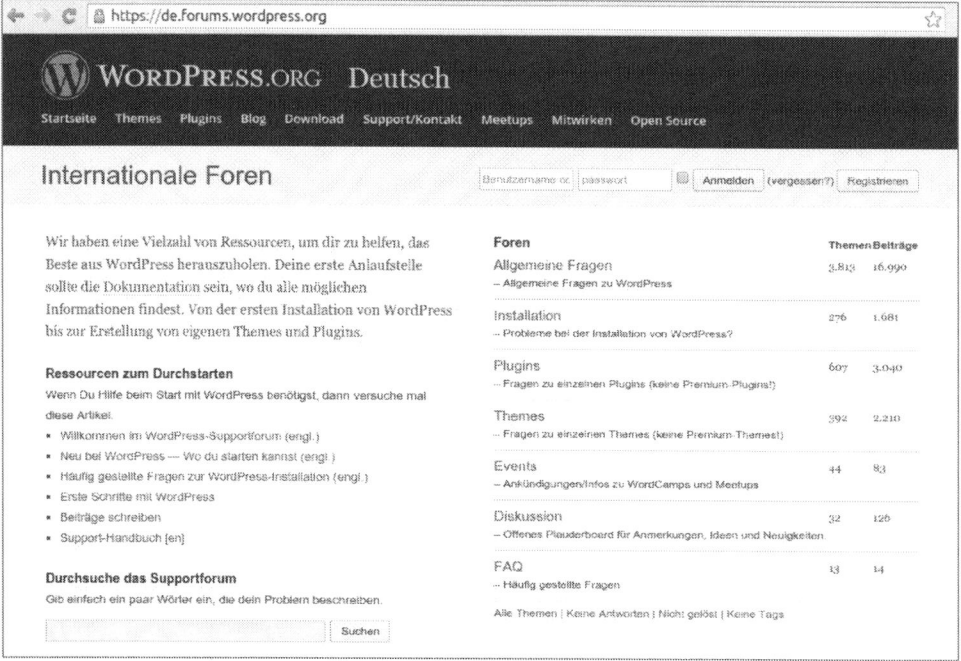

Bild 17.10: Das offizielle Supportforum bietet auch Informationen zum Thema Sicherheit.

17.1.9 Technik ist nicht alles

Wenn Sie von einem vertrauensvoll wirkenden Anrufer »aus dem Serverraum« zur Übermittlung Ihrer Zugangdaten aufgefordert werden, obwohl Sie gar keinen Serverraum besitzen, müssen Sie auf der Hut sein. Gegen diese und andere Maschen des Social Engineering ist keine noch so gute Technik gewappnet. Prüfen Sie die Identität von Anrufern, Mailabsendern und Menschen in Arbeitskleidung vor Ihrer Bürotür. Warnen Sie auch Ihre Mitarbeiter vor der Preisgabe vertraulicher Informationen.

Reagieren Sie aus Sicherheitsgründen schnell auf personelle Veränderungen. Ein Mitarbeiter ist aus Ihrem Unternehmen ausgeschieden, vielleicht sogar im Streit? Dann ergreifen Sie diese beiden Maßnahmen:

- Löschen des betreffenden WordPress-Benutzerkontos.
- Ändern aller Passwörter, die in Ihrem Unternehmen von mehreren Personen verwendet werden.

17.1.10 Ausführung von PHP im Uploadordner deaktivieren

Besonders anfällig für Schadcode sind der Uploadordner und die darin enthaltene Mediathek. Hacker platzieren hier Backdoor-Files, die sich als ganz normale PHP-Dateien tarnen. Schauen Sie ab und zu per FTP in dieses Verzeichnis. In der Mediathek sollten sich keine PHP-Dateien befinden.

Zur Vorsorge können Sie auch generell die Ausführung von PHP in diesem Verzeichnis deaktivieren, und zwar mit einer kleinen, zusätzlichen HT-Access-Datei. So schützen Sie das Uploadverzeichnis:

1. Erstellen Sie mit einem Editor eine Datei mit dem Namen *.htaccess*.
2. Fügen Sie folgenden Code ein:

```
<Files *.php>
deny from all
</Files>
```

3. Laden Sie die Datei in das richtige Verzeichnis hoch, nämlich in */wp-content/uploads/*. Achtung: Auf keinen Fall darf die Datei in das Wurzelverzeichnis hochgeladen werden, denn damit wäre die dortige sehr wichtige HT-Access-Datei überschrieben.

17.1.11 Externe Überprüfung

Die Website *hackertarget.com* lässt Sie ohne Anmeldung einen Security-Scan durchführen. Für WordPress steht Ihnen unter dieser URL ein spezielles Tool zur Verfügung:

https://hackertarget.com/wordpress-security-scan/

WordPress-Security-Scan

Geben Sie Ihre URL ein. Nach wenigen Sekunden erhalten Sie nicht nur einen Bericht über den Updatestatus von WordPress und Komponenten, es werden auch diverse neuralgische Stellen analysiert und etwaige Auffälligkeiten gemeldet.

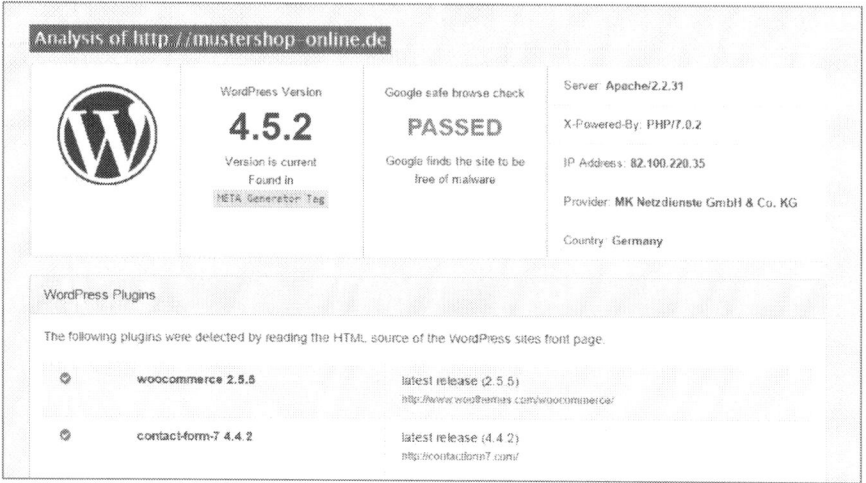

Bild 17.11: Via *hackertarget.com* lassen sich Websites einer Ferndiagnose unterziehen.

17.1.12 Weniger ist mehr Sicherheit

Was nicht gebraucht wird: weg damit. Das gilt für Plug-ins und Themes, bei den Themes bilden diese natürlich die Ausnahmen:

- das Standard-Theme und,
- falls Sie ein Child-Theme angelegt haben, das zugehörige Parent-Theme.

17.1.13 Umfangreiche Security-Plug-ins

Das wohl populärste Sicherheits-Plug-in heißt *Wordfence*. Erhältlich ist es in einer kostenlosen und einer Premiumversion. Über die Plug-in-Verwaltung von WordPress ist die kostenlose Variante schnell installiert und aktiviert.

Bild 17.12: Das Security-Plug-in Wordfence bietet sehr umfangreiche Möglichkeiten.

Wordfence-Scan

Gleich nach der Installation schlägt Wordfence einen kompletten Scan Ihrer WordPress-Installation vor – ein Angebot, das Sie nicht ablehnen sollten.

Bild 17.13: Nach Aktivierung bietet Wordfence an, sofort einen Scan durchzuführen.

Sicherheitslücken werden angezeigt

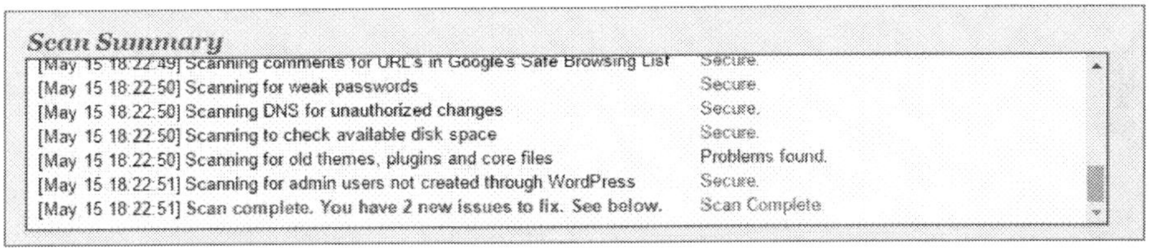

Bild 17.14: Wordfence meldet Sicherheitslücken.

Das Plug-in prüft WordPress gleich auf Herz und Nieren. Ausfindig gemacht und gemeldet werden unter anderem:

- unsichere Passwörter,
- verdächtige Links,
- veraltete Themes und Plug-ins,
- Auffälligkeiten bei Administratoraccounts sowie
- veränderte Dateien.

Veränderte Dateien melden.

Beim Scan von Wordfence wird beispielsweise jede Datei Ihrer Installation mit dem Original im WordPress-Repository verglichen. Aufhorchen sollten Sie, falls Wordfence wie im folgenden Bild eine Modifizierung gemeldet hat.

Klicken Sie auf den Link *See how the file has changed*, um die Details zu erfahren.

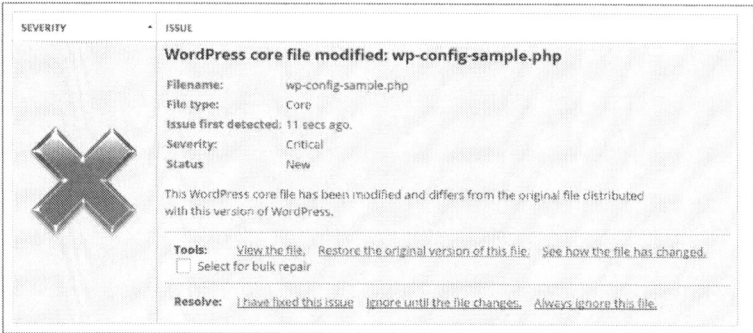

Bild 17.15: Wordfence bietet einen Vergleich zwischen Original und veränderter Datei an: *See how the file has changed.*

Dateien vergleichen

Wordfence zeigt nun links die Originaldatei, rechts die modifizierte. Drei Ursachen sind denkbar:

1. Es wurde Schadcode eingeschleust.
2. Sie selbst haben eine Datei im Quellcode verändert.
3. Fehlalarm.

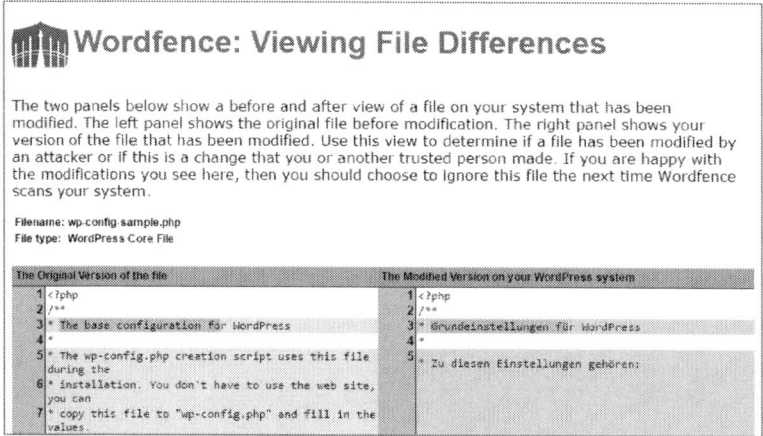

Bild 17.16: Links zeigt Wordfence die Originaldatei, rechts die modifizierte.

Das Bild oben zeigt einen klassischen Fehlalarm. Die modifizierte Datei wurde lediglich ins Deutsche übersetzt. Reagieren Sie also nicht panisch auf jede Fehlermeldung.

Wordfence ist ein sehr umfangreiches Programm. Über das Menü im Dashboard finden Sie neben dem Scan noch viele weitere Möglichkeiten zur Diagnose und zur Verbesserung der Sicherheitseinstellungen.

Automatisches Wordfence-Update

Als besonderes Feature bietet Wordfence an, sich automatisch selbst zu aktualisieren. Nutzen Sie diese Möglichkeit, denn auch Sicherheits-Plug-ins sind nicht immun gegen Sicherheitslücken.

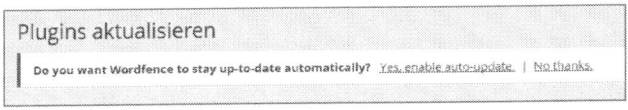

Bild 17.17: Wordfence aktualisiert sich auf Wunsch automatisch.

All In One WP Security & Firewall

Im Funktionsumfang vergleichbar ist das Plug-in *All In One WP Security & Firewall*, und freundlicherweise wurde es auch ins Deutsche übersetzt. Was nicht empfehlenswert ist: die Installation von zwei Plug-ins mit ähnlichen Features. Der Parallelbetrieb erhöht die Sicherheit nur unwesentlich, vergrößert aber das Risiko, dass sich die Plug-ins gegenseitig ins Gehege kommen.

17.2 Datensicherung

Besser vorher als nach einer Katastrophe: Daten sichern. Mit WordPress-Hausmitteln lässt sich einiges sehr schnell über das Backend erledigen.

17.2.1 Schnelle Sicherung

Gehen Sie dazu auf *Werkzeuge/Daten exportieren*. Voreingestellt ist die Option *Alle Inhalte*. Sie können aber auch nur einzelne Elemente wie Beiträge, Seiten oder Produkte sichern. Mit einem Klick auf *Export-Datei herunterladen* erhalten Sie alle gewünschten Daten – fast.

Außer Acht lässt WordPress nämlich die im Backend getätigten Einstellungen und alle selbst installierten Themes und Plug-ins. Zudem verpackt WordPress das Ganze in ein hauseigenes Format mit dem schwer auszusprechenden Namen *WXR*. Um eine WXR-Datei wieder einzuspielen, brauchen Sie zwingend eine funktionierende WordPress-Installation sowie ein spezielles Importer-Plug-in. Das soll eine Sicherung sein? So richtig Freude kommt da nicht auf.

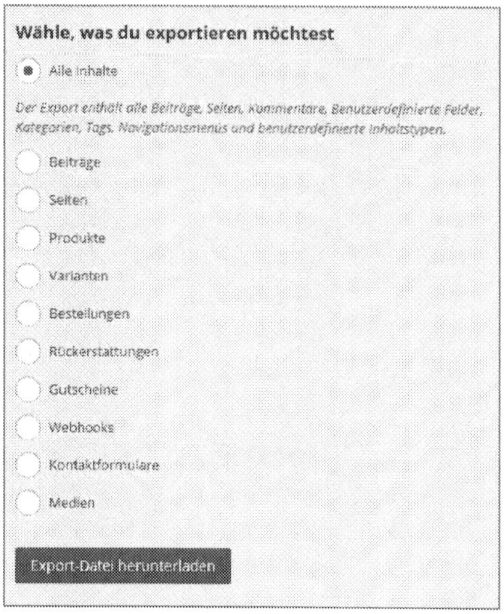

Bild 17.18: Die Schnellsicherung via *Werkzeuge/Daten exportieren*.

17.2.2 Gründliche Sicherung

Wer eine leicht wiederherzustellende Eins-zu-eins-Kopie der WordPress-Installation bevorzugt, sichert die Dateien per FTP und die Datenbank per phpMyAdmin. Los geht es mit den Dateien.

Sicherung der Dateien per FTP

Öffnen Sie Ihr FTP-Programm, verbinden Sie sich mit dem Server und gehen Sie den zur Installation umgekehrten Weg. Am besten ziehen Sie den gesamten WordPress-Ordner in einem Rutsch vom Server auf Ihren lokalen Rechner. Mit dieser Methode wird auch eine möglicherweise nicht im FTP-Client angezeigte *.htaccess*-Datei sicher übertragen.

Sicherung der Datenbank via phpMyAdmin

Die Datenbank sichern Sie über phpMyAdmin, dem Verwaltungstool für MySQL-Datenbanken. Die URL und die Zugangsdaten haben Sie von Ihrem Provider erhalten – und griffbereit? Falls nicht, rufen Sie sie im Kundencenter des Providers noch einmal ab.

Loggen Sie sich in phpMyAdmin ein, wählen Sie die WordPress-Datenbank aus und klicken Sie auf das Register *Exportieren*. Laden Sie die markierte Datenbank herunter: Sie erhalten eine Datei mit der Endung *.sql*. Im Verbund mit den Dateien lässt sich WordPress nun wieder vollständig rekonstruieren. Damit ist der Admin für alle Katastrophenfälle gewappnet.

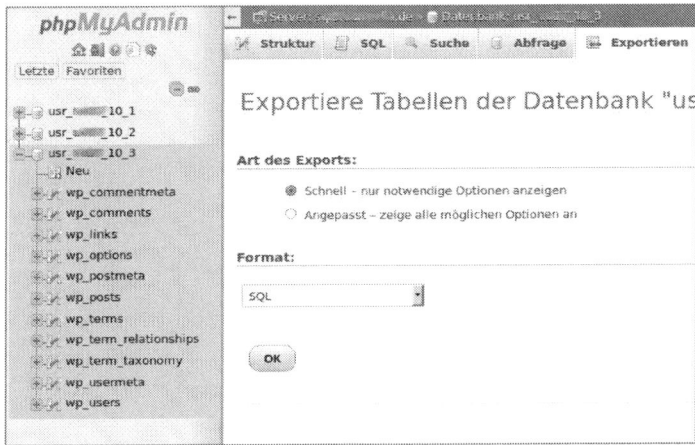

Bild 17.19: Export der Datenbank im SQL-Format.

17.2.3 Automatische Sicherungen

Nun ist das mit der Sicherung per Hand immer so eine Sache. Am Anfang sichert man noch wöchentlich, später monatlich, und irgendwann schleicht sich Schlamperei ein. Was dagegen tun? Da hilft kein Motivationstrainer, sondern nur ein Automatisierungs-Plug-in. Viel nervige Routinearbeit erspart *BackWPup*, das in einer kostenlosen und einer Premiumversion erhältlich ist. Mit Letzterer können Sie Ihre Sicherung auch zu Google Drive oder in die Dropbox exportieren, aber für den Anfang genügt die freie Variante.

Bild 17.20: Mit dem Plug-in *BackWPup* können Sicherungen automatisiert werden.

Geben Sie »BackWPup« in die Suchmaske der Plug-in-Verwaltung ein, Installation und Aktivierung laufen ab wie üblich.

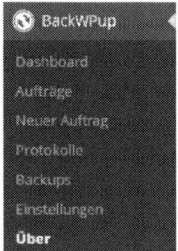

Bild 17.21: *BackWPup* hat sich im Menü eingenistet.

Nach der Aktivierung befindet sich *BackWPup* links im Backend-Menü. Klicken Sie darin oben auf den Punkt *Dashboard*.

Die Datenbank mit einem Klick sichern

Sind Sie auf dem *BackWPup-Dashboard* angekommen? Dann dürfen Sie mal das tun, was sonst verboten ist: freudig einen Knopf drücken, ohne den dazugehörigen Text zu lesen. Klicken Sie rechts auf *Datenbank-Backup herunterladen* und schließen Sie die Augen. Augen auf, was ist passiert? Sie haben ratzfatz die Datenbank gesichert – mit einem einzigen Klick und ohne WordPress zu verlassen. In Zukunft entfällt das mühselige Einloggen in phpMyAdmin. Gute Arbeit, *BackWPup*.

Weiter geht es mit einem Klick auf *Auftrag erstellen*. Auftrag? So nennt *BackWPup* eine Vorlage, in der das Wichtigste gespeichert ist: was gesichert werden soll und natürlich wo.

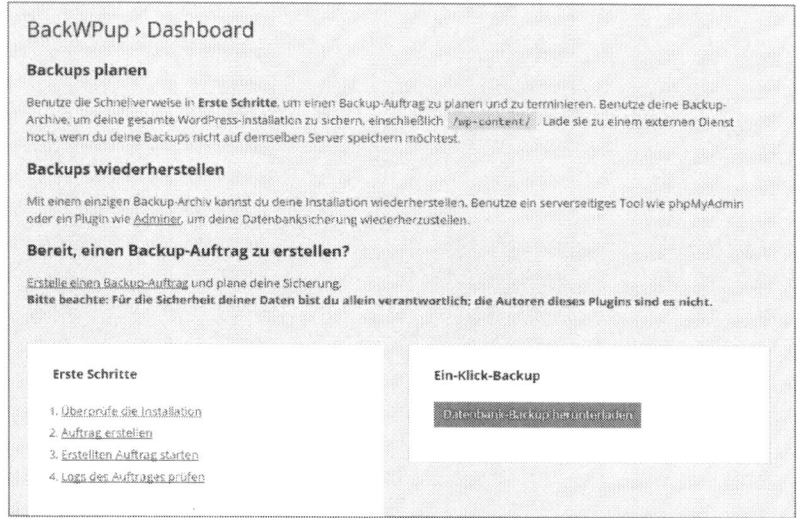

Bild 17.22: Über das eigene Dashboard lässt sich die Datenbank mit einem Klick sichern.

Backup-Aufträge erstellen

Zur Verwaltung benötigt jeder Auftrag einen Namen. Damit Sie später noch durchblicken, verwenden Sie am besten gleich etwas Griffiges wie *Tagessicherung*, *Wochensiche-*

rung oder *Monatssicherung*. Diese Bezeichnungen helfen Ihnen, falls Sie unterschiedliche Formen der Sicherung durchführen oder später das Sicherungsintervall ändern.

Machen Sie es am Anfang aber nicht zu kompliziert und sichern Sie alles einmal pro Woche bzw. lassen Sie es sichern. Dafür ist das Plug-in ja da. Auf der Registerkarte *Planen* kann per Cronjob ein Sicherungsintervall bestimmt werden.

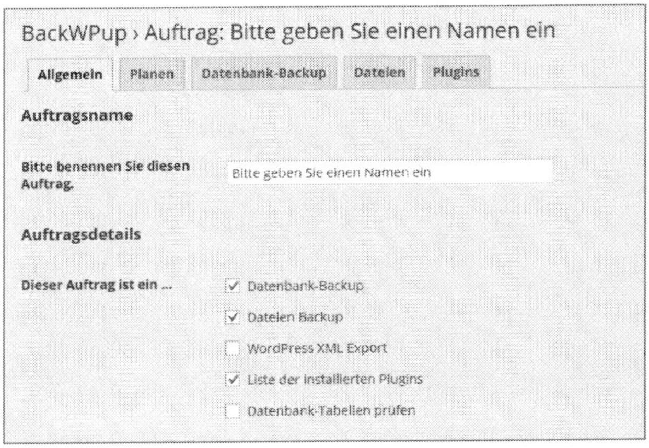

Bild 17.23: Backup-Aufträge erstellen.

Cronjob einrichten

Cronjob? Klingt nach erotischen Handlungen in Königshäusern, hat aber eine ganz andere Bedeutung. Es geht darum, wiederkehrende Arbeiten auf einem Server chronologisch in einem Zeitplan anzuordnen bzw. abzuarbeiten. Automatisiert wird der Sicherungsauftrag mit der Funktion *WordPress Cron*, die Sie in *BackWPup* auswählen können.

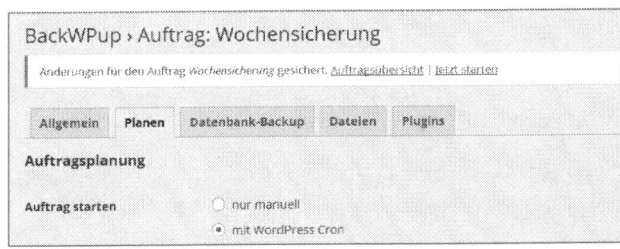

Bild 17.24: Einen Cronjob in WordPress einrichten.

Intervall festlegen

Das Wochenintervall ist ein sinnvoller Kompromiss zwischen Aufwand und Sicherheit. Eingeben lässt sich auch eine Uhrzeit. Wählen Sie hier 3:00 Uhr aus. Alles schläft, und Sie umso besser – dank eines gesicherten WordPress.

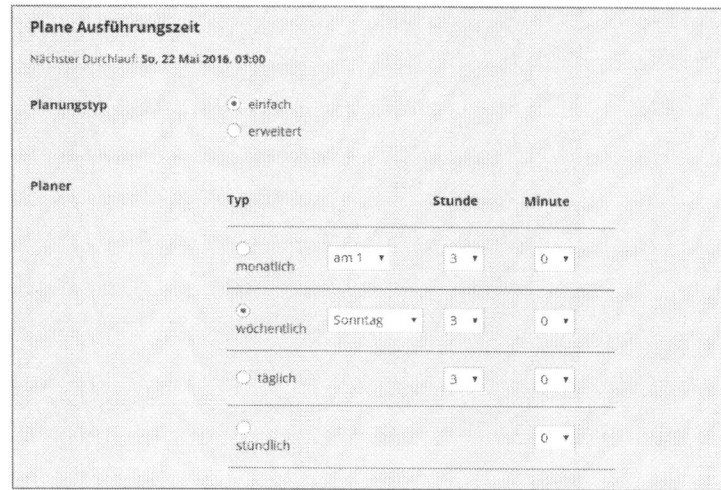

Bild 17.25: WordPress kann monatlich, wöchentlich, täglich oder stündlich gesichert werden.

17.3 Spiegelung auf XAMPP

Angenommen, der Serverraum einer wichtigen Behörde (ja, die gibt es) geht in Flammen auf. Haben Sie sich schon einmal gefragt, was das für Folgen hat? Falls Sie jetzt den Ausbruch der Anarchie befürchten – oder erhoffen: Vergessen Sie es, es passiert wenig bis gar nichts.

Die Daten der sozialen Sicherungssysteme, zum Beispiel der Deutschen Rentenversicherung, befinden sich nicht nur auf hauseigenen Servern, sondern zusätzlich auf einem »kalten System«. Stellen Sie sich darunter einen der Öffentlichkeit nicht bekannten Ort vor, irgendwo in der Südsee. Dort befindet sich eine sofort einsatzfähige Spiegelung aller relevanten Daten. Im Katastrophenfall greift die Sozialversicherung auf dieses Notsystem zurück. Sie brauchen also keine Konservenbüchsen im Keller zu horten. Gut, wer auch als Webmaster über eine solches Notsystem verfügt und im Katastrophenfall innerhalb kurzer Zeit den Onlineshop wiederherstellen kann.

Zur Lagerung Ihrer Daten müssen Sie nicht unbedingt einen geheimen Ort in der Südsee auspähen. Als privates Notsystem genügt ein nicht mehr ganz aktueller Computer, auf dem Sie eine Spiegelung Ihres Webshops anlegen. Neben dem Sicherheitsaspekt hat ein solches System einen weiteren Vorteil: Sie können nach Herzenslust experimentieren, ohne das Live-System zu gefährden oder gar zu zerstören.

CMS-Systeme absichern

Es folgt ein bisschen Internetarchäologie: Vor dem Siegeszug von WordPress und anderen Content-Management-Systemen (CMS) bestand das Web aus HTML-Seiten. Für ihre Darstellung auf dem heimischen Computer musste keine besondere Software installiert werden, der Browser genügte. Mit dem Betrieb eines Servers beschäftigte sich der Webmaster zu früheren Zeiten deshalb nur in Ausnahmefällen. Zurück in die Jetztzeit: Ein CMS bringt höhere technische Anforderungen mit. Ohne Server lässt es sich nicht lokal abbilden und schon gar nicht auf Funktionsfähigkeit testen. Was der Webmaster von heute braucht, ist ein lokaler Server.

17.3.1 XAMPP herunterladen

Voraussetzung für Installation und Betrieb von WordPress ist eine Umgebung, die die Skriptsprache PHP und die Datenbank MySQL bereitstellt. Üblicherweise erledigt das ein Apache-Server, auf einem handelsüblichen PC ist der Apache allerdings nicht vorinstalliert. Wer seine WordPress-Site auf dem heimischen Rechner testen möchte, muss deshalb nachrüsten. In ein bis zwei Stunden aufsetzen lässt sich der Webserver mit dem Programm XAMPP.

Bild 17.26: Die Website *apachefriends.org* bietet den Download des XAMPP-Servers an. Leider wurde MySQL durch MariaDB ersetzt. Aber der grüne Pfeil führt auch zu älteren Versionen.

Die Zutaten von XAMPP

Jeder Buchstabe von XAMPP steht für eine bestimmte Zutat:

X – für ein beliebiges Betriebssystem. XAMPP lässt sich auf Windows, Mac OS und Linux installieren.

A – für den Apache-Server, den weltweit am häufigsten eingesetzten Webserver.

M – für die Datenbank MySQL bzw. die Datenbank MariaDB.

P – für die Programmiersprache PHP.

P – für die Programmiersprache Perl.

MySQL vs. MariaDB

Früher war die Welt einfacher, da gab es nämlich bei den freien Datenbanken lediglich ein führendes System, und das hieß MySQL. Leider hat sich dieses Projekt aufgespaltet.

Die Entwickler von XAMPP haben sich im November 2015 auf die Seite des neuen Zweigs geschlagen, der Datenbank MariaDB. WordPress funktioniert zwar auch damit, Sie sollten sich eine Abkehr von MySQL aber aus folgenden Gründen gut überlegen:

- Die wenigsten Provider stellen MariaDB zur Verfügung.
- Wer einmal von MySQL zu MariaDB konvertiert ist, kommt nicht mehr zurück.
- Die Hilfeseiten zu MariaDB sind rar.

Was also tun? XAMPP untreu werden? Nein, denn es ist nun mal das beste System für eine Datenspiegelung auf einem lokalen Server. Mit sämtlichen XAMPP-Alternativen brüten Sie stundenlang über irgendwelchen Konfigurationen und werden alt und grau. XAMPP ist immer noch erste Wahl für alle, denen es nur um die Spiegelung Ihrer Website geht und nichts anderes. Nehmen Sie die richtige Version, und die Sache passt.

XAMPP-Versionen

Früher hätte man einfach die neueste Version von XAMPP heruntergeladen – jetzt heißt es, ein bisschen zu tricksen.

Klicken Sie zunächst auf den grünen Pfeil auf der Startseite *www.apachefriends.org*. Danach landen Sie auf dem obigen Bildschirm mit den drei Versionen. Vergessen Sie sie aber wieder, denn auch darin steckt überall MariaDB. Weitere Versionen finden Sie bei *More Downloads*, über diesen Weg kommen Sie auf die Downloadseite von SourceForge.

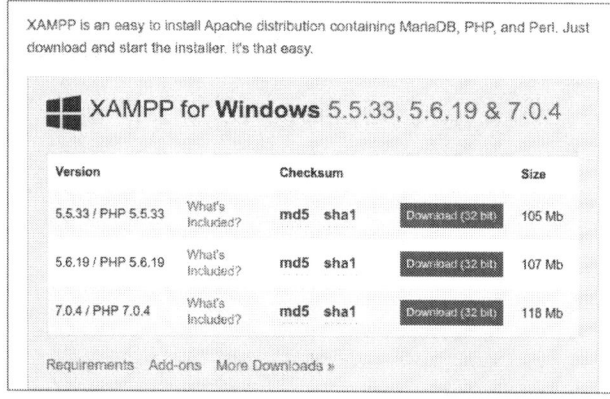

Bild 17.27: Via *More Downloads* gelangen Sie auch zu älteren Versionen.

Download über SourceForge

Auf SourceForge finden Sie geeignete ältere Versionen. Laden Sie einfach eine Version aus der Ära vor MariaDB herunter, also bis einschließlich August 2015, natürlich passend für Ihr Betriebssystem. Dann starten Sie die Installation.

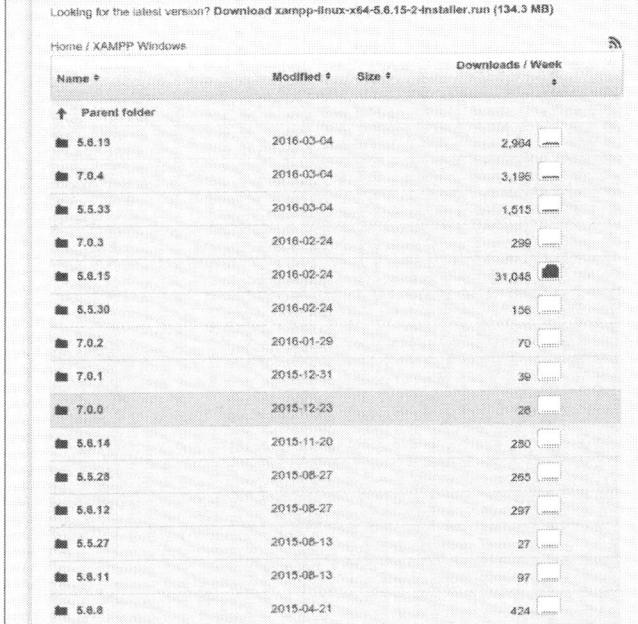

Bild 17.28: Auf SourceForge stehen ältere Versionen von XAMPP zur Verfügung. In allen Ausgaben bis einschließlich August 2015 steht das M noch für MySQL und nicht für MariaDB.

17.3.2 XAMPP installieren

In Windows klicken Sie auf *.exe*, um den Setup-Wizard zu starten, den Installationsassistenten. Am besten wählen Sie den voreingestellten Ordner als Zielordner. Die Installation auf dem Mac verläuft ähnlich. Übernehmen Sie auch hier die vorgegebenen Installationseinstellungen.

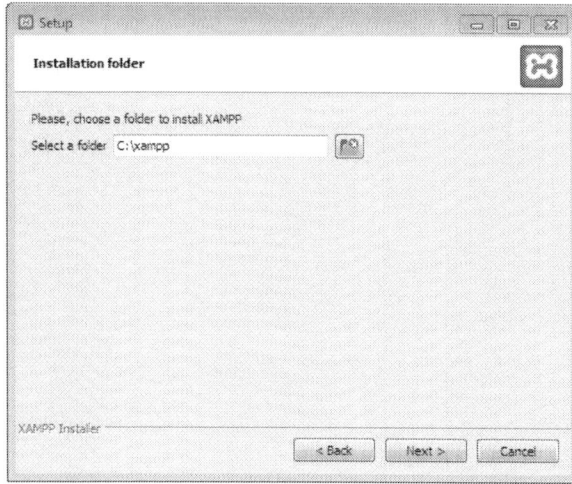

Bild 17.29: XAMPP schlägt einen Installationsordner vor. Es spricht nichts dagegen, ihn zu übernehmen.

Windows-User führt die Installationsroutine zu einem großen Auswahlbildschirm. Auf jeden Fall aktiviert haben sollten Sie *Apache*, *MySQL*, *PHP* und *phpMyAdmin*. Mit letzterem Tool greifen Sie komfortabel auf die MySQL-Datenbank zu. Ohne phpMyAdmin bleibt nur der steinige Weg über die MySQL-Kommandozeile.

Perl sollten Sie vorsichtshalber ebenfalls installieren. Die Komponenten *FileZilla FTP Server*, *Mercury Mail Server*, *TomCat*, *Webalizer* und *Fake Sendmail* werden für die Arbeit mit WordPress nicht benötigt, der Einfachheit halber können Sie aber die Voreinstellungen lassen. Der Vorteil von XAMPP ist ja, dass es »out of the box« läuft. Sie müssen sich nicht um jedes Detail kümmern.

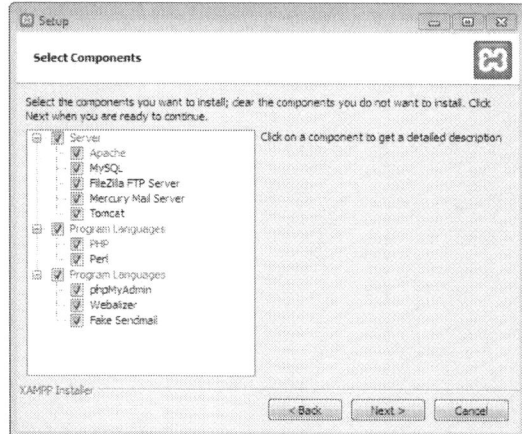

Bild 17.30: Die voreingestellten XAMPP-Komponenten können übernommen werden.

In der Mac-Variante sind die Auswahlmöglichkeiten etwas geringer. Klicken Sie einfach auf *Next*. Am Ende der Installation fragt XAMPP, ob das *Control Panel* gestartet werden soll – *Start*.

Alles im Griff mit dem Control Panel

So präsentiert sich das *XAMPP Control Panel* in Windows nach der Installation. Etwas spartanischer kommt das Gegenstück auf dem Mac daher, der *XAMPP Application Manager*. Noch sind allerdings keine Dienste gestartet. Damit der Server mit der Arbeit beginnt, müssen Sie zwei *Start*-Schaltflächen anklicken, und zwar die für *Apache* und die für *MySQL*. Die drei anderen Dienste können Sie ignorieren.

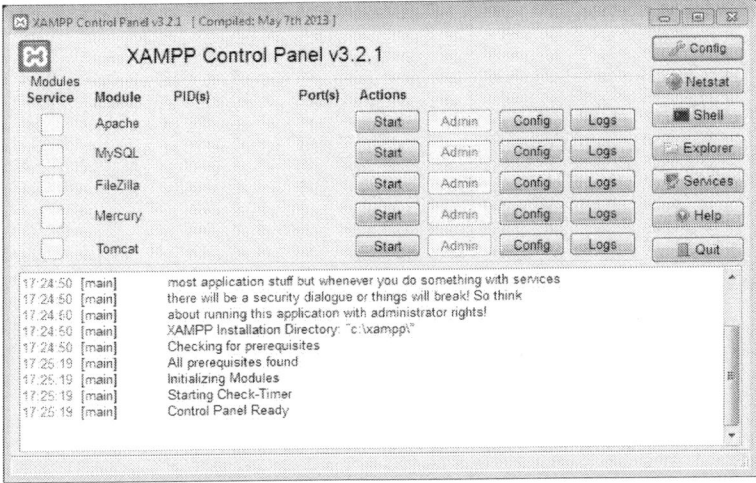

Bild 17.31: Das *XAMPP Control Panel* wartet auf den Start der Module *Apache* und *MySQL*.

Apache macht Feuer – Server starten

Nach dem Start des Apache-Servers kann es sein, dass sich auf Windows-Systemen die Firewall meldet. Kein Grund zur Panik. Klicken Sie auf *Abbrechen*, bis der Schirm verschwindet.

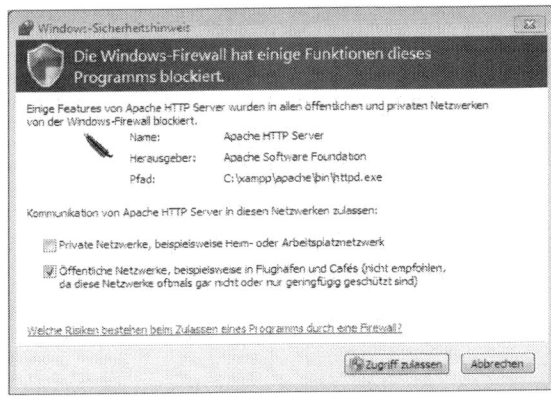

Bild 17.32: Die Firewall meldet sich? Klicken Sie dieses Fenster einfach weg.

Surfen auf dem Localhost

Nach der Installation des XAMPP-Pakets dürfen Sie ein völlig neues Surfgefühl genießen. Der Webbrowser dient nicht mehr nur dem Aufrufen von Websites im World Wide Web, sondern auch dem Aufruf von Seiten auf dem heimischen Computer. Eine bereits aufrufbare Seite Ihres Apachen finden Sie unter *http://localhost/* – ohne *www*. Dort sollten Sie zur Kontrolle einmal hinsurfen und den Hinweis finden, dass der Apache läuft.

MySQL-Datenbank anlegen

Jetzt sind Sie selbst der Provider. Unter der Adresse *http://localhost/phpmyadmin* erreichen Sie die grafische Oberfläche zur Datenbankverwaltung. Klicken Sie hier auf das Register *Datenbanken*. Anschließend öffnet sich das Eingabefeld *Neue Datenbank anlegen*. Links geben Sie einen Datenbanknamen ein, zum Beispiel *wordpressbank*. Merken Sie sich diesen Namen, er wird für die Installation gebraucht.

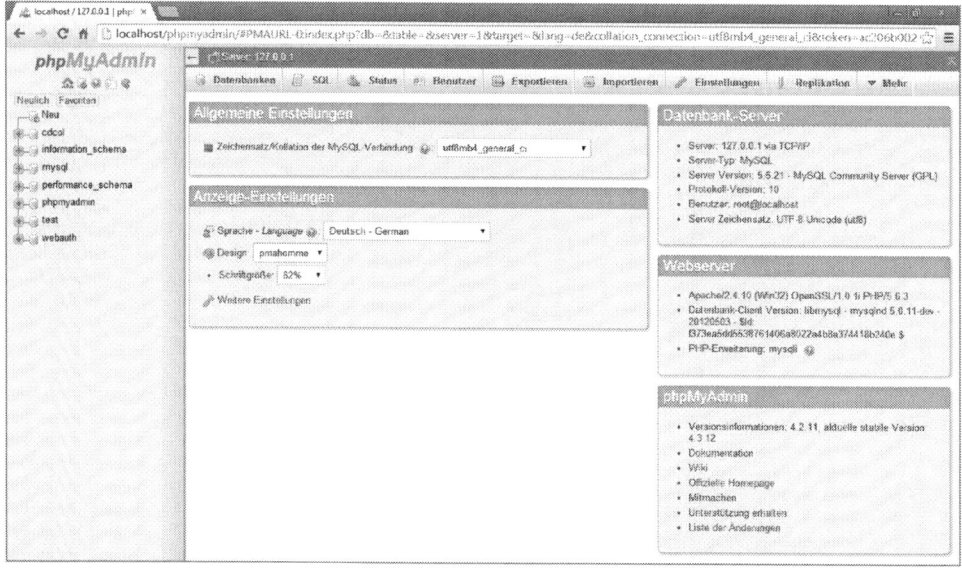

Bild 17.33: phpMyAdmin auf dem Localhost. Hier wird die Datenbank für WordPress erstellt.

Keine Angst vor Kollationen

Im Drop-down-Menü rechts können Sie sogenannte Kollationen wählen. Damit werden die Zeichensätze Ihrer Datenbank definiert. Falls Sie zum Beispiel Indologe sind und Sanskrit benötigen, müssen Sie sich mit diesem Thema näher auseinandersetzen. Andernfalls nehmen Sie *utf8_unicode_ci* und notieren sich diese gewählte Kollation. So vermeiden Sie Probleme beim Überspielen von Datenbanken – damit nach einem Provider- oder Domainwechsel alle Umlaute wieder richtig dargestellt werden.

Bild 17.34: Mit der Kollation *utf8_unicode_ci* werden alle Umlaute korrekt dargestellt.

> **XAMPP-Sicherheitshinweis**
>
> XAMPP in zwei Worten: Es läuft. Das System verlangt im Vergleich zu allen anderen Serverpaketen eine wesentlich geringere Einarbeitungszeit. Gespart wurde dafür an neuralgischen Punkten der Sicherheit: Der MySQL-Admin mit Namen *root* hat kein Passwort, und nicht einmal das Verwaltungstool phpMyAdmin ist geschützt. Zudem sind die Verzeichnisrechte äußerst tolerant vergeben. Kommen Sie also niemals auf die Idee, XAMPP als Produktivsystem auf einen Webserver zu spielen. Das Ding wäre in fünf Minuten gehackt
>
> XAMPP ist eine Testumgebung – und nur eine Testumgebung. Falls Sie auch zu Hause die höchste Sicherheitsstufe einhalten möchten, sind diese Regeln Pflicht:
>
> 1. Apache über das *XAMPP Control Panel* ausschalten, wenn Sie nicht damit arbeiten!
>
> 2. Computer vom Internet trennen, wenn der Apache läuft!

17.3.3 WordPress lokal installieren

Vor der Spiegelung sollten Sie das XAMPP-System etwas kennenlernen. Dieses Kapitel zeigt, wie Sie ein frisches WordPress lokal installieren.

Installationsverzeichnis anlegen

Zunächst legen Sie ein Installationsverzeichnis für WordPress an, natürlich nicht an einer beliebigen Stelle, sondern innerhalb des XAMPP-Servers im Wurzelverzeichnis. Sie finden es unter diesem Pfad:

- Windows: *C:\xampp\htdocs*
- Mac OS X: */Programme/XAMPP/xamppfiles/htdocs*

Nur Sites, die sich innerhalb des *htdocs*-Ordners befinden, können später unter der URL *localhost* aufgerufen werden. Sie können WordPress direkt ins *htdocs*-Verzeichnis installieren, aber es kommt ja später noch die Spiegelung hinzu. Legen Sie am besten ein Unterverzeichnis mit dem Namen *wordpress* an. Die Site wird dann unter der Adresse *http://localhost/wordpress* zu finden sein.

WordPress in das Installationsverzeichnis verschieben

Laden Sie WordPress herunter und verschieben Sie die Dateien in das Installationsverzeichnis. Ein FTP-Programm wird dazu natürlich nicht benötigt, es spielt sich ja alles auf dem eigenen Computer ab. Bevor die Installation beginnt, prüfen Sie noch einmal den Serverstatus durch Aufruf des *XAMPP Control Panel*. Die Module *Apache* und *MySQL* müssen aktiviert sein.

Lokale Installations-URL aufrufen

In der XAMPP-Umgebung auf dem lokalen Rechner können Sie WordPress mal ein bisschen auf die Probe stellen und auf das vorherige Anlegen der Konfigurationsdatei *wp-config.php* verzichten. Dieses Verfahren funktioniert übrigens auch bei einigen Providern – aber nicht bei allen.

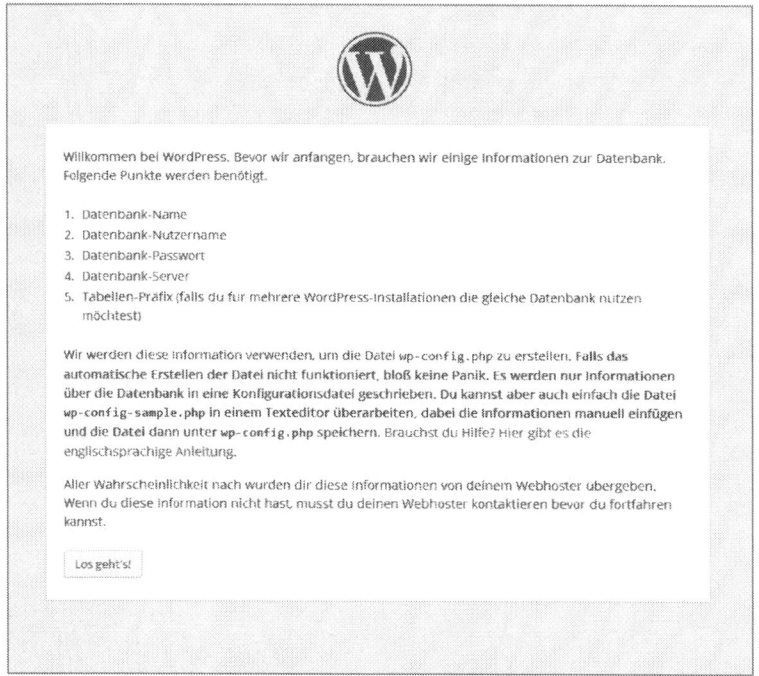

Bild 17.35: WordPress fordert die Zugangsdaten an.

Geben Sie ganz unverfroren die Installations-URL im Localhost ein: *http://localhost/wordpress/wp-admin/install.php*.

Danach fordert WordPress die Zugangsdaten an und erstellt die Konfigurationsdatei eigenständig. Geben Sie diese Daten ein:

- *Datenbank Name* – »wordpressbank«, falls Sie diesen Namen bei der Erstellung gewählt haben.

- *Datenbank-Nutzername* – »root«, den voreingestellten Namen des XAMPP-Servers.

- *Datenbank-Passwort* – dieses Feld bleibt leer
- *Datenbank-Server* – »localhost«.
- *Tabellen-Präfix* – »wp_«

Dank der toleranten Rechtevergabe des XAMPP-Servers hilft sich WordPress selbst und erstellt die benötigte Datei *wp-config.php*.

Bild 17.36: WordPress meldet, dass die Konfigurationsdatei angelegt wurde.

WordPress meldet den Anschluss der Datenbank. Ab jetzt unterscheidet sich die lokale nicht von einer Providerinstallation. Weiter geht es mit dem Willkommensschirm, der in gewohnter Manier zur Eingabe diverser benötigter Informationen auffordert. Nach der Eingabe von *Seitentitel*, *Benutzername*, *Passwort* und *E-Mail-Adresse* ist die Installation auch schon beendet. Sie verfügen nun über ein lokales WordPress-System.

Log-in lokal

Nach der erfolgreichen Installation leitet Sie WordPress auf den Log-in-Screen weiter. An der URL ist zu erkennen, dass Sie sich auch tatsächlich auf dem Localhost befinden:

localhost/wordpress/wp-login.php

Jetzt verfügen Sie über eine vernünftige Testumgebung für WordPress, Themes und Plug-ins und sind bereit für den nächsten Schritt: die Spiegelung eines bereits existierenden Systems – eines Systems, in das Sie viel Arbeit hineingesteckt haben. Richtig, es geht um den Shop.

17.3.4 WordPress lokal spiegeln

Ist es wirklich so wichtig, WordPress lokal zu spiegeln? Ja. Denn falls der Webspace von Schadcode befallen ist, greifen die Provider schon mal zu radikalen Maßnahmen und sperren eine Website – durch pauschales Herabsetzen der Rechte für alle Verzeichnisse und Dateien.

Möglicherweise war ein Plug-in für den Einbruch verantwortlich. Mit dem Löschen des Plug-ins ist das Problem natürlich nicht gelöst. Was Admins ohne Absicherung jetzt den Schlaf raubt:

- Die Installation ist von Schadcode befallen.
- Das Rechteschema wurde durch den Provider stark verändert, der Urzustand ist nicht mehr herzustellen.
- Der Provider schaut dem Admin jetzt ganz genau auf die Finger, und wahrscheinlich hat er ihn dazu verpflichtet, eine Sicherheitserklärung zu unterzeichnen.

Wer vorgesorgt hat, spart im Katastrophenfall Zeit, Nerven und Schmerztabletten. Das System stellt er auf diese Weise wieder her:

1. Kompromittierten Webspace komplett löschen.
2. Auf dem XAMPP die jüngste Datensicherung vor der Kompromittierung aufspielen und wissen, dass nichts verloren ist.
3. Das betroffene Plug-in deaktivieren und löschen oder andere Sicherheitslücken abdichten.
4. Einen Funktionscheck durchführen und mit Wordfence die Dateien auf Schadecode prüfen.
5. Das unversehrte WordPress hochladen und die Website wieder anwerfen.

Neues Verzeichnis anlegen

Im letzten Kapitel wurde ein frisches WordPress in das gleichnamige Unterverzeichnis *wordpress* installiert. Damit die bisherige Arbeit nicht überschrieben wird, brauchen Sie ein neues Unterverzeichnis, und zwar am selben Ort: im Wurzelverzeichnis des XAMPP-Servers. Passenderweise nennen Sie das Verzeichnis *spiegelverzeichnis*.

Neue Datenbank anlegen

Die Erstellung der Datenbank läuft wieder über phpMyAdmin ab. Die URL lautet *http://localhost/phpmyadmin*. Gehen Sie im Menü oben auf *Datenbanken* und *Neue Datenbank anlegen*. Wählen Sie einen passenden Namen, zum Beispiel *spiegelbank*. Sie erhalten eine leere Datenbank ohne Tabellen.

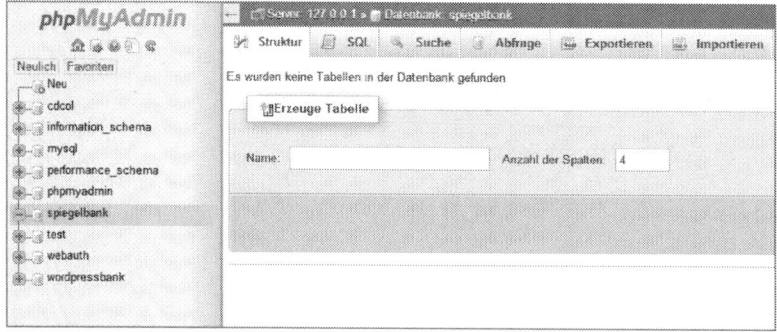

Bild 17.37: Über phpMyAdmin wurde eine leere Datenbank erzeugt.

Dateien und Datenbank von live auf lokal

Zunächst brauchen Sie die Sicherung Ihres Live-Systems, und zwar beide Komponenten:

- Die Dateien, die Sie per FTP heruntergezogen haben.
- Die Datenbank, die Sie per phpMyAdmin exportiert haben.

Beides liegt auf dem Rechner bereit? Dann heißt es, alles an die richtige Stelle zu bugsieren. Die Dateien müssen nur ins neu angelegte Unterverzeichnis *spiegelverzeichnis*. Dabei gilt: Nichts wird neu installiert, alles wird eins zu eins dorthin verschoben. Anschließend wird die Datenbank importiert.

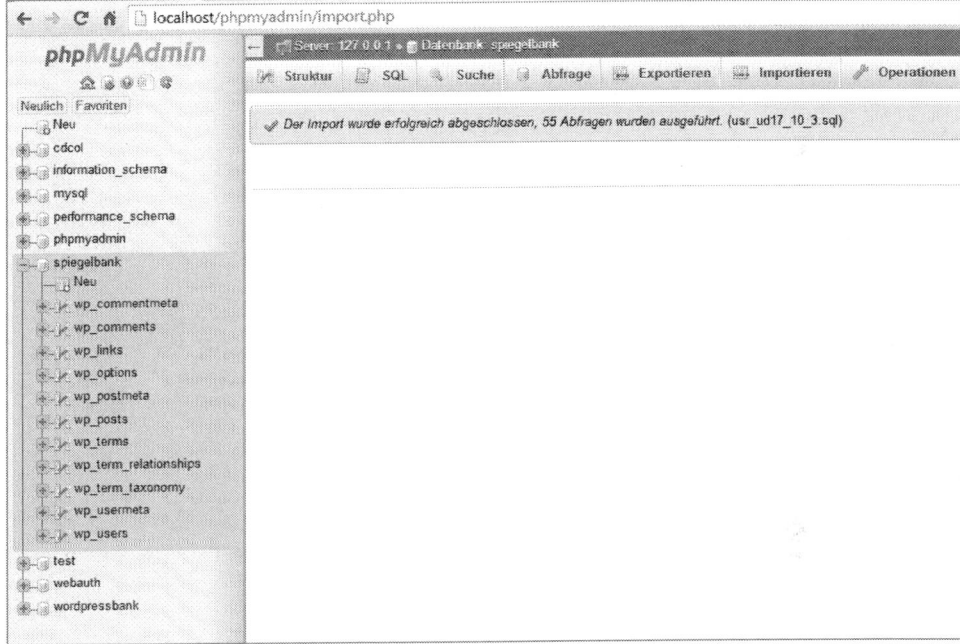

Bild 17.38: Über phpMyAdmin auf dem Localhost wurde die Datenbank des Live-Systems importiert.

Der Weg führt über die Importfunktion von phpMyAdmin. Rufen Sie die erstellte *spiegelbank* auf. Sie ist noch leer. Dann gehen Sie im Menü oben auf *Importieren*. Wählen Sie die SQL-Datei des Live-Systems aus und starten Sie den Importvorgang.

Konfigurationsdatei anpassen

```
/** MySQL Einstellungen - diese Angaben bekommst du von deinem Webhoster. */
/** Ersetze database_name_here mit dem Namen der Datenbank, die du verwenden möchtest. */
define('DB_NAME', 'spiegelbank');

/** Ersetze username_here mit deinem MySQL-Datenbank-Benutzernamen */
define('DB_USER', 'root');

/** Ersetze password_here mit deinem MySQL-Passwort */
define('DB_PASSWORD', '');

/** Ersetze localhost mit der MySQL-Serveradresse */
define('DB_HOST', 'localhost');
```

Bild 17.39: Die Konfigurationsdatei wird auf dem Localhost angepasst.

Angepasst werden muss auch die Konfigurationsdatei. Öffnen Sie die Datei *config.php* und ändern Sie die Zugangsdaten – passend für das XAMPP-System:

- *Datenbank Name* – »spiegelbank«, falls Sie diesen Namen bei der Erstellung gewählt haben.

- *Datenbank-Nutzername* – »root«, den voreingestellten Namen des XAMPP-Servers.

- *Datenbank-Passwort* – dieses Feld bleibt leer

- *Datenbank Server* – »localhost«.

- Hatten Sie bei der Installation Ihres Live-Systems aus Sicherheitsgründen das Tabellenpräfix geändert? Dann müssen Sie dies auch in der Konfigurationsdatei tun.

```
$table_prefix  = 'wp_';
```

Bild 17.40: Das Tabellenpräfix kann über die Konfigurationsdatei angepasst werden.

Die Konfigurationsdatei ist angepasst? Dann heißt es noch, der Datenbank auf die Sprünge helfen.

URLs neu zuordnen

In der importierten Datenbank ist an zwei Stellen noch die URL der Live-Adresse eingegeben, beispielsweise *www.mustershop-online.de*. Klicken Sie die Tabelle *wp_options* an. Es öffnen sich nun einzelne Tabellenfelder, die Sie editieren können.

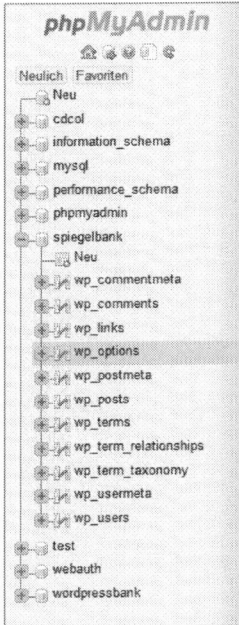

Bild 17.41: Aufruf der Tabelle *wp_options*.

Lokale Adresse in die Datenbank eintragen

Für *siteurl* und *home* wird im Feld *option_value* die lokale URL eingetragen. Ersetzen Sie in den ersten beiden Zeilen *www.mustershop-online.de* durch die lokale URL:

http://localhost/spiegelverzeichnis/.

Achten Sie darauf, dass sich kein *www* einschleicht, Sie sind schließlich nicht im Internet unterwegs, sondern auf dem heimischen Computer.

+ Optionen

←T→	option_id	option_name	option_value	autoload
Bearbeiten Kopieren Löschen	1	siteurl	http://localhost/spiegelverzeichnis/	yes
Bearbeiten Kopieren Löschen	2	home	http://localhost/spiegelverzeichnis/	yes

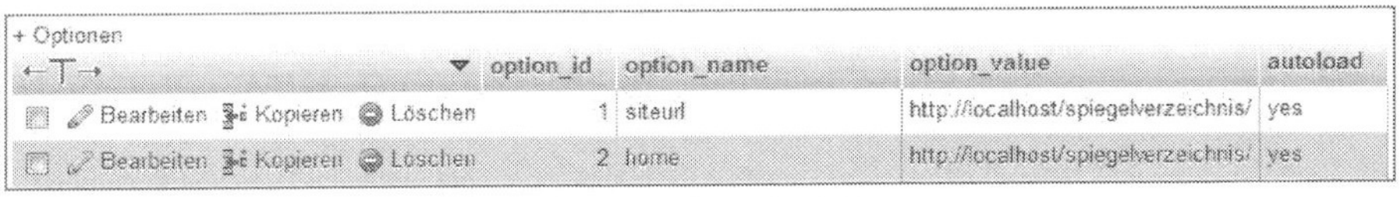

Bild 17.42: In der Tabelle *wp_options* werden die URLs angepasst.

Spiegelung auf dem Localhost aufrufen

Nach der Anpassung der URLs können Sie die Website auf dem lokalen Server unter *http://localhost/spiegelverzeichnis/* aufrufen. Über *http://localhost/spiegelverzeichnis/wp-admin/* erreichen Sie das Backend, wo Sie *Einstellungen/Allgemein* aufrufen und auch bei *WordPress-Adresse (URL)* und *Website-Adresse (URL)* die lokale URL eingeben.

Im Vergleich mit der Live-Installation sind keine Unterschiede festzustellen. Im Katastrophenfall oder für einen Providerwechsel lässt sich Ihre Site auch schnell wieder auf einen neuen Webspace zurückspiegeln. Außerdem dürfen Sie jetzt risikolos an Themes schrauben und Funktionen ausprobieren.

Kurz gesagt: Sie sind jetzt im Klub der fortgeschrittenen WordPress-Anwender aufgenommen. Verewigen Sie diesen feierlichen Moment. Öffnen Sie die Balkontür und halten Sie eine Rede.

17.4 Keine Panik bei Kompromittierung

17.4.1 Was ist eine Kompromittierung?

Bei einer Kompromittierung befindet sich in der Regel Schadcode innerhalb Ihrer WordPress-Installation. Die Angreifer steuern damit Botnetze oder legen hinter Ihrem Rücken Beiträge an, die Links zu Websites mit gefälschten Markenprodukten enthalten.

17.4.2 Wie wird eine Kompromittierung festgestellt?

Sehr verbreitet sind diese Szenarios:

1. Ein Admin hat manipulierte Dateien oder einen eingeschlichenen User entdeckt. Die Site ist dabei voll funktionsfähig.
2. Wordfence oder ein anderes Security-Plug-in vermutet eine Kompromittierung. Die Site ist dabei voll funktionsfähig.
3. Der Admin hat vom Provider eine Nachricht über eine mögliche Kompromittierung erhalten. Die Site wurde teilweise oder völlig abgeschaltet.

17.4.3 Warum Sie die Ruhe bewahren sollten

Wenn Sie jetzt hektisch irgendwelche Dateien löschen oder ändern, verschlimmern Sie die Situation möglicherweise. Auch wenn Ihr Provider Ihnen mitteilt, dass eine bestimmte Datei befallen ist – in der Regel sind es mehrere –, sollten Sie nicht das Kind mit dem Bade ausschütten. Wenn Sie eine systemrelevante Datei löschen, wird nämlich die ganze Installation ruiniert.

17.4.4 Was jetzt zu tun ist

Zunächst ist es wichtig, systematisch alle Einfallstore in Betracht zu ziehen und abzudichten. Möglicherweise ist WordPress zwar betroffen, aber nicht der Schuldige. Ändern Sie zunächst das Passwort zum Kundencenter des Providers.

Danach ändern Sie:

- das Passwort Ihres FTP-Accounts sowie
- das Passwort Ihrer Datenbank.
- Denken Sie daran, dass Sie die geänderten Passwörter auch an anderen Stellen ändern müssen, also im FTP-Programm und in der Konfigurationsdatei.

WordPress wieder zum Laufen bringen

1. Schadcode manuell entfernen.
2. Wiederherstellung durch den Provider.

Schadcode manuell entfernen

Diese Methode ist ziemlich riskant und funktioniert nur in etwa einem Drittel der Fälle. Fahnden Sie, unter Zuhilfenahme von Wordfence, nach diesen Spuren:

- Eingeschlichene Benutzer in der Benutzerverwaltung. Tipp: Gern tarnen sich die Eindringlinge mit unauffälligen Namen wie User, Admin oder Moderator.
- Beiträge, Seiten und Produkte, die nicht von Ihnen oder einem autorisierten Mitglied Ihres Teams erstellt wurden.
- Verdächtige Dateien, die sich vorzugsweise im Uploadordner eingenistet haben. Besonders gefährdet sind alle Verzeichnisse der Mediathek. Lassen Sie sich auch hier nicht von gebräuchlichen Dateinamen täuschen.
- Schadcode innerhalb Ihrer Dateien. Erspähen Sie das Wort *Eval* innerhalb einer Datei, verbunden mit einer seltsamen Zeichenkette? Hier ist Schadcode eingedrungen.

In einem frühen Stadium der Infektion lässt sich WordPress mit der Methode »Schadcode suchen und löschen« möglicherweise retten. Das Problem ist nur, dass Sie wahrscheinlich nicht jeden Schadcode aufgespürt haben und das Einfallstor möglicherweise noch offen steht. Außerdem besteht die Gefahr, dass Sie systemrelevante Dateien beschädigen oder löschen. Nach der Putzaktion gehen Sie so vor:

- Neuen Admin anlegen, alten Admin löschen.
- Updates von Themes und Plug-ins durchführen.
- Theme wechseln, altes Theme löschen.
- Einzelne verdächtige Dateien via FTP ersetzen.

Diese Tipps sind ohne Gewähr und nur dazu gedacht, den Shop für eine abgesteckte Zeitspanne am Laufen zu halten. Um einen Neuanfang werden Sie nicht herumkommen.

Wiederherstellung durch den Provider

Regelmäßig führen heute die meisten Provider Sicherungen durch. Nehmen Sie Kontakt mit dem Support auf und erkundigen Sie sich nach Möglichkeiten zur Wiederherstellung. Möglich ist das in der Regel für den Webspace und ebenso für die Datenbank. Die Gebühren sind relativ moderat, für die Wiederherstellung einer Datenbank bezahlen Sie meist nicht mehr als 20 Euro. Natürlich sollten Sie auch Informationen zu den Ursachen einholen. Gehen Sie davon aus, dass der Angriff erneut durchgeführt wird.

Eigenes Backup einspielen

Wenn Sie Ihre Dateien und Ihre Datenbank regelmäßig gesichert haben und über ein XAMPP-System verfügen, gehen Sie so vor:

- Alle Dateien innerhalb des Benutzerverzeichnisses auf dem Server löschen.
- Eine ältere, gespiegelte Version mittels Wordfence auf Kompromittierung überprüfen.
- Die unversehrte Version vom XAMPP-System auf den Server hochladen.

Auch in diesem Fall gilt es natürlich, das Einfallstor abzudichten. Halten Sie Kontakt mit dem Support Ihres Providers und informieren Sie sich über verwundbare Plug-ins.

Checkliste Security

- Starke Namen und Passwörter.
- Log-in-Versuche wurden begrenzt.
- Tabellenpräfix geändert.
- Neuen Administrator angelegt und Account mit ID 1 gelöscht.
- Adminbereich via HT-Access geschützt.
- Updates werden konsequent eingespielt.
- Informationen über Sicherheitslücken werden verfolgt.
- Team über Social Engineering aufgeklärt.
- Einsatz von Wordfence oder eines anderen Security-Plug-ins.
- Restriktive Rechtevergabe.
- Entrümpelung überflüssiger Themes und Plug-ins.
- Regelmäßige Sicherung von Dateien und Datenbank.
- XAMPP-System aufgesetzt.
- Live-Installation auf XAMPP-System gespiegelt.

18 Fehlermeldungen

18.1	Error Establishing a Database Connection	622
18.2	Weißer Bildschirm zeigt Fatal Error	623
18.3	Weiße Seiten nach Umstellung der Permalinks	624
18.4	Nach Update kein Zugriff auf das Backend	626
18.5	Datei nicht beschreibbar	626
18.6	Verzeichnis nicht beschreibbar	627
18.7	Das System der Dateirechte	627

Checkliste Fehlermeldungen 630

Die typischen WordPress-Probleme lassen sich meist schnell beheben – wenn man weiß, wo der Hebel anzusetzen ist. Das Glossar:

- **HT-Access-Datei** – Die Abkürzung HT steht für Hypertext. Die Datei wird mit einem Punkt am Anfang geschrieben, der exakte Dateiname lautet zwingend *.htaccess* – ohne irgendeine Dateiendung. Eine HT-Access-Datei hat die Aufgabe, bestimmte Einstellungen und Regeln eines Apache-Webservers zu überschreiben. Der Webmaster kann also via HT-Access in die Konfiguration des Servers eingreifen.

- **Konfigurationsdatei** – Die in WordPress enthaltene Datei *config.php* wird auch als Konfigurationsdatei bezeichnet. Sie dient dem Anschluss der Datenbank an WordPress.

- **Modul Mod Rewrite** – Das wichtige Modul eines Apache-Webservers muss bei manchen Providern erst durch eine HT-Access-Datei aktiviert werden. Das Modul dient dem Umschreiben von URLs für die Suchmaschinenoptimierung.

- **Rechte** – Die Rechteverwaltung dient der Sicherheit eines Webservers. Unterschieden wird zwischen Lese-, Schreib- und Ausführungsrechten für eine Datei oder ein Verzeichnis. Als Administrator können Sie Rechte über ein FTP-Programm einsehen und verändern.

- **Wurzelverzeichnis** – Die unterste Ebene in einem Verzeichnisbaum. Im Wurzelverzeichnis einer WordPress-Installation befinden sich sowohl einzelne Dateien als auch die Verzeichnisse *wp-admin*, *wp-content* und *wp-includes*.

18.1 Error Establishing a Database Connection

Die Meldung *Error Establishing a Database Connection* oder *Fehler beim Aufbau einer Datenbankverbindung* tritt in der Regel bei der Installation auf. Sie weist darauf hin, dass die MySQL-Datenbank nicht richtig verknüpft wurde. Dann heißt es, die Konfigurationsdatei, sie trägt den Namen *wp-config.php*, noch einmal zu überprüfen. Stimmen die vier eingetragenen Zugangsdaten? Vielleicht haben Sie die Passwörter verwechselt, oder bei der Groß- und Kleinschreibung hat sich ein Fehler eingeschlichen.

Fehler beim Aufbau einer Datenbankverbindung

Bild 18.1: Wurden die Zugangsdaten fehlerhaft eingetragen oder nachträglich verändert, erscheint, je nach Provider auf Englisch oder Deutsch, diese Meldung *Fehler beim Aufbau einer Datenbankverbindung*.

Lösung: Öffnen Sie die Datei *wp-config.php* und kontrollieren Sie noch einmal alle Verbindungsdaten. Sind Sie unsicher bei der Serveradresse *DB_HOST*, dem letzten der vier Werte? Grundsätzlich ist es falsch, hier *http://* oder *www* voranzustellen. Probieren Sie es auf gut Glück auch einmal mit *localhost*.

Tragen Sie die richtigen Werte ein und laden Sie die Datei *wp-config.php* noch einmal hoch. Dabei überschreiben Sie die nicht funktionierende *wp-config.php*. Falls Sie sie für die weitere Fehleranalyse noch erhalten möchten, benennen Sie sie vorher um, zum Beispiel in _wp-config.php.

18.2 Weißer Bildschirm zeigt Fatal Error

Nach der Aktivierung oder seltener dem Update eines Plug-ins ist es möglich, dass ein weißer Bildschirm mit dieser oder einer ähnlichen Fehlermeldung angezeigt wird (die Anzahl der Bytes ist unerheblich):

Fatal Error. Allowed Memory Size of 12345 Bytes exhausted.

Was steckt dahinter? Einige Plug-ins benötigen besonders viel Speicher, nicht nur Shop-Plug-ins, sondern auch Galerien. Die Provider begrenzen aber den Arbeitsspeicher für Ihren Webspace durch das PHP Memory Limit. Um das Problem zu lösen, gibt es diese Möglichkeiten:

- Verzicht auf das Plug-in.
- Wechsel des Providers.
- Hochsetzen des PHP Memory Limit durch den Provider.
- Das PHP Memory Limit selbst heraufsetzen.

Für den letzteren Fall, das eigenmächtige Heraufsetzen, haben Sie zwei Alternativen: entweder per *.htaccess* oder per *wp-config.php*.

Ob das Heraufsetzen funktioniert, hängt von Ihrem Provider ab. Im schlimmsten Fall können Sie nach einer Änderung weitere Fehlermeldungen erhalten und damit vom Regen in die Traufe kommen. Um das Kind nicht mit dem Bade auszuschütten, empfiehlt sich dieses Vorgehen:

- Erkundigen Sie sich mit einem kurzen Anruf oder einer E-Mail bei Ihrem Provider, auf welche Weise Sie das PHP Memory Limit erhöhen können.
- Dokumentieren Sie Ihre Änderungen. So lässt sich der ursprüngliche Zustand relativ problemlos wiederherstellen, um anschließend eine andere Methode zu testen.

Änderung per HT-Access

Im Wurzelverzeichnis Ihrer WordPress-Installation befindet sich die Datei mit dem Namen *.htaccess*. Falls Sie sie nicht sehen, klicken Sie in Ihrem FTP-Programm auf *Versteckte Dateien anzeigen* oder *Ausgeblendete Dateien anzeigen*.

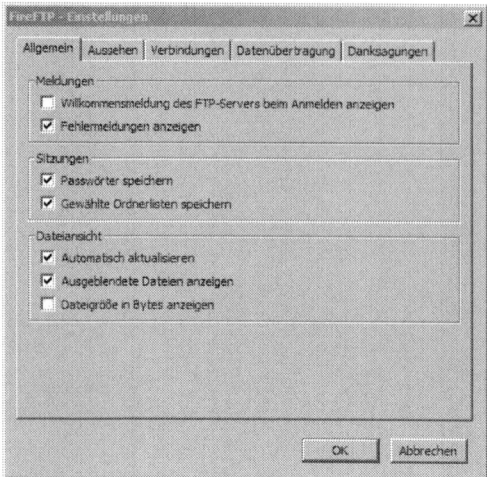

Bild 18.2: In den Einstellungen des FTP-Clients muss die Anzeige versteckter Dateien aktiviert sein, damit die Datei *.htaccess* angezeigt wird.

Laden Sie die Datei herunter und fügen Sie, ohne irgendetwas zu überschreiben, in einem Texteditor diese Zeile hinzu:

```
php_value memory-limit 512M
```

Ist nach dem Upload der ergänzten HT-Access-Datei das Problem gelöst? Falls nicht, machen Sie die Änderung wieder rückgängig und setzen den Hebel bei der Konfigurationsdatei an.

Änderung per Konfigurationsdatei

Ergänzen Sie die Datei *wp-config.php* durch diesen Code:

```
define ('WP_MEMORY_LIMIT', '512M');
```

18.3 Weiße Seiten nach Umstellung der Permalinks

Falls Sie nach der Umstellung auf suchmaschinenfreundliche Permalinks auf weiße Seiten mit der Fehlermeldung *Not Found* starren, brauchen Sie nicht in Panik zu geraten. Rufen Sie erneut *Einstellungen/Permalinks* auf. Mit einem Wechsel auf eine dieser beiden Optionen sollte die Site wieder funktionieren:

- *Einfach*
- *Tag und Name*

Danach benötigen Sie einige Informationen von Ihrem Provider. Finden Sie heraus, ob in Ihrem Hostingpaket das Modul *Mod Rewrite* enthalten und aktiviert ist. Möglicherweise müssen Sie es erst selbst aktivieren oder auf ein anderes Hostingpaket upgraden.

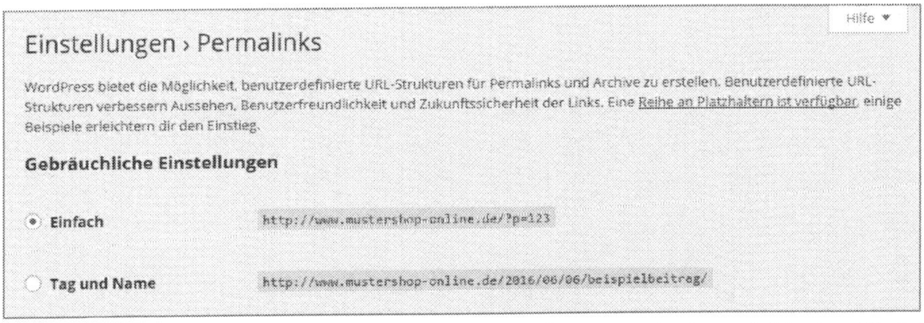

Bild 18.3: Mit der Option *Einfach* funktioniert WordPress auch ohne aktiviertes *Mod Rewrite*-Modul.

Danach testen Sie die Umstellung auf die suchmaschinenfreundlichen Permalinks erneut. Rufen Sie eine beliebige Seite oder einen Beitrag auf – nicht ausschließlich die Startseite, denn diese wird mit allen Permalink-Einstellungen korrekt angezeigt.

.htaccess erstellen und hochladen

Wenn Sie trotz aktivierten Moduls *Mod Rewrite* immer noch auf weiße Seiten stoßen, muss zusätzlich eine *.htaccess*-Datei in Ihr WordPress-Verzeichnis eingefügt werden. Sofern Ihr Provider dazu keine andere Option anbietet, erstellen Sie sie selbst. Öffnen Sie auf Ihrem PC einen einfachen Editor – kein umfangreiches Textverarbeitungsprogramm – und schreiben Sie ausschließlich diesen Text hinein:

```
# BEGIN WordPress
<IfModule mod_rewrite.c>
RewriteEngine On
RewriteBase /
RewriteRule ^index.php$ - [L]
RewriteCond %{REQUEST_FILENAME} .-f
RewriteCond %{REQUEST_FILENAME} .-d
RewriteRule . /index.php [L]
</IfModule>
# END WordPress
```

Speichern Sie die Datei unter dem Namen *.htaccess* ab. Genau unter diesem Namen – mit Punkt und ohne Dateiendung. Wundern Sie sich nicht, falls die Datei nach dem Speichern »verschwunden« ist. Standardmäßig werden in Dateimanagern und FTP-Programmen alle Dateien mit einem Punkt am Anfang ausgeblendet. Über die Aktivierung des Häkchens *Ausgeblendete Dateien anzeigen* taucht die Datei *.htaccess* wieder auf.

Vor dem Upload kontrollieren Sie, ob in Ihrem WordPress-Verzeichnis auf dem Server schon eine Datei mit Namen *.htaccess* vorhanden ist. Ein Überschreiben sollte vermieden werden, notfalls benennen Sie die bereits vorhandene Datei um.

Achtung: Denken Sie auch bei der Arbeit auf dem Server daran, dass *Ausgeblendete Dateien anzeigen* aktiviert sein muss, damit Dateien mit vorangestelltem Punkt angezeigt werden.

Laden Sie nun die *.htaccess* in das Wurzelverzeichnis Ihrer WordPress-Installation auf dem Server. Nun sollte es mit den Permalinks klappen.

18.4 Nach Update kein Zugriff auf das Backend

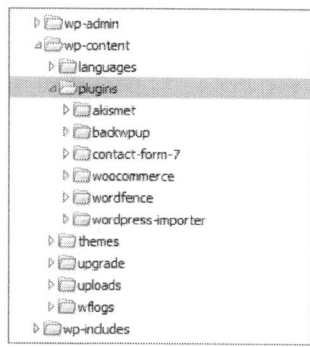

Bild 18.4: Das Plug-in-Verzeichnis von WordPress befindet sich innerhalb des Ordners *wp-content*.

Nach einem WordPress-Update gelangen Sie nicht mehr ins Backend? Möglicherweise liegt es daran, dass einige Plug-ins mit der neueren WordPress-Version Probleme haben. Wie schalten Sie diese nun ohne einen Backend-Zugriff aus?

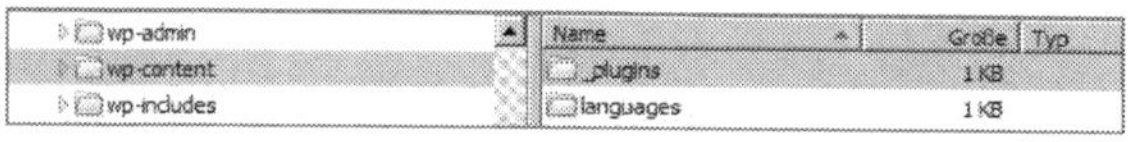

Bild 18.5: Über das FTP-Programm wurde der Plug-in-Ordner von *plugins* in *_plugins* umbenannt. Sämtliche Plug-ins sind damit deaktiviert.

Lösung: Starten Sie Ihr FTP-Programm und verbinden Sie sich mit dem Server. Klicken Sie auf das Verzeichnis *wp-content*, um das Unterverzeichnis *plugins* anzuzeigen. Benennen Sie es um, beispielsweise in *_plugins*. Durch den hinzugefügten Unterstrich oder eine andere Namensänderung sind alle Plug-ins aus dem System ausgehängt. Gehen Sie dann ins Backend. Geben Sie dem Plug-in-Verzeichnis wieder den ursprünglichen Namen und deaktivieren Sie verdächtige Plug-ins.

Falls Sie trotz der Umbenennung des Plug-in-Verzeichnisses nicht ins Backend gekommen sind: Löschen Sie die Cookies aus Ihrem Browser, leeren Sie den Browsercache oder probieren Sie den Zugriff von einem anderen Browser oder einem anderen Computer.

18.5 Datei nicht beschreibbar

Um diese Datei zu ändern, muss sie beschreibbar sein. – dieser Hinweis kann auftauchen, wenn Sie ein Theme oder ein Plug-in im Quellcode editieren möchten. Die Ursache für die Fehlermeldung liegt bei Ihrem Provider: Dieser hat die Sicherheitseinstellungen so restriktiv vergeben, dass Sie, aber genauso auch potenzielle Angreifer, in der betreffenden Datei keine Änderungen vornehmen können.

Lösung: Schicken Sie keine böse Mail an den Support, sondern ändern Sie kurzfristig die Zugangsrechte der betroffenen Datei über Ihren FTP-Client. In FireFTP öffnen Sie die Rechtevergabe auf diese Weise:

1. Rechtsklick auf die betreffende Datei.
2. Aufrufen von *Eigenschaften*.

Nach dem Editieren des Quellcodes setzen Sie die Rechte wieder auf die ursprünglichen Werte zurück.

18.6 Verzeichnis nicht beschreibbar

Diese Fehlermeldung kann auftreten, wenn Sie (zum ersten Mal) eine Datei in die Mediathek hochladen möchten. WordPress muss hierzu zunächst einen Ordner für das aktuelle Jahr und den aktuellen Monat anlegen. Sind aber für das übergeordnete Verzeichnis *wp-content/uploads/* nur die Rechte 755 zugewiesen, ist das Erstellen nicht in jedem Fall möglich.

Lösung: Ändern Sie per FTP die Rechte des Ordners *wp-content/uploads/* kurzfristig auf 777. Dann probieren Sie den Upload noch einmal. Die benötigten Verzeichnisse werden jetzt automatisch erzeugt – mit dem Upload der Bilddatei in die Mediathek.

Ganz wichtig: Setzen Sie die Rechte für *wp-content/uploads/* wieder auf den Ursprungswert zurück, zum Beispiel 755. Alles andere wäre eine Einladung an Angreifer, Ihre WordPress-Installation zu hacken.

Standardrechte der Mediathek

Diese Verzeichnis- und Dateirechte sind standardmäßig für die Mediathek eingestellt:

- Jahresordner der Mediathek: *755*
- darin enthaltene Monatsordner: *755*
- in den Monatsordnern enthaltene Dateien: *644*

18.7 Das System der Dateirechte

Als Webmaster muss man sich durch gewisse Dinge einfach durchkämpfen, und dazu gehört das System der Zugriffsrechte auf Verzeichnisse und Dateien.

Rechte sind providerabhängig

Es hängt auch ein bisschen vom Provider ab, wie die Rechte Ihrer WordPress-Installation eingestellt sind. Einige verfolgen eine eher tolerante Rechtevergabe, was zulasten der

Sicherheit geht, andere vergeben die Zugriffsrechte eher restriktiv – zulasten der Bequemlichkeit. Bei sicherheitsorientierten Providern müssen Sie für WordPress unter Umständen für diese Aufgaben die Rechte temporär erweitern:

- Erzeugung eines Verzeichnisses für die Medienverwaltung oder das Hochladen von Medien.
- Aktualisierungen von WordPress, Themes und Plug-ins.
- Änderungen des Stylesheets und anderer Dateien im Theme-Editor.

Lesen, Schreiben und Ausführen

Rechte sind dazu da, den Zugriff auf Verzeichnisse und Dateien zu regeln. Dabei lassen sich drei Zugriffsarten unterscheiden, nämlich *Lesen*, *Schreiben* und *Ausführen*. Das *Lesen* ist relativ unproblematisch, weil bei diesem Zugriff nichts verändert wird. Die Zugriffe *Schreiben* und *Ausführen* hingegen können von Angreifern benutzt werden, um Schadecode einzuschleusen.

Das System der Oktalzahlen

	Besitzer	*Gruppe*	*Andere*
Lesen	4	4	4
Schreiben	2	0	0
Ausführen	1	1	1
	7	5	5

Für jede der drei »Personen« *Besitzer*, *Gruppe* und *Andere* können unterschiedliche Rechte vergeben werden. Das Leserecht erhält den Wert *4*, das Schreibrecht den Wert *2* und das Ausführungsrecht den Wert *1*. Diese drei Werte werden pro Person addiert und in einer Reihe von drei Ziffern hintereinandergeschrieben. Anhand der Summe, einer Zahl zwischen 0 und 7, lassen sich die Rechte eindeutig bestimmen.

Mit der Vergabe *755*, wie in der Tabelle gezeigt, hat der *Besitzer* volle Zugriffsrechte. *Gruppe* und *Andere* dürfen lesen und ausführen, aber nicht schreiben.

Rechte ändern mit dem FTP-Client

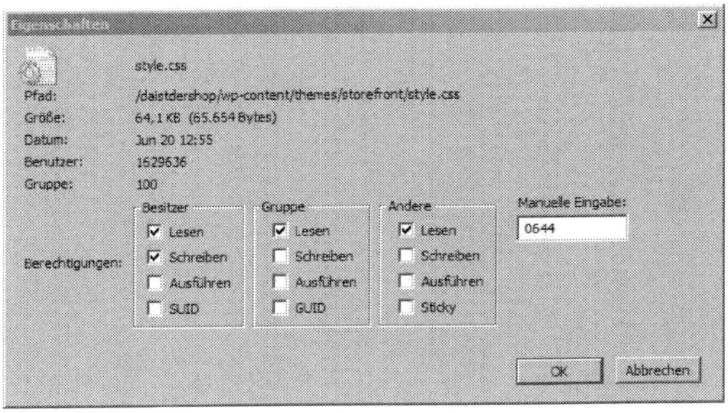

![Eigenschaften-Fenster style.css]

Bild 18.6: Anzeige der Dateirechte mit dem FTP-Client FireFTP.

Ein FTP-Client wie beispielsweise FireFTP ist das geeignete Werkzeug für diese Aufgaben:

- Rechte anzeigen lassen.
- Rechte ändern.

Markieren Sie zunächst das betreffende Verzeichnis oder die betreffende Datei auf dem Server. Dann öffnen Sie – in Windows mit einem Rechtsklick – das Kontextmenü. Es erscheinen die Auswahlmöglichkeiten *Eigenschaften* und *Rekursive Eigenschaften*. Der Unterschied:

- *Eigenschaften* – Rechte eines Verzeichnisses oder einer Datei ändern.
- *Rekursive Eigenschaften* – Zusätzliche Möglichkeit, pauschal alle Rechte der in einem Verzeichnis enthaltenen Unterverzeichnisse und Dateien zu ändern.

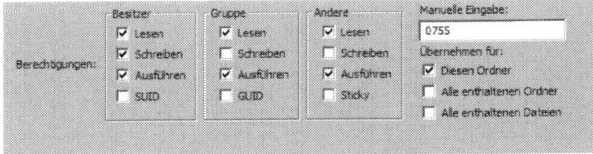

Bild 18.7: Im Fenster *Rekursive Eigenschaften* stehen Checkboxen zur Verfügung, um mehrere Rechteänderungen gleichzeitig durchzuführen.

Die Rechte eines Verzeichnisses oder einer Datei lassen sich mit einem Klick in die Checkboxen ändern. Vorsicht ist im rekursiven Modus geboten. Mit einem einzigen *OK* lösen Sie hier eine Lawine von Rechteänderungen aus.

Beispiel für eine kurzfristige Änderung der Rechte

Bevor Sie etwas ändern, notieren Sie zunächst den aktuellen Zahlenwert, zum Beispiel 755, die Standardeinstellung für einen Ordner.

Angenommen, der Upload in die Mediathek scheitert, weil WordPress einen benötigten Ordner nicht anlegen kann. Stellen Sie dann für das übergeordnete Verzeichnis kurzfristig den Wert *777* ein. Nachdem WordPress den neuen Ordner angelegt hat, tragen Sie wieder den Ursprungswert ein, zum Beispiel *755*.

Gebräuchliche Rechteschemata

Rechte	Erklärung
200	Webspace gehackt. Provider hat Rechte stark eingeschränkt.
444	Nur Leserechte. Empfehlenswert für Konfigurationsdateien.
644	Standardwert für Dateien. Nur der Besitzer kann editieren.
666	Alle können Dateien beschreiben. Möglicherweise ein Sicherheitsrisiko.
755	Standardwert für Ordner. Nur der Benutzer hat vollen Zugriff.
777	Maximale Rechte und hohes Sicherheitsrisiko.

Vorsicht mit der 777
In Internetforen wird häufig als Problemlösung vorgeschlagen, einfach alle Verzeichnisse und Dateien mit den Rechten *777* auszustatten. Langfristig rächt sich das aber, denn diese Zugriffsrechte können auch von Angreifern genutzt werden. Stellen Sie deshalb niemals pauschal die *777* ein. Falls Sie mit *777* kurzfristig ein Problem gelöst haben, setzen Sie die Rechte danach wieder auf den Ursprungswert zurück.

Checkliste Fehlermeldungen

- Letzte Aktion vor der Fehlermeldung rückgängig gemacht.
- Systemvoraussetzungen erfüllt.
- Verdächtiges Plug-in via Backend deaktiviert.
- Alle Plug-ins via FTP deaktiviert.
- Standard-Theme aktiviert.
- Browsercache geleert, dann Site nochmals aufgerufen.
- Passwörter geprüft.
- Zugangsdaten geprüft.
- Pfade überprüft.
- Kurzfristig per FTP Rechte geändert.
- Updates durchgeführt.
- Dateien mit Wordfence abgeglichen.

- Originaldateien mit Wordfence wiederhergestellt.
- Originaldateien via FTP hochgeladen.

A Anhang: Nützliche Ressourcen

A.1 WordPress allgemein

Downloadseite: *https://de.wordpress.org/*

Offizielle Newsseite der deutschen Community: *https://de.wordpress.org/news/*

Deutsche WordPress Meetups: *www.wpmeetups.de*

WordPress-Kodex: *https://codex.wordpress.org/*

A.2 WordPress-Shops

Maennchen1: *http://wpshopgermany.maennchen1.de/* (Hersteller von wpShopGermany)

MarketPress: *https://marketpress.de* (Hersteller von WooCommerce German Market)

Vendidero: *https://vendidero.de* (Hersteller von WooCommerce Germanized)

A.3 Händlerorganisationen

Bundesverband Onlinehandel e. V.: *www.bvoh.de*

Geprüfter Webshop: *https://www.gepruefter-webshop.de*

Händlerbund e. V.: *https://www.haendlerbund.de*

Trusted Shops: *www.trustedshops.de*

A.4 Existenzgründung und Steuern

Deutscher Steuerberaterverband: *www.dstv.de*

Existenzgründungsportal des BMWi: *www.existenzgruender.de*

Gründungszuschuss-Informationen: *www.gruendungszuschuss.de/*

Mediafon – Informationen für Solo-Selbstständige: *www.mediafon.de/*

Verband der Gründer und Selbstständigen: *www.vgsd.de/*

A.5 Recht allgemein

Bundesministerium der Justiz und für Verbraucherschutz: *www.bmjv.de*

Gesetze im Originaltext: *https://www.gesetze-im-internet.de/*

Verpackungsverordnung: *www.bmub.bund.de/themen/wasser-abfall-boden/abfallwirtschaft/verpackungsverordnung-verpackv/*

Versandhandelsrecht: *www.versandhandelsrecht.de*

A.6 Recht für bestimmte Waren und Dienstleistungen

Batteriegesetz: *www.gesetze-im-internet.de/battg/*

Buchpreisbindungsgesetz: *www.boersenverein.de/preisbindung*

Elektrogesetz: *www.elektrogesetz.de/*

Elektro-Altgeräte-Register: *https://www.stiftung-ear.de/*

Energieverbrauchskennzeichnungsgesetz: *www.gesetze-im-internet.de/envkg_2012/*

Heilmittelwerbegesetz: *www.gesetze-im-internet.de/heilmwerbg/* (Gesetz im Wortlaut)

Lebensmittel-Kennzeichnungsverordnung: *www.gesetze-im-internet.de/lmkv/*

Textilkennzeichnungsgesetz: *www.gesetze-im-internet.de/textilkennzg_2016/*

EU-Verordnung zu Textilien: *http://eur-lex.europa.eu/homepage.html* (in die Suchmaske eingeben: 1007/2011)

Informationen vom Gesamtverband Textil und Mode: *www.textil-mode.de/service/a-z/textilkennzeichnung*

A.7 Zahlung und Mahnung

Deutsche Bundesbank: *https://www.bundesbank.de/* (Beantragung und Vergabe der Gläubiger-ID)

Paydirekt: *https://www.paydirekt.de/* (Onlinebezahlverfahren der Banken und Sparkassen)

PayPal-Händler-Info-Center: *https://www.paypal.com/de/webapps/mpp/merchant-info-center* (die Händlerseite von PayPal)

Mahngerichte: *www.mahngerichte.de/* (Informationen zum Onlinemahnverfahren)

Sofortüberweisung: *https://www.sofort.com* (Website des Anbieters Sofort GmbH)

A.8 Sicherheit

Bundesamt für Sicherheit in der Informationstechnik: *https://www.bsi.bund.de*

Internetwache: *https://www.internetwache.org/*

PayPal-Phishing: *www.paypal.de/phishing*

WordPress-Sicherheitstipps: *https://codex.wordpress.org/Hardening_WordPress*

A.9 Tools

Gimp: *https://www.gimp.org/* (kostenloses Grafikprogramm)

Notepad++: *https://notepad-plus-plus.org/* (kostenloser Editor für Windows)

TextWrangler: *www.barebones.com/products/textwrangler/* (kostenloser Editor für den Mac)

Versandkostenrechner: *https://vergleich.paket.net* (Onlinetool zum Vergleich von Paketdienstleistern)

XAMPP: *https://www.apachefriends.org/de/index.html* (kostenlose Serverumgebung)

Stichwortverzeichnis

Symbole
.de-Domains 38
.htaccess 64, 622

A
Abholung 30
Abmahnung 356
Abonnent 122
Absprungrate 536
Acquirer 144
Adminbereich schützen 589
Administration 108
Administrator 121
AGB 31, 135, 356
AIDA-Prinzip 438
Akkus 34
Aktualisierungen 122
Alkoholische Getränke 34
Allgemeine
 Geschäftsbedingungen 31
Amazon 28
Anbieterkennzeichnung 356
Anmeldebildschirm 108
Anmeldefenster 73
Anmelden 72
Antispam Bee 102
Anwalt 33
Apache-Server 607
Apache-Webserver 56
Arzneimittel 34
Auftragsdatenverarbeitung 554
Autor 122
Avatar 116

B
Backend 73, 76
Backlink 37, 536
Batterien 34
Baukastensystem 27, 28
Beitrag 76
 erstellen 78
 veröffentlichen 79
Benutzer 587

Beratung 494
Bestellbutton 133
Bewertungssystem 24
Bilder
 ausrichten 120
 einfügen 120
 kostenlose 461
Bildformate 119
Bildmarke 44
Bildmaterial, Quellen 456
Bindestrich 37
Black Friday 30
Blog 54, 76
Blogger 41
Botnetze 584
Bounce-Rate 536
Broken Link Checker 106
Brute Force 584
Bücher 357
 Rabatte 445
Büchersendung 184
Buchpreisbindungsgesetz 33, 379
Bundesdatenschutzgesetz 365
Bürgerliches Gesetzbuch 369
Businessplan 420
BVOH 468

C
Checkliste 352
 deutsche Erweiterungen für WooCommerce 290
 Domain und Marken 50
 Fehlermeldungen 630
 Gründung und Gewerbeanmeldung 431
 Information, Beratung und Service 505
 Installation 73
 Konfiguration 129
 Marketing 487
 Provider 59
 Rechtssicherheit 416

Security 618
Shopkonzept 140
Social Media 533
Suchmaschinenoptimierung 551
Tracking und Auswertung 580
Verschlüsselung 352
WooCommerce 264
wpShopGermany 337
Zahlung und Versand 186
Checkout-Page 29, 190
Child-Theme 85, 96
Clickandbuy 144
CMS 54
Codeansicht 82
config.php 622
config-sample.php 62
Contact Form 7 103
Content, usergeneriert 511
Copyright 119
Corporate Design 434, 436
Crashkurs HTML 92
Crawler 536
Cross-Selling 434, 446
Cross-Site-Scripting 584
CSS-Datei 93
 anlegen 97
 anpassen 93
CTA 434
Customizer 89
Cyber Monday 30

D
Dashboard 76
Dateien 63
Datenbank 54
Datenbanksystem
 MariaDB 56
 MySQL 56
Datenbanktabellenpräfix 67
Datenschutzerklärung 31, 401
Deep Link 536

DENIC 57
Deutsche Erweiterungen für
 WooCommerce 290
Diensteanbieter 356
Dienstleistungen 28, 29, 34
Disagio 144
Discounter 25
Diskussion 115
Diskussionseinstellungen 112
Domain 24, 509
Domain und Marken 50
Domainendungen 37
 regionale 38
Domainname 35, 36
Double-Opt-in-Verfahren 31, 135
Download 30
Downloadprodukte 28
DPMA 24, 40, 42
Dummy Data 190

E
EAN 547
eBay 28
Editor 76, 80, 92
Eigenname 40
Einzelhandel 26
ElektroG 380
Elektrogeräte 34, 357
Elektronische Post 356
E-Mail-Einstellungen 105
E-Mail-Marketing 478
Ereignisse 554
Events 484
Extended Validation 344
Extension 190
Eyecatcher 434

F
Facebook 512, 513
Fahrzeuge 34
Fahrzeugteile 34
FAQ-Bereich 492
FAQ-Seite 490
Fehlermeldungen 622, 630
 Database Connection 622
 Datei nicht beschreibbar 626
 Fatal Error 623
 kein Zugriff auf Backend 626
 Not Found 624

Verzeichnis nicht
 beschreibbar 627
FileZilla 68
 installieren 68
Finanzprodukte 34
FireFTP 68
Firmenblog 24, 469
Firmenname 40
Follower 508
 gewinnen 510
Followerkampagne 526
forum.maennchen1.de 57
forum.wpde.org 57
Freiwillige Weiterversicherung
 ALG 420, 424
Fremdwährung 31
Frontend 73, 76
FTP, Upload 69
FTP-Client 67
 FileZilla 68
 FireFTP 68
FTP-Zugangsdaten 69
functions.php 97

G
Garantie 356, 490
Gebühren 24
Generische Begriffe 39
Geprüfter Webshop 463
Gesamtkosten, Jahr 24
Geschäftskonto 147, 431
Geschäftskunden 173
Gesetze 356
 für Onlinehändler 358
 für Website-Betreiber 357
 vom Sortiment abhängig 358
Gewährleistung 356, 490
Gewerbe 420
Gewerbeanmeldung 420
 Gründungszuschuss 422
Giropay 145
Gläubiger-ID 144, 160, 161
Google AdSense 33
Google Analytics 570
Google Plus 512, 523
Grundgesetz 359
Gründung und
 Gewerbeanmeldung 431
Gründungszuschuss 420, 422
Gruppiertes Produkt 190
GTIN 547

H
Händlerbund 464
Händlerorganisationen 35, 461
Hashtag 508, 521
Hausbank 166
Header-Bild 91
Hochladen 71
HT-Access 350
HTML 92
HTTPS 340

I
IBAN 163
 Prüfziffer 163
Impressum 31, 134
 Musterimpressum 390
Impressumspflicht 385
Information, Beratung und
 Service 490, 505
Inkassounternehmen 173
install.php 71
Installation 71, 73
 WordPress 54
Installation erfolgreich 72
IP-Adresse 554
ISBN 547

J
Jetpack 556
Juristische Dienstleistungen 33

K
Kassenseite 29
Kataloge 26
Kategorien 116
 vergeben 116
Kauf auf Rechnung 174
Kaufbutton 31
Kaufvertrag 29
Keyword-Optimierung 539
Keywords 536, 539
Kleidung 357
Kleinunternehmerregelung
 134, 286, 426
Kombinierte Namen 39
Kommentare 76, 112
 beantworten 114
 bearbeiten 113
 einschalten 115
 löschen 113

Kommerzielle Kommunikation 356
Kompromittierung 616
Konfiguration 129
Konfigurationsdatei 54, 65, 622
 speichern 67
Konversion 434
Konversionsrate 434
Kostenfrage 132
Kostenloser Versand 442
Kreditkarte 30, 165
 Händlerseite 165
 Käuferseite 165
 Pro und Kontra 168
Kreditkarten-Akzeptanzvertrag 144, 166
Kundenbewertungstool 464
Kundenbindung 490
Kundencenter 54
Kundenkonten 31, 135
Kundenmanagementsystem 58

L

Ladengestaltung 25
Ladenhüter 26
Ladenmiete 32
Ladenschlussgesetz 26
Ladenwerbung 485
Lastschrift 30, 159
 einziehen 161
 Händlerseite 160
 Käuferseite 159
Lcad 434
Lebensmittel 34
Let's Encrypt 346
Lieferzeit 134
Liken 508, 520
LinkedIn 512, 524
Links
 einfügen 80
 löschen 81
Live-Vorschau 83
Logfile 554
Login Security Solution 586

M

Mahnung 172
Managed Server 61
Man-in-the-Middle 584
Man-in-the-Middle-Angriff 340

MariaDB 56
Marken 42
 eintragen 49
Markengesetz 368
Markenkollision 50
Markenrecherche 43
Markenrecht 31, 38
Markenverlängerung 49
Marketing 434, 487
 Basics 435
 Firmenblog 469
 Händlerorganisationen 461
 Module 450
 Newsletter-Marketing 478
 Offlinemarketing 484
 Plug-ins 448
 Produktbilder 451
Mediathek 76, 118
 Bildinformationen 119
 Datei hinzufügen 118
Mehrwertsteuersatz,
 Empfängerland 134
Menü 89
 erstellen 110
Menü-Einstellungen 111
Messen 484
Meta-Widget 108
Mindestbestellwert 442
Mitarbeiter 122
MITM 584
Mod Rewrite 56, 622
Musterimpressum 390
MySQL 55
MySQL-Datenbank 64, 67
 anlegen 608
MySQL-Datenbankbenutzername 64
MySQL-Passwort 64
MySQL-Serveradresse 64
MySQL-Zugangsdaten,
 Datenbank 66

N

namecheck.com 36
Namen 36
Neuen Beitrag erstellen 78
Newsletter-Abonnement 31
Newsletter-Marketing 478
Nizza-Klasse 35 48
 Onlineshop 48
Nizza-Klassen 45

Nutzungsbedingungen 356

O

Onlinehandel 26, 27
Onlineshop
 Baukastensystem 27
 realisieren 27
Onlineshop-Nizza-Klasse 48
Opt-in-Verfahren 480
Opt-out-Verfahren 481

P

PageRank 536
Paketbeilage 486
Pakete tracken 183
Paketversand 183
Passwörter 585
Patente 42
Paydirekt 175
Payment-Service-Provider 144
PayMill 145
PayPal 30, 31, 144, 145, 175, 180
 Gerichtsstand 159
 Geschäftskonto 147
 Händlerseite 147
 Käuferseite 146
 Phishing-Mails 158
 Probekauf 153
 Rechtssystem 159
 Sandbox 150
 Tipps 156
PayPal Express 146
PayPal Plus 146
 freischalten 149
PayPal-Konto 146
PayPal-Logo 157
Permalinks 124, 538
Persönlichkeitstyp 35
PHP 54, 92
PHP 5.6 54
PHP 7 55
PHP Memory Limit 56
phpMyAdmin 64
Physische Produkte 28
Pinterest 512, 522
Piwik 58, 557
 installieren 559
 Tracking-Code 564
Plug-ins 28, 33, 76, 99
 aktivieren 101

aktualisieren 102, 124
finden 100
installieren 101
Positionen verwalten 111
Posting 508
Preisaktionen 30
Preisangabenverordnung 375
Preisauszeichnung 134
Preisgestaltung 25
Preisnachlässe 443
Premium-Themes 28
Primäres Menü 111
Privatkonto 431
Privatkunden 173
Produkt 190
Produktbeschreibungen 31, 545
Produktbilder 31, 190
 rechtliche Aspekte 452
 vom Fotografen 459
 vom Hersteller 456
Produktdaten 190
Produkte 78
 nicht physische 28
 physische 28
Produktkampagne 528
Produktkategorien 116
Produktschlagwörter 116
Produktseiten 29
Provider 24, 59
 DENIC 57
Prozente 443
Prüfziffern 164
Pseudodienstleister 49

Q
QR-Codes 27
Quelle-Katalog 26

R
Rabatt 30, 434, 443
 Bücher 445
Radarereignisse 554
Rechnung 30, 168, 170, 177
 Händlerseite 169
 Käuferseite 169
Rechte 622
Rechtsfallen 133
Rechtssicherheit 180, 356, 416
 Abmahnungen 381
 AGB 411

Bestellbutton 413
Datenschutzerklärung 401
Gesetze für Shopbetreiber 369
Gesetze für Websites 359
Impressum 384
Lieferzeitangaben 400
Markenrecht 415
Persönlichkeitsrechte 416
Preisauszeichnung 413
Urheberrecht 415
Versandgebühren 399
Widerruf 392
Redakteur 122
Responsive Webdesign 84
Retouren 178
Retweet 520
ROI 434
Rollen 121
Rootserver 61
Rücktritt 29
Rundfunkstaatsvertrag 366

S
Sandbox 144
Sandbox-Account 151
Schlagwörter 116
Schlagwortwolke 117
Schlichtungsstelle 135
Security 584, 618
 Daten sichern 597
 Kompromittierung 616
 Vorbeugung 584
 XAMPP-Spiegelung 602
Security-Plug-ins 594
sedo.de 36
Seite 76
 erstellen 79
Seitenaufrufe 554
SEO 536
SEO-Plug-in Yoast 547
SEPA 144
SEPA-Lastschrift 162
SEPA-System 30
Server 24
Service 495
Servicefooter 490, 497
SFTP-Modus 70
Shopkonzept 132, 140
Shop-Plug-ins 24, 105

Shopsystem WooCommerce 190
Shop-Themes 24, 82
SMM 434
Social Engineering 584
Social Media 41, 508, 533
 Accounts 513
 Basics 509
 Guidelines 529
 Haftung 529
 Haftung 531
 Kanäle 512
 Redaktionsplan 525
 Strategie 525
 Ziele 510
Social-Links-Menü 111
Social-Media-Agentur 530
Social-Media-Knigge 532
Social-Media-Marketing 434
Social-Media-Netzwerk 508
Social-Media-Präsenz 508, 510
Social-Media-Verknüpfungen 24
Sofortüberweisung 175
Sonderzeichen 585
Sortiment 33
Sortimentauswahl 25
SoundCloud 513, 524
SSL 57, 340
SSL-Zertifikat 24, 33, 340, 342
Standard-Theme 82
Startseite 29, 124
Stationärer Handel 24, 27
Statistik-Plug-ins 556
Statistiktools 555
Steuern 420
Stockfotos 434, 457
Storefront 85
Strafrecht 360
Stream 508
Streitschlichtungs-Verordnung 377
style.css 93, 97
Stylesheet 93
 Aufbau 94
 Font ändern 95
 öffnen 94
Suchbegriffe 536
Suchmaschinenergebnisseite 536

Suchmaschinenoptimierung 24, 536, 551
  Artikelnummern 547
  Backlink 550
  Bilder 542
  für Produkte 544
  Keywords 539
  Seitenstruktur 548
  SEO-Basics 536
  Texte 541
  Verlinkungen 550
Support 58
Systemvoraussetzungen 54

T

Tabellenpräfix 587
Teaser 81
Teilen 508
Telemedien 356
Telemediengesetz 361
Text 82
Textilkennzeichnungsgesetz 33, 379
Text-Widget 109
Theme-Details 82
Themes 26, 28, 33, 76, 82
  aktualisieren 98, 123
  anpassen 89
  Child-Theme 85, 96
  externe 85
  Farben 90
  installieren 84
  kostenpflichtige 85
  löschen 99
Themes-Verwaltung 82
Theme-Wechsel 83
Tiefpreisgarantie 446
Tippfehlerdomains 341
Tracking und Auswertung 554, 580
  Google Analytics 570
  Piwik 557
  Statistiktools 555
Tracking-Code 554
Tracking-Tool 58
Trolle 115
Trust Signals 434
Trusted Shops 467
Tweet 520
Twenty Fifteen 82
Twitter 512, 519

U

Umlautdomains 37
Umlaute 37
Umsatzsteuer
  Crashkurs 427
  Steuersätze 430
Umsatzsteuer-Voranmeldung 428
Unique Selling Proposition 434
Unlauterer Wettbewerb 372
Unternehmensvalidiertes SSL-Zertifikat 343
Update 590
Upload 71
Uploadordner 593
Up-Selling 434, 446
Urheberrecht 31
Urheberrechtsgesetz 368
URL 24
USP 434
UWG 372

V

Variables Produkt 190
Vereinsname 40
Veröffentlichen 79
Verordnung 357
Verpackungsverordnung 31, 378
Versand 182
  per Nachnahme 186
Versandarten 27, 144
Versandkosten 133
Versandkostengestaltung 31
Versandzone 190
Verschlüsselung 340
  Akteure 341
  CA 340
  HTTPS 341
  Protokoll 340
  Schlüssel 340
  SSL 340
  SSL-Zertifikat 342
  Vertipperdomain 341
  Zertifikat 342
Versendung 30
Versicherungsprodukte 34
Verweildauer 536
Verzeichnisse 63
Visits 554

Visuell 82
vTiger 58

W

Waffen 34
Wareneigenschaften 133
Warenkorb 29
Warenübergabe 30
Warenwirtschaftssystem 58
webhostlist.de 57
Webspace 24, 60
  anmieten 60
WEEE-Richtlinie 380
Weiterlesen 81
Wettbewerbsrecht 357
Widerrufsbelehrung 31, 133
Widerrufsrecht 133
Widget-Bereiche 107
Widgets 76, 89, 106
  wichtige 108
Widget-Verwaltung 107
WooCommerce 24, 26, 58, 132, 190, 264
  Affiliate-Produkte 256
  Aktivierung 191
  API-Schnittstelle 233
  Backend 204
  Bestellung abwickeln 260
  Demoprodukte 200
  Deutsch 193
  deutsche Erweiterungen 268
  Dummy Data 201
  Eigenschaften befüllen 247
  einstellen 208
  externe Produkte 254
  Frontend 206, 208
  Grundeinstellungen 192
  Gutscheine 257
  im Backend 198
  Installation 191
  Kundenkonten 223
  Mindestanforderungen 190
  PayPal 150
  Plug-in 190
  Produktbilder 236
  Produktbundles 254
  Produktdaten 238
  Produkte einstellen 233
  Produktkategorien 235
  Seiten einrichten 193

Shop-Standorteinstellungen 194
Steuer 195
variable Produkte 244
Versand 195
Zahlungsmethoden 197
WooCommerce German Market 137, 277
  aktivieren 279
  installieren 279
  Konfiguration 284
  Plug-in lizenzieren 282
WooCommerce Germanized 135, 268
  E-Mail-Konfiguration 275
  installieren 268
  Konfiguration 270
  Pro-Version 136
  Themes 276
  Trusted Shops 276
  Upgrades 276
  VendiPro 136
WooCommerce-E-Mails 226
WordPress 24, 26
  aktualisieren 122
  Anmeldefenster 73
  anmelden 72
  deutsche Version 62
  Download 62
  hochladen 70
  Installation 54
  konfigurieren 76
  lokal installieren 609
  lokal spiegeln 611
  PHP 5.6 54
  PHP 7 55
  shoptauglich 54
WordPress-Kern aktualisieren 123
WordPress-Ordner 63
WordPress-Security 584
WordPress-Shop 27, 28
Wortmarke 44
wp-config-sample.php 64, 65
wp-includes 64
wpShopGermany 58, 139, 162, 294, 337
  Bestellverwaltung 294, 332
  erste Schritte 302
  Konfiguration 308
  Modul 294
  neue Seiten 307
  Produktverwaltung 294, 326
  Shortcode 294
  Sidebar 294
  Support 334

Testaccount 297
TestShopGermany 295
Testversion installieren 299
Themes 295
Warenkorb-Widget 294, 304
Wurzelverzeichnis 622

X

XAMPP 603, 609
  installieren 605
  Server 32
XING 512, 524
XSS 584

Y

YouTube 512, 523

Z

Zahlung und Versand 186
Zahlungen, entgangene 173
Zahlungsarten 144
Zahlungserinnerung 171
Zahlungsmethode 134
Zahlungssysteme 30
Zertifikat erwerben 347
Zivilrecht 357
Zugangsdaten eintragen 65

Printed in Germany
by Amazon Distribution
GmbH, Leipzig